国家出版基金项目

NATIONAL PUBLICATION FOUNDATION

李达论著和思想研究

汪信砚 主编

人民出版社

序

　　李达是我国杰出的马克思主义理论家、宣传家和教育家,是马克思主义中国化的重要代表人物之一,也是中国共产党的主要创始人和早期领导人之一。2016 年 5 月 17 日,习近平总书记在哲学社会科学工作座谈会上的讲话中,称赞李达是十月革命后在运用马克思主义进行哲学社会科学研究的过程中产生的"名家大师"之一,"为我国当代哲学社会科学发展进行了开拓性努力"。

　　李达不仅是在中国传播马克思主义的先驱,而且是中国马克思主义史乃至整个中国近现代思想史上少有的一位百科全书式的学术大师。他毕生从事马克思主义理论的研究、宣传和教育工作,在哲学、政治学、经济学、史学、法学、社会学、教育学等众多领域都取得了开创性的成就,真正实现了对于马克思主义的整体探索和综合理论创新,为构建中国特色哲学社会科学学科体系作出了突出的理论贡献,在中国马克思主义发展史上留下了浓墨重彩的光辉篇章。

　　虽然李达论著和思想是当代中国马克思主义发展的重要思想资源,但由于众所周知的原因,我国学术界对于李达论著和思想的研究直到"文化大革命"结束后才开始起步。20 世纪 80 年代四卷本《李达文集》①的出版,对李达论著和思想研究起了重要的推动作用。30 多年来,人们在不同学科领域、从不同角度和方面对李达论著和思想作了一些探索,出版和发表了一批论著,极大地深化了对李达论著和思想及其理论贡献的理解和认识。但是,从总体上看,以往学术界对李达论著和思想的研究还是很不充分的,其主要表现有以下

---

　　① 《李达文集》第一至四卷分别于 1980 年、1981 年、1984 年和 1988 年由人民出版社出版,编辑组成员为李其驹、陶德麟、熊崇善、段启咸和曾勉之。

几个方面：一是李达传播马克思主义的一些基本史实尚未得到澄清。例如，一些李达生平和思想研究论著中至今仍然广泛流传着李达曾经翻译过考茨基的《马克思经济学说》、马克思的《政治经济学批判》和波卡洛夫等人的《世界史教程》的讹误，而实际上李达并未翻译过这些著作。二是李达论著和思想研究还有很多空白。李达一生留下了卷帙浩繁的论著，以往的李达论著和思想研究只是选择性地涉及了其中的一部分，有些李达论著虽然也曾为人们所注意到，但往往只是被作过一般性的概述或顺便提及。有些在中国马克思主义史上享有重要地位、对于完整地理解和把握李达的思想及理论贡献极其重要的李达论著，以往一直未得到专门性的研究。三是李达论著和思想研究显得比较零散。综观以往李达论著和思想研究的成果，我们可以很明显地看出，以往人们对李达论著和思想的研究主要集中在哲学和政治学领域，而其他领域里的研究则少得可怜。换句话说，以往的李达论著和思想研究缺乏"点"、"面"结合，很不系统和全面，因而难以反映李达论著和思想的全貌，也没有体现出李达注重对马克思主义理论的整体探索的特点。

以往的李达论著和思想研究之所以存在上述问题，一个极其重要的原因在于其所依据的文本严重不足。长期以来，人们对李达论著和思想的研究所依据的文本主要是《李达文集》，而《李达文集》虽然收录了李达两百余万字的重要论著，但其篇幅毕竟只占全部李达论著的四分之一。李达的理论生涯历经自五四运动至"文化大革命"前的各个不同的历史时期，其绝大部分论著完成于民国时期，有些论著仅曾作为教材、初稿印行或仅有报告稿而从未正式出版和发表，有些论著虽曾出版和发表但现已很难搜寻到。此外，李达曾使用过的笔名众多，除"李达"、"李鹤鸣"外，还有"鹤鸣"、"鹤"、"立达"、"达"、"H.M."、"江春"、"李特"、"胡炎"、"平凡"、"李平凡"、"白鸽"等，而同样也使用其中一些笔名的人不在少数，因此，到底哪些属于李达论著，哪些不属于李达论著，有时很难甄别。在这类情况下，要对李达论著和思想进行全面、系统的研究和准确的理解、把握确实也是相当困难的。

2010年12月，以我为首席专家的国家社会科学基金重大招标项目"李达全集整理与研究"被批准立项，使我们有了突破以往制约李达论著和思想研究的瓶颈的机会。为了编纂李达全集，我们对李达论著进行了全面搜集，并对李达传播和研究马克思主义的史实进行了详细考证。在李达全集编纂过程中,我们坚持整理与研究相结合的原则,在全面占有李达传播和研究马克思主义的文本的基础上,分"李达论著和思想的理论场域研究"、"李达论著和思想的综合研究"、"李达哲学论著和思想研究"、"李达政治学论著和思想研究"、"李达经济学论著和思想研究"、"李达史学论著和思想研究"、"李达法学论著和思想研究"、"李达社会学、教育学及其他论著和思想研究"、"李达传播马克思主义的重要史实勘误"9 个专题对李达论著和思想进行了比较系统的研究。

专题一"李达论著和思想的理论场域研究",主要考察、探讨了李达论著和思想出场的理论背景、产生的理论空间及其引起的理论效应。我们认为,李达论著和思想出场的整体背景是近代中国日益陷入深重的民族危机,它的文化背景则是西学东渐,而西学东渐带有西方国家文化入侵与中华民族救亡图存和奋发图强的双重性质。李达等中国早期马克思主义者所开创的马克思主义中国化与西学东渐具有根本不同的性质,它是中国的马克思主义者自觉把马克思主义与中国的具体实际相结合,谋求国家独立、民族解放和人民生活幸福的思想文化运动。五四新文化运动以后的马克思主义中国化,既是对中国文化传统的重大变革并构成了中国文化的现代传统,也构成了中国马克思主义的传统。

专题二"李达论著和思想的综合研究",从整体上考察和阐述了李达论著和思想在中国马克思主义史、特别是马克思主义中国化史上的历史地位和理论贡献。我们认为,李达论著和思想的统一主题是用马克思主义改造中国,并由此致力于马克思主义中国化。正是在这一根本主题下,李达实现了对马克思主义理论的整体研究和综合理论创新,构建了中国特色的哲学社会科学学科体系,成为马克思主义中国化的重要代表人物之一。

专题三"李达哲学论著和思想研究",系统探讨了李达哲学论著和思想及其理论贡献和重要意义。我们认为,李达等人所开创的马克思主义哲学中国化传统,其核心是马克思主义哲学中国化的研究范式,它以用马克思主义哲学改造中国为目标、以立足于马克思主义理论的整体性联系研究马克思主义哲学为路径、以普遍与特殊相结合为根本方法。李达的全部哲学论著都是马克思主义哲学中国化传统的重要文本,都体现了马克思主义哲学中国化范式。李达等人开创的马克思主义哲学中国化传统是当代中国马克思主义哲学创新的宝贵思想资源,而其范式也应该是当代中国马克思主义哲学研究的根本范式。

专题四"李达政治学论著和思想研究"、专题五"李达经济学论著和思想研究"、专题六"李达史学论著和思想研究"、专题七"李达法学论著和思想研究"、专题八"李达社会学、教育学及其他论著和思想研究",分别较系统地探讨了李达政治学、经济学、史学、法学、社会学、教育学等方面的论著和思想及其理论贡献和重要意义。我们认为,李达政治学、经济学、史学、法学、社会学、教育学等方面的思想的理论基础是马克思主义哲学、特别是唯物史观,因此,李达政治学、经济学、史学、法学、社会学、教育学等方面的研究实际上是对唯物史观的政治学、经济学、史学、法学、社会学、教育学等向度的开展,而李达在这诸多领域里的成就和贡献也集中地表现为他在运用唯物史观研究中国社会各种问题的过程中在各个领域里推进了马克思主义中国化。李达政治学、经济学、史学、法学、社会学、教育学等方面的论著的研究范式、重要观点、基本结论乃至其中所体现出来的理论思维的经验教训,对于当代中国人文社会科学各个领域里的研究都具有重要的启发意义。

专题九"李达传播马克思主义的重要史实勘误"对民国时期李达传播马克思主义的若干重要基本史实进行了考证,并依据史实判定李达未曾翻译过马克思的《政治经济学批判》、考茨基的《马克思经济学说》以及波卡洛夫等的《世界史教程》等三部著作,澄清了以往李达生平和思想研究中广泛流传的一些讹误。

在上述专题研究过程中,我们在国内学术刊物上发表了专题研究论文近百篇。收入本书的论文,就是从这些专题研究论文中选择出来的。作为主编,我对收入本书的论文进行了统一修改和文字加工,并组织专人对全书的引文进行了核对和订正。

作为国家社会科学基金重大招标项目"李达全集整理与研究"的最终成果,由我主编的《李达全集》(20卷)已于2016年12月由人民出版社出版。本书对李达论著和思想的研究本身是建立在《李达全集》稿的基础上的,期盼它能开启李达论著和思想研究的新的局面。

汪信砚

2017 年 1 月 10 日

目　　录

第三篇　李达政治学论著和思想研究

第四篇　李达经济学论著和思想研究

第五篇　李达史学论著和思想研究

第六篇　李达法学论著和思想研究

第七篇　李达社会学、教育学及其他论著和思想研究

第八篇　李达传播马克思主义的重要史实勘误

第 一 篇

李达论著和思想综合研究

李达对马克思主义中国化
前提问题的反思及其重要启示

赵士发　李亮华

在当代中国学界,不少学者将李达在马克思主义中国化过程中的贡献限定在实践领域,也就是认为,李达主要是一个马克思主义中国化的实践者,而没有自觉地对马克思主义中国化理论进行过系统的思考,没有形成他自己关于马克思主义中国化的思想。这种似是而非的观点是值得商榷的。不用说李达在不同的译著与论著中明确地就马克思主义中国化的关键问题进行过论析,单就理论与实践之间的关系而言就足见这种观点的缺陷。李达的马克思主义中国化实践绝不是盲目的实践,而是在一定理论的指导下进行的。虽然他没有以专著和论文的形式集中论述过自己的马克思主义中国化思想,但其一生的理论研究,鲜明地体现出他对马克思主义中国化问题的深刻反思。本文主要以问题为中心,考察李达对马克思主义中国化的一个基本的理论前提问题的反思。马克思主义中国化在理论上要解决的第一个基本的前提性问题,就是普遍与特殊的关系问题,具体地说也就是马克思主义理论的普遍性与中国具体实际的特殊性之间的矛盾关系问题。这一问题不先行解决,马克思主义中国化的必要性与可能性就成问题。李达在自己的理论研究中,较早地反思和解决了这个前提性问题。

一、马克思主义理论的普遍性

自从马克思主义传入中国以来,学术界关于马克思主义理论是否适合中国实际一直是存在着巨大的争议的。人们在理论上就马克思主义中国化的可能性问题展开了多次论争,其中,最为典型的是马克思主义传入中国后发生的马克思主义与反马克思主义思潮的三次论争:第一次是与以胡适为代表的改良主义的论争,第二次是与以梁启超、张东荪为代表的假社会主义的论争,第三次是与以江亢虎为代表的无政府主义的论争。这三次争论的共同焦点,在实践上就是当时人们普遍关注的中国向何处去的问题,它反映到理论上,其实就是马克思主义中国化是否可能的问题,也就是马克思主义究竟适不适合中国国情的问题。对这一问题,胡适、梁启超、张东荪、江亢虎等这些在当时思想理论界赫赫有名的人物,是持否定态度的,他们认为马克思主义不适合当时的中国国情。

以李大钊、陈独秀、李达、蔡和森等为代表的中国早期马克思主义者们,从理论上积极回应了反马克思主义的挑战,论证了马克思主义适合中国国情、中国应走俄国革命道路的主张。其中,李达的论证是极富代表性的。李达在《马克思学说与中国》一文中,对于马克思主义理论的普遍性与中国实际的特殊性间的矛盾关系问题率先进行了理论反思。李达较为全面地分析了中国共产党的一个宣言所引起的两种不同的观点:一是反对的观点,认为中国工业不发达、不具备社会革命的条件,也就是说马克思主义不适合当时中国国情;二是赞成的观点,认为中国共产党的宗旨是值得肯定的,但它目前的政治主张却是不合理的。这反映出马克思主义在中国已经由理论进入到实践层面。李达由此提出了"马克思学说与中国"这一论题加以讨论。他的讨论从三个层面展开:一是分析了当时的中国可不可以用马克思学说来改造社会;二是如果可以,那么中国无产阶级究竟应当如何准备和行动;三是假如无产阶级能够掌握政权,又应当采用什么政策的问题。不难发现,这里的第一个问题实质上从理论层面提出了马克思主义中国化何以可能的问题;而后面的两个问题则涉及马克思主义中国化在理论上如何可能的问题。

中国可否应用马克思学说来改造社会的问题,是马克思主义中国化的前提性问题,但这个问题本身也蕴含着一个前提性问题,即马克思主义理论是否具有普遍性的问题,这是一个更具前提性的问题。如果马克思主义本身不具有普遍性,只是一个如有些反马克思主义的人所言的适用于西方社会发展的地域性理论,那么马克思主义中国化在逻辑上就成了问题。李达敏锐地觉察到了马克思主义中国化可能性问题的实质在于马克思主义理论是否具有普遍性,并从两个方面论证了这种普遍性。

首先,李达通过考察社会革命的规律和目的论证了马克思主义的普遍性。李达说:"欲研究目前的中国能否应用马克思学说改造社会,首先要晓得马克思所说的社会革命究竟是什么? 究竟怎样实现的? 究竟在什么时机实现?"①李达从唯物史观所揭示的人类社会历史发展的普遍规律入手,阐明了马克思所言的社会革命的深刻内涵。在他看来,社会革命是社会基本矛盾发展规律作用的结果,即社会革命是社会生产力发展到一定程度而与当时的生产关系发生尖锐矛盾的产物。社会经济基础的改革必然会引起上层建筑或快或慢的改变。因此,社会革命就是使社会的组织完全解体。那么,社会革命究竟如何实现? 在李达看来,社会革命是由无产阶级通过政治革命夺取政权来实现的。无产阶级首先要利用政治权力将一切生产机关都收归公有,然后使生产方法、交易方法和分配方法之间的矛盾得以充分解决;在此基础上,充分保障各个人的生存权和劳动权。由此可见,李达对马克思主义普遍性的理解,实际上就是对人类社会历史发展客观规律以及人类生存、发展和解放的追求的把握。马克思主义的普遍性,最根本的就在于它对人类社会历史发展普遍规律的揭示与对人类解放与个人自由而全面发展的追求。这决定了马克思主义不是一种民族地域性的理论,而是一种世界历史性的理论。

其次,李达通过讨论社会革命的时机,批判地回应了反马克思主义者们关于马克思主义普遍性的误读,科学论证了马克思主义的普遍性。李达从《共产党宣言》所揭示的社会革命三个必经的历史过程入手,指出"各个时期的久暂,全靠各个社会的现状和产业的程度决定的"②。针对中国实际,他主要考察了第一个时期即党的组织准备时期的久暂问题。李达的出发点,是唯物史观的一条重要原理:"一个社会组织当一切生产力在他里面还有可以发展的余地以前,决不会颠覆的;又新的比较高级的生产关系,当其本身上的物质的存在条件,在旧社会母胎里尚未成熟以前决不会产生的。"③反马克思主义的

---

① 《李达文集》第 1 卷,人民出版社 1980 年版,第 203 页。
② 《李达文集》第 1 卷,人民出版社 1980 年版,第 206 页。
③ 《李达文集》第 1 卷,人民出版社 1980 年版,第 206—207 页。

教条主义者们正是从这个原理出发,认为社会革命的时机要等待一切生产力完全发展的时候方可实行。例如,胡适就认为中国产业革命还没有发展到社会革命的程度,因此马克思主义不适合当时中国的国情。在李达看来,一个社会生产力发展余地的有无及大小,绝不是一个可以用数学方法精确测量出来的。他还进一步指出,就是马克思自己,对于当时社会的生产力有无发展余地也没有能够科学客观地测量出来。马克思在《共产党宣言》中曾经断言,社会革命的时机已经到来了。但出乎马克思意料之外,资本主义却得到别的避难所而延长了生命。李达分析了其中的原因:一是因为当时的无产阶级总体上还缺乏必要的巩固组织和进行革命战争的足够勇气;二是因为资产阶级极力开拓海外殖民地和半殖民地,用文明方法拓展了剩余商品的市场。由于这两个原因,英美等国社会革命没有如马克思所言的那样实现,相反这些国家的资本主义从纺织工业进一步发展到钢铁工业时代。而俄国革命之所以能够取得伟大成功,正是因为俄国无产阶级具有强大的巩固组织和足够的决战勇气,加上欧战正酣与俄帝国主义被削弱行将解体。在此基础上,李达得出结论说,一个国家社会革命的时机,取决于内外两个方面的主要因素:一是该国在国际上的处境即外部国际环境,二是无产阶级的组织与决战勇气即内在因素。由上可见,李达坚决捍卫了马克思主义关于社会革命的基本原理,否定了形形色色的反马克思主义者们的一个错误论调,即认为马克思主义不合中国国情的主张。他认为,问题不在于马克思主义的基本原理不合中国国情,而在于实践中人们对这原理的应用是否得当,特别是实际应用这原理时,如何确定旧社会的生产力究竟还有没有发展余地以及有多大发展余地。通过这一分析,李达捍卫了马克思主义的普遍原理,率先在理论上解决了马克思主义中国化的一个基本的前提性问题。

二、中国具体实际的特殊性

要回答马克思主义中国化的可能性问题,另一个前提性问题就是如何看待中国实际的特殊性,即中国当时的国情是否契合马克思主义的社会革命原理。李达在科学分析马克思主义理论普遍性的基础上,从唯物史观出发,深入地考察了当时中国社会的政治、经济与国际处境,在这一问题上得出了肯定的结论。

李达在《马克思学说与中国》中详细分析了中国的具体实际。首先,李达分析了当时中国经济与政治的实际。一方面,李达认为中国已经进入产业革命时代,这体现在中国当时已经具有了相当数量的产业工人,进行社会革命的经济条件业已具备。在他看来,中国长期处于农业经济时代,与这种小农经济基础相适应的是封建政治。在两千多年的历史中,中国由于经济上没有发生根本的变化,所以政治上虽时有改朝换代的起伏,本质上却没有什么大的变化。但自鸦片战争以后,随着资本主义列强的大举入侵,中国传统的农业经济被彻底破坏,中国经济发生了根本变化,中国开始进入产业革命时代。当时,国际资本主义的大量商品倾销于全中国,中国本身的产业也伴随着这个过程有所发展,进入到了纺织工业萌芽时代,工场手工业大量破产,大量的中国人沦为工钱奴隶或失业。其实,在文章第一部分,李达在以历史主义的方法比较了马克思所讲的欧洲产业革命与中国的状况后,就已经明确指出:"我们考察当时各国产业发达的历史大略可以说,英国已是纺织工业全盛的时代,其余法国、德国,还在纺织工业的萌芽时代,恐怕比现在的中国产业状况高明不多。但马克思认定当时社会一切物质生产力,已经没有可以发展的余地而主张即时革命了。照这样,中国的现在不是也可以举行革命吗?"①当然,李达也很重视革命的条件,强调需要有利的国际环境和共产党对工人阶级的有力组织,并形成决战的勇气。

另一方面,李达从唯物史观揭示的经济基础与上层建筑之关系入手,分析了当时中国的政治状况,论证了中国进行社会革命的政治条件。他说:"经济上既然由农业经济而进到工业经济,同时政治上亦必由封建政治而进于民主政治。"②由此出发,他分析了当时民主革命党人起来革命的必然性。在李达看来,民主革命党人的目的是要使封建政治变革为民主政治,以便于工商阶级能够发展民族工业,从而抵抗当时外国的侵略。但是,中国的小资产阶级却因

① 《李达文集》第1卷,人民出版社1980年版,第207—208页。
② 《李达文集》第1卷,人民出版社1980年版,第210页。

为受到国际资产阶级的残酷压迫,根本不可能发展成为革命的资产阶级。在这种情况下,国民党在当时尽管标榜要进行资产阶级民主革命,但出乎意料的是,国内起来响应国民党的人却不是革命的资产阶级,而是一些受卢梭的自由思想之影响而仇视满清的人们。辛亥革命因缺乏经济基础,其革命成果被袁世凯窃取。于是,政治上出现了中国民主派与封建军阀的矛盾对抗十分尖锐的状况。

其次,李达从马克思主义理论出发,考察了中国的国际地位,分析了中国社会革命的外部原因。他从国际帝国主义同中国的交往关系入手,分析了中国近八十年来的外交史,认为这完全是一部帝国主义的侵略史。外国资产阶级操纵了中国的金融、铁路、矿山、森林、水运交通以及许多企业。加上战败赔款,中国的经济命脉完全控制在外国资产阶级手中。中国实际上就是国际帝国主义的半殖民地。

最后,李达通过分析表现政治经济状况的阶级斗争状况,得出了马克思主义适合中国实际的结论。他认为中国的政治经济状况反映了中国的阶级对抗形势,并以一个表格清晰地呈现出了当时中国复杂的阶级矛盾①:

国际　压迫阶级(国际帝国主义与少数中国军阀)——→被压迫阶级(中国有产阶级与无产阶级)

国内　封建阶级 $\xrightarrow{\text{已成熟}}$ 有产阶级 $\xrightarrow{\text{正在形成}}$ 无产阶级 $\xrightarrow{\text{正在形成}}$

代表各阶级的党派是:

北洋正统——→国民党——→共产党

这个表格清晰地表明了中国无产阶级当时的经济与政治地位。在经济上,中国无产阶级受本国有产阶级的残酷剥削;在政治上,中国无产阶级则受到封建阶级的压迫;此外,有产阶级本身也不自由,他们又直接受到封建阶级的残酷压迫;中国无产阶级与有产阶级两者,还同时受国际帝国主义的压迫。这一分析表明,中国有产阶级所受的压迫是双重的,而中国无产阶级所受的压迫则更为严重,它深受三重压迫。在以上分析的基础上,李达指出:"中国无产阶级处在这样的经济的政治的情形之下,中国共产党乘机起来组织无产阶

---

① 参见《李达文集》第 1 卷,人民出版社 1980 年版,第 211 页。

级,企图社会革命,在理论上在事实上并不是没有确实的根据的。"①总体来看,李达在这里所说的"确实的根据"至少包括这样两个层面:一是理论上马克思主义关于社会革命的普遍原理,特别是生产力与生产关系的矛盾起作用的规律;二是事实上的根据,即当时中国特殊的政治经济条件与国际处境,以及由此决定的复杂的阶级矛盾。

至此,李达解决了马克思主义中国化可能性的另一个前提问题,即如何看待中国实际的特殊性问题。

三、建立普遍与特殊之统一的理论

在解决了马克思主义中国化可能性的两个前提性问题以后,李达进一步分析并阐明了具有普遍性的马克思主义理论与具有特殊性的中国实际之间的有机统一,从而解决了马克思主义中国化如何可能的问题。

首先,李达在考量中国政治运动策略与中国共产党策略的过程中,实现了马克思主义与中国实际的具体统一。李达指出:"至于中国无产阶级对于目前的政治运动,究应怎样决定,这一点马克思在《共产党宣言》上并未为中国共产党筹画,若按照目前中国国情,参照马克思在一八四八年替波兰瑞士德国共产党设下的计划,也可以定出一个政策来。"②在引用了马克思、恩格斯在《共产党宣言》中关于波兰、瑞士与德国的系列分析后,李达说:"我们熟读上面所引用的文字,就可知道中国共产党联合国民党推倒军阀政治的主张,在马克思学说上也是有基础的。"③在这里,李达看到了马克思主义理论的普遍性,但他同时又强调了中国共产党必须注意中国实际的特殊性。他认为,中国共产党的主张在理论上是以普遍性的马克思主义理论为基础的。但李达没有将马克思主义原理教条化,强调中国共产党应根据中国实际处理好特殊性问题。他特别指出中国共产党在与国民党合作过程中需要注意的两点:一是中国国民党在性质上只是一个社会民主党派,其党员构成主要包括资本家、知识分子

---

① 《李达文集》第1卷,人民出版社1980年版,第211页。
② 《李达文集》第1卷,人民出版社1980年版,第211页。
③ 《李达文集》第1卷,人民出版社1980年版,第212页。

及劳动者。有鉴于此,中国共产党最好的办法是影响国民党的左派,等将来革命条件成熟时,中国共产党就应当及时地将国民党领导的革命引导到由共产党领导的无产阶级革命道路上去。如果不能这样做,共产党至少也应当保持无产阶级政党的组织性和独立性。二是中国共产党应当注重组织工作,即将无产者组织起来成为一个阶级,并注意时时保持自身的独立存在,尽可能不要受其他党派如国民党的影响。

其次,李达以历史主义的方法分析了马克思主义与中国实际的历史的具体的统一。在思考中国无产阶级在掌握政权后究竟应当采取何种政策的问题时,李达指出:"我觉得一个国家的政策,总要根据当时产业的状况和文化的程度来决定,有产阶级的国家是这样,无产阶级的国家也是这样。"①在该文中,李达以历史主义的方法,客观地分析了中国无产阶级掌握政权后不应也不能照抄照搬马克思在《共产党宣言》提出的十项政策,因为在李达看来,那只是马克思为当时最进步国家的无产阶级革命成功后执政时所设计的政策。对于现代产业还十分落后的中国来说,李达根据列宁对俄国经济发展的分析认为,中国无产阶级可以先通过革命掌握政权,然后利用所掌握的政治权力将私有的资本主义转化为国家资本主义;中国将来的政策,就可以根据国家资本主义的原则来决定。他在《马克思学说与中国》一文文末,根据"马克思学说的原则和中国的产业状况及文化程度",进一步为解答中国无产阶级掌握政权后采取何种政策的问题拟定了十二条具有中国特色的政策大纲。《马克思学说与中国》一文显示了李达将马克思主义的普遍原理与中国具体实际有机统一起来的智慧和方法论,被学界视为理论上探讨马克思主义中国化问题的发端。

最后,李达在研究哲学与经济学的过程中,进一步明确提出了一个十分重要的命题,即要"建立普遍与特殊之统一的理论"。在他看来,建立普遍与特殊相统一的理论,实际上也就是通过马克思主义中国化而创建中国化的马克思主义。毛泽东称李达的《社会学大纲》是中国人自己写的第一本马克思主义哲学教科书,实际上也就肯定了《社会学大纲》在理论上对马克思主义中国

---

① 《李达文集》第1卷,人民出版社1980年版,第212页。

化所做的开创性贡献。就《社会学大纲》一书的目的而言,是要为当时的中国革命志士提供科学的世界观与方法论的指导,为他们认识当时的世界与中国、把握历史前进的方向提供理论的指南。在《社会学大纲》中,李达指出:"本书前五篇,是研讨世界社会的一般及特殊发展法则的。至于中国社会,却自有其特殊的形相和固有的特征,决不是一般原理之单纯的例证。我认为中国社会,不是资本主义社会,也不是封建社会,而是帝国主义殖民地化过程中的社会。"①正如黑格尔主张教哲学说德国话一样,李达的这部著作将马克思主义基本原理与中国具体实际有机地统一起来,实现了让马克思主义说中国话,并且是系统地说中国话,也就是使马克思主义在中国具体化了。

在《经济学大纲》一书中,李达尖锐地批评了经济学界只研究经济学理论、不注重研究中国经济的缺陷,明确主张要建立普遍与特殊相统一的理论,并指明了实现二者统一的路径。他指出:"除了研究历史上各种顺序发展的经济形态以外,还必须研究中国经济。只有这样的研究,才能理解经济进化的一般原理在具体的中国经济状况中所显现的特殊的姿态,特殊的特征,才能得到具体的经济理论,才能知道中国经济的来踪和去迹。"②由此可见,李达与当时中国经济学界从抽象的理论出发不同,主张将一般经济学原理与中国特殊的经济实际有机结合起来,基本路径是从中国实际出发,在研究中国经济问题的基础上,形成中国具体的经济理论,从而建立普遍与特殊相统一的中国经济学理论。

四、几点重要启示

李达关于马克思主义中国化前提问题的反思,对我们今天进一步推进马克思主义中国化的理论事业,具有重要的启示。这主要体现在如下几个方面。

第一,李达的探索对我们今天思考和解决马克思主义中国化的理论前提问题具有重要启发意义。今天,马克思主义中国化的根本前提问题,即马克思

---

① 《李达文集》第 2 卷,人民出版社 1981 年版,第 5 页。
② 《李达文集》第 3 卷,人民出版社 1984 年版,第 24 页。

主义中国化何以可能的问题，又被当做一个学术问题提了出来。有人认为，马克思主义属于西方文化传统，中国文化属东方传统，二者不可能结合，所以，马克思主义中国化是一个伪命题。这里存在着理论上两大严重错误：一是对马克思主义理论存在着惊人的误解，只是将马克思主义等同于一种民族地域性的狭隘理论，从而否定了马克思主义的普遍性；二是人为割裂普遍性与特殊性之间的辩证关系，将马克思主义中国化中的马克思主义理论与中国的具体实际看做彼此外在的关系。而李达的探索早已经表明，马克思主义是世界历史性的理论，其基本原理具有普遍意义。这不仅反映在马克思主义揭示了人类社会历史发展普遍规律，而且体现在马克思主义的理论目标是人的自由而全面发展与人类解放。在历史转变为世界历史的条件下，中国社会已经成为人类社会的有机组成部分，其发展当然要遵循人类历史发展的一般规律。但中国特殊的历史实际，决定了中国不能将马克思主义的普遍原理教条化，只有将二者有机结合起来，实现普遍性的马克思主义理论与特殊性的中国实际的有机统一。马克思主义与中国实际的统一，正是在马克思主义中国化的理论与实践过程中实现的。

第二，李达的探索对我们今天正确处理理论与实践的关系问题具有重要启发意义。理论与实践的关系问题，自苏东剧变以来反复被人们提出。特别是在当代中国马克思主义研究中，有些学者自以为创新地提出了所谓的马克思主义的学术性与政治性的关系问题，并主张学术突显、政治淡出，人为地将马克思主义的学术性与政治性对立起来。从李达的理论探索活动来看，马克思主义的学术性与政治性的矛盾关系问题，其实是一个假问题。因为马克思主义本身就是无产阶级的世界观和方法论，这正是马克思主义不同于以往一切理论的根本之点。李达研究马克思主义理论的目的正是要解决中国面临的各种政治经济问题，为解决中国问题提供方法论指导。所以从一开始，李达研究马克思主义就不存在什么学术性与政治性的矛盾关系问题。今天人们提出的所谓马克思主义的学术性与政治性的关系问题，实质上反映了部分马克思主义研究者偏离了马克思主义的理论目标，背离了马克思主义的科学性与革命性有机统一要求，不能或不敢正视时代提出的挑战和问题。这是需要学界努力克服的一个软肋。同时，李达在其马克思主义中国化的理论探索中，虽然也强调马克思主义原理的普遍性,但从不将马克思、恩格斯的个别论断当教条,而是主张根据时代的变化去发展马克思主义。这无疑为我们在当代坚持和发展马克思主义提供了一个重要范例。

第三,李达的探索为我们科学看待中国与世界的关系提供了有益的启示。当代中国与世界已经在全球化的浪潮中紧密联系成为一体,如何处理中国与世界的关系自然也成为当代中国现代化建设过程中必然要解决的一个重大理论和实践问题。李达关于马克思主义中国化的探索,总是将中国置于国际背景中去分析。他对中国社会性质和矛盾的分析,对中国革命时机的分析,对无产阶级掌权后所应采取的政策的分析,都体现了一种将中国与世界统一起来的世界历史眼光。此外,在当代中国学界,普世价值与中国社会主义核心价值体系的关系也是一个热点问题。有人以西方国家宣扬的普世价值承载着西方的新自由主义价值观为由,完全否定普世价值的存在,其实是犯下了在倒洗澡水时将小孩也一并倒掉的错误。这背后的原因可以归结为对世界与中国关系的误解,即只看到了二者对立的方面,没有看到二者有机统一的方面。普世价值当然是存在的,但其所指应当是反映人类共同利益的价值观念,而不是代表少数人利益的价值观念或抽象空洞的普遍价值观念。从长远看,马克思主义的共产主义价值观才是真正的普世价值,中国社会主义核心价值体系与它是一致的。这是李达关于普遍与特殊之统一思想留给我们的又一重要启示。

(原载《湖北社会科学》2015 年第 4 期)

李达对马克思主义中国化问题的学理探析

赵士发　刘建江

在马克思主义中国化进程中,始终贯穿着这样两条主线:一条是中国共产党人的革命活动,另一条则是马克思主义理论家的学术研究和理论宣传。李达所走的就是一条马克思主义中国化的学理研究之路。早在 1923 年,李达就在《马克思学说与中国》一文中明确指出马克思主义在中国"已是由介绍的时期而进到实行的时期了"①。从青年时代树立起坚定的马克思主义信仰,到晚年含冤去世,李达的一生都在从事着马克思主义理论的学术研究和理论宣传工作。

一、李达对马克思主义中国化问题的
学理探析历程及特点

李达对马克思主义中国化问题的学理探析之路从他青年时代接受马克思主义开始,直至其晚年含冤去世。可以根据李达不同时期研究重点的不同,把其接近半个世纪的学术研究和理论宣传生涯大致分为以下四个时期。

从俄国十月革命胜利后至 20 世纪 20 年代中期,李达积极学习和研究马克思主义理论,宣传科学社会主义学说。在这一时期,李达不仅翻译了日本佐野学的《俄国农民阶级斗争史》、日本山川均的《从科学的社会主义到行动的社会主义》等国外研究科学社会主义的著作,还写作发表了《什么叫社会主义》、《劳动者与社会主义》、《社会主义的目的》等理论文章,积极宣传科学社

---

① 《李达文集》第 1 卷,人民出版社 1980 年版,第 202 页。

会主义学说。与此同时,李达还积极地同一切假马克思主义者、反马克思主义者作斗争,在《张东荪现原形》、《无政府主义之解剖》、《第三国际党(即国际共产党)大会的缘起》、《马克思还原》、《马克思派社会主义》、《评第四国际》等文章中,李达对各种错误思潮作了无情的批判,并热情宣传马克思主义的科学社会主义学说。作为这一时期的代表作,《现代社会学》的出版具有重要意义。他在书中探析了社会发展的内在规律,指出社会发展的动力在于生产力与生产关系的辩证运动,从理论上回答了一系列亟待明确的重要问题。

从 20 世纪 20 年代中期至 20 世纪 30 年代中期,李达把理论研究的重心转向了马克思主义哲学和政治经济学。在这十年左右的时间里,他不仅翻译了《社会科学概论》、《辩证法唯物论教程》、《政治经济学教程》、《经济学入门》等马克思主义哲学和马克思主义政治经济学论著,还写作出版了《中国产业革命概观》、《社会学大纲》等重要著作。《社会学大纲》是李达这一时期的代表作,也是李达马克思主义哲学研究的重要理论成果。在书中,他从辩证唯物论和历史唯物论两大部分着手,分"唯物辩证法"、"历史唯物论"、"经济构造"、"政治建筑"和"意识形态"五篇,系统地论述了马克思主义哲学原理。《社会学大纲》一书的出版,标志着李达的马克思主义哲学体系业已成熟。可以说,"在毛泽东哲学思想形成之前,在中国马克思主义理论家中,以自己的研究,并综合融会各国马克思主义哲学家的研究成果,构建严整的马克思主义哲学体系的,只有李达一人"。[①]

从 20 世纪 30 年代中期至新中国成立,李达将唯物史观的基本原理运用于经济学、政治学、社会学、历史学、法学、教育学等诸多领域,不仅撰著了《社会进化史》、《经济学大纲》、《货币学概论》、《法理学大纲》等著作,还写作了《经济问题之处理方法》、《中国社会发展迟滞的原因》等理论文章。这一时期是李达对马克思主义中国化问题学理研究的不断深化和全面展开的时期,为马克思主义经济学、政治学、社会学、历史学、法学、教育学等理论发展作出了重要贡献。

新中国成立后,李达的学术研究和理论宣传的重心在于阐释和宣传毛泽

---

① 丁晓强、李立志:《李达学术思想评传》,北京图书馆出版社 1999 年版,第 105 页。

东思想,并主持了《马克思主义哲学大纲》的编撰工作。《〈实践论〉解说》、《〈矛盾论〉解说》和《唯物辩证法大纲》是李达这一时期的代表作,两本《解说》不仅深刻阐释和宣传了毛泽东哲学思想,而且还丰富和完善了毛泽东哲学思想,同时也对马克思主义哲学大众化作出了突出贡献。在"文革"之前,李达主持完成了《马克思主义哲学大纲》上册的编撰工作,此即 1978 年 6 月由人民出版社出版的《唯物辩证法大纲》一书。这是继《社会学大纲》之后的又一部重要的马克思主义哲学教材,其"理论特色和学术成就,为其后的许多哲学教材所吸取"①。

从总体上看,李达对马克思主义中国化问题的学理研究呈现出以下三个主要特点。

其一,批判性。李达是我国马克思主义发展史上少有的一位"战士型"的学者、"学者型"的战士。作为"战士型"的学者,他坚决同一切假马克思主义、反马克思主义思潮势不两立,批判性和斗争性始终贯穿于他对马克思主义中国化的学理研究之中;作为"学者型"的战士,他虽然没有亲历枪林弹雨,但无时无刻不在用马克思主义理论同一切反动派作斗争。例如,面对张东荪、梁启超等人的假社会主义、反社会主义的诘难,李达在《张东荪现原形》、《讨论社会主义并质梁任公》这两篇文章中,对其作了深刻的批判,论证了马克思主义的社会主义理论的科学性。在《无政府主义之剖析》一文中,李达更是无情地批判了奠基于个人主义哲学基础之上的无政府主义,并奉劝那些无政府主义的信徒,"要按照事实上理论上去为有效的努力,不要耗费有益的精神"②。可以看出,他所说的事实上理论上为有效努力的方向就是社会主义和共产主义。

其二,总体性。马克思主义理论是一门包含马克思主义哲学、政治经济学和科学社会主义在内的内容丰富、结构严谨的理论体系,必须从总体上对其进行把握。自接受马克思主义之日起,李达便深谙其理,不仅深入研究了马克思主义哲学,还花大力气研究了马克思主义政治经济学和科学社会主义。在其近半个世纪的学术研究和理论宣传生涯中,他始终注意把握三者之间的内在

---

① 丁晓强、李立志:《李达学术思想评传》,北京图书馆出版社 1999 年版,第 99 页。
② 《李达文集》第 1 卷,人民出版社 1980 年版,第 90 页。

逻辑和联系。可以说,正是由于李达重视对马克思主义理论的总体性研究,他才能够全面地掌握和熟练地运用马克思主义的理论和方法,对当时中国的社会现实问题进行鞭辟入里的分析,为挽救民族危亡、探索中国未来的发展道路作出了重要贡献。

其三,创造性。李达"马克思主义中国化"思想的提出,本身就是这种创造性的一种表现。他立足于中国社会的现实土壤,不仅系统地研究了马克思主义,还对其进行了创造性的阐发。例如,在《现代社会学》一书中,他建构了一个富有中国特色的唯物史观表述体系,对唯物史观的基本原理作了系统的论述,除了论述生产力与生产关系、经济基础与上层建筑的辩证关系外,还涉及社会存在与社会意识的辩证关系,阶级、国家与社会三者之间的关系问题。① 除此之外,以唯物史观改造各门人文社会科学学科是李达对马克思主义中国化问题的学理研究的又一创造性的表现。

二、李达对马克思主义中国化问题学理探析的主要理论贡献

作为我国马克思主义研究史上少有的一位"百科全书"式的学术巨匠,李达对马克思主义中国化问题的学理探析,不只是停留在马克思主义哲学领域,还兼及经济学、政治学、社会学、历史学、法学、教育学等诸多领域,作出了独特的理论贡献。

在哲学领域,李达的主要贡献体现在以下三个方面。

第一,提出了"唯物辩证法前史"的概念,拓展了马克思主义哲学的"前史"。李达指出,"一切先行哲学的历史,都是唯物辩证法的前史"②,必须站在历史主义的立场说明"唯物辩证法的孕育、诞生及其发展的过程"。他批判了仅仅以"古代哲学——中世纪哲学——德国古典哲学"为轴去研究马克思主义哲学的前史的片面看法,指出马克思主义哲学是包括原始时代的人类认

---

① 参见汪信砚:《李达哲学探索的独特理论个性》,《哲学研究》2011年第12期。
② 李达:《社会学大纲》,武汉大学出版社2007年版,第52页。

识在内的"人类认识史的总计、总和与结论"①。

第二,提出了"实践的唯物论"的概念,把马克思主义哲学规定为"实践的唯物论",并把实践概念引入认识论,强调实践在认识过程中的作用。李达对马克思主义哲学这一深刻理解,揭示了马克思主义哲学的本质,使其不同于一切旧的唯物论。在认识论领域,李达指出实践既是认识的基础,又强调实践是检验认识正确与否的唯一标准,不仅批驳了唯心主义的认识论,而且批驳了认识论上的形而上学,为构建中国的马克思主义认识论作出了重要贡献。

第三,重视对立统一规律,强调矛盾的辩证法。李达在《社会学大纲》中指出:"对立统一的法则,是辩证法的根本法则。"②在此基础上,他全方位、多层次地分析了矛盾问题,强调了矛盾的辩证法,论述了矛盾的普遍性、矛盾的斗争性和统一性、事物内在矛盾(内因)与事物外在矛盾(外因)的辩证关系,还首次区分了拮抗的矛盾和非拮抗的矛盾,即对抗性矛盾和非对抗性矛盾。李达的最后一部马克思主义哲学巨著《唯物辩证法大纲》,也同样沿用了对矛盾的这一区分。

在经济学领域,李达以马克思主义哲学为指导,为马克思主义经济学理论中国化作出了重要贡献。20 世纪 20 至 30 年代,李达不仅翻译了大量国外的经济学论著,而且写作了《经济学大纲》、《中国产业革命概观》、《货币学概论》等一系列马克思主义经济学著作,深入分析和研究了中国当时的经济状况。例如,在《经济学大纲》中,李达主张采取"广义经济学"的立场,并运用唯物史观基本原理对中国当时的经济状况作了深入分析和研究。在《中国产业革命概观》一书中,李达分析了中国新式产业发展的两大障碍,即"帝国主义的侵略"和"封建势力和封建制度的存在",并指出推翻这两座大山是中国经济发展的必要前提。在被誉为"中国最早系统地阐述马克思主义货币理论"的《货币学概论》一书中,李达详尽地阐述了马克思主义货币学理论。该书中的"许多论断,不仅在 30 年代,即使在今天,也有很多值得学习之处"③。

---

① 李达:《社会学大纲》,武汉大学出版社 2007 年版,第 4 页。
② 李达:《社会学大纲》,武汉大学出版社 2007 年版,第 104 页。
③ 参见尹进:《李达〈货币学概论〉的写作前后及出版的伟大意义——纪念李达诞辰一〇一周年》,《经济评论》1991 年第 5 期。

在政治学领域,李达的主要贡献包括以下四个方面。

第一,结合我国具体实际,提出了"阶级意识"这一富有特色的概念,深刻阐释了马克思主义阶级斗争理论。李达结合我国具体实际,对我国的阶级状况进行了深入分析,指出社会分裂成资产阶级和无产阶级,无产阶级由于长期受到资产阶级的压迫和剥削,形成了一种"阶级的觉悟"、"阶级的心理"。这一"阶级的觉悟"、"阶级的心理"就是后来他在《现代社会学》中明确提出的"阶级意识"①。"阶级意识"概念的提出,对于指导我国无产阶级革命实践具有重大意义。此外,李达还运用唯物史观的基本原理,从生产力与生产关系的矛盾运动中探索阶级斗争的根源。

第二,立足于我国具体实际,深刻阐释了马克思主义的民族理论。"李达的民族观,以推翻殖民统治、争取民族独立为第一要务。"②李达针对当时中国内忧外患的形势,在《民族问题》一书中指出团结世界上其他各族人民,建立广泛的国际同盟,有助于早日实现我国的民族独立和解放。即使在今天,李达的这一思想对我国处理民族问题和国际事务也仍然具有重要意义。

第三,重视革命的作用,提出了进行社会整体革命的思想。李达在《现代社会学》中明确提出"革命为进化之母"③的思想,他的社会整体革命思想以经济革命、政治革命为主,还包括意识形态的革命、法制观念的革命等。他认为,政治革命是社会整体革命的必要前提和途径,其他领域的革命只有在政治革命胜利后才能实现。在《讨论社会主义并质梁任公》一文中,他主张采取"劳农主义"④的革命道路,以联合大多数的无产阶级,夺取国家政权。可以说,这一思想是1925年中共四大提出的"工农联盟"思想的雏形。

第四,结合我国具体实际,阐述了马克思主义无产阶级专政理论。李达吸收了列宁关于无产阶级专政和无产阶级民主相统一的思想,指出无产阶级专政是一种国家制度,是无产阶级民主与专政的统一。在批判资产阶级专政时,他明确提出了"劳动专政"的概念,为后来我国人民民主专政的国家制度的建

---

① 李达:《现代社会学》,武汉大学出版社2007年版,第69页。
② 丁晓强、李立志:《李达学术思想评传》,北京图书馆出版社1999年版,第119页。
③ 李达:《现代社会学》,武汉大学出版社2007年版,第75页。
④ 《李达文集》第1卷,人民出版社1980年版,第72页。

立奠定了理论基础。李达指出："所谓劳动专政，就是劳动者的国家……资本阶级的国家是资本阶级专政，劳动者的国家是劳动阶级专政"①。除此之外，李达还批判了江亢虎的"新民主主义"思想，指出"江君的新民主主义的政体与新社会主义的经济制度实在是十二分矛盾"②，是"'不三不四'的民主主义"③。

在社会学领域，李达以马克思主义哲学为指导，为马克思主义社会学理论中国化作出了重要贡献。在《现代社会学》中，李达站在唯物史观的立场上，批判了契约的社会说、生物的社会说及心理的社会说这三种旧的社会学说，提出了唯物史观的社会学说，还从社会的本质、社会的构造和起源、社会的发展和运动、社会的意识和思想、社会的变革和进化、帝国主义和世界革命等方面系统地阐述了马克思主义社会学理论。他十分重视对中国社会问题的分析和研究。他认为，要解决中国社会出现的种种问题，首先要打倒帝国主义，消灭封建残余。

在史学领域，李达用哲学的方法研究历史，为马克思主义史学的中国化作出了重要贡献。李达的史学著作有 1935 年由北平大学法商学院刊印的《社会进化史》和 1950 年由湖南大学刊印的《社会发展史》。除上述著作外，他还注重从不同角度切入、分析和研究历史。在哲学上，其《社会之基础知识》、《现代社会学》、《社会学大纲》等著作不仅深刻论述了唯物史观的原理，而且促成了我国马克思主义历史学的形成。在经济学上，其《中国现代经济史概论》等论著对我国近代经济发展的历史作了深入研究，并主张按经济形态对中国史进行分期。总之，李达的史学理论以马克思主义哲学为基础，寓于唯物史观之中。他的史学研究对我国马克思主义史学理论的发展产生了深刻影响。

在法学领域，李达运用唯物史观的基本原理研究法律现象，为马克思主义法学理论中国化作出了重要贡献。早在 1928 年，李达就把日本穗积重远的《法理学大纲》一书翻译介绍到中国。20 世纪 40 年代中后期，他又在自己撰写的《法理学大纲》一书中运用唯物史观的基本原理，批判了资产阶级各派法

---

① 《李达文集》第 1 卷，人民出版社 1980 年版，第 102 页。
② 《李达文集》第 1 卷，人民出版社 1980 年版，第 226—227 页。
③ 《李达文集》第 1 卷，人民出版社 1980 年版，第 226 页。

理学"观念论的哲学基础",提出了建立马克思主义法理学的主张,并从法律与国家的关系、法律的本质与现象、法律与道德的关系等方面系统地论述了马克思主义法学理论,构建了一个较为严谨的法理学体系。新中国成立后,李达特别重视我国的法制建设,不仅写作和发表了《拥护宪法 学习宪法》等理论文章,而且还出版了《谈宪法》、《中华人民共和国宪法讲话》等宪法学著作。李达的法学研究,为我国马克思主义法学理论的形成和发展作出了突出贡献。

此外,李达在教育学领域中也卓有建树。早在京师优级师范学习期间,李达就立志"教育救国"。新中国成立以后,他更是积极投身于改造旧教育、发展新教育的事业之中。李达的教育学研究有两个显著特点:一是以马克思主义指导,重视马列主义理论教育。1953年年初,中央人民政府任命李达为武汉大学校长,他到任后亲自组建了武汉大学马列主义教研室并兼任主任,加紧培养马列主义理论方面的师资力量,并创办了武汉大学马列主义夜大学,组织教师和干部系统学习马列主义、毛泽东思想。1956年他还重新创办了武汉大学哲学系并兼任主任,指导马列主义课程内容改革,进一步加强马列主义教育。二是结合我国实际,重视对知识分子的思想改造。针对新中国成立后广大知识分子思想政治觉悟不高的问题,在《纪念"七一",谈知识分子思想改造问题》一文中,李达号召知识分子应当"自觉自愿地投身到思想改造运动中来……用马克思列宁主义、毛泽东思想武装自己的头脑"[1]。总之,李达在长期的教育实践中为我国教育事业的发展作出了重要贡献。

三、几点启示

李达对马克思主义中国化问题的学理探析以马克思主义哲学为基础,并创造性地将其运用于经济学、政治学、社会学、历史学、法学、教育学等诸多领域,在我国马克思主义学术发展史上留下了浓墨重彩的一笔。回顾李达的马克思主义中国化学理探析之路,系统考察和总结其对马克思主义中国化的贡献,对于今天进一步推进马克思主义中国化事业具有重要的启发意义。

---

① 转引自宋镜明:《李达传记》,湖北人民出版社1986年版,第136—137页。

第一，深入学习和研究马克思主义理论，是马克思主义中国化的必要前提。李达对马克思主义中国化的重大贡献，得益于他较早地从学理层面系统地、全面地研究了马克思主义理论。李达所介绍和翻译的大量国外马克思主义学者的论著，无疑也大大地扩展了他本人的理论视野。在 21 世纪的今天，为推进马克思主义中国化事业的进一步发展，我们更加需要深入地学习和研究马克思主义，深挖马克思主义理论的精髓。与此同时，我们还要重视国外学者对马克思主义理论研究的最新成果，取其精华，去其糟粕，为我所用。

第二，把马克思主义理论研究同社会现实相结合，解决我国的现实社会问题，是马克思主义研究应当坚持的根本的方法论原则。早在 1842 年，马克思便指出："正确的理论必须结合具体情况并根据现存条件加以阐明和发挥。"①马克思主义中国化本身就是把马克思主义与中国的具体实际相结合，作为马克思主义中国化的重要代表人物之一，李达始终注重用马克思主义研究中国的现实和实际。在民主革命时期，他用马克思主义研究中国半殖民地、半封建社会的现实，科学地分析和正确地回答了中国革命的一系列重要问题。新中国成立后，他又用马克思主义研究新中国的社会现实，深刻地阐述了社会主义革命和社会建设的共同规律。在今天，我们也只有像李达那样密切联系中国实际来研究马克思主义，中国马克思主义理论才能不断发展。

第三，从总体上把握马克思主义并加以创造性的运用，是实现马克思主义理论创新的关键。马克思主义是包括马克思主义哲学、政治经济学和科学社会主义在内的内容丰富、结构严谨的理论体系，必须从总体上对其进行把握。虽然不同的时期李达的研究重点有所不同，但是，他始终把握住了马克思主义的理论总体，注重其三个组成部分的内在有机联系，并创造性地运用于解决当时的社会现实问题，由此实现了马克思主义的综合理论创新。今天，要实现马克思主义理论的创新，我们尤其要克服长期以来人们人为地分割马克思主义理论各个部分的内容的情况，注重把握马克思主义的理论总体，加强对马克思主义理论的整体研究，推进马克思主义理论的整体发展。

第四，马克思主义中国化的研究范式，应成为当代中国马克思主义理论研

---

① 《马克思恩格斯全集》第 47 卷，人民出版社 2004 年版，第 35 页。

究和各门人文社会科学学科学术研究的根本研究范式①。自接受马克思主义以来，李达便自觉地开创了马克思主义中国化的学理研究之路，以马克思主义中国化为根本范式研究马克思主义哲学、马克思主义政治经济学和科学社会主义。在对各门人文社会科学学科进行改造时，李达更是自觉地遵从马克思主义中国化这一研究范式，在运用唯物史观基本原理的同时，结合我国各门人文社会科学学科自身的特点，进行创造性的阐发。在当代马克思主义中国化进程中，我们也必须自觉遵循马克思主义中国化的研究范式，进行马克思主义理论和各门人文社会科学学科的学术研究，为中国特色社会主义现代化建设贡献应有之力。

（原载《毛泽东研究》2015 年第 2 期）

---

① 参见汪信砚:《作为研究范式的马克思主义中国化》,《江汉论坛》2008 年第 11 期。

李达在《新青年》上发表的主要文章及其意义

陈翠芳

李达是中国早期宣传和传播马克思主义的重要人物,是中国共产党的创始人之一。20世纪20年代初,他曾以锋利的笔为武器,申明自己坚定的马克思主义立场,尖锐地批判各种形式的反马克思主义和非马克思主义,勇敢地捍卫马克思主义,留下了富有智慧的篇章。在当时险恶的环境中,这些光辉篇章得以展示的平台很有限,《新青年》就是为数不多的平台之一。李达借《新青年》而呼唤而战斗,《新青年》因李达而更进步更光芒四射。

一、李达选择《新青年》的缘故

李达借助《新青年》阐明其观点和立场,传播和捍卫马克思主义,其缘由在于《新青年》突出的进步性和影响力,以及《新青年》与中国早期马克思主义者的密切关系。

(一)《新青年》是当时中国新思想的汇集地和引领者

创办于1915年的《新青年》是新文化运动的核心媒体,承载着仁人志士救国救民的期望,也因此而成为五四时期进步报刊的表率,是当时"进步报刊舰队的旗舰"①,它高扬科学与民主两面大旗,汇集着当时中国的各类新思想、新观点,并引领着中国文化的新方向。《新青年》在1919年5月第6卷第5号上集中刊发了介绍马克思及其相关思想的文章,故此卷号也被称为"马克思

---

① 参见吴志娟、于丽主编:《〈新青年〉史料长编》(上册)"序",长江出版社2013年版。

号"。在转变成中国共产党公开机关刊物后,《新青年》先是承担着对中国进行马克思主义启蒙的重任,大力宣传和传播马克思主义。后来,由于革命形势变化等原因,《新青年》杂志几经转换,由较频繁出版的刊物改成季刊,后又改为不定期刊物。但是,直到1926年7月停刊,它始终不渝地传播马克思主义,是中国早期马克思主义者战斗的思想主阵地,是当时中国最先进、最革命的刊物之一。

20世纪初的中国处于痛苦和动荡之中,新旧思想并存,封建保守思想试图继续把守住其领地,而各种新的思想也不断涌现,特别是从西方传来的各种主义、思想猛烈地撞击着中国人的精神世界。人们按自己的理解和需要进行选择,有的人只求标新立异而不问对错,有的人盲目相信西方思潮,有的人细心寻求真理,各种思想观点相互碰撞。《新青年》不仅引领着中国文化的新方向,具有突出的先进性,更富有探索精神,具有开放性,开明地为不同观点包括相互对立的思想、观点提供展示舞台,实际上成了各种思想观点相互争锋、相互批判的战场,并多次主动发起、组织和引导思想论争。当梁启超、张东荪的改良社会主义盛行时,1920年12月,陈独秀收集整理了相关的各种观点,在《新青年》第8卷第4号上发表了《关于社会主义讨论》一文,引来了对立双方的激烈交锋,特别是为中国马克思主义者批判改良社会主义、宣传和传播马克思主义创造了机会。当无政府主义受到不少中国人推崇时,1921年夏,"陈独秀在《新青年》第9卷第4号上以'讨论无政府主义'为题,辑录了他与区声白的论战"①,深刻批判了无政府主义,并得到了中国早期马克思主义者的响应,发动并引导了一场对无政府主义的严正声讨。

李达在日本得知五四运动领袖陈独秀被反动政府抓捕,便迅速写下文章《陈独秀与新思想》,高度评价陈独秀的思想和行为,为营救陈独秀大声呼吁,并视野宽广地肯定新思想的重大价值:"今日世界里面的国家,若是没有把'新思想'来建设改造了'新国家',恐怕不能够立足在二十世纪!"②这种进步思想和立场伴随李达一生。当《新青年》发起反击改良主义的战斗时,李达多

---

① 丁晓强、李立志:《李达学术思想评传》,北京图书馆出版社1999年版,第12页。
② 《李达文集》第1卷,人民出版社1980年版,第8页。

次撰文参加论争,并成为这场战斗的主将,深刻驳斥了改良主义的错误思想,坚持并宣传了马克思主义。当《新青年》组织对无政府主义批判时,李达应声而起,挥毫泼墨,完成了《无政府主义之解剖》的重要文章,鞭辟入里地剖析了无政府主义的本质和危害,向世人展示了中国早期马克思主义者的思想立场和理论水平。

(二)《新青年》是中国共产党的重要理论阵地

1920 年 8 月,中国共产党上海发起组成立,为了进行思想动员和马克思主义宣传,需要有自己的理论阵地。虽然当时也有《民国日报》等几个进步报刊可资借用,但它们难以成为党的主阵地。《新青年》的先进性和广泛影响在当时各类报刊中首屈一指,而陈独秀等共产党人、革命者是该刊物的核心,这些因素决定了《新青年》与中国共产党关系密切。于是,中国共产党上海发起组选定《新青年》为其机关刊物,而 1920 年 9 月《新青年》第 8 卷开始成为中国共产党的重要媒体。1920 年 11 月,中国共产党上海发起组又创办了《共产党》月刊,但它最初只是秘密党刊,后成为半公开刊物,主要在党的组织内部分发,直到 1921 年 7 月停刊时发行量和影响面都很有限。《新青年》是中国早期马克思主义者和中国共产党的言论阵地,而李达参与了该刊物的编辑工作。这种深厚的渊源使得《新青年》成了李达等进步思想家和革命者发表其思想观点的理想平台。胡适、鲁迅等进步思想家在《新青年》上痛斥旧思想、旧中国,主张新思想;李大钊、陈独秀等革命者或译介马克思主义,或阐发马克思主义,或批驳反马克思主义。这些更强化了《新青年》的先进性和革命性。李达 1920 年从日本回国后,便与陈独秀等人密切联系,共同商讨和筹备中国共产党成立的大事,也充分借助于《新青年》。他在该刊声讨修正主义、无政府主义等错误思想,机智地驳斥梁启超、伯恩斯坦、考茨基、德国社会民主党的错误,精辟地辨明马克思主义真理、社会主义宗旨,旗帜鲜明地推崇和宣传马克思主义。《新青年》发出中国共产党清新而高亢的声音,传播马克思主义,探求改造中国社会的方略。

《新青年》是中国共产党传递信息和扩大影响的重要理论阵地。在中国共产党筹建过程中,李达等人充分借用《新青年》独有的知名度和影响力,在其上公告各种事宜,如人民出版社成立的消息和出版计划最早就刊登在 1921 年 9 月《新青年》第 9 卷第 5 号上。更为重要的是,中国共产党唯一的党刊《共产党》从第 4 号开始由秘密刊物转为半公开刊物,便"在《新青年》刊登《共产党月刊社启》,公布该刊目录,以扩大其影响"。[①] 李达任《共产党》主编,在这种"借船出海"行动中起了重要作用。借助于《新青年》使处境不利的《共产党》真正面世,不仅让世人知晓《共产党》月刊的存在,让《共产党》获得其"合法"身份,更向世人宣告了《共产党》月刊背后所蕴藏的真义:马克思主义是真理,是无产阶级获得自由和解放的武器;而中国的前途和希望正在于坚持马克思主义,并以马克思主义来打碎半殖民半封建的旧世界,建立劳动人民当家作主的新中国。可以说,中国共产党借用《新青年》表面上是无奈之举,实则谋略高明、意旨深远。

二、李达在《新青年》上发表的主要文章及其内容

(一)李达在《新青年》上发表文章的总体情况

李达与《新青年》关系紧密的时间并不长,大致从 1920 年夏天到 1922 年夏天。时间虽短,但正是在这段时间,李达将马克思主义的一些重要思想引介到中国并积极传播,而《新青年》则是他表达自己观点和思想立场的重要平台。李达在《新青年》上发表的文章主要有三大类:一类是他翻译的文章,共有五篇,涉及妇女解放、农民革命和阶级斗争等主题,具体有:《劳农俄国底结婚制度》(1921 年 4 月第 8 卷第 6 号)、《俄国农民阶级斗争史》(1921 年 4 月第 8 卷第 6 号)、《科学的社会主义到行动的社会主义》(1921 年 5 月第 9 卷第 1 号)、《列宁的妇人解放论》(1921 年 6 月第 9 卷第 2 号)和《劳农俄国底妇人解放》(1921 年 7 月第 9 卷第 3 号)。这类主题与他当时筹办上海平民女学等活动内容相一致。第二类主要是通告等,如人民出版社创立的告示。第三类是李达的创作,共五篇:《劳工神圣颂》(1920 年 12 月第 8 卷第 4 号)、《马克思还原》(1920 年 12 月 26 作,1921 年第 8 卷第 5 号发表)、《讨论社会主义并质

---

① 王炯华等:《李达评传》,人民出版社 2004 年版,第 63—64 页。

梁任公》（1921 年 5 月第 9 卷第 1 号）、《马克思派社会主义》（1921 年 6 月第 9 卷第 2 号）和《评第四国际》（1922 年 7 月第 9 卷第 6 号）。这五篇文章是李达的思想和观点的明确表达，本文以它们为主来展开分析。

（二）李达在《新青年》上发表的主要文章的基本内容

1.《劳工神圣颂》

《劳工神圣颂》对劳动者进行了热情的歌颂，将劳动者的心胸、品质、意志和作用与神相比拟。文章称赞劳动者说："他与神灵一样，……随在什么地方为人类祝福，不贪，不吝，忍耐，克己，勤勉，勇敢……他与神是一样的宽容。"[①]作者认识到：劳动者是财富的创造者，"劳动者是万物的创造主"；而资本主义社会的资本、银行、利息、土地等是劳动者的成果，资本家所拥有的一切包括头、命、妆奁、恋爱等都源于劳动者之手，资本家贪婪、虚伪、傲慢、残酷，"是劳动者的寄生虫"[②]。那么，为什么存在这种不公平的现实？文章最后委婉地给出了答案和期望："只是神和劳动者，现在都休息着的"[③]；不久，劳动者将醒来，这一切都会彻底改变。

这篇文章短小精悍，虽没有系统的理论和严谨的逻辑，但作者充满激情，对劳动者怀有深深的敬意和崇拜，对资本家则十分鄙视、憎恨，感性地表述了马克思的思想，能得到劳动者特别是中国劳苦大众的理解和共鸣。因此，这篇短文也是李达向工人等劳动阶级宣传马克思主义的重要方式，与他在其他刊物上发表的《劳动者与社会主义》、《五一运动》等相呼应。李达早期既是理论家也是革命家的双重角色由此可见一斑。

2.《马克思还原》

李达明确指出，他之所以写作《马克思还原》，是因为考次基、伯恩斯坦等这些马克思的所谓门徒将马克思弄得面目全非："固守师说的人则拘泥不化，自作聪明的人就妄加修改，把一个马克思的真面目弄湮没了。"[④]也就是说，他

---

① 《李达文集》第 1 卷，人民出版社 1980 年版，第 42 页。
② 《李达文集》第 1 卷，人民出版社 1980 年版，第 45 页。
③ 《李达文集》第 1 卷，人民出版社 1980 年版，第 45 页。
④ 《李达文集》第 1 卷，人民出版社 1980 年版，第 31 页。

写这篇文章,是要辩明是非,还原马克思的本来面目。文章首先阐明什么是真正的马克思,简洁地将马克思的社会革命原理、革命手段、方法和革命所要实现的理想社会概括为七条,包括生产力、财产关系、阶级矛盾和斗争、无产阶级革命及其目的、全人类的自由社会。文章最后总结道:"马克思社会主义的性质,是革命的,是非妥协的,是国际的,是主张劳动专政的。"①其次,文章分析了马克思被篡改的具体原因。李达认为,德国社会民主党自我标榜为马克思的代表,实质上是一种变态和堕落,结果,"马克思社会主义,经过德国社会民主党的蹂躏,精彩完全消失,由国际主义堕落到国家主义,由社会主义堕落到自由主义,由革命主义堕落到改良主义,由阶级斗争堕落到阶级调和,由直接行动堕落到议会主义,马克思的真面目被……湮灭殆尽了"。② 文章还认为,考茨基等人歪曲马克思的理论,他们不赞成革命,只重实业,鼓吹阶级调和,将唯物史观变成了机械史观。通过这些分析,李达深刻地指出,社会民主党所追求的只是一种梦想。最后,作者说明了现实的复杂性和俄国劳农政权和列宁的伟大,并宣告:"我要大声疾呼地说:'马克思还原!'"③

《马克思还原》从理论上深入批判了第二国际的修正主义、无政府主义,高度评价了列宁主义,并大力宣传了唯物史观。这篇文章有力澄清了第二国际在西方和中国造成的理论混乱,捍卫了马克思主义。

3.《马克思派社会主义》

《马克思派社会主义》进一步批判了伯恩斯坦、考茨基等第二国际的错误思想。李达指出,马克思主义与社会主义本是同义词,可相互替代,但在第二国际影响下,二者发生了分离甚至对立,出现了各种名目的社会主义,它们大多数都离马克思主义很远,甚至是反对马克思主义的,但都打着马克思主义的旗号。李达将马克思派社会主义分为五类。第一类是考茨基代表的正统社会主义,它在欧洲特别是德国的复杂环境下产生。当时德国的无产阶级还不成熟,甚至"十分幼稚",劳动者组织及其运动较少,也不成熟,而现实中手工业等"小产业"和农业反而增加了,马克思所预言的革命并未成为现实,考茨基

---

① 《李达文集》第 1 卷,人民出版社 1980 年版,第 31 页。
② 《李达文集》第 1 卷,人民出版社 1980 年版,第 34 页。
③ 《李达文集》第 1 卷,人民出版社 1980 年版,第 39 页。

等人由此认为马克思学说难有成效，便在理论上和行动上发生了改变，自认为是"纯粹的马克思主义"，并得到部分人的认可。李达根据马克思学说揭露了"正统派"的本质，指出："正统派有一种根本的谬误的地方，就是误解马克思的学说，坚守民主主义，支持议会政策。"①第二类是伯恩斯坦倡导的修正派社会主义。伯恩斯坦写了大量文章，否定和批判马克思的唯物史观、阶级斗争说和剩余价值论，并对马克思思想大肆加以"修正"。伯恩斯坦的观点和态度不仅极大影响了德国社会民主党，而且扩展到法国和英国，扰乱了工人和革命者的思想。针对这种情况，李达指出，修正派主张发展产业协会或消费协会、产业国有、改善和发展工会、让劳动者有选举权、国家征税等，实质上是进化社会论或改良主义，与正统派本质无异。第三类是工团主义。文章分析道：工团主义的情况较为复杂，它本有劳动者组合之义，最根本的思想是阶级斗争，不热心去描绘理想社会，主张采用同盟大罢工的直接行动来实行社会革命；它否认劳动者的政治结合，只主张经济结合等。李达认为，工团主义抓住了马克思的核心，也促进了各国工会的发展，但将马克思主义片面化了。第四类是组合社会主义。李达指出，组合社会主义是工团主义影响的结果，它吸取了工团主义的观点，其主张有：工会和国家共同经营产业，拥护个人的权利，不干涉生产者的自由，国家收取一定税收并以这笔钱来主办教育、法律、道德和国际关系等事务，等等。李达认为，组合社会主义以人性善为依据，误信人有爱他人的本能，忽视了利益所引起的矛盾和斗争，最终也是空想。第五类是多数主义。文章指出，多数主义最初被视为洪水猛兽，后受到各方面的攻击，其原因在于多数主义的实质是俄国所倡行的"劳动专政"，即今天所说的无产阶级专政。作者认为俄国的劳动专政是经列宁引申后的马克思主义，并借用列宁之语指出："劳动专政的本质，即是一阶级对于他阶级而行的革命的强有力的国家……就是劳动者的国家。"②文章具体分析了劳动专政的作用和目的、劳动专政所采用的表现形式，最后得出了这样的"结论"：各种派别马克思主义最后都会统一于真理，第三国际是赞成和实行劳动专政的，中国革命的时间、方式只能

---

① 《李达文集》第 1 卷，人民出版社 1980 年版，第 93—94 页。
② 《李达文集》第 1 卷，人民出版社 1980 年版，第 102 页。

由未来的国情和国民性决定。

《马克思派社会主义》是此前对第二国际批判的深化和系统化,也是李达首次从正面阐述和歌颂俄国革命政权,它不仅有力驳斥了欧洲的错误思潮,更对当时中国马克思主义者具有启蒙作用。

4.《评第四国际》

李达批判第二国际的修正主义和无政府主义,也不容忍违背马克思主义真正继承者列宁主义的第四国际,《评第四国际》就是李达捍卫第三国际和列宁主义的作品。文章一开始概括了共产国际的几个阶段。他指出,第二国际后来被引上了歧途,而第三国际则校正了第二国际并取得了伟大的成就,"正如旭日东升",受人景仰和支持。但与第三国际同时成立的还有两个"国际":第二半国际和第四国际。第二半国际号称站在第二国际与第三国际之间,实质上倒向第二国际;第四国际以共产主义之名号,与第三国际对抗。李达分析道,第四国际与第三国际的分歧不在"主义",而在革命手段,它体现在革命指导者、劳动组合运动、议会运动、农村运动和俄国的新经济政策等方面。李达站在第三国际即列宁主义立场上,对这几个问题作了正面论述。他强调:无产阶级革命必须有共产党的领导;共产党人应当加入一切已成立的劳动组织,并尽最大力量完善这些组织,使其共产主义化,对各类"黄色劳动组织"(受第二国际误导的无产阶级组织)进行改造而不是简单的退出和绝交;共产党人应当参加第三阶级即资产阶级的议会来宣传革命,一旦时机成熟,便既可毁掉资产阶级政府,又能组建无产阶级政府;在俄国和东亚国乃至欧洲,无产阶级革命只有联合农村农民才能成功;俄国新经济政策决定与资产阶级通商并非违背共产主义原则,实属不得已之举,因为当时还没有第二个社会主义国家。文章最后发出了这样的号召:在战争一触即发的严峻时刻,所有无产阶级包括第四国际都应团结起来,利用一切可能的机会,进行广泛而猛烈的宣传和积极的军事训练,以推倒资本主义,切忌"清谈误事"。

《评第四国际》批判了第四国际的错误,有利于维护第三国际和列宁主义,也有利于无产阶级内部的团结;同时,由于中国与俄国的国情相似,这篇文章对中国革命也具有重要的指导意义。

5.《讨论社会主义并质梁任公》

以上几篇文章主要是对西欧错误思潮的批判,而《讨论社会主义并质梁任公》主要是对中国改良主义的批判。随着西方新思想的大量传入,不少中国人特别是青年深受这些新思想的影响,并试图从中寻求诊治中国社会问题的良方,张东荪、梁启超也是这类寻路者。张东荪在陪同来华讲学的英国学者罗素在上海、湖南等地游览一圈后多次撰文,认为中国的出路在于发展实业和资本主义,而不是搞社会主义革命。对此,梁启超专门撰文《复东荪书论社会主义运动》予以积极回应和支持,并更详细地论说:中国无劳动阶级,中国社会运动必须先发展资本主义,造就劳动阶级,并协调劳资关系,避免资本主义的弊端,进而实现社会主义。张东荪、梁启超的言论夹杂着批判资本主义的弊端和关心劳动者的生计等内容,具有较大蒙蔽性、欺骗性,受到了一些不明真相者的欢迎。李达早已洞察出张东荪、梁启超的用心,并作文《张东荪现原形》、《社会革命底商榷》等进行批判,后又意识到对于在学界享有盛誉的梁启超的改良社会主义思想需作更深入的驳斥,遂撰写了《讨论社会主义并质梁任公》。

李达这篇文章的直接切入点是梁启超的《复东荪书论社会主义运动》。他将梁启超上述文章的要点概括为五个方面,随后逐一反驳。第一,针对梁启超误解社会主义,李达阐明社会主义在产业发展程度不同的国家无实质性差异。李达指出:"社会主义在根本改造经济组织谋社会中最大多数的最大幸福,实行将一切生产机关归为公有,共同生产共同消费"①;社会主义运动,"就是用种种的手段方法实现社会主义的社会"②,而不是"均产",也不只是"劳动者地位改善"。第二,文章明确指出,所有的资本主义实质是一致的,而且无国界,中国必须进行社会主义革命。梁启超主张应求助中国的资本家,先实行资本主义以增加财富,并"造就"中国的劳动阶级即工人阶级,再行社会主义之路。李达认为,社会主义生产方式与资本主义有实质性区别,是"有秩序有政府的";中国产业虽落后,但半殖民处境决定中国不可能发展资本主义,

---

① 《李达文集》第 1 卷,人民出版社 1980 年版,第 61—62 页。

② 《李达文集》第 1 卷,人民出版社 1980 年版,第 62 页。

当然就不能靠资本主义来发展中国的产业;中国虽没有资本主义,但中国也有劳动阶级,因为"中国境内的资本家是国际的,全国四万万人……都可算是劳动者"①。李达对梁启超质问道:"若因为行社会主义运动才提倡资本主义以制造劳动阶级,是梁先生有意制造社会革命,就不应非难社会主义运动的人了。"②李达的质问含蓄地揭露了梁启超否认社会主义的实质。第三,批判温情主义。梁启超主张以资本主义温情的社会政策缓和社会矛盾。李达指出,这只是一种梦想,是自欺欺人,只会加重和延长劳动者的痛苦。第四,文章分析并批判道:资本主义是国际的,它在世界各国横行霸道,肆意掠夺和欺压劳动者,无论是本国的还是外国的资本家,其本性是相同的;同样,劳动者也没有国界,因此,要使劳动者获得真正的解放,就"要谋国际的团结,要扫灭全世界所有的资本主义"③。第五,李达认为,中国革命不可能走梁启超所设想的向劳动者灌输智识、设立疾病保险、成立工会等改良主义道路,而应根据中国的实情,联合无产阶级大多数,采取俄国式的"劳农主义"的"直接行动",通过激烈的革命斗争,夺取国家政权。文章最后从正面对全文要点作了简要总结,进一步突出了其马克思主义的观点和立场。

张、梁以社会主义者号称于天下,极具诱惑性和鼓动性。《讨论社会主义并质梁任公》以极富影响力的梁启超为直接批判对象,揭露了张、梁思想的改良主义实质;同时分析了中国社会经济、政治等方面的特殊性,明确指出:要拯救中国,只能进行社会主义革命,建立无产阶级政权,而不能走资本主义的改良道路。李达此文虽是反击性的,但具有较强的理论性和系统性,是当时社会主义大论战中最有分量的文章,也为此次大论战画上了圆满的句号。

李达在《新青年》上的文章不多,但每一篇都有明确的目标,都针对具体的问题和具体的对象,具有战斗檄文的性质;同时,他的文章讲究论证说理,立场坚定,理论性和逻辑性强。更重要的是,这些文章都有一个相同的宗旨,即阐明和捍卫真正的马克思主义、社会主义。因此,这些文章在中国早期传播了马克思主义,对中国人作了一次重要启蒙,也为中国共产党的建党作了重要的理论准备。

---

① 《李达文集》第 1 卷,人民出版社 1980 年版,第 66 页。
② 《李达文集》第 1 卷,人民出版社 1980 年版,第 67 页。
③ 《李达文集》第 1 卷,人民出版社 1980 年版,第 71 页。

三、李达在《新青年》上发表的主要文章的重要意义

李达在《新青年》上发表的文章数量不多,篇幅也不太长,但对于中国革命、中国共产党的创建和李达本人的思想发展都具有重要意义。

(一)传播和捍卫了马克思主义

李达早期与许多进步刊物都有密切关系,或是作者,或是编辑,或是主编,或是兼具多重身份,而《新青年》是李达特别重视的刊物,是他表达其立场和观点的重要阵地。同时,他在《新青年》上的文章并不是孤立的、片断性的,而是他当时整个思想展示的一个窗口,是他早期思想的一个缩影。从这些文章可以看出,李达传播和捍卫马克思主义,是通过批判各种错误思想而展开的。

第一,批判无政府主义,传播和捍卫马克思主义。李达是批判无政府主义的干将,早在 1919 年,他就在《民国时报》上发表《什么是社会主义》、《社会主义的目的》等文章,从哲学基础上初步批判了施蒂纳、巴枯宁等无政府主义鼻祖及其他重要代表人物的观点。1920 年年底,他又在发表于《共产党》上的《社会革命底商榷》一文中,批判了否认无产阶级专政的无政府主义,并将无政府主义者称为"我们的朋友",尽量争取他们,而将反社会主义者明确划归为革命的敌人。1921 年 5 月,为响应《新青年》对无政府主义的声讨,李达在《共产党》上发表了《无政府主义之解剖》,更加深入分析了无政府主义的实质和危害。1921 年 6 月,他在发表于《新青年》上的《马克思派社会主义》一文中,针对无政府主义的错误,正面阐明了无产阶级专政的重要性、实质和基本职能。

在批判无政府主义的斗争中,李达是中国马克思主义者中最早的斗士,他认识深刻,分析透彻,既批判了西方的无政府主义,又批判了无政府主义在中国的鼓吹者;既驳斥了无政府主义的错误,又阐明了马克思主义的正确思想;既批判了无政府主义的理论基础,又分析了无政府主义的现实危害。李达的批判代表了当时中国马克思主义者的最高水平,而他在《新青年》上发表的文章既承接了他最初的思想,也深化了他对无政府主义的批判。

第二，批判修正主义，传播和捍卫马克思主义。李达视野开阔，目光敏锐，识别出修正主义的本质，并进行了深刻批判。1920年11月，李达在发表于《共产党》上的《第三国际党大会的缘起》一文中系统地批判了第二国际及其修正主义，阐明了第三国际的必要性、合法性和重要地位。1920年12月，他在发表于《新青年》上的《马克思还原》一文中从理论上更深入地说明了马克思主义的真实本质，批判了修正主义对马克思主义的歪曲，阐明了列宁主义与修正主义的实质区别。1921年6月，他在发表于《新青年》上的《马克思派社会主义》一文中，进一步批判了考茨基、伯恩斯坦的修正主义。1922年4月，他又在发表于《新青年》上的《第四国际》一文中，捍卫了第三国际及列宁主义，间接而有力驳斥了修正主义。

《新青年》是李达批判修正主义的主要阵地，它与中国共产党党刊《共产党》相互映衬，共同宣传和捍卫了马克思主义。

第三，批判中国的改良主义，传播和捍卫马克思主义。中国如何坚持马克思主义，中国如何根据自身国情进行社会主义革命，是当时中国革命者所面对的重大问题。对于这类问题，改良主义作了错误的回答。李达对中国改良主义的批判，也是他对这两大问题的探索。留学日本时，李达就关注国内改良主义动向，他于1919年11月在《民国时报》副刊上发表的《张东荪现原形》，就揭露了张东荪的社会主义实质上是改良主义。1921年4月，他发表于《新青年》上的《讨论社会主义并质梁任公》深入批判了张东荪、梁启超所代表的改良主义谬论，阐明了中国必须进行社会革命，建立无产阶级政权。1921年5月，他发表于《共产党》上的《无政府主义之解剖》在国际视野下进一步批判了张、梁的错误思想。1923年5月，李达在湖南自修大学校刊《新时代》上发表《马克思学说与中国》，在批判中阐明了马克思主义的要义、马克思主义如何中国化、如何指导中国革命等问题。1923年8月，湖南《大公报》副刊《现代思想》连载他的《社会主义与江亢虎》，进一步阐明了中国革命的意义、道路和目标，再次有力还击了中国的改良主义。

在批判中国改良主义过程中，李达在《新青年》上的论文承前启后，贯穿着李达的马克思主义观，体现了李达思想的连续性、整体性。

20世纪20年代初，李达旗帜鲜明地传播和坚持马克思主义，对各种错误思想进行了尖锐批判和辛辣讽刺。由于《新青年》是当时最有影响的进步刊物,李达在该刊发表的文章也成为当时在中国传播和捍卫马克思主义的重要文本,极有权威性和影响力,也使李达成为在中国传播和捍卫马克思主义的当之无愧的先驱。

(二)奠定了中国共产党的理论基础

李达绝不只是一个书斋中的学者,而是一个无产阶级的革命家和理论家,为中国共产党的创建作了必要的理论准备,而其在《新青年》上发表的文章在这方面起了重要作用。

李达怀揣"寻访同志,干社会革命"①的热情回国,不久便访问了他敬佩的陈独秀,融入到当时中国最进步的知识分子中,并与他们一道组建中国共产党的上海发起组,担任代理书记,选定《新青年》为党的公开机关刊物;他创办了中国共产党的第一个党刊《共产党》,并且担任主编;他是中国共产党一大的筹备者和召集人,是中国共产党的主要创建者之一。在此过程中,李达是积极的活动家和革命家,也是党的思想家和宣传家。当时,中国共产党主要领导对理论重视不足,而大多数马克思主义信仰者对马克思主义的了解十分有限,理解也较肤浅。在这种情况下,传播马克思主义理论成了当务之急。当时,李大钊主要传播唯物史观,其《庶民的胜利》、《我的马克思主义观》等文章系统介绍和宣传了唯物史观,影响巨大;胡汉民与李大钊相互呼应,发表了《唯物史观批评之批评》等重要论文。中国共产党成立后,李汉俊侧重宣传阶级斗争理论和人民群众的历史创造作用等;瞿秋白在上海大学等地讲授和传播唯物史观的基本原理。李达密切关注当时国际国内理论动向,充分利用留学时积累的马克思主义理论知识,积极宣传和捍卫马克思主义,在中国共产党创建前后,为中国共产党奠定了重要理论基础。

《新青年》是李达宣传马克思主义的重要平台,也记录着李达探寻中国共产党理论基础的心路历程。《马克思还原》、《马克思派社会主义》、《评第四国际》等文章聚焦于国际社会对马克思主义的理解和争论,特别是批判了具有

---

① 参见王炯华等:《李达评传》,人民出版社 2004 年版,第 59 页。

较大蒙蔽性和蛊惑性的第二国际中的修正主义、无政府主义，阐明了真正的马克思主义，这既开阔了中国共产党人的视野，丰富了共产党人的马克思主义理论知识，也增强了人们辨别真假马克思主义的能力。《讨论社会主义并质梁任公》批判了通过发展资本主义而储备无产阶级革命力量的谬论，以马克思主义理论为依据阐明了中国革命的动力、道路和目标，既宣传和坚持了马克思主义，也坚定了中国革命者的马克思主义信念，强化了中国革命者将马克思主义与中国实际相结合的意识和能力。李达在《新青年》上发表的几篇文章，是李达立足于中国革命宣传马克思主义的代表之作，它们在批判国际国内各种错误思潮的过程中表明作者的观点、立场，捍卫和传播了马克思主义，提高了中国共产党人的马克思主义理论水平和理论素养，也深刻阐明了马克思主义是中国共产党必须坚持的指导思想。

（三）成就了李达的信仰和品格

李达在《新青年》上的几篇文章是他在 20 世纪 20 年代左右思想的表达，都不太长，也谈不上系统性，但这些文章的探索坚定了李达的信仰，也塑造了李达的可贵品格。

《新青年》上的几篇主要文章问世前，李达就有了初步的马克思主义信仰，这体现于他留学日本时最后选择学习马克思主义、回国前高效率地翻译了《唯物史观解说》和《社会问题总览》。回国后，李达亲身感受了中国严峻的社会现实，积极参与改变现实的革命活动，更进一步坚定了对马克思主义的信仰。在 20 世纪 20 年代初批判国内国际错误思想的斗争中，"李达始终坚持以马克思主义哲学为理论武器，注重从世界观的高度揭露这些思潮的根本错误，因而他的这种批判显得极为深刻"。①

《新青年》上的几篇主要文章是李达对国内外错误思想的分析和批判，也是他对马克思主义更自觉的选择和坚持；是为他所参与的革命活动作的理论准备，也是对革命活动的理论总结。这几篇文章使李达的马克思主义信仰更为明确和坚定。在专心于理论研究后，李达早期所确立的马克思主义信仰更

---

① 汪信砚：《李达哲学探索的独特理论个性》，《哲学研究》2011 年第 12 期。

加坚定,他不仅进一步介绍和宣传马克思主义,并且更加深入系统地研究马克思主义。李达于1926年出版的《现代社会学》,是他以唯物史观改造旧社会学的尝试。他的《社会学大纲》于1937年初版,后多次再版,它对马克思主义哲学作了深刻理解和系统阐述,被毛泽东称为中国人写的第一本马克思主义哲学教科书,很好地满足了当时革命的理论需要。新中国成立后,李达对毛泽东的《实践论》、《矛盾论》进行解说,不仅展现了他深厚的马克思主义理论功底,也彰显了他坚定的马克思主义理论信仰。晚年,李达不顾年迈体弱,主编《马克思主义哲学大纲》。他在世时,这部著作虽未全部完成,却是李达哲学思想的总结,代表着他的马克思主义哲学研究的最高成就,也含蕴着他对马克思主义哲学的一片丹心。

李达在《新青年》上的几篇文章主要是论战性和批判性的,回应和批判名望颇高的第二国际领导者伯恩斯坦、考茨基,毫不留情地批判国内学术泰斗梁启超,这些在一定程度上也锻造了李达独立思考的理性品格和批判精神,并对他后来的学术生涯产生了重要影响。1922年后,他脱离实际政治活动,专心从事理论研究,基本上也不介入掺杂政治因素的学术争论,其目的是要保持清醒,以便能够对问题作出正确判断。即使在与身为国家最高领导人的毛泽东进行交流时,李达也从不唯唯诺诺,而是始终坚持真理。1958年"大跃进"时期,"人有多大胆,地有大多产"的观点盛行,李达曾就此面对面地与毛泽东争论,尖锐地指出这是头脑发热,认为这会给中国人民带来大灾大难①。李达坚持独立思考,对错误思想毫不留情,在权威面前不卑不亢,这些可贵品格成就了他卓越的学术思想,也塑造了他令人敬仰的人格魅力。

(原载《马克思主义哲学研究》2015年第1期)

---

① 参见谢红星、梅雪:《李达与毛泽东的哲学交往》,中国社会科学出版社2010年版,第185页。

1930 年前后李达对
马克思主义中国化的历史贡献

宋镜明　　吴向伟

大革命失败后,李达在白色恐怖下坚持马克思主义理论研究和宣传,撰写和翻译、出版了许多有影响的论著,在传播和研究马克思主义方面取得了很高成就。著名马克思主义史学家侯外庐指出,20 世纪 30 年代我国致力于马克思主义宣传和研究的党内外众多学者中,"就达到的水平和系统性而言,无一人出李达之右"。① 这充分说明了李达在 20 世纪 30 年代对马克思主义中国化的重要历史贡献。

一、翻译出版马克思主义理论著作,为马克思主义中国化提供了必要前提

翻译出版马克思主义的经典著作和介绍马克思主义的理论书籍,是马克思主义中国化不可或缺的重要前提。1930 年前后,在严酷的环境中仍顽强地从事马克思主义著作的翻译出版工作,是李达对马克思主义中国化的重要贡献之一。

在国民党的文化"围剿"中,李达继续坚守马克思主义的理论阵地。他在1928 年冬与熊得山等创办昆仑书店,大量出版马克思主义理论书籍,并重印了《现代社会学》的修订版。1930 年,在我国首次出版了马克思的《资本论》(第 1 卷第 1 分册,陈启修译)、《马克思主义经济学基础理论》(李达等译)、恩

---

① 侯外庐:《韧的追求》,生活·读书·新知三联书店 1985 年版,第 36 页。

格斯的《反杜林论》(上册,钱铁如译)。此后,还出版了一本署名为恩格斯的《机械论的唯物论批判》。1932 年李达又以"王啸鸥"的名义创办了笔耕堂书店,继续出版马克思主义书籍。

在 20 世纪 20 年代末至 30 年代中期,李达亲自翻译出版了十余部马克思主义理论书籍,累计近 5000 页之多。其中,主要有日本穗积重远的《法理学大纲》(1928 年)、山川菊荣的《妇女问题与妇女运动》(1929 年)、杉山荣的《社会科学概论》(与钱铁如合译,1929 年)、德国塔尔海玛的《现代世界观》(原名《辩证唯物论入门》,1929 年)、日本河上肇的《马克思主义经济学基础理论》(与王静等合译,1930 年)、河西太一郎的《农业问题之理论》(1930 年)、河田嗣郎的《土地经济论》(与陈家瓒合译,1930 年)、德国卢波尔的《理论与实践的社会科学根本问题》(1930 年)、苏联米哈列夫斯金的《经济学入门》(1930 年)、拉比拉斯等著的《政治经济学教程》(与熊得山合译,1932 年)以及西洛可夫、爱森堡等著的《辩证法唯物论教程》(与雷仲坚合译,1932 年)。与此同时,李达此前翻译的《社会问题总览》、《唯物史观解说》等马克思主义著作也多次再版。

李达翻译马克思主义理论书籍,目的十分明确,就是为了广泛传播马克思主义,给广大人民群众以认识中国革命的武器。他向读者推荐上述译著时说,《现代世界观》"确是研究辩证唯物论的一本很好的入门书"(译者序),《理论与实践的社会科学根本问题》"实是马克思主义底研究者与实践者一本必读之书"(译者例言),《社会科学概论》可以让读者从中"理解到新的社会科学的立场和它的用处"(译者的话),《农业问题之理论》"确是研究农业理论的一本好参考书"(译者的话)。

上述这些书籍的翻译出版,为中国广大群众学习马克思主义特别是学习唯物辩证法、认识中国革命提供了条件。在 20 世纪 30 年代我国兴起的唯物辩证法运动中,李达所做的翻译介绍工作"成绩最佳,影响最大",他在中国"近五十年思想史之功绩不可忘记"①。

在李达这一时期的译著中,最具有代表性的是《辩证法唯物论教程》,这

① 郭湛波:《近五十年中国思想史》,山东人民出版社 1997 年版,第 179 页。

是苏联批判德波林学派过程中产生的一部很有影响的哲学著作。李达在"译者例言"中指出:"本书是集体研究的结晶,是最近哲学大论战的总清算,是辩证唯物论的现阶段,是辩证法唯物论的系统说明。"《辩证法唯物论教程》一书的显著特点,是突出了列宁的哲学思想,坚持了哲学的党性原则,阐述了辩证唯物论的认识论和辩证法的规律与范畴。这部书于 1931 年在苏联出版。李达等在 1932 年就将它翻译和介绍到中国,这是非常及时的,切合了中国革命的需要。

《辩证法唯物论教程》1935 年在上海笔耕堂书店出版之后,很快流传到革命圣地——延安。毛泽东认真阅读过此书的 1935 年和 1936 年两个版本。从 1936 年 11 月至 1937 年 4 月,短短半年时间,毛泽东在这本书的第三版上,先后用毛笔、红黑蓝铅笔在书眉和其他空白处,写下了"近 12000 字的批语"①,并从头至尾作了圈点和勾画。在书的原文中,他画了直线、曲线、曲线加直线、二直线、三直线、圈点、双圈、三圈等符号。其中第三章"辩证法的根本法则"批注文字最多,最长的一条有 1000 多字。后来,大约在 1941 年,又在这本书的第四版上做了一些批注。有对原著的扼要而精辟的概括,简明的赞同评语,也有对原著观点的批评和引申,特别是有许多联系中国实际所作的发挥。这是毛泽东"批注文字最多"的一本著作。毛泽东曾致信易礼容,表示对《辩证法唯物论教程》"甚表同情",希望能与李达"建立友谊通信联系"②。毛泽东还致信中央研究组及高级研究组,建议将"李译《辩证法唯物论教程》第六章唯物辩证法与形式论理学"作为理论学习和研究思想方法的参考材料③。艾思奇编的《哲学选辑》第一章,选录的就是这部译著的第一章。

在 20 世纪 30 年代革命战争的环境下,毛泽东能够读到的马列哲学原著并不多,苏联 30 年代的哲学教科书和我国李达、艾思奇等人的哲学译著,就成了毛泽东接受、了解马克思主义哲学的一种"中介"。李达翻译的《辩证法唯物论教程》对毛泽东哲学思想的形成和发展产生了直接的影响,其主要表现是:它为《实践论》、《矛盾论》的写作提供了重要的思想材料;毛泽东受该书的

---

① 《毛泽东哲学批注集》,中央文献出版社 1988 年版,第 87—89 页。
② 《毛泽东书信选集》,人民出版社 1983 年版,第 47 页。
③ 《毛泽东书信选集》,人民出版社 1983 年版,第 189 页。

启发,发挥和创新了某些哲学原理。①

《辩证法唯物论教程》在国民党统治区也有很大影响,有的革命者在国民党的监狱中,还认真学习这本书。例如,老一辈革命者魏文伯于 1935 年在狱中绝食斗争结束后第一次学习过这部著作,以后又带着它经历了抗日战争和解放战争的烽火岁月以及十年"文革"的浩劫,其间此书两次失而复得。②1979 年,魏文伯将珍藏了 40 多年的这部著作和《社会学大纲》一并交给国家出版局,建议重新出版。这一情况,充分表明了《辩证法唯物论教程》一书影响之广,也从一个侧面反映了李达从事马克思主义翻译出版工作的重要意义。

二、理论联系实际,反映了马克思主义 中国化的历史趋向

大革命失败后,中国向何处去? 这是当时每一个马克思主义者必须探索和回答的问题。从 1929 年 1 月到 9 月,李达先后出版了《中国产业革命概观》、《社会之基础知识》和《民族问题》三部著作,坚持理论与实践相结合,正确地回答了中国革命向何处去的问题。

《中国产业革命概观》是中国第一部"从经济里去探求"中国社会性质和中国革命性质的专著,也是一部探讨中国社会改造问题的专著。

李达在书指出:"要晓得现代的中国社会究竟是怎样的社会,只有从经济里去探求。……在中国革命的过程中,凡是留心于国家改造的人们,必先依照这产业革命的经过,就中国经济发展的倾向作正确的分析,才能了解革命的理论,树立建设的计划。"③"我们可以说中国革命的过程和产业革命的过程,确有因果的关联,我们要获得中国社会改造的理论,惟有在中国产业革命的过程中去探求。"④这不仅表明了李达撰写该书的目的和动机,也表达了他以唯物

---

① 雍涛:《李达与马克思主义哲学中国化》,《武汉大学学报(人文科学版)》2006 年第 1 期。

② 武达功:《李达著作历险记》,《湖北日报》1981 年 1 月 7 日。

③ 《李达文集》第 1 卷,人民出版社 1980 年版,第 388 页。

④ 《李达文集》第 1 卷,人民出版社 1980 年版,第 390 页。

史观作为自己理论研究的指导思想。

早在 1923 年,李达就指出,无产阶级究竟怎样来进行政治运动,这要"按照中国国情"来决定,即"要根据当时的产业的状况和文化的程度来决定"①。这表明李达较早地产生了"马克思主义中国化"的思想萌芽。在《中国产业革命概观》一书中,李达强调应用马克思主义改造中国必须"考虑中国社会问题的特殊性"。他指出,采用什么主义发展中国的产业,这是由半殖民地的中国革命的特殊性所决定的,也是由半殖民地的中国社会问题的特殊性所决定的。他说:"中国社会是个半殖民地的社会,半殖民地的资本主义的发展,和先进国的资本主义的发展,具有不同的特征……同样,半殖民地的社会问题的内容,和先进国的社会问题,也具有不同的特征。假使忽略了这个特性,就不能了解中国的社会问题。"②这就抓住了马克思主义中国化的核心问题。

在这部著作中,李达运用主要矛盾和矛盾的主要方面的分析方法,阐明了中国农村经济破产和产业迟迟不能发展的主要原因:第一,帝国主义的侵略;第二,封建政治的剥削;第三,土豪地主的剥削。而中国产业迟迟不能发展的原因,可分为主要的和附带的两大类。"所谓附带的原因,如资本缺乏、企业者智识能力之缺乏等是;所谓主要的原因,如国际帝国主义侵略、封建势力和封建制度的存在是。"③由此李达得出结论:处在帝国主义经济侵略之下的中国,幼稚的新式产业,绝没有顺利发展的余地,即使稍有发展的机会,也只限于国际经济侵略所不能及的时间和空间而已,因而发展的可能性确是很有限的。"由此可知帝国主义的侵略不打破,中国的产业是没有发展的可能的。"同样,"封建势力若不扫除,封建制度若不廓清,中国的产业就没有顺利发展的希望,这是任何人都能知道的"④。

在这种情况下,中国劳动者"生活的困难,已是达到极点",因而他们具有强烈的革命要求。李达明确指出:中国产业工人,"是中国革命的急先锋",农民的绝大多数"已经表现着反抗帝国主义和封建势力的大力量,表现着为革

---

① 《李达文集》第 1 卷,人民出版社 1980 年版,第 212 页。
② 《李达文集》第 1 卷,人民出版社 1980 年版,第 489 页。
③ 《李达文集》第 1 卷,人民出版社 1980 年版,第 478 页。
④ 《李达文集》第 1 卷,人民出版社 1980 年版,第 488 页。

命而奋斗的功绩"①。

李达利用国内外有关中国问题的大量统计资料,根据马克思主义观点,从分析中国半殖民地半封建社会经济的特点入手,得出了两个重要结论:第一,"打倒帝国主义的侵略,廓清封建势力和封建制度,是中国革命的唯一对象,同时又是发展产业的唯一前提"。② 第二,"怎样发展中国产业的问题,实是中国革命的根本问题。简单的结论是:要发展中国产业,必须打倒帝国主义的侵略,廓清封建势力和封建制度,树立民众的政权,发展国家资本,解决土地问题"。③

《社会之基础知识》剖析了现代资本主义和帝国主义的特征,并着重阐述了两个问题:一是阐明被压迫民族和被压迫阶级建立联合战线的可能性和必要性;二是在分析中国的国情的基础上,进一步阐明了中国革命性质和革命的前途。李达说:"中国一面是半殖民地的民族,同时又是半封建的社会。所以为求中国的生存而实行的中国革命,一面要打倒帝国主义,一面要铲除封建遗物,前者是民族革命的性质,后者是民主革命的性质,其必然的归趋,必达到于社会革命,而与世界社会进化的潮流相汇合。"④

《民族问题》一书分析了帝国主义时代的民族问题,进一步揭示了被压迫民族的革命与被压迫阶级的革命之关系,阐明了殖民地半殖民地的民族革命是无产阶级世界革命的一部分。李达指出,帝国主义时代,"到了被压迫阶级的世界革命,已经上了世界史日程的时代,民族问题由国内的问题,变为国际的问题,成为无产阶级世界革命重要的枢纽"⑤。该书的落脚点在于论证"被压迫民族反帝国主义的民族解放运动,是从剥削与压迫解放出来的唯一道路"⑥。

李达1929年的三部著作,运用马克思主义的基本原理,全面而深刻地回答了现代中国的社会性质和与此相关的革命性质、革命对象、革命任务、革命

---

① 《李达文集》第1卷,人民出版社1980年版,第493页。
② 《李达文集》第1卷,人民出版社1980年版,第488页。
③ 《李达文集》第1卷,人民出版社1980年版,第495页。
④ 《李达文集》第1卷,人民出版社1980年版,第559页。
⑤ 《李达文集》第1卷,人民出版社1980年版,第589页。
⑥ 《李达文集》第1卷,人民出版社1980年版,第605页。

前途以及中国革命和世界革命的关系问题,正确回答了 1927 年大革命失败后中国向何处去的问题。他提出的思想观点,不仅为中国共产党领导的民主革命提供了科学依据,而且有力地回击和驳斥了中国托派和国民党反动文人否认中国仍是半殖民地半封建社会进而否定在中国进行资产阶级民主革命的必要性的谬论。这对于当时有志于继续探索中国革命道路的人们,尤其是对那些陷入苦闷彷徨的广大革命青年,起到了很大的鼓舞和教育作用。国民党统治区不少进步青年,就是因为读了这些著作才走上革命道路的。

理论联系实际,把马克思主义基本原理同中国具体实际相结合,是马克思主义中国化的核心理念。李达以马克思主义的基本原理为指导,研究现代中国革命社会和革命的具体问题,反映了马克思主义中国化的历史趋向。

三、撰写中国第一部马克思主义哲学教科书《社会学大纲》,创立了中国特色的马克思主义哲学体系

《社会学大纲》是在九一八事变后李达用三四年时间逐渐写成的,它于 1937 年 5 月正式出版。20 世纪 30 年代,研究和传播唯物辩证法的运动在中国蓬勃发展,李达的《社会学大纲》正是这场辩证法运动的标志性成果。同时,随着中国抗日民族解放运动的发展,迫切需要用马克思主义哲学武装广大革命者,而这正是李达写作这部著作的目的。李达在该书第一版扉页写着:"献给英勇的抗日战士。"

《社会学大纲》问世之前,中国的马克思主义理论家(包括李达本人)发表过不少马克思主义哲学著作,但还没有出现以教科书形式全面系统地论述辩证唯物主义与历史唯物主义的著作,比较系统的此类论著都是译著。确如毛泽东所说,《社会学大纲》是中国人自己写的第一本马克思主义的哲学教科书。虽然我们现在看到的《社会学大纲》没有直接联系中国社会的实际,但它的中国特色已十分鲜明,绝不是国外教科书的改编,而是体现了中国人自己的特殊眼光和独立见解的著作。从涉及的问题和引证的材料看,当时李达已精研了马克思主义经典作家的几乎全部已发表的哲学著作,加上他对马克思主

义其他组成部分的多年的精湛研究,对历史的丰富知识,对古今哲学流派的深刻了解,对各国马克思主义优秀著作的认真吸取,对国内外哲学斗争经验教训的及时总结,就使他能够正确把握马克思主义哲学的实质,在当时的历史条件下达到了对马克思主义哲学最完整准确的阐述,在一些根本问题上超出了同时期苏联教科书的水平。①

李达在《社会学大纲》第一版序言中说:"本书内容,虽没有新的创见,但基于数年的研究,自信还有一些新的收获。"②这些"新的收获",主要表现在以下几个方面:

第一,突出了马克思主义哲学的完整性和系统性。在 20 世纪 30 年代以前,苏联学者和中国学者把马克思主义哲学分为辩证唯物论和历史唯物论"两大块",都没有把两者作为一个整体来阐述。《社会学大纲》发挥了列宁关于马克思主义哲学是"一块整钢"的思想,科学揭示了马克思主义哲学的整体性和系统性。在李达看来,历史唯物论和辩证唯物论"具有密切的不可分离的关联"。一方面,李达把辩证唯物论当做世界观看待,认为它包含着两个部分、两个领域,即唯物论的自然观(自然辩证法)与唯物论的历史观(历史辩证法),历史唯物论与自然辩证法同是辩证唯物论之必然的组成部分。另一方面,李达把辩证唯物论作为认识的方法论看待。他认为,辩证唯物论具体运用于自然领域,就成为自然辩证法;具体运用于历史领域,就成为历史唯物论。因此,"辩证唯物论与历史唯物论之间,具有极密切的关联"。③ 没有辩证唯物论,历史唯物论就不能成立;没有历史唯物论,辩证唯物论也不能成为统一的世界观。马克思主义哲学是世界观与方法论的统一,是唯物辩证法的历史观与自然观的统一。在《社会学大纲》,唯物辩证法虽只写了一篇,历史唯物论写了四篇,但实际上唯物辩证法是贯穿全书的一根红线,且分量约占全书一半。这样,《社会学大纲》首次把马克思主义哲学作为一个具有内在逻辑联系的整体进行阐述,突出了马克思主义哲学的系统性。

---

① 陶德麟:《〈社会学大纲〉再版前言》,载李达:《社会学大纲》,武汉大学出版社 2007 年版,第 2—3 页。
② 《李达文集》第 2 卷,人民出版社 1981 年版,第 5—6 页。
③ 《李达文集》第 2 卷,人民出版社 1981 年版,第 283 页。

第二,突出了马克思主义哲学的科学性。20 世纪 20 年代以来,马克思主义者与反马克思主义者在马克思主义哲学与以往哲学的关系问题上争论不休。李达强调马克思主义哲学是人类认识史的综合。他指出:"唯物辩证法,是唯一的科学世界观。这个世界观,是摄取了人类认识的全部历史的成果而积极创造出来的东西。"①李达坚持历史主义的立场,论述了马克思主义哲学与以前全部认识史批判继承的关系,指出唯物辩证法是批判摄取人类认识史特别费尔巴哈唯物论与黑格尔辩证法中的一切积极成果而创造出来的东西。但是,唯物辩证法并不是对费尔巴哈唯物论和黑格尔辩证法的简单重复,马克思主义"崭新的科学的哲学——唯物辩证法,具有其新的质、新的内容和新的历史使命"。②

在此基础上,李达阐述了实践对马克思主义创始人改造旧哲学、创立新哲学的重要意义。他指出,"马克思把黑格尔辩证法中这个生动的实践的概念,拿来放在唯物论的基础上展开出来,引入于唯物论之中,给唯物论以新的内容、新的性质","超出旧唯物论的界限,建立了实践的唯物论"③,即辩证法的唯物论。这样,也就使唯物论从自然领域扩张于历史领域,建立了彻底的唯物论的统一的世界观。马克思主义创始者"首先阐明了历史领域中的辩证法,其次由历史的辩证法进到自然辩证法,而在社会的实践上统一两者以创出科学的世界观的唯物辩证法。在这种处所,我们可以理解新哲学的新生命、新内容和新的历史使命"④。

李达不仅论证了马克思主义哲学是综合全部人类知识的伟大成果,说明马克思主义不是离开世界文明发展大道的学说,而且揭示了马克思、恩格斯把历史辩证法和自然辩证法统一于社会实践而创造唯物辩证法的过程,从而系统阐明了马克思主义哲学的理论渊源,突出了马克思主义哲学的科学性。

第三,将科学的实践观置于马克思主义哲学的核心地位。李达强调科学的实践观是马克思主义哲学区别于一切旧哲学的关键。他说:马克思"把实

① 《李达文集》第 2 卷,人民出版社 1981 年版,第 10 页。
② 《李达文集》第 2 卷,人民出版社 1981 年版,第 56 页。
③ 《李达文集》第 2 卷,人民出版社 1981 年版,第 57 页。
④ 《李达文集》第 2 卷,人民出版社 1981 年版,第 56 页。

践当做历史的——社会的范畴,解释为感性的现实的人类的活动,并把它作为认识论的契机,所以能够在其与社会生活的关联上去理解人类认识的全部发展史,因而克服观念论哲学的抽象性与思辨性,而达到于唯物辩证法"①。他指出:"从前一切形而上学的唯物论,把为认识主体的人类当作人类学、生物学上的人类来考察,因此切离认识过程与社会历史的实践的联系,不能根据历史的辩证法去理解认识与存在,主体与客体的统一。"②李达认为,唯物辩证法的"实践"是一个具有本体论和认识论意义的范畴。就本体论意义而言,实践是与人的劳动、历史联系在一起的感性的现实的人类活动;就认识论意义而言,实践是认识的基础、出发点和源泉,是检验认识真理性的标准。正是在实践的基础上,唯物论从自然领域扩张于历史领域,成为彻底的、统一的"科学的世界观"即唯物辩证法。《社会学大纲》把实践观点贯彻到底,与唯心主义和旧唯物主义划清了界限,体现了马克思主义哲学革命精神和科学精神的高度统一。③

第四,鲜明的独创性。该著从多方面对马克思主义哲学作出了富有创见性的阐释与发挥。在"唯物辩证法的诸法则"一章中,作者指出:"对立统一的法则,是辩证法的根本法则,是它的核心。这个根本法则,包摄着辩证法的其余的法则。"④李达运用对立统一规律去解释辩证法的其他规律和范畴,而在阐述其他规律和范畴时,将对立统一规律加以展开和具体化,说明其他规律和范畴是对立统一规律的"显现形态",从而向人们展示了唯物辩证法的严谨体系。

在认识与实践的关系上,李达把实践的范畴引入认识论,强调"要理解人类的认识过程,必须在其与社会历史的实践的统一上去考察"⑤。他认为,实践与认识是不可分离地统一着的,"实践是认识的基础,认识是实践的动因。实践不但证明认识的真理性,并且依据认识的真理性,而积极变革客观世

---

① 《李达文集》第2卷,人民出版社1981年版,第61页。
② 《李达文集》第2卷,人民出版社1981年版,第210页。
③ 陶德麟:《〈社会学大纲〉再版前言》,载李达:《社会学大纲》,武汉大学出版社2007年版,第5页。
④ 《李达文集》第2卷,人民出版社1981年版,第132页。
⑤ 《李达文集》第2卷,人民出版社1981年版,第211页。

界"。他概括了认识论的公式:"实践→直接的具体→抽象的思维→媒介的具体→实践","认识的这种圆运动是一个历史的发展过程,是由相对真理到绝对真理去的发展过程"①。这是对马克思和列宁的有关论述的集中提炼和概括,与后来毛泽东在《实践论》中对认识发展规律所作的集中概括不谋而合而又各有特色。②

在社会主义社会的矛盾问题上,他认为,生产力与生产关系的矛盾,"在一切社会的构造中,不论是在非敌对的社会或敌对的社会中,都是存在的"。不过,在不同的社会,这一矛盾的性质不同。"在敌对的社会中,这种矛盾带有颉颃的性质,而在非敌对的社会中,矛盾不至于发展为颉颃。""生产力与生产关系的矛盾,正是社会发展的原动力。如果没有矛盾,那就没有发展了。"③李达的这些观点,为 20 世纪 50 年代中期毛泽东关于社会主义社会基本矛盾学说,奠定了一定的理论基础。

李达认为,社会主义过渡时期是新形态的无产阶级斗争的继续,同时,"也是社会主义的发展、建设和生成的时代"④。过渡时期的经济"既不是资本主义,也不是完全的社会主义",它包括"资本主义与社会主义的'诸要素、小部分、小片'","过渡时期经济的最大特征,是社会主义要素对于资本主义要素的克服"⑤。过渡时期的国家,是无产阶级专政,"这是社会上勤劳的多数者的民主主义,是对于少数者的专政,是对于旧压榨者的专政"⑥。由于旧社会的影响并没有完全肃清,过渡时期需要进行"文化的根本改造",特别是要提高大众的文化水准,创造出内容丰富的无产阶级文化。

《社会学大纲》出版后,李达立即将此书寄给了毛泽东。毛泽东认为,这是一本好书,在十年内战时期能有这样一部书问世是非常难得的。在一次小型的干部会议上,毛泽东说:"李达同志给我寄了一本《社会学大纲》,我已经

① 《李达文集》第 2 卷,人民出版社 1981 年版,第 266—267 页。
② 陶德麟:《〈社会学大纲〉再版前言》,载李达:《社会学大纲》,武汉大学出版社 2007 年版,第 6 页。
③ 《李达文集》第 2 卷,人民出版社 1981 年版,第 397—398 页。
④ 《李达文集》第 2 卷,人民出版社 1981 年版,第 445 页。
⑤ 《李达文集》第 2 卷,人民出版社 1981 年版,第 445 页。
⑥ 《李达文集》第 2 卷,人民出版社 1981 年版,第 547 页。

看了十遍。我写信让他再寄 10 本来,让你们也可以看看。"①在给李达的信中,毛泽东热情地称赞李达是一个"真正的人",称赞这部著作"是中国人自己写的第一本马克思主义哲学教科书"。毛泽东用日记记下了自己读此书的进度,并在书上作了很多批注,合计 3500 字。除文字批注外,毛泽东还在原书上画有直线、曲线、曲线加直线、二直线、三直线、圈点、双圈点等符号。1939 年艾思奇编辑出版的《哲学选辑》收录了此书的《唯物辩证法的诸法则》一章。1948 年 7 月,新华书店根据毛泽东的意见按篇分为 5 册重版此书。1961 年 8 月 25 日,毛泽东在与李达的谈话中再次肯定《社会学大纲》说:"这本书在当时起了很大作用,现在还有意义,应该修改一下重新出版。"

在马克思主义哲学中国化的过程中,存在着两个为着同一目标而奋斗的战线,一是中国共产党的实践活动,二是并不直接从事政治实践活动的马克思主义理论家的学术研究和思想宣传。第一条战线以毛泽东为代表,第二条战线则以李达为代表。在中国马克思主义哲学发展史上,李达的哲学思想,是马克思主义哲学与中国实际结合的中介,是列宁阶段走向毛泽东阶段的中介,为毛泽东哲学思想的创造作了学理上的准备。②《社会学大纲》是中国马克思主义哲学理论体系形成的标志,作为李达在 20 世纪 30 年代研究马克思主义哲学最重要的富有代表性的理论成果,《社会学大纲》不仅是李达成为马克思主义哲学中国化第二条战线代表和马克思主义哲学大师的标志,也为马克思主义哲学中国化的理论成果——毛泽东哲学思想的创立提供了思想资源。

四、撰写《经济学大纲》,系统阐述马克思主义政治经济学基本原理

《经济学大纲》是李达在北平大学法商学院讲课时编写的讲义,1935 年由北平大学商学院作为教材刊印。《经济学大纲》是一部系统阐述马克思主义政治经济学基本原理的著作,也是李达研究马克思主义经济理论的代表作。

---

① 郭化若:《在毛主席身边工作的片断》,《解放军报》1978 年 12 月 28 日。

② 丁晓强、李立志:《李达学术思想评传》,北京图书出版社 1999 年版,第 229 页。

这部著作首先阐述了经济学的研究对象。李达指出:"经济学的对象,是社会构成过程中的生产关系的总体,即社会的经济构造。"①所谓社会的经济构造,就是"生产力与生产关系的统一,即适应于生产力的各种发展阶段的生产关系之总体",这种生产关系是和生产力发展的特定阶段相适应的,因此,"以经济构造为对象的经济学,不但研究生产关系,并且研究生产力发展的社会形式"②,也就是说,既要联系生产力的特定发展阶段来研究生产关系的总体,又要研究生产力本身的发展。

特别值得重视的是,李达提出了广义经济学的概念。广义经济学研究历史上各种经济构造的发生、发展与没落及其相互转变的法则,而狭义经济学只研究资本主义经济的发生发展及没落的法则,是广义经济学的构成部分。李达认为,广义经济学不仅研究前资本主义经济形态、资本主义经济形态和社会主义经济形态,而且也研究中国现代经济。"因为广义经济学,并不仅是为了求得经济学的知识才去研究一切经济构造,而实在是为了求得社会的实践指导原理才去研究它们。即是说,我们不是为理论而理论,为科学而科学,而是为了经济上的实践才研究经济学。"③

这表明,李达研究经济学的目的,是"为了求得社会的实践指导原理"。他认为,研究前资本主义经济形态,有助于具体地全面地理解资本主义经济,理解前资本主义经济的"那些遗物"在社会主义经济的初期时代"如何被改造,被推进于社会主义的过程"④。研究资本主义经济形态,可以暴露资本主义经济的发展法则,揭示资本主义必然灭亡的规律,从而武装无产阶级以从事消灭资本主义、建立社会主义的伟大斗争。研究社会主义经济形态,可以使担负改造经济形态使命的人们,理解社会主义经济的发展法则,从而得到行动的指导。

广义的经济学,还必须研究中国现代的经济。李达说:"我们不是为了研

---

① 《李达文集》第 3 卷,人民出版社 1984 年版,第 4 页。
② 《李达文集》第 3 卷,人民出版社 1984 年版,第 10—11 页。
③ 《李达文集》第 3 卷,人民出版社 1984 年版,第 15 页。
④ 《李达文集》第 3 卷,人民出版社 1984 年版,第 21 页。

究经济学才研究经济学,而是为要促进中国经济的发展才研究经济学。"①他严肃地指出,从来的中国经济学,"专门研究外国经济,却把中国经济忽略了。我认为这是一个严重的错误,是极大的缺点"②。他认为,"除了研究历史上各种顺序发展的经济形态以外,还必须研究中国经济。只有这样的研究,才能理解经济进化的一般原理在具体的中国经济状况中所显现的特殊的姿态、特殊的特征,才能得到具体的经济理论,才能知道中国经济的来踪和去迹。"③

由于种种原因,李达在《经济学大纲》中预定的探讨社会主义经济和中国经济的两部分内容未能完成,但该书对中国经济问题亦有所论述。在该书的绪论中,李达考察了当时中国经济的状况,认为中国近代经济存在三个相互交错的过程,即"帝国主义侵略的过程、民族资本萎缩的过程和封建农业崩溃的过程"④。在这三个过程中,第一过程占据统治地位,第二过程是第一过程的附属物,第三过程被第一、第二过程统治着。这种状况是现代各帝国主义国家所没有的。李达由此得出结论说,中国现代经济不是一个独立的经济形态,"还停滞在由封建经济到资本主义经济的过渡状态中,但是深深的烙上了国际帝国主义殖民地的火印"⑤。就是说,中国现代经济,是半殖民地半封建的经济。除《经济学大纲》中论及中国现代经济外,李达在《中国产业革命概观》、《中国现代经济史之序幕》、《中国现代经济史概观》及《中国社会发展迟滞的原因》等论著中,也考察了鸦片战争以后中国社会经济发展状况及其发展趋势。面对中国特殊的经济状态,中国又应该怎样寻求自己的生路呢?"这不仅是一个经济问题,而是整个中国自求生存、自求解放的问题。"⑥从中国经济状况分析中得出政治结论,为中国革命提供理论武器,是李达研究中国经济的根本目的。

李达在《经济学大纲》中对马克思主义经济学原理的阐述相当准确、精当,表明其所具备的马克思主义经济学的理论水平在当时是一流的。尽管那

---

① 《李达文集》第3卷,人民出版社1984年版,第22页。
② 《李达文集》第3卷,人民出版社1984年版,第24页。
③ 《李达文集》第3卷,人民出版社1984年版,第24页。
④ 《李达文集》第3卷,人民出版社1984年版,第23页。
⑤ 《李达文集》第3卷,人民出版社1984年版,第22页。
⑥ 《李达文集》第3卷,人民出版社1984年版,第24页。

时已有一些依据马克思主义政治经济学原理撰写的经济学著作问世,如陈启修的《经济学原理十讲》(1932 年)、《经济学讲话》(1933 年)和沈志远的《新经济学大纲》(1934 年)等,但比较起来,这些著作中掺杂或包含有不少资产阶级经济学的因素,显然不如李达在阐述马克思主义经济学原理时那样忠实于马克思主义经济学的基本原则。能够准确地概括马克思主义经济学原理,是李达经济学研究的一大特点。例如,《经济学大纲》第二部《资本主义的经济形态》,就是依据马克思的《资本论》前三卷和列宁的《帝国主义是资本主义的最高阶段》所作出的对资本主义经济形态的分析。

《经济学大纲》当年铅印成书后,李达立即将其寄给延安的毛泽东,得到毛泽东的称赞。毛泽东在一次小型会议上说:"李达还寄我一本《经济学大纲》,我已经读了三遍半,也准备读它十遍。"①当时,这部著作也很快在国民党统治区流传开来,不少从事经济学研究的学者读了这部著作后很受启发,逐步摆脱了资产阶级经济学的影响,开始接受马克思主义经济学。

在我国早期的马克思主义理论家中,李达是少有的注重经济研究并取得突出成就的马克思主义理论家之一。他撰写的《经济学大纲》是中国人自己写的第一本的马克思主义经济学教科书和专著,对于马克思主义经济学理论在中国的传播,对于帮助中国人民正确认识中国国情、探索中国革命的正确道路,都起了重要作用。

总之,1930 年前后,李达在极其困难的条件下始终坚守马克思主义理论阵地,表现出坚定的立场和大无畏的战斗精神;他所撰写和翻译的马克思主义著作,代表了那个时期中国马克思主义理论研究的最高水平。李达对马克思主义中国化的探索,永远值得后人学习和研究。

(原载《深圳大学学报(人文社会科学版)》2015 年第 4 期)

---

① 郭化若:《在毛主席身边工作的片断》,《解放军报》1978 年 12 月 28 日。

李达与中国现代思想的启蒙

赵士发

李达是最系统、准确地在中国传播马克思主义的理论家。他的《现代社会学》、《社会学大纲》、《唯物辩证法大纲》等三部马克思主义哲学著作,分别代表了现代中国三个时期马克思主义哲学研究的最高水平。不仅如此,李达在理论研究中,一直非常关注中国与世界的革命实践,并亲身参与了伟大的无产阶级革命实践,对人民大众的需要有着深入的理解。正因为这样,李达在中国现代思想的启蒙中充当了旗手的作用。本文拟考察中国现代思想启蒙的历史语境与李达在中国现代思想启蒙中的地位和作用,并分析今天我们可从中得到的重要启示。

一、中国现代思想启蒙的历史语境和新方向

李达生活在中国社会现代化的思想启蒙时代,他在中国现代化的思想启蒙方面,走在了当时知识界的前面,起到了"理论界的鲁迅"的作用。他和艾思奇、毛泽东等其他马克思主义理论家一起,开创了中国社会启蒙运动的新航向,即从启资本主义现代化之蒙到启马克思主义之蒙的转变,逐渐形成了一个马克思主义中国化的现代思想传统。

中国现代思想的启蒙有其独特的历史语境和问题。从世界范围来看,经过文艺复兴与思想启蒙,近代以来人类从整体上已经进入了一个资本主义的世界历史时代。自工业革命以来,资本主义创造了巨大的生产力,进而开辟了世界市场,打破了狭隘的民族地域的局限,使一切落后的民族都卷入到世界历史中,民族历史开始向世界历史转变。在这个过程中,形成了农业的民族从属于工业的民族、东方从属于西方的世界体系格局。这种格局,一方面使不同的

民族有了较为普遍的交往,为物质文化与科学技术的互通有无与取长补短提供了现实的可能;但另一方面,也使资本主义的内在矛盾和危机开始在世界范围内起作用。世界范围的反抗资本主义的工人运动逐渐兴起,马克思恩格斯顺应时代的需要创立了马克思主义,从此无产阶级有了自己的理论武器,共产主义运动成为一种世界性的自觉运动。在资本主义占主导的世界体系中,不同的民族国家同资本主义世界体系的关系极为复杂,整个世界体系内部发展也极不平衡。在资本主义发展到帝国主义阶段以后,这种不平衡性更为明显,特别是东方国家如俄国、中国等,各种矛盾和危机并存,革命不断发生。马克思晚年以其宏伟深邃的世界历史眼光关注并洞察到了东方落后民族国家的革命形势与发展问题,并从世界历史发展规律的高度分析了东方国家走不同于西方的道路即跨越资本主义卡夫丁峡谷的可能性。列宁从世界历史眼光出发,提出了社会主义可以在一国建成的理论,并领导俄国十月革命取得了胜利。这为中国现代思想的启蒙与中国现代化提供了一条可能的新路。

就中国社会而言,1840 年以后,中国已经被逐步纳入到资本主义的世界体系之中,并处于被边缘化的地位。在帝国主义、封建主义、官僚资本主义"三座大山"的压迫下,无产阶级和人民大众所受的苦难极其深重,各种矛盾和危机不断激化。一方面,中国人民苦于国内资本主义的不发达,还受着封建主义的专制压迫;另一方面,中国人民又苦于资本主义的发达,国际资本主义已经发展到垄断帝国主义阶段,资本主义的内在矛盾和危机已经在中国社会发生作用。于是,中国现代化思想启蒙面临着多重历史任务,既要反对传统封建主义的压迫,又要反对帝国主义的侵略与克服资本主义现代性的危机,这构成了中国的现代思想启蒙的基本历史语境。近代中国的有识之士,就是在这样的历史语境中积极投身于中国现代化的思想启蒙的。从康有为的大同思想、章太炎的平等观念到孙中山的三民主义,都是为了满足现代化的需要、解决中国社会的部分矛盾和危机,但最终都没有真正完成启蒙的任务。五四运动是近代中国第一次真正意义的思想启蒙运动,提出了科学、民主、独立的主张,但主要依然是启资本主义之蒙。在资本主义世界体系下,其实中国社会启资本主义民主和独立之蒙的路已经被帝国主义堵塞,这决定了五四运动最终难逃失败的厄运。于是,以李大钊、陈独秀、李达等为代表的一批具有世界眼光的中国进步知识分子,在共产国际的帮助下,开始了中国现代化的新的思想启蒙运动,即启马克思主义之蒙。

马克思主义之所以能够成为中国社会现代化思想启蒙的新方向,是与马克思主义的性质、中国人民的需要及以李达为代表的中国知识分子的觉醒有内在关联的。马克思主义是在资本主义社会内部产生的,是从世界历史发展规律的高度对资本主义现代性的批判和诊断,揭示了资本主义现代性的发展规律和未来方向。不仅如此,作为一种世界性的理论,马克思主义内在地融汇着人类文明的成果,直接或间接地吸收了中华传统文化的精华。在任何一个时代,人民的需要就是时代的需要。马克思主义是适应人民的需要而产生的。马克思主义的立场,是为人类的大多数人即无产阶级谋利益,通过解放无产阶级最终实现人类的发展和解放。作为资本主义世界体系的一部分,中国传统文化如何实现现代化,中国人民如何获得独立、发展和解放,当时已经成为摆在中国知识分子面前的时代课题。

青年李达有感于中国社会复杂的现实,起初决心走实业救国的道路,并于1913年以优异成绩考取官费留日,学习自然科学。但1915年日本帝国主义向袁世凯提出灭亡中国的"二十一条",中国留日学生奋起斗争遭到失败,亡国的惨祸迫在眉睫。1918年5月组织"留日学生救国团"抗议北洋政府与日本签订卖国的《中日共同防敌军事协定》的救国活动失败后,李达觉悟到:"反动统治下'实业救国'的道路也是一种行不通的幻想。"[①]十月革命的胜利,让李达看到了中国未来的曙光。他开始大量研读马克思主义的文献,先后研读了《共产党宣言》《资本论》第1卷、《〈政治经济学批判〉导言》《国家与革命》等经典著作,逐渐掌握了马克思主义基本理论。他还翻译了郭泰的《唯物史观解说》和高畠素之的《社会问题总览》,为中国先进的知识分子学习马克思主义理论提供了重要文献。在这个过程中,他逐步成长为一个坚定的马克思主义者。李达自觉充当了马克思主义与中国人民之间的桥梁,他不仅深入研究马克思主义的理论,培养了一批中国的马克思主义理论人才,使马克思主义研究逐步在中国思想界形成了一个优良的学术传统;而且让马克思主义说

---

① 李达:《沿着革命队伍的道路前进》,《中国青年》1961年第13、14期合刊。

中文,以通俗易懂、准确简洁的语言向中国劳动大众普及马克思主义。他同艾思奇、毛泽东等马克思主义理论家一道,使马克思主义在中国深入人心,实现了中国现代思想的一次新的启蒙。

二、李达对中国现代性的批判与反思

正是在以上历史语境中,李达立足于对唯物史观的基本原理的准确理解和把握,展开了对中国现代性的批判与反思。

中国社会现代思想启蒙面临的独特历史语境和复杂的问题,决定了中国社会现代思想的启蒙和西方社会现代性的启蒙具有非常不同的形态和特点。自孙中山先生以"三民主义"推翻封建帝制后,中国并未走上健康的资本主义现代化道路。实际上,民族问题、民主问题和民生问题一个也没有真正解决。虽然复辟帝制的闹剧很快就收场了,但是官本位文化、封建主义的地方军阀割据反映出来的,依然是中国社会现代思想启蒙的极不彻底,因而反封建主义的腐朽传统始终是中国现代思想启蒙不可回避的历史任务。在西方,启蒙是在对封建主义的传统进行批判与扬弃的基础上,以资本主义文明替代封建文化而实现的。但在中国现代思想的启蒙过程中,由于资本主义的内在矛盾和危机已经十分尖锐,单用资本主义现代性取代封建主义传统已经行不通了。马克思曾经在《〈黑格尔哲学批判〉导言》中指出,在德国,如果只批判德国社会落后的封建主义现实,而不批判德国社会的资本主义意识形态理论,就要犯时代的错误。在近代中国,如果只批判封建主义,而不批判资本主义,同样也要犯时代错误。必须同时批判封建主义传统和资本主义现代性,才能实现中国社会现代思想的真正启蒙。所以,"对现代性的质疑和批判本身构成了中国现代性思想的最基本特征。因此,中国现代思想及其最为重要的思想家,是以悖论式的方式展开他们寻求中国现代性的思想努力和社会实践的。中国现代思想包含了对现代性的批判性反思。"[1]这是中国现代性不同于西方现代性的

---

[1] 汪晖:《当代中国的思想状况与现代性问题》,载许纪霖编:《二十世纪中国思想史论》上卷,东方出版中心 2000 年版,第 621 页。

地方,即中国现代性的启蒙需要扬弃西方现代性。同时,这也是世界历史时代的历史条件为中国现代性的发展提供的后发优势和历史机遇。人类社会历史发展的不平衡往往表现在社会的物质生活与精神生活的不平衡与错位上,有远见的思想家总是着眼于世界历史发展的规律与人类社会发展的未来,把握历史的主流和前进方向,展开自己的理论运思,显示出独到的前瞻性和预见性。李达就是这样一位马克思主义理论家,他主张通过批判资本主义现代性建构中国社会的现代性。李达在《社会主义的目的》一文中指出:"那资本家借了金钱和势力,压抑劳动者的手段,真是惨无人道咧。结果弄到贫者愈贫(这是劳动者),富者愈富(这是资本家),贫富相差愈远。"①李达抓住了资本主义现代性的内在矛盾和危机,在批判资本主义的现代性中展开了对中国社会现代思想的启蒙。李达对中国现代思想的启蒙,是在与各种非马克思主义和反马克思主义的论战斗争中实现的。

在对中国现代化道路的探讨方面,李达在与研究系关于社会主义的论战中澄清了当时思想界关于社会主义的模糊思想和错误认识,论证了中国必须走社会主义现代化道路的必然性。以梁启超、张东荪、张君劢等为代表的研究系,在当时的思想界都是赫赫有名的大人物。他们在十月革命和五四运动后,看到社会主义在世界与中国的影响日盛,试图趋时应变,以保存自己。但是,他们对暴力革命极端仇视,所以企图遏制马克思主义与科学社会主义理论在中国的传播,试图用社会改良主义来抵制科学社会主义。所以"关于社会主义的辩论"的实质就是中国现代化应走资本主义道路还是走社会主义道路,是采取革命的方式还是采取改良的方式来改造中国。研究系的人打着社会主义的旗号,肆意肢解马克思主义,危害甚大。他们认为,中国缺乏实现社会主义的主体即劳动阶级,社会主义不适合当时中国国情,中国应先发展资本主义,将来再实行社会主义。在《复东荪书论社会主义运动》这篇长文中,梁启超认为中国实业不发达,没有劳动阶级,无产可均,所以马克思主义不合中国国情。李达针锋相对地写了《讨论社会主义并质梁任公》一文。他从世界眼光出发,指出梁启超的错误在于将社会主义理解为一种简单的分配改良,而不

---

① 《李达文集》第 1 卷,人民出版社 1980 年版,第 4 页。

是对资本主义私有制进行根本变革。他还从世界历史高度,指出中国无产阶级的客观存在及其悲惨命运是与国际资本联系在一起的。李达肯定梁启超所言的要开发实业的主张,但指出问题在于以什么方法去开发,是以社会主义的方法还是以资本主义的方法,并对比了两种方法开发实业的优劣,主张以社会主义的方法去开发实业。他批判梁启超明知资本主义的恶果还要去发展资本主义的主张,认为这实即"仿照他人旧式不合理的式样暂时造出不合理的建筑物,准备将来改造",是完全不必要的,也是不可能的,因为外国资本在中国已经根深蒂固,"当着产业万分幼稚的时代又伏在各国政治经济的重重势力之下的中国,要想发展资本主义和各资本国为经济战争,恐怕要糟到极点了"①。李达还从逻辑上揭示了梁启超先造"劳动阶级"再搞社会主义的自相矛盾,认为这实际上是挂社会主义之名而行资产阶级改良主义之实。在这场关于社会主义的辩论中,李达以马克思主义的基本原理和方法,从正反两个方面论证了中国走社会主义现代化道路的必然性。这是对旧中国知识分子与劳动大众一次重要的马克思主义思想启蒙运动。

在关于中国现代化的未来的看法上,李达同无政府主义展开了论战,从唯物史观出发写成了《无政府主义之解剖》一文,批判了无政府主义宣扬的废除一切国家、一切政府和一切权力的错误思想。从 1919 年至 1921 年,黄凌霜、区声白等人发表了一系列文章,宣传"一切国家都是祸害",鼓吹"绝对自由"等思想。五四运动后,无政府主义在年轻知识分子中十分流行,出版的无政府主义的书刊多达七十余种。针对无政府主义的危害,李达对无政府主义的思想源流和理论体系作了系统批判,着重揭露了无政府主义的世界观基础是个人主义。他在批判了无政府主义的代表人物施蒂纳、蒲鲁东、巴枯宁和克鲁泡特金的思想后,得出结论说:"能够成为无政府主义的,只有个人主义。"②不仅如此,李达还分析了建立无产阶级专政的国家的必要性。他批判了无政府主义者关于中国社会革命后建立"无政府共产社会"的观点,指出资本主义之后是社会主义社会,应建立无产阶级专政的国家,因为还要对付反对共产主义的

① 《李达文集》第 1 卷,人民出版社 1980 年版,第 66 页。
② 《李达文集》第 1 卷,人民出版社 1980 年版,第 90 页。

人和资本主义敌国。

此外,李达还参与了与修正主义思潮的论战。五四运动以后,第二国际修正主义思潮在中国也很盛行。修正主义是一种资产阶级社会改良主义思潮,又被称为社会民主主义。张君劢写文章为德国的修正主义大唱赞歌,对苏俄的十月革命进行诬蔑诽谤。1920 年 11 月 7 日,李达在《共产党》、《新青年》等刊物上,发表了题为《第三国际党大会的缘起》、《马克思还原》、《马克思派社会主义》等一系列文章,概述了第二国际堕落的历史,谴责修正主义不是"社会主义",而是"和资本家妥协"的"议会主义"、"改良主义",从根本上划清了马克思主义与修正主义的界限。他还介绍了第三国际成立的经过,并得出结论说:"国际共产党联盟的主旨,就是实行马克思的共产主义,即革命的社会主义,由公然的群众运动,断行革命,至于实现的手段,就是采用无产阶级专政。现在代表国际社会主义的权威,就是这个国际共产党。世界的共产主义者呵! 我们望着这个目标前进呀!"①李达的这些文章,揭露了修正主义对于马克思主义的背叛,在坚持和发展马克思主义、实现中国现代思想的启蒙方面起到了重要作用。

中国现代思想的启蒙不是一个已经结束的方案,而是一个尚未完成并正在进行的过程。作为一个马克思主义理论家,李达一生都致力于中国社会主义现代化的理论建设。他后来的《现代社会学》、《社会学大纲》和《唯物辩证法大纲》三部哲学著作,以及对胡适实用主义的批判,都对中国社会现代思想的启蒙起到了重要的作用。

三、李达对中国现代思想启蒙的重要启示

马克思主义之所以能够成为中国社会现代思想启蒙的理论武器,除了马克思主义本身的真理性外,中国马克思主义学者如李达、艾思奇、毛泽东等人将马克思主义与中国实际相结合,使之具有中国风格与中国气派,具有为人民大众喜闻乐见的形式,实现了马克思主义的大众化,也是一个十分重要的原

---

① 《李达文集》第 1 卷,人民出版社 1980 年版,第 29 页。

因。今天,中国社会重新提出了马克思主义大众化的理论任务。无论是在高校讲坛,还是在社会民间,马克思主义都没有以往那样受人欢迎,其重要原因之一是当代中国马克思主义研究者的自我封闭或自我放逐。所谓的马克思主义学术化与马克思主义的意识形态化的对立,其实不过是马克思主义研究者不愿意或没有很好履行自己对中国现代思想启蒙的历史责任导致的结果。

李达对中国现代思想的启蒙,确实为当代中国的马克思主义研究者树立了一个光辉的榜样。李达深谙民众思想启蒙之道,从人民大众的心理需要出发,将马克思主义理论研究与马克思主义大众化有机结合起来,以通俗易懂的中国话去讲马克思主义的深奥道理,并取得了很好的效果。正是因为他在中国现代思想启蒙中的重要地位,所以他被毛泽东称为"理论界的鲁迅"。

马克思主义要成为中国社会的主流思想,就必须进入人民的头脑。任何一种社会思潮,都是理论形态和心理形态的有机统一体,其理论形态以理性说服人,其心理形态则以情感征服人。理论形态的社会思潮往往是通过概念、范畴、原理及一定的理论体系发生作用,这要求受众理解和把握理论的真正意义。相对而言,理论形态的社会思潮较难得到民众的认同,而心理形态的社会思潮则以情感去引起人们内心的共鸣,较容易引起人们的认同。从心理层面看,马克思主义在近代所以能够迅速得到中国部分知识分子的认同,这与它适应了当时人们的矛盾心理是密切相关的。一方面,近代中国知识分子既渴望"向西方寻找真理",同时却痛恨"先生老是侵略学生";另一方面,马克思主义既来自西方,同时又批判西方,既高度肯定西方现代性的成果(如物质财富的创造和交往范围的扩大),又尖锐批判西方现代性的弊端(如资本主义的剥削和帝国主义的侵略)。马克思主义恰好适应了当时人们的这种矛盾心理。

此外,一种社会思潮要成为社会的主流思想,既要有严密的理论体系,又要将其通俗易懂地表述出来。其实,真正做到通俗易懂地表述某一种思想理论并非易事。因为这不仅要求对理论本身有深入的研究和准确的理解,而且还要求对人民大众的心理需求有科学的把握,还要以通俗易懂的语言将二者有机统一起来。否则,通俗化就很容易流于庸俗化。李达不仅注重对马克思主义的理论研究,而且注重对人民大众心理需要的了解,努力实现马克思主义的大众化,并取得了明显的成效。这不仅体现为他始终坚持以通俗易懂的语言翻译和表述马克思主义的原典和基本原理,而且体现在他对中国化的马克思主义即毛泽东思想的宣传和讲解上。李达的《〈矛盾论〉解说》与《〈实践论〉解说》本身就是马克思主义大众化的成功典范。在中国社会由传统向现代转型的过程中,语言的现代化是不可忽视的重要方面。语言是思维的物质外壳,观念的更新往往表现在语言的更新上。中国现代化过程伴随着语言由文言文向白话文转型,其中,鲁迅、李达、毛泽东等人作出了杰出的贡献,他们既对马克思主义有着深刻的理解,又善于以人民大众喜闻乐见的语言将理论表述出来,极大地促进了中国现代思想的启蒙与中国现代性的话语转变。

在当代中国,如何实现马克思主义的中国化、时代化与大众化,依然是理论界探讨的热点问题。其中,实现马克思主义大众化的任务尤为迫切。因为这不仅关系到进一步完成中国现代思想启蒙的任务,而且关系到党和人民群众的关系,关系到社会主义和谐社会能否建成。在当代中国理论界致力于马克思主义大众化的过程中,高度重视、总结和吸收李达等人在马克思主义大众化方面的经验,是十分必要的。

（原载《经济思想史评论》第七辑（2015 年））

李达对中国式现代化问题的
创造性探索及其重要意义

赵士发　葛彬超

　　从世界历史进程来看,中国现代化与马克思主义中国化是在世界现代化与马克思主义世界化的背景下展开的。在马克思主义中国化过程中,虽然俄国与日本的马克思主义在一定程度上充当了马克思主义中国化的桥梁,但中国早期的马克思主义者并不都是从日俄那里学习马克思主义的,一些马克思主义者也直接阅读马克思恩格斯原著,结合中国实践进行创造性的阐释。李达就是这样一位马克思主义理论家,他始终坚持将理论与实践统一起来,坚持将普遍性与特殊性统一起来。他不仅在中国现代思想启蒙中作出了突出贡献,对马克思主义进行了创造性的诠释,担当了普罗米修斯式的播火者的任务,而且在反思中国革命与建设的过程中,对中国式现代化问题进行了创造性的探索。李达关于中国现代化问题的反思,体现了其深邃的世界历史眼光、实事求是的理论品质与勇于创新的精神。本文拟结合对李达著译的主要文本的解读,考察李达对中国式现代化问题的创造性探索及其重要意义。

一、从世界历史到中国社会:对“中国向
何处去”的科学解答

　　近代中国向何处去的问题不仅是中国社会发展的问题,而且也是世界历史发展中的问题。作为著名的中国早期马克思主义者,李达联系中国在世界历史中的现实处境,注重对马克思唯物史观的研习和译介。他基于唯物史观把握到了世界历史发展的基本规律,并自觉地站在世界历史发展规律的高度,

从中国革命与世界革命的关系、人类解放与民族解放的关系出发去反思"中国向何处去"的问题。在这一过程中,李达格外重视马克思主义发展中的列宁阶段,并从俄国经验和列宁对帝国主义时代东方社会命运的思考中获得启示,进而反思中国社会的问题。

"中国向何处去"是当时每一个中国先进知识分子都在关心和思考的问题,但没有世界历史眼光是难以看清这一问题的。与其他许多中国早期马克思主义者一样,李达在接触马克思主义之前,思想上也历经了"教育救国"、"实业救国"的发展阶段,直到俄国十月革命后,才转变为一名马克思主义者。实践证明,教育救国、实业救国在当时的条件下是不可能取得成功的。在中学时,李达参加过反日救国运动,主要是抵制日货和操练军事。据他后来讲:"当时我们爱国的办法就只懂得这么两条。这一类的反帝爱国运动在那时是年年都要举行的,每逢帝国主义者向清廷提出亡国性的侵略条件时,知识分子和青年学生们就集会、游行、喊口号、发宣言、向清廷请愿。可是这些运动每一次都以被压制而告终。"①1909 年李达中学毕业后考入京师优级师范,有了"教育救国"的理想。辛亥革命后,受孙中山的影响,李达的思想从"教育救国"转向"实业救国",并怀着实业救国的理想两次东渡日本。在国外,李达虽然受尽欺凌却仍刻苦攻读,但他的"实业救国"理想终因北洋政府的腐败无能而破灭了。当时,李达在思想上是极度苦闷的,他感到"如果不寻找新的出路,中国是一定要灭亡了"②。

十月革命是世界历史的转折点,让苦苦探索中国出路的有识之士们看到了曙光。随着具有世界历史意义的俄国十月革命的胜利,马克思主义第一次在实践上取得成功,马克思主义理论成为李达等中国先进知识分子竞相学习的对象。通过如饥似渴的学习和研究,他们对人类社会的内在矛盾与世界历史的发展规律有了正确的认识,并自觉地将马克思主义与中国实际相结合。马克思主义为李达等有识之士们提供了重要的理论武器,使他们在世界观上迅速转变,眼界不再局限于自发的爱国主义与狭隘的民族主义,开始从世界历

---

① 《李达文集》第 4 卷,人民出版社 1988 年版,第 730 页。
② 《李达文集》第 4 卷,人民出版社 1988 年版,第 732 页。

史眼光关注和研究世界历史的发展,将中国问题与世界局势、民族解放与人类解放联系起来。在这一过程中,李达"深切地觉悟到:要想救国,单靠游行请愿是没有用的;在反动统治下,'实业救国'的道路也是一种行不通的幻想。只有由人民起来推翻反动政府,像俄国那样走革命的道路。而要走这条道路,就要加紧学习马克思列宁主义的理论,学习俄国人的革命经验"①。他不仅及时地翻译了介绍马克思主义的重要著作(《社会问题总览》和《唯物史观解说》),而且对社会主义的本质与目的、战前欧洲社会党运动的情况、第三国际与第二国际和第四国际的关系、劳动与妇女的解放、社会革命等世界历史性问题进行了较为深入的研究,提出了中国学者自己的看法。不仅如此,李达在独立研究的基础上率先提出了"马克思学说与中国"关系的问题,这意味着李达已经在理论上自觉意识到马克思主义中国化问题。

在《马克思学说与中国》这篇论文中,李达从世界历史整体进程出发,精辟地分析和阐述了应用马克思主义改造中国社会的必要性与可能性、中国无产阶级在中国社会革命中的地位与作用、任务与策略等问题,科学解答了"中国向何处去"的问题。在分析中国革命的必要性与可能性时,李达主要根据《共产党宣言》、《哥达纲领批判》等马克思主义原著,站在世界历史的高度,结合国际形势的时代特点与中国社会的独特国情,肯定了马克思主义关于无产阶级革命原理的正确性,同时指出一些国家革命失败的根本原因在于"旧社会中生产力究竟有无发展余地的观察,难得确定"。② 通过李达在文中对托洛茨基与列宁有关思想的评述,我们不难发现他已经把握到了马克思东方社会理论的精髓。李达非常重视俄国经验与列宁的理论,认为革命的时机要根据国际形势、无产阶级的组织情况与决战勇气来共同判定。他根据列宁关于帝国主义的理论,分析了帝国主义与中国的关系,科学地把握住了当时中国社会的阶级斗争情况,指出无产阶级受到有产阶级、封建阶级与帝国主义三重压迫。他认为:"中国无产阶级处在这样的经济的政治的情形之下,中国共产党乘机起来组织无产阶级,企图社会革命,在理论上在事实上并不是没有确实的

---

① 《李达文集》第4卷,人民出版社1988年版,第733—734页。
② 《李达文集》第1卷,人民出版社1980年版,第208页。

根据的。至于中国无产阶级对于目前的政治运动,究应怎样决定,这一点马克思在《共产党宣言》上并未为中国共产党筹画,若按照目前中国国情,参照马克思在一八四八年替波兰瑞士德国共产党设下的计画,也可以定出一个政策来。"①在此基础上,他肯定了中国共产党联合国民党推翻军阀统治的合理性,并就此提出了中肯的建议。最后,李达参照列宁对俄国经济进化道路的分析,根据马克思主义学说提出了自己关于中国无产阶级在革命后应当走的经济道路与应采取的主要政策大纲,并指出:"我觉得一个国家的政策,总要根据当时产业的状况和文化的程度来决定,有产阶级的国家是这样,无产阶级的国家也是这样。"②在这里,李达实际上已经提出了中国式现代化的基本原则之一,即要将普遍性与特殊性有机统一起来。

二、从革命到建设:对"中国式现代化"的哲学反思

李达不仅坚持从世界历史整体进程出发,科学回答了"中国向何处去"的问题,而且结合中国革命与建设实践,对中国式现代化进行了系统的哲学反思,为后来的中国特色社会主义理论奠定了基础。

从世界历史进程来看,中国现代化有其独特性,那就是中国现代化是在外力驱迫下开始的,走的是一条"后发外生型"的现代化之路。这条道路的基本特点是,现代化在很大程度上由外国势力所主导,作为历史主体的人民群众却处于被压迫与被奴役的地位。以李达等为代表的中国早期马克思主义理论家们,站在世界历史的高度,看到了中国革命与世界革命、中华民族解放与世界人民解放的内在联系,主张通过无产阶级革命,实现中华民族的独立自主,将中国现代化由后发外生型转变为后发内生型现代化。因此,中国革命与建设构成了中国现代化的主线,二者都是中国现代化的内容。在对二者的反思过程中,毛泽东当然起到了至关重要的作用,但李达的功绩也是不容忽视的。李

---

① 《李达文集》第 1 卷,人民出版社 1980 年版,第 211 页。
② 《李达文集》第 1 卷,人民出版社 1980 年版,第 212 页。

达从以下方面对中国式现代化问题进行了系统的反思。

一方面,李达通过对中国革命的系统反思,把握到了中国社会与中国革命的特殊性。在解决了中国向何处去的问题(即以马克思主义为指导,像俄国那样走具有本民族特色的社会主义道路)以后,李达进一步反思了中国革命的特殊性。他在《现代社会学》、《产业革命概观》、《社会之基础知识》、《社会学大纲》、《经济学大纲》等书中,对中国社会问题的独特性与中国革命的特殊性进行了深入具体的考究。

在《现代社会学》中,李达针对中国社会问题的独特性指出:"中国社会问题虽亦同为资本主义之产物,然其发生之理由,乃因产业之不得发展,与工业先进国因产业发展过度而发生之社会问题大不相同,此其特性也。"①李达具体分析了中国的劳动者问题、妇女问题与准无产者问题等。然后,李达又专门分析了帝国主义与中国的关系、世界革命与民族革命的关系,一方面揭示了帝国主义已经使中国成为国际的半殖民地,指出中国近年的革命运动大多为对帝国主义侵略的反抗,另一方面揭示了世界革命与民族革命的关系,指明了民族革命的对象、领导力量以及未来趋势。

在《产业革命概观》一书中,李达通过大量的实证研究,阐明了中国产业革命与欧洲产业革命的不同。他认为,大体上说,欧洲产业革命是自力的,是因自力的充实由国内而逐渐展开并及于世界的;中国产业革命则是外力的,是因外力的压迫由世界而渗入国内的。这就使得中国产业革命有其特殊性,不是一般意义上的资本主义发展,而是半殖民地这一特殊历史条件下的资本主义发展。众所周知,产业革命是现代化的主要内容。因此,在这里,李达实质上已经把握到中国现代化与西方现代化分别属于"后发外生"与"先发内生"的不同类型。李达进而分析了阻碍中国产业革命或现代化的主要因素,即帝国主义、封建主义与买办资本主义。他指出,"要发展中国产业,必须打倒帝国主义的侵略,廓清封建势力和封建制度,树立民众的政权,发展国家资本,解决土地问题。"②

---

① 李达:《现代社会学》,武汉大学出版社 2007 年版,第 131 页。
② 《李达文集》第 1 卷,人民出版社 1980 年版,第 495 页。

在《社会之基础知识》一书中,李达进一步对中国革命与世界革命的关系、中国革命的性质与前途问题进行了阐述:"中国一面是半殖民地的民族,同时又是半封建的社会。所以为求中国的生存而实行的中国革命,一面要打倒帝国主义,一面要铲除封建遗物,前者是民族革命的性质,后者是民主革命的性质,其必然的归趋,必到达于社会革命,而与世界社会进化的潮流相汇合。"①由此可见,中国革命具有双重性质,它是民族革命与民主革命的统一,其未来的趋势必然与世界革命的潮流汇合。这也是对中国革命在世界革命中的地位和意义的科学揭示。

在被毛泽东誉为"中国人自己写的第一部马列主义哲学教科书"的《社会学大纲》中,李达非常重视马克思主义哲学史的列宁阶段,并推进了马克思主义哲学的中国化。他在第一版序言中详细说明了中国社会发展的特殊性。该书前五篇讨论了世界社会的一般及特殊发展法则,并特别强调中国社会的特殊性绝不是一般原理之单纯的例证。他再次肯定了中国社会的半殖民地性质,号召中国人民认清使命,团结起来,以求得中国的自由与平等。

在《经济学大纲》一书中,李达提出了广义经济学的思想,主张"建立普遍与特殊之统一的理论"。他对当时中国经济学界不重视中国经济研究的状况提出了尖锐批评:"从来的中国的经济学,或者只是研究资本主义经济,或者并行的研究资本主义经济和社会主义经济,但对于中国经济却从不曾加以研究。这些经济学专门研究外国经济,却把中国经济忽略了。我认为这是一个严重的错误,是极大的缺点。"②他认为:"除了研究历史上各种顺序发展的经济形态以外,还必须研究中国经济。只有这样的研究,才能理解经济进化的一般原理在具体的中国经济状况中所显现的特殊的姿态,特殊的特征,才能得到具体的经济理论,才能知道中国经济的来踪和去迹。"③

此外,李达还对中国革命的特殊道路问题进行了思考,在《关于社会革命底商榷》、《讨论社会主义并质梁任公》等论著中,李达提出并分析了社会革命的三种方式:议会主义、工会运动与直接行动,认为中国只有走直接行动的社

---

①　《李达文集》第1卷,人民出版社1980年版,第558页。

②　李达:《经济学大纲》,武汉大学出版社2007年版,第18页。

③　李达:《经济学大纲》,武汉大学出版社2007年版,第18页。

会革命之路,才能取得成功。李达对中国革命问题的创造性探索,实际上为毛泽东思想的形成提供了坚实的基础。因此,可以说,李达的创造性的理论探索是马克思、恩格斯、列宁等人的思想与毛泽东思想之间的桥梁与中介。

另一方面,李达通过对中国社会主义实践的反思,开了中国特色社会主义理论探索之先河。在回答"中国向何处去"的问题时确立了社会主义的方向后,李达进一步对"什么是社会主义"、"在中国如何走社会主义道路或建设社会主义"的问题进行了深入思考。

为了回答"什么是社会主义"的问题,李达曾撰写了多种论著,如《什么是社会主义》、《社会主义的目的》、《马克思还原》、《劳动者与社会主义》、《马克思派社会主义》、《社会主义与江亢虎》、《空想的社会主义与科学的社会主义》等。在这些论著中,李达列出了社会主义的四个本质特征:主张集体主义、劳动解放、公有制与群众自由;厘清了社会主义的目的在于救济经济上的不平均与恢复人类真正平等的状态,主张按劳分配;明确界定了社会主义的实质:实行将一切生产机关收归社会公有,共同生产,共同消费;将科学社会主义的内容概括为理论与实践的统一,即历史观、经济学与政治学的统一,这主要是指唯物史观、剩余价值说与科学社会主义运动三者的统一。由上可见,李达科学地阐述了社会主义的本质特征,即生产资料公有,共同生产,按劳分配,共同消费。在他看来,社会主义是理论与实践的统一,其理论内容包括唯物史观与剩余价值理论,其实践内容则是以阶级斗争为核心的无产阶级解放运动。

对于"中国如何走社会主义道路"问题,李达同样作出了创造性的探索。在中国革命胜利以后,"什么是社会主义"与"如何建设社会主义"的问题开始成为真正的实践问题。在这种情况下,坚持"建立普遍与特殊之统一的理论"的李达,在研究、解说与宣传毛泽东思想的过程中,撰写了《〈实践论〉解说》、《〈矛盾论〉解说》、《〈矛盾论〉——革命行动与科学研究的指南》、《社会发展的一般规律与特殊规律》、《社会主义革命和社会主义建设的共同规律》、《世界无产阶级社会主义革命论》等论著。在这些论著中,他以马克思主义哲学基本原理为指导,从世界历史眼光出发,对社会主义的普遍性与中国社会主义的特殊性进行了透辟的分析。限于篇幅,这里主要解读李达在《社会发展的一般规律与特殊规律》与《社会主义革命和社会主义建设的共同规律》中的理论创新。

在《社会发展的一般规律与特殊规律》一文中,李达科学分析了社会发展的一般规律及其与社会发展的特殊规律的关系。他首先分析了唯物史观所揭示的人类社会发展的一般规律的基本内容,诸如生产关系一定要适合生产力、经济基础决定上层建筑、生产方式决定全部社会生活、阶级斗争与社会形态的演进等。他接着指出:"但一般规律在各种个别社会形态中发生作用的条件和它所表现的形式是各不相同的。因为每个社会形态都具有许多特殊的特征和具体的历史条件,一般规律在各个社会形态中所起的作用和表现的形式要随着具体的条件和特征而有所变更。这种变更并不意味着一般规律作用的消失,这只是说一般规律在不同的历史条件中起着不同的作用。"①而要正确把握一般规律在各个具体社会形态中的作用和表现形式,就必须用历史主义的观点来考察那个社会形态存在和发展的一切历史条件和特点。李达批评了将一般规律与特殊规律割裂开来、将其中某一个方面绝对化的观点。他认为,一般规律与特殊规律是辩证统一的,不能否认特殊规律的存在或只将特殊规律看做一般规律的表现形式。他分析社会主义社会时说:"至于社会主义社会,那些一般规律也是起作用的,同时还产生了一些新的特殊的规律。"②在社会主义条件下,由于公有制和社会基本矛盾的非对抗性质,一般规律在社会主义条件下的作用有显著不同,它摆脱了资本主义条件下的盲目性与自发性,人们能够自觉地运用它。李达对社会发展一般规律与特殊规律及其相互关系的分析,特别是对社会发展特殊规律的强调,为进一步把握中国社会主义建设的特殊性奠定了基础。

在《社会主义革命和社会主义建设的共同规律》中,李达联系社会主义革命与建设的共同规律,系统考察了中国社会主义建设的特殊性。他认为,虽然一切民族都要走向社会主义是历史发展的共同规律,但"世界上各种不同民族的发展是极其复杂的矛盾的与不平衡的过程。某一民族的历史前进运动的方向是否符合于人类历史整个前进运动的基本方向,除了决定历史发展方向

---

① 《李达文集》第 4 卷,人民出版社 1988 年版,第 543—544 页。

② 《李达文集》第 4 卷,人民出版社 1988 年版,第 548 页。

的一般规律外,也还有其决定这一民族历史发展的特殊条件"。① 因此,他认为,考察某一民族历史发展的方向,必须联系它的特殊条件,包括它所处的一定历史阶段、内外部条件以及受其他民族历史的影响等方面。李达指出,在特定历史条件下,特别是通过与处于先进阶段的民族交往,落后民族也可能实现跨越式发展。由此,李达重申并发展了马克思晚年关于跨越资本主义"卡夫丁峡谷"的思想。在论文第二部分"社会主义各国所走过的道路"中,李达详细阐明了苏联与中国社会主义革命与建设的关系。他指出,中国革命是十月革命的继续,但中国社会主义革命与建设有自己的特殊条件,也采取了一系列不同于苏联的方法,实现了从新民主主义革命到社会主义革命的过渡,成功地完成了对工业、农业和资本主义工商业的三大改造。最后,在总结了社会主义革命与建设的共同规律后,李达强调指出:"共同规律与民族特点的结合,可说是马克思列宁主义理论与各国革命和建设的实践的结合。"②

由上可见,李达关于中国革命与建设的哲学反思,实际上是他将马克思主义的基本原理与中国社会的具体实际相结合而对中国式现代化问题的创造性探索。他的这一探索,为后来的中国特色社会主义理论体系的建构提供了重要思想资源。

三、从理论到实践:对中国特色社会主义
现代化建设的重要意义

当代中国的时代主题是建设中国特色的社会主义现代化,现阶段中国社会正在贯彻"以人为本"的科学发展观,进行社会主义和谐社会的建设。这是中国现代化过程中的一个继往开来的重要阶段。李达对中国式现代化问题的创造性探索所取得的成就,特别是他的理论探索活动所体现出来的方法论,如宏伟深邃的世界历史眼光、实事求是的理论品质与敢于创新的时代精神,对中国特色社会主义现代化建设事业具有重要意义。

---

① 《李达文集》第 4 卷,人民出版社 1988 年版,第 551 页。
② 《李达文集》第 4 卷,人民出版社 1988 年版,第 563 页。

首先，从理论上说，李达对中国式现代化问题的创造性探索具有重要方法论意义。这体现在如下几个方面：

一是李达坚持将普遍与特殊统一起来的世界历史眼光对当代中国具有重要意义。李达从世界历史整体进程出发，对中国式现代化在世界现代化过程中的地位和作用进行了分析。他强调，中国近代社会是半殖民地社会，帝国主义控制了中国的经济命脉，要以革命手段实现民族之独立，走社会主义现代化之路。李达为如何使中国从"后发外生型"现代化转为"后发内生型"现代化的探索作出了重要的理论贡献。今天，全球化正向纵深发展，中国与世界的联系比以往任何一个时代都更加紧密。但在当代全球化过程中，不合理的国际政治经济秩序仍没有改变，新老殖民主义依然存在。西方资本主义在全球化过程中占主导地位，并对社会主义国家展开没有硝烟的战争。这要求当代中国从世界历史整体进程出发，在深化改革与扩大开放的过程中始终坚持独立自主的原则和社会主义方向，更加注重政治上的独立、经济上的自主和促进民族文化的发展。

二是李达的理论探索所体现出来的实事求是的理论品格，对中国特色社会主义理论建设具有重要意义。李达在马克思主义研究和宣传过程中，始终坚持将马克思主义与中国具体实际结合起来，努力系统、全面而准确地诠释和发展马克思主义。他对马克思主义的理解之深入、对马克思主义介绍之系统和准确，在当时的理论界很少有人"能出其右"。如今，学界公认李达的三部马克思主义哲学专著《现代社会学》、《社会学大纲》和《唯物辩证法大纲》分别代表了三个不同时期中国马克思主义哲学研究的最高水准。李达在理论界敢于反对各种假马克思主义，敢于反对所谓的毛泽东思想"顶峰论"，敢于批判主观能动性无限论，即便被诬陷成武汉大学"三家村"黑帮头目受难而死也不改变，这与他始终坚持实事求是、坚持追求真理的理论品格是分不开的。今天，在中国共产党不断推进中国特色社会主义理论体系的过程中，继续和发扬李达的这种理论品格极其重要。

三是李达敢于创新的精神，与当代中国的时代精神完全一致。李达在理论研究中，取得了不少创新性的成果。这在前文已经有所分析。李达从不迷信书本，始终反对教条主义。他对马克思、恩格斯敢于否定自己的精神深表赞同,他自己也是在不断否定自己的过程中实现理论创新的。上述他的三部马克思主义哲学著作,每一部都显示出对前一部的创新。李达的创新精神,是内在于他的理论活动中的。他的创新不是没有前提的,而是在始终坚持马克思主义基本原则基础上的创新。今天,创新已经成为当代中国的时代精神。李达马克思主义研究的创新,也为当代中国的理论创新树立了一个典范。

其次,从实践层面上说,李达对中国式现代化问题的创造性探索为当代中国特色社会主义现代化建设实践提供了重要启示。这体现在以下两个方面:

一方面,李达对什么是社会主义问题的回答对我们坚持走社会主义道路具有重要启示。在他看来,社会主义是理论与实践的统一。社会主义的目标在于消除人与人间的不平等,实现人的自由。社会主义的内容包括公有制、按劳分配、共同劳动、共同消费。同时,他还在一系列论著中分析了世界与中国走社会主义道路的必然性。这对我们今天在改革开放中坚持走社会主义道路、关注民生、防止社会两极分化都是有启发意义的。

另一方面,在如何建设社会主义问题上,李达认为,中国社会主义既要受社会发展一般规律的制约,同时它又有自身的特殊规律。他主张把马克思主义的普遍原理与中国的具体实际结合起来、具体情况具体分析,强调要利用中国在世界历史中的地位和中国自身的特殊条件,努力实现跨越式发展。这些思想对当代中国正确处理与世界的关系、坚持科学发展是有重要的启发意义的。

(原载《武汉大学学报(人文科学版)》2012 年第 6 期)

李达在马克思主义大众化
历程中的贡献及其启示

丁俊萍　虞志坚

马克思主义大众化,就是马克思主义和中国化马克思主义的立场、观点、方法、原理通过具体化通俗化的阐述而最终为最广大人民群众所理解和掌握并加以正确运用的过程。马克思主义是中国共产党团结带领人民完成两大历史任务、实现国家富强、民族振兴和人民幸福的强大思想武器,而以马克思主义中国化为前提的马克思主义大众化是中国共产党获得亿万人民拥护和支持的关键,也是凝聚各族人民的力量为实现民族独立和人民解放、国家富强和人民共同富裕而奋斗并不断夺取事业新胜利的关键。学术界对党的早期领导人如李大钊、陈独秀、毛泽东、周恩来、李达等与马克思主义中国化关系的研究相对全面和深入,而对他们与马克思主义大众化的关系特别是李达与马克思主义大众化的关系的探讨却仍有很大空间。李达作为中国共产党的主要创始人和早期领导人之一,也是推进马克思主义大众化的先驱者之一,为马克思主义中国化和大众化作出了重要贡献。

李达对推进马克思主义大众化的贡献,集中表现为他在不同时期,都对马克思主义的研究和宣传做了大量工作,发挥了领军人物的作用。本文拟对李达推进马克思主义大众化的主要贡献及其特点进行概要考察。

一、李达在马克思主义大众化历程中的贡献

第一,在中国共产党创建时期,李达参与和领导党的早期宣传教育工作,广泛宣传马克思主义。

俄国十月革命的胜利,极大地提高了社会主义在全球的影响力。李大钊、陈独秀、李达等先进知识分子开始积极推进以科学社会主义传播为重要内容的马克思主义大众化。当时,假社会主义、无政府主义、国际社会主义运动中的右倾和"左"倾错误思想也波及中国思想界,严重阻碍了马克思主义大众化。李达作为马克思主义"播火者"的核心成员和骨干,始终站在理论斗争的最前线,成为推进马克思主义大众化的先驱者之一,也为中国共产党的创建作出了重要的理论贡献。

1920年8月,陈独秀、李汉俊、李达等人在《新青年》编辑部正式建立中国共产党的发起组。党的发起组高度重视科学理论的研究和宣传,积极向工人群众传播马克思主义。翌月,《新青年》成为党的发起组的机关刊物。这时,李达"在研究和宣传马克思主义,批判反马克思主义思潮和无政府主义思潮,以及介绍列宁建党学说方面发挥了重大的作用"①。从1920年12月起到次年7月中国共产党成立,李达先后在《新青年》上发表《劳工神圣颂》、《马克思还原》、《劳农俄国底结婚制度》(山川菊荣撰)、《俄国农民阶级斗争史》(佐野学撰)、《讨论社会主义并质梁任公》、《从科学的社会主义到行动的社会主义》(山川均撰)、《列宁底妇人解放论》、《马克思派社会主义》和《劳农俄国底妇女解放》(山川菊荣撰)等文章及译著,以介绍苏俄建设和列宁思想为主要方式推进马克思主义大众化。

中国共产党的宣传工作在提升自身、动员群众、战胜敌人、实现纲领中的作用极其重要。中国共产党成立之时,一方面,社会思潮纷然杂陈,一些非马克思主义的思想混淆视听;另一方面,马克思主义的理论著作及其大众化的启蒙读物奇缺,全党的理论水平亟待提高,党员队伍亟待扩大,党的干部队伍和革命骨干力量也远远不能适应革命斗争的需要。同时,占人口近半数的广大劳动妇女身受政权、族权、神权、夫权四根绳索的束缚,处于社会的最底层,受教育的权利被完全剥夺。这一切,使马克思主义大众化遇到极大困难,党的宣传教育任务也因之十分繁重。李达在中共一大被选举为中央宣传主任之后,全力以赴从事党的宣传工作,以领导党的宣传教育工作为主要方式推进马克

---

① 宋镜明:《李达》,河北人民出版社1997年版,第56页。

思主义大众化,着力提高党的干部和革命骨干的马克思主义理论水平,启发广大劳动群众的觉悟。

从中国共产党成立到 1923 年秋,李达发表了《李卜克内西传》、《俄国的新经济政策》、《日本政党改造之趋势》、《对于全国劳动大会的希望》、《社会主义与江亢虎》等文章,宣传科学社会主义理论、介绍苏俄的社会主义建设经验;还在《新时代》上先后发表了《何谓帝国主义》、《为收回旅大运动敬告国人》、《德国劳动党纲领栏外批评》(即《哥达纲领批判》)、《马克思学说与中国》、《中国商工阶级应有之觉悟》、《旧国会不死,大盗不止》等文章,宣传了党的民主革命纲领,阐明党的革命统一战线政策;还相继翻译和撰写了不少关于妇女解放的论著,如《告诋毁男女社交的新乡愿》、《〈女性中心说〉中译本序言》、《社会主义的妇女观》(译)、《介绍几位女社会革命家》、《女性中心说》(译)、《说明本校工作部之内容》、《平民女学是到新社会的第一步》、《〈产儿制限论〉中译本译者绪言》、《产儿制限论》(译)、《女权运动史》等。

这一时期,李达推进马克思主义大众化的贡献集中表现在:一是参与《新青年》的编辑、撰稿及译稿,"那时候,主张《新青年》不谈政治的北京大学的教授们都不给《新青年》写稿,所以写稿的责任便落在李汉俊、陈望道、李达等人身上"①。二是创办和主持了党的第一个出版机构——人民出版社,出版发行马克思主义理论著作。李达克服各种困难,促使人民出版社在一年之内即出版了经典著作和革命理论书籍 15 种,其中包括《共产党宣言》(陈望道译)、《工钱劳动与资本》(袁让译)、《资本论入门》(马尔西著,李汉俊译)、《劳农会之建设》(李立译)、《讨论进行计划》(成则人、沈泽民译)、《列宁传》(张亮译)、《共产党礼拜六》(王静译)、《共产党的计划》、《劳动革命史》、《俄国共产党党纲》等。上述著作在当时成为马克思主义大众化的启蒙读物和教科书。三是创办平民女校。1921 年 10 月,陈独秀和李达商议创办上海平民女学,三个月后开学。它不仅是一所新型女校,而且是共产党培养妇女运动骨干的摇篮。女学的学生主要学习马克思主义、时事和妇女解放理论。李达作为学校的主要负责人,也兼课,主讲马克思主义。李达指出,平民女学是为无力求学、

---

① 茅盾:《复杂而紧张的生活、学习和斗争》,《新文学史料》1979 年第 4 期。

年长失学和不愿接受机械教育的女子设立的,"是到新社会的第一步"。四是主编《妇女声》。1921 年 12 月,《妇女声》半月刊正式创刊。此后,他经常帮着改稿、校对,直接负责出版、发行的具体工作。《妇女声》是中国共产党主办的首个妇女刊物,是党在成立之初联系妇女运动的实际、面向广大妇女开展宣传教育的一个重要阵地。它以马克思主义为指导思想,抨击社会对广大妇女的偏见和歧视,为妇女运动呐喊。五是担任湖南自修大学学长。1922 年 11 月,李达受毛泽东函邀,主持湖南自修大学校政和教学,亲自给学员讲授《哥达纲领批判》,并把它的译文发表在校刊上,还编写《马克思主义名词解释》,印发给学员们参考。湖南自修大学是一所推进马克思主义大众化、培养革命干部的新型大学。它的很多学员后来成长为党的骨干和革命的精英,其中有何叔衡、毛泽民、毛泽覃、郭亮、夏曦、夏明翰等。六是主编《新时代》。1923 年 4 月,《新时代》月刊创刊。该刊肩负着宣传党的纲领、促成革命统一战线的重要使命。李达在该刊上发表了不少文章,旗帜鲜明,有很强的理论性和针对性。七是宣传马克思主义的妇女解放理论。李达考察了欧洲主要国家妇女解放运动的历史,并结合中国近代妇女解放运动的实际,运用科学的方法论分析了妇女问题的根源,阐述了一系列关于妇女解放的基本思想。

这一时期,中国共产党宣传思想工作极大促进了早期共产党人和进步青年对马克思主义理论的了解、接受和掌握,在推进马克思主义大众化方面发挥了极重要的作用。李达作为党的早期宣传工作负责人功不可没。

第二,在作为党外人士期间,李达译撰大量马克思主义理论著作,系统研究和介绍马克思主义。

中国共产党成立初期,马克思主义在中国大众化的时间很短,党在理论准备不足的情况下立即投入到革命的实践中,没有充足的时间和安定的环境来进行思想理论研究,使得党员干部和人民群众的马克思主义理论水平都不高。因此,系统研究马克思主义成为革命发展的客观需要。1923 年秋李达因不满陈独秀专断的家长制作风而愤然脱党,直到 1949 年 12 月才重新加入中国共产党。在作为党外人士期间,李达仍坚持自己的信仰,专注于以系统研究与介绍马克思主义为主要方式的马克思主义大众化。

这一时期,李达翻译和出版了大量马克思主义理论著作,并撰写和出版了一批马克思主义理论著作。这些著译,除《产儿制限论》(译)、《妇女问题与妇女运动》、《土地经济学》(译)、《社会进化史》外,大都多次重版重印。其中,再版三四次的有《劳农俄国研究》、《中国关税制度论》(译)、《社会之基础知识》、《经济学入门》(译)、《政治经济学教程》(译)、《货币学概论》、《法理学大纲》等;再版5次以上的有《唯物史观解说》(译)、《社会问题总览》(译)、《女性中心说》(译)、《现代社会学》、《社会科学概论》(译)、《现代世界观》(译)、《辩证法唯物论教程》(译)、《社会学大纲》等,特别是《唯物史观解说》和《现代社会学》再版竟达14次之多。这些数据表明,在马克思主义大众化中,李达译著的需求量及社会影响力之大,在同时期的学者中是屈指可数的。

在此期间,李达推进马克思主义大众化的贡献主要表现为三个方面:一是对马克思主义理论的基本概念的阐释大都不引用原文,而用中国式的语言结合自己的理解进行通俗化表述。他的《现代社会学》并没有对马克思主义经典著作的直接摘录和翻译,但在当时却是最准确、最系统、最通俗而又联系中国社会实际阐释唯物史观的著作。例如,作者写道:"人类间立于生产关系上之结合,谓之社会。""社会意识者,各个人为谋取得生活资料不能不共同服从其支配之意识也。"①二是重视马克思主义大众化在科学理论与中国革命实践之间的桥梁作用。李达阐明了《社会学大纲》成书的目的及意义,即为了完成民族解放的崇高事业,"就必须用科学的宇宙观和历史观,把精神武装起来,用科学的方法去认识新生的社会现象,去解决实践中所遭遇的新问题,借以指导我们的实践"②,并确信该书能够适应这种需要。三是主张结合中国国情和时代特点,运用马克思主义创新法学理论。他认为,当时中国的法律不是社会发展的必需品,"所以就应当根据对于中国社会发展法则的认识,把法律加一番改造"。他还指出,法理学研究的最大任务,即坚持科学的世界观和方法论,建立普遍性和特殊性在法律上的统一,使法律适应于现实社会,免除中国社会无益的长期的消耗,把人民从痛苦的生活中解救出来。在此基础上,他提出了达成这个任务的方式,即应用世界法律发展的普遍原理来认识中国的法

---

① 李达:《现代社会学》,武汉大学出版社2007年版,第17、70页。
② 《李达文集》第2卷,人民出版社1981年版,第7页。

律和特殊的中国社会关系,再"由中国社会发展的特殊路线,展开与之相互适应而又能促进其发展的法律理论,作为改造法律充实法律的指导"。①

这一时期,李达的理论贡献对马克思主义大众化起着催化剂的作用。他既重视针对中国人的思维方式,也注意以简洁平实的语言来正确阐释深刻的理论,始终注重寻找马克思主义理论与中国人民的行为方式在时代界面上的结合点,把马克思主义基本原理有机融入到中华文化的血脉之中。

第三,新中国成立后,李达创造性地解读毛泽东著作,推动中国化马克思主义理论即毛泽东思想大众化。

毛泽东思想是马克思主义在中国的科学运用和发展。新中国成立后,为了正确指导新中国的建设和执政党建设,宣传毛泽东思想、大力推进毛泽东思想的大众化成为形势发展的必然要求。1951 年 2 月,中共中央发布《关于健全各级宣传机构和加强党的宣传教育工作的指示》,把宣传毛泽东思想摆在理论教育工作的首要位置。翌月,中共中央在《关于加强理论教育的决定的通知》中,再次强调要深化毛泽东思想的教育,并认为这是提高干部和改进工作的根本方法。李达深谙马克思主义理论,深知毛泽东思想的理论价值和应用价值,深感科学解读毛泽东著作的现实紧迫性,自觉投身到毛泽东思想的宣传教育普及之中,在推进毛泽东思想大众化中走在当时理论界的前面。

李达结合《毛泽东选集》第 1 至 3 卷的出版,撰写了一系列文章,对毛泽东思想进行了创造性解读。他相继发表《学习社会发展史》、《怎样学习党史?》、《读〈怎样分析农村阶级〉》等文章,对毛泽东新民主主义革命理论进行了深入的阐释。他还发表《〈实践论〉——毛泽东思想的哲学基础》、《〈实践论〉解说》、《〈矛盾论〉解说》和《怎样学习〈矛盾论〉》等文章和著作,对毛泽东的哲学思想进行了全面解读。1960 年,他发表《努力学习,学以致用——谈学习毛泽东同志的著作》和《怎样学习毛泽东思想》,深入探讨了学习毛泽东著作及思想的方法。

李达的上述论著,以创造性解读毛泽东思想为主要方式,有力地推进了毛泽东思想的大众化,具有以下鲜明特点:

---

① 李达:《法理学大纲》,法律出版社 1983 年版,第 13—14 页。

一是求真务实,理论联系实际。他撰写《读〈怎样分析农村阶级〉》一文,着重突出了毛泽东根据中国农村的实际情况,运用马克思主义立场、观点、方法,对农村中的各阶级进行深入细致的分析,也充分肯定了《怎样分析农村阶级》的实践意义,即"主要地是它从轰轰烈烈的斗争实践中来,而立刻又到轰轰烈烈的实践中去。""不仅纠正了过去的不良偏向,而且为以后两次颁布土改法立下了有力的张本。"①

二是结合党史的学习,既不照抄原著,又没有背离原意。李达发表了《怎样学习党史?》一文,提出:"学习党史,不是单纯地向后看,正是向前看,正是为着将来"②。他还指出,毛泽东著作并非无所不包、涵盖一切,在研究党史时其他领导人的著作也值得参考,比如:要正确认识中国革命的世界影响,就应该学习陆定一著的《中国革命的世界意义》;要正确认识党的武装斗争的历史,就应该学习朱德著的《中国人民怎样击败了美帝国主义武装的蒋介石反动派》和聂荣臻著的《中国人民怎样战胜了日本法西斯侵略者》等。李达上述观点既完全符合毛泽东思想,又隐含着"毛泽东思想是集体智慧的结晶"这一科学命题。

三是敢于提出不同的学术观点。毛泽东在审阅《〈实践论〉解说》时,读到"中国人民出现自发的排外主义斗争"时,加写道:"中国人民那时还不知道应当把外国的政府和人民、资本家和工人、地主和农民加以区别,我们应当反对侵略中国的外国地主资本家和政府官员,他们是帝国主义者,而在宣传上争取外国的人民,并不是一切外国人都是坏人,都要排斥。"③李达经过仔细斟酌后,去掉了其中"地主"、"官员"两个词,这就把地主剔除在帝国主义的概念之外;他还把"我们"改为"还不知道",把"资本家"改为"大资本家",把"而在宣传上"改为"但另一方面要"等,这就使文句在逻辑上更加清晰,表述也更加流畅。

四是评价客观公正,不贬损亦不溢美。李达对毛泽东思想的解读,符合毛泽东思想的实际。他认为,事物的矛盾法则不是毛泽东始创,而是早在马克思

---

① 《李达文集》第4卷,人民出版社1988年版,第172页。
② 《李达文集》第4卷,人民出版社1988年版,第157页。
③ 《毛泽东书信选集》,人民出版社2003年版,第376页。

的《资本论》中就自始至终得到贯穿,在恩格斯的《反杜林论》和《费尔巴哈论》等著作中得到进一步发挥,在列宁的《黑格尔〈逻辑学〉一书摘要》和《谈谈辩证法问题》中被当做辩证法的本质和核心提出,而毛泽东的《矛盾论》,不仅详尽明晰地阐述和发挥了这一法则,"而且具体地、灵活地、巧妙地应用了这一学说于中国革命问题,……丰富了并发展了这一学说"。① 李达还从无产阶级实践的哲学、真理的唯一标准、发展了的马克思列宁主义的认识论、革命行动的指针等方面,论证了《实践论》在毛泽东思想中基础性的理论地位。

毛泽东充分肯定这一时期李达的论著在马克思主义大众化方面的作用,曾说:"这个《解说》极好,对于用通俗的言语宣传唯物论有很大的作用。"②此外,李达解读毛泽东思想所采用的方式也说明,毛泽东思想是从中国革命和建设的实践中总结概括出来而又在社会实践中经受检验的思想理论成果,有助于人民正确地认识和解决问题,值得人们学习和掌握。

二、几点启示

考察李达在不同时期推进马克思主义大众化的贡献和作用,不难得出以下结论:

第一,李达坚持不懈地推进马克思主义的宣传和教育,坚决排除了反马克思主义思潮的干扰,有力地证明了各种错误思潮根本无法阻挡马克思主义大众化的事实。马克思主义大众化是在与各种落后的、错误的思想作长期斗争的过程中实现的。马克思主义大众化的实质,就是不断排除各种非马克思主义、反马克思主义思潮的干扰。这是李达在马克思主义大众化进程中探索出来的一条规律。

第二,李达领导党的早期宣传教育工作,大大提升了全党的理论水平,启发了广大人民群众的觉悟,体现出中国共产党是马克思主义大众化最有力的组织者、推动者。这也告诉我们,马克思主义大众化必须始终坚持中国共产党

---

① 《李达文集》第 4 卷,人民出版社 1988 年版,第 177 页。
② 《毛泽东书信选》,人民出版社 1983 年版,第 407 页。

的领导,必须充分发挥党的宣传教育工作的作用。

第三,李达以中国作风、中国气派系统地介绍和宣传马克思主义,其效果表明,马克思主义大众化的实现,必须贴近生活、贴近实际、贴近群众。马克思主义大众化要求坚持理论的科学性,用中国人民熟悉的语言,讨论中国社会的实际问题和人民的生活问题,把深刻的道理用浅显易懂的语言表达出来,使群众懂得理论的精髓,进而使理论逐步掌握群众。

第四,李达对毛泽东著作的创造性解读并由此极大地促进了毛泽东思想大众化的事实启迪我们,对马克思主义经典著作的解读要坚持理论联系实际,要立足于应用。这实际上也是马克思主义大众化的根本方向。

上述几点,既是李达一生致力于推进马克思主义大众化的鲜明特点,也给我们今天用马克思主义中国化最新成果武装全党、教育人民以宝贵启示。

(原载《湘潭大学学报(哲学社会科学版)》2014 年第 3 期)

第 二 篇

李达哲学论著和思想研究

李达哲学探索的独特理论个性

汪信砚

李达是中国现代史上一位少有的杰出的马克思主义哲学家，是马克思主义哲学中国化的重要代表人物之一，为马克思主义哲学中国化、为毛泽东哲学思想的形成和发展作出了突出重要的贡献。与马克思主义哲学中国化的其他重要代表人物相比较，李达对马克思主义哲学的探索具有鲜明的独特理论个性。考察、揭示、把握和品味李达哲学探索的独特理论个性，对于深刻理解马克思主义哲学中国化的历程及其内在规律，对于推进当代中国马克思主义哲学的发展，具有极其重要的意义。

一、立志用马克思主义哲学改造中国

20世纪初马克思主义哲学在中国的传播，是近代灾难深重的中华民族救亡图存伟大运动的必然结果，是当时苦苦求索救国救民真理的中国先进知识分子的自觉选择。正如毛泽东所说：自1840年鸦片战争失败起，为了拯救民族的危亡，先进的中国人就一直在千辛万苦地向西方国家寻求真理，"中国人向西方学得很不少，但是行不通，理想总是不能实现。多次奋斗，包括辛亥革命那样全国规模的运动，都失败了。国家的情况一天一天坏，环境迫使人们活不下去。怀疑产生了，增长了，发展了。"最后，"十月革命一声炮响，给我们送来了马克思列宁主义。十月革命帮助了全世界的也帮助了中国的先进分子，用无产阶级的宇宙观作为观察国家命运的工具，重新考虑自己的问题。"①这里所谓的"无产阶级的宇宙观"，指的就是马克思主义哲学。因此，对于当时

---

① 《毛泽东选集》第四卷，人民出版社1991年版，第1469—1471页。

中国的马克思主义者来说,根本不可能出现我们今天所面临的关于马克思主义哲学的学术性与现实性问题的争论,他们之所以义无反顾地选择了马克思主义哲学,甚至冒着生命的危险在中国传播和研究马克思主义哲学,就是为了用马克思主义哲学解决中国的问题。在这方面,李达是一个典型的代表。

李达是在"科学救国"、"实业救国"的幻想破灭之后转而钻研马克思主义理论并变成一名马克思主义的笃信者的。可以说,在马克思主义哲学探索之路上,李达一开始就立志用马克思主义哲学改造中国。因此,尽管与李大钊、陈独秀、毛泽东等同时期的中国马克思主义者不同,李达基本上属于一种学者型的哲学家,但李达的哲学探索从来都没有封闭于书斋之内,他研究马克思主义哲学的目的是为了认识和改造中国社会,回答"中国向何处去"这样一个时代大问题。为此,他在不同时期始终注重把马克思主义哲学与中国的具体实际相结合,运用马克思主义哲学探讨中国社会和中国革命的特殊性,致力于"建立普遍与特殊之统一的理论"。

十月革命后至20世纪20年代初,李达在积极向国内介绍马克思主义、特别是马克思主义哲学的同时,对当时国内外影响广泛的各种假马克思主义和反马克思主义思潮包括研究系的假社会主义、无政府主义、第二国际的修正主义、第四国际的极左思潮进行了系统的批判。虽然由于这些假马克思主义和反马克思主义思潮并不只是一种哲学思潮,李达对这些思潮的批判也并不是一种纯哲学的批判,但是,李达始终坚持以马克思主义哲学为理论武器,注重从世界观的高度揭露这些思潮的根本错误,因而他的这种批判显得极为深刻。例如,为了回击无政府主义对马克思主义的猖狂进攻,李达先后撰写和发表了《什么叫社会主义?》、《社会革命的商榷》、《无政府主义之解剖》等文章,对无政府主义思潮进行了系统的批判。尤其是在《无政府主义之解剖》一文中,李达不仅对无政府主义的鼻祖施蒂纳和蒲鲁东以及无政府主义的最重要代表人物巴枯宁、克鲁泡特金的理论进行了全面清理和逐条批驳,而且深刻地揭露了各派无政府主义的共同的世界观基础即个人主义。他指出,施蒂纳"所创的无政府主义是极端的无政府主义,又是极端的个人主义"①,而"蒲鲁东的无政

---

① 《李达文集》第1卷,人民出版社1980年版,第81页。

府主义明明是准据个人主义的"①。最后,他得出结论说:"能够成为无政府主义的,只有个人主义。"②李达对无政府主义的世界观基础的揭露与列宁对无政府主义的批判是完全一致的。列宁在 1901 年曾经指出:"无政府主义是改头换面的资产阶级个人主义。个人主义是无政府主义整个世界观的基础。"③李达在运用马克思主义哲学批判上述各种假马克思主义和反马克思主义思潮的过程中,系统、准确和深刻地阐明了马克思主义的无产阶级革命和无产阶级专政的理论,为中国共产党的创建奠定了重要的思想理论基础。

20 世纪 20 年代中期,李达写作和出版了《现代社会学》这部重要哲学著作。他在该书中明确指出:"社会学之使命,惟在于发见社会组织之核心,探求社会进化之方向,明示社会改造之方针而已。"④"马克思固未尝著述社会学,亦未尝以社会学者自称,然其所创之唯物史观学说,其在社会学上之价值,实可谓空前绝后。彼不仅发现社会组织之核心,且能明示社会进化之方向,提供社会改造之方针,其贡献之功实有不可磨灭者。"⑤故此,"特采唯物史观学说为根据,编著此书,虽取材不宏、择焉不精之弊殆所不免,然对于斯学之体系,自信已略具规模,学者苟循此以求之,必了然于国计民生之根本,洞悉其症结之所在,更进而改造之不难也"。⑥该书对唯物史观的阐释,最后落脚到帝国主义时代的世界革命与中国革命问题,对中国社会的性质和中国革命的任务、动力、对象、领导者和归趋等问题作了深入思考和探索。例如,该书首次明确指出中国社会的性质是半封建半殖民地,现阶段中国革命的对象是帝国主义和封建阶级,革命的领导者是无产阶级和共产党,革命的前途是经过国家资本主义过渡到社会主义,等等。《现代社会学》从理论上对中国革命所亟待明确的一系列重大问题的正确回答,突出彰显了唯物史观对于中国革命的指导意义。也正因如此,该书 1926 年出版后,轰动了当时的思想界,至 1933 年即印行 14 版之多,在革命者中广为流传,同时也引起了反动派的惊恐。1927

---

① 《李达文集》第 1 卷,人民出版社 1980 年版,第 82 页。
② 《李达文集》第 1 卷,人民出版社 1980 年版,第 90 页。
③ 《列宁选集》第 1 卷,人民出版社 1995 年版,288 页。
④ 李达:《现代社会学》,武汉大学出版社 2007 年版,第 7 页。
⑤ 《李达文集》第 1 卷,人民出版社 1980 年版,第 237 页。
⑥ 《李达文集》第 1 卷,人民出版社 1980 年版,第 237 页。

年,李达遭到国民党反动派的通缉,其罪名便是"著名共首,曾充大学教授,著有《现代社会学》,宣传赤化甚力"。

大革命失败后,李达在极其险恶的环境中继续顽强地从事着马克思主义哲学的译介和研究。1928年至1932年,在短短的五年中,李达翻译了12部国外马克思主义名著,其中有5部是哲学著作,包括日本杉山荣的《社会科学概论》、德国塔尔海玛的《现代世界观》、日本河上肇的《马克思主义之哲学的基础》(系《马克思主义经济学基础理论》的上篇)、苏联卢波尔的《理论与实践的社会科学理论》以及苏联西洛可夫等的《辩证法唯物论教程》。与此同时,李达之前翻译的日本高畠素之的《社会问题总览》、荷兰郭泰的《唯物史观解说》等马克思主义哲学著作也一版再版。李达对马克思主义哲学的译介在当时国内思想界产生了极大的影响。郭湛波在1935年出版的《近五十年中国思想史》一书中指出:"今日辩证唯物论之所以澎湃于中国社会,固因时代潮流之所趋,非人力之所能左右,然李先生一番介绍翻译的工作,在近五十年思想史之功绩不可忘记。"①李达对马克思主义哲学的译介也是服务于其用马克思主义哲学改造中国、回答"中国向何处去"这样一个时代大问题的目的的。这不仅体现在他对马克思主义哲学的译介所产生的重大社会影响上,而且也表现在他本人在这些译介工作基础上所进行的马克思主义哲学研究中。在此期间,他用马克思主义哲学考察中国社会和中国革命问题,写作了一系列哲学论著,其中最重要的是1929年出版的《社会之基础知识》。这部阐述历史唯物主义的社会构造和社会发展原理的专著的最后一章专门探讨了"中国的出路"问题,其结论则是:"中国一面是半殖民地的民族,同时又是半封建的社会。所以为求中国的生存而实行的中国革命,一面要打倒帝国主义,一面要铲除封建遗物,前者是民族革命的性质,后者是民主革命的性质,其必然的归趋,必到达于社会革命,而与世界社会进化的潮流相汇合。"②

20世纪30年代中期,李达写作了《社会学大纲》这部中国马克思主义哲学史上的名著。《社会学大纲》于1935年由北平大学法商学院作为讲义首次

---

① 郭湛波:《近五十年中国思想史》,山东人民出版社1997年版,第179页。
② 《李达文集》第1卷,人民出版社1980年版,第558页。

印行,后于1937年由上海笔耕堂书店出版。李达撰写这部著作的初衷是以马克思主义哲学的世界观和方法论揭示中国社会的特殊发展规律,帮助中国人民科学地分析中国社会的实际问题,认清中国革命的道路,而不只是系统地阐述马克思主义哲学理论本身①。作者在第一版序言中写道:"本书前五篇,是研讨世界社会的一般及特殊发展法则的。至于中国社会,却自有其特殊的形相和固有的特征,决不是一般原理之单纯的例证。我认为中国社会,不是资本主义社会,也不是封建社会,而是帝国主义殖民地化过程中的社会。现阶段的中国人,必先认清自己的历史使命,就是要使中国从这种过程中解放出来。为要完成这种使命,必须实现民主的统一,发展国民经济,改良农工生活。全国人民,要一致团结起来,集中一切力量,准备民族奋斗,以求得中国之自由平等。这必须是现代全中国人的第一目的。"②按照原计划,该书的第六篇是"中国社会研究",它也是全书的落脚点,前五篇都是为此作准备的。虽然第六篇因故而未能写成,但前五篇必然都是服务于中国社会研究的,因此,作者在写于1939年的第四版序言中自信地写道:"中国社会已经踏进了伟大的飞跃的时代,我无数同胞都正在壮烈的牺牲着,英勇的斗争着,用自己的血和肉,推动着这个大飞跃的实现,创造着这个大时代的历史。这真是有史以来空前的大奇迹!可是,战士们为要有效的进行斗争的工作,完成民族解放的大业,就必须用科学的宇宙观和历史观,把精神武装起来,用科学的方法去认识新生的社会现象,去解决实践中所遭遇的新问题,借以指导我们的实践。这一部《社会学大纲》是确能帮助我们建立科学的宇宙观和历史观,并锻炼知识的和行动的方法的。因此,我特把这书推荐于战士们之前。"③事实上,该书也确实适应了当时中国社会发展和中国人民对于用科学的宇宙观、历史观武装自己头脑的迫切需要,所以它一出版即在革命根据地和国统区广泛流传,产生了巨大的影响。毛泽东收到李达寄来的这部著作后,曾认真地反复阅读了十遍,作了详细的眉批,并把它推荐给延安哲学研究会和抗日军政大学。毛泽东不仅称赞

---

① 参见陶德麟:《社会学大纲》再版前言,载李达:《社会学大纲》,武汉大学出版社2007年版,第1—2页。

② 《李达文集》第2卷,人民出版社1981年版,第5页。

③ 李达:《社会学大纲》"第四版序",武汉大学出版社2007年版。

该书是"中国人写的第一部马克思主义哲学教科书",而且称赞李达是"真正的人"。

新中国成立后,李达根据新中国社会发展的需要继续致力于马克思主义哲学的研究、宣传和教育工作。20 世纪 50 年代初,他先后写作和出版了《〈实践论〉解说》和《〈矛盾论〉解说》两部著作,对毛泽东哲学思想作了准确而通俗易懂的阐释,对马克思主义哲学的大众化作了可贵探索,受到毛泽东的称赞。看完《〈实践论〉解说》的第一、二部分后,毛泽东在写给李达的书信中说:"这个解说极好,对于用通俗的言语宣传唯物论有很大的作用。""关于辩证唯物论的通俗宣传,过去做得太少,而这是广大工作干部和青年学生的迫切需要。"①60 年代,李达接受毛泽东交给的任务,主持编写《马克思主义哲学大纲》的编写工作,并于"文化大革命"前完成了该书上卷送审稿。"文化大革命"结束后,《马克思主义哲学大纲》上卷送审稿经原执笔人陶德麟教授遵李达遗嘱修订后于 1978 年由人民出版社以《唯物辩证法大纲》的书名出版。《唯物辩证法大纲》结合中国革命和社会主义建设实践的丰富经验对马克思主义哲学所作的创造性阐释,使它成为中国马克思主义哲学史上的又一名著。

所有这些,都充分地体现了立志用马克思主义哲学改造中国是纵贯李达整个哲学探索历程的根本致思旨趣。

二、立足于马克思主义理论的整体性
联系研究马克思主义哲学

李达是中国马克思主义史上的一位少有的百科全书式的学术大师。他一生撰有 40 多部著作和数百篇论文,在哲学、经济学、政治学、史学、法学、社会学、教育学等众多领域都取得了开创性的成就。可以说,李达是中国最早注重对马克思主义理论进行整体研究并实现了马克思主义综合理论创新的思想家。但是,对马克思主义哲学的探索在李达的全部理论研究中占有突出重要的中心位置。可以说,李达的整个马克思主义理论研究都是围绕着对马克思

---

① 《毛泽东同志给李达同志的三封信》,《哲学研究》1978 年第 12 期。

主义哲学的探索展开的,并且都是服务于其用马克思主义哲学改造中国、回答
"中国向何处去"这一时代大问题的理论旨趣的。

李达认为,"马克思主义哲学是讲世界观、方法论的,应当是各门科学中
的首席科学,对一切科学和各项工作都有指导作用。"①因此,他自觉以马克
思主义哲学为指导开展各门人文社会科学的研究,并由此把对马克思主义哲学
的研究扩展和延伸到马克思主义理论其他各个领域。

在早期中国马克思主义理论家中,很少有人像李达那样高度重视经济学
研究。李达不仅翻译了大量国外马克思主义经济学论著,如日本高柳松一郎
的《中国关税制度论》、日本河西太一郎的《农业问题之理论》、苏联米哈列夫
斯基的《经济学入门》、日本河上肇的《马克思主义经济学基础理论》、日本河
田嗣郎的《土地经济学》、苏联拉比拉斯等的《政治经济学教程》等,而且撰写
了《经济学大纲》、《货币学概论》等重要经济学著作,对马克思主义经济学理
论作了深入探索。其中,《经济学大纲》是中国人独立撰写的第一部马克思主
义经济学教科书,而《货币学概论》则是中国系统阐述马克思主义货币理论的
第一部著作。李达的经济学研究有两个显著特点:一是注重运用马克思主义
哲学的理论和方法、特别是唯物辩证法的方法如一般与特殊相结合的方法、历
史与逻辑一致的方法、由抽象上升到具体的方法等考察和分析各种经济学问
题;二是紧密结合中国的实际,力求建立既把捉住经济进化的一般法则又反映
中国经济的特殊发展法则、从而能够指导中国经济改造的"普遍与特殊之统
一的理论"②。这两个方面的特点集中地体现在李达的广义经济学的主张上。
李达在《社会学大纲》中就曾提出了"广义经济学"的构想。他在该书中指出:
"历史唯物论指导经济学去研究各种社会经济构造的各种历史的特殊发展法
则(广义经济学),研究资本主义的社会经济构造的特殊发展法则,克服资产
阶级经济学的唯心论的见解。"③在《经济学大纲》中,李达具体实践了他的广
义经济学的主张。他说:"广义经济学,研究历史上各种经济构造的发生、发
展与没落及其互相转变的法则;狭义经济学,单只研究商品=资本主义经济的

---

① 转引自《陶德麟文集》,武汉大学出版社 2007 年版,第 717 页。
② 参见李达:《经济学大纲》,武汉大学出版社 2007 年版,第 18 页。
③ 李达:《社会学大纲》,武汉大学出版社 2007 年版,第 245 页。

发生、发展及没落的法则。这种狭义经济学,并不是完全离开广义经济学而独立存在的科学,而是广义经济学的构成部分。"①"我主张广义经济学,除了研究历史上各种顺序发展的经济形态以外,还必须研究中国经济。只有这样的研究,才能理解经济进化的一般原理在具体的中国经济状况中所显现的特殊的姿态,特殊的特征,才能得到具体的经济理论,才能知道中国经济的来踪和去迹。"②"我所讲授的这部经济学,是广义的经济学。我的研究所以要采取广义经济学的立场,不仅是具有纯理论的意义,并且还具有实践的意义。因为广义经济学,并不仅是为了求得经济学的知识才去研究一切经济构造,而实在是为了求得社会的实践的指导原理才去研究它们。即是说,我们不是为理论而理论,为科学而科学,而是为了经济上的实践才研究经济学。"③总之,广义经济学的主张及其实践是李达在马克思主义哲学指导下研究经济学、努力把马克思主义经济学理论中国化的重要体现。

李达也是一位杰出的马克思主义史学家,他的史学研究同样是在马克思主义哲学的指导下进行的。李达是最早在中国传播马克思主义史学理论的人之一,是 20 世纪 20、30 年代中国近现代社会性质和中国社会史问题论战中马克思主义派的杰出代表,而他的哲学论著、特别是他的《社会之基础知识》、《现代社会学》和《社会学大纲》对唯物史观的传播、研究和阐释,直接促成了 20 世纪 30、40 年代中国马克思主义史学观的形成。李达的史学研究与他的经济学研究有着内在的紧密联系。他的广义经济学主张强调要研究中国经济的"特殊的姿态"和特殊规律,而他本人对中国经济的"特殊的姿态"和特殊规律的研究则是通过其对中国近现代经济史的探讨来实现的。为了理解近现代中国社会性质和探寻中国革命的道路,李达写作了《中国产业革命概观》、《中国现代经济史之序幕》、《中国现代经济史概观》等论著,对鸦片战争以来的中国近现代经济史进行了深入考察。其中,1929 年出版的《中国产业革命概观》是中国人用马克思主义观点系统分析和阐述中国近现代经济的第一本著作。作者在该书开篇的"编辑例言"中指出:"要晓得现代的中国社会究竟是怎样

---

① 李达:《经济学大纲》,武汉大学出版社 2007 年版,第 11 页。
② 李达:《经济学大纲》,武汉大学出版社 2007 年版,第 18 页。
③ 李达:《经济学大纲》,武汉大学出版社 2007 年版,第 11 页。

的社会,只有从经济里去探求。现代中国的社会,已经踏入了产业革命的过程,渐渐脱去封建的衣裳,穿上近代社会的外套了,一切政治和社会的变动,都是随着产业革命进行的。"①正是通过对中国产业革命的特殊性及其出路的深刻分析,李达不仅在中国思想界最先把中国近现代社会性质确切地概括为"半殖民地的半封建的社会"②,而且使这一论断建立在充分的事实根据基础之上,并得出了帝国主义和封建势力是中国产业发展的两大障碍、也是中国革命的两大对象的正确结论。他指出:"打倒帝国主义的侵略,廓清封建势力和封建制度,是中国革命的唯一对象,同时又是发展产业的唯一前提。"③李达不仅对中国近现代经济史作了深入探讨,而且还将唯物史观运用于整个中国史的研究,从经济史的角度分析中国社会的变迁,在史学界最早提出了按经济形态划分中国历史发展阶段的主张并自成体系,其关于中国历史分期的主张对现代中国史学的发展产生了重大影响。1935 年,李达又完成了《社会进化史》,这是中国以马克思主义的观点为指导而写作的第一部世界通史。李达的这部著作也是唯物史观的具体运用,它与李达的中国史论著一起构成了一个有机的整体,它们系统地论证了马克思主义关于五种社会形态学说的普适性。

李达在马克思主义哲学指导下研究政治学,在现代中国政治学史上享有重要的地位。李达政治学研究的论题极其广泛,他紧密结合中国的具体实际分别探讨了马克思主义的社会主义理论、阶级和阶级斗争理论、民族理论、建党理论、国家理论等,为马克思主义政治学理论中国化作出了突出贡献。首先,李达根据中国社会发展的需要深入研究了马克思主义的社会主义理论。早在 20 世纪 20 年代初,李达就在批判梁启超、张东荪等人的假社会主义的过程中,精辟地阐述了马克思主义的社会主义理论,并明确回答了中国应该走什么道路的问题,论证了科学社会主义的根本原则完全适合于中国。他指出:"马克思社会主义是科学的,其重要原则有五:一、唯物史观;二、资本集中说;三、资本主义崩坏说;四、剩余价值说;五、阶级斗争说。马克思的政治学说和

---

① 《李达文集》第 1 卷,人民出版社 1980 年版,第 388 页。
② 《李达文集》第 1 卷,人民出版社 1980 年版,第 493、494 页。
③ 《李达文集》第 1 卷,人民出版社 1980 年版,第 488 页。

经济学说,均详备于此五原则之中。"①李达强调唯物史观是马克思主义的社会主义理论的根本原则,突出地表现在他对于建设社会主义与发展生产力的关系的理解上。从在中国传播马克思主义的社会主义理论开始,李达一生反复论证了只有社会主义才能发展中国的社会生产力、社会主义发展生产力的根本途径是发展科学技术、社会主义建设过程中必须使生产关系与生产力相适应等观点,并对那种不顾生产力发展的实际情况而急于改变生产关系的错误做法提出了严肃批评。新中国成立后,李达在《社会主义革命与社会主义建设的共同规律》等论著中致力于社会主义革命和建设一般规律与中国社会主义建设的特殊规律的研究,成为中国特色社会主义道路的最早探索者之一。其次,李达结合对中国社会阶级结构和阶级斗争状况的分析阐述了马克思主义的阶级和阶级斗争理论。李达是最早读懂了马克思主义的阶级和阶级斗争理论的中国马克思主义者之一。20 年代初,他就明确指出阶级既是一个历史范畴又是一个经济范畴,认为经济特征是划分阶级的标准,而阶级的消灭只有在经济上的剥削完全撤废之后才有可能。由此出发,他运用唯物史观对中国社会的阶级结构进行了深入的剖析,其方法和结论成为后来毛泽东写作《中国社会各阶级的分析》的极其重要的思想资源。与此同时,李达坚决反对资产阶级的改良主义,认为中国的无产阶级要获得解放就必须不妥协地开展开经济斗争、政治斗争和理论斗争等三种形式的阶级斗争,并主张采取灵活多样的阶级斗争策略。再次,李达结合中国革命的实际论述了马克思主义的民族理论。1929 年,李达出版了《民族问题》一书,这是中国第一部阐述马克思主义民族理论的著作。李达在该书开篇指出:"民族问题,是世界革命的根本问题之一,也是中国革命的根本问题之一,要了解世界革命和中国革命的理论和策略,就必得研究民族问题。"②该书依据马克思、恩格斯、列宁和斯大林关于民族问题的有关论断,概述了马克思主义民族理论的基本原理,并着重分析了帝国主义时代被压迫民族的革命问题,阐明了殖民地半殖民地的民族革命是无产阶级世界革命的重要组成部分,其关于民族团结和建立广泛的国际联合

---

① 《李达文集》第 1 卷,人民出版社 1980 年版,第 31 页。
② 《李达文集》第 1 卷,人民出版社 1980 年版,第 560 页。

战线的思想为后来抗日民族统一战线的建立奠定了重要理论基础。复次,李达在参与中国共产党的创建过程中阐述了马克思主义的建党理论。李达不仅以其在建党前对马克思主义的传播和对各种非马克思主义思潮的批判为中国共产党的创建奠定了重要的思想理论基础,而且直接就党的阶级基础、党的性质和宗旨、党的基本政治纲领和策略、党的历史使命等问题作了深入探讨和阐述,为马克思主义的建党理论和中国共产党建立初期的思想理论建设作出了重要贡献。例如,在 1922 年发表的《评第四国际》一文中,李达批驳了第四国际不赞成无产阶级有独立的政党的观点,明确指出"'阶级'和'政党'并不是一样东西"①,并认为共产党应该是由"少数有革命精神"、"少数有阶级觉悟"的工人组成的"一个精密的团体",它"是无产阶级的柱石,是无产阶级的头脑"②。在早期中国共产党人,对党的性质有如此深刻的认识的人是不多见的。最后,李达还在批判无政府主义和资产阶级国家观的过程中阐述了马克思主义的国家理论。李达深刻地揭露了无政府主义和资产阶级国家观的唯心史观基础。他指出,无政府主义认为强权违背了人类互助的公理、侵犯了人类的自由,要求"去除一切强权"、消灭国家,其理论是建立在抽象人性论基础上的;而以绝对主义的国家观、社会契约论的国家观和黑格尔理想主义国家观为代表的资产阶级的国家观,不过是西方资本主义国家用来掩盖其阶级本质的理论,它们都是一种"超阶级的国家观","根本上不能辨别国家与社会的差异",都是"以观念论为基础的"③。与此同时,李达在唯物史的基础上探讨和阐明了国家的起源、发展、本质、形式、职能、消亡以及无产阶级专政作为"过渡期国家"的实质等一系列问题,为马克思主义国家理论的中国化作出了重要贡献。

李达还是一位少有的马克思主义法学家。20 世纪 40 年代中后期,他运用马克思主义哲学研究法学,撰写了中国第一部马克思主义法学著作即《法理学大纲》。该书以唯物辩证法和唯物史观为思想方法,对历史上各种有代表性的法学流派和观点进行了系统的分析批判,对各种法学理论问题进行了

---

① 《李达文集》第 1 卷,人民出版社 1980 年版,第 133 页。
② 《李达文集》第 1 卷,人民出版社 1980 年版,第 134 页。
③ 参见《李达文集》第 2 卷,人民出版社 1981 年版,第 501—504 页。

深入考察,并对国民党玩弄"制宪"把戏欺骗人民的伎俩作了巧妙的揭露,是马克思主义法学中国化的最早实践。著名法学家韩德培先生曾这样评价李达的《法理学大纲》:"在这部讲义中,他用历史唯物主义的观点对西方各个法学流派的学说,作了简要的介绍和深刻的批判。从这部讲义中,可以看出他为我国的法学研究开辟了一条新的路子。我们不妨说,他是我国最早运用马克思主义研究法学的一位拓荒者和带路人。他的这部讲义是我国法学研究中的重要文献,也是他对我国法学的重大贡献。"①解放后,李达又先后出版了《谈宪法》、《中华人民共和国宪法讲话》等法学著作,对推动我国的宪法研究起了重要作用。

此外,李达在现代中国社会学史上的重要地位也是人们所公认的。李达的社会学研究与其哲学研究本来就是浑然一体的,这从他的一些重要哲学著作如《现代社会学》、《社会学大纲》的书名即可看得非常清楚。不过,李达的社会学研究并不完全都是在社会学名义下进行的哲学研究,他还将马克思主义哲学、特别是唯物史观运用于考察一些纯粹社会学论题,在社会学领域取得了重大的理论建树。例如,他从众多方面对妇女解放问题进行了探讨和论述,成为中国妇女解放运动的先驱。因此,仅从狭义的社会学学科建设上看,他也为马克思主义社会学理论的中国化作出了重要贡献。

总之,李达立足于马克思主义理论的整体性联系研究马克思主义哲学,把马克思主义哲学研究扩展到马克思主义理论的各个领域,由此成为马克思主义经济学、政治学、史学、法学、社会学理论中国化的拓荒者和领路人,并为现代中国人文社会科学作了奠基,使中国人文社会科学各个领域的面貌焕然一新。

三、对马克思主义哲学的深刻理解和创造性阐释

李达一贯重视和强调从学理上彻底地研究和了解马克思主义,包括马克

---

① 韩德培:《一位少有的马克思主义法学家》,《武汉大学学报(哲学社会科学版)》1981年第1期。

思主义哲学。1928 年,李达曾说:"我主张党内对于马克思学说多做一番研究工夫,并且自己也努力研究马克思学说和中国经济状况,以求对于革命理论得一个彻底的了解。"①至 20 世纪 30 年代中期,李达已经深入钻研了当时已出版的马克思、恩格斯、列宁等经典作家几乎所有的哲学著作,其中也包括马克思的早期哲学著作和列宁的晚期哲学著作。李达对马克思主义哲学原典的精深研究,再加上多年来他对马克思主义理论整体的辛勤探索、对各国马克思主义哲学研究代表性著作的翻译和把握、对古今哲学发展历史的丰富知识、对国内外马克思主义哲学研究最新成果的充分了解,使他对马克思主义哲学及其精神实质的理解达到了同时代其他中国马克思主义者无法企及的准确、深刻程度,并使他能够联系中国具体实际对马克思主义哲学作出创造性的阐释。

李达对马克思主义哲学的深刻理解和创造性阐释,集中地体现在他的《现代社会学》、《社会学大纲》和《唯物辩证法大纲》三部最重要的哲学著作中。

《现代社会学》是 20 世纪 20 年代李达最重要的哲学著作,也是李达在社会学的名义下从事唯物史观研究的代表性著作。虽然该书并不是中国最早阐述唯物史观的著作,但正如吕振羽所指出的,它是"中国人自己写的最早的一部联系中国革命实际系统论述唯物史观的专著"②,代表着当时中国唯物史观研究的最高水平。可以说,《现代社会学》既是早期中国马克思主义者最系统、最准确、最深入地阐述唯物史观的著作,也是唯物史观中国化的标志性成果,具有鲜明的中国特色。

第一,《现代社会学》构建和展现了唯物史观研究的广阔理论视野。20 世纪 20 年代是唯物史观在中国广泛传播的时期,在这一时期,李大钊、陈独秀、蔡和森等早期中国马克思主义者分别结合历史学、政治学、人类学等学科的研究对唯物史观作了阐释。李达综合和吸收了这些早期中国马克思主义者的唯物史观研究成果,并对他们的理论视野作了全新的整合。在《现代社会学》第一章"社会学之性质"中,李达详辩了"社会学"即唯物史观与历史学、经济学、

---

① 李达:《中国所需要的革命》,《现代中国》1928 年第 2 卷第 1 号。

② 参见江明:《展读遗篇泪满襟——记李达和吕振羽的交往》,《文献》1980 年第 4 期。

政治学、法学、人类学等学科的有机联系。李达指出,一方面,历史学、经济学、政治学、法学、人类学等学科的研究"必须应用社会学所提供之方法"和"采用社会学研究所得之真理";另一方面,这些学科"能供给社会学参考之资料",社会学"欲探求社会进化之原理"、欲揭示社会变迁之原因,就必须研究这些学科①。这样一来,李达就构建了一种唯物史观研究的多学科视野。《现代社会学》对唯物史观的阐释就是在这种广阔的理论视野中进行的,它实际上是李达立足于马克思主义理论的整体性联系研究马克思主义哲学的第一次集中的展现。

第二,《现代社会学》建构了一个有中国特色的唯物史观表述体系。上述其他早期中国马克思主义者结合某个单一学科对唯物史观的阐释,往往仅只涉及唯物史观的某些方面。例如,李大钊、陈独秀分别结合历史学和政治学的研究阐释唯物史观,都只强调了唯物史观关于生产力与生产关系、经济基础与上层建筑的关系以及阶段斗争、人民群众是历史的创造者的原理。与此不同,李达在多学科的宽广视野中研究唯物史观,对唯物史的基本原理作了全面、系统的阐释。《现代社会学》共包括18章,分别对社会的本质、社会的构造、社会的起源、社会的发展、社会的变革、家庭、氏族、阶级、国家、社会意识以及帝国主义、世界革命、中国社会的性质、中国革命的任务和前途等重大理论问题作了论述,并对"契约的社会说"、"生物的社会说"、"心理的社会说"等资产阶级学说进行了批判,形成了一个有中国特色的唯物史表述体系。

第三,《现代社会学》对唯物史观作了准确、深刻的理解。早先的中国马克思主义者对唯物史观的理解不仅是零碎的,而且还存在着这样那样的片面性。例如,李大钊、陈独秀都把唯物史观归结为两大要旨,即生产力决定生产关系和经济基础决定上层建筑,在一定程度上忽视了生产力对生产关系、经济基础对上层建筑的反作用。李达在《现代社会学》中对唯物史观的理解则坚持了历史唯物论与历史辩证法的统一。一方面,李达注重坚持历史的唯物论,指出"历史的唯物论之社会说,在应用历史的唯物论说明社会之本质"②,并强

---

① 参见李达:《现代社会学》,武汉大学出版社2007年版,第9—10页。

② 李达:《现代社会学》,武汉大学出版社2007年版,第16页。

调生产力和经济生活对人类社会的最终决定作用,认为这是唯物史观的根本观点。另一方面,李达也注重坚持历史的辩证法,强调生产关系对生产力、上层建筑对经济基础的反作用,并提出了"阶级意识"和"社会思想"这两个极具特色的概念,分析和论述了无产阶级的社会思想在社会变革中的重要作用。

《社会学大纲》是李达在社会学的名义下撰写的另一部重要哲学著作。不过,在这部著作中,李达笔下的"社会学"一词的含义已发生了变化。20世纪20年代,中国马克思主义者对马克思主义哲学的传播和研究还主要限于唯物史观,其中有些人如李大钊、陈独秀甚至把马克思主义哲学等同于唯物史观。在这种背景下,李达写作的《现代社会学》所谓的社会学实际上也就是唯物史观。进入30年代以后,中国思想界兴起了一场声势浩大的唯物辩证法运动,对唯物辩证法的传播和阐释遂成为中国马克思主义哲学研究的主旋律。经过这场唯物辩证法运动,中国马克思主义者对马克思主义哲学有了更全面的理解。作为这场哲学运动的重大标志性成果,李达的《社会学大纲》虽然仍然沿用了社会学的名义,但从其内容上看,该书所谓的社会学显然是指整个马克思主义哲学。《社会学大纲》对马克思主义哲学的理解和阐释,"代表了30年代中国的专门哲学家所达到的理论水平"①。

首先,《社会学大纲》对马克思主义哲学基础理论进行了全面论述。在《社会学大纲》问世以前,虽然国内已陆续翻译出版了一些苏联学者编写的马克思主义哲学教科书,但尚无一本中国学者自己撰著的系统论述马克思主义哲学基础理论的著作。仅从这个角度看,《社会学大纲》也具有补白和开创性的意义。该书共分五篇,其中,第一篇是"唯物辩证法",包括"人类认识史的综合看的唯物辩证法"、"哲学的科学看的唯物辩证法"、"唯物辩证法的诸法则"和"认识论和论理学看的唯物辩证法"四章;第二篇是"科学看的历史唯物论",包括"历史唯物论序说"和"资产阶级社会学及历史哲学之批判"两章;第三篇是"社会的经济构造",包括"生产力与生产关系"、"经济构造之历史的形态"两章;第四篇是"社会的政治建筑",包括"阶级"和"国家"两章;第五篇是

---

① 参见许全兴:《中国马克思主义哲学界泰斗》,载《纪念李达诞辰一百周年》,湖南出版社1991年版,第46页。

"社会的意识形态",包括"意识形态的一般概念"和"意识形态的发展"两章。从其篇章设置就可看出,《社会学大纲》的内容已涵盖辩证唯物主义和历史唯物主义诸基本原理,是当时条件下对马克思主义哲学基础理论的最完整、最全面的阐述。

其次,《社会学大纲》对马克思主义哲学的精神实质有着独到而深刻的理解。这主要表现在以下三个方面:一是强调马克思主义哲学即唯物辩证法是人类认识史的综合。李达指出:"唯物辩证法,是唯一的科学的世界观。这个世界观,是摄取了人类认识的全部历史的成果而积极的创造出来的东西。所以我们在研究唯物辩证法的一般原理之时,必须站在历史主义的立场,说明唯物辩证法的孕育、诞生及其发展的过程,指出这个哲学实是人类认识史的总计、总和与结论。"①由此,李达把一切先行的哲学都视为"唯物辩证法的前史",并认为"唯物辩证法的生成,不仅是费尔巴哈唯物论与黑格尔辩证法之批判的摄取,还概括了新的丰富的内容"②。李达关于马克思主义哲学与历史上的哲学的关系及马克思主义哲学的理论来源的这些论断,较之后来苏联及国内的一些马克思主义哲学教科书的有关看法要全面、深刻得多。二是强调马克思主义哲学的整体性。李达认为,"唯物辩证法是世界观,同时又是方法论"③,是"世界观与方法的统一"④;"唯物辩证法,必须从历史——社会的领域贯彻于历史——社会的基础之自然领域,它才成为统一的世界观,成为一般的方法论。所以唯物辩证法必须是唯物辩证法的历史观与自然观的综合。"⑤;"辩证法,论理学与唯物辩证法的认识论,是同一的哲学",这就是"认识论和论理学看的唯物辩证法"⑥。李达强调马克思主义哲学是世界观与方法论的统一,是唯物辩证法的历史观与自然观的统一,是辩证法、认识论和逻辑学的统一,克服了早期中国马克思主义者把马克思主义哲学仅仅理解为唯物史观的局限性,也与后来苏联哲学界视马克思主义的唯物论为世界观、视辩

① 李达:《社会学大纲》,武汉大学出版社 2007 年版,第 4 页
② 李达:《社会学大纲》,武汉大学出版社 2007 年版,第 41 页。
③ 李达:《社会学大纲》,武汉大学出版社 2007 年版,第 73 页。
④ 李达:《社会学大纲》,武汉大学出版社 2007 年版,第 69 页。
⑤ 李达:《社会学大纲》,武汉大学出版社 2007 年版,第 43 页。
⑥ 李达:《社会学大纲》,武汉大学出版社 2007 年版,第 166 页。

证法为方法论并认为马克思主义哲学由唯物论、辩证法、认识论和历史观几大块构成的片面看法判然有别。三是主张马克思主义哲学是"实践的唯物论"。李达指出,"唯物辩证法是唯物辩证法的历史观与自然观的统一,两者统一的基础是社会的实践。"①"辩证法的唯物论,以劳动的概念为媒介,由自然认识的领域扩张于历史认识的领域,使唯物论发生了本质的变化,变成了实践的唯物论。"②"实践的唯物论,由于把实践的契机导入于唯物论,使从来的哲学的内容起了本质的变革。"③众所周知,当代中国马克思主义哲学界迟至20世纪90年代才在马克思主义哲学是实践唯物主义的问题上大体上达致了某种理论共识。李达在30年代中期就已明确主张和系统论证马克思主义哲学是"实践的唯物论",仅此一点就足以表明李达马克思主义哲学研究的深刻性和创造性。

《唯物辩证法大纲》是李达在毛泽东的建议下主持编写的最后一部重要哲学著作。李达之所以要主持编写这部著作,主要有两个方面的考虑:一是他对当时流行的苏联哲学教科书很不满意,认为其中有很多不符合马克思主义的内容;二是他觉得自己以前撰著的《社会学大纲》虽得到毛泽东的很高评价,但那本书毕竟是20多年前的作品,在当时的条件下不可能概括中国革命实践的宝贵经验,不可能论述毛泽东哲学思想对马克思主义哲学的新贡献,也不可能联系中国社会主义建设的实际,因而仅仅对其作局部修改尚不能适应新的历史时期的需要④。这两方面的考虑决定了《唯物辩证法大纲》的理论着力点。一方面,《唯物辩证法大纲》进一步强化了《社会学大纲》原有的诸多理论特色,如强调唯物辩证法是"唯物论和辩证法的统一"、是"科学的世界观和科学的方法论的统一"、是"理论和实践的统一"⑤,强调马克思主义哲学是

---

① 李达:《社会学大纲》,武汉大学出版社2007年版,第44页。
② 李达:《社会学大纲》,武汉大学出版社2007年版,第44页。
③ 李达:《社会学大纲》,武汉大学出版社2007年版,第44—45页。
④ 参见陶德麟:《〈唯物辩证法大纲〉再版前言》,载李达主编:《唯物辩证法大纲》,武汉大学出版社2007年版。
⑤ 参见李达主编:《唯物辩证法大纲》,武汉大学出版社2007年版,第51—53页。

"人类认识史的总计、总和与结论"①,重视考察"唯物辩证法的前史"②,强调"辩证法、认识论和逻辑学的同一性"③。这些理论特色使《唯物辩证法大纲》与当时通行的苏联模式的哲学教科书形成了鲜明的对照。无论是《社会学大纲》还是《唯物辩证法大纲》,都不存在苏联模式的哲学教科书普遍具有的那种片面性,这是极为难能可贵的,但却是为当代中国哲学界那些有教科书批判情结的人经常忽视了的事实。另一方面,《唯物辩证法大纲》深刻地总结了中国革命和社会主义建设实践的经验,精辟地阐述了毛泽东哲学思想对马克思主义哲学的重要贡献。值得特别指出的是,李达在主持编写《唯物辩证法大纲》时,对于当时国内哲学界存在的"左"的错误倾向旗帜鲜明地进行了批判。该书指出:在对马克思主义哲学与以往哲学遗产的关系问题的理解上存在着一种"左"的倾向,"即否认马克思主义哲学与以往哲学中积极成果的任何联系,把两千多年来极其丰富的哲学遗产当做一堆无用的垃圾,不分青红皂白地全盘抛弃,一概骂倒。这种观点表面上似乎特别'彻底',特别'革命';实际上,它割断了认识的历史,把马克思主义哲学说成了凭空创造出来的东西,说成了'离开世界文明发展大道而产生的褊狭顽固的学说'。这是一种粗鄙的、反马克思主义的观点。"④同时,李达也坚决反对那种在"左"的思潮影响下出现的把毛泽东思想绝对化和封闭化、认为只需读毛泽东的著作而无须读马克思、列宁的著作的看法。他说:"毛泽东思想是马列主义的发展,你不讲马克思、列宁的东西,怎么讲得清楚毛泽东思想?总有个来龙去脉嘛!马克思主义哲学也不是从天上掉下来的,它是人类认识史的总计、总和与结论。"⑤为了实事求是地讲清毛泽东对马克思主义哲学的发展,他坚持在《唯物辩证法大纲》中用整整一篇来论述"马克思主义哲学是人类认识史的唯物的辩证的综合",从原始时代的人类认识一直讲到毛泽东对唯物辩证法的新贡献。这种对待马克思主义哲学和毛泽东哲学思想的严谨的科学态度也是极其宝贵的。

---

① 李达主编:《唯物辩证法大纲》,武汉大学出版社 2007 年版,第 66 页。
② 参见李达主编:《唯物辩证法大纲》,武汉大学出版社 2007 年版,第 67—99 页。
③ 参见李达主编:《唯物辩证法大纲》,武汉大学出版社 2007 年版,第 325—336 页。
④ 李达主编:《唯物辩证法大纲》,武汉大学出版社 2007 年版,第 64 页。
⑤ 引自《陶德麟文集》,武汉大学出版社 2007 年版,第 819 页。

总之,《现代社会学》、《社会学大纲》和《唯物辩证法大纲》是李达深刻地理解和创造性地阐释马克思主义哲学的标志性文本,它们代表着不同历史时期中国马克思主义哲学研究的最高水平。即使是今天读来,我们也能从这些著作中受到多方面的启迪。

(原载《哲学研究》2011 年第 12 期)

李达的马克思主义
哲学研究范式及其深刻启示

汪信砚

李达是中国早期马克思主义者的杰出代表,人们公认他在马克思主义哲学的传播和研究方面的成就在中国早期马克思主义者中是最为突出的。考察李达的马克思主义哲学研究范式,能够使我们从总体上把握早期中国马克思主义者致力于马克思主义哲学研究的根本特点,对于推进当代中国马克思主义哲学研究也具有极其重要的意义。尤其是在今天,在中国马克思主义哲学研究面临着重重迷局的情况下,李达的马克思主义哲学研究范式能够给予我们以深刻的启示。

一

孙正聿教授曾把新中国成立以来的当代中国马克思主义哲学研究的历程划分为三个阶段,即 20 世纪 80 年代以前(即新中国成立以后的前 30 年)的教科书哲学、20 世纪 80 年代的教科书改革哲学和 20 世纪 90 年代以来的后教科书哲学①。他认为,与这三个阶段相适应,当代中国马克思主义哲学研究历经了三种不同的范式,即教科书范式、教科书改革范式和后教科书范式②。孙

① 参见孙正聿:《思想中的时代——当代哲学的理论自觉》,北京师范大学出版社 2004 年版,第 314—322 页;孙正聿:《当代中国的马克思主义哲学研究》,《河南大学学报(社会科学版)》2005 年第 4 期。
② 参见孙正聿:《我国人文社会科学研究的范式转换及其他——关于文科研究的几点体会》,《学术界》2005 年第 2 期。

正聿教授的这一概括，为我们考察当代中国马克思主义哲学研究范式提供了一个有启发意义的分析框架。但是，如果我们进一步拓展视域，对整个中国马克思主义哲学的发展历史作一全面考察，我们就会发现，李达等早期中国马克思主义者实际上是中国马克思主义哲学研究范式的最早开创者，他们的马克思主义哲学研究体现出一种与新中国成立以后各个时期的中国马克思主义哲学研究都截然不同的范式，这就是马克思主义哲学中国化范式。可以说，正是这种研究范式的不同，造成了当代中国马克思主义哲学研究与李达等早期中国马克思主义者的马克思主义哲学研究的重大差异。

李达等早期中国马克思主义者是在近代中华民族危机深重、大批先进的知识分子向西方苦苦寻求救国救民的真理而未果的情况下受俄国十月革命胜利的鼓励而自觉选择马克思主义及其哲学的。五四运动以后，他们在极其艰难的条件下传播和探索马克思主义哲学，不仅不具备一些人在攻击和诋毁当代中国马克思主义哲学研究时所说的那种与主流意识形态"共谋"的社会政治环境，而且还面临着反动势力的重重阻挠，甚至在白色恐怖下随时都有生命的危险。例如，1927年，李达就曾遭到国民党当局的通缉，其罪名是："著名共首，曾充大学教授，著有《现代社会学》，宣传赤化甚力。"就是在这样的困难情况下，他们凭借马克思主义哲学中国化的研究范式，使马克思主义哲学在中国焕发出蓬勃的生机和巨大的理论生命力，使马克思主义哲学从最初只是从西方传入的诸多哲学中的一种变成了现代中国哲学的主潮，使其成为人们在人文社会科学和其他各个领域中观察和研究问题时自觉运用的方法论，由此重塑了中国人的精神世界并深刻地影响了中国社会的发展。

新中国成立后，中国马克思主义哲学研究有了根本不同的社会政治条件。作为中国共产党的指导思想，马克思主义哲学上升为社会主义中国的主流意识形态。与此相适应，马克思主义哲学研究受到积极鼓励并获得了多方面的条件保障。然而，中国马克思主义哲学研究在获得有利的外部社会政治环境的同时却逐渐淡忘了李达等早期中国马克思主义者所开创的那种马克思主义哲学中国化范式。孙正聿教授所说的当代中国马克思主义哲学研究先后经历的教科书范式、教科书改革范式和后教科书范式，实际上都这样那样地偏离了马克思主义哲学中国化范式，其结果是中国的马克思主义哲学研究越来越疏离中国的现实,并因此而越来越受到现实生活的漠视。今天,尽管马克思主义哲学仍然属于主流的意识形态,尽管我们对马克思主义哲学的理解水平和研究成就远远超越了早期中国马克思主义者,但马克思主义哲学在中国社会和中国思想界实际上却越来越边缘化。20世纪90年代以来,按照孙正聿教授的说法,中国马克思主义哲学研究进入了"后教科书范式"时期。在我看来,所谓"后教科书范式"实际上也就是不再有任何统一的研究范式。在这一时期的中国马克思主义哲学研究中,人们的理论兴趣日益泛化,缺乏共同的理论目标、"问题意识"和共同关注的"热点"问题,人们的研究路径和方法也出现了严重分化,整体上日益陷入对各种不同的具体理论问题的无原则的议论和各说各话、自娱自爽的状态。因此,虽然一些人自认为90年代以来是中国马克思主义哲学研究最繁荣、成就最突出的时期,但除了中国马克思主义哲学界这个学术圈子以外实际上鲜有人关注这些所谓的成就。即使是在中国哲学界,虽然马克思主义哲学事实上是现代中国哲学的主潮,但在今天,甚至连马克思主义哲学作为中国哲学或现代中国哲学的合法性也受到了质疑。例如,一些中国哲学学科和西方哲学学科的研究者都经常提出马克思主义哲学应该归属于西方哲学的看法,按照这种看法,中国的马克思主义哲学只是"在中国"的马克思主义哲学而不并属于中国哲学或中国现代哲学。时下中国哲学界仍有几分时髦色彩的"中、西、马对话"或"打通中、西、马"的话语方式,就其把马克思主义哲学与中国哲学视作互为他者而言,实际上也否定了马克思主义哲学作为中国哲学或现代中国哲学的合法性。

今天中国马克思主义哲学研究面临的重重迷局,包括马克思主义哲学在中国社会和中国思想界日益边缘化、中国马克思主义哲学作为现代中国哲学的合法性危机的出现等,主要是由当代中国马克思主义哲学研究偏离马克思主义哲学中国化范式而招致的。例如,一些人之所以断言中国的马克思主义哲学只是"在中国"的马克思主义哲学、它应该归属于西方哲学的范畴,其重要原因之一就在于当代中国的马克思主义哲学研究确实越来越像一般意义上的西方哲学研究。而要破解中国马克思主义哲学研究目前面临的这些迷局,我们应当回到马克思主义哲学中国化范式的开创者即李达等早期中国马克思主义者那里去,特别是具体地考察李达在马克思主义哲学研究中对于这一范式的实践,从中获取推进当代中国马克思主义哲学研究的重要思想资源。

二

"范式"作为一个标示学术研究的方法论的概念是由科学哲学家库恩最先使用并加以明确界定的。库恩认为,范式是共同体成员们借以指导其研究活动的"一个公认的模型或模式",它"决定了什么样的问题有待解决","规定了一个研究领域的合理问题和方法"①,并由此必然形成一种连贯的学术传统。不过,当我们把库恩的范式概念应用于人文社会科学的各个领域时,对这一概念的理解和解释存在着很大的空间,我们也不必完全按照库恩对这一概念的规定来使用它。事实上,在近年来的中国马克思主义哲学研究中,有人将其视为包含着某种基本范畴和核心理念的概念框架,也有人把它理解为一套信念、规则和标准。在我看来,作为一个哲学方法论概念,范式主要是指哲学研究的目标、路径和方法,其中,研究目标体现了研究者的信念和核心理念并决定着研究者对有关范畴和评价标准的选择;哲学研究范式就是哲学研究的目标、路径和方法的统一。与此相应,李达的马克思主义哲学研究范式主要由以下三个方面构成。

一是李达马克思主义哲学研究的目标。李达不是为了研究马克思主义哲学而研究马克思主义哲学,他研究马克思主义哲学的目的是为了改造中国,即探索"中国的出路"、回答"中国向何处去"这一时代大问题。可以说,探索"中国的出路"、回答"中国向何处去"这一时代大问题构成了李达哲学探索一以贯之的目标和主题。

五四新文化运动以后,李达积极向国内传播马克思主义及其哲学,并对当时中国思想界的各种非马克思主义思潮进行了深刻批判。1923 年,他在《马克思学说与中国》一文中明确指出,"马克思学说之在中国,已是由介绍的时期而进到实行的时期了",中国共产党应该而且完全可以应用马克思学说改

---

① 托马斯·库恩:《科学革命的结构》,北京大学出版社 2003 年版,第 21、24—25、9 页。

造中国社会①。正是基于这一理论自觉,李达把对马克思主义哲学的研究与对中国社会的改造紧密结合起来。即使在一些纯哲学著作中,李达也总是把对马克思主义哲学的理论探索落实到对中国问题的理解和解答上来。例如,他于1926年出版的《现代社会学》被学界视为唯物史观中国化的标志性成果,而作者在该书序言中自述其写作目的时说:"马克思固未尝著述社会学,亦未尝以社会学者自称,然其所创之唯物史观学说,其在社会学上之价值,实可谓空前绝后。彼不仅发现社会组织之核心,且能明示社会进化之方向,提供社会改造之方针,其贡献之功实有不可磨灭者。"②故此,"特采唯物史观学说为根据,编著此书,虽取材不宏、择焉不精之弊殆所不免,然对于斯学之体系,自信已略具规模,学者苟循此以求之,必了然于国计民生之根本,洞悉其症结之所在,更进而改造之不难也。"③该书对唯物史观的阐释,最后落脚到帝国主义时代的世界革命与中国革命问题,对中国社会的性质和中国革命的任务、动力、对象、领导者和归趋等问题作了深入思考和探索。他于1929年出版的《社会之基础知识》是一部阐述历史唯物主义原理的专著,而其最后一章专门探讨了"中国的出路"问题,其最终结论则是:"只有民众起来打倒帝国主义,铲除封建遗物,树立民众政权,建设国家资本,解决土地问题,以求实现真正自由平等的新社会。"④他于1935年首次印行的《社会学大纲》,被毛泽东称为"中国人写的第一部马克思主义哲学教科书",但他写作这部著作的初衷是以马克思主义哲学的世界观和方法论揭示中国社会的特殊发展规律,帮助中国人民科学地分析中国社会的实际问题,认清中国革命的道路,而不只是系统地阐述马克思主义哲学理论本身。

二是李达马克思主义哲学研究的路径。为了探索"中国的出路"、回答"中国向何处去"这一时代大问题,李达立足于马克思主义理论的整体性联系研究马克思主义哲学,把马克思主义哲学研究广泛地拓展于人文社会科学的各个学科中,并由此实现了马克思主义的综合理论创新,成为中国马克思主义

---

① 参见《李达文集》第1卷,人民出版社1980年版,第202—215页。
② 《李达文集》第1卷,人民出版社1980年版,第237页。
③ 《李达文集》第1卷,人民出版社1980年版,第237页。
④ 《李达文集》第1卷,人民出版社1980年版,第558—559页。

史和整个中国近现代思想史上一位少有的百科全书式的学者。

李达认为,"马克思主义哲学是讲世界观、方法论的,应当是各门科学中的首席科学,对一切科学和各项工作都有指导作用。"①为此,他把马克思主义哲学的理论和方法运用于人文社会科学各个学科中,在经济学、政治学、史学、法学、社会学、教育学、文化思想史等各个领域都取得了开创性的成就。例如,他以唯物史观为指导研究经济学,撰写了中国第一部马克思主义经济学教科书《经济学大纲》和中国第一部研究马克思主义货币理论的著作《货币学概论》,并独树一帜地提出了"广义经济学"的主张。他说:"历史唯物论指导经济学去研究各种社会经济构造的各种历史的特殊发展法则(广义经济学),研究资本主义的社会经济构造的特殊发展法则,克服资产阶级经济学的唯心论的见解。"②"我主张广义经济学,除了研究历史上各种顺序发展的经济形态以外,还必须研究中国经济。只有这样的研究,才能理解经济进化的一般原理在具体的中国经济状况中所显现的特殊的姿态,特殊的特征,才能得到具体的经济理论,才能知道中国经济的来踪和去迹。"③他对唯物史观的传播和研究,直接促成了20世纪30、40年代中国马克思主义史学观的形成;他撰写了中国第一部用唯物史观系统研究中国近现代经济史的著作《中国产业革命概观》,并在史学界最早提出了按经济形态划分中国历史发展阶段的主张,对现代中国史学的发展产生了重大的影响;而他1935年首次印行的《社会进化史》是中国第一部在唯物史观的指导下写作的世界通史。他写作了中国第一部阐述马克思主义民族理论的著作《民族问题》,该书提出的关于民族团结和建立广泛的国际联合战线的思想为后来抗日民族统一战线的建立奠定了重要理论基础。他写作了中国第一部马克思主义法学著作即《法理学大纲》,以唯物辩证法和唯物史观为思想方法对历史上各种有代表性的法学流派和观点进行了系统的分析批判,对各种法学理论问题进行了深入考察,成为"我国最早运用马

---

① 转引自《陶德麟文集》,武汉大学出版社2007年版,第717页。
② 李达:《社会学大纲》,武汉大学出版社2007年版,第245页。
③ 李达:《经济学大纲》,武汉大学出版社2007年版,第18页。

克思主义研究法学的一位拓荒者和带路人"①。他还从众多方面对妇女解放问题进行了探讨,成为中国妇女解放运动的先驱。

三是李达马克思主义哲学研究的方法。李达马克思主义哲学研究的根本方法是普遍与特殊相结合的方法。在这里,"普遍"就是马克思主义哲学,"特殊"则是中国社会的"特殊姿态"。因此,李达所坚持和运用的马克思主义哲学研究的方法,也就是把马克思主义哲学与中国的具体实际相结合的方法。

李达把马克思主义哲学研究的目标定位于探索"中国的出路"、回答"中国向何处去"这一时代大问题,并不意味着他不重视马克思主义哲学的理论建设,但他强调要"建立普遍与特殊之统一的理论"。为此,一方面,他对马克思主义哲学作了精深的研究,甚至在 20 世纪 30 年代中期就明确地主张和论证了马克思主义哲学是"实践的唯物论"。另一方面,他也在马克思主义哲学的指导下对中国社会的"特殊姿态"作了精深的研究。例如,他系统地研究了中国近现代经济发展的历史,通过这种研究,他在中国思想界最先明确把中国近现代社会性质概括为"半殖民地的半封建的社会",并由此精辟地阐明了中国革命的首要任务是反帝反封建主义;也是基于这一研究,他在新中国成立后多方面地论述了中国社会主义建设的特殊规律,成为中国特色社会主义道路的最早探索者之一。正因为有了上述两方面的基础,所以李达能够高超地运用普遍与特殊相结合的方法,对马克思主义哲学开展创造性的研究。他的《现代社会学》、《社会学大纲》、《唯物辩证法大纲》等重要哲学著作都既达到了极高的理论成就,又具有鲜明的中国风格。例如,《现代社会学》是"中国人自己写的最早的一部联系中国革命实际系统论述唯物史观的专著"②,代表着当时中国唯物史观研究的最高水平,被人们誉为唯物史观中国化的标志性成果;《社会学大纲》是中国学者自己撰著的系统论述马克思主义哲学基础理论的首部著作,它针对中国革命的实际需要对马克思主义哲学作了独到而深刻的理解和创造性的阐释;《唯物辩证法大纲》则不仅进一步强化了《社会学大纲》原有的诸多理论特色,而且深刻地总结了中国革命和社会主义建设实践

---

① 韩德培:《一位少有的马克思主义法学家》,《武汉大学学报(哲学社会科学版)》1981 年第 1 期。

② 参见江明:《展读遗篇泪满襟——记李达和吕振羽的交往》,《文献》1980 年第 4 期。

的经验,精辟地阐述了毛泽东哲学思想对马克思主义哲学的重要贡献。其中,《社会学大纲》和《唯物辩证法大纲》即使都被当做马克思主义哲学教科书来看,也都属于中国马克思主义哲学史上的名著,并且都不存在苏联模式的哲学教科书普遍具有的那种片面性。

总之,探索"中国的出路"、回答"中国向何处去"这一时代大问题是李达马克思主义哲学研究的目标,立足于马克思主义理论的整体性联系研究马克思主义哲学是李达马克思主义哲学研究的路径,坚持普遍与特殊相结合是李达马克思主义哲学研究的根本方法,而由这三者构成的李达的马克思主义哲学研究范式就是一种马克思主义哲学中国化范式。值得特别指出的是,李达的马克思主义哲学研究所遵循的马克思主义哲学中国化范式,其实是早期中国马克思主义者致力于马克思主义哲学研究的共有范式,只不过这一范式在李达的马克思主义哲学研究中展现得最为充分而已。因此,作为马克思主义哲学研究的范式,马克思主义哲学中国化范式实际上是以李达为代表的早期中国马克思主义者共同开创的范式。

三

李达的马克思主义哲学研究范式,是当代中国马克思主义哲学研究的极其宝贵的思想资源,对于我们破解当代中国马克思主义哲学研究在目前面临的迷局、推进当代中国马克思主义哲学研究的发展具有多方面的深刻启示。

首先,要破解当代中国马克思主义哲学研究面临的迷局,我们就应该像李达那样确定当代中国马克思主义哲学研究的目标。

李达把马克思主义哲学研究的目标定位于改造中国即探索"中国的出路"、回答"中国向何处去"这一时代大问题,体现了李达对于马克思主义哲学的精神实质的深刻理解。与以往只是这样那样地"解释世界"的哲学不同,马克思主义哲学是具有鲜明的实践性的哲学,是"改造世界"的哲学。也就是说,马克思、恩格斯原本也不是为了研究哲学而研究哲学,他们研究哲学问题并由此创立了马克思主义哲学,是为了"改造世界",即探索人类解放道路、回答"人类向何处去"这一时代大问题。诚然,马克思主义哲学是无产阶级的世界观,是为无产阶级革命和无产阶级解放事业提供精神武器的。正如马克思所说:"哲学把无产阶级当做自己的物质武器,同样,无产阶级也把哲学当做自己的精神武器。"①但是,无产阶级是人类历史上最先进、最具有彻底革命性的阶级,并且是一个"民族独特性已经消灭"、"在所有的民族中都具有同样的利益"、"真正同整个旧世界脱离而同时又与之对立"的阶级②;无产阶级只有彻底砸碎资产阶级的旧世界,实现共产主义,解放全人类,才能最后解放自己。因此,无产阶级的解放实际上就是整个人类的解放,无产阶级革命就是无产阶级和整个人类解放的必由之路;而这条人类解放道路所通达的方向,则是《共产党宣言》所指明的:"代替那存在着阶级和阶级对立的资产阶级旧社会的,将是这样一个联合体,在那里,每个人的自由发展是一切人的自由发展的条件。"③这就是马克思主义哲学对于人类解放道路的探索和对于"人类向何处去"这一时代大问题的回答。显然,李达对于马克思主义哲学研究的目标的定位与马克思、恩格斯创立马克思主义哲学的理论追求是完全一致的,李达所设定的探索"中国的出路"、回答"中国向何处去"这一时代大问题的马克思主义哲学研究目标,不过是马克思、恩格斯创立马克思主义哲学所追求的探索人类解放道路、回答"人类向何处去"这一时代大问题的理论目标在中国的具体化。

李达把马克思主义哲学研究的目标定位于探索"中国的出路"、回答"中国向何处去"这一时代大问题,用我们今天的话来说,也就是定位于探索中国道路。既然李达对于马克思主义哲学研究目标的定位体现了马克思主义哲学的基本精神,是马克思、恩格斯创立马克思主义哲学的理论目标在中国的具体化,那么,探索"中国的出路"、回答"中国向何处去"这一时代大问题亦即探索中国道路就应该是中国马克思主义哲学研究的不懈追求和永恒主题。当然,探索中国道路这一中国马克思主义哲学研究的目标在不同的历史时期有不同的具体内涵,李达的马克思主义哲学研究主要是探索中国革命的道路,而当代中国马克思主义哲学研究所要探索的则是中国现代化发展的道路。马克思曾

---

① 《马克思恩格斯选集》第1卷,人民出版社1995年版,第15页。
② 参见《马克思恩格斯选集》第1卷,人民出版社1995年版,第115页。
③ 《马克思恩格斯选集》第1卷,人民出版社1995年版,第294页。

经指出："理论在一个国家实现的程度,总是决定于理论满足这个国家的需要的程度。"①李达和其他早期中国马克思主义者正是因为准确地抓紧了"中国向何处去"这个时代大问题,致力于探索中国革命的道路,充分地适应了半殖民地半封建条件下中国社会的迫切需要,所以才使马克思主义哲学在中国焕发出蓬勃的生机和巨大的理论生命力,并使马克思主义哲学最终成为现代中国哲学的主潮。今天,要使马克思主义哲学真正成为我们这个时代的中国哲学、使其继续成为中国哲学的主潮,要消解目前马克思主义哲学日益边缘化的状况,就应该像李达那样,自觉把马克思主义哲学研究的目标定位于探索中国道路,努力回答我们这个时代"中国向何处去"的问题。

其次,要破解当代中国马克思主义哲学研究面临的迷局,我们也应该高度重视李达马克思主义哲学研究的路径。

正如前述,立足于马克思主义理论的整体性联系研究马克思主义哲学、把马克思主义哲学研究广泛拓展于人文社会科学的各个学科中,是李达马克思主义哲学研究的路径。这一马克思主义哲学研究路径的根本特点,是注重对马克思主义理论进行整体性研究,它既强调了马克思主义各个组成部分、各个理论领域之间不可分割的有机联系,又突显了马克思主义哲学在马克思主义理论整体中的核心和基础地位。李达的这一马克思主义哲学研究路径与马克思、恩格斯创立马克思主义哲学时的研究路径也是一致的。众所周知,马克思主义主要包括马克思主义哲学、政治经济学和科学社会主义三个组成部分,而作为马克思主义的创始人,马克思、恩格斯的探索足迹遍及人文社会科学的各个领域,甚至还包括自然科学的一些领域。在评价马克思的理论贡献时,恩格斯说,马克思创立了唯物史观和剩余价值学说,"一生中能有这样两个发现,该是很够了。即使只能作出一个这样的发现,也已经是幸福的了。但是马克思在他所研究的每一个领域,甚至在数学领域,都有独到的发现,这样的领域是很多的,而且其中任何一个领域他都不是浅尝辄止。"②其实,不独马克思是这样,恩格斯也是如此。问题的关键在于,所有这些研究领域在马克思、恩格

① 《马克思恩格斯选集》第1卷,人民出版社1995年版,第11页。
② 《马克思恩格斯选集》第3卷,人民出版社1995年版,第776—777页。

斯那里并不是分裂的和彼此隔离的，而是内在地关联在一起的。他们的一些重要哲学思想和哲学观点往往是在研究各种经济的、政治的、历史的、文化的甚至自然科学的问题时阐发的。例如，《资本论》既是马克思最重要的经济学著作，也是马克思最重要的哲学著作之一。因此，马克思主义原本就是一个内在地融汇着马克思、恩格斯在各门学科中的研究成果的有机整体，马克思主义哲学原本就是建立在马克思主义理论的整体性联系基础上的，或者说，马克思、恩格斯早已把马克思主义哲学研究广泛拓展于人文社会科学的各个学科中。可以说，正是通过在人文社会科学各个学科中对人类社会、特别是资本主义社会的各个方面的深入的研究，马克思、恩格斯才能够指明人类解放的道路、回答"人类向何处去"这一时代大问题。同样，也正是由于把马克思主义哲学研究广泛拓展于人文社会科学的各个学科中，所以李达才能正确地指明"中国的出路"、回答"中国向何处去"这一时代大问题。例如，如果没有在唯物史的指导下对中国近现代经济史的深刻研究，李达要认清中国近现代社会的半殖民地半封建社会的性质并由此得出中国革命的首要任务是反帝反封建的正确结论是根本不可能的。

今天看来，李达马克思主义哲学研究的路径显然不是马克思主义哲学研究的唯一路径。但是，要探索中国道路、回答我们这个时代"中国向何处去"的问题，仅靠抽象的哲学思辨肯定是无济于事的，关键还在于像李达那样把马克思主义哲学研究与各门人类社会科学的研究结合起来，亦即把马克思主义哲学研究广泛拓展于人文社会科学的各个学科中，对当代中国社会生活的各个方面进行深入的考察。因此，我认为，对于迫切需要走出目前所面临的重重迷局的当代中国的马克思主义哲学研究来说，与人们通常所谓的"打通中、西、马"相比较，打破马克思主义理论各个领域之间的壁垒、像李达那样注重开展对马克思主义理论的整体性研究，可能是更为重要的事情。值得注意的是，在当代中国马克思主义哲学研究中，经常有人以哲学研究只能"以哲学的方式"来回应其所面对的问题为由替那种丢弃马克思主义哲学研究的传统、割裂马克思主义哲学研究与各门人文社会科学研究应有关系的做法作辩护，仍然醉心于从概念到概念、从范畴到范畴的纯逻辑推演，甚而希求用现代西方哲学的概念和范畴体系彻底重释或重构马克思主义哲学。这样一种马克思主义哲学研究的路径,绝不可能把人们导向探索中国道路、回答我们这个时代"中国向何处去"的问题,它只会进一步加剧马克思主义哲学的边缘化。

最后,要破解当代中国马克思主义哲学研究面临的迷局,我们还应该像李达那样坚持普遍与特殊相结合的马克思主义哲学研究方法。

如前所述,李达所坚持和运用的马克思主义哲学研究方法是普遍与特殊相结合,亦即把马克思主义哲学与中国的具体实际相结合,而这正是人们通常所说的马克思主义哲学中国化的具体内涵。因此,在李达那里,马克思主义哲学中国化既是马克思主义哲学研究的总体范式,也是马克思主义哲学研究的根本方法。这样一种研究方法,深刻地体现了马克思主义哲学的本质要求。马克思主义哲学正确地指明了人类解放的道路和人类社会发展的总的方向,但它并没有也不可能具体地解决各个民族和国家应该走什么道路的问题。作为马克思主义哲学的创立者,马克思、恩格斯一贯都反对把他们的理论当成教义、教条或现成的公式并"按照它来剪裁各种历史事实"①,要求人们把他们的理论与各国的具体实际结合起来,强调各个国家和民族都应该根据自己的特殊历史环境来探寻自己的发展道路。马克思在谈到东方国家社会发展道路问题时,明确反对把他"关于西欧资本主义起源的历史概述彻底变成一般发展道路的历史哲学理论",反对那种认为"一切民族,不管它们所处的历史环境如何,都注定要走这条道路"的看法②,强调"一切都取决于它所处的历史环境"③。恩格斯也曾明确指出:"马克思的整个世界观不是教义,而是方法。它提供的不是现成的教条,而是进一步研究的出发点和供这种研究使用的方法。"④可见,李达所坚持和运用的普遍与特殊相结合的马克思主义哲学研究方法本身就是马克思、恩格斯所一贯倡导的方法。也正是因为坚持和运用了这一方法,所以李达为中国马克思主义哲学研究和中国革命道路的探索作出了卓越的贡献。

在马克思主义哲学研究中坚持普遍与特殊相结合亦即把马克思主义哲学

---

① 《马克思恩格斯全集》第 22 卷,人民出版社 1965 年版,第 94 页。
② 参见《马克思恩格斯选集》第 3 卷,人民出版社 1995 年版,第 341—342 页。
③ 《马克思恩格斯全集》第 19 卷,人民出版社 1963 年版,第 451 页。
④ 《马克思恩格斯选集》第 4 卷,人民出版社 1995 年版,第 742—743 页。

与中国的具体实际相结合,绝不仅仅只是单纯地应用马克思主义哲学。按照毛泽东的界定,把马克思主义与中国的具体实际相结合即马克思主义中国化包括两个基本的维度:一是"使马克思主义在中国具体化",即"按照中国的特点去应用它"、"使之在其每一表现中带着必须有的中国的特性"①;二是"使中国革命丰富的实际马克思主义化"②,即通过研究中国的具体实际而丰富马克思主义理论③。与此相应,把马克思主义哲学与中国的具体实际相结合即马克思主义哲学中国化,既包括使马克思主义哲学从内容到形式都具有"中国的特性",也包括通过对中国的具体实际的研究而丰富马克思主义哲学、实现马克思主义哲学的理论创新。而由此建构的中国化的马克思主义哲学,作为对于中国道路的探索和对于"中国向何处去"这一时代大问题的回答,作为李达所说的"普遍与特殊之统一的理论",必然既"是中国的东西,又是完全马克思主义的东西"④。

在当代中国马克思主义哲学研究中,大力加强马克思主义哲学理论建设,包括加强对马克思主义哲学经典文本的研究、对马克思主义哲学基础理论的研究以及对国外马克思主义哲学最新成果的研究等,是非常必要的。但是,要使马克思主义哲学真正成为我们这个时代的中国哲学,要避免使马克思主义哲学研究沦为一般意义上的西方哲学研究,特别是要探索中国道路、回答我们这个时代"中国向何处去"的问题,我们仍然应该像李达那样坚持普遍与特殊相结合的方法,始终立足于中国的具体实际来开展马克思主义哲学研究,包括对于马克思主义哲学基础理论的研究。近年来,中国学界经常有人提出要探索马克思主义哲学的当代形态的问题。在我看来,如果这种马克思主义哲学的当代形态是可能的话,那么,它就只能是李达所说的那种"普遍与特殊之统一的理论",只不过它应该是当代中国条件下的"普遍与特殊之统一的理论"。

综上所述,要破解当代中国马克思主义哲学研究面临的迷局,使马克思主

---

① 《毛泽东选集》第2卷,人民出版社1991年版,第534页。
② 《毛泽东文集》第2卷,人民出版社1993年版,第374页。
③ 关于毛泽东对马克思主义中国化的这一界定,参见汪信砚:《马克思主义中国化思想的源流》,《武汉大学学报(人文科学版)》2008年第6期。
④ 《刘少奇选集》(上),人民出版社1981年版,第333—337页。

义哲学继续成为中国哲学的主潮，我们就应该像李达那样确定当代中国马克思主义哲学研究的目标并高度重视李达马克思主义哲学研究的路径和方法，就应该使当代中国马克思主义哲学研究复归于以李达为代表的早期中国马克思主义者共同开创并在李达马克思主义哲学研究中得到充分展现的马克思主义哲学中国化范式。

（原载《江海学刊》2012 年第 2 期）

李达对唯物史观的多向度开展

李维武

在李达的近半个世纪的马克思主义哲学生涯中,对唯物史观的传播、阐释与中国化所作出的努力与贡献,像一根红线贯穿始终。作为中国第一批马克思主义哲学家,李达同李大钊、陈独秀一样,是由接受唯物史观而走进马克思主义哲学并开始传播马克思主义哲学的。早在 1919 年,在他最初发表的宣传社会主义与女性主义的文章中,即已包含了他对唯物史观的初步的理解、阐释与运用。而在他翻译的第一批介绍马克思主义的著作中,即有郭泰(H. Gorter)著《唯物史观解说》一书,这是在中国出版的第一本专门介绍唯物史观的译著。自此,李达成为唯物史观在中国思想世界广泛传播和深入开展的主要推动者之一。

与同时代的其他中国马克思主义者相比,李达对唯物史观的传播、阐释与中国化形成了自己的鲜明特点,这就是他对唯物史观作了多向度的开展,由历史观进而涉及政治哲学、本体论、历史学、经济学、法理学等不同领域,从而赋予了唯物史观以多样的形态与丰富的内涵,使唯物史观在中国思想世界焕发出蓬勃的生机与巨大的活力。他对唯物史观的传播、阐释与中国化作出的重大贡献,是与这一特点密切联系在一起的。进入 21 世纪后,唯物史观再度受到了中国哲学界的关注、重视与探讨。在这个背景下,我们回顾李达为唯物史观的传播、阐释与中国化所做的开拓性工作,总结并承继这位先驱者所留下的宝贵的思想遗产,对于唯物史观在 21 世纪中国的进一步发展是富有启迪意义的。

一、李达对唯物史观的理解视域

李达之所以能够对唯物史观作出多向度开展,首先是与他理解唯物史观的视域相联系的。早在 20 世纪 20 年代,李达就在传播、阐释、运用唯物史观的哲学活动中,开始形成自己独特的唯物史观的理解视域;在以后的岁月里,他又结合自己不断深入的马克思主义哲学研究,对这一理解视域逐渐加以扩充与完善。

唯物史观作为一大哲学思潮在中国思想世界崛起,是以李大钊在 1919 年发表《我的马克思主义观》一文为其标志的。20 世纪 20 年代,是唯物史观在中国大规模传播的时期。这一时期的中国马克思主义者,由于接受唯物史观的途径不同和理解唯物史观的知识背景各异,因而对唯物史观的说明和运用各有侧重、各有特色,如李大钊主要结合历史学阐释唯物史观,陈独秀主要结合政治哲学阐释唯物史观,蔡和森主要结合人类学古史研究阐释唯物史观,杨明斋主要结合东西文化关系问题探讨阐释唯物史观。李达对唯物史观的阐释,最初也是结合政治哲学、特别是结合中国共产党的创建和社会主义道路的选择来进行的。但随着唯物史观的传播与阐释工作的逐渐深入,李达首先自觉地转向对唯物史观的阐释体系的建构,力图赋予唯物史观以完整的有中国特色的表达形态,使中国人能够对唯物史观有更为系统、准确、深入的把握。

1926 年,李达的《现代社会学》一书问世,即对唯物史观作了一种新的系统阐释。书中所讲的"社会学",实际上也就是唯物史观。从这时起直到 1949 年,由于政治环境的压迫,李达都是在"社会学"的名义下来讲马克思主义哲学的。在该书第一章"社会学之性质"中,李达指出社会学不是一门封闭的学问,而有着广阔的研究空间,与历史学、经济学、政治学、法学、人类学都有着密切联系和相互影响。社会学与历史学的联系在于:"社会学欲探求社会进化之原理,必须借助历史学所提供之资料;历史学欲解释历史事实之因果关系,必须应用社会学所提供之方法。故历史学为社会学之资料,社会学为历史学之方法。"①社会学与经济学的联系在于:"社会学欲研究生产发展之原因及经

① 李达:《现代社会学》,武汉大学出版社 2007 年版,第 9 页。

济关系变迁之理法,不能不借助于经济学。……经济学必须采用社会学研究所得之真理,以为改造之根据。"①社会学与政治学的联系在于:"政治学为研究国家之科学,国家为社会历程中之产物,政治学者不明社会进化之法则,即无由了解国家之起源,性质,发达及功用。国家又为阶级统治之机关,社会学者不研究政治组织之变迁,亦无由推知社会阶级冲突之实况。"②社会学与法学的联系在于:"法律由社会关系产出,又随社会进行而变革。近代社会生活日形复杂,而法律内容愈趋愈繁。法学者研究社会关系与进化之定律,足以了解法律之本质及功用;社会学者研究法律之发生及变化,足以了解社会制度变迁之原因。"③社会学与人类学的联系在于:"人类学为研究人类之科学,能供给社会学参考之资料。人类学分数部,如人种学研究原人社会生活之状态,如考古学研究原人之遗物,如文化史研究原始社会文化之由来,皆与社会学有密切之关系。社会学推求社会之起源,考察原始社会之制度,不能不取材于人类学。"④李达认为,通过社会学与这些学科的联系,可以确定社会学研究的范围。显然,他所讲的社会学与这些学科的联系,也就是唯物史观与这些学科的联系。这样一来,李大钊、陈独秀、蔡和森、杨明斋等对唯物史观所作的各有侧重、各有特色的说明与运用,可以说在《现代社会学》中得到了一种概括和综合,使中国人对唯物史观的研究获得了一个更广阔的空间。这表明中国马克思主义者对唯物史观有了更为系统、更为深入、更为准确的把握。

进入 20 世纪 30 年代,中国思想世界出现了声势浩大的唯物辩证法运动。唯物辩证法的传播、阐释、中国化,成为这一时期中国马克思主义哲学开展的主旋律。李达的名著《社会学大纲》,是这一哲学运动的重大标志性成果。在书中,李达明确提出:"社会学的唯一的科学的方法,是唯物辩证法。"⑤又指出:"唯物辩证法是唯物辩证法的历史观与自然观的统一,两者统一的基础是社会的实践。"⑥这就把中国人对马克思主义哲学的理解,由以唯物史观为主

---

① 李达:《现代社会学》,武汉大学出版社 2007 年版,第 9 页。
② 李达:《现代社会学》,武汉大学出版社 2007 年版,第 9 页。
③ 李达:《现代社会学》,武汉大学出版社 2007 年版,第 9 页。
④ 李达:《现代社会学》,武汉大学出版社 2007 年版,第 10 页。
⑤ 《李达文集》第 2 卷,人民出版社 1981 年版,第 9 页。
⑥ 《李达文集》第 2 卷,人民出版社 1981 年版,第 60 页。

进而扩大为唯物辩证法。他所讲的"社会学",也由《现代社会学》所指的唯物史观,在《社会学大纲》中扩大为唯物辩证法。在他看来,唯物辩证法的实践基础之获得,在于马克思主义哲学创始人通过唯物史观的创立,使实践概念由西方哲学家所理解的抽象的精神劳动,转变为唯物史观所理解的社会的历史的物质活动。由于唯物史观所理解的实践概念对于唯物辩证法具有基础性的意义,所以他又把唯物辩证法称为"实践的唯物论"①,使之与以往的唯物论相区别。这样一来,唯物史观就成了唯物辩证法的一个重要构成,不仅是马克思主义哲学的历史观,而且与马克思主义哲学的本体论相联系。基于这种对唯物史观的新理解,他对唯物史观的研究空间作了新说明,指出:"当作世界观看的唯物辩证法,当作自然科学与社会科学的成果之普遍化的概括看的唯物辩证法,其中包含着两个部分,两个领域,即唯物论的自然观(自然辩证法)与唯物论的历史观(历史辩证法)。唯物论的自然观,以自然现象的发展法则为对象,因而它是自然诸科学的成果的概括;唯物论的历史观,以社会现象的发展法则为对象,因而它是社会诸科学的成果的概括。在这种意义上,唯物论的自然观与唯物论的历史观,是唯物辩证法与自然诸科学及社会诸科学之间的媒介的环。"②这一段话,既说明了唯物史观在马克思主义哲学中的位置,又说明了唯物史观与其他相关学科的联系,可以说是李达对唯物史观的理解视域的一个新表达。这个新表达,扩大和深化了他对唯物史观的理解视域,同时又保留了他在《现代社会学》中的原有见解。

李达对唯物史观的这一理解视域,从历史与逻辑的结合上看,包含了一纵一横两个大的向度,而在这两个大的向度中,又包含了若干不同的具体向度。所谓纵的大的向度,是指唯物史观在马克思主义哲学内部的开展:唯物史观首先向更具体的政治哲学层面伸展,以回答"中国向何处去"这一时代大问题,继而向更抽象的本体论层面提升,以说明作为"实践的唯物论"的马克思主义哲学。所谓横的大的向度,是指唯物史观向马克思主义哲学外部的开展,建立起与历史学、经济学、法理学等不同学科的联系,既使唯物史观从这些学科中获取

---

① 《李达文集》第 2 卷,人民出版社 1981 年版,第 60 页。
② 《李达文集》第 2 卷,人民出版社 1981 年版,第 282 页。

思想资源,以充实和发展自己的内涵,又使唯物史观深入这些学科研究之中,为其提供思想方式,开拓思维空间。在对唯物史观的这些不同向度的开展中,李达都留下了代表性的著述,使我们能够从中清楚地看到这位先驱者的思想探索足迹,以了解他的哲学生命与哲学成就。下面,即分别从政治哲学、本体论、历史学、经济学、法理学五个领域,考察李达对唯物史观的多向度开展,并论析其当代意义。

二、李达对唯物史观的政治哲学向度的开展

李达对唯物史观的传播、阐释与中国化,是与他参与发起中国共产主义运动联系在一起的。因此,他首先是从政治哲学向度入手,结合中国共产党的创建和社会主义道路的选择,对唯物史观作出理解、阐释与运用。他的这一工作着重环绕两个重大政治哲学问题展开:一是什么是马克思主义的社会主义?二是如何在中国实现马克思主义的社会主义?这两个问题都直接关乎"中国向何处去"这个时代大问题,是中国共产主义运动在发起之初所面临的重大问题,要求中国第一批马克思主义哲学家予以正确的回答。

什么是马克思主义的社会主义?这是中国第一批马克思主义哲学家首先遭遇的重大政治哲学问题。第一次世界大战给人类造成的深重灾难,以及由之而来的1917年俄国十月革命的胜利和1919年中国五四运动的发生,使得社会主义成为中国思想世界很有影响的新观念。但是,当时不论是国际还是国内,都流行着对社会主义各种不同的理解。国际上,第二国际、第三国际以及无政府主义者各有自己主张的社会主义;在国内,不仅中国马克思主义者高举起社会主义的旗帜,而且连梁启超、张东荪也纷纷谈论社会主义。对于这种思想状况,当时有学者感叹地说:"中国真正有人研究社会主义,却在最近的两年中。这自然是大战的反动,俄国大革命的影响,所以能使世界潮流也侵入这思想上交通断绝的中国来。然而中国今日究竟能彻底明白社会主义的有几个人?我却不敢妄断了。"[①]因此,对这些不同的社会主义主张加以认真的辨

---

① 蓝公武:《社会主义与中国》,载《中国现代思想史资料简编》第1卷,浙江人民出版社1982年版,第537—538页。

析,对马克思主义的社会主义予以明确的阐发,是当时中国思想世界形势发展使然。

面对关于社会主义的众说纷纭与热烈论争,李达于1921年1月发表《马克思还原》一文,对马克思主义的社会主义进行了集中阐发,认定只有马克思主义的社会主义才是中国人应当选择的社会主义。而李达这一选择的依据,就是唯物史观。他指出:"马克思社会主义是科学的,其重要原则有五:一、唯物史观;二、资本集中说;三、资本主义崩坏说;四、剩余价值说;五、阶级斗争说。马克思的政治学说和经济学说,均详备于此五原则之中。"[1]这就揭示了唯物史观对马克思主义的社会主义的根基性,指出了马克思主义的社会主义与各种非马克思主义的社会主义之首先区别,就在于是否以唯物史观为其基石;如若对唯物史观加以曲解,也势必会对马克思主义的社会主义造成破坏。

在文中,李达从唯物史观出发,着重对社会革命问题进行了理论分析,以澄清在这个问题上马克思主义的社会主义与各种非马克思主义的社会主义的混淆。他指出:"依唯物史观所说,新社会的组织,是旧社会组织中各种固有势力发展的结果。资本制度发达至于一定程度的时候,必然发生一种'自身解体的物质上的动因',资本制度自己掘自己的坟坑。可是某种社会形式中固有的生产力,若在可以充分利用发达的期限以内,决不会倒灭的。这种社会形式发展的结果,内中新生产力的利用和发达,当然要与这社会形式发生冲突。资本的独占成为生产力的桎梏。于是生产机关的集中与劳动的社会化,遂与资本主义不能两立,而新社会组织于是起来代替了。"[2]但就在对"新生产力"和"资本制度自身解体的物质上的动因"的理解上,在社会主义运动内部发生了分歧。一些人对唯物史观作了错误理解:"若说资本制度的解体是资本集中的结果,则由旧社会推移到新社会的途径,完全可以离却人的精神的要素和意识的行动。"[3]李达认为,这就使唯物史观变成了机械史观,陷入了机械史观的宿命论:"社会党无须干社会革命,只听资本主义自然发展好了。社会主义者也无须鼓吹革命,只努力去开发实业好了,国家当然可以利用,阶级当

---

[1] 《李达文集》第1卷,人民出版社1980年版,第31页。
[2] 《李达文集》第1卷,人民出版社1980年版,第35页。
[3] 《李达文集》第1卷,人民出版社1980年版,第35页。

然可以调和了。因为资本集中的结果,自然要发生革命的。"①在他看来,第二国际的堕落正在于此。相反,对唯物史观的正确理解则是:"资本制度发达到了一定程度,资本阶级收集掠夺劳动者的血汗的剩余生产,增加自己的私有财产,劳动者仅依工钱谋生。于是社会截然分为有产者无产者两大阶级。无产阶级受了资本阶级的掠夺和压迫,久而久之,就会发生一种阶级的觉悟。有了这种阶级的觉悟,就发生一种阶级的心理。有了这种阶级的心理,就会有一种阶级的组织和阶级的运动,就自然有一种团体的结合,成为阶级斗争的行动。阶级斗争的结果,无产阶级得最后的胜利,自然要废止私有财产,推倒资本制度。所以唯物史观一方面说明资本制度发展的过程,一方面注重现社会中新兴的无产阶级的力量。若忽视这种阶级的心理和阶级的自觉,不去助长阶级斗争的运动,社会革命是不可期待的。"②在这里,李达以唯物史观为基础,对资本集中说、资本主义崩坏说、剩余价值说和阶级斗争说加以贯通,说明了马克思主义的社会主义的根本点。因此,他认为,只有对唯物史观有了正确的理解,才能对马克思主义的社会主义作出正确的理解。

正是基于唯物史观及其对马克思主义的社会主义的理解,李达先后写了《张东荪现原形》、《社会革命底商榷》、《讨论社会主义并质梁任公》等文,对张东荪、梁启超的社会主义主张进行了辨析与批判。他指出,张东荪虽然发表了《我们为什么要讲社会主义?》一文,但实际上是"不讲社会主义去开发实业罢了"③;梁启超的《复张东荪书论社会主义运动》这篇名文,虽然立论似多近理,评议又复周到,但"明明主张资本主义反对社会主义"④。他的这些文字,对于中国人分辨马克思主义的社会主义与各种非马克思主义的社会主义,起了积极的作用。

如何在中国实现马克思主义的社会主义?这是中国第一批马克思主义哲学家在选择了马克思主义的社会主义之后所遭遇的又一个重大政治哲学问题。在这个问题上,与那些迷信马克思主义本本和共产国际指示的教条主义

---

① 《李达文集》第1卷,人民出版社1980年版,第35页。
② 《李达文集》第1卷,人民出版社1980年版,第35—36页。
③ 《李达文集》第1卷,人民出版社1980年版,第26页。
④ 《李达文集》第1卷,人民出版社1980年版,第57—58页。

者不同,李达认为中国马克思主义者,不能只从马克思主义本本和共产国际指示出发,必须重视中国自己的国情,只有把马克思主义的理论与中国的实际情况结合起来,才能找到在中国实现马克思主义的社会主义的正确道路。李达于 1923 年 5 月发表《马克思学说与中国》一文,明确地提出了"马克思学说与中国"①的论题。他指出,马克思学说之在中国,已是由介绍的时期而进到实行的时期了;但中国共产党人如何应用马克思学说改造中国社会,中国无产阶级应该为解决中国问题作怎样的准备,这些问题却尚未解决;因此,必须认真地提出并讨论这一论题,说明马克思主义与中国国情的关系。在他看来,这一讨论包含三个问题:"一,目前的中国可以应用马克思学说改造社会吗? 二,假使目前中国可以应用马克思学说改造社会,中国无产阶级应该怎样准备?怎样实行? 三,假使中国无产阶级能够掌握政权,应该采用何种政策?"②

关于第一个问题,李达从唯物史观出发予以了肯定的回答。他说:"什么叫做社会革命? 据马克思唯物史观说:'社会的物质生产力发达到一定阶段的时候,便和当时的生产关系相冲突,用法律上的术语说起来,就是和财产关系相冲突;然而社会的物质生产力,从前却是在这财产关系里面活动发展过来的。这些财产关系算是从生产力发展的形式变成生产力的桎梏了。从此遂进于社会革命的时代。经济的基础一经变动,那巨大的上部建筑的全部,或是徐徐的,或是急剧的,也就跟着变革了。'……据上述的原理剖释起来,社会革命乃是由无产阶级举行政治革命夺取政权来实现的。"③由此来看中国的现状,"自从鸦片战争以后,资本主义便渐渐侵入了中国的内地,中国固有的经济状况,全被破坏,遂发生了重大的变化。从此便进于产业革命时代。直到现在,国际资本主义商品畅销全国,本国产业的状况也进到纺织工业的萌芽时代,手工业大受摧残,大多数人民遂陷于工钱奴隶和失业的地位"④。而在国际上,"最近八十年来,中国外交的历史,完全是帝国主义侵略的历史。全国的金融操纵在外国资本阶级之手,全国的铁路矿山森林水运交通以及许多企业,大半

---

① 《李达文集》第 1 卷,人民出版社 1980 年版,第 202 页。
② 《李达文集》第 1 卷,人民出版社 1980 年版,第 202—203 页。
③ 《李达文集》第 1 卷,人民出版社 1980 年版,第 203 页。
④ 《李达文集》第 1 卷,人民出版社 1980 年版,第 209—210 页。

都归外国资本阶级掌握。加以几次的战役赔款以及许多投资的借款,重利盘剥,中国全国的经济生命,全被他们夺去了。此外在中国掠夺的种种政治权利,更是指不胜屈,北京政府间接就被他们支配。一言以蔽之,中国就是国际帝国主义的半殖民地而已。"①李达由此断言:"中国无产阶级处在这样的经济的政治的情形之下,中国共产党乘机起来组织无产阶级,企图社会革命,在理论上在事实上并不是没有确实的根据的。"②

关于第二个问题,李达则强调马克思并没有为中国无产阶级提供解决中国问题的计划和答案,中国无产阶级进行社会革命的准备工作必须根据中国国情来着手。他指出:"中国无产阶级对于目前的政治运动,究应怎样决定,这一点马克思在《共产党宣言》上并未为中国共产党筹画,若按照目前中国国情,参照马克思在一八四八年替波兰瑞士德国共产党设下的计画,也可以定出一个政策来。"③在他看来,即使是《共产党宣言》,也没有为解决中国问题提供直接的计划和现成的答案,中国共产党人需要按照目前中国国情,参照马克思在 1848 年为欧洲各国共产党人制订的计划,制定出适合于中国的革命政策。由此出发,李达对当时正在进行的国共两党合作进行了分析。他援引了《共产党宣言》向瑞士、波兰、德国共产党人提出的与有民主革命要求的资产阶级联合的建议以及在联合中必须保持无产阶级独立性的告诫,指出:"中国共产党联合国民党推倒军阀政治的主张,在马克思学说上也是有基础的。只是我在这里要促中国共产党注意的地方,约有下列二项:一,中国国民党似乎是一个社会民主的党派,有资本家、知识分子及劳动者的三种党员,共产党至好是影响他们向左倾。将来民主革命成熟时,共产党至好引导到无产阶级革命去。不然,共产党应该单独的严整无产阶级的阵。二,共产党应注重'组织无产者成为一阶级'的工作,时时要保持独立的存在,免受他党所影响。"④在这里,他从中国国情出发,为中国共产党处理与国民党的关系提出了一个正确的方案。

---

① 《李达文集》第 1 卷,人民出版社 1980 年版,第 210 页。
② 《李达文集》第 1 卷,人民出版社 1980 年版,第 211 页。
③ 《李达文集》第 1 卷,人民出版社 1980 年版,第 211 页。
④ 《李达文集》第 1 卷,人民出版社 1980 年版,第 212 页。

关于第三个问题,李达的回答是:"我觉得一个国家的政策,总要根据当时产业的状况和文化的程度来决定,有产阶级的国家是这样,无产阶级的国家也是这样。"①如对于《共产党宣言》中所说的无产阶级掌握政权后的十项措施,他就认为,根据马克思所说,这些措施只有在最进步的各国才能采用,而且只有最进步的各国无产阶级执政时才能采用;而在落后的中国,情况就不相同,"假使中国无产阶级能够掌握政权,当然可以利用政治的权力把私的资本主义促进到国家资本主义去。那么,将来采用的政策当然可以根据国家资本主义的原则来决定了"。②他进而"根据马克思学说的原则和中国的产业状况及文化程度"③,拟出了中国无产阶级掌握国家政权后应采取的12项措施:"(1)不作工者不得吃饭;(2)平均地权,开辟荒地;(3)银行国有;(4)交通及运输机关国有;(5)对外贸易国有;(6)大产业国有;(7)废除一切税厘,征收严重累进率的所得税;(8)有条件的输入外资;(9)中学以下实行免费及强迫教育;(10)立定保工法;(11)工人及农人的无条件的选举权及被选举权;(12)妇女在政治上经济上社会上一切与男子平等。"④

李达对这三个问题的回答,以唯物史观为指导,对如何在中国实现马克思主义的社会主义这一重大问题,进行了初步的探索和阐发。从中可以看出,李达用唯物史观观察中国的前途与命运,既强调了人类历史运动的普遍性的一面,主张中国马克思主义者完全可以应用马克思学说改造中国社会,又指出了中国历史发展的特殊性的一面,主张中国马克思主义者必须重视中国国情,从而要求在历史的普遍性与历史的特殊性的结合上,来解决在中国实现马克思主义的社会主义这一重大问题。李达的这些探索和阐发当然都是初步的,但他明确地提出"马克思学说与中国"的论题,并就这个论题以唯物史观为指导进行了富有启发性的探讨,从而开启了中国马克思主义者对这个问题的高度关注和反复思考,对中国马克思主义政治哲学的开展产生了深刻的影响。中国马克思主义者,以后正是沿着历史的普遍性与历史的特殊性相结合的思路,

---

① 《李达文集》第1卷,人民出版社1980年版,第212页。
② 《李达文集》第1卷,人民出版社1980年版,第214—215页。
③ 《李达文集》第1卷,人民出版社1980年版,第215页。
④ 《李达文集》第1卷,人民出版社1980年版,第215页。

在与其他政治哲学思潮的竞争中,对"中国向何处去"这个时代大问题作出了最为合理的回答。

从政治哲学向度来开展唯物史观,构成了李达理解、阐释与运用唯物史观的一个重要方面,贯穿于他的一生。20 世纪 50 年代后期,他在"历史唯物主义讲座"系列文章中,专门设立第五章"世界无产阶级社会主义革命论"和第六章"中国共产党的中国革命论",把马克思主义革命论纳入唯物史观视域予以系统的阐发,这可以说是他从政治哲学向度开展唯物史观的一个总结。如果不从这一向度看,李达在讲唯物史观时如此重视革命论问题,大概是很难理解的。

三、李达对唯物史观的本体论向度的开展

李达对唯物史观的开展,除了向更具体的政治哲学层面伸展,以唯物史观回答时代所提出的"中国向何处去"这个大问题外,又向最抽象的本体论层面提升,将唯物史观看做"实践的唯物论"得以成立的关键。在他看来,在马克思主义哲学中,唯物史观不仅是一种新的历史观,而且是一种新的唯物论,从而具有了本体论的意义。这无疑赋予了唯物史观以更为丰富的内涵,给予了唯物史观以更为深刻的理解。对唯物史观的这一深入透辟的阐发,是他在《社会学大纲》一书中实现的。

中国马克思主义哲学家从本体论层面说明唯物论与唯心论的关系,是从瞿秋白开始的。1923 年,瞿秋白在《社会哲学概论》一书中指出,哲学的任务不只是思考社会历史,更在于"求宇宙根底"①,"统率精神物质各方面的智识而求得一整个儿的宇宙观"②。在对"宇宙根底"的探求上,哲学不可避免地会遇到一些根本性的问题,即"哲学中之唯心唯物论"③问题。只有从这一问题入手,才能真正把握古往今来的哲学家们对"宇宙根底"的探求。他说:"人若想哲学问题,——就是他想组合一更稳固的'宇宙念'(Contemplation de

---

① 《瞿秋白文集》政治理论编第 2 卷,人民出版社 1988 年版,第 310 页。
② 《瞿秋白文集》政治理论编第 2 卷,人民出版社 1988 年版,第 310 页。
③ 《瞿秋白文集》政治理论编第 2 卷,人民出版社 1988 年版,第 310 页。

Monde）——他立刻就遇见难题：'我'与'非我'的关系，'认识'与'实质'以及'灵魂'与'自然'的关系。……直到如今，这一问题还是哲学中的根本问题。"①在这里，瞿秋白第一次把恩格斯提出的哲学基本问题介绍给了中国人。从哲学基本问题出发，他强调全部哲学史就是通过唯物论与唯心论两派哲学的对立与互动而展开的，强调在哲学中必须坚持唯物论、反对唯心论，强调只有辩证唯物论才对唯物论作了最深刻的说明，强调辩证唯物论在社会科学研究中的方法论意义。他说："社会哲学——现代的社会之综观及将来的社会之推究，应当：（一）先从哲学上之宇宙根本问题研究起；（二）继之社会现象的秘密之分析；（三）再进于社会主义之解说。"②这就是说，只有先说明本体论问题，才能深入说明历史观问题；只有先讲清楚辩证唯物论，才能讲清楚唯物史观；只有在此基础上，社会主义才能由空想成为科学。这就凸显了马克思主义哲学的本体论及其意义。然而，瞿秋白在对辩证唯物论的理解上，表现出强烈的自然本体论和科学主义化倾向，强调对本体的说明仅在于对自然的认肯，力主用现代自然科学来回答哲学的基本问题，认为："宇宙的唯物确是切于客观的理论，在科学的研究可以完全证明的。"③"归根到底'存在'的根本，始终是电子组成的物质。"④这样一来，就把哲学上的本体看做是物理学的电子，把辩证唯物论归结为自然科学的物质理论。

李达也曾受到瞿秋白的影响。1929年，他在《社会之基础知识》一书中论述社会的政治制度与观念体系时，对哲学的理解就与瞿秋白的这些观点十分接近。他说："人要建立一个有组织的世界观时，第一步当然发生了下列的问题，即是：'我'与'非我'的关系如何的问题；'认识'与'存在'的关系如何的问题；'精神'与'实在'的关系如何的问题。这个问题，在希腊哲学的发展期，已成为哲学上的根本问题，直到现在，还是一样。人类在其哲学的努力上，造成了种种哲学的体系，对于这个根本问题，给了无数不同的根本解答。通观各种哲学对于这个问题的各种解答，可以分为两个范畴。……（1）是唯物论；

① 《瞿秋白文集》政治理论编第2卷，人民出版社1988年版，第311页。
② 《瞿秋白文集》政治理论编第2卷，人民出版社1988年版，第340页。
③ 《瞿秋白文集》政治理论编第4卷，人民出版社1993年版，第7页。
④ 《瞿秋白文集》政治理论编第4卷，人民出版社1993年版，第7页。

（2）是唯心论（观念论）。把唯物论和唯心论调和起来的见解，是折衷论。哲学的历史，简直可说是唯物论和唯心论的对立或斗争的历史。"①他进而指出，唯物论起源于古希腊米利都学派，到费尔巴哈达到顶点，其内容可以概括为九个命题："（1）只有自然是实在的；（2）自然离主观（精神）而独立；（3）精神是自然的一小部分；（4）先有自然而后有生命，先有物质而后有精神；（5）精神是在依一定方法组成的物质出现时才发生的；（6）精神无物质不能存在；物质无精神可以存在；（7）认识是由经验发生的；（8）意识由外界所规定；（9）现实是唯一的认识对象，所以我们的知识，只有和现实（存在）一致时，才真是客观的。"②很显然，李达在这里也是强调以自然为唯一的实在，单纯从自然出发来理解唯物辩证法的。

在20世纪30年代的唯物辩证法运动中，李达对于唯物辩证法的理解发生了变化，这就是看到了马克思创立唯物史观的重大意义，不仅在于实现了历史观的伟大变革，而且在于实现了唯物论的伟大飞跃。在《社会学大纲》一书中，他通过对马克思主义哲学前史和形成的考察，揭示了马克思主义哲学创始人正是从唯物史观出发，对费尔巴哈的唯物论与黑格尔的辩证法进行深刻改造，从而创立了"实践的唯物论"。这样一来，就对唯物史观的本体论意义作了富有历史感的显发。

李达首先对费尔巴哈的唯物论进行了考察，指出在黑格尔的唯心论之后，正是费尔巴哈重新把唯物论捧上王座，但费尔巴哈的唯物论又存在着局限性，"只到达于自然科学的唯物论，并且是形而上学的唯物论"③。这就是说："费尔巴哈在自然的领域是唯物论者，而在社会＝历史的领域是观念论（即唯心论——引者注）者。他不能理解社会发展的物质的原动力。他在人与人之间，只看到道德的关系、友爱的关系，不曾看到生产的关系。他排除宗教，却用道德代替宗教，把道德看做真的宗教。所以他的社会观是观念论的。"④李达

---

① 李达：《社会之基础知识》，载《李达文集》第1卷，人民出版社1980年版，第513—514页。

② 李达：《社会之基础知识》，载《李达文集》第1卷，人民出版社1980年版，第514—515页。

③ 李达：《社会学大纲》，载《李达文集》第2卷，人民出版社1981年版，第45页。

④ 李达：《社会学大纲》，载《李达文集》第2卷，人民出版社1981年版，第48—49页。

进而指出,马克思、恩格斯也曾受到费尔巴哈的影响,但这种影响对他们只是暂时的,大约存在于 1842 年至 1844 年之间;也就在这一时期,他们发现并开始走出费尔巴哈哲学的缺陷;到了 1845 年,以马克思的《关于费尔巴哈的提纲》为标志,他们已超越了费尔巴哈向前迈进。在谈到马克思的思想转变时,李达引述了马克思 1843 年 3 月 13 日致卢格的信:"费尔巴哈的箴言,有一点我认为不正确,即他关于自然说得太多,而关于政治却说得太少。但这是今日的哲学所以成为真理的唯一线索。"①他接着指出:"在这种处所,马克思已经指出费尔巴哈对于宗教的理解缺乏了社会的——历史的根据。"②李达又引述了马克思 1844 年发表的《〈黑格尔法哲学批判〉导言》中的话:"人类就是人的世界,是国家,是社会。这国家、这社会,是一个倒错的世界,所以产出倒错的世界意识的宗教。"③"天国的批判转化为地上的批判;宗教的批判转化为法的批判;神学的批判转化为政治的批判"④。他接着指出:"在这种处所,他(指马克思——引者注)已经表明政治的批判要与普罗列达里亚(即无产阶级——引者注)相结合,而站在社会主义的立场,使唯物论改变为实践的唯物论了。"⑤那么,马克思主义哲学创始人为何能够超越费尔巴哈向前迈进呢?李达认为:"马克思和当时隐居于德国农村的费尔巴哈不同,他是当时德国的政治的分派的领导者。他在接受了费尔巴哈的影响,决定的成为唯物论者以后,其注意的中心问题,是政治的问题,是政治的批判。所以他首先把费尔巴

---

① 引自《李达文集》第 2 卷,人民出版社 1981 年版,第 52 页。马克思这段话今天通用的汉语译文是:"费尔巴哈的警句只有一点不能使我满意,这就是:他强调自然过多而强调政治太少。然而这是现代哲学能够借以成为真理的惟一联盟。"(见《马克思恩格斯全集》第 47 卷,人民出版社 2004 年版,第 53 页)

② 《李达文集》第 2 卷,人民出版社 1981 年版,第 52 页。

③ 引自《李达文集》第 2 卷,人民出版社 1981 年版,第 53 页。马克思这段话今天通用的汉语译文是:"人就是人的世界,就是国家,社会。这个国家、这个社会产生了宗教,一种颠倒的世界意识,因为它们就是颠倒的世界。"(见《马克思恩格斯选集》第 1 卷,人民出版社 1995 年版,第 1 页)

④ 引自《李达文集》第 2 卷,人民出版社 1981 年版,第 53 页。马克思这段话今天通用的汉语译文是:"对天国的批判变成对尘世的批判,对宗教的批判变成对法的批判,对神学的批判变成对政治的批判。"(见《马克思恩格斯选集》第 1 卷,人民出版社 1995 年版,第 2 页)

⑤ 《李达文集》第 2 卷,人民出版社 1981 年版,第 53 页。

哈所理解的、只是自然主义的抽象的人类的本质,当作社会的历史的范畴去把捉。"①

李达又对黑格尔的辩证法进行了考察,指出黑格尔的辩证法是唯心论思维所能达到的最高峰,"黑格尔辩证法最伟大的特色,是人类的劳动、活动、实践的意义的重视。但黑格尔是观念论者,只把劳动当做抽象的精神的劳动去理解。"②李达进而指出,马克思对黑格尔的辩证法进行了唯物论的改造,特别是对黑格尔辩证法中的实践概念的改造,这个改造是在唯物史观的基础上进行的,以《1844 年经济学哲学手稿》为其代表性成果。李达说:"这部草稿中,阐明了劳动者与资本家、地主的阶级关系,提起了货币、资本、工资、地租等的分析的经济问题,并且批判了黑格尔的辩证法。其中最根本的契机,是黑格尔辩证法中实践的概念之批判的展开。……马克思把黑格尔辩证法中这个生动的实践的概念,拿来放在唯物论的基础上展开出来,引入于唯物论之中,给唯物论以新的内容、新的性质。他从人类与自然的关系去说明劳动,这是与从来的唯物论和观念论关于劳动的理解,是完全不同的。观念论把人类从自然分离出来,使人类转化为自我意识;旧唯物论把自然从人类分离出来,使人类转化为生物学的范畴。因此,这样的劳动、实践的概念,变为抽象的东西,不能正确的说明人类的社会。在马克思看来,劳动是人类与自然的结合。在劳动过程中,人类与自然相结合,自然对于人类发生具体的联系。因而劳动是当做社会的人类看的人类的本质。"③这就是说,正是通过唯物史观,使得马克思对黑格尔的实践概念作了新理解和新规定,转化成为以物质生产劳动为主要内涵的实践概念,从而使得唯物史观的唯物论,既超出了以往的唯心论,又超出了以往的唯物论。与以往的唯心论不同,马克思所讲的实践不是抽象的精神的劳动,因此马克思没有像以往的唯心论者那样,把人类仅看做是一种自我意识;与以往的唯物论不同,马克思所讲的唯物论不只是一种自然本体论,因此马克思没有像以往的唯物论者那样,把人类转化为生物学的范畴。

李达认为,通过马克思对费尔巴哈的唯物论与黑格尔的辩证法的深刻改

---

① 《李达文集》第 2 卷,人民出版社 1981 年版,第 52—53 页。
② 《李达文集》第 2 卷,人民出版社 1981 年版,第 57 页。
③ 《李达文集》第 2 卷,人民出版社 1981 年版,第 57 页。

造,可以清楚看出唯物史观在马克思主义哲学中具有重要的本体论意义。他由此得出结论说:"马克思的哲学的唯物论之形成,与历史学、经济学、社会主义等的研究,有不可分离的关系。由于这类的研究,暴露了历史的发展法则,预见了布尔乔亚(即资产阶级——引者注)社会的发生发展及消灭的倾向,指示了否定这种社会的主体是普罗列达里亚。换句话说,历史唯物论——科学的历史观之树立,是唯物辩证法这种哲学的一个最重要的契机。"①因此,他强调唯物辩证法是"实践的唯物论",认为:"实践的唯物论,由于把实践的契机导入于唯物论,使从来的哲学的内容起了本质的变革。"②

李达由唯物史观出发对马克思主义哲学本体论的理解,不仅使他在《社会学大纲》中对唯物辩证法作出了深入阐发,而且也是对唯物辩证法论战中张东荪攻击马克思主义哲学的有力回应。张东荪在当时认为,唯物辩证法既不是传统意义上的哲学,也不是现代意义上的科学,而只能是一种社会哲学或历史哲学。马克思尽管很赞成辩证法,但却不是纯从哲学来立论,他的目的只在于把这个正反合的程式运用于社会历史变化,以为原始社会是共产的(正),现在社会是资本主义的(反),将来社会是必然地变到共产(合)。因此,唯物辩证法对哲学发展只能起补充作用,在纯粹哲学方面则是毫无建树的,只是一个牵强附会与混淆不清的东西,甚至可以说是牛头不对马嘴。他说:"恩格尔思(即恩格斯——引者注)以及俄国马克思派则硬把辩证法当作纯粹哲学来讲,同时把'唯物论'一层当作认识论来讲。于是便真成了一种新的纯粹哲学。其实那里会有这样的哲学,只是一场胡扯乱闹而已!"③这实质上是以唯物史观否定唯物辩证法的本体论,进而否定唯物辩证法的哲学意义。李达对唯物史观的本体论向度的开展,正与张东荪对马克思主义哲学的攻击针锋相对,由唯物史观深刻论证了唯物辩证法的本体论,进而肯定了唯物辩证法的哲学意义。由此可见,李达对唯物史观的本体论向度的开展,不仅有着重要的理论意义,而且有着重要的现实意义。这是我们在考察李达的这一哲学

---

① 《李达文集》第 2 卷,人民出版社 1981 年版,第 58 页。
② 《李达文集》第 2 卷,人民出版社 1981 年版,第 60—61 页。
③ 张东荪:《唯物辩证法之总检讨》,载《中国现代哲学原著选》,复旦大学出版社 1989 年版,第 369 页。

活动时必须要看到的。

四、李达对唯物史观的历史学向度的开展

在唯物史观与其他学科的联系中,李达首先重视唯物史观与历史学的联系。其所以如此,不仅在于马克思创立唯物史观是与历史学研究直接相联系的,而且在于中国第一批马克思主义哲学家从一开始就重视唯物史观的历史学向度,李大钊的《史学要论》和蔡和森的《社会进化史》就是从历史学向度阐发唯物史观的代表作。在《现代社会学》一书中,李达设有"家族"、"氏族"、"国家"三章,从人类学古史研究出发,论述社会进化和国家起源问题,可以看得出蔡和森的《社会进化史》所给予他的深刻影响。这以后,李达对唯物史观的历史学向度予以了进一步发挥,形成了自己的思路与领域,取得了重要的研究成果。

李达对唯物史观的历史学向度的开展,是与他对唯物史观的理解相联系的。他反对把唯物史观作脱离实际历史的抽象化理解,反对把唯物史观看作是一种思辨的历史哲学,强调唯物史观"不是'关于社会及其发展法则的一般的学说'"①,也"不是抽象的社会的方法论"②,即不是那种思辨的历史哲学所讲的抽象的历史发展公式,"不是解决一切历史上的问题的万应膏"③。对于西方哲学史上出现的各派思辨的历史哲学,他在《社会学大纲》第二篇"当作科学看的历史唯物论"中,专门设第二章"布尔乔亚社会学及历史哲学之批判",进行了历史的衡论和系统的批评。在他看来,与这些思辨的历史哲学不同,唯物史观绝不与具体的历史相分离,"是反映历史发展之具体过程的科学的历史观"④。他说:"历史唯物论是在最一般的大纲上,反映出统一的社会史的发展过程及其发展法则,反映出特殊的、异质的各种社会形态的发展及其转

---

① 《李达文集》第 2 卷,人民出版社 1981 年版,第 302 页。
② 《李达文集》第 2 卷,人民出版社 1981 年版,第 304 页。
③ 《李达文集》第 2 卷,人民出版社 1981 年版,第 302 页。
④ 《李达文集》第 2 卷,人民出版社 1981 年版,第 304 页。

变的根本法则的理论。在这种处所，一般与特殊之间，成立了正确的关系。"①这种对具体历史发展中的一般与特殊关系的把握，成为李达由唯物史观进入历史学研究的基本思路。

李达进而把这一思路落实到中国历史研究中。他主张具体地而不是抽象地看待中国历史，在强调人类历史运动的一般规律的同时，注意揭示中国历史运动的特殊性。他根据唯物史观指出，人类社会是不断地向前发展的，这种发展是由社会内部的生产力与生产关系的矛盾决定的，由生产力的发展阶段所决定的生产关系总体及其与之相适应的上层建筑，形成了一定的社会发展阶段。"历史唯物论把社会全部历史列为先阶级社会、古代社会、封建社会、现代社会、未来社会的五个顺次发展的阶段，指出人类社会发展的一般的进行与特定发展阶段上的特殊形态之统一，指出历史过程的统一与联结，发现历史发展之一般的正确的法则。"②他认为，唯物史观所揭示的社会发展阶段进程具有普遍性的意义，对于中国历史运动来说也是适用的。同时，他又认为，不能把唯物史观的社会发展阶段理论作为一个普遍性的公式，简单地套用来解释中国历史运动，而看不到中国历史运动的特殊性。对于中国历史运动，应当从一般与特殊的结合上来加以把握和说明。在这方面，李达在 20 世纪 30 年代至 40 年代初，结合中国社会性质论战和中国社会史论战，进行了多方面的探讨与阐发。

例如，李达为吕振羽著《中国社会史纲》所作"序"中，肯定了吕著的一个特点："对于殷代以前的那一长远的历史时期，著者根据莫尔甘的《古代社会》，恩格斯的《家族私有财产及国家之起源》，卢森堡的《经济学入门》等著，探求出史前期人类社会的一般特征；根据中国古籍中神话传说式的记载和仰韶各期古物，探求中国史前期社会的一般特征，对这一历史时期，整理出一个整然的系统。"③在这里，他明确地主张，在中国历史学研究中，必须注意把握好人类历史运动的一般规律与中国历史运动的特殊性的联系。

又如，在《社会学大纲》一书中，李达对当时历史学研究中争论激烈的"亚

---

① 《李达文集》第 2 卷，人民出版社 1981 年版，第 302 页。
② 《李达文集》第 2 卷，人民出版社 1981 年版，第 297—298 页。
③ 《李达文集》第 1 卷，人民出版社 1980 年版，第 607 页。

细亚生产方式"问题,提出了自己的理解,认为:"'亚细亚的生产方法',在其本质上,与封建的生产方法并没有根本的区别。所不同的地方,就是亚细亚诸国的几个特殊经济条件。即是说,所谓'亚细亚的生产方法',就是附加几个特殊经济条件的封建的生产方法。"①他进一步说:"所谓特殊的经济条件,就亚细亚诸国说来,有下述几种:第一,对于土地的统治权集中于最大的土地所有者国王之手。第二,关于农业方面的水利灌溉等社会的事业是由国家组织的。第三,土地所有者的国家干涉人民的经济生活。第四,土地所有者的国家向农民征取的租税,与封建地租有同一的经济的内容。第五,亚细亚诸国是土地所有者的独裁国家。"②这些特殊的经济条件,并不是与封建社会及封建国家无关的,而"明明是与封建社会及封建国家相关联的"③。因此,"就基本的生产关系说来,亚细亚的生产方法,只是封建的生产方法之特殊的形相,即是封建的生产方法的变种"④。在这里,他指出了亚细亚诸国也经历了封建社会,又指出了这种封建社会有着自己的特殊性,从一般与特殊的结合上说明了亚细亚国家的封建社会问题。

再如,李达在《中国社会发展迟滞的原因》一文中,对中国封建社会与欧洲封建社会进行了比较,明确提出"中国封建社会的特殊性"⑤问题。在他看来,中国封建社会的特殊性,主要表现在战乱、土地关系和君主专制三个方面上。其一,中国封建社会的战乱,规模之大,时间之长,所造成的劳动力与生产手段的惊人损失,是欧洲封建时代所没有的。其二,中国在周代时土地归大小领主所分领,土地关系与欧洲封建时代相仿佛,但入秦以后,土地可由人民自由买卖,出现了民间地主,在民间地主之上更有作为大领主的国王,而欧洲只有到封建制度解体之时,土地所有权才由领主移归民间,领主也就随着没落,这是中国与欧洲在封建土地关系上的不同点。其三,周代的贵族政治,略与欧洲中世纪的封建政治相似,但秦以后二千余年之间,一直是君主专制统治的时

---

① 《李达文集》第2卷,人民出版社1981年版,第423页。
② 《李达文集》第2卷,人民出版社1981年版,第423—424页。
③ 《李达文集》第2卷,人民出版社1981年版,第424页。
④ 《李达文集》第2卷,人民出版社1981年版,第424页。
⑤ 《李达文集》第1卷,人民出版社1980年版,第705页。

代,这种君主独裁政权树立于民间地主的台柱之上,并代表地主阶级的利益,其间虽然更换了很多王朝,这种统治却丝毫未曾改变,反而愈趋强化,而欧洲的君主专制政权,出现于封建制度解体之时,树立在贵族阶级与市民阶级的均势之上,这时的市民阶级的力量已经可以与贵族相抗衡,且有驾凌其上之势。通过这三方面的论析,李达从一般与特殊的结合上对中国封建社会问题作了深入阐述。进入 21 世纪以来,一些历史学家又环绕中国封建社会问题展开探讨和争论。如果他们能注意到李达当年的这些思考,是会有所启发的。

　　李达对唯物史观的历史学向度的开展,尤其重视中国近代经济史研究。他的《中国产业革命概观》、《中国现代经济史之序幕》、《中国现代经济史概观》等论著,着力于中国近代经济史的探讨,为中国马克思主义历史学开辟了一个新的研究领域。在这些论著中,李达对鸦片战争以来的中国经济史进行了深入考察,以说明近百年来中国社会性质的变化,并由此出发探寻中国革命的道路。因此,这些论著不仅有其理论的意义,而且有其实践的意义。其中,最有代表性的著作当推 1929 年出版的《中国产业革命概观》一书。在该书的开篇,李达就明确指出了写作这部书的目的:"要晓得现代的中国社会究竟是怎样的社会,只有从经济里去探求。现代中国的社会,已经踏入了产业革命的过程,渐渐脱去封建的衣裳,穿上近代社会的外套了,一切政治和社会的变动,都是随着产业革命进行的。……我们可以说中国革命的过程和产业革命的过程,确有因果的关联,我们要获得中国社会改造的理论,惟有在中国产业革命的过程中去探求,这是我所以要编这个《中国产业革命概观》的小册子的动机。"①

　　李达对中国近代经济史的研究,也是从一般与特殊的结合上来开展的。其中最突出的一点,是从全球性现代化运动的视域出发,对中国产业革命与欧洲产业革命的联系与区别进行了考察,从而揭示了中国产业革命的性质与任务。在《中国产业革命概观》一书中,李达通过对大量统计资料的分析指出,中国自近代以来已开始了产业革命,在这一点上与欧洲近代历史进程相类似,表明中国已经开始进入资本主义发展时代;但又必须看到,中国的产业革命有

---

① 《李达文集》第 1 卷,人民出版社 1980 年版,第 388—390 页。

其特殊性,就其原因与内容来说与欧洲的产业革命颇不相同。大体上说,欧洲的产业革命是自力的,是因自力的充实由国内而逐渐展开以及于世界;中国的产业革命则是外力的,是因外力的压迫由世界而渗入国内。这就使得中国的产业革命有其特殊性,不是一般意义上的资本主义发展,而是半殖民地这一特殊历史环境下的资本主义发展。中国社会的新生产力,不仅受到封建势力和封建制度的阻碍,而且受到国际资本主义生产关系的限制而绝少发展的余地,从而使得中国产业革命和经济发展步履维艰。在这种背景下发生的中国革命,即是要打破这种经济的混乱和政治的混乱,求得中国产业革命和经济发展的新的出路。帝国主义和封建势力,是中国产业发展的两大障碍,也是中国革命的两大对象。这也就是说,中国革命的发生,从经济根源上看,实际上是中国产业革命的结果,是在中国发展新的生产力的需要。在这里,李达一方面从全球性现代化运动的视域来看待中国产业革命,另一方面又强调要"考虑中国社会问题的特殊性"①,这部书的最后一节即以此为标题。他说:"我们要注意的,中国社会是个半殖民地的社会,半殖民地的资本主义的发展,和先进国的资本主义的发展,具有不同的特征,同样,半殖民地的社会问题的内容,和先进国的社会问题,也具有不同的特性。"②据此,李达反对把中国现代社会问题简单化,只归结为产业劳动者问题和农民问题,而认为中国现代社会问题涉及中国最广大人民群众的切身生存,具有相当的复杂性和普遍性,不仅有产业劳动者问题、农民问题,而且还包括手工工人问题、商业店伙问题和失业者问题。后面的三项问题,在中国封建社会里本不是大的社会问题,但由于产业革命的发生所造成的农业的崩坏、手工业的没落、商业资本的发展、工业资本的形成,使得这些问题成为严重的社会问题。这就使得这些社会力量也有参加中国革命、改变自身地位的要求,中国革命实是有广大民众参加的反对帝国主义和反对封建主义的人民大革命。李达由此得出结论说:"中国革命的目的是在于解决大多数人民的生活问题,而解决大多数人民的生活问题的方法,就在于发展产业。"③"要发展中国产业,必须打倒帝国主义的侵略,廓清封建势力和封

---

① 《李达文集》第1卷,人民出版社1980年版,第488页。
② 《李达文集》第1卷,人民出版社1980年版,第489页。
③ 《李达文集》第1卷,人民出版社1980年版,第488页。

建制度,树立民众的政权,发展国家资本,解决土地问题。"①

李达对唯物史观的历史学向度的开展,从哲学与历史学的结合上,对中国马克思主义哲学和中国马克思主义历史学的开展,作出了双重的推进。李达的名字,不仅与中国马克思主义哲学相联系,亦与中国马克思主义历史学相联系。侯外庐晚年在回忆录《韧的追求·自序》中写道:"半个多世纪来,中国新兴史学队伍赢得科学,挣脱枷锁,是有所作为,无愧时代和民族的。在这个队列的名录中,有郭沫若、李达、杜国庠、吕振羽、翦伯赞、范文澜、吴晗、尚钺、尹达……,与他们同伍,是我的殊荣。"②透过这位著名史学家的这段富有感情的文字,我们可以直接感触到李达在中国马克思主义史学史上的重要性。

五、李达对唯物史观的经济学向度的开展

在唯物史观与其他学科的联系中,李达对唯物史观的经济学向度予以了特别的重视。早在 1930 年,他就与人合译了日本马克思主义学者河上肇的《马克思主义经济学基础理论》,这部书的上篇是"马克思主义之哲学的基础",下篇是"马克思主义经济学的出发点",明显地显示出由哲学来开展经济学的思路。在《社会学大纲》中,他十分重视唯物史观与经济学的联系,并结合马克思主义哲学史来说明这一联系,认为这一联系在马克思的《资本论》中得到了典范性的体现。他说:"展开社会辩证法的代表著作是《资本论》。《资本论》暴露了布尔乔亚社会的发生发展及其没落的法则,阐明了人类社会之辩证法的发展。在哲学的观点上说来,《资本论》是'资本的论理学(即逻辑学——引者注)',是唯物辩证法在社会领域中的扩张的范本。"③正是这样,李达自觉地把马克思主义哲学研究与马克思主义经济学研究结合起来,在完成《社会学大纲》的同时,写作了《经济学大纲》与《货币学概论》,对唯物史观的经济学向度予以了充分的开展。

对于唯物史观的经济学向度,李达有自己的理解,这就是他所说的"广义

---

① 《李达文集》第 1 卷,人民出版社 1980 年版,第 495 页。
② 侯外庐:《韧的追求》,三联书店 1985 年版,"自序"第 2—3 页。
③ 《李达文集》第 2 卷,人民出版社 1981 年版,第 63 页。

经济学"。"广义经济学"来自恩格斯对"广义政治经济学"的构想。恩格斯在《反杜林论》中指出："政治经济学作为一门研究人类各种社会进行生产和交换并相应地进行产品分配的条件和形式的科学，——这样广义的政治经济学尚待创造。"①李达直接承继了恩格斯的这一思想，主张中国马克思主义政治经济学应是"广义经济学"。他在《社会学大纲》中指出："历史唯物论指导经济学去研究各种社会经济构造的各种历史的特殊发展法则（广义经济学），研究资本主义的社会经济构造的特殊发展法则，克服布尔乔亚经济学的观念论的见解。"②在《经济学大纲》中，他进一步明确区分和界定了"广义经济学"与"狭义经济学"，指出："广义经济学，研究历史上各种经济构造的发生、发展与没落及其互相转变的法则；狭义经济学，单只研究商品＝资本主义经济的发生、发展及没落的法则。这种狭义经济学，并不是完全离开广义经济学而独立存在的科学，而是广义经济学的构成部分。"③在他看来，"广义经济学"与"狭义经济学"的区别，最根本的还在于"广义经济学"有着自己的鲜明的立场与指向。他说："我的研究所以要采取广义经济学的立场，不仅是具有纯理论的意义，并且还具有实践的意义。因为广义经济学，并不仅是为了求得经济学的知识才去研究一切经济构造，而实在是为了求得社会的实践的指导原理才去研究它们。即是说，我们不是为理论而理论，为科学而科学，而是为了经济上的实践才研究经济学。"④对于《经济学大纲》一书的性质，他就旗帜鲜明地指出："我所讲授的这部经济学，是广义的经济学。"⑤可以说，正是"广义经济学"的界定、立场与指向，标示了李达对唯物史观的经济学向度开展的特点。

李达认为，从"广义经济学"来开展唯物史观的经济学向度，应着重对历史上各种经济构造进行探讨。他运用唯物史观对社会结构进行了分析，强调了研究经济构造对于经济学的重要意义，指出："依据科学的社会学的

① 恩格斯：《反杜林论》，载《马克思恩格斯选集》第3卷，人民出版社1995年版，第492页。
② 《李达文集》第2卷，人民出版社1981年版，第304页。
③ 《李达文集》第3卷，人民出版社1984年版，第15页。
④ 《李达文集》第3卷，人民出版社1984年版，第15页。
⑤ 《李达文集》第3卷，人民出版社1984年版，第15页。

指示,社会分为基础与上层建筑两部分。社会的基础,是生产关系的总体,是社会的经济构造;社会的上层建筑,是法律的政治的上层建筑与意识形态。法律的政治的上层建筑,立脚于经济构造之上,而意识形态又与经济构造相适应。因而社会形态,就是处于特定生产关系总体以及由它所生的特定政治的法律的上层建筑与意识形态之下的社会。并且这个社会,是一定历史发展阶段上的社会,是有其特殊的固有的质的社会。"①这样看来,人的社会关系,包含着生产关系、政治的法律的关系与意识形态的关系。这些不同的社会关系,成为社会科学不同学科的对象:意识形态的关系是哲学、文学、艺术学等所研究的对象,政治的法律的关系是政治学、法律学所研究的对象,而生产关系即经济构造的关系则成为经济学所研究的对象。李达由此得出结论说:"经济学的对象,是社会构成过程中的生产关系的总体,即社会的经济构造。特定的经济构造是特定社会的基础,因而研究经济构造的经济学,是其他各种社会科学的基础。"②在他看来,对历史上各种经济构造进行探讨,是认识历史上各种社会形态的立脚点,对各种社会科学研究都具有基础性的意义。

李达进而认为,对历史上各种经济构造进行探讨,在于考察人类历史上不同经济形态的生成、发展与衰落,以及由旧形态向新形态的转变。他认为,这是"广义经济学"研究经济构造的最主要内容。他说:"历史上的各种经济形态的发展法则的特殊性,以及顺次由一种形态推移到次一形态的转变法则的特殊性,是科学的经济学所要集中其注意力的焦点。"③又说:"经济学的任务,在于暴露各种经济形态的发生、发展及其转变的特殊法则。"④这样一来,就使得经济学研究被赋予了丰富的历史内涵,使得经济学在本质上成为一门历史的科学。在《经济学大纲》中,他专门引录了恩格斯的论断:"所以经济学,在其自身的本质上,是历史科学。它所处理的东西,是历史的材料,即不断变化

---

① 《李达文集》第3卷,人民出版社1984年版,第4页。
② 《李达文集》第3卷,人民出版社1984年版,第4页。
③ 《李达文集》第3卷,人民出版社1984年版,第14页。
④ 载《李达文集》第3卷,人民出版社1984年版,第15页。

的材料。经济学首先研究生产及交换的各个发展阶段的特殊法则。"①在历史上的不同经济形态中,李达当然重视现代世界中的资本主义经济体系和社会主义经济体系,认为这是"广义经济学"必须研究的内容;但同时,他也很重视前资本主义经济形态,指出前资本主义经济形态不仅是人类经济形态发展的必经阶段,而且其影响即使在现代世界中仍然到处存在,特别在政治与经济落后的民族国家中,前资本主义经济形态仍然是重要的经济形态,因而这也是"广义经济学"必须研究的内容。他特别提醒中国经济学研究者关注前资本主义经济形态及其对现代世界的影响,指出:"目前整个的世界,除了苏俄以外,其余全部都处在资本主义的支配之下,这是我们所知道的。但是在资本主义宰割之下的、拥有十二亿人口的许多殖民地的落后民族,却仍然过着先资本主义时代的经济生活。这许多落后民族的落后经济形态的崩溃倾向(即发展法则)究竟怎样? 它们能有什么有希望的出路? 它们为要找到出路究竟要怎样去努力? ——这些问题,都属于广义经济学研究的范围。"②

李达强调,"广义经济学"还要研究中国现代的经济。在《经济学大纲·绪论》中,就设了"中国现代经济研究的必要"专节,对这一问题作了说明。李达说:"为什么要研究中国现代的经济呢? 要答复这个问题,先得说明我们为什么研究经济学的问题。我们不是为了研究经济学才研究经济学,而是为要促进中国经济的发展才研究经济学。但研究经济学的我们,是现代的中国人。我们不仅生活于现代的资本主义世界,并且生活于资本主义世界中的现代的中国。我们研究经济学,能够只知道注意于世界经济,反而忽视了中国的经济么? 我们能够说中国现代的经济,和欧美各资本主义国家的经济一样,因而认为没有研究的必要么?"③对于中国经济学界所存在的忽视、漠视中国经济研究的状况,李达提出了尖锐批评:"从来的中国的经济学,或者只是研究资本主义经济,或者并行的研究资本主义经济和社会主义经济,但对于中国经济却

---

① 引自《李达文集》第 3 卷,人民出版社 1984 年版,第 15 页。恩格斯这段话今天通用的汉语译文是:"因此,政治经济学本质上是一门历史的科学。它所涉及的是历史性的即经常变化的材料;它首先研究生产和交换的每个个别发展阶段的特殊规律"(见《马克思恩格斯选集》第 3 卷,人民出版社 1995 年版,第 489 页)。

② 《李达文集》第 3 卷,人民出版社 1984 年版,第 21 页。

③ 《李达文集》第 3 卷,人民出版社 1984 年版,第 21—22 页。

从不曾加以研究。这些经济学专门研究外国经济,却把中国经济忽略了。我认为这是一个严重的错误,是极大的缺点。因此,我主张广义经济学,除了研究历史上各种顺序发展的经济形态以外,还必须研究中国经济。只有这样的研究,才能理解经济进化的一般原理在具体的中国经济状况中所显现的特殊的姿态,特殊的特征,才能得到具体的经济理论,才能知道中国经济的来踪和去迹。"①因此,在《经济学大纲》一书中,他对中国经济进行了多方面的考察,特别对中国前资本主义经济及其向资本主义经济转化问题进行了专门的阐发。书中第一部"原始社会古代社会及封建社会的经济形态"第三章"封建的经济形态",在论述封建经济的形成时,设有"周民族征服殷民族与封建制的形成"专节;在论述封建的经济构造的具体实例时,设有"中国的封建经济"专节;在论述封建社会都市手工业时,设有"中国封建社会的手工业之发展"专节;在论述封建社会商业的发达及商业资本与高利贷资本时,设有"中国封建时代商业、商业资本及高利贷资本的发达"专节。从这些专节中可以清楚看出,李达的"广义经济学"是与中国经济的历史与现实直接相联系的。

李达希望通过这些专门性的探讨,帮助中国人更具体更深入地认识和把握中国社会的经济基础,从中来认识和把握中国社会变迁的走向。对于中国现代的经济构造,李达得出的结论是:"中国现代的经济,不是原始的或奴隶制的经济,不是社会主义的经济,也不单纯的是封建的或资本主义的经济。中国现代的经济,虽然处在前面所说的经济形态的历史的发展过程中,却不能成为一个阶段上的独立的经济形态。大体上说来,中国现代的经济,还停滞在由封建经济到资本主义经济的过渡状态中,但是深深的烙上了国际帝国主义殖民地的火印。"②由此而进,李达又提出了解决中国现代经济发展困境的途径。他说:"就中国经济的现状稍微观察一下,就可以看出三个互相交错的过程:帝国主义侵略的过程、民族资本萎缩的过程和封建农业崩溃的过程。这三个过程中,第一过程占居统制的地位,这是不待多言的,第二过程已是第一过程的附属物,第三过程虽然被第一第二过程所统制着,却仍然表现顽强抵抗的力

---

① 《李达文集》第3卷,人民出版社1984年版,第24页。
② 《李达文集》第3卷,人民出版社1984年版,第22页。

量,仍在困苦状态中挣扎着。换句话说,封建的手工农业虽被压榨着,而占全人口总数百分之七十以上的中国农民,却仍依靠这种农业的生产而生活。这种状况是现代各帝国主义国家所没有的。所以现在的中国经济,是处于帝国主义宰割之下的、工农业陷于破产状态的经济。这种经济,可以说是国际资本主义殖民地化的经济。在这种特殊的经济状况下挣扎着的中国国民,究竟应怎样寻求自己的生路呢? 这不仅是一个经济问题,而是整个中国自求生存、自求解放的问题。要解决这个问题,必须有正确的客观的理论做实践的指导,才能成立民族解放的战线,才能进行民族解放的工作,才能提起中国经济改造的问题。"①

通过对"广义经济学"的研究对象与研究方法的阐述,李达提出了"广义经济学"的基本原则:"要获得那种客观的正确的指导的理论,就必须把捉住一般根本路程上的经济的进化之客观的法则,同时具体的考察中国经济的特殊的发展法则,以期建立普遍与特殊之统一的理论。"②在他看来,一切民族国家的人民都将走向社会主义,这是一种历史的必然性;但"这种必然性的实现,因为各个国民的经济的政治的种种特殊性,就会刻印着各自的特色"③。在这里,他已指出中国人民走向社会主义的道路,不仅是历史必由之路,而且是有着自己特色之路。他所提出的"建立普遍与特殊之统一的理论",不仅指出了中国马克思主义政治经济学的追求目标,而且对马克思主义中国化具有重大意义,成为《经济学大纲》的画龙点睛之笔。而这样的手笔,当然也只能出自李达这样的马克思主义哲学大家。

李达对唯物史观的经济学向度的开展,从哲学与经济学的结合上,既推进了中国马克思主义哲学的开展,又推进了中国马克思主义经济学的开展,有着双重的重要意义。特别是他主张通过"广义经济学"的研究,通过"建立普遍与特殊之统一的理论",帮助中国人更具体更深入地认识和把握中国社会的经济基础,从中来认识和把握中国社会变迁的走向,不仅具有重要的理论价值,而且更具有直接的实践意义。自李达始,"广义经济学"研究成为中国马

---

① 《李达文集》第 3 卷,人民出版社 1984 年版,第 23—24 页。
② 《李达文集》第 3 卷,人民出版社 1984 年版,第 24 页。
③ 《李达文集》第 3 卷,人民出版社 1984 年版,第 24 页。

克思主义经济学家推进马克思主义政治经济学中国化的重要领域,著名经济学家许涤新就先后在 20 世纪 40—50 年代和 80 年代写出了两版三卷本的《广义政治经济学》。后来,毛泽东在谈到经济学研究时就强调:"政治经济学和唯物史观难得分家。"①又说:"没有哲学家头脑的作家,要写出好的经济学来是不可能的。马克思能够写出《资本论》,列宁能够写出《帝国主义论》,因为他们同时是哲学家,有哲学家的头脑,有辩证法这个武器。"②李达在经济学研究中的成就,也无疑与他的哲学思考与探索相联系,从一个方面反映了他对唯物史观的深刻理解。

六、李达对唯物史观的法理学向度的开展

李达对唯物史观的法理学向度,早在《现代社会学》一书中就予以了关注,在《社会学大纲》中则作了更明确的说明,认为历史唯物论对于法学的意义在于:"指示法与国家的理论,把法与国家当做建立于经济构造之上的上层建筑去理解,阐明法与国家是随着经济的构造之历史的发展而发展,而取得历史上所规定的特殊的形态,阐明其特殊的发展法则,使法与国家的理论,从一切布尔乔亚的法与国家的观念论的见解解放出来,得到真正科学的性质。"③更为重要的是,他在 20 世纪 40 年代后期至 50 年代中期,直接开展了唯物史观指导下的法理学研究,写出了一批马克思主义法理学论著。40 年代后期,他在十分艰苦的条件下,撰写了《法理学大纲》一书,开启了中国的马克思主义法理学研究;50 年代中期,他配合新中国第一部社会主义宪法的制定,撰写了《谈宪法》、《中华人民共和国宪法讲话》等著作,从法理学上对新宪法作出了深入阐发。可以说,李达对唯物史观的法理学向度的开展,也同样有着重要创获和代表性成果。这成为他对唯物史观所作多向度开展的一个最有特色的

① 毛泽东:《读苏联〈政治经济学教科书〉的谈话(节选)》,载《毛泽东文集》第八卷,人民出版社 1999 年版,第 138 页。
② 毛泽东:《读苏联〈政治经济学教科书〉的谈话(节选)》,载《毛泽东文集》第八卷,人民出版社 1999 年版,第 140 页。
③ 《李达文集》第 2 卷,人民出版社 1981 年版,第 304 页。

方面。

在《法理学大纲》中,李达强调了哲学与法理学的密切联系,强调了必须用马克思主义哲学、特别是用唯物史观来指导法理学研究。他指出:"法理学原是法律哲学。法律哲学,是一种特殊哲学,是哲学中的一个分支。特殊哲学与哲学,具有密切的关系。各派法理学,都采用一种哲学作为理论的根据。各种法理学,都是一种特定的哲学在法律领域中的应用和扩张。……本书所采用的哲学,是一个科学的世界观。科学的世界观,是研究整个世界的发展的一般法则的科学。它是人类知识全部历史的总结论。"①这里的"科学的世界观",指的是作为马克思主义哲学的唯物辩证法。他又进一步指出:"法理学所研究的法律现象,是世界万有现象中的一部分,同时又是社会现象中的一部分,所以法理学不但是科学的世界观的构成部分,同时又是科学的社会观的构成部分。从世界观到社会观、到法律观的推移,是顺次由普遍到特殊的推移。法律观被包摄于社会观之中,直接由社会观所指导,间接由世界观所指导。在这种意义上,法理学是通过社会观而接受世界观的指导的。于是法理学与社会观的关系,比较它与世界观的关系,更为具体而直接。"②这里的"科学的社会观",指的是作为唯物辩证法重要内容的唯物史观。在李达看来,法理学与唯物史观有着更为直接的联系,"法理学必须接受科学社会观的指导"③,这就明确提出了唯物史观的法理学向度的开展问题。

李达认为,对唯物史观的法理学向度的开展,其最主要之点,在于从社会存在与社会意识的正确关联上、从全体的关联上、从发展的过程上,去理解作为社会现象之一的法律现象,即"把法律制度当做建立于经济构造之上的上层建筑去理解;阐明法制这东西,是随着经济构造之历史的发展而发展,而取得历史上所规定的特殊形态,阐明其特殊的发展法则,使法律的理论从神秘的玄学的见解中解放出来,而构成为科学的法律观"④。在这里,他尤其强调唯

---

① 李达:《法理学大纲》,法律出版社 1983 年版,第 1 页。
② 李达:《法理学大纲》,法律出版社 1983 年版,第 3 页。
③ 李达:《法理学大纲》,法律出版社 1983 年版,第 6 页。
④ 李达:《法理学大纲》,法律出版社 1983 年版,第 6 页。

物史观指导下的"科学的法律观",认为这是"以暴露法律发展法则为对象的科学"①,从而与其他各派法理学区别开来。他说:"说起'法律的发展法则'时,大多数法学家或许认为是海外奇谈。他们大都受了观念论法理学的熏陶,以为法律是人类意志造出的规范,它本身已是法则,此外还有什么法则可说?观念论的法理学,在法律的领域中,大都采取目的论,放弃因果律;即使有的承认因果律,也只限于心理的或精神的方面,而否认客观的因果律。又如所谓社会法学,虽然承认法律是社会现象,而主张法律学是社会学的一部分,却不承认法律有什么发展法则。因为这派所崇奉的市民社会学(即资产阶级社会学——引者注),是主观主义的,是观念论的。"②针对这些唯心论的法理学,他从唯物史观出发,旗帜鲜明地提出了不同看法:"法律的发展法则,是法律现象本身中所固有的、客观的、内在的诸现象间复杂错综中本质的关联之反映。这本质的关联,即是法律现象中内在的根本的矛盾。这内在的根本的矛盾,是法律的自己发展的源泉。由于这内在的根本的矛盾,法律就由低级形态推移于高级形态,由旧形态转变为新形态。特定历史阶段上法律的体系,由于它内在的矛盾之发展而发展,而又趋于消灭,转变为它种高级的体系。这便是法律的发展法则。"③在他看来,"法理学必须阐明法律的发展法则,才能成为科学的法律观"④。

正是这样,李达在《法理学大纲》第二篇"各派法理学之批判"中,对西方古往今来的各派法理学进行了考察与批判,涉及以柏拉图、亚里士多德为代表的古希腊法理学,以西塞罗为代表的古罗马法理学,以奥古斯丁、阿奎那为代表的中世纪神学派,以格劳秀斯、霍布斯为代表的拥护君权的自然法学派,以洛克、卢梭为代表的提倡民权的自然法学派,以康德、黑格尔为代表的玄学派,以萨维尼为代表的历史学派,以布拉克斯顿、克里斯襄、边沁、奥斯丁为代表的分析学派,以及19世纪后期以来的社会哲学派、比较法学派和社会法学派。李达认为,各派法理学对该时代的法律都有相当的贡献,后起的各派对先起的

---

① 李达:《法理学大纲》,法律出版社1983年版,第8—9页。
② 李达:《法理学大纲》,法律出版社1983年版,第8页。
③ 李达:《法理学大纲》,法律出版社1983年版,第7—8页。
④ 李达:《法理学大纲》,法律出版社1983年版,第8页。

各派更有补偏救弊的功能。"市民时代(即资本主义时代——引者注)法律发达的趋势,都多少受了各派法理学说的推动,这是无容置疑的。如自然法派的学说,几乎全部被采用为法国法律的立法原理;玄学派、历史学派及社会功利派法学又成为德国法律的原则;分析派对于英国立法也有很大的贡献;社会学派的学说,对于美国司法界也有很大的影响。"①但在李达看来,这些法理学派又有共同的缺陷,即都以唯心论为其哲学基础,都没有历史主义的观点,都缺乏社会现象互相联系的观点,都是站在不公平的基础上去觅求公平,因此,它们的学说都未能构成"科学的法律观"。特别是资产阶级法理学,回避现实,文饰现实,不能也不愿暴露法律的发展法则,"只是想把自己阶级的意志加入于统治万人的法律之中"②,存在着严重的局限性。"科学的法律观",应当克服这种局限性,成为"以暴露法律发展法则为对象的科学"。

李达对唯物史观的法理学向度的开展,具有强烈的时代性与实践性,对近代中国的法律、法学的现状及法理学的走向,提出了尖锐的批判。他在谈到法理学的任务时,就直接指向了近代中国的法律、法学的现状,指出:"就社会科学说,人们在其社会的实践中,逐渐的理解社会的发展法则,并依据这法则,去积极改造社会,以改进我们的社会生活。作为社会科学之一的法理学,如果真能阐明法律的发展法则,就可以依据这法则以改造法律,使法律适应于社会生活,并促进现实社会的发展,这是关于法理学的任务的问题。提起法理学的任务时,我们不能不以中国的法律、法学及其与中国社会的关系为问题。"③在他看来,近代中国的法律体系,是被迫接受西方法律原理的产物,是通过在晚清延请帝国主义法学家编纂、在民国几经修改而形成的;而近代中国对法律的注释,也是从外国引入的。对此,他感叹地说:"法律是舶来品,法律的注释也是舶来品。法学对于法律,果然配合得很好,但对于中国社会的现实,是否也能够配合,那就是一个问题了。这个问题,是法学方面最重要的最根本的问题。这个问题如不解决,中国的法学自身没有生机,也不能促进法律的改造,因而

---

① 李达:《法理学大纲》,法律出版社1983年版,第84页。
② 李达:《法理学大纲》,法律出版社1983年版,第86页。
③ 李达:《法理学大纲》,法律出版社1983年版,第9页。

也不能促进社会的进步,这是很明白的事情。"①他进而认为,这个"法学方面最重要的最根本的问题",唯有进行法理学的研究与批判才能加以解决,但近代中国的法理学的走向,同样也是不能令人满意的。他继续感叹地说:"说起法理学,各大学法律系,在十多年以前就设立了这个功课,主讲的先生们如何教法,不大知道。听说多有采用外国人所著的原本或译本作为教本的,也有自编讲稿的。若用外国人的著作来讲授,那便连法理学也是舶来品了。"②对于这些"舶来品",李达并没有完全否定其历史进步性,也肯定它们是"新"的、甚至是"最新"的东西;但他同时指出,这些"新"的、甚至是"最新"的"舶来品",毕竟难以正确反映中国社会的现实,不是中国社会发展中所需要的东西。

如何来改变近代中国的法理学走向呢? 如何通过法理学的研究与批判,来改造近代中国的法律、法学的现状呢? 李达力主把马克思主义哲学引入法理学研究,开展唯物史观指导下的法理学研究。他对这一研究工作提出了明确的要求,指出:"法理学的研究,首先要阐明世界法律发展的普遍原理,认识法律的发展与世界发展的关系,认识特定历史阶段上的法律与社会的关系;其次要应用那个普遍原理来认识中国的法律与特殊的中国社会的关系,由中国社会发展的特殊路线,展开与之相互适应而又能促进其发展的法律理论,作为改造法律充实法律的指导。为要完成这个任务,法理学的研究者,必须具有科学的世界观与认识世界的方法,认识法律在万有现象中的位置,认识法律怎样随同整个世界的发展而发展;又必须具有科学的社会观与社会科学的方法,认识法律在社会现象中的位置,认识法律怎样随同社会的发展而发展。他们只有具有科学的世界观与社会观,才能跨出那法典与判例的洞天,旷观法律以外的社会与世界的原野,究明法律与世界、与中国现实社会的有机的联系,建立法律的普遍性与特殊性的统一;才能使自己的研究可对时代作积极的贡献,而不至于与时代脱节;才能促进法律的改造,使适应于现实社会,促进社会之和平的顺利的发展,可以免除中国社会的混乱、纷争、流血等长期无益的消耗。这样的工作,虽是艰巨的,却是可能的。这样的工作,是法理学最高的任

---

① 李达:《法理学大纲》,法律出版社 1983 年版,第 11—12 页。
② 李达:《法理学大纲》,法律出版社 1983 年版,第 12 页。

务。"①在他看来,只有引入马克思主义哲学,在唯物史观的指导下,中国法理学研究才能走出困境,得到真正的发展,并对近代中国的法律、法学的现状作出切实的批评与改造。

正是这样,当新中国第一部社会主义宪法诞生的时候,李达极为振奋,积极撰文,从法理学上说明新宪法的来源、性质和作用。他指出,宪法的来源,不是要到人类头脑中去探求,不是要到哲学家、法学家的"伟大观念"或"最高理性"中去探求,也不是要到法律制度中去探求,而是要到社会的经济基础和生活条件中去探求。因此,他首先强调"我国宪法是历史经验的总结"②,认为在这历史经验的总结中,既包括中国人民 100 多年来英勇斗争的历史经验的总结,又包括中国近代关于问题和运动的历史经验的总结,还包括新中国成立以来新的历史经验的总结。正是基于鸦片战争后 100 多年来中国社会的经济基础和生活条件所发生的巨大变化,正是基于鸦片战争后 100 多年来中国历史经验的总结,才在这个基础上产生了新宪法。他进而指出,正是基于这样的来源,新宪法充分反映了中国人民建设社会主义的共同愿望,在性质上是社会主义类型的宪法,在作用上是全国人民为建成社会主义而斗争的旗帜。这也就论证了新宪法的合理性与法律地位。在他看来,一部法律在中国是否合理,是否具有法律地位,关键在于看它是否是在中国社会的基础中产生的。在《法理学大纲》中,他曾写道:"只有这样从中国社会的基础中产生的法律,才是与中国社会的前途相配合的法律。只有这样的法律才能推动中国社会的前进。"③对于新宪法,李达也是由此入手来阐发其合理性与法律地位的。他特地提醒人们:"我国的宪法是全国人民大众的共同意志的表现,它决不是几个法学家在书斋里写出来的东西。所以我们学习这个宪法,必须结合客观的革命实际和社会实际,来理解它的根本精神。"④

法理学是一个法学与哲学相交叉的学术领域。李达对唯物史观的法理学向度的开展,开拓出中国马克思主义法理学这样一片新天地,既发展了中国马

---

① 李达:《法理学大纲》,法律出版社 1983 年版,第 13—14 页。
② 《李达文集》第 4 卷,人民出版社 1988 年版,第 488 页。
③ 李达:《法理学大纲》,法律出版社 1983 年版,第 13 页。
④ 《李达文集》第 4 卷,人民出版社 1988 年版,第 443—444 页。

克思主义哲学,又发展了中国马克思主义法学。著名法学家韩德培对于李达
的法理学研究予以了高度评价,称李达是"我国最早运用马克思主义研究法
学的一位拓荒者和带路人"①,认为"他为我国的法学研究开辟了一条新的路
子"②。可以说,对唯物史观的法理学向度的开展,是李达对唯物史观的传播、
阐释与中国化作出的一个颇具特色的贡献。

七、李达对唯物史观的多向度开展的当代意义

李达对唯物史观的多向度开展,他为唯物史观的传播、阐释与中国化所做
的开拓性工作,不仅在中国马克思主义哲学发展史上写下了重要篇章,而且对
于唯物史观在 21 世纪中国的进一步发展富有启迪意义。

首先,李达对唯物史观的多向度开展,充分展示了唯物史观在马克思主义
哲学中的地位、意义和重要性,即唯物史观不仅是马克思主义哲学的历史观,
是马克思主义哲学的重要构成,而且与更具体的马克思主义政治哲学、与更抽
象的马克思主义哲学本体论都有着直接的关联,从而使马克思主义哲学获得
了具有现实性和历史感的充分开展。这就启示我们在思考唯物史观在 21 世
纪中国的开展时,必须重新审视唯物史观在马克思主义哲学中的作用和价值,
切不可对唯物史观作简单化、平面化的理解。

其次,李达对唯物史观的多向度开展,建立了唯物史观与历史学、经济学、
法理学等不同学科的密切联系,既使唯物史观从这些学科中获取思想资源,以
充实和发展自己的内涵,又使唯物史观深入这些学科研究之中,为其提供思想
方式、开拓思维空间。这不仅有力地促进了唯物史观的开展,扩大了唯物史观
对中国思想世界的影响,而且积极地推进了中国马克思主义的历史学、经济
学、法理学的建设,拓展了中国马克思主义的学术空间。李达在这方面留下的
大量著述,其中的一些观点,在今天看来,或许已经过时,或许有其局限性,但

---

① 韩德培:《一位少有的马克思主义法学家》,载《为真理而斗争的李达同志》,武汉大学出
版社 1985 年版,第 161—162 页。
② 韩德培:《一位少有的马克思主义法学家》,载《为真理而斗争的李达同志》,武汉大学出
版社 1985 年版,第 161 页。

总的思路与总的方向,却无疑是正确的。这就启示我们在思考唯物史观在 21 世纪中国的开展时,必须重视加强唯物史观与不同学科之间的联系,切不可把唯物史观封闭在马克思主义哲学内部,更不可把唯物史观变成为抽象的思辨的历史哲学,仅靠概念的推演与逻辑的构造来说明历史和解释现实。

最后,李达对唯物史观的多向度开展,凸显了对中国现实与中国问题的关注,不仅要求马克思主义哲学指向中国实际,回答中国问题,而且要求唯物史观指导下的历史学、经济学、法理学指向中国实际,回答中国问题。对于李达思想和著述的这一特点,毛泽东深有感触,早已点明。1938 年,毛泽东在读《社会学大纲》一书时写道:"找出法则、指示实践、变革社会——这是本书的根本论纲。"①当然,不只《社会学大纲》是如此。可以说,这是李达全部思想和著述的基本品格。这就启示我们在思考唯物史观在 21 世纪中国的开展时,必须重视指向中国实际,回答中国问题,切不可把唯物史观研究变成远离中国实际、不谈中国问题的学问。

李达留给我们的这些启示,显示了他对唯物史观的多向度开展,具有长久的生命力和影响力。珍视、总结、承继这一份宝贵的思想遗产,推进中国马克思主义哲学在 21 世纪的新开展,是我们今天哲学研究的一项重要工作,也是我们对这位先驱者的一个最好纪念!

（原载《武汉大学学报（人文科学版）》2011 年第 1 期）

---

① 毛泽东:《读李达著〈社会学大纲〉一书的批注》,载《毛泽东哲学批注集》,中央文献出版社 1988 年版,第 209—210 页。

李达与毛泽东哲学思想的形成和发展

汪信砚　　周　可

毛泽东曾经说过:"山沟里出马克思主义,零陵出马克思主义。"①前一句可谓夫子自道,后一句则是指李达,而将李达与毛泽东紧密地联系在一起的,正是马克思主义的理想信念与无产阶级的革命道路。两人同是马克思主义哲学中国化的重要代表人物,但扮演着不同的角色,李达是大学教授型的哲学家,毛泽东则是革命领袖型的哲学家。两人之间长期密切而深入的哲学交往,展现了马克思主义哲学中国化在两种不同类型的哲学家的互动交流中逐渐展开的生动图景。

一、李达与毛泽东的哲学交往历程

1920 年前后,在俄国十月革命与五四运动的影响下,李达与毛泽东先后选择了马克思主义,走上了无产阶级革命的道路,也开始了他们近半个世纪的哲学交往。

受到十月革命的影响,当时留学日本的李达毅然放弃理科学习,开始学习马克思列宁主义著作,研读了《共产党宣言》、《资本论》第一卷、《〈政治经济学批判〉序言》、《国家与革命》等一大批马列著作以及其他介绍马克思主义的书籍。1920 年,怀着"回国寻找同志干社会革命"的希望,李达从东京回国,在上海与陈独秀、李汉俊、陈望道等建立共产主义小组,共同发起组建中国共

---

① 湘人:《李达诞辰一百周年纪念活动综述》,载于《纪念李达诞辰一百周年》,湖南出版社 1991 年版,第 355 页。

产党。

　　为了迎接即将成立的中国共产党，李达做了大量艰苦而卓有成效的工作。一方面，他翻译出版了一批介绍马克思主义的著作。1921 年他留学期间所翻译的《唯物史观解说》、《社会问题总览》在国内出版，其内容涵盖了马克思主义的两个重要组成部分。另一方面，他撰写发表了《张东荪现原形》、《讨论社会主义并质梁任公》、《无政府主义之解剖》等一系列论战文章，批判了各种非马克思主义思潮，包括梁启超、张东荪等的基尔特社会主义，黄凌霜、区声白等的无政府主义，以及张君劢、戴季陶等的第二国际修正主义。特别是他所主编的中国共产党的第一份党刊——《共产党》月刊，大力宣传马克思列宁主义的无产阶级革命和无产阶级专政的理论以及建党理论，介绍十月革命的成功经验，报道国际共产主义运动的消息，探讨中国革命和世界革命的问题，在当时影响甚大。《共产党》月刊虽然只出版了 6 期，但被各地共产主义小组列为必读材料之一，在革命青年中广泛流传。

　　1920 年前后，正是毛泽东思想急遽转变的时期。当时充斥于中国思想界的各种思潮，让他颇有些无所适从。1920 年 3 月 14 日，毛泽东在给周世钊的信中谈道："老实说，现在我于种种主义，种种学说，都还没有得到一个较明了的概念，想从译本及时贤所作的报章杂志，将中外古今的学说刺〈剌〉取精华，使他们各构成一个明了的概念。"①受到李大钊、陈独秀、蔡和森等人的影响，在经历了湖南自治运动的曲折之后，毛泽东最终选择了马克思主义，决心以无产阶级革命的方式来改造中国与世界。此后不久，1920 年 11 月至 12 月间，陈独秀、李达致信毛泽东，约请他在湖南开展建党活动，并寄来一批《共产党》月刊。这让毛泽东备受鼓舞。1921 年 1 月 21 日，毛泽东在写给身处法国的蔡和森的信中称赞《共产党》月刊"颇不愧'旗帜鲜明'四字"②。他还把其中刊载的《俄国共产党的历史》、《列宁的历史》、《劳农制度研究》等文章推荐给湖南《大公报》发表。

　　1921 年 7 月，党的一大召开，李达与毛泽东作为一大代表出席了党的成

---

　　① 《毛泽东早期文稿》，湖南出版社 1990 年版，第 474 页。尖括号内的字为《毛泽东早期文稿》的编者所加。

　　② 《毛泽东书信选集》，中央文献出版社 2003 年版，第 11 页。

立大会。这是两人的初次晤面,但彼此都给对方留下了深刻的印象。党的二大前后,毛泽东两度邀请李达到长沙他所主持的湖南自修大学任教。在长沙,李达担任湖南自修大学学长,负责讲授唯物史观、剩余价值学说、科学社会主义等马克思主义基本理论,还编写了教学资料《马克思主义名词解释》。毛泽东和李达以自修大学的名义,创办了自修大学机关刊物《新时代》。《新时代》的发刊词阐明了他们共同的志趣,即"努力研究致用的学术,实行社会改造的准备"①。这期间,李达与毛泽东朝夕相处,共同研讨马克思列宁主义和中国革命问题,从此结下了深厚的友谊。1923年4月,毛泽东离开湖南到中央工作,李达则独自担负起自修大学的工作。半年之后,湖南自修大学遭军阀赵恒惕强令关闭。

李达与毛泽东的再次会面是在三年之后的武昌。1926年,李达应国民革命军总司令部政治部主任邓演达之邀,前往武汉主持中央军事政治学校招生工作,任政治教官,并兼任国民革命军总政治部编审委员会主席。当时,毛泽东正在武昌举办农民运动讲习所,得知这一消息后,他立即邀请李达给农讲所的学员讲授社会科学概论,宣传马克思主义理论。

1927年大革命失败后,毛泽东继续从事革命实际活动,而李达则战斗在理论战线的最前沿,先后辗转于武昌中山大学、上海法政大学、暨南大学、北平大学、中山大学、湖南大学等高校,在国民党的白色恐怖与日寇的铁蹄肆虐之下,坚持翻译、研究和讲授马克思主义,并出版了一大批马克思主义著译。

从1927年到新中国成立前夕,李达与毛泽东的哲学交往主要是以李达的哲学著译为中介。这期间,李达从日语翻译出版了《现代世界观》(德国塔尔海玛著)、《马克思主义经济学基础理论》(日本河上肇著,上篇"马克思主义之哲学的基础"由李达、王静、张栗原合译,下篇"马克思主义经济学的出发点"由钱铁如、熊得山、宁敦五合译)、《理论与实践的社会科学根本问题》(苏联卢波尔著)、《辩证法唯物论教程》(苏联西洛可夫、爱森堡等著,与雷仲坚合译)等四部著作,被时人誉为翻译介绍唯物辩证法工作"成绩最佳,影响最大"②之

---

① 《发刊词》,《新时代》(创刊号)1923年4月15日。
② 郭湛波:《近五十年中国思想史》,山东人民出版社1997年版,第281页。

人。同时,他撰写了系统论述辩证唯物论和历史唯物论的专著《社会学大纲》、辅导读物《辩证法和唯物论问答》和以马克思主义的辩证唯物论观点分析经济、法律问题的《经济学大纲》、《法理学大纲》、《货币学概论》等专著,"就达到的水平和系统性而言,(党内外)无一人能出李达之右"①。

在严酷的革命战争年代,纷飞的炮火与反动派的阻挠并没有隔断李达与毛泽东的哲学交往与革命情谊。1935 年,李达的《社会学大纲》由北平大学法商学院作为讲义刊印,后经过修改和扩充,于 1937 年 5 月由上海笔耕堂书店出版;1936 年,李达的《经济学大纲》也由北平大学法商学院作为讲义刊印。李达将这两本书先后寄给毛泽东,受到了毛泽东的高度赞赏。毛泽东称《社会学大纲》是中国人自己写的第一本马克思列宁主义的哲学教科书,并致信李达,称赞他是"真正的人"。毛泽东还向延安新哲学学会和中国抗日军政大学的同志推荐《社会学大纲》。在一次小型干部会议上,毛泽东说:"李达同志给我寄了一本《社会学大纲》,我已经看了 10 遍。我写信让他再寄十本来,你们也可以看看。"②毛泽东向延安理论界推荐《经济学大纲》说,李达"寄我一本《经济学大纲》,我现在已读了三遍半,也准备读它十遍"。③ 整风运动期间,毛泽东要求党的高级干部学习理论知识,指定"李译《辩证法唯物论教程》第六章'唯物辩证法与形式论理学'"为六种必读材料之一④。不仅如此,毛泽东对李达本人的情况也一直十分关切。1936 年 8 月 14 日,即毛泽东得到《辩证法唯物论教程》后不久,他致信早年好友易礼容,特别提及:"李鹤鸣王会悟夫妇与兄尚有联系否? 我读了李之译著,甚表同情,有便乞为致意,能建立友谊通信联系更好。"⑤还曾在信中托蔡元培问候李达。1948 年春,毛泽东连续三次电示华南局护送李达到解放区,并通过党的"地下交通"给李达带信说:"吾兄系本公司的发起人之一,现公司生意兴隆,望速前来参与经营。"⑥1949 年 5 月 18 日,在北平香山,李达与毛泽东重逢。毛泽东充分肯定了李达

---

① 侯外庐:《韧的追求》,三联书店 1985 年版,第 35 页。
② 郭化若:《在毛主席身边工作的片断》,《解放军报》1978 年 12 月 28 日。
③ 郭化若:《在毛主席身边工作的片断》,《解放军报》1978 年 12 月 28 日。
④ 《毛泽东书信选集》,中央文献出版社 2003 年版,第 171 页。
⑤ 《毛泽东书信选集》,中央文献出版社 2003 年版,第 40 页。
⑥ 陈力新、李梅彬:《毛泽东同志和李达同志的友谊》,《光明日报》1978 年 12 月 23 日。

为党的理论事业所作出的贡献,他对李达说:你早年传播马克思列宁主义,是起了积极作用的;大革命失败后到今天的 20 多年里,你在国民党统治区教书,一直坚持马克思列宁主义的理论阵地,写过些书,是有益的,人民不会轻易忘记的①。

新中国成立以后,李达与毛泽东的哲学交往更加频繁与密切。两人不仅在来往信件中探讨哲学问题,还经常晤谈,共同切磋讨论。李达在担任教育行政职务的同时,以主要精力从事马克思主义哲学、毛泽东哲学思想的研究与宣传工作,有力地推进了马克思主义哲学的大众化与通俗化。1950 年和 1952 年,毛泽东的哲学名篇《实践论》和《矛盾论》经修改后重新发表,李达很快完成了《〈实践论〉解说》和《〈矛盾论〉解说》等一系列著述。在"两论"解说的写作过程中,他与毛泽东以书信方式相互交流,得到了毛泽东的直接指导与高度评价。在内容方面,毛泽东审阅修改了"两论"解说中的一些观点与论述。例如,毛泽东对《〈实践论〉解说》稿第二部分中有关中国人民对列强作排外主义的自发斗争的论述、有关孙中山当年所倡导的民族主义完全以清政府为对象而从未提起过反帝国主义的论述,以及有关唯物论的"唯理论"是今日教条主义的来源和唯物论的"经验论"是今日经验主义的来源的论述,均作了重要修改②。在形式方面,毛泽东高度评价了李达的"两论"解说中准确且通俗的语言,认为"两论"解说对于宣传唯物论有很大的作用,并希望李达为辩证唯物论的通俗宣传工作多作努力③。在 20 世纪 50 年代中后期,李达与毛泽东在具体问题与个别观点上出现了分歧。李达对于"大跃进"运动中提出的"人有多大胆,地有多高产"等口号,以及所谓的"顶峰论",均提出了激烈的批评,与毛泽东在主观能动性问题上持不同看法。有些正确的反对意见后来被毛泽东所接受。1961 年,李达因病到庐山休养,在与毛泽东的一次谈话中,毛泽东提议李达将旧著《社会学大纲》修改后重新出版。李达接受任务后,决定重新编写一部辩证唯物主义和历史唯物主义的教科书,并命名为《马克思主义哲学大纲》。1965 年下半年,李达将已完成的《马克思主义哲学大纲》上册送毛泽

① 陈力新、李梅彬:《毛泽东同志和李达同志的友谊》,《光明日报》1978 年 12 月 23 日。
② 《毛泽东书信选集》,中央文献出版社 2003 年版,第 376 页。
③ 《毛泽东书信选集》,中央文献出版社 2003 年版,第 375 页。

东审阅。毛泽东认真阅读了书稿,并写下了关于辩证法的核心规律的重要批注。

总的来说,李达与毛泽东之间的哲学交往,始于中国共产党的创立时期,历经革命战争年代的考验,新中国成立后更为频繁与深入。两人虽有过分歧与争论,但始终坚持相同的立场与原则。作为我国传播马克思主义哲学的先驱与主将,李达在建党初期不遗余力地宣传马克思主义哲学,批判各种非社会主义思潮。李达对马克思主义哲学的卓有成效的宣传极大地影响了当时正在积极寻求改造中国与世界之学说和方法的毛泽东,在一定程度上促成了毛泽东向马克思主义者的转变。两人相识以后,共同的革命信念与理论志趣更加促进了两人之间的哲学交往。随着李达对马克思主义哲学研究的逐渐深入,在新民主主义革命时期与新中国成立以后,他对毛泽东哲学思想的形成与发展起着更为直接而重要的作用。

二、新民主主义革命时期李达对 毛泽东哲学思想的影响

20世纪20年代,正是通过认真学习、比较各种理论与学说,毛泽东最终选择了马克思主义的唯物史观与无产阶级革命的道路。自那时起,毛泽东始终坚持学习研究马克思主义理论,不断提高理论水平与哲学素养,以解决中国革命的实际问题。1920年12月1日,毛泽东致信蔡和森等新民学会会友,强调研究学术之重要性,赞同肖子昇关于中国目前缺少研究学术的专门学者的观点,指出"思想进步是生活及事业进步之基。使思想进步的唯一方法,是研究学术",并且坦承"弟为荒学,甚为不安,以后必要照诸君的办法,发奋求学"①。然而,20世纪二三十年代,受客观条件的制约,毛泽东所能读到的马克思主义著作较为有限。1920年,他读了马克思恩格斯的《共产党宣言》、考茨基的《阶级斗争》和柯卡普的《社会主义史》。1926年,他读过列宁的《国家与革命》的部分内容。1932年,他读到了恩格斯的《反杜林论》、列宁的《两个

———————

① 《毛泽东书信选集》,中央文献出版社2003年版,第7页。

策略》(即《社会民主党在民主革命中的两个策略》)和《共产主义运动的"左派"幼稚病》。到达陕北以后,环境相对和平稳定,毛泽东得以抽出较多时间与精力认真研读马克思列宁主义著作。尽管当时理论书籍非常短缺,但毛泽东到处借书读,并拜托在国统区的同志购置书籍。他不仅读了列宁的《唯物论与经验批判论》和《关于辩证法的笔记》,以及普列汉诺夫的《论一元论历史观之发展》等经典著作,还读了中国古代的诸子百家、古希腊哲学家以及近代西方哲学家如斯宾诺莎、康德、黑格尔、费尔巴哈等人的著作。从现有资料来看,20 世纪三四十年代,毛泽东在延安时认真阅读了李达及其学生雷仲坚从日文翻译过来的西洛可夫、爱森堡等著的《辩证法唯物论教程》(中译本第 3版、第 4 版)、由沈志远翻译的米丁主编的《辩证唯物论与历史唯物论》(上册)、李达著的《社会学大纲》以及艾思奇编的《哲学选辑》等哲学著作,并写下大量批注。其中,毛泽东阅读李达著译时所作的批注占有大量篇幅,占全部批注文字的三分之二以上①。毛泽东还在自己的《读书日记》中详细记下了阅读《社会学大纲》的进度②。延安时期,正是毛泽东哲学思想得以系统化并多方面地展开的时期。毛泽东留下的这些批注真实记录了他在延安时期的哲学思考,也为我们考察这一时期李达著译对毛泽东哲学思想的影响提供了文本依据。我们认为,唯有将这一考察置入马克思主义哲学中国化的历史进程与 20世纪 30 年代的中国革命实际的广阔历史背景下,才能揭示李达与毛泽东之间哲学交往的深远意义。

首先,李达著译为毛泽东学习掌握马克思主义哲学开阔了理论视野。

20 世纪二三十年代,马克思主义哲学在中国的传播的主要内容逐渐由唯物史观转向唯物辩证法。早在 20 年代,瞿秋白就已经从唯物辩证法的角度宣传马克思主义哲学,但唯物辩证法的广泛宣传与普及主要肇因于一场颇具规模的论战。20 世纪 30 年代初到 40 年代初,中国理论界围绕唯物辩证法的实

---

① 据统计,毛泽东批读《辩证法唯物论教程》(中译本第三版)的部分章节有三遍乃至四遍之多,写下了 12000 多字的批注文字;批读《社会学大纲》相当多的部分至少有两遍,并写下批注文字约为 3400 字;重点批读《辩证法唯物论教程》(中译本第四版),写下批注文字约为 1200 字(参见石仲泉:《〈毛泽东哲学批注集〉导论》,中共中央党校出版社 1988 年版,第 23、45、86 页)。
② 《毛泽东哲学批注集》,中央文献出版社 1988 年版,第 279—282 页。

质和作用、哲学本身能否消灭、辩证法和形式逻辑的关系,以及宇宙论、认识论、人生观、历史观等一系列问题展开了激烈的争论。有论者指出,"中国自一九二七年社会科学风起云涌,辩证唯物论的思想大有一日千里之势;因之俄国的思想介绍盛极一时。"①这一方面是因为 1927 年大革命的失败,以及 30 年代日本帝国主义的入侵,迫使中国共产党人和革命者思考中国革命的道路问题,客观上要求人们用科学的世界观和方法论分析中国社会、指导革命实践,正是在这种情况下,一批坚定的革命知识分子积极从事马克思主义哲学的编译、著述工作;另一方面则是因为受到了苏联马克思主义哲学研究的影响。20 世纪二三十年代苏联哲学界发生了一场激烈论战,在斯大林的支持下,以米丁、康斯坦丁诺夫、尤金等为代表的青年一代哲学家批判了机械论派和德波林派否定列宁哲学的倾向,倡导以列宁哲学为重心,研究辩证唯物主义和历史唯物主义,尤其是根据列宁关于辩证法、逻辑和认识论三者一致的观点阐发唯物辩证法的基本内容,强调马克思主义哲学的世界观功能。

在这场唯物辩证法运动中,李达亲自翻译介绍了国外学者尤其是苏联学者的唯物辩证法著作,还撰写了运用唯物辩证法观点研究中国社会的专著。他的功绩在当时就受到了学者的肯定。"今日辩证唯物论之所以澎湃于中国社会,固因时代潮流之所趋,非人力之所能左右,然李先生一番介绍翻译的工作,在近五十年思想史之功绩不可忘记。"②他所翻译的西洛可夫、爱森堡等著的《辩证法唯物论教程》是这一时期苏联哲学家编写的教科书中的代表作,它吸纳了苏联哲学界批判德波林派所取得的积极成果,突出了列宁哲学在马克思主义哲学发展史上的重要地位,代表了当时苏联马克思主义哲学研究的最新进展。正如李达在《辩证法唯物论教程》的"译者例言"中所指出的,"本书是集体研究的结晶,是最近哲学大论战的总清算,是辩证法唯物论的现阶段,是辩证法唯物论的系统的说明。"③因此,李达选择翻译出版这一著作,主要目的是为了开阔中国马克思主义哲学研究者们的眼界,丰富和深化人们对于马克思主义哲学的理解。事实上,这本《辩证法唯物论教程》与米丁主编的《辩

---

① 郭湛波:《近五十年中国思想史》,山东人民出版社 1997 年版,第 281 页。
② 郭湛波:《近五十年中国思想史》,山东人民出版社 1997 年版,第 179 页。
③ 转引自宋镜明:《李达传记》,湖北人民出版社 1986 年版,第 100 页。

证唯物论与历史唯物论》、米丁著的《新哲学大纲》等苏联哲学教科书中的一些观点被当时参与唯物辩证法论战的马克思主义学者广泛引用,对确立马克思主义哲学作为中国现代哲学的主流地位与世界观的指导地位发挥了重要作用。李达本人则在翻译、研究马克思主义哲学著作和吸纳国外学者最新研究成果的基础上写成了《社会学大纲》这一论述辩证唯物主义和历史唯物主义基本原理的专著。

尽管当时身处延安的毛泽东没有直接参与这场哲学论战,但是,通过阅读李达著译等一批哲学书籍,毛泽东得以充分了解苏联和中国哲学界的研究动态与理论成果,既开阔了理论视野,又吸收了思想资源。毛泽东对李达著译的重视,从他反复研读并写下大量批注文字可见一斑。这些批注文字的绝大部分是毛泽东在阅读李达著译等哲学书籍中的辩证唯物主义内容时留下的,相比较而言,他对历史唯物主义方面的内容的兴趣不大。这也表明,受到李达著译等哲学著作的影响,毛泽东学习与研究马克思主义哲学的重点由唯物史观转向了唯物辩证法。同时,他对苏联哲学教科书的吸收与掌握,集中表现为1937年4月至8月他为抗日军政大学授课而准备的《辩证法唯物论(讲授提纲)》与苏联哲学教科书的诸多共同之处①。在《辩证法唯物论(讲授提纲)》中,毛泽东指出,"由于中国社会进化的落后,中国今日发展着的辩证法唯物论哲学思潮不是从继承与改造自己哲学的遗产而来的,而是从马克斯列宁主义的学习而来的。"②

其次,李达著译为毛泽东解决中国革命问题提供了认识工具。

20世纪三四十年代,毛泽东在延安批读李达著译的时候,正是他集中反思中国革命道路、批判党内错误思想和路线之时。1927年轰轰烈烈的大革命失败的重要原因是陈独秀的右倾投降主义。在第二次国内革命战争时期,中国共产党内先后出现了"立三路线"的"左"倾盲动主义、张国焘的分裂主义和

---

① 胡为雄:《毛泽东与苏联"马哲"教科书:从研读到批判》,《毛泽东邓小平理论研究》2005年第4期。但是,这并不意味着毛泽东的哲学创造带有苏联哲学教科书的鲜明烙印,相反,毛泽东哲学思想具有鲜明的中国性格(参见李维武:《毛泽东的"实践论"的中国性格》,载陶德麟等主编:《马克思主义哲学中国化:历史与反思》,北京师范大学出版社2007年版,第355—385页)。

② 《毛泽东集》第6卷,日本(东京)苍苍社1983年版,第275页。

王明的"左"倾教条主义等错误路线。其中,以王明为代表的"左"倾教条主义路线在党内统治达 4 年之久,使整个中国革命濒临危亡险境。教条主义者生吞活剥马克思主义书籍中的只言片语和共产国际的指示,无视中国革命的具体实际,拒绝中国革命的丰富经验,给中国革命事业带来了沉痛的教训。遵义会议虽然确立了毛泽东在全党的地位,纠正了错误的军事路线和政治路线,但由于战争环境,没有来得及彻底清算"左"右倾等各种机会主义的思想路线。日本帝国主义的入侵,进一步加剧了革命形势的复杂性,使中国革命面临着新的挑战。面对动荡的国内外形势与尖锐的政治斗争,从理论上纠正和消除党内各种错误思想和路线的影响,提高全党马克思主义理论水平,运用马克思主义的理论武器解决中国革命的现实问题,成为以毛泽东为代表的中国共产党人亟待解决的难题。

中国革命斗争的坎坷与曲折、党内各种错误思想路线的残余与遗患,客观上激发了毛泽东对马克思主义哲学的深入探索。与大多数早期中国马克思主义者一样,毛泽东起初是从唯物史观的角度理解马克思主义哲学的。1921 年 1 月 21 日,他在致蔡和森的信中坚信"唯物史观是吾党哲学的根据,这是事实,不像唯理观之不能证实而容易被人摇动"。① 毛泽东尤为重视阶级斗争学说,并运用这一学说分析中国社会各阶级,探讨中国革命的具体问题,提出了中国革命走农村包围城市、武装夺取政权道路的理论。然而,在 1931 年召开的赣南会议上,毛泽东在中央苏区所实施的土地分配、游击战等一系列措施,以及他所倡导的坚持从实际出发、反对本本主义的观点,被指责为"狭义的经验论","根本〈否〉认马克思列宁主义的理论","完全是农民的落后思想"②。在 1932 年的长汀会议上,由于反对中共临时中央攻打大城市等主张,毛泽东被认为是犯了右倾机会主义错误,受到了"缺席裁判"。红军随后遭遇的失败表明,反而是那些自称精通并搬用马克思列宁主义的人将中国革命引向了困境。毛泽东在党内受到的不公正待遇,让他更为清醒地意识到学习掌握马克思列宁主义的理论工具解决中国革命问题的重要性与紧迫性。1939 年 1 月

① 《毛泽东书信选集》,中央文献出版社 2003 年版,第 11 页。
② 《红军问题决议案》(1931 年 11 月),载中央档案馆:《中共中央文件选集》第七册,中共中央党校出版社 1991 年版,第 487 页。

17日,毛泽东致何干之的信中说:"我的工具不够,今年还只能作工具的研究,即研究哲学,经济学,列宁主义,而以哲学为主。"①在读李达《社会学大纲》的批注中,毛泽东写道:"找出法则、指示实践、变革社会——这是本书的根本论纲。"②在毛泽东看来,对待马克思列宁主义的正确态度是把马克思列宁主义视作认识世界与改造世界的方法和工具,以解决中国革命的重大问题。这一时期毛泽东所读到的李达著译,综合了当时国内外哲学界关于唯物辩证法的最新研究成果,因而有效地帮助他从认识论与方法论的角度理解、发展马克思列宁主义,并最终形成了解决中国问题的革命理论。毛泽东阅读李达著译时结合中国革命实际所写下的大量批注,则是他围绕中国革命问题吸收思想养分、进行艰辛理论探索的真实写照。大致而言,毛泽东联系中国革命实际而写下的哲学批注,主要包括两部分内容。

一是对党内错误路线的批判。毛泽东在阅读《辩证法唯物论教程》时,一方面借鉴列宁同第二国际修正主义作斗争以及苏联党内两条路线斗争的经验,从哲学的党派性的原则高度,直接批判陈独秀、李立三、张国焘以及王明等人的错误路线③。在读到《辩证法唯物论教程》的绪论《哲学的党派性》时,毛泽东认为,中共党内的错误思想路线与列宁所批评的孟什维克党具有一致性,即二者都违背了辩证法唯物论。"不从具体的现实出发,而从空虚的理论命题出发,李立三主义和后来的军事冒险主义与军事保守主义都犯过此错误,不但不是辩证法,而且不是唯物论。"④另一方面,毛泽东运用唯物辩证法的基本观点,剖析了党内各种错误思想路线的认识论根源。例如,在读到列宁关于在考察社会现象时不能以主观臆测代替全部历史现象的客观联系和相互依存关系的论述时,毛泽东写道:"就必须无例外的把捉与中国苏维埃战争有关系的事实的总体,即革命战争的特点,而不是打中心城市与堡垒主义等个个独立的事实,这种事实总体就是联结个个事实、个个方面的一般基础。"⑤在读到"在

① 《毛泽东书信选集》,中央文献出版社2003年版,第123页。
② 《毛泽东哲学批注集》,中央文献出版社1988年版,第209—210页。
③ 由于在1942年全党整风以前,王明还处于党的领导岗位上,毛泽东在批注中没有对王明点名,但批注中的"中国主观主义"、"中国教条主义"实际上是针对王明的。
④ 《毛泽东哲学批注集》,中央文献出版社1988年版,第9页。
⑤ 《毛泽东哲学批注集》,中央文献出版社1988年版,第10页。

主张对立的统一之时,而不理解斗争的绝对性,必然不可避免的引到对立物的和解。对立物的和解论,是右翼派的立场之特征"时,毛泽东在下面划上波浪线,批注道:"这两句是说的陈独秀主义"①。他还在这一段末尾"'没有辩证法的理论,烦琐哲学的理论家布哈林',不理解对立的斗争是绝对的、对立的统一是相对的学说"的行间写道:"辩证法的本质是矛盾斗争的问题……陈独秀同样不理解。"②在读到"外的矛盾,只有通过过程之发展的内的规律性,才影响于过程的发展"的论述时,毛泽东写道:"五次[反]围剿失败,敌人的强大是原因,但战之罪,干部政策之罪,外交政策之策[罪],军事冒险之罪,是主要原因。机会主义,是革命失败的主要原因。帝国主义吸引与国民罪[党]叛变,对于革命说当然是原因。外的力量,须通过内的规[律]性(机会主义等)才能曲折的即间接的发生影响。"③"国民党能够破苏区与红军,但必须苏区与红军存在有不能克[服]的弱点。若能克服弱点,自己巩固,则谁也不能破坏。"④在读到辩证法的否定之否定规律时,毛泽东写道:"正规红军阶段,否定者是游击主义,保存者是作战的游击性、组织的轻快等。"⑤因此,通过运用唯物辩证法关于事物的客观联系、矛盾对立面的斗争性、内部矛盾的决定性的观点以及否定之否定规律,毛泽东认识到了党内的教条主义与经验主义共同的认识论根源,即背离了对现实过程的唯物的、辩证的理解,而走向了唯心论与形而上学。"左的与右的相通,因为都离开过程之正确的了解,到达于不顾过程内容,不分析具体的阶段、条件、可能性等抽象的一般的空洞见解。因此,他们两极端就会于一点。"⑥

二是对当前革命形势与任务的分析。1935 年 12 月,毛泽东在《论反对日本帝国主义的策略》的报告中就指出,日本帝国主义要变中国为它的殖民地的严峻形势改变了中国各阶级之间的相互关系,扩大了民族革命阵营的势力,

---

① 《毛泽东哲学批注集》,中央文献出版社 1988 年版,第 97 页。
② 《毛泽东哲学批注集》,中央文献出版社 1988 年版,第 97—98 页。
③ 《毛泽东哲学批注集》,中央文献出版社 1988 年版,第 106—107 页。方括号内的字,为《毛泽东哲学批注集》编者所补,下同。
④ 《毛泽东哲学批注集》,中央文献出版社 1988 年版,第 108 页。
⑤ 《毛泽东哲学批注集》,中央文献出版社 1988 年版,第 125 页。
⑥ 《毛泽东哲学批注集》,中央文献出版社 1988 年版,第 112—113 页。

削弱了民族反革命阵营的势力;同时,中国革命的现实力量还不够强大,革命发展还不平衡,因此,中国共产党应采取建立广泛的抗日民族统一战线的策略。这一结论是毛泽东分析国内外形势变化与中国社会各阶级的力量对比而得出的,体现了他创造性地运用马克思主义的阶级学说来把握中国革命的实际情况。通过阅读李达著译等哲学著作,毛泽东进一步结合唯物辩证法的基本观点,在批注中分析了当前革命形势与任务,为党的策略与方针找到了方法论的根据。毛泽东在阅读《辩证法唯物论教程》时,主要运用矛盾的观点阐发实行国共合作、建立抗日民族统一战线的正确性。第一,中日矛盾取代国内矛盾上升为主要矛盾,这是建立统一战线的现实前提。毛泽东在批注中指出:"战争首先分析特点,统一战线也是首先分析特点——中日矛盾与国内矛盾。"[①]"九一八后,中日矛盾成为主要矛盾。我们论证了民族统一战线的现实性,证明了民主共和国的可能,这样去解决这个主要矛盾。"[②]第二,矛盾的特殊性要求针对不同矛盾采取相应的解决方法,这是建立统一战线的客观要求。毛泽东在读到"不同质的矛盾要用不相同的方法去解决"时,写道:"中日民族矛盾要用联合资产阶级的统一战线去解决。一九二七[年]后的国内矛盾,却只用联合农民与小资产阶级的统一战线去解决。……过程的矛盾不同,解决的方法也不同。"[③]同时,他结合俄国革命的经验指出,"列宁党也有过和资产阶级合作的时期,提出分进合击的口号。中国党同国民党合作,原则上也是分进合击,不过表现的方法不同。分进是阶级与党的政治独立性,合击是统一战线。"[④]第三,对立双方的相互渗透及同一性,这是建立统一战线的内在依据。在读到列宁关于对立的同一性的论述时,毛泽东写道:"辩证法中心任务,在研究对立的相互渗透即对立的同一性。"同时,他结合中国实际指出,"在民族矛盾尖锐的条件之下,国共对立却变成同一性,而转化为统一战线。统一战线与侵略路线的对立,在民众起来与世界革命条件之下,却将变为同一性而转化

---

① 《毛泽东哲学批注集》,中央文献出版社1988年版,第43页。
② 《毛泽东哲学批注集》,中央文献出版社1988年版,第68—69页。
③ 《毛泽东哲学批注集》,中央文献出版社1988年版,第73—74页。
④ 《毛泽东哲学批注集》,中央文献出版社1988年版,第95—96页。

为世界和平。"①1941年3月以后，毛泽东继续阅读《辩证法唯物论教程》（中译本第4版），在批注中运用唯物辩证法的观点批判了中国主观主义和张国焘主义等错误路线。正是在熟练运用唯物辩证法分析中国革命问题的基础上，毛泽东结合中国革命斗争的经验，进行了深入的理论思考，回应了他自己所发出的"中国的斗争如此伟大丰富，却不出理论家"②的感慨。

再次，李达著译为毛泽东的哲学创造活动提供了理论参考与启示。

这一点在《社会学大纲》对毛泽东哲学思想的影响上表现得尤为显著。

根据毛泽东留下的哲学批注与《读书日记》，他批读李达《社会学大纲》的时间是1938年1月17日至3月16日，所用的版本是1937年上海笔耕堂书店版。但是，由于毛泽东在延安期间先后多次阅读该书，我们难以确定他是否读过1935年北平大学法商学院刊印的《社会学大纲》讲义以及准确的阅读时间，因而无法推断毛泽东在1937年7月至8月完成《辩证法唯物论（讲授提纲）》的"实践论"和"矛盾论"之前是否读过《社会学大纲》并受其影响。这一问题在国内外学术界引发了激烈的争论③。尽管如此，我们仍然认为，作为中国人自己写的第一部马克思主义哲学教科书，李达的《社会学大纲》在借鉴吸收这一时期苏联哲学教科书内容的基础上，系统地阐述了辩证唯物主义和历史唯物主义的基本概念、观点和原理，创造性地发挥了马克思主义哲学的理论，推进了马克思主义哲学前史的研究，为这一时期毛泽东提升哲学素养提供

---

① 《毛泽东哲学批注集》，中央文献出版社1988年版，第79—80页。

② 《毛泽东哲学批注集》，中央文献出版社1988年版，第445页。

③ 一般认为，目前没有材料可以证明毛泽东在写作"两论"之前是否读过《社会学大纲》的讲义。近年来，澳大利亚学者尼克·奈特根据毛泽东在《辩证法唯物论（讲授提纲）》中没有涉及李达《社会学大纲》的古希腊哲学部分内容，推断毛泽东可能是在写作提纲之后才读到《社会学大纲》的（尼克·奈特：《李达的〈社会学大纲〉与中国马克思主义哲学》，《马克思主义哲学研究》(2005)，湖北人民出版社2006年版）。国内有学者根据郭化若的回忆与李达当时的行踪，认为毛泽东读到《社会学大纲》在1937年下半年，最迟在1938年年初，并由此断定毛泽东在写作"两论"之前读过《社会学大纲》（李立志：《李达对毛泽东的影响》，《上饶师专学报》1998年第4期；丁晓强、李立志：《李达学术思想评传》，北京图书馆出版社1999年版，第159—160页）新近出版的著作也沿用了这一说法（谢红星、梅雪：《李达与毛泽东的哲学交往》，中国社会科学出版社2010年版，第82—83页）。事实上，根据毛泽东读到的《社会学大纲》的出版时间以及他写《读书日记》的时间，我们已经可以确定，毛泽东在1937年下半年至1938年年初之间读过《社会学大纲》。但是，我们不能据此断定毛泽东写作"两论"之前读过该书。

了思想资源,并启发了毛泽东的哲学思考。

李达的《社会学大纲》由五篇组成,分别是"唯物辩证法"、"当作科学看的历史唯物论"、"社会的经济构造"、"社会的政治建筑"和"社会的意识形态"。毛泽东重点批读了其中的第一篇"唯物辩证法",主要是在第一章第一节的前三小节里写下了大量的批注文字,同时在第二篇"当作科学看的历史唯物论"和第三篇"社会的经济构造"中留下一些批划符号。在整个《毛泽东哲学批注集》中,他批读《社会学大纲》时写下的批注文字与批注符号,其篇幅仅次于他读西洛可夫等著的《辩证法唯物论教程》时所作的批注。从内容上看,李达《社会学大纲》第一篇第一章第一节主要考察唯物辩证法的前史,包括原始时代的人类的认识、古代自然哲学中的辩证法、古代唯心论哲学中的辩证法、中世纪哲学中积极的成分、近代初期的唯物论以及德国古典哲学中的辩证法等内容。其中,关于原始社会的人类认识与古希腊时代以来唯心论哲学的论述是毛泽东当时读到的苏联哲学教科书《辩证法唯物论教程》和《辩证唯物论与历史唯物论》(上册)中所没有的内容①,因而引发了毛泽东的阅读兴趣。他对这一部分论述进行归纳、概括,使之条理化,并加以适当的发挥。毛泽东概述了万物有灵论等原始思维与原始宗教、古希腊的唯物论和观念论哲学产生的历史根源,探讨了泰勒斯、赫拉克利特、德谟克利特等古希腊自然哲学家的辩证法思想,并且在李达论述的基础上发掘出苏格拉底、柏拉图等观念论哲学在人类认识史上的积极意义。这些批注表明,通过批读李达的《社会学大纲》,毛泽东对马克思主义以前的哲学史有了更为深入的了解,并逐渐运用马克思主义哲学的方法考察人类认识的发展史,将哲学世界观的形成发展与社会生产力的发展水平紧密联系在一起。例如,在读到李达关于哲学的世界观形成于古代奴隶制社会的论述时,毛泽东得出"没有必要的闲暇是不能出现哲学的"这一结论,并结合这一时期的社会历史条件,认为"这种闲暇由于社会进步到奴隶制,生产力发达了,剩余产物增加了,社会分裂为奴隶主人与奴

---

① 艾思奇、郑易里所译米丁主编的《新哲学大纲》考察了古希腊哲学,毛泽东曾经读过此书,但目前没有找到他读这本书的批注。有学者比较了《社会学大纲》与《新哲学大纲》,认为它们关于辩证唯物主义的观点十分相似,但并不能因此断定李达是抄袭的(许全兴:《再谈"两论"与"社会学大纲"——复王炯华同志》,《毛泽东哲学思想研究动态》1985年第3期)。

隶。前者由[于]剥削能够解除劳动,有了时间,从事学问的研究,哲学方能出现。这是人类认识史上一个绝大的跃进"。①

不仅如此,毛泽东也非常重视李达关于认识过程与辩证法三大规律的论述,并作了发挥。在《社会学大纲》中,李达根据列宁《哲学笔记》中的论述认为,认识的过程由实践出发,而复归于实践,包括由物质到感觉及由感觉到思维的认识的发展过程,因此,分析认识过程时,首先要阐明由物质到意识的推移的辩证法,即唯物辩证法的反映论,其次要阐明由感觉到思维的辩证法。毛泽东在一旁的批注中指出,认识过程还应包括由思维到物质的阶段,并且认为辩证唯物主义的认识论还要"阐明由思维到物质的推移的辩证法,即检验与再认识"。② 这表明,毛泽东对于认识过程的看法不同于李达以及同一时期苏联哲学教科书的观点,他更为强调认识需要接受实践的检验与再认识,由此推进认识的深入与发展。应该说,这符合列宁所指出的"从生动的直观到抽象的思维,并从抽象的思维到实践"的认识过程。这一思想在毛泽东的《实践论》中被明确表述为认识过程的"两次飞跃、三个阶段"的辩证法。此外,在讨论辩证法的三大规律时,李达明确提出,对立统一法则是辩证法的核心,它包摄着质量互变与否定之否定的法则;诸如质与量、本质与现象、内容与形式等许多组对立的范畴都是这一法则的具体化的形态。这一论述不同于 20 世纪 30 年代苏联哲学教科书的说法,与矛盾的观点在辩证法中的核心地位相一致,是对列宁思想的进一步发挥。毛泽东读到此处时,不仅反复批划,还写下"包摄着"、"许多组"③,以示强调。50 年代修改后的《矛盾论》开篇,毛泽东就指出,"事物的矛盾法则,即对立统一的法则,是唯物辩证法的最根本的法则。"④紧接着,毛泽东引证列宁的观点,并由此展开全文。毛泽东的哲学批注表明,他关于对立统一法则是唯物辩证核心法则的观点明显受到了李达的影响。甚至可以说,李达《社会学大纲》为毛泽东的《矛盾论》的写作提供了直接的思想资源。

---

① 《毛泽东哲学批注集》,中央文献出版社 1988 年版,第 216 页。
② 《毛泽东哲学批注集》,中央文献出版社 1988 年版,第 265—266 页。
③ 《毛泽东哲学批注集》,中央文献出版社 1988 年版,第 250 页。
④ 《毛泽东选集》第 1 卷,人民出版社 1991 年版,第 299 页。

三、新中国成立后李达对毛泽东
哲学思想的影响

20 世纪五六十年代,李达在从事高等教育领导工作的同时,坚守党的理论阵地,把研究、宣传和运用辩证唯物论与历史唯物论特别是毛泽东哲学思想当做一项崇高使命,并为此奋斗到生命最后一息。50 年代初,毛泽东的《实践论》和《矛盾论》经修改后发表,李达很快写成了《〈实践论〉解说》、《〈实践论〉——毛泽东思想的一个基础》、《怎样学习〈实践论〉》和《〈矛盾论〉解说》等著作。这些著述揭示了毛泽东的《实践论》与《矛盾论》在马克思主义哲学发展史上的重要意义,肯定了"两论"在毛泽东哲学思想中的基础性地位,系统介绍了毛泽东哲学思想的内容,以及学习、研究、应用毛泽东哲学思想的原则与方法。

如上所述,在写作"两论"解说时,李达通过书信与毛泽东进行交流、商榷,还将书稿送给毛泽东进行审读修改,两人互提意见,相互启发,"两论"解说的通俗语言形式还受到了毛泽东的肯定与鼓励。这使得李达《〈实践论〉解说》和《〈矛盾论〉解说》兼具系统性、准确性和科学性,堪称毛泽东哲学思想通俗化的典范,是李达独立研究毛泽东哲学思想的理论结晶,它丰富和完善了毛泽东哲学思想。这主要表现在以下几个方面。

第一,全面解读了毛泽东《实践论》和《矛盾论》中一些重要观点,对其中的一些重要概念及其所涉及的经典作家的一些论述作了进一步的阐释。

李达的"两论"解说采取逐段解说的方式,不仅引用马克思主义经典作家的论述准确地阐明了《实践论》和《矛盾论》的理论源泉,而且结合自然科学、社会科学和哲学的发展与中国革命斗争和社会生产的丰富经验,阐明了"两论"的实践根据。同时,李达还运用通俗生动的语言和直观清晰的图解,联系毛泽东其他著作中的论述,完整地解释了"两论"乃至整个毛泽东哲学思想的基本观点。尤其是对于《实践论》和《矛盾论》中一些未能展开的重要观点与经典作家的论述,李达都进行了详尽细致的解读。

例如,在讨论人类认识的历史随着社会生产活动的发展逐渐由低级向高级发展的观点时,李达从自然科学、社会科学和哲学三方面加以论证。在自然科学方面,他概述了中华民族自原始社会以来在数学、历法及天文、工程建造、工业技术等方面所取得的成就。在社会科学方面,他指出,中国自周秦以来有不少关于社会经济、政治与历史的学说,但囿于剥削阶级的偏见与生产规模的狭小而失之片面;欧洲古代的情况与之相似,随着资本主义生产方式的发展,出现了各种带有资产阶级偏见的社会科学,为空想社会主义奠定了基础。在哲学方面,他指出,唯物论与唯心论之间的斗争贯穿于整个哲学的历史,直到19世纪三四十年代,在资本主义大工业的时代,批判地摄取了过去知识的成果、综合了当时自然科学与社会科学的结论的马克思主义才得以出现。李达的这一解说,既是对人类认识发展史的简要概述,又是对马克思主义哲学史的扼要介绍。他不仅说明了人类认识的形成与发展的社会历史条件,由此论述了马克思主义哲学形成的现实原因,而且阐发了辩证唯物论的哲学观,认为"哲学是世界观,是自然科学与社会科学的概括与总结"[①],哲学的历史表现为唯物论与唯心论之间的斗争,从而阐明了马克思主义哲学形成的基础和思想来源。

在讨论辩证唯物论关于认识发展过程的观点时,李达同样结合哲学史进行详细解读,说明了马克思主义的辩证唯物论第一次正确地解决了感性与理性的关系问题。他分别考察了唯心论与旧唯物论哲学家的观点,认为一切唯心论哲学家都主张精神是本源的东西,物质世界及其规律都是精神的产物,因而把认识过程封闭于纯主观领域,而旧唯物论哲学家主张物质决定精神,承认认识是对外部事物的反映,但由于缺乏实践的观点,不能理解认识对于社会实践的依赖关系以及认识的能动性;只有马克思主义的唯物论,认为感性认识与理性认识是认识过程中统一且递进的两个阶段,二者在实践的基础上统一起来,互相渗透,互为条件。李达还以美国入侵朝鲜为例说明只有理性才能认识事物的本质,以认识依赖于生产与阶级的斗争的观点阐明马克思列宁主义、毛泽东思想都是在长期的革命斗争中创造与发展起来的,以知识发源于直接经验的道理指出要在革命建设中实际应用马克思列宁主义和毛泽东思想。

---

① 李达:《〈实践论〉〈矛盾论〉解说》,人民出版社 1979 年版,第 23 页。

　　由此可见，李达的"两论"解说不完全拘泥于毛泽东《实践论》和《矛盾论》的论述，而是结合社会史、自然科学史与哲学史的知识，既说明了马克思主义哲学形成与发展的历史条件和理论来源，又向广大人民群众普及了哲学常识，能够帮助人们学习掌握唯物辩证法的世界观与方法论，推进社会主义革命与建设事业。

　　同时，李达的"两论"解说对毛泽东《实践论》和《矛盾论》中的一些重要概念及其涉及的经典作家的一些论述作了进一步的阐释。

　　例如，在讨论社会实践是检验认识的真理性的标准的观点时，李达根据唯物辩证法的反映论，首先给"真理"下定义。"所谓真理，是说人们的认识正确地反映了客观世界的规律性，即是说，主观符合于客观。"①他还以当时工业和农业部门中涌现的生产小组、劳动模范的经验和革命战争为例，说明了只有使主观的思想与客观的规律性相符合，人们的工作才能达到预期的结果。对于《实践论》所引的列宁关于实践高于认识的论述，李达也进行了深入阐发。他认为，实践高于认识，不只是因为实践是认识的基础和认识是实践的要素，还因为实践是"社会的实际之综合"，"是直接作用于行动的对象"，因而具有普遍性和直接现实性的品格，而认识源自实践，又通过实践加以证明，只有"媒介的现实性"②。李达还进一步指出，"作为真理之标准的社会实践，完全是客观的。"③

　　在讨论绝对真理与相对真理的关系问题时，毛泽东直接引用了列宁在《唯物主义与经验批判主义》中的论述，李达则区分了客观真理、相对真理与绝对真理，分析了真理问题上的唯心论与机械唯物论的片面性，还结合自然科学的发展、中国革命斗争的经验和世界无产阶级运动的趋势加以说明。他指出，所谓客观真理，是就内容而言的，指人的认识正确地反映了客观世界，而相对真理与绝对真理是指人的知识能否完全地、无条件地、绝对地反映客观世界。李达根据列宁的观点，认为整个宇宙的发展过程是可以完全认识的，即客观真理是存在的，它是由反映具体过程的发展的相对的真理所组成的，因此，

---

①　李达：《〈实践论〉〈矛盾论〉解说》，人民出版社 1979 年版，第 25—26 页。

②　李达：《〈实践论〉〈矛盾论〉解说》，人民出版社 1979 年版，第 27 页。

③　李达：《〈实践论〉〈矛盾论〉解说》，人民出版社 1979 年版，第 28 页。

绝对真理是相对真理的总和,二者之间是辩证的关系。也就是说,真理表现为包含不同阶段的发展过程,它随着社会实践的发展而发展,永远不会停息与终止。

第二,补充和发挥了毛泽东《实践论》和《矛盾论》中的一些重要观点。

在"两论"解说中,李达结合毛泽东《实践论》和《矛盾论》中的论述,创造性地展开哲学思考,在认识论与马克思主义哲学史方面提出了自己的独到见解,他的一些真知灼见为毛泽东所接受并吸纳。

例如,在讨论认识过程中的两次飞跃时,为了说明认识过程中的能动性,李达提出了"认识的受动作用与能动作用"的观点。在他看来,认识的能动作用是指思维的创造能力,表现为认识过程的两次飞跃,而认识的受动作用与能动作用是物质生产活动中的受动作用与能动作用在认识过程中的反映,前者是指人们在生产过程中受到外部事物的刺激,后者是指人们同时改造、处理外部事物,使之合乎自己的目的;能动作用在生产过程中居于主导地位,这就决定了认识的能动作用在认识过程中占据主导地位[1]。显然,李达敏锐地意识到了人类认识活动的前提性问题,认为认识的能动作用是说明人类认识过程的两次飞跃的不可或缺的前提,并根据物质生产活动的特性与基础地位作出了解答。尽管这一解答稍显单薄,但无疑是运用唯物辩证法解决认识的能动作用问题的一次有益尝试。

在《〈矛盾论〉解说》的开篇,李达结合马克思主义经典作家关于对立统一法则是唯物辩证法的最根本法则的论述,说明了毛泽东《矛盾论》的理论来源及其在马克思主义哲学发展史上的地位。李达指出,在马克思和恩格斯那里,对立统一法则已经发展成为唯物辩证法的中心问题;列宁批判了第二国际的理论家对唯物辩证法的歪曲,捍卫并发展了马克思主义的辩证法,把对立统一的法则当做辩证法的本质和核心;毛泽东继承了马克思列宁主义的唯物辩证法传统,运用对立统一法则的学说解决中国革命问题,创立了中国革命的理论与政策,从而丰富并发展了这一学说。因此,"《矛盾论》,如同《实践论》一样,

---

① 李达:《〈实践论〉〈矛盾论〉解说》,人民出版社 1979 年版,第 74—75 页。

正是马克思列宁主义的普遍真理与中国革命的具体实践相结合的宝贵的理论收获"。① 为了论证对立统一法则是唯物辩证法的核心,李达还引用列宁在《谈谈辩证法》等著作以及斯大林在《论辩证唯物主义和历史唯物主义》中的观点,指出辩证法的其他范畴和特征都可以由对立统一法则来说明。在说明矛盾的普遍性时,李达详细论述了马克思在《资本论》中分析资产阶级社会发展过程存在着自始至终的矛盾运动的方法,以及列宁根据这一方法对帝国主义阶段特殊性的分析,指出马克思主义经典作家正是运用对立统一法则分析资产阶级社会的矛盾运动的。李达《〈矛盾论〉解说》中关于对立统一法则的论述,与20世纪30年代《社会学大纲》的观点基本一致,又有所完善。由于注重对马克思主义哲学发展史和经典作家的观点的考察,尤其是通过对列宁和斯大林著作的解读,《〈矛盾论〉解说》中的论证更为严密和合理。这表明李达对马克思主义哲学的理解和掌握逐渐深入,为毛泽东的《矛盾论》提供了更有力的理论支撑。李达的这一观点又反过来影响了毛泽东。后来毛泽东读到李达主编的《马克思主义哲学大纲》止卷送审稿时,写下了大段批注,仍然强调辩证法的核心是对立统一规律,其他范畴都可以在这一规律中予以说明②。

在说明对抗在矛盾中的地位时,李达发挥了列宁关于"在社会主义下,对抗消灭了,矛盾存在着"的观点,得出社会主义基本矛盾是非对抗性矛盾的结论。根据列宁的观点,李达区分了对抗性的矛盾与非对抗性的矛盾,主张针对具体情况采取不同的解决方法,并且指出,在社会主义社会或共产主义社会,生产力与生产关系之间的矛盾仍然是社会的基本矛盾,是社会发展的动力。"不过这种矛盾是非对抗性的矛盾,它是在完全的新的社会规律的基础上,在社会主义社会各方面成员的利益的根本的共同线上发生作用的。"③他认为,对于这种非对抗性矛盾,不应该用阶级斗争的方法,而应采取社会主义改造的方式,通过使生产关系适合于生产力的性质、大力发展生产力来解决。李达在20世纪50年代初较早地提出了社会主义基本矛盾及其解决方式的理论,而这一理论的雏形是《社会学大纲》的相关论述。在《社会学大纲》中,李达就已

---

① 李达:《〈实践论〉〈矛盾论〉解说》,人民出版社1979年版,第121页。
② 《毛泽东哲学批注集》,中央文献出版社1988年版,第505—507页。
③ 李达:《〈实践论〉〈矛盾论〉解说》,人民出版社1979年版,第337页。

经指出，"矛盾有拮抗的矛盾和不带拮抗性的矛盾,两者都是对立物的斗争发展程度不同的阶段。"①该书还认为,在未来极进步的社会中,也存在自然与社会、生产力与生产关系之间的矛盾,正是这种非对抗性的矛盾推动着未来社会向上发展。而延安时期毛泽东先后两次读到这一部分论述,还作了反复批划与批注,但似乎没有给予足够的重视,甚至不完全赞同②。后来,毛泽东在《关于正确处理人民内部矛盾的问题》等著作中明确指出生产力与生产关系、经济基础与上层建筑的矛盾是社会主义社会的基本矛盾,并对这一矛盾的性质、特点、形态以及解决方法作了科学的规定,为探索社会主义革命与建设问题提供了理论依据,丰富和发展了马克思列宁主义的社会主义学说。这实际上是对李达关于社会主义社会基本矛盾的思想的肯定和发展。这一思想的理论价值与实践意义以及毛泽东前后迥异的态度,充分体现了李达作为杰出理论家所具有的深刻的洞察力和远见卓识。

第三,充分揭示了毛泽东哲学思想的地位与意义,促进了毛泽东哲学思想在人民群众中的普及与应用。

在"两论"解说中,李达不仅说明了毛泽东哲学思想的主要内容,还运用唯物辩证法揭示了毛泽东哲学思想的地位与意义,阐明了学习运用毛泽东哲学思想的重要性。

例如,在说明从理性认识到革命实践的飞跃的观点时,李达从认识论角度阐发了马克思列宁主义的基本原则,即理论与实践相统一的原则,并论述了作为中国革命理论的毛泽东思想的重要性。李达指出,毛泽东思想是毛泽东理论创造的产物,"他能依据历史进程中每个特殊时期和中国具体的经济、政治环境及条件,对于马克思列宁主义作独立的光辉的补充和发挥,并用中国人民通俗语言的形式表达出来,使之适合于新的历史环境和中国的特殊条件,成为中国无产阶级群众与全体劳动人民群众战斗的思想武器"。③ 毛泽东思想的

---

① 李达:《社会学大纲》,武汉大学出版社 2007 年版,第 103 页。

② 在读《社会学大纲》与艾思奇选编的《哲学选辑》时,毛泽东都批划了这部分论述。他在读《社会学大纲》时留下的批注是"? 我以为不对",在读《哲学选辑》时写下"?"(《毛泽东哲学批注集》,中央文献出版社 1988 年版,第 243、341—342 页)

③ 李达:《〈实践论〉〈矛盾论〉解说》,人民出版社 1979 年版,第 73 页。

重要性在于,它能够指导中国人民的革命取得胜利,使中国实现独立、民主、和平与统一,并由社会主义阶段走向共产主义。

在讨论绝对真理与相对真理的关系问题时,李达指出,中国共产党在革命的不同时期所建立的统一战线正是革命真理发展的不同阶段,毛泽东思想正是自太平天国运动以来解决中国革命问题的认识深化的结果。因此,"毛泽东思想是关于中国历史与中国革命的全部有系统的科学理论,指导着中国人民得到胜利和解放,并将由社会主义时代进到共产主义时代去"。①

在讨论形而上学与辩证法两种宇宙观时,李达追溯了形而上学与辩证法的源流,概述了马克思主义的唯物辩证法产生的社会经济、政治、自然科学和意识形态等条件及其理论来源,揭示了唯物辩证法与形形色色的形而上学发展观之间的本质差异,阐发了唯物辩证法的科学性和毛泽东哲学思想的真理性。"辩证法的宇宙观,是共产党的宇宙观,它是革命行动与科学研究的指导。""毛泽东同志应用这个宇宙观作为考察中国命运的工具,他周详地、具体地分析了中国社会各种复杂的矛盾,暴露了中国社会发展的规律,即由半殖民地半封建社会经由新民主主义革命进到社会主义社会的规律,因而创造了中国革命的理论。这个理论的真理性,已由中国人民革命的胜利所证明了。"②

在说明人类认识包括由特殊到一般与由一般到特殊两个过程时,李达以毛泽东对中国革命的分析为例加以说明,认为毛泽东应用马克思列宁主义的普遍真理,分析了中国社会各方面的特殊性,得出了中国革命运动的一般结论,即中国共产党领导下的民主主义革命和社会主义革命,"这是由特殊到一般的过程"③。同时,毛泽东据此研究革命形势的变化与各个阶段的特殊性,分别制定不同的政策与方针,推动革命的发展,从而使这一结论更为具体与生动,这又是由特殊到一般的过程。此外,在说明根据矛盾的特殊性具体地分析具体的情况时,李达更是详细讨论了中国革命进程中人民大众与封建制度、无产阶级与资产阶级、农民及城市小资产阶级与资产阶级的矛盾和中国各个反动集团之间的矛盾,以及新民主主义革命的理论与对策,认为毛泽东所创造的

---

① 李达:《〈实践论〉〈矛盾论〉解说》,人民出版社 1979 年版,第 94 页。
② 李达:《〈实践论〉〈矛盾论〉解说》,人民出版社 1979 年版,第 125 页。
③ 李达:《〈实践论〉〈矛盾论〉解说》,人民出版社 1979 年版,第 179 页。

新民主主义革命理论不仅是中国人民革命的指导,而且体现了马克思主义哲学的活的灵魂。

可见,李达运用唯物辩证法从多角度考察了毛泽东哲学思想,认为扎根于中国社会土壤的毛泽东哲学思想,既是毛泽东理论创造的产物,又是中国人民智慧的结晶;既是对中国革命斗争经验的总结,又是对马克思主义哲学的继承与发展;既是被历史所证明了的科学的革命理论,又需要在社会主义革命与建设实践中应用和发展。

作为一名马克思主义哲学家,李达的可贵之处还在于他在狂热的政治运动中能保持清醒的头脑,坚持马克思主义哲学的基本原则。他对社会主义建设中出现的错误口号提出的批评意见,促使毛泽东反思社会主义建设过程中的主观主义错误。1958年,李达在与毛泽东的交谈中,当面质疑"大跃进"和人民公社化运动中出现的"人有多大胆,地有多高产"等口号,两人就人的主观能动性的限度问题争吵起来。毛泽东认为任何事物都具有两重性,这一口号在承认发挥人的主观能动性方面是有道理的;李达则指出,这个口号是说人的主观能动性无限大,而事实上,人的主观能动性的发挥离不开一定的条件。事后,毛泽东坦承李达的意见很有道理①。1958年年底,毛泽东在不同场合的讲话和文章中强调发挥主观能动性必须符合实际规律,反对脱离实际的主观主义,并且要求大兴调查研究之风,恢复实事求是的思想路线。李达与毛泽东的争论,不只是个人之间的观点之争,更是要不要尊重客观规律、要不要坚持马克思主义的基本原则与思想路线的原则之争。李达实际上是从理论上揭露了"大跃进"和人民公社化运动中错误口号的认识论根源,从而无可辩驳地说服了毛泽东,使得毛泽东着手纠正社会主义建设中的"左"的错误。

综观李达与毛泽东之间的哲学交往历程,尤其是李达在不同时期对毛泽东哲学思想的影响,我们不难看出李达在马克思主义哲学中国化进程中所作出的重要贡献。他不仅是在中国传播马克思主义哲学的先驱,是研究马克思主义哲学并运用马克思主义哲学分析中国社会的主将,更为毛泽东哲学思想的形成与发展发挥了重要作用。在新民主主义革命时期,他所翻译的苏联哲

---

① 李银桥:《在毛泽东身边十五年》,河北人民出版社1992年版,第335—337页。

学教科书等著作为包括毛泽东在内的中国马克思主义者开阔理论视野、更新理论武器提供了重要条件,而他本人对唯物辩证法的研究和应用更是直接启发了毛泽东的哲学思考,并为毛泽东哲学思想提供了思想资源。新中国成立以后,李达长期致力于毛泽东哲学思想的系统化与大众化工作,完善并发挥了毛泽东哲学思想的重要观点,明确了毛泽东哲学思想的重要意义,促进了毛泽东哲学思想在人民群众中的普及与应用。在不同的历史时期,李达始终坚持马克思主义的信念与原则,尖锐地批判各种非马克思主义与党内的错误思想,矢志不移地捍卫党的理论阵地。正是由于有了像李达这样的一批理论功底扎实、对马克思主义的信念坚定、专注于对马克思主义哲学的传播和研究的学者型的哲学家,马克思主义哲学中国化的伟大事业才能够不断向前推进,才能够不断取得新的理论成就。

（原载《毛泽东研究》2011 年卷）

意识形态维度的开启：
重估李达所译的《唯物史观解说》

李　志

在李达留给后世的众多著述中,《社会学大纲》、《唯物辩证法大纲》、《经济学大纲》等著作备受关注,而相比之下,他的很多译著并没有获得同等的重视。荷兰人郭泰撰写、李达翻译、由上海中华书局 1921 年出版发行的《唯物史观解说》一书,长时期地湮没在中国现代思想史中。

纵观李达的各本译著,《唯物史观解说》是其中格外特别的一本。李达的很多译著都是从日文翻译或转译而来的,这一本也不例外。但正如李达在"译者附言"中所提到的,他所依据的日译本存在大量的缺漏之处,德文程度并不太高的他还要寻求朋友的帮助。[①] 大量的文献都显示,当时介绍和研究马克思主义的日文著作非常之多,况且该书的原作者郭泰即使在今天也不算是非常知名的。在此种情况下,究竟是什么原因使得李达愿意冒此风险翻译这本著作? 很显然,作为一位卓越的理论家,李达绝不可能毫无目的地、任意拣选一本外文著作加以翻译,而定有其深意。故此,本文拟通过揭示其中的原因,并辅以李达的其他著述和社会活动,展现意识形态维度是如何深远地影响了李达的理论与实践,并在此基础上重新估价这本 20 世纪初的译著。

一、唯物史观的第三种解释

马克思在《〈政治经济学批判〉序言》中关于经济基础与上层建筑之间关

---

① 　参见［荷］郭泰:《唯物史观解说》,李达译,上海中华书局 1927 年版,"附录"第 7 页。

系的一段论述,通常被视为唯物史观的核心主张。该论述如下:

> 这些生产关系的总和构成社会的经济结构,即有法律的和政治的上层建筑竖立其上并有一定的社会意识形式与之相适应的现实基础。物质生活的生产方式制约着整个社会生活、政治生活和精神生活的过程。[①]

围绕着这一核心主张,在马克思主义发展史上出现了不同的解释。这里仅列举 19 世纪末 20 世纪初的几种代表性解释。

首先出现的一种解释认为:马克思的这一观点应被理解为,生产力之于生产关系、经济基础之于上层建筑具有不可置疑的基础性地位和决定性影响。人们由此推论,根据马克思的这一主张,唯有生产力水平的提高或经济基础的发展,才能真正地带来社会变革与历史跃迁;而对于现代社会而言,唯有大规模的工业化生产以及所带来的经济基础的极大发展,才能导致社会主义革命乃至共产主义革命的爆发。很显然,这是一种倾向于客观条件的解释模式,它直接导致了盛行于当时西欧的改良论,认为在工业生产尚未达到极大发展的前提下,即在共产主义革命的客观条件尚未满足的情况下,无产阶级及其政党只能在已有的资本主义政治制度内谋求一定范围内的社会改良。

与改良论针锋相对的,是革命论的解释,它尤其以列宁所领导的布尔什维克为代表。列宁认为,在帝国主义的条件下,俄国不可能先谋求经济上的发展然后再谋求政治上的革命,而只能先通过无产阶级政党来组织革命群众夺取政权,再来发展经济,从而达到发展社会主义社会的经济条件。这是一种倾向于主观条件的解释模式,它预示着落后的东方国家不必一定要遵循先经济而后政治的西欧模式。此后,俄国十月革命的成功,更是从现实的角度强有力地佐证了这一观点。对于同样身处于帝国主义背景下的中国社会而言,列宁给出的这一解释,是极具吸引力的。

郭泰(Herman Gorter),作为荷兰的社会民主劳动党(S.D.A.P.)的重要成员与杰出的马克思主义理论家之一,他与众多的马克思主义者都有过接触

[①] 《马克思恩格斯文集》第 2 卷,人民出版社 2009 年版,第 591 页。

（如考茨基），甚至与列宁有过理论上的交锋。有着如此重要的理论背景与实践经历的郭泰，对于上述两种解释无疑都是非常清楚的。但是从《唯物史观解说》一书来看，他关于唯物史观却另有一番特别的解释。

一方面，他似乎遵循了第一种经典解释，即注重经济生活对于政治生活与精神生活的影响。比如，他说"唯物史观（唯物的历史观，历史的唯物论）说明社会生活决定人的精神，把人的思想归入一定的轨道，决定个人或阶级的意志和行为"①，还说"他（作者注：马克思）在《经济学批评》的序文上，所写的这一段文字，是非常重要的"②。但另一方面，他既没有像改良论那般特意强调经济基础的核心地位，也没有像列宁那样突出强调政治革命的决定性作用，而是着力于另一点——思想斗争问题，即意识形态斗争问题。尽管这在当代是一个非常热门的话题，但在当时却是非常罕见的。在该书的开篇中，郭泰指出：

> 社会主义，不单是要靠政治运动即掌握国家政权，来把生产机关的私有，即自然力，器械，及土地的私有制度变为公有制度；换句话说，社会主义不单是有政治战争及经济战争的意思，实在还有最深的意思，就是对于绅士阀即富力阶级行哲学上的思想战争。③

郭泰进一步解释了开展思想战争的原因：

> 他们（资本家——作者注）利用精神作为统治人民的手段，直到现在。他们役使科学，役使法律，役使政治，役使文艺，因此掌握了统治权。所以无怪他们瞒住劳动者，说事物本来的关系如此如此；说精神本来是支配社会的物质生活；说工场，矿山，田野，铁道，船舶等一切劳动者的劳动，都被精神支配。④

---

① ［荷］郭泰：《唯物史观解说》，李达译，上海中华书局1927年版，第4页。
② ［荷］郭泰：《唯物史观解说》，李达译，上海中华书局1927年版，"附录"第6页。
③ ［荷］郭泰：《唯物史观解说》，李达译，上海中华书局1927年版，第1页。
④ ［荷］郭泰：《唯物史观解说》，李达译，上海中华书局1927年版，第2页。

在郭泰看来,既然资本家是利用精神来蒙蔽无产者并巩固统治的,那么,要想使无产者起来反抗这种统治,就必须首先使无产者觉醒这种压迫,认识到物质生活决定精神生活这一真理。换言之,尽管郭泰也认可经济生活在整个社会结构中的首要地位,但他并不认为经济生活的自然发展,能够自动地带来无产阶级的革命,也不认为政治革命一定能够带来社会主义。正如他所言:

> 劳动者行经济运动也好,行政治运动也好,若没有这种知识,总不能圆满的达到目的。劳动者成了精神的奴隶,于物质上的争斗,也有非常的妨碍。必定要使他们觉悟,自己虽然是贫穷的劳动者,而在精神方面比有权力的人还要强大,然后方能发生自重心,同时方能发生击破那有权力人的能力。①

郭泰认为,为了实现这种意识形态斗争上的胜利,不仅要告诉民众这一简单的真理——生产力决定生产关系、生产关系即财产关系或阶级间的关系、人的自觉即对于法律、政治、道德、宗教、哲学、艺术等思想观念和生产关系及生产力共同变化,而且要通过一些证据使其确信这些真理。为此,他详细论述了技术、发明、法律、政治、道德、宗教、艺术等方面与生产的关系。

根据之前的论述,他在文末明了地指出撰写该书的主旨——"这就是要使劳动者的精神中吸收真理","使劳动者成为战斗员,成为胜利者"②。不仅如此,更为重要的是,他反对以决定论的方式来理解历史,强调"这进化的过程是活的过程。驱逐我们的社会力,决不是死的宿命。这实在是活着的力"③。而历史发展之所以是一个活的过程,是因为每一位劳动者本身就是肉体与精神的统一,劳动从来不是单纯肉体的事情。正如他所说:

> 诸君决不是为盲目的运命所驱使的,实在是依活的社会所发出的社会主义决定的。……诸君的工银和劳动时间和生活法不能由诸君自定。

① [荷]郭泰:《唯物史观解说》,李达译,上海中华书局1927年版,第3页。
② [荷]郭泰:《唯物史观解说》,李达译,上海中华书局1927年版,第131、128页。
③ [荷]郭泰:《唯物史观解说》,李达译,上海中华书局1927年版,第132页。

然而同此事比较起来，诸君的精神要成为强健，诸君自己可以料理。诸君可以攫得真理的力，攫得社会主义真理的力。精神实有特别的作用。①

针对郭泰的这一独特的唯物史观的解释，考茨基（原译文为"柯祖基"）专门写了一篇序。或许，这也是该书吸引李达的原因——李达在"译者附言"中明确提到："这书和柯祖基著的《伦理与唯物史观》一书，互相发明的地方很多，请读者把两书对看"②。

在这篇序言中，考茨基为郭泰的上述观点作了一番辩护。他提到，郭泰的这部著作遭到了很多党内同志的批评，称其完全不懂马克思主义，这些批评还以万国劳动者同盟（即"第一国际"）规约中的文句作为证据——"加入万国劳动者同盟的各团体，各个人，以真理，正义，道德，为一切团员相互间和对于一切人的行为的规律，不问其人种，信仰，国家"③。

针对这类批评，考茨基表达了与郭泰相似的立场。在考茨基看来，无产阶级及其政党，不仅应该清楚社会组织的经济法则，还应清楚道德、正义、义务等是带有阶级性的，并不存在适用于一切人的普遍道德或普遍正义。正如考茨基所言："凡在人不是与自然对立，是资本阶级与无产阶级在社会里面这样互相对立的地方，他们相互间自然没有互助之可言；一方面是想减少工钱，一方面是想增高工钱的。"④所以，那些要求无产者和资产者之间进行互助的蒲鲁东主义者，实质上抹杀了无产阶级与资产阶级的阶级对立。

而且，根据考茨基的一些文献，我们将进一步发现其立场与《唯物史观解说》中的相似性。在《无产阶级专政》一书中，考茨基针对"实现社会主义的先决条件是什么"的问题写道：

凡是人类的有意识的行动都是先有着一个意愿的。要实现社会主义

---

① ［荷］郭泰：《唯物史观解说》，李达译，上海中华书局1927年版，第132—133页。
② ［荷］郭泰：《唯物史观解说》，李达译，上海中华书局1927年版，"附录"第7页。
③ 转引自［荷］郭泰：《唯物史观解说》，李达译，上海中华书局1927年版，"序"第2页。
④ ［荷］郭泰：《唯物史观解说》，李达译，上海中华书局1927年版，"序"第3页。

的意愿就是实现社会主义的第一个条件。①

要使社会主义成为可能,除了条件的成熟和工业发展的必要水平以外,还须加上无产阶级的成熟。②

考茨基甚至提出,对于欧洲的社会主义运动而言,"决定性的因素已经不再是物质的因素,而是人的因素了。无产阶级是否已经强大和精明到足以掌握社会的管理,也就是,是否无产阶级已经具有力量和能力把政治的民主转变为经济的民主了呢?"③当然,他也承认,这一问题的答案是不确定的,在不同的国家里或同一国家的不同时期里可能有很大的悬殊。但无论如何,他都与郭泰一样,强调无产阶级意识的成熟及意识形态斗争的重要性。

综上所述,郭泰的《唯物史观解说》在两种关于唯物史观的解释之外,从意识形态的维度详细论证了第三种解释模式。尽管这一维度早在马克思恩格斯那里就已经出现过,如《1844 年经济学哲学手稿》中对"自我意识"与"自由劳动"关系的论述,如《德意志意识形态》中关于无产阶级意识之于革命的重要性的论述,但遗憾的是,这一维度直到当代才重新受到广泛的重视。换言之,无论对于 20 世纪初的西欧马克思主义者而言,还是对于当时的中国马克思主义者而言,这一视野都是新鲜的和富于挑战性的。

二、李达关于唯物史观的基本立场

就李达翻译《唯物史观解说》一书时的理论背景而言,他对上述第一种和第二种解释都是熟悉的。

一方面,李达曾经翻译过《经济学入门》、《马克思主义经济学基础理论》等一系列专门的经济学著作,撰写过《经济学大纲》和《货币学概论》等经济学专著,还曾在国内多所大学担任过经济学教授,所有这些都可证实他对经济问题是有精深研究的。事实上,他的诸多论述也表明他在相当程度上赞同上面

---

① [德]卡尔·考茨基:《无产阶级专政》,三联书店 1958 年版,第 7 页。
② [德]卡尔·考茨基:《无产阶级专政》,三联书店 1958 年版,第 9 页。
③ [德]卡尔·考茨基:《无产阶级专政》,三联书店 1958 年版,第 13 页。

的第一种解释,即经济结构在整个社会生活中居于主导地位。这里仅举出《经济学大纲》中的一段话:

> 社会的基础,是生产关系的总体,是社会的经济构造;社会的上层建筑,是法律的政治的上层建筑与意识形态。法律的政治的上层建筑,立脚于经济构造之上,而意识形态又与经济构造相适应。因而社会形态,就是处于特定生产关系的总体以及由它所生的特定政治的法律的上层建筑与意识形态之下的社会。①

另一方面,如大多数早期的中国马克思主义者一样,李达也深受俄国革命与列宁思想的影响。这一影响直接体现在他关于马克思主义和社会主义在东方国家(特别是中国)的合法性的辩护上。在20世纪20年代针对梁启超和张东荪的论战中,李达写作了《张东荪现原形》、《社会革命底商榷》等一系列战斗檄文,批判那种改良论的主张,反对只有发展实业才能救中国的论点。②与此同时,他拥护革命论,强调阶级斗争与政治革命的重要性,认为在当时落后的、深受帝国主义压迫的中国社会,被动地等待生产力的发展以满足社会革命的条件,是不切实际的。在他看来,尽管经济生活对于整个社会生活具有根本性的意义,但在当时的特殊国情下,沿着俄国模式先寻求政治革命的成功再来发展经济,是一条可行的道路。关于这一点,李达在晚年曾经有过详细的回顾和总结。在《社会主义革命与社会主义建设的共同规律》一文中,他在总结了苏俄的社会主义革命和社会主义建设的基本经验之后谈道:

> 中国革命是十月革命的继续。……中国共产党和无产阶级为了要在中国进行社会主义革命,首先领导农民阶级、城市小资产阶级……来推翻帝国主义、封建主义和官僚资本主义在中国的统治。而革命的主要形式

---

① 《李达文集》第3卷,人民出版社1984年版,第4页。
② 参见宋镜明:《论李达在建党时期思想论争中的重要作用》,《中共党史研究》2011年第4期。

是武装斗争……①

又如,他在《七一回忆》中提到:"由于多次的交谈,一些当时的马克思列宁主义者,更加明白了苏联和联共的情况,得到了一致的结论:'走俄国人的路'。"②从这个角度来说,李达也非常赞同关于唯物史观的第二种解释。

对照以上两种理论背景,我们有必要看看李达关于《唯物史观解说》一书的评价。在"译者附言"中,他对该书的评价可谓是极高的:

> 这书的价值,有柯祖基一篇序文,把他表显了出来,至于书的内容,我想读了这书的人自然能够知道,用不着我来絮说。若是读者读完了这书,必要垂询译书人的见解,我也不能另说别的赞美的话,除了一个"好"字。③

由之而来的问题是:既然李达对前两种解释都抱有好感,那么,为什么他还会对第三种解释抱有如此大的兴趣? 毕竟如前所述,这三种解释之间并不是完全一致的,改良论者与革命论者以及革命论者与郭泰、考茨基之间都是存在很大争论的,那么在此种情形下,李达关于唯物史观到底持有怎样的立场? 为了回答上述问题,接下来的论述将涉及李达的其他一些文本。

一般而言,李达关于社会持有两个方面的总体性观点:其一,社会作为一个整体,是由经济、政治和意识形态这些部分共同构成的,其中生产力是整个社会的基础。其二,社会的进步有赖于各个因素的发展,尽管生产力常常发挥着核心的作用,但意识形态也是其中的一个重要方面。在《社会之起源》一文中,李达曾专门谈到言语和思想的功用:"思想于人类之进步,亦有莫大之功用。吾人研究社会学,并不轻视思想之功用,惟不如心理学派之盲认思想超出物质之上而已。"④又如,在《社会进化之原理》一文中,他明确指出:

---

① 《李达文集》第4卷,人民出版社1988年版,第557页。
② 《李达文集》第4卷,人民出版社1988年版,第611页。
③ [荷]郭泰:《唯物史观解说》,李达译,上海中华书局1927年版,"附录"第7页。
④ 《李达文集》第1卷,人民出版社1980年版,第256页。

社会之革命的进化,依据二种现象而成。其一为物质的现象,由生产力之发达而成;其二为精神的现象,系受前者之影响,由社会的阶级斗争而成,两者同出一源,而其任务则分途并进。①

而根据辩证的研究方法("从抽象到具体的方法"),李达并没有停留在这两个空泛的抽象观点上。具体而言,在社会一般规律的意义上,李达承认经济结构在整个社会生活中的基础性地位,即认可生产力决定生产关系的一般准则。但在承认普遍规律的同时,他更为强调的是特殊性。而之所以要强调特殊性,是因为任何一个社会都是一个特殊的总体,那种完全一致的、不曾变动的社会从未出现过,正所谓"一定历史发展阶段上的社会,是有其特殊的固有的质的社会"②。

既然每一个社会都是特殊的、具体的社会,那么,不同的社会就会具有不同的经济结构、政治上层建筑乃至意识形态。而既然不同的社会在经济、政治和文化领域都是彼此不同的,那么,每一种社会向前进化发展的形式也必然是不同的。以经济研究为例,李达强调:

历史上的各种经济形态的发展法则的特殊性,以及顺次由一种形态推移到次一形态的转变法则的特殊性,是科学的经济学所要集中其注意力的焦点。我们想要全面的理解一个形态的真相,必须具体的研究这个形态,把捉其特殊的丰富的内容……真理是具体的,抽象的真理决不存在。③

李达不仅重视特殊性,而且特别强调实践之于理论的意义,即主张不应为了理论而理论,理论总是服务于实际生活的。这一点可以说遵循了马克思主义的主旨——真正的问题不在于解释世界,而在于改变世界。

正是基于上面的这些考虑,李达关于唯物史观的所有见解,最终都指向同

---

① 《李达文集》第 1 卷,人民出版社 1980 年版,第 344 页。
② 《李达文集》第 3 卷,人民出版社 1984 年版,第 4 页。
③ 《李达文集》第 3 卷,人民出版社 1984 年版,第 14 页。

一个问题——如何能够带来中国社会的真正变革。在他看来，要想实现这一变革，首先要弄清楚中国社会的现状与问题所在，才能"对症下药"。从总体上看，19世纪末20世纪初的中国社会不仅迥然不同于英法美那样的资本主义国家，也在一定程度上区别于同样落后的俄国。就当时的经济生活而言，中国经济"是处于帝国主义宰割之下的、工农业陷于破产状态的经济"①，换言之，其处境比十月革命前的俄国还要糟糕。就政治生活而言，长达几千年的封建统治，可谓根深蒂固，不仅极大地阻碍了生产力的发展，也直接影响了思想的自由与进步。

在这里，我们需要特别关注思想与意识形态这一方面。在《中国社会发展迟滞的原因》一文中，李达从对比的角度谈到中国社会曾经出现的进步及后来发达的迟滞。在这种对比中，他都涉及思想文化的方面："在学术思想上，周秦诸子，如儒家、墨家、法家、名家、道家、阴阳家各派的学说，在中国学术史上，达到了登峰造极的地位。"②但汉代之后，尽管工商业方面出现了持续的发达和进步，但"由于汉武帝罢黜百家，独尊儒术，精神文化，从此就始终停顿于儒家学说的范围，并没有新的成就了"③。不仅如此，他还谈到，中国科学不发达的精神上的原因，在于学术研究缺乏自由的风气，这一点又是与孔孟之说有关的，即这一出于巩固封建统治秩序的学说的长期独尊，必将带来中国社会整个精神文化的迟滞。

既然造成中国社会发展迟滞的原因不仅是经济的、政治的，还包括文化的，或者说，是多方面原因的综合体，那么，中国社会的彻底变革也必然是一个整体的社会工程，需要多方面因素的作用，即除了在政治革命中取得胜利之外，还须在文化上和意识形态方面有所作为。否则的话，就有可能出现李达所谈到的那种可能性：

> 盖无产阶级获得胜利之后，虽可以一举而排除经济的剥削……彼有产阶级之分子，在未完全打消其恢复利益之活动以前，其精神上之阶级优

---

① 《李达文集》第3卷，人民出版社1984年版，第24页。
② 《李达文集》第1卷，人民出版社1980年版，第684—685页。
③ 《李达文集》第1卷，人民出版社1980年版，第685页。

越地位仍存在如故也。①

综上所述,对李达而言,尽管经济因素在整个社会结构和社会进化中处于主导地位,但因每一种社会的特殊性,所以,综合性地对待经济、政治和意识形态因素在每一特殊社会的功能和作用,是更为恰当的。换言之,上述三种关于唯物史观的解释的有效性是不能一概而论的,只能将它们置于具体的历史情景中才能作出判断。

三、意识形态维度的影响:从理论到实践

或许我们可以假设,李达在翻译《唯物史观解说》之后就将其弃之一旁,即郭泰关于唯物史观的独特解释并没有对李达产生真正的影响。然而,若我们考虑到李达在同时期以及之后的理论思想和社会实践活动,这一猜测肯定是不实的。鉴于篇幅所限,本文在此只举出三个方面的实例,来证实这一点。

第一个例子是,李达在阐发女性解放问题时,总是强调物质解放之外的精神解放的必要性与重要性。例如,他在《女子解放论》一文中谈道:

> 况且我中国的国情,比欧美更加有解放女子的必要。所以为女子的应该知道自己是个'人',赶紧由精神物质两方面,预备做自己解放的事。②
> 女子身体自由所以被束缚,由于精神的自由被束缚了的缘故。③
> 自由有两种意义,一为精神的自由,一为物质的自由。女子所以屈从男子的,因为精神上的自由被束缚的缘故。精神上的自由所以被束缚的,因为物质上的自由先被束缚的缘故。如今要将女子解放,须先使他恢复物质上的自由。女子物质的自由的欲望,到达了最高点的时候,那精神的自由的欲望,自然而然的勃发起来。那时真正的自由,方可完全实现。这

---

① 《李达文集》第1卷,人民出版社1980年版,第320页。
② 《李达文集》第1卷,人民出版社1980年版,第11页。
③ 《李达文集》第1卷,人民出版社1980年版,第19页。

样的,才可算作真正的女子解放。①

第二个方面的例子是,李达非常重视法理学伦理学及历史学等方面的研究,而这些方面都属于观念上层建筑即意识形态的方面。例如,在谈到以往法理学的缺陷时,他指出,以往的法理学无视法律与国家的关系,总是把国家与社会混为一谈;同样地,它们也无视法律与国家与经济生活的关系,还妄图把代表特殊阶级利益的"法"说成是一般的和普遍的法律。②

> 从今日资产阶级国家的国会来看,那些议员们,都是由金融资本豢养着的(例如美国)。他们在国会中所表现的"正义感情"和"正义意识",结果仍是金融资本家的"正义感情"和"正义意识"。③

同样地,在论述道德与法律的关系时,李达特别谈到了资产阶级道德的几个特征,其中最首要的就是各阶级间没有通用的道德原则,即公平或正义等只适用于同一阶级内部的各分子之间。④ 关于法律和道德的上述议论,与郭泰在《唯物史观解说》中的解释是一致的,都强调意识形态是有阶级性的,认为不加区别地接受既有的意识形态对于革命而言是有害的。

第三个方面的例子是,在漫长的教育实践活动中,李达一贯地强调智识的重要性。在《平民女学是到新社会的第一步》一文中,李达说道:

> 有钱有势的人,不愿意无钱无势的人有智识;男子不愿意女子有智识。因为无钱无势的人若有了智识就觉悟到自身所处的地位,发生反抗运动,要脱离有钱有势的人的掠夺和压迫。⑤

---

① 《李达文集》第1卷,人民出版社1980年版,第22—23页。
② 参见《李达文集》第1卷,人民出版社1980年版,第708—709页。
③ 《李达文集》第1卷,人民出版社1980年版,第722页。
④ 参见《李达文集》第1卷,人民出版社1980年版,第738页。
⑤ 《李达文集》第1卷,人民出版社1980年版,第128页。

又如，李达曾任校长的湖南自修大学的组织大纲，也强调文化之于社会的积极意义：

> 本大学鉴于现在教育制度之缺点，采取古代书院与现代学校二者之长，取自动的方法，研究各种学术，以期发现真理造就人才，使文化普及于平民，学术流传于社会。①

再如，李达在一封写给应届高中毕业生的信中提到：

社会主义大学生的标准"概括起来应该有三个条件：第一，他努力把自己培养成为具有马克思列宁主义的世界观和共产主义的道德品质的人……第二，他努力地并且有成效地学习现代先进的科学和技术……"②

除了上述影响外，或许还存在另一种影响力——经由李达的翻译和著作，其思想在一定程度上影响了毛泽东。比如，毛泽东在《整顿党的作风》一文中指出，尽管中国革命具有十分丰富的内容，但在理论方面却是非常不足的，无论在经济理论、政治理论还是文化理论方面都是如此。③ 在他看来，唯有产生真正的联系实际的理论，才能对社会主义革命发挥有益的影响。又如，毛泽东在《关于正确处理人民内部矛盾的问题》一文中谈道：

> 无产阶级和资产阶级之间的阶级斗争，各派政治力量之间的阶级斗争，无产阶级和资产阶级之间在意识形态方面的阶级斗争，还是长时期的，曲折的，有时甚至是很激烈的。④

当然，关于李达与毛泽东之间的关系问题，已经超出了本文的论题，这里就不再赘述了。

综上所述，《唯物史观解说》一书在对唯物史观的核心主张的两种解释之

---

① 转引自《李达文集》第4卷，人民出版社1988年版，第375页。
② 《李达文集》第4卷，人民出版社1988年版，第529页。
③ 参见《毛泽东选集》第3卷，人民出版社1991年版，第813页。
④ 《毛泽东文集》第7卷，人民出版社1999年版，第230页。

外,开启了意识形态这一新的理解向度,并对译者李达产生了相当程度的影响。这不仅体现在李达借此形成了一种关于唯物史观的独特理解,还体现为他将这些理解贯彻于其他方面的理论研究及教育实践中。在此意义上,本文认为,《唯物史观解说》一书在中国的翻译与出版,对中国马克思主义思想的发展是有贡献的。

（原载《山东社会科学》2014 年第 9 期）

唯物史观中国化的标志性成果

——李达的《现代社会学》探论

汪信砚　韦卓枫

李达是中国现代哲学史上一位杰出的马克思主义哲学家,他于 1926 年出版的《现代社会学》对唯物史观这个"吾党哲学的根据"作了系统而又深刻的阐释,建构了富有中国特色的唯物史观表述体系,达到了那个历史时期对唯物史观研究的领先水平,是唯物史观中国化的标志性成果。今天,我们考察李达《现代社会学》的写作缘起,品味李达对唯物史观的创造性阐释和对马克思主义哲学中国化范式的创造性运用,对于在当代条件下推进马克思主义哲学中国化有着非常重要的意义。

一、《现代社会学》的写作背景

1840 年鸦片战争以后,西方资本主义列强用坚船利炮打开了中国长期闭锁的国门,中国被迫开启近代化的历程。国门洞开,西方帝国主义列强迫不及待地对中国进行强盗式的掠夺,阻碍中国资本主义经济的发展;另一方面,它们又破坏了中国自给自足的自然经济的基础,加速了中国封建经济基础的解体,因而又客观上造成了中国资本主义进一步发展的条件和可能。但西方帝国主义列强的目的绝不是要让中国走上资本主义道路,而是要奴役中国人民,使中国从一个封建社会逐渐沦为半殖民地半封建社会。马克思说过:问题就是公开的、无畏的、左右一切个人的时代声音。问题就是时代的口号,是它表现自己精神状态的最实际的呼声。置身于这样风云激荡的历史环境下,中国的有识之士以直面历史的勇气,担起寻求民族复兴之路的责任。"在中国近代,时代的中心问题就是'中国向何处去?'——灾难深重的中华民族,如何才能获得自由解放,摆脱帝国主义的压迫、欺凌和奴役?一百多年来,无数志士仁人前仆后继,浴血奋战,就是为了解决这个问题。"①也正是为了解答这一问题,中国的先进知识分子纷纷向西方国家学习。在这一过程中,各种西方文化思想如潮水般地涌进中国,尤其是西方的近现代政治法律思想和哲学理论在中国广泛传播,开启了西学东渐的历程。正是在西学东渐的时代大背景下,马克思主义被介绍到中国。但在1919年的五四运动之前,马克思主义哲学在中国还只是被零星地传播。直到1919年五四运动之后,尤其是受到俄国十月革命的感召,一大批中国先进的知识分子自觉转变为马克思主义者,他们推动了马克思主义哲学在中国的广泛传播。这种转变绝不是一种历史的偶然,而是有着深刻的历史逻辑,因为"西学东渐把西方各种人文社会科学理论介绍到中国,使中国思想界成为西方各种社会政治思想和哲学理论的竞技场,也使各种西方学说在中国社会受到了鉴别和实践检验。在这一过程中,近代中国先进的知识分子逐渐认识到各种西方学说都不能适应中国社会的需要,最后自觉地选择了马克思主义哲学。"②

马克思主义哲学在中国的传播,大体经历了启蒙传播和系统传播两个阶段。从1919年的五四新文化运动到1927年大革命失败前夕,属于马克思主义哲学在中国的启蒙传播阶段③。在这一时期,出于解决中国社会实际问题的客观需要,人们对马克思主义哲学的传播主要侧重于唯物史观。1920年3月,李大钊在北京发起成立马克思学说研究会。同年5月,陈独秀在上海发起成立马克思主义研究会。此后,在全国各大主要城市的共产主义小组迅速发展起来。这些研究会和共产主义小组的成立,使得马克思主义经典著作开始得到有组织的翻译和出版,而当时被翻译和出版的经典著作主要是马克思和恩格斯有关唯物史观的著作。例如,1920年4月上海社会主义研究会第一次出版由陈望道翻译的《共产党宣言》中文全译本,对当时唯物史观的传播起到

---

① 冯契:《中国近代哲学的革命进程》,上海人民出版社1989年版,第3—4页。

② 汪信砚:《西学东渐与马克思主义哲学中国化》,《中国社会科学》2012年第7期。

③ 参见汪信砚:《马克思主义哲学在中国的传播与马克思主义哲学中国化》,《马克思主义研究》2013年第8期。

了重要推动作用。当时出版的马克思和恩格斯的唯物史观方面的著作还有《社会主义从空想到科学的发展》、《雇佣劳动与资本》、《反杜林论》的部分内容,以及列宁的《无产阶级专政时代的政治与经济》、《国家与革命》等。与此同时,被翻译和介绍到中国的一些国外马克思主义哲学研究的著作也主要以介绍唯物史观为主,如陈石孚根据日文翻译的《经济史观》、恽代英翻译的《阶级争斗》、李达翻译的《唯物史观解说》等。

与此同时,中国的马克思主义者也撰写了一些介绍唯物史观的论著。北京《晨报》记者陈溥贤于1919年5月5日在《晨报》副刊"马克思研究"专栏上发表他所翻译的河上肇的文章《马克思的唯物史观》,对马克思主义哲学在中国的传播有着重要的启蒙意义。随后,李大钊发表的《我的马克思主义观》一文,第一次比较系统地阐述了唯物史观的基本原理,并把唯物史观视为马克思主义最根本的东西。蔡和森所著的《社会进化史》于1921年出版,该书主要是"通过对人类社会进化历史过程的叙述,以说明社会历史进化的规律,宣传唯物史观的原理"①。1923年和1924年,瞿秋白先后出版了《社会哲学概论》、《现代社会学》、《社会科学概论》三本书,他在这些论著中阐述了唯物史观的基本原理,同时也涉及了唯物辩证法,在某种程度上纠正了以往人们把马克思主义哲学等同于唯物史观的那种偏颇。"但从总体上看,直到1927年7月大革命失败前夕,马克思主义哲学在中国的传播基本上还局限于唯物史观的传播。"②

十月革命开辟了人类历史的新纪元,给中国的先进知识分子以强烈的思想震撼,使他们自觉地举起马克思主义的旗帜,自觉地接受和传播唯物史观。十月革命的伟大实践告诉人们,即使是在经济文化落后的国家,也可以通过走无产阶级革命和社会主义道路实现民族的独立和解放。十月革命的伟大胜利是对历史唯物主义理论的一次历史性的证实。中国的先进知识分子认为,十月革命的胜利实质上是唯物史观的胜利。他们希冀在马克思主义哲学的指导下,用唯物史观剖析中国社会实际,回答"中国向何处去"的问题。这就决定

---

① 段启咸:《唯物史观在中国的传播》,《江汉论坛》1983年第3期。
② 汪信砚:《马克思主义哲学在中国的传播与马克思主义哲学中国化》,《马克思主义研究》2013年第8期。

了当时中国马克思主义者侧重于对唯物史观的传播。

1917年,俄国十月革命胜利的消息传到日本,给在日本留学的李达带来极大的鼓舞和振奋,他开始从日本的书籍和报刊中接触马克思主义,"才知道'过激派'和'过激主义'就是布尔什维克和布尔什维主义,布尔什维主义就是列宁主义,列宁主义又是马克思主义,这才知道马克思主义、列宁主义的名称"。① 1918年,段祺瑞政府和日本政府签订了卖国反苏俄的《中日共同防敌军事协定》,引起了在日留学生的强烈抗议,李达随中华留日学生救国团回国参加请愿示威,而这段经历,正"是李达由单纯爱国主义走向马克思主义的决定性一步"②。后来李达在回忆这段经历时深有感触地说:"这次挫折,使我们深切的觉悟到:要想救国,单靠游行请愿是没有用的。在反动统治下,'实业救国'、'科学救国'的道路也是一条行不通的幻想。只有由人民起来推翻反动政府,像俄国那样走革命的道路。而要走这条道路,就要加紧学习马克思列宁主义的理论,学习俄国人的革命经验。"③此后,李达再次东渡日本,专攻马克思主义理论。在日本期间,李达学习了《共产党宣言》、《资本论》第一卷、《〈政治经济学批判〉序言》、《国家与革命》等介绍马克思主义唯物史观、剩余价值理论和阶级斗争学说的著作。同时,李达还开始翻译日文的马克思主义著作,于1920年完成了对高畠素之的《社会问题总览》、郭泰的《唯物史观解说》的翻译,寄回国内出版,系统地向国内读者介绍马克思主义的主要观点。这些早期理论活动对李达后来直接运用唯物史观的基本观点阐述中国的社会问题奠定了基础。

日本是中国早期马克思主义者接触马克思主义理论的主要渠道,而在当时日本的马克思主义学者中,河上肇的影响最大。在日留学期间,李达师从河上肇专攻马克思主义,这对他后来思想的发展起了重要作用。河上肇从经济学领域入手展开对马克思主义哲学的研究,重视经济在社会发展过程中的基础性作用,把阶级斗争说视为贯穿马克思主义的主线。李达在转变为马克思主义者之后,深受河上肇的影响,也以对经济现象的关注为切入点来剖析中国

① 《李达文集》第4卷,人民出版社1988年版,第535页。
② 王炯华:《李达评传》,人民出版社2004年版,第29页。
③ 《李达文集》第4卷,人民出版社1980年版,第733、734页。

的社会问题。

　　李达回国后，一直从事传播马克思主义的理论活动，同时还全方位参与了中国共产党的创建活动。1922 年，李达应毛泽东邀请到湖南自修大学讲学。在湖南自修大学期间，李达积极致力于马克思主义理论的研究和宣传教育工作，同时密切结合实际，展开对错误社会思潮的批判。此时，中国共产党处于建党初期，思想理论建设处于起步阶段，许多党员对于马克思主义的了解还很肤浅，在革命实践活动中容易产生盲动主义倾向，这就迫切需要党内有人对马克思主义理论进行全面系统的阐述。但是，陈独秀却把理论和实践对立起来，片面强调实践。他在《马克思的两大精神》一文中号召青年同志："宁可以少研究点马克思的学说，不可不多干马克思革命的运动！"①李达和陈独秀在如何看待马克思主义理论研究的问题上存在着原则上的分歧。李达主张按照理论联系实际的原则进行马克思主义研究，给革命实践活动提供理论上的指导。正是在这样的情况下，李达开始了写作《现代社会学》的准备工作。

　　1923 年，李达发表了题为《马克思学说与中国》的长文，初步提出了马克思主义与中国实际相结合的问题，认为"马克思学说之在中国，已是由介绍的时期而进到实行的时期了"。②　此时，全国的工农革命运动蓬勃发展，迫切需要革命理论的指导。为了适应革命形势发展的需要，李达开始系统地传播唯物史观。

　　列宁曾经说过，每个国家总要根据本国实践的实际需要，把马克思主义的这个或那个问题摆到首位。马克思主义哲学在中国启蒙传播时期，主要是唯物史观的传播。从文化传播学的角度看，这是因为唯物史观与中国传统文化中的某些思想有相契合的地方，同时它也与当时中国大众的理解能力和接受心理密切相关。中国的先进知识分子在转变为马克思主义者之前接受的都是中国传统儒家思想的教育，儒家"内圣外王"的人生哲学对他们影响很大，培养了他们济世救民的情怀，使他们树立了修身齐家治国平天下的人生目标。在五四时期，面对各种西方社会思潮，中国的先进知识分子经过反复甄别，最

---

①　陈独秀：《马克思的两大精神》，《广东群报》1922 年 5 月 23 日。
②　《李达文集》第 1 卷，人民出版社 1980 年版，第 202 页。

终找到马克思主义哲学作为他们救国救民和变革社会的思想武器。而马克思主义的科学社会主义理论和唯物史观思想与中国传统的"大同"思想恰相契合。特别是俄国十月革命的胜利,使很多中国先进的知识分子把列宁所主张的社会主义理解为大同社会,认为十月革命就是要创造一个大同世界、一个永远和平的世界。李大钊就曾把社会主义比附为"大同"。他认为,十月革命之后,我们的世界进入了一个"一步一步的向世界大同进行的全过程"①。正是传统文化中的"大同"思想,奠定了中国先进知识分子在马克思主义哲学在中国传播过程中较早接受唯物史观的心理认同基础②。唯物史观是关于人类社会发展规律的一般学说,可以从其中直接地引申出革命的结论和行动的口号,这也使得唯物史观比较容易为当时的人们所理解和接受③。

正是在这种时代的大背景下,李达写作了《现代社会学》一书,对唯物史观的基本原理作了系统、深刻的论述,并根据唯物史观的基本原理探讨和阐述了世界革命和中国革命的关系,代表着那个历史时期国内对唯物史观研究和运用的最高水平,是马克思主义哲学在中国启蒙传播时期唯物史观中国化的标志性成果。

二、《现代社会学》对唯物史观的创造性阐释

《现代社会学》是李达传播、阐释唯物史观的代表性著作,它综合吸收了中国早期马克思主义者的有关研究成果,对唯物史观作了系统、准确、深刻的阐述。在书中,李达分析了唯物史观和社会学的关系,着重说明了人类的生产实践活动的基础性地位,并唯物而辩证地阐述了生产力和生产关系、经济基础和上层建筑的关系,深刻地分析了个人和现代社会运动、社会意识、阶级等问题,最后落脚于帝国主义时代的世界革命和中国革命问题,使唯物史观成为考

---

① 《李大钊文集》第 2 卷,人民出版社 1999 年版,第 248 页。

② 参见彭平一:《"五四"时期中国接受马克思主义的心理认同基础》,《湘潭师范学院学报(社会科学版)》2002 年第 1 期。

③ 参见汪信砚:《马克思主义哲学在中国的传播与马克思主义哲学中国化》,《马克思主义研究》2013 年第 8 期。

察和解决中国社会问题的根本理论指南。

1. 唯物史观与社会学之关系

在《现代社会学》中,李达通过对西方旧有三大社会学说的批判,展开了对社会本质的研究。这三大旧有社会学说分别是:契约的社会说、生物的社会说以及心理的社会说。契约的社会说认为社会可以由个人同意缔约而成,亦可以由个人同意改造,是早期资产阶级民主政治的依据。生物的社会说认为社会是由于生物的定律之作用所造成,非人力所能支配,宜任其自然发展,乃成为自由主义经济的依据。心理的社会说认为社会是由于各人心性相感之作用而构成,要实现社会改良,不需要改造经济组织,只需改良人类天性,此学说遂成为资产阶级温情主义的社会政策的依据。李达指出,这三大旧有的社会学说都不能说明社会的本质,只能成为替资本主义辩护的理论工具,而"社会学之使命,惟在于发见社会组织之核心,探求社会进化之方向,明示社会改造之方针而已"①,故只有用历史的唯物论才能说明社会的本质。而根据历史的唯物论的社会说,"社会非由契约而成,非由心性相感作用而起,亦非如有机体之完全受自然法则所支配,乃由加入生产关系中之各个人结合而成"。② 李达认为,个人加入生产关系而构成的结合体就是人类社会,而"社会生活之历程,即物质的生产历程,而物质的生产历程,完全受生产技术及生产力之支配。在物质的生产历程中,所谓精神文化,皆由物质的生产关系中产出,随生产力之发达而发达,随生产关系之变迁而变迁。社会之进步,亦即生产力之进步。此历史的唯物论之社会本质说之概要也。"③在这里,李达用唯物史观改造社会学,阐述唯物史观的基本原理,尝试建立以马克思主义为指导的新社会学。李达所说的社会学显然并不是现在通常意义上的社会学,他在一定程度上受到了当时苏联理论界的影响。20 世纪 20 年代,布哈林所著的《历史唯物主义理论》的副标题就是"马克思主义社会学通俗教材"。此后,许多苏联学者也都把历史唯物主义视为马克思主义的社会学④。李达在《现代社会学》中所讲

---

① 李达:《现代社会学》,武汉大学出版社 2007 年版,第 7 页。
② 李达:《现代社会学》,武汉大学出版社 2007 年版,第 16 页。
③ 李达:《现代社会学》,武汉大学出版社 2007 年版,第 17 页。
④ 参见丁晓强、李立志:《李达学术思想评传》,北京图书馆出版社 1999 年版,第 56 页。

的社会学,实际上就是唯物史观。

2. 人类物质生产的实践活动——"理解全部社会史的钥匙"

李达从人类的生存需要出发认为,"人饥则求食,不食则死;寒则求衣,无衣则僵;避风雨则求庐舍,无庐舍则病。衣食住者实人生所必不可缺之生活资料也。地无分东西,时无论古今,人类必自有其生产方法以生产生活资料而分配之。"①在他看来,不论是原始时代的人,还是现代人,要满足自己的生存欲望,取得物质生活资料,就必须参加到社会的生产中,与其他人发生种种交互关系。他指出:"人类之参加社会的生产,纯出于生活之驱策,与本人之意志无关。人既受生活之驱策,加入社会的生产,共同生产生活资料,则在此生产历程中,必不能不共同劳动或互相工作,而间接发生种种生产关系。此等生产关系之错综复合,形成社会之经济的构造。加入此等生产关系中之一切个人遂构成一社会。"②人类为获取物质生活资料而进行的生产实践活动以及人们在生产实践活动中发生的相互关系,构成了李达《现代社会学》的逻辑起点。人类因为器具的制造和发明而从动物界脱离出来,而器具的制造和发明,引起了人类生活的改变,同时使语言和思想得以产生。随着人类社会的发展,生产关系变得越来越复杂,生产和交换范围不断扩大,而促使这一切发生变化的根本原因是生产力的发达。李达认为,劳动的社会化和劳动手段的不断进步,是促使社会生产力发展的两个重要因素。劳动的社会化推动社会分工的发展,劳动手段的不断进步主要是机械技术的革新,在这两者的共同作用下,人们的交换范围不断扩大,最终使全世界都被卷入资本主义世界体系之中,"使一切足迹所到舟车所至之壤地,悉化为商品之市场,使一切圆颅方趾之人类,悉立于生产关系之上"③。而生产力的发展,必然要引起社会制度的变迁,因为宗教、家庭、国家、道德、法律、科学、艺术等这些上层建筑都是建立在人类最基本的物质生产活动的基础之上的,都是受物质生产支配的。

李达从现实的人的生产活动出发,把生产活动视为人类历史的起点,突出强调人类物质生产实践的客观性,并以此为立足点来考察人类社会的生成和

---

① 李达:《现代社会学》,武汉大学出版社 2007 年版,第 16 页。

② 李达:《现代社会学》,武汉大学出版社 2007 年版,第 17 页。

③ 李达:《现代社会学》,武汉大学出版社 2007 年版,第 33 页。

发展历史,阐明了生产力和经济生活对人类社会的决定作用。

3. 生产力和生产关系、经济基础和上层建筑的辩证关系

《现代社会学》始终坚持了一元论的唯物史观,强调生产力在人类社会发展过程中的最终决定作用,同时也注意以辩证的态度看待生产力和生产关系、经济基础和上层建筑之间的关系。李达十分重视生产关系、上层建筑的反作用,这是其他中国早期马克思主义者未曾注意到的方面,体现了李达对马克思主义哲学的深刻理解。李达指出,人类的生存及活动是以一定物质存在为前提的,人们必须首先从事物质生产活动,尔后才能从事精神活动。生产力决定生产关系,生产关系必须与社会生产力相适应,两者互有密切的关系。当两者互相调和时,则社会基础安定;当两者不相调和时,则社会基础发生动摇。但李达也指出,上层建筑虽然由生产关系和生产力造成,"然上层建筑又能影响于生产力与生产关系,此不可不知也"。[①] 不过,李达指出,上层建筑仅能成为经济之量的变化的助因,不能成为经济之质的变化的主因。同时,他还强调,生产关系、上层建筑的反作用是有前提条件的。"假如一定社会组织内之生产力尚有发展之余地,而人类必欲以一己意志企图颠覆,则生产力不但不能增进,反有衰减之虞。盖生产力之继续发展为社会进步之主要条件,苟时机未至,遽欲谋社会组织之改造,适足以促该社会之退步。"[②]从李达对生产力和生产关系、经济基础和上层建筑的辩证关系的论述,我们可以看出,虽然李达把生产力视为人类社会发展的原动力,但他绝没有把唯物史观理解为一种经济决定论或线性决定论,而是在承认生产力对人类社会发展的最终决定作用的前提下,也重视政治、法律、哲学、宗教等上层建筑的因素对人类社会发展的影响。

4. 个人和现代社会运动在社会变革中的作用

李达认为,社会变革是"社会由旧而且低之生产关系进至新而较高之生产关系,并变更其上层建筑之全部是也"[③]。社会变革就是通过政治革命和经济革命两种手段相互配合,最终确立新的社会制度。李达指出,虽然社会变革

---

① 李达:《现代社会学》,武汉大学出版社 2007 年版,第 21 页。
② 李达:《现代社会学》,武汉大学出版社 2007 年版,第 87 页。
③ 李达:《现代社会学》,武汉大学出版社 2007 年版,第 76 页。

主要取决于社会生产方式的内部矛盾运动是否达到激化的程度,但"一方又必待各个人有意识的行动始能实现,故物质的条件与个人之努力二者皆社会变革之要件也"①。个人不能静待社会的自然变化而放弃自身对社会的努力,一定要参与社会变革,这种参与不仅仅是个人有意识有目的之活动而已;只有参与到社会阶级斗争的历史进程中去,构成社会阶级冲突中的因子,才能对社会变革"有绝对之必要"②。李达重视个人在历史上的作用,但绝不盲目夸大它,认为个人是受其所处的社会历史条件的制约的。他指出:"物质条件之未备也,个人无论如何努力,人群无论如何运动,社会之变革终不可期也;物质条件既备矣,个人或人群苟不努力以促成之,社会之变革亦不易实现也。"③

随着资本主义生产方式的发展,社会日益分裂为两大阶级:资产阶级和无产阶级。要实现对不合理社会制度的变革,就必须依靠日益壮大发展的无产阶级的力量。李达认为,现代社会运动就是无产阶级一切解放运动的总称。在现代社会运动中,无产阶级逐渐意识到自己被剥削被压迫的残酷现实,遂从自身利益出发,团结起来形成强大的现实势力,展开阶级斗争,以摆脱资本对自身的奴役,最终求得无产阶级的精神解放和物质解放,建立新的社会形态。"无产阶级苟能结成此种现实之势力,即能战胜资本阶级,开扩其自身之新命运。"④

5. 无产阶级的意识形态和新社会的建立

李达认为,社会意识就是"各个人为谋取生活资料不能不共同服从其支配之意识也"⑤。他首先阐述了阶级意识的发生原因。他指出,在人类的古代社会,由于没有私有财产和阶级,社会意识即为流行于社会的共同的生活习惯,它在没有强制的情况下为每一个社会成员所自觉遵守。"故此时之社会意识确为一切个人之共通意识,内容确为各个人所公认。"⑥随着私有制的产生,人类社会分裂为不同的阶级,此时的社会意识不再是一切个人的共通意

---

①　李达:《现代社会学》,武汉大学出版社 2007 年版,第 88 页。
②　李达:《现代社会学》,武汉大学出版社 2007 年版,第 89 页。
③　李达:《现代社会学》,武汉大学出版社 2007 年版,第 89—90 页。
④　李达:《现代社会学》,武汉大学出版社 2007 年版,第 164 页。
⑤　李达:《现代社会学》,武汉大学出版社 2007 年版,第 70 页。
⑥　李达:《现代社会学》,武汉大学出版社 2007 年版,第 69 页。

识,而是统治阶级的意识。统治阶级的社会意识通过内外的作用力,使人们在潜移默化的教育中和社会的及法律的压力下,不得不听命于它。但是,"社会意识既适应于经济组织而成立,亦必随经济组织而变革"①。尤其是伴随着资本主义的迅速发展,无产阶级队伍不断壮大,日渐窘迫的生活处境使无产阶级逐渐感知到资产阶级社会意识的不合理性,于是发生阶级的自觉,产生新的阶级意识。当"资本阶级之社会意识反社会之趋向增大,而无产者阶级意识社会化之趋向亦因而增大,潮流所激,资本阶级虽然欲借政治权力以维持有利之社会意识,而新社会意识非取而代之不止也"②。不过,最初的时候,无产阶级意识还只是作为一种人类进入阶级社会后的群体性思想而出现的,尚未呈现出理论形态的特点,还没有能够形成一种社会思想③。马克思主义哲学的诞生,引起了人类思想史上的巨大变革,揭开了人类社会历史的奥秘,为无产阶级的解放提供了科学的思想武器。因此,李达十分重视无产阶级的意识形态问题,认为新思想对新社会的建立有着极为重要的意义。他指出,"新阶级战胜旧阶级之后,则新阶级夺得政治权力,必根据其新思想,确立新政治法制以改造经济组织;同时另创新意识形态以变更旧社会上层建筑之全部。"④

6. 阶级的起源和本质

李达继承了恩格斯在《家庭、私有制和国家的起源》一书的基本思想,特别是极为重视恩格斯的社会分工理论,力图通过分析原始氏族社会随着社会生产力的发展而出现的社会分工的历程说明阶级的起源。他认为,阶级是在特定的历史环境和特定的经济结构中产生的,它与生产关系有着密切的联系,而决定阶级关系的根本因素则是生产力。他指出:"阶级者,社会的生产历程之结果,由生产条件产生而出,因生产手段之分配,及社会人员被分配于生产历程中所构成之社会的系统而生者也。"⑤李达注重对阶级进行经济上的分析,这在中国早期马克思主义者中也是很有特色的。

---

① 李达:《现代社会学》,武汉大学出版社 2007 年版,第 72 页。
② 李达:《现代社会学》,武汉大学出版社 2007 年版,第 73 页。
③ 参见李维武:《李达在〈现代社会学〉中对唯物史观的阐释》,载《马克思主义哲学研究》2008 年卷,湖北人民出版社 2009 年版。
④ 李达:《现代社会学》,武汉大学出版社 2007 年版,第 86 页。
⑤ 李达:《现代社会学》,武汉大学出版社 2007 年版,第 116 页。

李达指出，既然阶级首先是一个经济概念，那么必然有与此经济概念相适应的法律的和政治的概念。法律上的身份关系是经济上阶级关系的体现，而经济上占据优势地位的阶级则构成在政治上占据支配地位的阶级。身份和阶级二者的差异在于，"身分乃拥有一定经济利益之法的组织，阶级乃直接由此种经济利益之社会的机能而演成之自然的组织；身分以适合特殊阶级利益为法律的特权，而阶级则非法律的特权所能维持，乃由经济的优势维持之者也。阶级与身分之历史的差异盖如此"①。因此，李达认为，法律的本质是阶级关系，它有着鲜明的阶级性，这种阶级性贯穿于国家出现以后的各个历史时期；虽然资本主义民主政治在法律上实现了个人自由平等的理想，但这只是一种形式上的平等，这种平等是建立在私有财产的基础之上的。只要仔细考察资本主义的生产方式，就会发现，在资本主义社会里，阶级对立依然存在，法律上的平等自由只是一种假象。只有对资本主义社会进行深刻的经济变革，改变不合理的生产关系，消灭阶级关系存在的经济基础，然后才能"高唱全民政治也"②。

7. 普遍性和特殊性的有机结合：帝国主义时代的世界革命和中国革命

《现代社会学》在对唯物史观进行系统阐发的同时，密切联系中国实际，从理论上分析和论述了中国革命问题。李达首先探讨了社会问题的由来。他认为，"社会问题之发生，远肇端于印度航路及美洲大陆之发见，近托始于产业革命时代。"③近代产业革命的结果是，生产力发生深刻的变革，推动资本主义进一步向前发展，使社会分裂为无产和有产两大阶级，这两大阶级的尖锐矛盾和激烈对抗导致了社会问题的发生。中国的社会问题，则发端于西方资本主义国家的入侵。"海通以后，欧西资本主义商品，挟武力以侵入中国市场，源源而来，日增不已，中国固有农业及手工业经济悉被扰乱。"④特别是西方资本主义国家为了转嫁国内矛盾，加紧对中国进行商品倾销，还通过资本输出、强迫中国签订不平等条约，控制中国经济命脉，阻碍中国资本主义商品经济的

---

① 李达：《现代社会学》，武汉大学出版社 2007 年版，第 117 页。
② 李达：《现代社会学》，武汉大学出版社 2007 年版，第 119 页。
③ 李达：《现代社会学》，武汉大学出版社 2007 年版，第 122 页。
④ 李达：《现代社会学》，武汉大学出版社 2007 年版，第 129 页。

正常发展。加上中国内战不断,人民处于水深火热之中,使得社会问题尤为突出。李达指出,"故中国社会问题虽亦同为资本主义之产物,然其发生之理由,乃因产业之不得发展,与工业先进国因产业发展过度而发生之社会问题大不相同,此其特性也。"[①]在他看来,虽然中国的种种社会问题是伴随着西方资本主义国家的入侵而产生的,但中国资本主义的发展有其特殊性,导致中国的社会问题也有自己的特殊性。

李达将中国的社会问题分为三种,即劳动者问题、妇女问题以及准无产者问题。他认为,中国劳动者问题中,工业劳动者问题、手工失业者问题和农业劳动者问题最为突出,这些问题有着明显不同于西方资本主义国家的特性。中国的工业劳动者为了谋生,被迫向国际资本家出卖劳动力,由于当时中国尚未颁发劳动法保护劳动者的合法权益,他们遭到国际资本家的残酷剥削却无力反抗,其处境与西方资本主义国家的产业工人相比较相差甚远。中国的手工业者受到产业革命的冲击,一旦失业就很难再就业,容易到处流窜而成为盗贼。中国的农业劳动者因受资本主义商品经济的冲击而濒临经济破产,他们即使辛苦劳动亦不足以养家,以致出现"壮者散之四方,弱者转死沟壑"的局面。这种对中国社会问题的特殊性的分析,有利于李达找到解决中国社会问题的方法。

在李达看来,帝国主义的侵略和压迫,使中国社会问题的严重程度不断加剧。他根据列宁和布哈林对资本主义的研究,认为资本主义已进入帝国主义时代。在帝国主义时代,资本和生产高度集中,银行资本和产业资本融合为金融资本,资本输出取代商品输出成为主流,西方资本主义列强分割世界市场,抢占商品市场和原料产地。而帝国主义对弱小民族的侵略主要有三种方式:一是独吞;二是分割;三是如不能独吞和直接分割就采用变相分割的方法处理。"中国地大物博,列强因均势之故,不能不利用第三之侵略方式,使屈伏于帝国主义铁蹄之下,中国遂以开'国际的半殖民地'之新局。"[②]这样,帝国主义就通过政治侵略,最终实现了对中国的经济侵略,使中国处于政治上和经

---

① 李达:《现代社会学》,武汉大学出版社 2007 年版,第 131 页。
② 李达:《现代社会学》,武汉大学出版社 2007 年版,第 175 页。

济上被支配的命运。所以,李达感叹道:"帝国主义不死,大盗不止,中国年来之国民革命运动,其殆为帝国主义侵略之反响也欤!"①

各国无产阶级和全世界弱小民族是帝国主义时代灾难的直接承受者,为了谋求国际社会运动及全世界各弱小民族的解放运动,必须推倒帝国主义者。李达认为,要实现此目标,就必须进行世界革命。在近代,这主要表现为有产和无产之间的阶级斗争以及弱小民族和强大民族之间的民族斗争,它们共同构成世界革命。虽然阶级斗争和民族斗争的形式不同,但它们都起源于政治的、经济的利害冲突,二者的革命对象是一致的,那就是帝国主义。"帝国主义之经济的要素为资本主义,帝国主义之政治的要素为国民主义。近代阶级斗争与民族斗争,实由此资本主义酝酿而成,更由此国民主义之助长而愈趋激烈者也。"②李达考察了世界反对帝国主义运动的形式,认为实现世界革命有三种方法,即:无产阶级的国际联合、弱小民族的国际联合以及先进国无产阶级与弱小民族的国际联合。他还强调指出,弱小民族的解放只有与先进国无产阶级的解放互相配合才能实现,因为"前者之革命,又必有待于后者之民族革命为之援应,始克有济,此又事势之所必然者也"③。

李达指出,在民族革命的对象的问题上,世人已达成基本共识,但民族革命的领导权应当是在资产阶级手上还是无产阶级手上,仍是一个亟待回答的重要问题。"然领导民族革命运动者,果为资产阶级乎? 抑为无产阶级乎? 此首应发生之疑问也。"④李达在详细考察世界上民族革命运动的现状后认为,在弱小民族的全体人民中,受到帝国主义压迫最深重并且有强烈的革命意愿,非工农无产分子莫属。"工农无产分子虽与资产阶级同感受帝国主义及其使者——封建阶级及帝国主义者之代表——之压迫,而后者较前者尤感利害切肤之痛,其革命精神亦特别激昂。弱小民族无产阶级所以能成为民族革命之中坚者以此。"⑤虽然李达在这里尚未直接谈到中国民主革命的领导权问

---

① 李达:《现代社会学》,武汉大学出版社2007年版,第177页。
② 李达:《现代社会学》,武汉大学出版社2007年版,第179页。
③ 李达:《现代社会学》,武汉大学出版社2007年版,第182页。
④ 李达:《现代社会学》,武汉大学出版社2007年版,第182页。
⑤ 李达:《现代社会学》,武汉大学出版社2007年版,第183页。

题,但他根据民族革命中各阶级的现状以及爱尔兰、朝鲜民族独立运动的中心已移于共产党的事实,实际上已经指出中国民主革命的领导权必须由无产阶级及其政党——中国共产党来领导。

在谈到民族革命的前途时,李达认为,无产阶级领导的民族革命的目标是要实现政治的经济的独立,加速发展本国产业,努力追赶先进国家的现代化脚步,谋求达到与先进国家一致的经济文化发展水平,以构成世界文化,最终为世界的大同社会奠定基础。李达进而指出,无产阶级领导的民族革命取得成功之后,要实现上述目标,须采用国家资本主义的手段,因为只有这样,将来才能够和平过渡到社会主义。他说:"无产阶级既能成为民族革命的中坚,则在成功之后,对于经济上之建设,必不赞成私人资本主义而采用国家资本主义可知。国家资本主义乃社会主义之过渡,非即社会主义,故民族革命而苟能成功,必归着于国家资本主义也。"①

三、《现代社会学》的理论贡献和历史地位

李达的《现代社会学》联系中国革命实际系统地阐述唯物史观,代表着20世纪20年代中国唯物史观研究的最高水平。作为唯物史观中国化的标志性成果,《现代社会学》在马克思主义哲学中国化的历史上具有重要的地位。

首先,《现代社会学》赋予唯物史观以广阔的视野,建立了唯物史观与多学科的联系,建构了具有中国特色的唯物史观表述体系。中国早期马克思主义者对唯物史观的解读大多主要是结合某个单一学科来进行的,如李大钊和陈独秀分别结合历史学和政治学来阐述唯物史观,蔡和森结合人类学来宣传唯物史观。在湖南授课期间,李达吸收了中国早期马克思主义者对唯物史观的研究成果,改变了他们对唯物史观的单一视角的解读,拓宽了唯物史观的研究视野,在理论上对唯物史观的原理作了系统、深刻、准确的阐释。正如许全兴所指出的那样,李大钊、陈独秀、李达是马克思主义哲学在中国早期传播的最重要的人物,李大钊对唯物史观有较深的研究和独到的理解;陈独秀对马克

---

① 李达:《现代社会学》,武汉大学出版社2007年版,第184页。

思主义的理解虽然有某些精彩之处,但总的看来是粗而不细、浅而不深的;李达的哲学思想同他们相比则较为系统些、深刻些①。李达认为,社会学的使命是"研究社会之根柢,发见支配社会之理法,究知社会之目的,明示改造之方针,此社会学之使命也"。② 为了更好地研究社会学,李达把社会学放置在多学科的大背景下,建立了社会学与历史学、经济学、政治学、法学、人类学、生物学、心理学等学科的联系,给予社会学广阔的研究视野。在李达看来,诸如历史学、经济学、政治学、法学等学科为社会学提供研究资料,社会学则为这些学科研究提供方法论的指导。这样,李达就把社会学变成了一门开放的学科,使其拥有深厚的历史和现实的内容,克服了以往历史哲学的思辨性质,"表明了唯物史观不是一种离开人类文明大道的狭隘历史观念,而且揭示了唯物史观需要通过多学科的不同探讨、融会多学科的研究成果得以充实丰富、深入开展"。③ 正是在这种广阔的理论视野中,李达立足马克思主义理论的整体性,把唯物史观的基本原理和具体社会科学结合起来进行研究,建构了具有中国特色的唯物史观表述体系,把唯物史观在中国的传播推进到系统化的水平。

其次,《现代社会学》深刻地体现了历史的唯物论和历史的辩证法的有机统一。在马克思主义哲学在中国的启蒙传播时期,人们对马克思主义哲学的传播主要是对唯物史观的传播。直至 1927 年大革命失败以后,经过中国马克思主义者对大革命失败的深刻反思并受到苏联哲学界辩证论者与机械论者之间的论战的影响,人们才开始了对唯物辩证法的系统传播。不过,在马克思哲学在中国的启蒙传播阶段,已经有人对唯物辩证法作过介绍,而李达则率先对唯物辩证法作了创造性的运用。1924 年,瞿秋白发表了《现代社会学》、《社会科学概论》等著作,最早较为系统地介绍了辩证法,他所谓的"互辩律的唯物论"就是唯物辩证法。李达于 1926 年出版的《现代社会学》对唯物史观的理解和运用已经达到了相当的深度,尤其是展现出了历史的唯物论和历史的辩

---

① 参见许全兴:《中国马克思主义哲学界泰斗》,载《纪念李达诞辰一百周年》,湖南出版社1991 年版。

② 李达:《现代社会学》,武汉大学出版社 2007 年版,第 8 页。

③ 李维武:《李达在〈现代社会学〉中对唯物史观的阐释》,载《马克思主义哲学研究》2008年卷,湖北人民出版社 2009 年出版,第 85 页。

证法的内在统一性,克服了中国早期马克思主义者在对唯物史观的理解上存在的这样或那样的片面性。在《现代社会学》一书中,李达始终贯彻一元论的唯物史观,反复强调生产力对人类社会发展的最终决定作用,划清了唯物史观和唯心史观的界限。但是,李达绝没有把唯物史观简单地归结为经济决定论,而是坚持历史的唯物论和历史的辩证法二者并重。他告诫人们,不应该机械地理解生产力的决定作用,应该注意到生产关系、上层建筑的反作用。同时,他还指出了"阶级意识"、"社会思想"、"个人之努力"在社会变革中不可忽视的作用。在强调生产关系、上层建筑的反作用的同时,李达又明确指出这种反作用是有前提和有限的,绝不可以任意夸大。应该说,李达的这些见解是十分深刻的。"在30年代及其以前,中国马克思主义哲学家往往更多地注重对生产关系的研究,对生产力研究不够,李大钊、陈独秀也不例外。这固然与急剧变革的社会背景有关,也反映了中国共产党人变革旧的生产关系的理论上的需要。但从准备地把握马克思主义哲学体系来说,这不能不说是一个缺陷,它最终也必然影响到马克思主义哲学在中国的运用。"[①]可以说,既注重历史的唯物论,又坚持历史的辩证法,是李达《现代社会学》的一个重要理论特色。

最后,《现代社会学》是对马克思主义哲学中国化范式的创造性运用。中国马克思主义哲学研究的范式一开始就是马克思主义哲学中国化范式,其目标是回答"中国向何处去"这一时代大问题,其路径是密切联系中国社会实际来研究马克思主义哲学,其根本方法是坚持普遍和特殊相结合。这一研究范式是由中国早期马克思主义者李大钊、陈独秀、李达等人创立的。李达于1926年出版的《现代社会学》,可以视为对于马克思主义哲学中国化范式的创造性运用。《现代社会学》不仅系统地阐述了唯物史观的基本原理,而且始终贴近中国社会现实来提出和分析问题,并尤其注重运用唯物史观的基本原理来分析和解答中国社会的问题。应该说,与其他早期中国马克思主义者相比较,李达哲学探索的显著特点之一是比较注重从学理上系统地传播和阐释马克思主义哲学。但是,李达在《现代社会学》中对唯物史观的阐释并不是一种纯粹的书斋里的学问,而是具有非常强烈的现实取向的。李达深刻地把握了

---

① 丁晓强、李立志:《李达学术思想评传》,北京图书馆出版社1999年版,第117页。

马克思主义哲学的精神实质,不仅注意"解释世界",更重视"改造世界",他对唯物史观的阐释处处都表达了他对国家前途和民族命运的关切。《现代社会学》是马克思主义哲学在中国启蒙传播时期的重要代表作,它对马克思主义哲学中国化范式的创造性运用深刻地表明,马克思主义哲学在中国的传播业已开启了马克思主义哲学中国化进程,它是马克思主义哲学中国化历程的一个重要组成部分;即使是中国早期的马克思主义者,他们对马克思主义哲学的传播也绝不只是扮演了传声筒的角色。《现代社会学》以马克思主义哲学作为"观察国家命运的工具",对当时中国的社会问题进行深入的分析,努力探求中国革命的出路,回答"中国向何处去"这一时代大问题。即使在今天看来,它也仍然不失为运用马克思主义哲学中国化范式的典范。

（原载《山东社会科学》2014 年第 9 期）

"实践的唯物论":实践唯物主义
在中国话语中的初始开显

——李达《社会学大纲》的独特理论贡献

汪信砚　李　侦

　　"实践唯物主义"是用来标示马克思所创立的新世界观、新哲学观的一个概括性范畴。然而,对这一范畴及其背后深蕴的理论内涵的正确理解和准确把握即使是在世界范围内也不是一蹴而就的,而是经过身处不同民族、不同地域、不同时代、不同社会历史条件下的几代马克思主义理论家在各自不断深入的理论批判和革命实践活动的过程中才逐步实现的。对中国早期马克思主义者来说,相较于西方的马克思主义者,由于所处社会历史条件的巨大差异和语言、文化的相对隔阂以及信息传播手段的落后,要想领会和体悟"实践唯物主义"概念的理论内蕴,其难度之大不是身处"实践唯物主义"在中国学界已经取得一定共识之时代的我们可以随意遐想的。尤为可贵的是,作为中国早期马克思主义者的杰出代表的李达,早在其被毛泽东誉为"中国人自己写的第一本马克思主义的哲学教科书"①的《社会学大纲》中就运用中国话语叙说了"当作实践的唯物论看的唯物辩证法",也就是马克思主义哲学。这是实践唯物主义在中国话语中的初始开显。它代表着中国早期马克思主义者对马克思主义哲学精准而独到的理解,为马克思主义哲学中国化作出了独特的理论贡献,也为我们今天检视和反思马克思主义哲学在中国的发展提供了深刻的启示。

---

　　①　转引自李达:《社会学大纲》,武汉大学出版社 2007 年版,"再版前言"第 2 页。

一

为什么是李达首次在中国话语中用"实践的唯物论"表述了马克思主义哲学而不是其他早期马克思主义者,譬如李大钊、陈独秀抑或是瞿秋白、艾思奇? 进而言之,为什么李达是在《社会学大纲》而不是在他的别的著作,譬如《现代社会学》、《社会之基础知识》抑或是《经济学大纲》等著作中作出这一表述的? 不把这两个问题弄清楚究明白,就无法清晰地勾勒出马克思主义哲学在中国的传播与发展的艰辛历程,就无法真正把握马克思主义哲学在中国由外而内、由浅入深的"化"的过程,从而也就无法观念地重构马克思主义哲学中国化的理论路径,无法理解实践唯物主义在中国的源始开显。

而要对这两个问题作出合理的解答,必须对 20 世纪早期马克思主义哲学在中国的传播与发展的内在机理做一番计较的功夫。

近代以来,中国饱受列强欺凌,中华民族陷入了深重的危机,大批先进知识分子苦苦向西方寻求救国救民之道而未得,转而学习俄国革命的经验。马克思主义哲学在中国的传播,就是在这样的历史场景下发生的。马克思主义哲学被引入中国,一开始就不是"当做老先生、大少爷、太太、小姐的消遣品",而是要"发挥马克思实际活动的精神,把马克思学说当做社会革命的原动力"[1],以便"建立一个比较最适于救济现社会弊病的主义"[2]。它被先进的知识分子寄予了改造中国社会、改变中国命运、使中国的问题得到"根本解决"的厚望。这种厚望使得马克思主义哲学一开始就被当做观察国家命运的工具。这种情况,决定了马克思主义哲学中那些最贴合当时中国实际需要的内容最先得到中国早期马克思主义者的关注和最先在中国得到传播。这些内容就是唯物史观。中国早期马克思主义者无不是通过运用唯物史观的基本原理来考察中国社会情状、思索中国革命问题和寻求救国救民之道的。

李大钊最先初步系统地介绍和阐述了唯物史观,成为中国第一个马克思

---

[1] 《陈独秀文章选编》中册,三联书店 1984 年版,第 178 页。

[2] 《独秀文存》,安徽人民出版社 1987 年版,第 602 页。

主义哲学的"鼓吹家"。他认为,唯物史观有两个要点:"其一是关于人类文化的经验的说明;其二即社会组织进化论。"①关于第一个要点,他指出,生产关系的总和构成作为社会的基础构造的社会经济的构造,它决定了精神上的构造为主的表面构造;关于第二个要点,他指出,生产力与生产关系联系密切,社会组织的发展进步离不开生产力的发展进步。在李大钊看来,研究唯物史观的目的是要用它来考究中国的情状,解决列强欺压与民族独立的问题,因此,要"细细的研考马克思的唯物史观,怎样应用于中国今日的政治经济情形"②。为此,他运用唯物史观的基本原理分析了五四运动以后中国的现实社会、阶级斗争和思想文化的变迁,认为唯有依靠劳工阶层等下层社会群体才能实现中国革命的目标。虽然李大钊没有来得及深入地开掘马克思主义唯物史观的辩证法基因,没有充分地展开对中国社会和中国革命具体道路和前途的探寻,但却为后来者指明了正确的前进方向。

与李大钊相比较,"做了启蒙运动的工作"的陈独秀从另外一个不同的角度切入到唯物史观的研究领域。在李大钊的影响下,陈独秀运用唯物史观的基本法则重新阐释了他在新文化运动伊始所高扬的"民主"与"科学"。他指出,"民主"的主体不再是作为资本主义代表的"新兴财产工商阶级",而是"被征服的新兴无产劳动阶级"③,实现这一民主模式必须"经过阶级战争""反抗资本阶级的力量"并建立无产阶级专政的国家;"科学"不再仅仅是"反对旧艺术"、"旧宗教"的以实证自然科学为代表的科学,马克思主义也是科学,而"马克思社会主义所以称为科学的不是空想的,正因为他能以唯物史观的见解,说明资本主义的生产方法和资本主义的社会制度"④。他认为,唯物史观是指引中国革命经过"民主主义的争斗"进展到"社会主义的争斗"再推进到无产阶级民主专政的"社会科学"。不过,陈独秀否认唯物史观作为本体论、宇宙论的形而上的哲学性质,使得他对马克思主义哲学的理解带有唯科学主义的倾向。这种学理上的偏执使他难以运用唯物史观深入探讨中国革命中的很多具

---

① 《李大钊文集》第 3 卷,人民出版社 1999 年版,第 27 页。
② 《李大钊文集》第 4 卷,人民出版社 1999 年版,第 376 页。
③ 《陈独秀著作选》第 2 卷,上海人民出版社 1993 年版,第 49 页。
④ 《陈独秀著作选》第 2 卷,上海人民出版社 1993 年版,第 355 页。

体问题。例如，他没有敏锐地觉察到土地问题和农民运动对中国革命走向的深刻影响。

在李大钊、陈独秀的带动下，中国早期马克思主义者掀起了学习唯物史观并运用唯物史观开展史学、政治学、人类学、社会学研究的高潮。他们较为系统地介绍了《共产党宣言》、《资本论》及其部分手稿、《家庭、私有制和国家的起源》以及其他国外马克思主义哲学家的著作和思想，形成了多领域揳入、多视角展开、多维度阐释唯物史观的壮观景象，使唯物史观真正成为"吾党哲学的根据"。然而，这些早期马克思主义者只是在知识地理学的意义上初步解析了唯物史观，并没有把唯物史观理解为一个完整的体系。同时，虽然李大钊、陈独秀特别注重运用唯物史观来探索中国革命的实践问题，但他们对这些实践问题的研究是有缺陷的，特别是没能理解"'实践批判的'活动"对"对象、现实、感性"的意义，没能深入地领会马克思主义哲学的根本方法——辩证法，因而也就不能运用唯物史观来准确地分析中国社会的具体形貌、正确地指导中国革命实践。

真正把唯物史观理解为一个完整的体系并建构了唯物史观的中国化的阐释体系的是李达。20 世纪 20—30 年代，李达特别注重对马克思主义哲学的学习和研究，强调要从学理精神上完整地把握马克思主义哲学的精髓，"主张党内对于马克思学说多做一番研究功夫"，"以求对于革命理论得一彻底的了解"①。在这一理念的支配下，一方面，他积极从事马克思主义哲学的译介，翻译出版了《社会科学概论》、《唯物史观解说》、《马克思主义经济学基础理论》、《现代世界观》等多部国外马克思主义哲学著作，开阔了国内马克思主义哲学研究的视野，提升了国内马克思主义哲学研究的水平；另一方面，他积极致力于马克思主义哲学中国化，自觉把马克思主义哲学与中国的具体实际相结合，撰写了《现代社会学》、《社会之基础知识》等著作，深化了国内马克思主义哲学研究和人们对马克思主义哲学的理解。

《现代社会学》是"中国人自己写的最早的一部联系中国革命实际系统论

---

① 李达：《中国所需要的革命》，《现代中国》1928 年第 2 卷第 1 期，第 10 页。

述唯物史观的专著"①,它在中国马克思主义哲学史上第一次把唯物史观理解为一个完整的体系。这部著作全面地阐述了唯物史观的一系列基本原理,并联系中国的实际分析和论述了中国革命的性质、对象、前途、领导权及其与世界革命的关系,从而明确地回答了"中国向何处去"的时代问题,为中国共产党领导的中国革命实践指明了前进的方向。不过,我们并不打算对《现代社会学》这部著作作全面的考察,而是要集中探讨它对社会生活的实践本质的理解,挖掘其所含蕴的"实践的唯物论"的思想萌芽。

首先,《现代社会学》从人的生存需要、生存欲望的客观性和作为人类社会存在的基础的物质生产实践活动及二者的紧密联系出发探讨了"社会之本质",坚持了"历史的唯物论"。李达认为,社会是"各个人为谋满足欲望而加入生产关系之结合"②,而人之所以要加入社会是为了满足其自身的需要、欲望。他指出,"人类为生活计,不能不取得生活资料。欲获得生活资料,斯不能不参加社会的生产。人类之参加社会的生产,纯出于生活之驱策",其直接目的在于满足其"根本动机"③。这里所谓的"根本动机,即吾国先哲所谓'男女饮食',本书所谓'生存与生殖'之根本欲望是也"④。满足这种"根本动机"的活动,也就是马克思所说的全部人类的"第一个历史活动"。"第一个历史活动"本身就证明了存在论意义上的人的实践性,因为人只有从事物质生产实践才能维持自身生命的存在和发展,满足人的求得生存的欲望和需要。物质生产实践与人的生存和发展欲望是人的"第一个历史活动"的两个互动共融的维度,二者的相互促进构成了人类社会发展的基础和动力。"新生产方法与新生活方法及新要求三者之间,必有密切之关系可知。三者互为因果,有甲则有乙,有乙则有丙。故发明生变化,变化必更生新发明。此中关系,逐渐复杂,循序变迁,遂以构成无限发明之连锁。"⑤由此,李达理解了"社会之本质"。从这种理解出发,他坚决主张"历史的唯物论",强调生产实践活动之于

---

① 参见江明:《展读遗篇泪满襟——记李达和吕振羽的交往》,《文献》1981 年第 4 期。
② 《李达文集》第 1 卷,人民出版社 1980 年版,第 243 页。
③ 《李达文集》第 1 卷,人民出版社 1980 年版,第 243 页。
④ 《李达文集》第 1 卷,人民出版社 1980 年版,第 245 页。
⑤ 《李达文集》第 1 卷,人民出版社 1980 年版,第 253、254 页。

人类社会存在的本体论意义上的第一性。

其次,《现代社会学》十分注重生产关系对生产力、上层建筑对经济基础所具有的反作用力,体现了"历史的辩证法"。李达指出,"改变生产关系以发展生产力,实社会进化所必经之程序,亦即现代社会革命之所由来也。"①"社会之政治的法律的上层建筑及其意识形态,皆依据经济关系而成立,复有维持经济关系之作用。"②在这一"历史的辩证法"的思想导引之下,李达专门论述了社会意识、社会思想,考察了政治、法律、道德、宗教、哲学、艺术的发展进化,探讨了语言与思想在社会起源中的作用,阐释了文物制度的革新、发达。

最后,《现代社会学》以世界历史眼光、站在帝国主义的全球化时代的高度审思中国民族民主革命和社会发展问题。李达汲取列宁和布哈林关于帝国主义的思想,准确地把捉到帝国主义的基本特质,把帝国主义理论完整准确地介绍到中国,通过说明帝国主义的扩张本性来透析中国社会和中国革命在帝国主义全球扩张的时代背景下所面临的情势,指出中国的问题同样是世界资本主义发展所带来的。但他认为,中国的问题又具有自己的独特之处,因为中国虽受资本主义的入侵而被拖入资本主义世界市场,但它本身的封建的传统农业社会的习俗依旧发挥着巨大的影响力,同时民族资产阶级也缓慢发展了,造成了新的社会阶级力量,三者交织造成中国极其复杂的社会状况。李达在《社会之基础知识》和《中国产业革命概观》中沿着《现代社会学》所开创的道路进一步分析了中国社会和中国革命的性质、任务、目的、道路、前途问题以及中国革命的领导权问题,认为"中国一面是半殖民地的民族,同时又是半封建的社会。所以为求中国之生存而实行的中国革命,一面要打倒帝国主义,一面要铲除封建遗物,前者是民族革命的性质,后者是民主革命的性质,其必然的归趋,必到达于社会革命,而与世界社会进化的潮流相汇合"。③ 在他看来,能够领导中国完成这种社会变革、实现民族独立和社会进步的领导力量,只能是从事现实的物质生产活动而又无法满足自身生存欲望和需要的无产阶级。

上述表明,《现代社会学》对唯物史观阐释具有两个鲜明的特点:第一,它

① 李达:《现代社会学》,武汉大学出版社 2007 年版,第 82 页。
② 李达:《现代社会学》,武汉大学出版社 2007 年版,第 20 页。
③ 《李达文集》第 1 卷,人民出版社 1980 年版,第 558 页。

始终坚持从现实的人的现实的物质生产活动出发来剖析人类社会生活,彰显了唯物史观作为"实践的唯物论"的理论特质。第二,它并不仅仅是一般地介绍唯物史观,而是注重运用唯物史观来分析中国社会、"考察目前中国的出路",并由此赋予唯物史观以鲜明的中国特色。当然,《现代社会学》属于马克思主义哲学在中国启蒙传播时期的一部著作,李达的"实践的唯物论"思想在这部著作尚处于萌芽状态,这部著作还未能在实践观的基础上阐明作为整体的马克思主义哲学。

二

李达在实践观的基础上阐明作为整体的马克思主义哲学,是在《社会学大纲》中实现的。在《社会学大纲》中,李达正式提出了"实践的唯物论"这样一种有着浓郁的中国特色的概念,并构建了一个以"实践的唯物论"为根本论纲的马克思主义哲学阐释体系。这主要表现在以下几个方面:

第一,《社会学大纲》把马克思主义哲学理解为一个整体、"一块整钢",认为它"是科学的历史观与科学的自然观的统一,而两者统一的基础,是社会的——生产的实践"。①

李达认为,马克思主义哲学是以实践为其核心范畴而建立起来的一个总体性的哲学体系,它的各个部分之间的相互联系以实践为纽带。唯物辩证法本身就内蕴着唯物主义的历史观与自然观,是二者的有机统一,不能把唯物辩证法仅仅看做是马克思主义的自然观而忽略了它所涵括的历史观领域,反之亦然。他指出:"当作实践的唯物论看的唯物辩证法"作为马克思主义哲学世界观"包含着两个部分,两个领域,即唯物论的自然观(自然辩证法)与唯物论的历史观(历史辩证法)。"②"历史唯物论与自然辩证法,同是唯物辩证法之必然的构成部分。"③这种对马克思主义哲学的整体性的理解贯穿着《社会学大纲》,也是李达一以贯之地坚持的基本看法。后来,李达在《辩证法的唯物

---

① 《李达文集》第 2 卷,人民出版社 1981 年版,第 56 页。
② 《李达文集》第 2 卷,人民出版社 1981 年版,第 282 页。
③ 《李达文集》第 2 卷,人民出版社 1981 年版,第 282 页。

论问答》中也明确指出,马克思主义的哲学基础——"辩证法的唯物论"首先就要建立一"整个儿的宇宙观",然后在此基础上再去求解社会与人生的问题。再后来,在《唯物辩证法大纲》中,李达也仍然坚持"自然辩证法和唯物史观同唯物辩证法是不可分割的"。① 在饱受苏联辩证唯物主义与历史唯物主义二分并立模式侵蚀的情况下和前后经历巨大变化的国内政治、思想环境中,李达始终坚持自己通过独立研究所得出的这一结论,这是极其难能可贵的。

然而,长期以来,一直存在着一种戴着有色眼镜看待中国早期马克思主义哲学研究的武断看法。这种看法没有对早期马克思主义研究进行具体的分析和区分,笼统地认为中国早期马克思主义哲学研究完全笼罩在苏联模式之下。如果持这种看法,那么,李达所说的"当作实践的唯物论看的唯物辩证法"就是与辩证唯物主义相对应的,历史唯物主义或历史唯物论就被撇开了。这种看法其实是把新中国成立后受苏联教科书影响所形成的辩证唯物主义与历史唯物主义二分模式想当然地前溯至 20 世纪 30 年代,而没能够深入地研究那一时期中国早期马克思主义者们通过艰苦卓绝的努力所撰写的马克思主义哲学著作,进而领悟其中所含蕴的深刻的理论思索和所体现出来的鲜明的理论个性所造成的。今天,这类武断的看法应该休矣!

第二,《社会学大纲》从思想史的内在逻辑及其外在形态演进的角度考察了"实践的唯物论"产生的过程,揭示了实践概念之于"唯物辩证法"(马克思主义哲学)的根本意义。

首先,李达从思想史的内在逻辑的角度开掘了马克思的实践范畴的双重内涵:一是作为本体论意义上的范畴,这种意义上的实践与现实社会中人们筹划、开展维系自己的生存与发展的现实的、感性的劳动活动是一体的;二是作为认识论意义上的范畴,这种意义上的实践作为认识活动的出发点、源泉和规准,是整个马克思主义认识论得以展开的基石。

从本体论的视角切入,李达具体地分析了马克思如何在新的理论基地上开掘出实践概念的新内蕴。在李达看来,这种新内蕴的开掘是建立在马克思对以往旧唯物主义和唯心主义的哲学尤其是费尔巴哈和黑格尔哲学的批判和

---

① 李达:《唯物辩证法大纲》,人民出版社 1978 年版,第 61 页。

改造的基础之上的。旧唯物论者仅仅从自然本体论的角度来探讨人的感性活动,把它理解为一种形式化的生物学意义上的狭隘的感性形式,而不能延展于社会历史领域。这样,历史就始终处于他们的直观的唯物主义的视野之外。相反,唯心主义者黑格尔却非常重视劳动、实践的意义,"但黑格尔是观念论者,只把劳动当作抽象的精神的劳动去理解"①,"把实践解释为意识的劳动或活动"②,实践在他那里成为纯粹的自我意识的臆造活动。因此,不论是旧唯物论者还是唯心论,都未能真正地理解劳动、实践之于人类社会历史的重要意义,都不了解由人的感性实践活动所建立的人与自然的现实的、历史的紧密联系。马克思则发现了人与自然因人的实践活动而达成的结合,看到了在人类劳动过程中人类与自然之间所发生的具体联系,揭示出了劳动实践才是社会的人类的本质。"马克思基于劳动——实践的意义之正确理解,所以超出旧唯物论的界限,建立了实践的唯物论"③,使得哲学的内容起了本质的变化,赋予了哲学以新的生命、新的内容和新的历史使命。

从认识论的视角切入,李达认为,马克思主义的创始者们把实践的概念引入认识论的领域,从而唯物辩证地解决了以往唯物论和观念论在认识论问题上的二难困境,实现了哲学认识论的革新。关于这一点,下文再加以论述。

其次,李达从马克思、恩格斯创造唯物辩证法的历史过程上手,对"实践的唯物论"的形成、确立、发展、完善和成熟的历史进行了细致的考究。李达认为,早在《莱茵报》时期,马克思就开始运用唯物论的立场、观点和方法来研究资本主义政治、经济、国家和社会问题,形成了"'法律关系与国家形态',以社会的经济构造为基础"这一科学的历史观。《1844年经济学哲学手稿》则具体展开了经济学研究,分析了工资、商品、劳动、资本、地租的实质,阐明了劳动者与资本家和地主等的阶级关系;并对黑格尔的辩证法特别是其中的实践概念展开了批判,克服了其观念论的呓梦,阐明了唯物辩证法的劳动—实践概念。《德意志意识形态》则已经基本确立了"唯物辩证法的大纲",它与一切违背"实践的唯物论"基本原则的哲学思想包括费尔巴哈、鲍威尔、施蒂纳等人

---

① 《李达文集》第2卷,人民出版社1981年版,第57页。
② 《李达文集》第2卷,人民出版社1981年版,第61页。
③ 《李达文集》第2卷,人民出版社1981年版,第57页。

的思想进行了不屈不挠的斗争，彰显了"实践的唯物论"。其后，马克思恩格斯继续在政治、经济、哲学等领域与无政府主义、流俗唯物论、机械论、拉萨尔派、新康德主义、新休谟主义和黑格尔主义等各种反唯物主义、假唯物主义、旧唯物主义和形形色色的唯心主义哲学进行斗争，这些理论批判活动进一步阐明了"实践的唯物论"。《资本论》和《自然辩证法》则展现了马克思主义哲学的社会的辩证法和自然的辩证法，它们网罗了当时社会科学和自然科学的积极的成果，实现了"普遍化的最高级的综合"，使马克思主义哲学进展到更高级的阶段。

第三，《社会学大纲》特别重视和强调实践范畴的认识论意义，指出"实践不单是社会科学的范畴，并且是哲学的认识论的范畴。"[①]正是在认识论的意义上把"实践的契机导入于唯物论"，才使得"哲学的内容起了本质的变革"。为什么"实践的契机导入唯物论"就导致了哲学本身的革命呢？

一是因为在马克思主义哲学进展到列宁阶段之后，"唯物辩证法，当作哲学的科学看，原是认识论"[②]，而它的内容则正是历史观与自然观的普遍化的概括。这表明，李达并没有在一般的意义上来理解和界说认识论，而是视之为"人类认识史的综合"。认识论研究的对象——人类的认识活动所指涉的是人类变革和改造世界的全部实践活动，因而实践论也就成为认识论的题中应有之义。从这种意义上说，"实践的唯物论"本质上就是马克思主义哲学的认识论。这种认识论，不仅仅是对"实践的唯物论"的认识，更为妥切的说法是，这种认识论本身就规定了"实践的唯物论"，它既保证了"实践的唯物论"的本体论的根基，又构成了"实践的唯物论"的基本内容，体现了"实践的唯物论"的整体性和辩证性。

二是因为"实践的唯物论"把现实的感性的人类的实践活动作为讨论认识论的发起点和落脚点，贯穿于认识论的全过程，从而克服了以往哲学在认识论领域的种种弊端。从来的哲学，包括旧唯物主义和观念论，都没能够抓住哲学认识论的关键——实践。它们都只是这样那样地抓住了认识论领域的某一

---

① 《李达文集》第 2 卷，人民出版社 1981 年版，第 60 页。
② 《李达文集》第 2 卷，人民出版社 1981 年版，第 61 页。

个或某几个侧面、阶段和特点,而不能掌握认识论的全流域。它们也只是这样那样地涉及实践而又不能透彻地理解它,因为它们不能将作为"社会的—历史的范畴"的实践全面地搌入到认识论之中。形而上学唯物论的认识论,"不知道实践是认识的发展的原动力,所以不能说明认识的发展、认识的相对性与绝对的客观的真理的关系,即不能理解认识发展的辩证法"。① 观念论的认识论,"把实践理解为抽象的精神的东西,不知道实践原是社会的——历史的范畴"。② "实践的唯物论",则强调人的认识活动从变革自然与社会的实践活动发生,与实践相统一。正是在这样的实践活动过程中,人类理解和认识了自然与社会发展变化的法则,进而运用这样的法则指示进一步的实践活动。李达把这种认识活动的过程称为"认识之圆运动的发展":"实践→直接的具体→抽象的思维→媒介的具体→实践"③。这一概括,明晰地展现了认识是以人的社会实践活动为关键的联结点的。而在改变世界的社会实践的历史发展过程中,"客观世界的新矛盾、新关联、新属性和新侧面"层出不穷,并通过实践活动而进入到认识的领域,从而导致客观与主观的矛盾的新变化和新发展,进而促成认识的新的运动,形成新的真理性的认识,运用于指导实践,推动社会的实践更进一步积极地变革客观世界。

三是因为建立在实践基础之上的认识论与辩证法和论理学三者是同一的,这是"实践的唯物论"的根本的方法论论纲。人类社会的实践(包括认识外部世界的认知实践)对从事现实的实践活动的现实的人来说是既内生于自己的(实践活动本身),又外显于自己的(对实践的对象和结果的反思),这种社会的实践与建基于其上的解决思维与存在的关系问题的认识论的关系是辩证的,认识就是存在在思维上的能动的反映,唯物论的认识论就其主要对象的辩证性和与其对象的辩证关系而言是辩证法的认识论。反之,"当作认识论看的辩证法,是把认识的历史,当作普遍化的东西,从认识的结果及总计的结果见地去采取的,即是说,历史的东西是从论理的见地去采取的"。④ 这可从

---

① 《李达文集》第 2 卷,人民出版社 1981 年版,第 61 页。
② 《李达文集》第 2 卷,人民出版社 1981 年版,第 61 页。
③ 《李达文集》第 2 卷,人民出版社 1981 年版,第 266 页。
④ 《李达文集》第 2 卷,人民出版社 1981 年版,第 102 页。

两个方面来理解:一方面,辩证法是认识的历史的结果,它本身就是对以人类实践活动所造成的社会历史为主的外部世界的理解,因而辩证法与认识论是统一的;另一方面,论理学的东西也是认识的历史的普遍化,它并不在唯物辩证法及其认识论之外再去寻求一种关于思维的形式的学问,它只是排除人类实践活动所创造的历史中偶然的、扰乱的因素,从中剥离出内在的本质的必然的法则,"换句话说,论理学是世界认识的历史的总计、总和与结论"①,因此,论理学与辩证法和认识论也是统一的,它们统一于人的社会实践。由此出发,李达创造性地阐释了列宁"实践高于(理论的)认识,因为它不仅具有普遍性的品格,而且还具有直接现实性的品格"②的思想,阐扬了实践在认识论乃至整个马克思主义哲学中的基础性地位。

第四,《社会学大纲》从"实践的唯物论"的整体性出发来理解历史唯物论(唯物史观),把历史唯物论纳入到整体性的马克思主义哲学之中。

李达完全不赞同那种认为辩证唯物主义可以撇开历史唯物主义而独自成为马克思主义哲学的世界观以及历史唯物主义是辩证唯物主义在社会历史领域的简单推广和应用的观点。他认为,"历史唯物论如没有辩证唯物论,它本身就不能成立;辩证唯物论如没有历史唯物论,也不能成为统一的世界观。"③"只有彻底的把辩证唯物论扩张于人类社会或历史的领域,才能使辩证唯物论更趋于深化和发展,人们才能在世界变动的过程中去认识世界,改造世界。"④所谓"彻底的扩张",不是在知识地图上抢占对方的知识版图,如果这样理解"实践的唯物论",就会陷入把"实践的唯物论"当做地方性知识的陷阱中去;"彻底的扩张"是一种哲学原则性的表达,强调的是"实践的唯物论"之于社会历史认识的归根结底的源始性和根本性的意义。这就从根本上区别于苏联模式的推广说和扩张说。同时,李达所说的是辩证唯物论扩张于社会历史的领域,而不是辩证唯物论扩张于历史唯物论,其隐含的基本论点是历史唯物论并不是不同于辩证唯物论的另一种唯物论,二者是统一的世界观,具有极

---

① 《李达文集》第2卷,人民出版社1981年版,第103页。
② 列宁:《哲学笔记》,人民出版社1993年版,第183页。
③ 《李达文集》第2卷,人民出版社1981年版,第283页。
④ 《李达文集》第2卷,人民出版社1981年版,第283页。

密切的关联。辩证唯物论彻底扩张到社会历史是为了把"实践的唯物论"贯彻到底,彻底地根除唯心主义在社会历史领域里的最后的避难所,彻底地消除旧唯物主义在面对人类社会历史时的不知所措。这是以实践为基础的历史唯物论的基本原则。

在李达看来,历史唯物论的另一个基本原则是"实践辩证法原则"。李达认为,"历史唯物论是社会的理论与社会的实践之统一","'理论不是教条,而是行动的指导'。这个原则是象一根红线一样,贯串于历史唯物论之中。"① "历史唯物论的任务不是各色各样的解释社会,而是变革社会。"②研究社会的理论是为了正确地认识社会的本质,指导人们的社会实践。而社会的理论本身又是人们在社会的实践过程中形成的,它的对象本来就是社会的实践,所以,社会的理论附着于社会的实践,二者处于一种动态的实践的辩证关系之中。这种动态的实践的辩证关系并不是对等的平衡关系,社会的实践比较社会的理论是占据优位的。这是因为,社会的实践是社会的认识的出发点、社会的理论的真理性的规准以及社会理论的认识客体与认识主体联结的规定者,它不仅具有普遍性的价值,而且具有直接的现实性。由此可知,李达所谓的历史唯物论就是以社会的实践为基础的对社会历史的真理性的认识。这种历史唯物论"特别坚持的是历史唯物主义,而不是历史唯物主义"③。

李达以"实践的唯物论"来理解和阐释马克思主义哲学,凸现了实践范畴在马克思主义哲学中的拱顶石地位,揭示出了马克思主义哲学的本质特征,标识出了马克思主义哲学与以往一切哲学的根本区别。他不仅从本体论的角度解读"实践的唯物论",而且更加强调从认识论的角度来解读"实践的唯物论"。这虽然与当下更为注重发掘实践范畴的本体论、生存论意蕴不同,但却反映了当时的时代要求,体现了那个时代马克思主义哲学研究的理论特色。正是通过对实践范畴的审思,李达在中国马克思主义哲学史上最先深刻地把握了作为有机整体的马克思主义哲学,建构了"实践的唯物论"这一独具理论特色的马克思主义哲学阐释体系。

---

① 《李达文集》第2卷,人民出版社1981年版,第304页。
② 《李达文集》第2卷,人民出版社1981年版,第305页。
③ 《列宁选集》第2卷,人民出版社1995年版,第225页。

三

李达所构建的"实践的唯物论"与苏联教科书模式和我国 20 世纪 80 年代以前的教科书哲学对马克思主义哲学的理解是完全不同的。这一点本应当引起当代中国马克思主义哲学的研究者的高度重视，然而，我们惊异地发现，人们并没有站在中国马克思主义哲学研究的目标、路径和方法的统一的高度对之进行深入的探讨。有人甚至还认为，"实践的唯物论"在《社会学大纲》中并没有占据什么重要地位，它仅仅只是一个串联的提法而已；该书没有将实践的观点贯彻始终，因而它并没有改变中国早期马克思主义哲学研究对苏联马克思主义哲学研究范式的亦步亦趋，亦即没有脱离苏联辩证唯物主义与历史唯物主义的二分模式。在笔者看来，这类看法是站不住脚的，而其产生的原因则在于没有深入研究马克思主义哲学中国化的历史，特别是不了解李达所遵循的马克思主义哲学中国化的研究范式。

只要认真考察马克思主义哲学中国化的历史，深入解读《社会学大纲》，就会发现李达对"实践的唯物论"的理解和阐释具有鲜明的理论个性，而其最为显著之点就在于李达特别"强调对马克思主义哲学的整体把握，每部分都给予应有的重视，而实践的唯物论是整个体系的根本论纲，贯穿到各个部分"[①]。在《社会学大纲》中，李达认为，马克思主义哲学是世界观与方法论、历史观与自然观相统一的"实践的唯物论"，实践范畴是整个马克思主义哲学理论的基底，它不仅具有本体论的意义，而且具有认识论的意义；它不仅贯彻于辩证唯物论，而且通达于历史唯物论。在李达看来，马克思所谓的实践，不是与理论相对应的实际活动，也不是精神上的意识活动和经济学意义上的劳动活动，而是人的存在与人的本质，它必然贯通马克思主义哲学的全部领域。这种对"实践的唯物论"的整体性的理解和表述，从根本上区别于苏联教科书模式的马克思主义哲学的阐释体系。在苏联教科书体系中，本来是整体的马克思主义哲学被粗暴地切割成辩证唯物主义和历史唯物主义。按照这一模

---

① 　丁晓强、李立志：《李达学术思想评传》，北京图书馆出版社 1999 年版，第 166 页。

式,"辩证唯物主义是马克思列宁主义党的世界观。它所以叫作辩证唯物主义,是因为它对自然界现象的看法、它研究自然界现象的方法、它认识这些现象的方法是辩证的,而它对自然界现象的解释、它对自然界现象的了解、它的理论是唯物主义的。"①而"历史唯物主义就是把辩证唯物主义的原理推广去研究社会生活,把辩证唯物主义的原理应用于社会生活现象,应用于研究社会,应用于研究社会历史"②,因而历史唯物主义附庸于辩证唯物主义。这种看法否定了实践的本体论意义,完全无视实践概念在马克思主义哲学中的基础地位,把"马克思主义辩证方法"与"马克思主义哲学唯物主义"割裂开来,实际上是向一般唯物主义、"直观的"唯物主义倒退,完全背离了马克思哲学革命的意旨。与此不同,李达在《社会学大纲》中建构了一种以实践概念为基础和理论核心的马克思主义哲学阐释体系,即"实践的唯物论"的体系。

李达之所以能够在《社会学大纲》中建构起一种"实践的唯物论"的体系,是有其多方面的深刻原因的。

首先,李达长期坚持深入研究马克思主义哲学经典著作,特别是反映经典作家的基本观点的重要著作。从 20 世纪 20 年代至 30 年中期写作《社会学大纲》时,李达深研了马克思发表在《莱茵报》上的系列文章、《论犹太人问题》、《1844 年经济学哲学手稿》、《德意志意识形态》、《神圣家族》、《哲学的贫困》、《资本论》及其部分手稿,恩格斯的《家庭、私有制和国家的起源》和《自然辩证法》,列宁的《唯物主义和经验批判主义》和《哲学笔记》等马克思主义哲学经典著作。同时,李达也研读了许多国外马克思主义哲学论著,仅就其翻译成中文并在国内出版的国外马克思主义著作就有《唯物史观解说》、《社会科学概论》、《现代世界观》、《马克思主义经济学基础理论》、《理论与实践的社会科学根本问题》和《辩证法唯物论教程》。对这些当时最新的国外马克思主义哲学著作的研读,大大拓展了李达的理论视野,深化了他对马克思主义哲学的实践本性的认识。例如,早在 20 世纪 20 年代,日本学者河上肇就在其《马克思主义经济学基础理论》中把马克思主义哲学称为实践唯物主义,李达无疑从

---

① 《斯大林选集》下卷,人民出版社 1979 年版,第 424 页。
② 《斯大林选集》下卷,人民出版社 1979 年版,第 424 页。

这一思想中受到了启发。

其次,李达在大量阅读马克思主义哲学经典著作和国外马克思主义哲学论著的基础上,对马克思主义哲学进行了深入的研究。李达对马克思主义哲学的研究,借用他自己的话说,也经历了从"介绍"到"实行"的过程。这里所谓的"实行",既包括在完整、准确地掌握马克思主义基本原理和观点的基础上运用它来指导中国革命实践,也包括通过总结中国革命实践的经验来丰富和发展马克思主义哲学。《社会学大纲》对"实践的唯物论"的系统阐释正是马克思哲学在中国的"实行",它是李达沿着《现代社会学》、《社会之基础知识》等著作结合中国的具体实际探索马克思主义哲学的道路继续前进所取得的重要成果,体现了他对马克思主义哲学的实践本性的深刻理解。

最后,李达深刻地领悟了马克思主义哲学的根本旨趣就在于"改变世界"、指导人们变革现实的实践。"实践的唯物论"的提出,正是为了"用科学的宇宙观和历史观,把精神武装起来,用科学的方法去认识新生的社会现象,去解决实践中所遭遇的新问题,借以指导我们的实践"。① 事实上,《社会学大纲》也的确"能够在中国的经济、政治、军事、文化种种问题上给予科学的解释,给予理论的说明"。② 这是因为,它不仅准确把握了马克思主义哲学的精神实质,而且适应了中国社会发展和中国革命实践的需要。

有一种看法认为,《社会学大纲》通篇并没有专门论述中国的现实,没有具体分析中国社会和中国革命的问题,而只是系统地介绍了马克思主义哲学原理,因而算不上什么马克思主义哲学中国化的成果。这种看法是不符合实际的。实际上,且不论《社会学大纲》原拟撰写以中国社会研究为内容的第六部分(因故而未能完成),仅就它在中国话语中来理解和阐释马克思主义哲学,并建构了一种独具特色的"实践的唯物论"的体系而言,就足以说明它所遵循的是马克思主义哲学中国化的研究范式,就足以表明它是马克思主义哲学中国化的重大理论成果。也正因如此,《社会学大纲》一出版便广泛流传,一版再版,毛泽东也曾反复阅读,并作了详细的批注。

---

① 《李达文集》第 2 卷,人民出版社 1981 年版,"第四版序"第 7 页。
② 《毛泽东选集》第 3 卷,人民出版社 1991 年版,第 814 页。

李达的《社会学大纲》以"实践的唯物论"来指称、理解和阐释马克思主义哲学，是实践唯物主义在中国话语中的初始开显，标志着中国马克思主义者对马克思主义哲学的理解达到了一个全新的高度。即使是在今天看来，李达在《社会学大纲》中对马克思主义哲学的这种理解也是非常深刻的，而该书所体现出来的马克思主义哲学中国化的研究范式，更是我们深化当代中国马克思主义哲学研究、在当代条件下继续推进马克思主义哲学中国化的宝贵思想资源。

（原载《学习与探索》2015 年第 5 期）

对马克思主义哲学大众化的重要探索

——李达的《辩证法的唯物论问答》探论

汪信砚　张晓燕

李达是我国最早研究和传播马克思主义的学者之一,被学界誉为"普罗米修斯式的播火者"。他在日本留学期间就开始研究马克思主义哲学,并将其向国内传播,翻译、写作了大量马克思主义哲学论著,为马克思主义哲学在中国的传播和发展作出了重大贡献。《辩证法的唯物论问答》一书于1937年7月由上海进化书店出版,是李达致力于马克思主义哲学大众化的重要著作,它以问答的形式、通俗的语言,简明地阐述了马克思主义哲学的主要内容,使马克思主义哲学能够通达大众,为当时的革命者、特别是广大爱国青年提供了科学的理论和方法指导。今天我们研究这部著作,考察和探析这部著作的特色及其对于推进马克思主义哲学大众化的重要意义,能够为当代中国马克思主义哲学大众化提供有益的思想资源。

一、《辩证法的唯物论问答》的写作背景

1840年的鸦片战争,西方列强用坚船利炮冲破了中国长期闭锁的国门,使中国社会开始沦为半殖民地半封建社会。在西方资本主义的入侵下,中国两千多年的封建经济濒于破产,人民大众的生活愈加艰难。面对日益深重的民族危机,一代又一代的先进的中国人纷纷向西方国家寻求救国救民的真理。然而,从洋务运动师夷之长技以制夷到维新变法学习西方的政治制度,从辛亥革命推翻清朝的封建统治到五四运动以前新文化运动学习西方的"民主"和"科学",都没有能够改变中国被列强欺压的落后面貌。

1917 年俄国十月革命的胜利,建立了世界上第一个无产阶级政权,开启了人类历史发展的新纪元。十月革命是第一次取得胜利的无产阶级革命,建立了一个没有剥削、没有压迫的新型社会主义国家,为世界无产阶级革命开辟了前进的道路,也极大地震撼和鼓舞了中国的先进知识分子。正如毛泽东所说,十月革命一声炮响,给中国送来了马克思列宁主义。俄国十月革命的胜利,使深受资本主义压迫的半殖民地半封建的中国看到了希望,一批先进知识分子决定走俄国人的革命道路,自觉学习和研究马克思主义,初步掌握了马克思主义理论。1919 年巴黎和会上北洋政府将山东拱手相让,其丧权辱国的行径激起了中国民众的愤怒和对帝国主义压迫的强烈反抗,遂爆发了五四运动,学生罢课、工人罢工、商人罢市,一时间风起云涌,中国无产阶级第一次团结起来并以整体的姿态登上了历史舞台。中国早期马克思主义者看到了中国无产阶级的团结和力量,意识到了在中国进行无产阶级革命的可能性,开始在中国广泛传播马克思主义哲学。

马克思主义哲学在中国的传播,大致可以分为两个时期:启蒙传播时期和系统传播时期。1919 年 5 月,北京《晨报》连载了陈溥贤翻译的日本马克思主义者河上肇的《马克思的唯物史观》,这是最早在中国传播马克思主义哲学的文章,标志着马克思主义哲学在中国启蒙传播时期的开始。随后,李大钊撰写了《我的马克思主义观》一文,第一次全面阐释了马克思主义。1921 年,中国共产党正式成立。担任党的中共宣传局主任的李达创建了党的第一个出版机构——人民出版社,并创办了《共产党》、《新时代》等杂志,翻译、撰写了《唯物史观解说》、《马克思学说与中国》等有重要影响的论著。党的早期领导人陈独秀发表了《马克思学说》,积极传播唯物史观。瞿秋白出版了《现代社会学》、《社会哲学概论》等一系列著作,初步阐述了辩证唯物主义的基本原理。到 1926 年《现代社会学》的出版,李达较全面深刻地论述了用唯物史观改造社会科学的意义,创造性地解答了关于无产阶级革命运动和民族解放的一系列问题,标志着马克思主义哲学在中国启蒙传播的完成。

1927 年大革命失败至 20 世纪 30 年代中期是马克思主义哲学在中国系统传播时期。1927 年以前,马克思主义哲学在中国的传播还基本上局限于唯物史观。1927 年以后至 30 年代的唯物辩证法运动,使中国人对马克思主义哲学有了更加全面的理解。这一时期李达翻译出版的《社会科学概论》、《现代世界观》、《马克思主义经济学基础理论》、《辩证法唯物论教程》等马克思主义哲学著作,也都全面地阐释了马克思主义哲学理论。30 年代中期李达的《社会学大纲》的完成和出版,标志着马克思主义哲学在中国系统传播的基本结束。

但是,直到 1934 年以前,马克思主义哲学在中国的传播基本上还局限于思想界和学术界,很少面向普通群众。这种情况,与中国革命发展的实际需要是极不适应的。中国共产党成立以后,肩负着救亡图存的使命,带领广大工人和农民积极开展无产阶级革命运动,中国无产阶级的队伍也日益壮大。中国革命的迅速发展,急需用马克思主义哲学武装广大革命者的头脑。当时,广大党员干部和革命群众的马克思主义理论水平比较低下,人们对马克思主义哲学的了解和理解严重不足,这些都成为制约革命运动发展的不利因素。在这种情况下,1934 年至 1935 年间,艾思奇在《读书生活》杂志上连载了《哲学讲话》,后出版为《大众哲学》一书,以生动活泼的语言、形象贴切的比喻、通俗易懂的事例,从本体论、方法论、认识论等方面深入浅出地阐述了马克思主义哲学,促进了马克思主义哲学在普通大众中的传播。艾思奇在该书第四版序言中表示,他写作这部著作并没有期待它在大学的课堂中使用,而是希望写出一本普通大众都能够读懂的哲学书籍,希望它能够流传于街头巷尾、乡间田野劳动人民的手中,受到百姓的欢迎[1]。艾思奇的《大众哲学》开启了马克思主义哲学大众化的新局面,马克思主义哲学"大众化"也由此受到人们的高度重视。

时代的召唤、中国革命运动发展的迫切需要,同样也深深地打动了李达。他清醒地意识到,"中国社会已经踏进了伟大的飞跃的时代,我无数同胞都正在壮烈地牺牲着,英勇地斗争着,用自己的血和肉,推动着这个大飞跃的实现,创造着这个大时代的历史。""可是,战士们为要有效地进行斗争的工作,完成民族解放的大业,就必须用科学的宇宙观和历史观,把精神武装起来,用科学的方法去认识新生的社会现象,去解决实践中所遭遇的新问题,借以指导我们

---

[1]　艾思奇:《大众哲学》,人民出版社 2004 年版,"第四版代序"第 4 页。

的实践。"①正是在这一背景下,李达义无反顾地投身于马克思主义哲学大众化的工作,写作了《辩证法的唯物论问答》这部著作,为广大青年学习马克思主义哲学提供了一本优秀的入门书籍。

二、《辩证法的唯物论问答》的主要内容

《辩证法的唯物论问答》这本小册子共七节 29 个问答。通过自问自答的体裁形式,李达简要而深刻地阐述了马克思主义哲学的主要内容及其在社会科学中的运用。在书中,李达首先论述了唯心论与唯物论的对立,并着重阐述了唯物论在社会科学中的运用,然后论析了辩证法的含义及其历史源流,指出唯物论的辩证法是考察事物最正确最科学的方法,进而详细阐释了物质的运动和事物间的联系、矛盾互斗、质量互变等辩证法的内容,凸显了唯物辩证法对于社会科学研究和中国革命的指导意义。

(一)唯物主义的宇宙观

李达在第一节的开篇,首先提出和回答了最困扰大众的"什么叫做哲学"的问题。在常人看来,哲学似乎是一种玄妙不可索解的东西。李达指出,这种看法其实是错误的。从马克思主义的立场看,"所谓哲学,即是各种科学的综合"。② 哲学所依据的一切材料均来自其他具体科学,所以哲学是科学的科学,是关于自然、宇宙和人生的完整的知识体系。而"马克思主义的哲学基础,即是辩证法的唯物论,这是一整个儿的宇宙观及人生观。研究社会科学,非先理解辩证法的唯物论不可"。③

宇宙中物质和精神何为本源?这是哲学中的根本问题,对它的不同回答形成了唯心论与唯物论的根本对立。李达指出,宇宙间一切的现象,可以分为物质的和精神的两种。物质现象有广延属性,可以被人的感官感觉到;精神现象无广延,我们的感官无法感觉它,但它确实存在,如思想、意志、情感等。唯

---

① 李达《社会学大纲》,武汉大学出版社 2007 年版,"第四版序言"第 1 页。
② 李达:《辩证法的唯物论问答》,上海进化书店 1937 年版,第 1 页。
③ 李达:《辩证法的唯物论问答》,上海进化书店 1937 年版,第 1—2 页。

心论以为精神是宇宙万物的本源,精神能够生出物质,是构成一切宇宙事象的原因;唯物论则坚持物质是万物的始源,物质能生出精神,并用物质的性质来解释一切宇宙现象。李达援用恩格斯对世界的物质统一性的论证指出,作为能够思维的物种,人类是从自然界产生并仍要服从于自然规律的,而从生物进化的角度看人类又是由不会思维的物种进化而来的,即从不会思维的物种进化出了会思维的人类,由此可以说物质是精神之母。李达进一步指出,"精神是由一定方法组织了的物质出现了的时候,才会出现的东西。我们欲使精神出现,必需要有物质的条件组织而成的。"①就拿人的思维来说,它是大脑的产物,是大脑这一组织体形成的时候才能存在的,而人脑又是自然界的一个部分,因此,人的思维等精神现象归根到底也是大自然的产物,其产生和存在依赖于物质世界。虽然李达的论证比较简单,但却清楚明了地阐述了物质决定精神这一唯物主义哲学的基本原理,在开篇就为帮助读者确立科学的唯物论的宇宙观奠定了基础。

李达在对唯心论和唯物论的概念进行辨析之后,简要地阐述了唯心论和唯物论演变的历史,最后得出结论说,马克思和恩格斯"给了唯物论以最完全的理论","他们把唯物论结系于辩证法,一面把唯心论赶出去,而把唯物论的学说,扩张到了社会科学"②。

李达认为,把唯物论扩张到或反映到社会科学是完全必要的。他指出,社会意识是人与人在交往中来表达自己、理解别人的样式,并不是什么神秘不可知的东西;人的意志并不是自由的,而是要受人的存在之外的条件所制约的;不是人的意识规定了客观的存在,倒是客观的存在规定了人的意识;物质的生产及其手段(物质的生产力)是人类社会存在的基础。没有它们便不会有"社会意识"和"精神文化",正如没有脑筋便不会思维一样。对此,李达以原始采集狩猎时期和资本主义时期的情况作了说明。原始社会生产力非常落后,人们要把所有的时间都消耗在获得生活必需品上,精神文化没有产生的物质基础;到了近代资本主义社会,人类生产技术非常先进,对于自然的支配能力和

---

① 李达:《辩证法的唯物论问答》,上海进化书店 1937 年版,第 4 页。
② 李达:《辩证法的唯物论问答》,上海进化书店 1937 年版,第 8 页。

劳动能力得到了极大提高,人们在生产生活资料的同时,还有闲暇来进行精神劳动,哲学、宗教、科学、艺术等领域都创造出了辉煌的成果。可见,并不是"精神文化"(社会意识)产生"社会的物质",而是社会物质生产的发展促进着"精神文化"的发展;人类社会"并不是'心的有机体',而是'生产有机体'或劳动组织体"①。这便是社会科学内唯物论者的见地。李达进而指出,在某一个时代,在某一种生产样式及物质状态,人们根据了那种生产样式,就生出什么思考来。比如近代的资本主义社会,它的生产力是很发达的,有不劳而获、坐享其成的资本家(榨取阶级),他是占有生产工具及原料的;反之,有一无所有、出卖劳力的无产阶级(被榨取阶级),他们除了自己的劳力之外,便什么也没有了。因此,社会上的组织也就自然地异常错综而复杂,人们的思考也自然随之而复杂。资本家只想扩张生产,榨取劳动者的血汗,以增加其利润,同时,因为惧怕无产阶级的反抗,便创造出许多社会制度来,如法律、宗教等,以压迫无产阶级。资本家更有多余的时间,便想到享乐上去,如艺术、音乐、绘画等,这种种现象,都是受了物质的生产力所规定的。李达指出,在社会科学内唯物论的见地是唯一正确的,而马克思于 1859 年出版的《政治经济学批判》是将唯物论应用于社会科学的最早的尝试。在他看来,唯心论将社会归为人的欲望、感情、思想、意志等的结合是十分错误的,"如果社会科学受了唯心论的支配,那么,社会科学也要变成非科学了"。②

(二)辩证法的概念和起源

什么是辩证法?李达指出,"辩证法是自然上历史上思维上的普遍关系的科学"③,它在事物最普遍的关系上、在其相互的依存关系上、在其非固定的发展上观察事物;而那种只在个别上观察事物、只在事物的固定状态上观察事物的方法,是和辩证法相反的方法。

李达认为,辩证法的获得有三个源泉:对自然现象的观察、对历史上各时代变化的观察、对人类思维本身的研究。"我们头脑中出现的辩证法的思维

---

① 李达:《辩证法的唯物论问答》,上海进化书店 1937 年版,第 13 页。
② 李达:《辩证法的唯物论问答》,上海进化书店 1937 年版,第 10 页。
③ 李达:《辩证法的唯物论问答》,上海进化书店 1937 年版,第 16 页。

法则是和现实的法则,和自然及历史中的变化的法则一致。"①他指出,这并不是特别不可思议的事实,因为人类实在也只是自然的一部分。在他看来,人类是和自然中其他现象同种类的东西,人类的思维及其结果也只是自然的现象,所以人类的思维能和自然的及历史的法则是一致的。

那么,唯物论和辩证法是何时联系起来、由谁把它们联系起来的呢? 为了回答这一问题,李达追溯了辩证法的发展历程,概述了从古希腊苏格拉底的"问答法"到近代黑格尔的"矛盾互斗"思想再到费尔巴哈的唯物论的演变。

李达指出,黑格尔完成了辩证法的系统,他的辩证法证明:一切事物都不是固定的、都在无间断地变化,即一切个别事物、个别制度各有各的发端,因而必然各有各的终结,各有各的发展之向下的阶段;一切事物,一切制度,一切思维,都要死灭而转化为它的反对物,因而没有什么神圣不可侵犯的东西。因此,辩证法是最高革命的方法。不过,黑格尔虽则光大了辩证法,但是他的哲学的基础是唯心的、观念论的,而且是绝对的观念论。依黑格尔的见解,思维的运动是自立的、独立的,思维的运动是宇宙运动的创造者。这完全颠倒了思维与实在的关系。李达认为,费尔巴哈消灭观念论而走向了唯物论,但费尔巴哈的结论有其消极的一面,因为他缺乏辩证法思想,他仅能对自然作唯物论的观察而不能就历史作唯物论的说明,他的唯物论是自然科学的唯物论。马克思和恩格斯对费尔巴哈的学说进行了修正,由此而进到真正的辩证唯物论的境地。"于是辩证法到了这个时候,便真正变为科学的社会主义者的哲学基础,与唯物论结合而成辩证法的唯物论,而成为一种最正确的思考方法。这是研究社会科学者的出发点。"②

(三)唯物辩证法的主要内容

1. 物质永动和各现象间的联系

李达指出,对于宇宙及社会中一切事物的存在状态,有两种不同的见地:静的见地认为一切事物的状态是静止不变的,动的见解认为一切的现象都在

---

① 李达:《辩证法的唯物论问答》,上海进化书店 1937 年版,第 16 页。
② 李达:《辩证法的唯物论问答》,上海进化书店 1937 年版,第 21 页。

连续不断地运动着。其中,动的见地又称为辩证法的见地,而静的见地是形而上学的见地,后者是完全错误的。李达根据近代自然科学发展的成果指出,大到宇宙中的天体,小到构成物质的原子和电子,都在不断地运动着;世上绝无不动的固定的东西,万象运动变化。辩证法就是物质永动的反映,辩证法的原则就是运动的原则。我们想要理解某个事物时,就应当在其运动、变化、发展和消灭的过程中去考察,这即是辩证法的认识方法。李达进而指出:"因为一切的事物是变动的,不是固定的,所以我们研究宇宙间及社会间的一切事象就应当在他们的相互联系上去考察,不得视为绝对分离(孤立)的。"①世界上一切事物都在不断地运动变化,因此"今日之我已非昨日之我",假若把"今日之我"与"昨日之我"孤立地看,根本无法认识这个"我",只有在"我"的发展变化中、在"昨日之我"与"今日之我"的密切联系中,才能对"我"获得全面正确的理解。李达还以俄国革命为例对此作了说明:俄国革命胜利后,在西方资本主义国家的包围中成功建立并巩固了无产阶级政权,正是因为俄国革命和西欧及其他国家无产阶级革命的发展关系十分密切,并且俄国无产阶级以辩证法的方法看待这一关系,准确地把握了客观的国际形势和外部环境,在第一次世界大战资本主义内部矛盾极其尖锐的时候发起革命运动,最终取得了胜利。因此,辩证法要求考察一切现象,首先必须在其密不可分的关系上考察,在事物运动变化的状态中考察。这不仅适用于研究自然界事物,更在考察人类社会现象中发挥着重要的作用,是中国无产阶级必须学习和把握的。

2. 社会科学中之历史主义

李达指出,在科学的宇宙观的最新发展过程中,马克思的姓名正可以和哥白尼、达尔文的姓名相并立:哥白尼规定了我们对于天体中地球位置的正确观念,就此开始了科学的唯物的宇宙公律之观察;达尔文发现了物理变化生存竞争的原理,就此开始了科学唯物的生物世界公律之观察;马克思发现了社会进化阶级斗争的原则,就此开始了科学的唯物的社会历史公律之观察。马克思"是将历史变成真正科学的第一人",他最先将唯物论的方法运用于考察人类历史,创造出历史唯物论,阐明了历史唯物论的两个要义:生产力的发展是人

---

① 李达:《辩证法的唯物论问答》,上海进化书店 1937 年版,第 23 页。

类历史发展的主要动力;人与人之间的生产关系不是由个人的意志来支配的,而是由生产力决定的。在人类历史上,正是由于生产力的发展和技术的进步,生产关系不断变化发展,社会制度、社会习俗越来越文明,人类社会不断朝着更完美的方向前进。因此,人类社会也和自然界一样,常在流转不息的变动之中。李达进一步指出,研究人类社会发展之阶段,必须掌握和运用唯物论的辩证法:必须在各种社会形式的特质上去考察,在其内部变化的历程上去考察,还要在其产生、发展和消亡的过程中、在与其他社会形式的联系上去考察。这三个方面实际上都是唯物辩证法在社会科学中的具体运用。李达特别强调研究人类社会必须掌握和运用唯物辩证法,目的在于引导人们科学地认识中国社会、找到中国革命的正确道路。他认为,掌握唯物辩证法,就能发现"历史的必然性",明确人类历史的发展方向:资本主义走到帝国主义时期必然引起尖锐的阶级矛盾和社会变革,人类社会必将走向共产主义阶段。

3. 矛盾互斗及历史发达的矛盾

事物的运动变化究竟是怎样进行的? 李达指出,一切事物的运动变化都是由其内部不断的矛盾和斗争引起的,都要经历肯定、否定、否定之否定的过程。在其内部矛盾的推动下,事物"因肯定的否定而设立否定,因否定的否定而设立肯定"。① 但是,在辩证法看来,最初的这一个"肯定"和"否定之否定"得到的"肯定"不同,经过双重否定而得到的"肯定"不是回到了事物的原点,而是达到更高的程度、生出新的事物,因此,"否定之否定"原则又可以称为从旧事物产生出新事物的法则。那么,社会是否也能保持某种均衡状态呢? 李达认为,"社会是存在于自然之中,社会多少总适应于自然,而与自然保持着相当的均衡状态。社会底各部分,如果社会存续,都不住地互相适应。"② 由此,李达给"均衡"下了一个定义:"若一个组织体不能自发地,即不加以外部的 Energie(即能量——引者注),不能丢弃这个状态时,我们就说这个组织体在均衡的状态。"③ 就是说,均衡是组织体内部互相适应、协调稳定的一种状态。但是,均衡状态的形成是一个过程,是事物由于其内部矛盾的互斗而运动

---

① 李达:《辩证法的唯物论问答》,上海进化书店 1937 年版,第 33 页。
② 李达:《辩证法的唯物论问答》,上海进化书店 1937 年版,第 34 页。
③ 李达:《辩证法的唯物论问答》,上海进化书店 1937 年版,第 34 页。

发展、达到更高阶段的过程,即"均衡状态——均衡搅乱——均衡恢复"的过程。接着,李达分析了环境与组织体间的矛盾。环境与组织体有不断的联系,二者能够相互作用,这种作用有三种形式:稳定的均衡、积极的可动的均衡和消极的可动的均衡。李达进一步指出,组织体内部的均衡状态,不得不依照那存于组织体和环境之间关系的发展而变动,组织体与环境间的外部矛盾决定着组织体的根本变动方向;内部的均衡依存于外部的均衡,表现在社会与自然的关系上,即是社会和自然间的均衡的形式决定着社会运动的根本方向。

4. 社会科学中之突变性与渐变性

李达指出,突变性与渐变性的统一是辩证法的一个特征。"突变性"即事物的质变,"渐变性"即事物的量变。事物的发展总是从单纯的量的增加到发生质的变化、再在新质的基础上展开新的量变,是一个螺旋上升的过程,这即是"质变为量"和"量变为质"的命题。李达以水为例对此作了说明。当把水逐渐加热到一定温度就会蒸发为水蒸气,或逐渐降温到一定程度就会凝结成冰,这是水由量变到质变的过程。"量到质底变化,是物质运动底根本法则之一。"①事物的质变即事物发展过程中的"飞跃",它是事物的特殊的发展状态。例如,资本主义过渡到帝国主义阶段,这是事物的量的变化;当阶级矛盾的激化发展到一定程度,就会爆发社会革命,无产阶级就会夺取政权,建立社会主义国家,这就是历史发展过程中的质的飞跃。李达援引普列汉诺夫的话说:"飞跃前提——渐进的变化,而且这渐进的变化要引到飞跃。这是在同一过程中之两个必然的要素。"②李达指出,由此可以看出,社会和自然,必须要经历质的飞跃,才能开始一个新的方向,在新的阶段上继续向前发展。李达还批判了黑格尔关于自然界中没有飞跃的观点,认为这种思想是非常愚蠢的。他认为,"自然不会飞跃这句成语,单是恐惧社会内的飞跃的一个表现,即是对于革命感觉不安的一个表现。"③20 世纪 30 年代,中国社会也有类似的惧怕社会革命、反对社会革命的资产阶级改良主义观点。李达强调"质变"和"飞跃",正是为了反对这种改良主义的观点,为无产阶级社会革命提供理论

---

① 李达:《辩证法的唯物论问答》,上海进化书店 1937 年版,第 40 页。
② 李达:《辩证法的唯物论问答》,上海进化书店 1937 年版,第 41 页。
③ 李达:《辩证法的唯物论问答》,上海进化书店 1937 年版,第 40—41 页。

依据。

最后,李达把辩证法定义为人们认识事物、把握事物的科学的方法,其"最普遍的特征是在事物的关系中,在事物的连续和永动的关系中,在矛盾底发展中,在从事物的变化中,去观察事物"①。李达在全书结尾处特别强调:"辩证法的唯物论是每一个研究社会科学的人所首先应当把握的。这是马克思主义的哲学基础。这是无产阶级斗争的武器。是我们每一个青年所应当理解和把握的。"②这段话充分表达了李达写作该书的目的和对青年们所寄予的希望。

三、《辩证法的唯物论问答》的特色和意义

《辩证法的唯物论问答》是李达在翻译了大量国外马克思主义哲学论著、撰写了《现代社会学》、《社会学大纲》等中国马克思主义哲学名著的基础上完成的,是 20 世纪 30 年代为数不多的马克思主义哲学大众化著作之一。作为一部由中国马克思主义哲学大师撰写的、"专门供给一般初学社会科学的青年看的""一本社会科学的入门书"③,《辩证法的唯物论问答》具有鲜明的理论特色,对于推进中国马克思主义哲学大众化具有重要意义。

(一)《辩证法的唯物论问答》的主要特色

《辩证法的唯物论问答》是李达自觉致力于马克思主义哲学大众化的成果。马克思主义哲学大众化,就是要把马克思主义哲学的基本原理、基本观点具体化、通俗化,使之能够为人民大众所理解和接受。《辩证法的唯物论问答》是专门针对大众这种读者群体而写的,其内容和形式都贴近当时人民大众、特别是广大青年的实际需要。正如王炯华先生所说,它"是一本短小精悍的小册子,也是 30 年代马克思主义哲学通俗化和普及宣传中一本有特色的辅

---

① 李达:《辩证法的唯物论问答》,上海进化书店 1937 年版,第 41 页。
② 李达:《辩证法的唯物论问答》,上海进化书店 1937 年版,第 42 页。
③ 李达:《辩证法的唯物论问答》"序",上海进化书店 1937 年版。

导读物"①。

第一,短小精悍,通俗易懂。与李达于 1937 年 5 月正式出版的《社会学大纲》相比,《辩证法的唯物论问答》一书无论是在篇幅上还是在语言风格方面都有显著的不同。《社会学大纲》全书约四十万字,它建构了一个"实践的唯物论"的马克思主义哲学阐释体系,全面阐述了辩证唯物主义和历史唯物主义的基本原理,是当时系统传播马克思主义哲学的代表性著作。但在马克思主义哲学的普及和宣传方面,它的写作方式并不适应一般大众的认识水平。而《辩证法的唯物论问答》则不同,它不仅短小精悍,仅约 2 万字的篇幅,而且语言简洁明快,没有专业名词的堆砌,也没有冗长烦琐的论证,非常通俗易懂。李达本人曾说,他写"这本书不过是想借给读者一些基本的知识,以引起诸君研究的兴趣而已","读者如要进一层的研究,必须再要读高深的书籍"②。因此,李达的这部著作也可以说是对马克思主义哲学的引论,它是切合当时广大青年学习马克思主义哲学的实际需要的。

第二,采用问答体裁,便于大众自学和有效把握。于 1936 年成书和出版的艾思奇的《大众哲学》,较早明确以大众为对象并运用通俗的语言和生动的事例来阐释马克思主义哲学,在社会上引起了热烈的反响,是马克思主义哲学大众化的重要文献。但是,该书沿用了一般著作的叙述方式,问题不明确,对于初学者来说,要想借此提纲挈领地把握马克思主义哲学仍有很大难度。李达的这本著作采用了问答的体裁形式,首先强化读者的问题意识,让读者带着问题来学习马克思主义哲学,有利于提高学习效率,使人们在学习马克思主义哲学时能有切实可感的收获。他在序言中指出,"现在一般研究社会科学的青年,往往将一本书看完就算了,提不起问题来研究。"③显然,以这种"提不起问题"、缺乏问题意识的方式读书,虽然可能花费了大量的时间和精力,却难以有取得实际效果。正是基于这种考虑,"所以这本书采取了问答的体裁,我们看的时候,随时可以提起问答来复习和研究,便于自习,也便于用作教

---

① 王炯华:《李达与马克思主义哲学在中国》,华中理工大学出版社 1988 年版,第 194 页。
② 李达:《辩证法的唯物论问答》"序",上海进化书店 1937 年版。
③ 李达:《辩证法的唯物论问答》"序",上海进化书店 1937 年版。

材"①。

第三,理论联系实际,具有极强的现实指导性。李达"研究马克思主义哲学的目的是为了认识和改造中国社会,回答'中国'向何处去这样一个时代大问题"②,因此,他的所有马克思主义哲学论著都具有一个鲜明的特点,那就是理论联系实际,即紧密结合中国社会和中国革命的实际来阐释和论说马克思主义哲学。《辩证法的唯物论问答》也不例外。在该书中,李达注重阐述唯物论在社会科学中的应用,强调运用唯物主义的宇宙观和辩证法的认识方法来认识和把握人类社会生活和人类历史的发展,并经常运用俄国十月社会主义革命、资本主义社会的矛盾、特别是无产阶级与资产阶级的对立来阐释唯物辩证法的有关原理,明确指出唯物辩证法是中国无产阶级斗争的重要理论武器。所有这些,对于 20 世纪 30 年代已经觉醒的中国民众、特别是广大爱国青年来说,具有很强的现实针对性和重要指导意义。

第四,注重对哲学史的追溯。在阐述马克思主义哲学理论时,为了使读者明确一些重要哲学问题的来龙去脉和马克思主义哲学的一些重要观点的形成过程,李达非常注重对哲学史的追溯。例如,在阐释哲学的基本问题时,他追溯了唯心论和唯物论的发展历程,简要论述了从古至今各个时期重要哲学家的主要观点;在考察辩证法的起源问题时,他追溯了从古希腊苏格拉底的问答法到近代黑格尔的唯心辩证法再到马克思的唯物辩证法的发展。这种对哲学史的简要回顾和追溯,使李达对相关问题的阐述史论结合、血肉丰满,有利于引起读者对有关问题作一步了解和研究的兴趣。

(二)《辩证法的唯物论问答》的重要意义

李达的《辩证法的唯物论问答》是 20 世纪 30 年代我国马克思主义哲学大众化的重要文献,无论是从其对马克思主义哲学大众化的理论探索来看,还是就其所产生的实际影响而言,它对于推进中国马克思主义哲学大众化都具有重要意义。

---

① 李达:《辩证法的唯物论问答》"序",上海进化书店 1937 年版。
② 汪信砚:《李达哲学探索的独特理论个性》,《哲学研究》2011 年第 12 期。

首先,李达的《辩证法的唯物论问答》对马克思主义哲学大众化的形式作了重要探索,开创了马克思主义哲学大众化的问答形式。艾思奇的《大众哲学》是马克思主义哲学大众化的成功范例之一,也是马克思主义哲学大众化方面最有影响的著作,它开了以形象的比喻和人们熟知的事例来阐述马克思主义哲学的先河。在艾思奇的《大众哲学》之后,李达在《辩证法的唯物论问答》中对马克思主义哲学大众化的形式作了新的探索和实践,开了以问答形式阐述马克思主义哲学、进行马克思主义哲学大众化的先河。这种马克思主义哲学大众化的问答形式的优长之处在于,通过选择性地提出和解答问题,著作者能够把握马克思主义哲学大众化的主动权,能够着重阐释和传播马克思主义哲学理论中最为根本和不同时期人民大众最迫切需要掌握的内容。李达在《辩证法的唯物论问答》中所开创的这种马克思主义哲学大众化的问答形式,后来经常为人们所采用,早已成为中国马克思主义哲学大众化的重要形式之一。

其次,李达的《辩证法的唯物论问答》教育了一代青年,引导广大青年掌握了科学的宇宙观和方法论,推进了马克思主义哲学大众化进程。李达的《辩证法的唯物论问答》是在马克思主义哲学在中国的系统传播已基本结束、马克思主义哲学大众化刚刚开启之际写作的,其内容和形式都很好地适应了当时革命者、特别是广大青年学习马克思主义哲学的需要,对于用马克思主义哲学武装革命者的头脑、为中国革命培养大批善于运用科学的宇宙观和方法论分析问题的中坚力量发挥了重要作用。可以说,在马克思主义哲学大众化方面,李达的《辩证法的唯物论问答》是艾思奇的《大众哲学》的重要接力者之一,它构成了中国马克思主义哲学大众化进程的一个重要阶梯。在李达的《辩证法的唯物论问答》出版前后,还出现了其他许多马克思主义哲学大众化的接力者,如胡绳的《哲学漫谈》和《辩证法唯物论入门》、陈唯实的《通俗辩证法讲话》和《通俗唯物论讲话》等,它们一起在 20 世纪 30 至 40 年代兴起了一场马克思主义哲学大众化运动,都为马克思主义哲学大众化作出了重要贡献。

最后,李达的《辩证法的唯物论问答》的内容和形式为当代中国马克思主义哲学大众化提供了有益借鉴。正如前述,马克思主义哲学大众化,就是要使马克思主义哲学能够为人民大众所理解和接受。马克思主义哲学大众化的对象是马克思主义哲学理论本身①,马克思主义哲学最终是否能够为人民大众所理解和接受,关键在于我们提供给人民大众的马克思主义哲学理论的内容和形式是否切合人民大众的需要。马克思曾经说过:"理论只要说服人,就能掌握群众;而理论只要彻底,就能说服人。所谓彻底,就是抓住事物的根本。"②就马克思主义哲学大众化而言,所谓"抓住事物的根本",就是切合和满足人民大众的实际需要,即我们在阐释马克思主义哲学理论时,在内容上要坚持理论联系实际,要回答人民大众所关心的问题,要让人民大众觉得学了管用,在形式上要适应人民大众的认识水平,要让人民大众喜闻乐见。而所有这些,也正是李达的《辩证法的唯物论问答》在内容和形式方面给予我们的重要启示。

(原载《江汉论坛》2016 年第 12 期)

---

① 关于这一点的详细分析和论述,参见汪信砚:《马克思主义中国化时代化大众化有关命题辨析》,《光明日报》理论周刊 2011 年 1 月 17 日第 11 版。

② 《马克思恩格斯选集》第 1 卷,人民出版社 1995 年版,第 9 页。

新中国马克思主义哲学中国化的开启之作

——李达《〈实践论〉〈矛盾论〉解说》探论

汪信砚　李禾风

20 世纪 50 年代初,毛泽东 30 年代所撰著的两篇哲学文献《实践论》、《矛盾论》(以下简称为"两论")经修订后公开发表。为配合全国对"两论"的学习活动,李达专门写作了《〈实践论〉解说》、《〈矛盾论〉解说》以及相关系列文章。1979 年,三联书店将《〈实践论〉解说》和《〈矛盾论〉解说》以及相关系列文章合编在一起,以《〈实践论〉〈矛盾论〉解说》(以下简称为《解说》)的书名出版。《解说》是新中国成立以来解读毛泽东"两论"的最权威、流传最广、影响最大的著作,它对宣传和普及"两论"、提高中国广大干部群众的马克思主义哲学修养以及思想理论水平起到了极其重要的作用。可以说,《解说》对新中国成立后马克思主义哲学中国化有承前启后之功。

一、《〈实践论〉〈矛盾论〉解说》的
写作过程和社会影响

《实践论》、《矛盾论》写作于 1937 年,是抗战初期毛泽东为红军大学(后更名为抗日军政大学)讲授的《唯物辩证论(讲授提纲)》中的两个部分。其中,《实践论》为第二章第十一节,《矛盾论》(原名《矛盾统一法则》)为第三章第一节。新中国成立后,出于编辑《毛泽东选集》和宣传毛泽东思想的需要,毛泽东先后对"两论"作了重要修订,并提前在苏联《真理报》和《人民日报》

上发表,在国内外产生了巨大的反响①。

作为杰出的马克思主义理论家,李达深知"两论"的理论价值和实践意义,深感阐释和宣传"两论"的必要性。尽管当时担任湖南大学校长职务的李达行政事务繁忙且身体久病未愈,但他仍以极大的热情投身于"两论"的解读工作。

李达本人在《怎样学习〈实践论〉》一文中的两段话,可以作为他对《解说》的写作初衷的解释。他写道:"在我们新中国,当前有两大基本任务,要全国人民担当起来。第一是巩固人民民主专政,保卫祖国安全与世界和平;第二是努力进行建设,包括经济建设、国防建设、政治建设、文化建设等。要完成这两大基本任务,就要求全国人民站稳立场,大家把意志统一起来,集中起来,提高自己的政策思想水平,随时随地认识国内外的环境及周围事物的变化,好好掌握政策,照政策办事。这就必须学习《实践论》。"②他还写道:"自从我们新国家成立后,全国人民在全国范围内和全体规模上,用民主的方法,来改造自己,成为新人。成千上万的工作干部和青年,都学习了《共同纲领》、《新民主主义论》、社会发展史、政治经济学和时事政策。毋庸讳言,有许多人的政治学习是有缺点的。最严重的缺点,是政治学习不曾改变他们自己的思想。有的思想虽然改变了,而对于实际问题的看法,却感到茫然。……为要克服这种缺点,就必须学习马克思列宁主义的认识论,即学习《实践论》,用《实践论》把自己头脑武装起来,提高对实际的认识,改造主观世界(自己头脑)和客观世界。"③以上这两段话虽然是李达对学习《实践论》的重要性、必要性的阐释,但它同样适用于说明学习《矛盾论》的意义,因为矛盾分析的方法与马克思主义认识论是内在一致的。列宁就曾指出:"辩证法也就是(黑格尔和)马克思主义的认识论。"④

自 1950 年 12 月《实践论》公开发表后的半年多时间里,李达先后发表了《〈实践论〉——毛泽东思想的一个基础》(《人民日报》1951 年 2 月 1 日)、

---

① 参见唐洲雁、曾珺:《新中国成立后李达对研究和宣传毛泽东思想的重要贡献》,载《李达与中国共产党的创建和马克思主义在中国的传播——纪念李达同志诞辰 120 周年学术研讨会论文集》,人民出版社 2013 年版,第 248 页。

② 李达:《〈实践论〉〈矛盾论〉解说》,三联书店 1979 年版,第 100 页。

③ 李达:《〈实践论〉〈矛盾论〉解说》,三联书店 1979 年版,第 100—102 页。

④ 列宁:《哲学笔记》,《列宁全集》第 55 卷,人民出版社 1990 年版,第 308 页。

《〈实践论〉解说》(《新建设》1951 年第 3 卷第 6 期及第 4 卷第 1、2、3 期连载)、《怎样学习〈实践论〉》(《新建设》1951 年第 4 卷第 4 期)等文章。1952年 4 月《矛盾论》公开发表后,李达又写作了《〈矛盾论〉解说》(《新建设》1952年 7 月号至 12 月号连载)。以上这些文章,构成了《解说》的基本内容。

自 20 世纪 20 年代起,李达同毛泽东之间就开始了哲学交往。长期以来与毛泽东的哲学交往,为新中国成立后李达撰著《解说》提供了独特的条件。在《解说》写作过程中,李达多次与毛泽东进行讨论和交流,展开了频繁的学术互动。

在《〈实践论〉解说》的写作过程中,为了使对毛泽东哲学思想的解读更准确,李达每写完一部分,就把书稿寄给毛泽东审阅。毛泽东收到后,也会逐字逐句地审读并亲笔修改。

从《〈实践论〉解说》(第二部分)书稿中可以看出,李达不同意毛泽东把太平天国和义和团放在一起并把它们都看做是排外主义的典型例子。李达认为,太平天国反对帝国主义侵略,但并不一概反对外国人。毛泽东在阅读《〈实践论〉解说》书稿时,注意到了这一点,并接受了李达的观点。他在给李达的回信中说:"《实践论》中将太平天国放在排外主义一起说不妥,出版选集时拟加以修改,此处暂仍照原。"①

毛泽东在审读《〈实践论〉解说》书稿时,也对其作了一些修改。例如,毛泽东在李达论述中国人民对列强作排外主义的自发斗争的地方补充说:"中国人民那时还不知道应当把外国的政府和人民、资本家和工人、地主和农民加以区别,我们应当反对侵略中国的外国地主资本家和政府官员,他们是帝国主义者,而在宣传上争取外国的人民,并不是一切外国人都是坏人,都要排斥。"②再如,毛泽东在李达论述孙中山所倡导的民族主义全然以清政府为对象而从没有提过反帝国主义的地方补充说:"虽然辛亥革命实际上起了反对帝国主义的作用,因为推翻了帝国主义的走狗——清政府,当然就带着反帝的作用,因而引起了帝国主义对于辛亥革命的不满,不帮助孙中山而帮助袁世凯;但是当时的革命党人的主观上并没有认识这一点。"③

---

① 《毛泽东书信选》,中央文献出版社 2003 年版,第 375 页。
② 《毛泽东书信选》,中央文献出版社 2003 年版,第 376 页。
③ 《毛泽东书信选》,中央文献出版社 2003 年版,第 376 页。

对于毛泽东所作的上述两处修改，李达经过仔细思考后觉得有些欠妥，便把毛泽东的前一处修改再改为："中国人民那时还不知道应当反对侵略中国的外国大资本家及其政府，他们是帝国主义者，但另一方面要争取外国人民，并不是一切外国人都是坏人，都要排斥。"①在这一再修改中，李达删除了"地主"、"政府官员"两词及"宣传上"三个字，并在"资本家"之前加上了"大"字，这就更加明确地界定了帝国主义者，表述上更为严谨。李达又将毛泽东后一处修改内容中的最后一句话改为："但是当时的革命党人并没有认识这一点。"②在这里，李达删除了"主观上"一词，避免了"主观上并没有认识这一点"这一表述所可能产生的歧义。李达又将他的再次修改稿寄给毛泽东审阅，毛泽东没再提出不同的意见③。

在李达为解读毛泽东的"两论"所撰写的一系列文章中，《解说》最具代表性，传播最久远，影响也最大。其中，1951年由三联书店出版的《〈实践论〉解说》单行本，先后印行三次，发行量高达18万册；1953年同样由三联书店出版的《〈矛盾论〉解说》单行本，也先后印行三次，发行量达3万册。

李达的《解说》，不是单纯注解性读物，而是对毛泽东哲学思想进行独立研究的成果。《解说》运用通俗易懂的语言，详细而准确地阐释了毛泽东"两论"中的哲学思想，提出了一系列学习毛泽东哲学思想的科学方法，首开新中国系统解读、宣传毛泽东思想的先河。就其系统性、准确性和科学性而言，《解说》堪称当时研究和宣传毛泽东哲学思想的范本。

李达的《解说》受到毛泽东的高度评价和称赞。1951年3月27日，他专门写信给李达说："这个解说（特指《〈实践论〉解说》——作者注）极好，对于用通俗的言语宣传唯物论有很大的作用。待你的第三部分写完并发表之后，应当出一单行本，以广流传。"④毛泽东深知李达在马克思主义哲学研究方面的造诣及其对于马克思主义哲学中国化、大众化的重要贡献，故对李达说：

① 《李达文集》第4卷，人民出版社1988年版，第76—77页。
② 《李达文集》第4卷，人民出版社1988年版，第77页。
③ 参见唐洲雁、曾珺：《新中国成立后李达对研究和宣传毛泽东思想的重要贡献》，载《李达与中国共产党的创建和马克思主义在中国的传播——纪念李达同志诞辰120周年学术研讨会论文集》，人民出版社2013年版，第254页。
④ 《毛泽东书信选》，人民出版社1983年版，第407页。

"关于辩证唯物论的通俗宣传,过去做得太少,而这是广大工作干部和青年学生的迫切需要,希望你多多写写文章。"①在当时,解读毛泽东著作、阐述毛泽东哲学思想的论著很多,但只有李达的《解说》得到了毛泽东这样高的评价。李达的《解说》也深受广大读者的欢迎和好评,先后被翻译成多种文字,在世界许多国家流传,成为人们研究和宣传毛泽东思想的重要参考资料。"文化大革命"结束后,为了恢复毛泽东思想的本来面目、准确把握毛泽东思想的科学体系,全党兴起了重新学习毛泽东著作的热潮,而作为阐释毛泽东哲学思想的代表作,李达的《解说》又受到人们的高度重视。李达的《解说》发表60多年多年来,学术理论界又出现了许多新的阐释"两论"的论著,但有人认为,其中鲜有超过李达《解说》的作品②。

二、《〈实践论〉〈矛盾论〉解说》的理论特色

李达的《解说》一书之所以受到人们的高度重视、产生了重大的社会影响,一个根本的原因是因为李达对马克思主义哲学有着深刻的理解,对毛泽东哲学思想有着真挚的感情和科学的态度,同时对阐释和宣传毛泽东哲学思想有着崇高的责任感和使命感。也正因如此,《解说》具有一系列鲜明的理论特色。

第一,准确性。

准确性是解读经典著作必须坚持的首要原则。《解说》对"两论"的解读,鲜明地体现了这一原则。这里所谓的"准确性",既包括对马克思主义哲学基本理论的阐释的准确性,也包括对"两论"中毛泽东哲学思想的解读的准确性,而这二者在本质上是一致的。《解说》的准确性,首先是由于李达本身是一位杰出的马克思主义哲学家,他对马克思主义哲学有着长期精深的研究和深刻的理解。在中国马克思主义哲学史上,李达一向以对马克思主义哲学的

---

① 《毛泽东书信选》,人民出版社 1983 年版,第 407 页。

② 参见武市红:《李达与毛泽东关系浅谈》,载《李达与中国共产党的创建和马克思主义在中国的传播——纪念李达同志诞辰 120 周年学术研讨会论文集》,人民出版社 2013 年版,第 457 页。

准确理解而著称,他的《现代社会学》、《社会学大纲》和《唯物辩证法大纲》无不体现了对马克思主义哲学理解上的准确性。同时,《解说》写作过程中李达与毛泽东之间的学术互动,也有效地保证了《解说》的准确性。例如,《〈实践论〉解说》书稿中曾写道:"唯物论的'唯理论'是今日教条主义的来源,唯物论的'经验论'是今日经验主义的来源。"毛泽东把这句话修改为"唯物论的'唯理论'与今日教条主义相像,唯物论的'经验论'则与今日经验主义相像"①。显然,修改后的论述更为准确,因为哲学史上的唯理论和经验论并不一定就是今日教条主义和经验主义的"来源"。实际上,从《解说》的写作过程中李达与毛泽东的学术互动看,互动双方都在努力追求对马克思主义哲学理解的准确性。例如,毛泽东在 1952 年 9 月 17 日给李达的信中写道:"矛盾论第四章第十段第三行'无论什么矛盾,也无论在什么时候,矛盾着的诸方面,其发展是不平衡的',这里'也无论在什么时候'八字应删去。你写解说时,请加注意为盼!"②

第二,深刻性。

《解说》的深刻性,主要体现在两个方面:其一,《解说》对"两论"内容所关涉的许多哲学问题和哲学理论进行了深刻阐述。《解说》并不只是就"两论"的文字而解读"两论"。为了帮助人们理解"两论"中的哲学思想,李达在《解说》中对马克思主义哲学和哲学史上的有关问题进行了学理上的深入探讨和论析。例如,《解说》第 34 页至 37 页关于人类认识从感性阶段向思维阶段推移过程的阐释、《解说》第 41 页对贝克莱、莱布尼兹、黑格尔关于感觉与思维关系的观点的论析、《解说》第 61 页对哲学史上"唯理论"诸派别的考察、《解说》第 89 页至 95 页关于真理的绝对性与相对性关系原理的阐释、《解说》第 135 页关于庸俗进化论者魏斯曼观点的论述、《解说》第 165 页关于苏联孟什维克的唯心论者德波林派观点的阐述、《解说》第 168 页至 169 页关于《资本论》中矛盾运动原理的阐释等,都是给人以深刻的印象。其二,《解说》也对毛泽东哲学思想作了深刻理解,抓住了毛泽东哲学思想的根本。在《解说》中,李达特别强调毛泽东哲学思想所蕴含的一切从实际出发、实事求是、理论

---

① 宋镜明:《李达传记》,湖北人民出版社 1986 年版,第 154 页。
② 李达:《〈实践论〉〈矛盾论〉解说》扉页,三联书店 1979 年版。

联系实际、具体问题具体分析的思想方法。李达深有感触地说:"要搞通毛泽东思想是很不容易的"①。他认为,"在学习毛泽东思想的过程中,只有首先抓住毛泽东思想中最根本的东西——实事求是的态度,实践的观点和群众的观点,然后才能理解毛泽东思想的精髓。"②在《解说》中,李达经常运用实事求是的方法和矛盾分析法对中国革命问题进行深刻的剖析,这也体现了他对毛泽东哲学思想的深刻理解和自觉实践。

第三,通俗性。

通俗性是《解说》又一显著特色。对于这一特色,毛泽东在 1951 年 3 月 27 日写给李达的信中有过明确的评价:"这个解说极好,对于用通俗语言宣传唯物论有很大的作用。"③

《解说》是写给广大干部和青年看的,是写给工农兵看的。《解说》的写作鲜明地体现了这一大众性取向,作者注意运用通俗易懂的语言、历史典故和生活中的故事,结合中国革命的实践经验、深入浅出地阐释深奥的哲理,有时还辅以各种形式的图解。

例如,李达以图解的形式直观而清晰地说明人的认识过程:

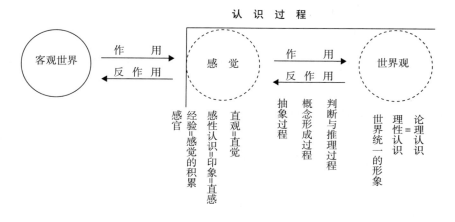

认 识 过 程

————

① 《李达文集》第 4 卷,人民出版社 1988 年版,第 7 页。

② 参见唐洲雁、曾珺:《新中国成立后李达对研究和宣传毛泽东思想的重要贡献》,载《李达与中国共产党的创建和马克思主义在中国的传播——纪念李达同志诞辰 120 周年学术研讨会论文集》,人民出版社 2013 年版,第 258 页。

③ 李达:《〈实践论〉〈矛盾论〉解说》扉页,三联书店 1979 年版。

类似这样的例子,在《解说》第 128 页处还有:

唯物论的
宇宙观 ｛ 唯物辩证法的宇宙观
机械唯物论的=形而上学的宇宙观

唯心论的
宇宙观 ｛ 唯辩证法的宇宙观
唯心的形而上学的宇宙观

显然,这类图解式的阐释对于帮助人们尤其是广大的青年学生理解毛泽东哲学思想是非常有益的。这些图解所内涵的信息量远远大于文字说明,它们能给人非常深刻的印象。李达还非常注意结合中国社会和中国革命的实际来阐释马克思主义哲学的基本道理。据统计,《解说》中所举中国社会和中国革命的例子有近百个之多。

第四,科学性。

《解说》所具有的科学性,是使得该书能够在社会上广泛流传并且经久不衰的一个重要原因。这种科学性源于两个方面,即李达本人是一位严谨的学者,具有突出的科学精神,同时他对解读毛泽东"两论"的工作抱有一种科学的、实事求是的态度。今天,我们以批判的态度来研究马克思主义经典著作,甚至提出不同的学术见解,是十分常见的事情。但李达在新中国成立初期就能如此,却是十分难能可贵的。

新民主主义革命的胜利以及新中国的成立两大事件,在实践上验证了毛泽东思想的真理性和威力。在这种情况下,对待毛泽东的著作仍能保持清醒的头脑、坚持实事求是的态度,是李达《解说》科学性的突出体现。李达对"两论"所存在的理论上的漏洞、瑕疵并未加以掩饰,而是实事求是地、科学严谨地给予了明确的"修正"、弥补。

例如,李达写《〈实践论〉解说》时,认为毛泽东把太平天国和义和团笼统地视为排外主义的例子是不妥当的,并纠正了这种说法。又如,毛泽东在《实践论》中讲到认识过程中感性认识和理性认识时,突出强调了二者的先后顺序。李达则用他所认同的感性认识和理性认识相互渗透、不可截然分割的观点来解说毛泽东关于感性认识和理性认识的关系的看法。他在《〈实践论〉解说》中写道:"两者互为条件,互相补充,互相发展,互相丰富其内容。两者具有有机的不可分离的关系,决不是各自独立的认识阶段,其间决没有不可逾越的界限。""人们如果割裂感性认识与理性认识,把两者分离开来,或者专重理性认识而无视或轻视感性认识,或者专重感性认识而无视或轻视理性认识,就背离于辩证唯物论的认识论,而陷入于主观主义。"①再如,《矛盾论》存在着过分推崇斗争性而忽视同一性在事物发展中的作用的倾向,强调"斗争性即寓于同一性之中,没有斗争性就没有同一性",而没有反过来说没有同一性同样没有斗争性。李达则在《〈矛盾论〉解说》中明确指出:"矛盾的同一性和矛盾的斗争性,在任何事物或过程中,都是不可分离地结合着。我们运用矛盾法则研究任何过程时,决不可把矛盾的同一性和斗争性割裂开来,或者只认识矛盾的同一性而忽视其斗争性,或者只认识矛盾的斗争性而忽视其同一性。若果是这样,就会违反唯物辩证法,甚至要陷入机会主义的立场。"②还如,《〈矛盾论〉解说》在谈到社会主义社会的基本矛盾问题时指出,在社会主义中,生产力和生产关系的矛盾仍然是社会的基本矛盾,但它是非对抗性的,社会成员之间没有根本的利害冲突,他们的利益"是在一条共同线上"的,社会主义社会自身可以及时改进生产关系以适合生产力的性质③。这是 20 世纪 50 年代初李达提出的观点。正是在这些观点的启发下,毛泽东于 50 年代中后期在《关于正确处理人民内部矛盾的问题》等著作中明确阐述了生产力和生产关系、经济基础和上层建筑的矛盾是社会主义社会的基本矛盾,并对社会主义社会基本矛盾的性质、特点作了科学的规定④。

《解说》的这个特色,也充分说明了李达对毛泽东思想特别是毛泽东哲学思想的形成与发展的特殊贡献。

第五,细致入微。

1978 年李达《〈实践论〉解说》、《〈矛盾论〉解说》再版时,《人民日报》文章指出:"作者对毛泽东思想细致入微的解说,对马克思主义哲学原理的深刻

① 李达:《〈实践论〉〈矛盾论〉解说》,三联书店 1979 年版,第 60 页。

② 李达:《〈实践论〉〈矛盾论〉解说》,三联书店 1979 年版,第 318 页。

③ 李达:《〈实践论〉〈矛盾论〉解说》,三联书店 1979 年版,第 337、338 页。

④ 参见雍涛:《李达与毛泽东哲学思想的形成和发展》,《武汉大学学报(人文社会科学版)》2000 年第 6 期。

阐述,有助于我们今天更好地学习'两论'。"①《解说》的"细致入微"的特点,主要体现在其对"两论"的逐段解读上。这种逐段解读,与时下流行的重点词汇注解、提纲挈领介绍、主要观点评述、篇章结构分析、段落大意归纳等经典作品解读方式都有明显不同。这个显而易见的特色,为《解说》带来了非常好的传播效果。如果一定要分析其中的道理,那就应该说是:"新中国成立之初,在一个文盲和半文盲占绝大多数的国度里,要想把毛泽东的哲学智慧转化为人民群众的自觉实践,把精神力量转化为物质力量,实现毛泽东哲学思想影响的最大化、指导作用的最大化,最实际、最有效的方法莫过于逐字逐句地向民众解释,把高度概括的哲学理论通俗化,让民众明白其精神实质。"②

《解说》将毛泽东的"两论"分89段引出,然后"运用历史、哲学、自然科学和人类斗争的经验材料,以通俗易懂的语言详细而准确地阐释了毛泽东《实践论》和《矛盾论》中蕴含的哲学思想"③。《解说》对"两论"的细致入微的解读,到今天仍能深深感动每一个阅读它的人。

值得特别注意的是,当李达认为"两论"的语言足够流畅、无须解说时,他宁肯坚持在《解说》中照录"两论"的原话,以使《解说》的语义保持连贯、完整,也绝不跳过。只有彻底放下了学者的架子、全心全意为普通大众读者着想的人,才会有如此的举动。

三、《〈实践论〉〈矛盾论〉解说》的重要意义

"李达是中国马克思主义史上影响最大的学者型理论家。""在中国马克

---

① 《李达同志的遗著〈实践论〉解说和〈矛盾论〉解说再版》,《人民日报》1978年8月25日。

② 参见胡艺华、彭继红:《新中国成立初李达推进毛泽东哲学思想大众化主要方法初探》,载《李达与中国共产党的创建和马克思主义在中国的传播——纪念李达同志诞辰120周年学术研讨会论文集》,人民出版社2013年版,第271页。

③ 参见唐洲雁、曾珺:《新中国成立后李达对研究和宣传毛泽东思想的重要贡献》,载《李达与中国共产党的创建和马克思主义在中国的传播——纪念李达同志诞辰120周年学术研讨会论文集》,人民出版社2013年版,第249、250页。

思主义传播史上,李达创造了多项绝无仅有的传奇。"①"李达是名符其实的中国马克思主义哲学界的泰斗。"②毛泽东也曾当面称赞李达"你在理论界跟鲁迅一样"③。以上对李达的评价都指向这样一点,即一切想要从理论上把握马克思主义哲学中国化历程的人,都不可能绕开对李达宣传与普及马克思主义哲学的理论活动的研究、都不可能绕开对李达研究与发展马克思主义哲学的著述的研究。李达的《解说》对新中国成立后马克思主义哲学中国化事业的发展,起到了承前启后的重要作用。

首先,《解说》适应了新中国成立初期提高广大党员干部马克思主义理论水平的需要。

新中国成立初期,广大党员干部的马克思主义理论水平普遍不高,其中不少人甚至还是文盲或半文盲。而如果没有对马克思主义理论的掌握,特别是如果没有确立起马克思主义的世界观,人们就很难对党的事业及其发展前途形成统一的认识,就会在思想方法上出问题,就会在实际工作中犯这样那样的错误。因此,提高广大党员干部的马克思主义理论水平是当时摆在全党面前的一项重要任务。陈云在 20 世纪 50 年代曾经指出:"学习理论,最要紧的,是把思想方法搞对头。因此,首先要学哲学,学习正确观察问题的思想方法。如果对辩证唯物主义一窍不通,就总是要犯错误。"④而在新中国成立初期的情况下,提高广大党员干部的马克思主义理论水平、使他们把思想方法搞对头的最重要途径,就是帮助他们学习"两论"、向他们宣传普及毛泽东哲学思想。

李达撰著《解说》,是自觉地为提高广大党员干部的马克思主义理论水平这一时代需要服务的。他说:"《矛盾论》和《实践论》一样,同是毛泽东思想的基础,是无产阶级政党的宇宙观,是革命行动和科学研究的指南,是思想方法

---

① 参见王炯华:《李达:中国马克思主义大家》,载《李达与中国共产党的创建和马克思主义在中国的传播——纪念李达同志诞辰 120 周年学术研讨会论文集》,人民出版社 2013 年版,第216 页。

② 参见许全兴:《纪念李达,加强马克思主义基础理论的研究》,载《李达与中国共产党的创建和马克思主义在中国的传播——纪念李达同志诞辰 120 周年学术研讨会论文集》,人民出版社 2013 年版,第 195 页。

③ 谢双明:《湖湘文化对李达的影响》,《湘潭大学社会科学学报》2002 年第 1 期。

④ 陈云:《最要紧的是把思想方法搞对头》,载《思想方法工作方法文选》,中央文献出版社1990 年版,第 347 页。

和工作方法的统一。这两篇杰出的著作,都是为了纠正党内教条主义和经验主义的偏向,提高党员的马克思列宁主义的水平而作的。在革命和建设任务异常繁重的今天,我们千百万党与非党的工作干部,以及愿意站在工人阶级立场的知识分子,在学习《实践论》之后,进一步学习《矛盾论》,以提高思想水平,克服教条主义和经验主义的偏向,掌握正确的认识问题和处理问题的方法,就必然能够胜任自己所担负的工作,避免或减少错误,有效地为国家的建设事业和社会主义有前途而奋斗。"①事实上,《解说》也确实很好地适应了新中国成立初期提高广大党员干部的马克思主义理论水平的需要,有力地促进了当时对毛泽东哲学思想的学习、宣传和普及。

其次,《解说》为解读马克思主义哲学经典著作提供了一个重要范例。

新中国成立初期,在一个文盲与半文盲占绝大多数的国度里,如何推进马克思主义哲学的大众化,进而帮助和引导人们学习和运用马克思主义哲学,是一项非常艰巨的理论工作。

《解说》的准确性、通俗性、科学性等理论特色,使其成为马克思主义哲学大众化的范本。特别重要的是,李达不是那种纯粹书斋里的学者,他懂得中国社会、中国文化、中国百姓,有长期从事马克思主义理论宣传和教育的实际经验。他强调指出:"从实际出发,是一切工作者最基本的工作方法。从实际出发,就是从感性认识的材料出发。所谓实际,就是千百万群众的实践的具体情况。任何工作者,必须调查与自己工作部门有关的一切实际的材料,吸取群众的意见和经验,调查各阶层的生动的生活状况,即是说要'详细地占有材料';然后根据这些材料,依据辩证的方法,进行思考,引出论理的结论。"②在《解说》中,李达正是这样做的。他反复强调,毛泽东思想是马克思主义与中国具体实际相结合的理论成果,而《实践论》和《矛盾论》是毛泽东思想的基础。因此,他在解读"两论"时也始终坚持把马克思主义哲学与中国具体实际相结合的原则,始终注意运用中国社会和中国革命的具体事例来阐释毛泽东哲学思想。无论是从内容还是方法上看,《解说》都是对于毛泽东哲学思想作为马克

---

① 《李达文集》第 4 卷,人民出版社 1988 年版,第 395 页。
② 李达:《〈实践论〉〈矛盾论〉解说》,三联书店 1979 年版,第 108 页。

思主义哲学与中国具体实际相结合的理论成果的生动诠释。

《解说》无疑为解读马克思主义哲学经典著作提供了一个重要范例。应该说,在任何历史时期,对马克思主义哲学经典著作的解读即文本解读都是马克思主义哲学研究的题中应有之义。然而,在当代中国马克思主义哲学研究中,一些人完全沉迷于文本而罔顾现实,他们既不关心文本中的思想对现实实践的指导意义,更不会联系现实去阐释文本,而是醉心于文本自身的逻辑、纯粹是为了解读文本而解读文本。有人甚至认为,当代中国马克思主义哲学研究就应该是这种形式的文本解读。在我们看来,这种形式的文本解读是完全背离马克思主义哲学经典作家所一贯倡导的对待马克思主义经典文本的正确原则的,而把当代中国马克思主义哲学研究归结为这种形式的文本解读,只会把当代中国马克思主义哲学研究引入死胡同。考虑到这种情况,半个多世纪前李达在《解说》中为我们提供的解读马克思主义哲学经典著作的范例尤其具有重要的意义。

最后,《解说》为推进新中国成立后马克思主义哲学中国化创造了一个良好开端。

马克思主义哲学中国化就是把马克思主义哲学与中国具体实际相结合,它包括两个方面的内容:一是把马克思主义哲学与中国传统文化、特别是中国传统哲学相结合,用马克思主义哲学改铸中国传统文化、传统哲学,并吸收其合理内容,用以丰富和发展马克思主义哲学;二是把马克思主义哲学与中国社会现实相结合,用马克思主义哲学分析中国社会的问题,并通过对中国社会问题的研究和对中国实践经验的概括,推进马克思主义哲学的发展。作为毛泽东思想的理论基础,以"两论"为主要文本的毛泽东哲学思想正是民主革命时期马克思主义哲学中国化的标志性成果,它既大量吸收了中国传统文化、传统哲学的精粹,又是对中国革命的丰富经验的哲学概括,具有为中国老百姓所喜闻乐见的中国作风和中国气派。从这个角度看,新中国成立初期《解说》对"两论"的解读,实际上是对马克思主义哲学中国化既已取得的标志性成果的系统展示。

《解说》对"两论"的解读,同时也是对于新中国成立后新的历史条件下马克思主义哲学中国化的开启。李达本人也是马克思主义哲学中国化的重要代表人物,他在民主革命时期撰写的《现代社会学》、《社会学大纲》都是中国马克思主义哲学史上把马克思主义哲学与中国实际相结合的名典。《解说》是李达新中国成立后致力于马克思主义哲学中国化的第一个重要文本,它既是对"两论"的解读,也是对于新的历史条件下把马克思主义哲学与中国具体实际相结合的探索。他在谈到《实践论》的重要性时指出:"我们知道,马克思列宁主义的理论,是解决一切问题的锁钥,而作为马克思列宁主义与中国革命实际相结合的毛泽东思想的一个基础——《实践论》,自然就是指导中国革命行动与建设新中国的总指针。在现在,中国人民正面临着一个新兴的时代,一切都随着时代的发展而滋长着。新时代必须带来新事物,因而也就必然产生着新问题。我们为要向前看,为要使主观不落后于客观,为要使思想不落后于实际,为要使思想与实践相结合,那就必须要勇于正确认识新事物,善于解决新问题,不能让认识落后于形势的发展而开倒车,不自觉地堕落为顽固派。毛泽东同志的《实践论》,正是批判了这一点,指示给我们奋斗的方向。"①可见,李达重视"两论"、解读"两论",目的是要用马克思主义哲学分析和解决中国社会发展中的新问题、指导中国新的实践。可以说,《解说》力图以解读"两论"的方式来推进新的历史条件下的马克思主义哲学中国化。也正因为这样一种特殊的方式,所以《解说》实现了一般论著难以企及的效应,为推进新中国成立后马克思主义哲学中国化创造了一个良好开端。

(原载《武汉大学学报(人文科学版)》2015 年第 2 期)

---

① 《李达文集》第 4 卷,人民出版社 1988 年版,第 38 页。

新发现的李达著作
《毛泽东对马克思主义认识论的发展》

李维武

1960 年 2 月，李达撰写的《毛泽东对马克思主义认识论的发展》，以征求意见稿的形式，铅印成单行本刊行。这是继《〈实践论〉解说》、《〈矛盾论〉解说》之后，李达所撰写的又一部阐释毛泽东认识论思想的著作。如果说前两部著作都是对毛泽东认识论著作所做的文本解读，那么这本铅印稿则是对毛泽东认识论思想所做的系统阐发。但由于这本铅印稿不是正式出版物，印数有限，传布不广，在经历"文革"之后已经很难找到，因此一直未能进入李达研究和马克思主义哲学中国化研究视域。2012 年，我在自己的藏书中找出了这本李达著作，并进行了初步的研究，感到它的重新发现，不仅对于李达文献是一个重要的补充，而且对于推进李达研究和马克思主义哲学中国化研究都有着积极的意义。

一、一本至今没有进入研究视域的李达著作

从 20 世纪 70 年代后期开始，李达研究及文献整理工作即已开展。由李其驹、陶德麟、熊崇善、段启咸、曾勉之等先生组成的《李达文集》编辑组，在这方面做了许多开拓性工作。在北京图书馆《文献》丛刊编辑部、吉林省图书馆学会会刊编辑部所编《中国当代社会科学家》第 2 辑（书目文献出版社 1982 年出版）上，刊载了《李达文集》编辑组撰《李达生平事略》，文后附录编辑组成员曾勉之辑《李达著译目录（初稿）》，按发表时间先后辑录了李达的著作和译作目录。在这篇《李达著译目录（初稿）》中，载录有《毛泽东同志对马克思主

义认识论的发展》的篇名,后面标注的时间是 1960 年,但没有注明具体的月份,也没有注明这一文献是否发表或刊行。这里的篇名与时间,都与今天所见铅印稿封面上的题名与时间不尽一致,表明在编辑这个目录时,编辑者实际上并未看到这篇文献的原件。也就是说,在那个时候要找到这篇文献的原件已经极为困难了。大概由于这个原因,收录李达 1949 年后重要著述的《李达文集》第四卷(人民出版社 1988 年出版),没有收录这篇文献。

曾勉之辑《李达著译目录(初稿)》是最早发表的李达著述目录,对以后的李达研究及文献整理工作产生了很大影响。由于《李达著译目录(初稿)》载录了《毛泽东同志对马克思主义认识论的发展》的篇名,但编辑者并未找到这篇文献的原件,导致了后来的李达研究者在这篇文献上出现了分歧:有的研究者所编李达著述目录依旧沿用《李达著译目录(初稿)》的说法,丁晓强、李立志著《李达学术思想评传》(北京图书馆出版社 1999 年出版)中附录的《李达著述年表》就是如此;有的研究者所编李达年谱或李达著述目录则不再提及这篇文献,宋镜明著《李达传记》(湖北人民出版社 1986 年出版)中附录的“李达年谱”、王炯华著《李达与马克思主义哲学在中国》(华中理工大学出版社 1988 年出版)中附录的“李达著译年表”、王炯华等著《李达评传》(人民出版社 2004 年出版)中附录的“李达年表”就是如此。这些年谱、年表之所以不再列出这篇文献,大概也是因为找不到文献原件的缘故。

我所找出的这本李达撰写的《毛泽东对马克思主义认识论的发展》,原是先父李健章先生的藏书,封面上还有他的蓝色钢笔字签名,是他自己的字迹。父亲在藏书上一般是不签名的,可能是由于感到这本铅印稿的重要,以避免与别人的相同铅印稿相混,所以才写上了自己的名字。父亲是研究中国古代文学的学者,1958—1960 年曾担任武汉大学中文系系主任,他能够有这本铅印稿,可能与这个任职有关。大概在我于 1978 年考入武汉大学哲学系开始学习哲学后,父亲把这本铅印稿移交给了我,但却一直没有引起我的注意,以致放在自己的藏书中几乎被遗忘。由于我参加了“李达全集编辑与研究”课题组,具体承担 1949 年以后李达哲学文献的整理与研究,因此在对上述李达年谱和李达著述目录进行比对中,发现自己藏书中的这本不起眼的铅印稿,竟然是一本至今没有进入研究视域的李达著作。当时,真有一种“如获至宝”的感觉。

　　这本铅印稿封面上的完整题名是《毛泽东对马克思主义认识论的发展（初稿）》。这与曾勉之辑《李达著译目录（初稿）》所载录的题名有两处不同：一是这本铅印稿的题名中"毛泽东"三字后面没有"同志"二字，二是在这本铅印稿的题名最后有"（初稿）"的字样。封面的题名下有"李达"二字，是作者署名。这些文字都是左起横排。在题名和作者署名的下面，是右起竖排为两行的"请提意见以便修改"字样，并配以波纹线组成的方框。封面最下面印有"1960年2月"的刊印时间。这与《李达著译目录（初稿）》标明的时间相比，有了具体的月份。封面是白纸，上面的所有文字及方框都是红色，在半个多世纪后看起来仍然很醒目。这本铅印稿的纸质不错，根据我自己的记忆，这在三年国民经济困难时期是很少见的。

　　这本铅印稿的目次印在封面的背面，共有11节标题，依次为：一、前言；二、世界及其规律的可知性；三、反映论；四、实践是认识的基础和认识真理性的标准；五、从感性认识到理性认识；六、思想方法；七、从理性认识到实践；八、不断革命论和革命发展阶段论的统一；九、工作方法；十、革命精神和科学精神的统一；十一、真理论。铅印稿正文共70页，约5万字。正文有17条注解，全部统一排在正文的后面。由此可见，这本铅印稿实为一本认识论专著。在李达近半个世纪的著述史上，这可以说是他的最后一本学术专著。

　　这本铅印稿主要是对毛泽东认识论思想进行系统阐发，其中所论及的内容，当然以毛泽东所阐述的认识论思想为主，特别是对《实践论》的基本思想，如实践是认识的基础和认识真理性的标准，人的认识活动从感性认识到理性认识、从理性认识到实践两个阶段等，进行了着重的论析与解释。但在系统阐发毛泽东认识论思想的同时，这本铅印稿也蕴含了李达自己对马克思主义认识论和毛泽东哲学思想的理解，表达了他认为在学习和运用毛泽东认识论思想时需要加以注意、强调和把握的基本点，体现了他结合当时中国的实际情况对马克思主义认识论的阐释，从一个方面反映了20世纪50年代与60年代之交马克思主义哲学中国化进程。这两方面内容相比，当然后一方面的内容更为重要，可以说正是这本铅印稿的理论特点和思想价值之所在，对于李达研究和马克思主义哲学中国化研究都具有重要意义。下面，即结合我自己阅读这本铅印稿的体会，着重对后一方面的内容进行说明。

二、"学习毛泽东思想,就要学习他的认识论"

初读这本铅印稿,感到其中的第一个特点,在于凸显了认识论在毛泽东思想中的重要地位,强调了学习毛泽东思想的关键在于学习毛泽东认识论思想。可以说,这是这本铅印稿立论的基础和出发点。在这里,既体现了李达对毛泽东思想的理解,也反映了他对中国共产党在当时所面临的思想路线问题的关注。在经历了 1958—1959 年的"大跃进"和人民公社化运动后,面对新中国社会主义建设所出现的困难局面,中国共产党应当采取什么样的思想路线,已成为一个至关重要的问题。李达的这本铅印稿,实际上正是要从哲学认识论上回答这一问题。

在这本铅印稿的"前言"中,李达对于认识论在毛泽东思想中的重要地位进行了说明。他指出:"毛泽东思想,从宇宙观到思想方法、工作方法,是发展着和完善着的中国化的马克思主义,是社会主义革命和社会主义、共产主义建设的科学理论。一切理论工作者和实际工作者,都必须努力学习毛泽东思想,并运用来解决社会主义革命和社会主义建设中的理论问题和实际问题,就可以提高自己的政治水平和理论水平,这是没有疑义的。"①然而,更为关键的问题是如何学习毛泽东思想。这是因为,毛泽东思想作为不断发展着和完善着的中国化的马克思主义,有着自己的中国特色与哲学内核;中国共产党人和广大人民群众学习毛泽东思想,也需要着力把握其中的中国特色与哲学内核。这个着力处就在于:"我们要学习毛泽东思想,学习毛泽东著作,首先要学习毛泽东的思想方法和工作方法。为要学习他的思想方法和工作方法,就要学习他的认识论。"②在他看来,毛泽东思想的中国特色,正在于它为中国共产党提供了正确的思想方法和工作方法,从而形成了中国共产党的正确的思想路线;而这种正确的思想方法和工作方法,是以毛泽东认识论思想为其哲学内核的。因此,只有学习和掌握了毛泽东认识论思想,才能对毛泽东思想作出深入

---

① 李达:《毛泽东对马克思主义认识论的发展(初稿)》,1960 年刊印,第 2 页。
② 李达:《毛泽东对马克思主义认识论的发展(初稿)》,1960 年刊印,第 2 页。

的了解、真正的把握和有效的运用,也才能形成中国共产党的正确的思想路线。

李达认为,认识论之所以在毛泽东思想中占有如此重要的位置,就在于毛泽东认识论思想,是对马克思主义认识论的发展,始终贯彻着马克思主义的理论和实际相统一的原则,从哲学上回答并解决了马克思主义的普遍真理和中国革命的具体实践相结合的问题。特别是毛泽东认识论思想所着重阐明的三个基本原则,对于这个问题的解决具有十分重要的意义。对于这三个基本原则,李达在这本铅印稿的"前言"中进行了具体的说明。

首先,毛泽东认识论思想,旨在解决马克思主义的普遍真理和中国革命的具体实践相结合的问题,由此而提出了"有的放矢"和"实事求是"的基本原则。李达指出:"在认识过程中,怎样把马克思列宁主义的普遍真理和中国革命的具体实践互相结合起来呢? 如毛泽东同志在《改造我们的学习》中所说,两者的结合方法,就是运用马克思列宁主义的立场、观点和方法,'来具体地研究中国的现状和中国的历史,具体地分析中国革命问题和解决中国革命问题';就是'有的放矢',用马克思列宁主义之'矢'射中国革命之'的';就是'实事求是',从客观事实中探求它的内部联系即规律性,作为我们行动的向导。'而要这样做,就须不凭主观想象,不凭一时的热情,不凭死的书本,而凭客观存在的事实,详细地占有材料,在马克思列宁主义一般原理的指导下,从这些材料中引出正确的结论。'毛泽东同志在这里所说的学习马克思列宁主义的正确方法,正是我们认识任何问题时所必须遵守的基本原则。"[1]在这里,李达不仅凸显了"有的放矢"和"实事求是"的重要意义,而且着重对"实事求是"进行了具体说明,强调了"实事求是"的认识论内涵就在于凭客观存在的事实,详细地占有材料,在马克思主义一般原理的指导下,从这些材料中引出正确的结论。

其次,毛泽东力主把认识论与辩证法结合起来,以对立统一规律作为认识的规律和思维的规律。李达指出:"毛泽东同志在认识论的领域中,彻底地贯彻了辩证法。他把对立的统一和斗争的规律作为认识的规律、思维的规律。

---

[1] 李达:《毛泽东对马克思主义认识论的发展(初稿)》,1960 年刊印,第2—3 页。

他在认识过程中怎样运用这一规律呢？这就是他经常运用的矛盾的分析方法、阶级的分析方法。毛泽东同志认为任何革命过程都具有复杂的矛盾，都是矛盾的发展过程，所以他研究一个革命过程时，首先搜集关于这一过程的一切资料，然后就这些资料进行具体的分析，找出过程中所包含的许多矛盾，更进而从这些矛盾中找出一对基本矛盾，追求它的发生、发展及其消灭的过程，暴露这一过程的规律，因而根据这一规律定出解决这一基本矛盾的方法。"①在李达看来，毛泽东所阐发的矛盾理论，实为毛泽东认识论思想的重要内容，构成了毛泽东认识事物、把握对象、思考问题、解决问题的重要方法论。

最后，毛泽东力主把认识论与群众路线结合起来，强调中国共产党人必须从人民群众中获得认识的资料。李达指出："有了马克思主义的理论和方法，还必须有研究资料。譬如一个工人，他有创造某种产品的知识，又有生产工具，但若没有适当的材料，是不能制造出什么产品来的。我们的头脑是一个加工厂，既然知道把辩证法规律作为认识规律，把辩证方法作为思维方法，那末我们还必须有认识的资料。这认识的资料，就是中国革命的具体实践，就是群众的生产斗争和阶级斗争实践的经验。有了这些认识的资料，我们就可以进行逻辑的加工，造成概念和理论的系统。在这里，表现着毛泽东同志的认识论是和群众路线密切联系着的。"②在李达看来，要坚持"实事求是"的认识原则，要贯彻对立统一的辩证方法，就必须以群众路线作为认识材料的来源；只有通过这个来源，才能获得可靠的感性认识材料，从而进行理性加工制作，在认识活动中真实做到"实事求是"。

通过对这三个基本原则的论析，李达对毛泽东认识论思想作出了一个总体性说明，指出："毛泽东同志的认识论贯彻着上述三个最基本的原则：其一是用马克思列宁主义的一般原理作为研究中国历史实际和革命实际的指导；其二是用对立统一和斗争的法则即'事物的矛盾法则'作为思维或认识的法则；其三是用群众斗争的经验作为认识的资料。简括起来说，毛泽东同志在认识论的领域中，坚决地主张运用马克思列宁主义的理论和方法，对现实的革命

---

① 李达：《毛泽东对马克思主义认识论的发展（初稿）》，1960年刊印，第3页。
② 李达：《毛泽东对马克思主义认识论的发展（初稿）》，1960年刊印，第3页。

问题和建设问题作系统周密的调查和研究,从其中引出科学的结论,作为我们实践的指导。"①这样一来,就在马克思主义认识论意义上,把"实事求是"原则、对立统一规律、党的群众路线三者有机结合起来,融为一个整体,从而对毛泽东认识论思想予以了有深度的阐发,揭示了它的内在逻辑、它的丰富内涵、它与中国共产党的思想路线的密切联系,为凸显认识论在毛泽东思想中的重要地位提供了理论根据。

三、"反映论是马克思主义认识论的核心"

在读这本铅印稿时,感到其中的第二个特点,在于通过对毛泽东认识论思想的阐发,强调了马克思主义认识论首先是反映论,强调了"反映论是马克思主义认识论的核心"②,强调了只有从反映论入手才能正确地把握和运用马克思主义认识论。这个问题的实质,在于强调在马克思主义认识论中坚持唯物主义,强调马克思主义认识论不能离开唯物主义。

在阐发毛泽东认识论思想时,强调以反映论为其核心,本是李达的一贯思想。在《〈实践论〉解说》中,他就明确表达了这一思想,指出:"在分析认识过程之前,必须说明辩证唯物论的反映论。这一反映论,是辩证唯物论的认识论的核心。"③而在这本铅印稿中,他又再次提出这一思想。但在这里,他所要表达的不仅是对马克思主义认识论的理解,而且是为了从哲学上纠正当时盛行的夸大主观能动作用的风气。在这个问题上,李达曾与毛泽东在1958年发生过一次争执。在"大跃进"高潮中的湖北,广泛流行着"人有多大胆,地有多高产"的口号,李达对此深为不满。在见到毛泽东时,他就指出这个口号不符合唯物主义的观点。毛泽东则说:这个口号同世间一切事物一样,也有两重性。一重性是讲发挥人的主观能动性,这是有道理的。另一重性,如果说想到的事就能做到,甚至马上就能做到,那就不科学了。毛泽东举了红军长征的例子,说明精神力量的作用,讲了红军就是依靠这种精神力量克服了按常理无法克

---

① 李达:《毛泽东对马克思主义认识论的发展(初稿)》,1960年刊印,第3—4页。

② 李达:《毛泽东对马克思主义认识论的发展(初稿)》,1960年刊印,第8页。

③ 《李达文集》第4卷,人民出版社1988年版,第57页。

服的困难,终于夺取了胜利,也举了各种发明创造,都是因为敢想,想飞就终于发明了飞机,想日行千里就发明了汽车火车。李达坚持说,肯定这个口号就是认为人的主观能动性是无限大,就是错误。人的主观能动性的发挥离不开一定的条件。一个人要拼命,"以一当十"可以,最后总有个限制,终有寡不敌众的时候。"一夫当关,万夫莫开"是要有地形做条件,人的主观能动性不是无限大的。争论到后来,就有些激烈了。李达很尖锐地说:"现在人们不是胆子太小,而是太大了,头脑发烧。主席脑子发热一点,下面就会不得了,就会烧到40度、41度、42度!这样中国就会遭难。主席信不信?"[1]

正是基于这样的背景,使得李达在这本铅印稿中对毛泽东认识论思想的阐释,没有像解说《实践论》那样直接从实践讲起,而是从世界的客观性及其可知性讲起,强调马克思主义认识论首先是唯物主义的反映论,力主从唯物主义的反映论入手来理解和把握马克思主义认识论,学习和运用毛泽东认识论思想。这一点在这本铅印稿的结构上即鲜明地表现出来:在第一节"前言"之后,接下来的第二节是"世界及其规律的可知性",第三节是"反映论"。

在第二节中,李达强调马克思主义认识论必须以唯物主义为其前提。他在这一节开篇即明确提出:"马克思主义认识论是从对于哲学上根本问题的解决开始的。哲学上的根本问题,是物质和意识的关系问题。"[2]他进而指出,物质和意识的关系问题有两个方面,第一个方面是:物质是第一性,还是意识是第一性?物质规定意识,还是意识规定物质?第二个方面是:世界及其规律是否可以认识?马克思主义认识论与唯心主义认识论的不同,就在于既在第一个方面坚持唯物主义,又在第二个方面主张可知论,反对认识论领域中的唯心主义和不可知论。马克思主义认识论不能背离唯物主义的前提,去谈人的认识活动,去谈意识的能动作用,去谈世界及其规律的可知性。

在第三节中,李达强调从反映论入手来理解和把握马克思主义认识论。他在这一节开篇即明确指出:"反映论是马克思主义认识论的核心,我们分析认识过程时,必须彻底展开这一反映论,才能粉碎认识论领域中的唯心主义和

---

① 李银桥:《在毛泽东身边十五年》,河北人民出版社 1991 年版,第 246 页。

② 李达:《毛泽东对马克思主义认识论的发展(初稿)》,1960 年刊印,第 5 页。

不可知论。"①又指出："我们只有学懂了反映论，才能学懂马克思主义认识论。"②并提醒人们："对于反映论的任何微小的歪曲，都会坠入唯心主义的泥坑，是辩证唯物主义所坚决排斥的。"③为了突出反映论在马克思主义认识论和毛泽东认识论思想中的重要性，他在征引马克思、恩格斯、列宁的有关论述后，又专门谈到毛泽东的有关论述，指出："毛泽东同志关于认识论的著作，贯彻着唯物主义反映论。他认为，一切事物的规律都是客观实际在我们头脑中的反映。例如他在《中国革命战争的战略问题》中说：'军事的规律，和其他事物的规律一样，是客观实际在我们头脑中的反映，除了我们的头脑以外，一切都是客观实际的东西。'他在其他许多著作中都强调'主观符合于客观'，这些都是关于反映论的见解。"④在他看来，只有从唯物主义的反映论入手，才能正确理解和把握毛泽东认识论思想。

对于反映论在马克思主义认识论中的核心意义，李达作了进一步的理论分析，指出："依据这一反映论，人类对于客观世界的认识，即是客观世界的反映，即映象或肖像。凡属认识过程中的一切因素，如感觉、知觉、表象、概念、判断、推理、思想、规律等，都是客观世界的反映。依据这一反映论，人们就能够完全地认识客观世界，虽然人们的认识不能一次地完全地反映出客观世界一切的方面、联系和属性，但那些还不曾被反映的方面、联系和属性，人们都能够在认识过程中把它们反映于感觉和概念之中，变为人们所认识的东西。照这样，由于社会实践的发展，人们就能够在认识运动过程中，一步又一步地接近于客观世界之完全的认识。"⑤在这里，李达强调反映论的一个基本观点："映象依存于被反映的对象，对象不依存于映象，对象是第一性的东西，映象是第二性的东西。"⑥这也就是强调，反映论的出发点，是承认物质世界离开人类意识而独立存在。

因此，李达在看待人的认识活动时，不是只强调意识的能动作用，而是强

---

① 李达：《毛泽东对马克思主义认识论的发展（初稿）》，1960 年刊印，第 8 页。
② 李达：《毛泽东对马克思主义认识论的发展（初稿）》，1960 年刊印，第 9 页。
③ 李达：《毛泽东对马克思主义认识论的发展（初稿）》，1960 年刊印，第 11—12 页。
④ 李达：《毛泽东对马克思主义认识论的发展（初稿）》，1960 年刊印，第 9 页。
⑤ 李达：《毛泽东对马克思主义认识论的发展（初稿）》，1960 年刊印，第 9 页。
⑥ 李达：《毛泽东对马克思主义认识论的发展（初稿）》，1960 年刊印，第 9 页。

调它是意识的受动作用与意识的能动作用的统一。他说:"反映过程包含着受动作用和能动作用两个方面。人是积极地改变自然来维持自己生存的动物,是从事于物质生产的社会的动物,人之反映自然并不像无知镜子那样只是受动的反映,而是积极的能动的反映。当一个事物刺戟我们眼帘时,我们有了这个事物的映象,这是受动的反映,也是意识中的受动作用;同时,我们又正视这个事物,要求处理它,这是能动的反映,也是意识中的能动作用,即是主观的能动作用。"①也就是说,反映论中意识的能动作用的发挥,是以意识的受动作用为其前提的,归根到底,是以客观事物的存在为其前提的。因此,李达说:"正如在生产活动中就自然物加工造出成品一样,我们在思维活动中就感性材料加工造出概念。这是主观能动性的发挥。所以我们意识中那种反映外界事物的那种反映是能动的反映。这能动的反映,正是历史的社会的实践的积极因素。"②在这里,他强调反映论不能离开"外界事物"及其所产生的"感性材料",强调主观能动作用是有条件的和有限制的,这个条件和限制就是"外界事物"及其所产生的"感性材料"。

总之,李达在这些论述中,实际上是结合当时中国的实际情况,表达他自己的有关思考。他力图通过强调马克思主义认识论以唯物主义为前提,强调马克思主义认识论以反映论为核心,来从哲学上纠正当时盛行的夸大主观能动作用的风气。只有了解了这一点,才能读出这本铅印稿强调反映论的新意之所在和价值之所在。

四、"认识论是辩证法"

在读这本铅印稿时,感到其中的第三个特点,在于通过对毛泽东认识论思想的阐释,强调了马克思主义认识论是与辩证法相结合的,而这种结合的实质就在于从矛盾入手来认识和把握客观世界。

李达认为,强调认识论与辩证法的结合,是毛泽东认识论思想的一个显著

---

① 李达:《毛泽东对马克思主义认识论的发展(初稿)》,1960年刊印,第9—10页。
② 李达:《毛泽东对马克思主义认识论的发展(初稿)》,1960年刊印,第10页。

的特点和优点,在毛泽东的代表性哲学著作中即已鲜明地表现出来,形成了一种"矛盾的认识论"。他说:"毛泽东同志写了三本专论哲学的著作,即《实践论》、《矛盾论》和《关于正确处理人民内部矛盾的问题》。其中《实践论》即认识论,是贯彻着辩证法的,它是唯物辩证法的知行统一观。其次,《矛盾论》和《关于正确处理人民内部矛盾的问题》虽然是阐明辩证法的著作,但两者的基本精神都是教导我们怎样运用辩证法去认识革命和建设过程中的矛盾,怎样认识矛盾的特殊性和普遍性的统一和差别,怎样认识矛盾的同一和斗争及其转化的条件,怎样认识人民内部矛盾和敌我矛盾的差别并定出不同的对待方法,怎样认识生产力和生产关系的矛盾、上层建筑和基础的矛盾,以及两类矛盾在新社会中和在旧社会中的差别,等等,并且还引用了很广泛的事例,展开对于各种矛盾的认识过程。所以毛泽东同志这两部论辩证法的著作的基本精神实是矛盾的认识论,即矛盾逻辑、辩证逻辑。"①在李达看来,这种作为"矛盾的认识论"的矛盾逻辑、辩证逻辑,正体现了毛泽东认识论思想中的认识论与辩证法的有机结合。

在这本铅印稿中,李达专设了"思想方法"一节,对毛泽东在认识论中对辩证法的运用进行了更为具体的说明。他说:"认识论是辩证法。认识过程是辩证法的过程。从物质世界得到感性认识是辩证法,从感性认识到理性认识是辩证法,从理性认识到实践也是辩证法。我们只有在认识过程中彻底运用辩证法,才能认识客观真理。因此,我们认识任何事物或过程时,必须把辩证法的规律,特别是对立统一规律,作为思维的规律、认识的规律。"②也就是说,只有在认识论中贯彻了辩证法,运用了对立统一规律,将其作为思想方法,才能正确地认识客观世界。

如何运用对立统一规律于认识论,将其作为认识客观事物及其发展过程的思想方法呢?李达认为,这就必须处理好认识活动中的两对矛盾关系:一是分析和综合的统一,二是归纳和演绎的统一。他在这里所讲的这两对矛盾关

---

① 李达:《毛泽东对马克思主义认识论的发展(初稿)》,1960年刊印,第4页。这段引文中的"三本专论哲学的著作",在铅印稿中原为"三个专论哲学的著作"。这里的"个"字显然是"本"字的误排,故在引用这段文字时改"个"字为"本"字。

② 李达:《毛泽东对马克思主义认识论的发展(初稿)》,1960年刊印,第27页。

系都有其特定的含义,是在对立统一规律的意义上讲的,指的是辩证逻辑的分析和综合的统一、归纳和演绎的统一,而不是指形式逻辑或符号逻辑的分析和综合的统一、归纳和演绎的统一。在他看来,在认识活动中运用好、处理好这两对矛盾关系,就集中体现了认识论的辩证法,因此这是两个十分重要的思想方法。在毛泽东认识论思想中,这两个思想方法得到了具体而生动的体现。毛泽东正是运用这两个思想方法,对中国革命问题作出了正确的回答与成功的解决。

对于辩证逻辑的分析和综合的统一,李达进行了细致而深入的阐述。他认为,人的认识活动,首先应当从分析客观事物、了解实际情况入手,因此,"依照这一规律(即对立统一规律——引者注),我们认识任何一个事物,必须运用分析方法,主要的是矛盾的分析方法"①。也就是说,"当我们研究一个对象时,必须具体地分析具体的矛盾"。② 在对客观事物和实际情况进行分析的基础上,又需要进行综合,找出规律性的东西,得出正确的结论。因此,"在辩证逻辑上,分析和综合是统一着的,没有分析就没有综合。分析和综合的统一,是'辩证法的要素'之一"③。李达以毛泽东成功解决中国革命问题为例,具体说明了毛泽东对这一方法的实际运用。他指出,毛泽东在解决中国革命问题的时候,对中国实际情况进行了层层深入的分析,而每一次分析都深化了对中国实际情况的认识。首先,毛泽东对中国历史实际进行了考察,发现中国自周秦以来是封建社会,人民大众与封建主义的矛盾一直没有得到解决。鸦片战争后,帝国主义侵入中国,中国社会又产生了中华民族与帝国主义的矛盾,以及外国资产阶级和民族资产阶级的矛盾、无产阶级和外国资产阶级及民族资产阶级的矛盾、农民及城市小资产阶级和资产阶级的矛盾。随着民族资产阶级的出现,产生了资产阶级民主主义革命运动,爆发了辛亥革命,推翻了清朝皇帝。但由于资产阶级的软弱性,终于使这次革命流产,各派封建军阀与各个帝国主义相结合,加重了对中国人民大众的压迫和剥削,使人民大众处于水深火热的状况。在第一次世界大战期间,中国民族资产阶级有了相当的发

---

① 李达:《毛泽东对马克思主义认识论的发展(初稿)》,1960 年刊印,第 27 页。
② 李达:《毛泽东对马克思主义认识论的发展(初稿)》,1960 年刊印,第 28 页。
③ 李达:《毛泽东对马克思主义认识论的发展(初稿)》,1960 年刊印,第 28 页。

展,中国无产阶级也随之发展起来。无产阶级和人民大众在反抗帝国主义和封建阶级的斗争中,逐步地看出了帝国主义和封建阶级是中国人民的死敌。这种认识是在十月革命以后和五四运动前后开始的。十月革命给我们送来了马克思列宁主义,解放了中国人的思想。五四运动是反帝国主义反封建主义的革命运动,中国无产阶级由此登上了政治舞台,作为无产阶级先锋队的中国共产党在 1921 年成立了。从此,资产阶级领导的旧民主主义革命,转变为无产阶级领导的新民主主义革命。接着,毛泽东分析中国革命实际和国际革命实际,以及中国革命和十月革命的关系,认为中国新民主主义革命是世界无产阶级社会主义革命的一部分。由此,毛泽东分析了当时的阶级关系,指出在半殖民地半封建的中国,人民革命的对象是帝国主义、封建主义和官僚资本主义;这个革命的任务,对外是推翻帝国主义压迫的民族革命,对内是推翻封建主义压迫的民主革命;这个革命的领导者是无产阶级,农民是无产阶级的天然的最可靠的同盟者,农民以外的各种类型的小资产阶级也是无产阶级的最好的同盟者,至于民族资产阶级则具有两重性,共产党如果对它采取慎重的政策,它也可能成为较好的同盟者。因此,毛泽东把这个革命叫做“无产阶级领导的、人民大众的、反对帝国主义、封建主义和官僚资本主义的革命”。这个革命的前途,是社会主义而不是资本主义。根据这些层层深入的分析,毛泽东进行综合,引出这样的结论:中国共产党领导的整个中国革命运动,是包括民主主义革命和社会主义革命两个阶段在内的全部革命运动;只有认清这两个革命阶段的区别与联系,才能正确地领导中国革命达到胜利。李达认为,从这个例子中可以清楚地看出,辩证逻辑的分析和综合的统一是一个重要的思想方法;而运用这一思想方法的关键,在于从中国的历史实际和现实实际出发,从中寻找出中国革命的规律性。因此,李达在阐发这一思想方法时特别强调:“为要能够这样开展研究工作,就必须依照马克思所说的:‘研究必须搜集丰富的材料,分析材料的种种发展形态,并探究这种种形态的内部关系。不先完成这种工作,则对于现实的运动,必不能有适当的叙述。’毛泽东同志正是这样做了的。”①

---

① 李达:《毛泽东对马克思主义认识论的发展(初稿)》,1960 年刊印,第 31 页。

　　对于辩证逻辑的归纳和演绎的统一,李达同样进行了细致而深入的阐述。他指出,归纳方法和演绎方法,实际上是与分析方法和综合方法相联系的。在运用分析方法和综合方法的同时,还需要运用归纳方法和演绎方法。他说:"在辩证逻辑中,归纳和演绎是统一的。归纳和演绎的统一,必须结合于分析和综合的统一。"①他进一步对归纳和演绎的关联进行了说明。首先,他指出,在辩证逻辑中归纳和演绎是相联系的,这就在于:"归纳和演绎都是辩证法的因素。在辩证逻辑中,归纳和演绎是密切联系着的,两者虽然是不同的研究方法,却有相辅相成的作用。演绎以归纳为前提,归纳由演绎所补充或订正。如果只是单独地运用归纳或演绎,那样的研究方法就是片面的,不完全的。"②其次,他指出,在辩证逻辑中归纳和演绎又有其先后的秩序,这就是:"就认识运动的秩序说来,归纳在先,演绎在后,因为演绎所据以进行推理大前提应当是归纳推理所得的概括。所以当研究客观对象时,应当先用归纳后用演绎,即是说要从实际出发;不应当先用演绎后用归纳,即是说不要从定义出发。"③这种归纳在先、演绎在后的秩序,也就是毛泽东所强调的人的认识由特殊到一般、又由一般到特殊的过程。李达说:"毛泽东同志指斥教条主义者的错误,就是从书本出发,把马克思列宁主义当作教条指导中国革命,而对于中国革命的具体情况又不肯做任何艰苦的研究工作,'完全否认了并且颠倒了这个人类认识真理的正常秩序。他们也不懂得人类认识的两个过程的互相联结——由特殊到一般,又由一般到特殊,他们完全不懂得马克思主义的认识论。'"④李达以毛泽东在1946年面对国民党反动派对解放区的大举进攻、断言中国人民解放军终将战胜国民党反动派为例,说明了这种从归纳到演绎的思想方法。他说,毛泽东在当时列举了国内外许多反动派,国内如清朝皇帝、袁世凯、徐世昌、段祺瑞、吴佩孚等,国外如俄国皇帝、希特勒、墨索里尼、日本帝国主义等,他们一贯凶恶地压迫人民、进攻人民而终于为人民所推翻的种种事实,得出了"帝国主义和一切反动派都是纸老虎"的结论。从思想方法上说,这是一个归

---

① 李达:《毛泽东对马克思主义认识论的发展(初稿)》,1960年刊印,第31—32页。
② 李达:《毛泽东对马克思主义认识论的发展(初稿)》,1960年刊印,第32—33页。
③ 李达:《毛泽东对马克思主义认识论的发展(初稿)》,1960年刊印,第33页。
④ 李达:《毛泽东对马克思主义认识论的发展(初稿)》,1960年刊印,第33页。

纳过程。从这个结论中,毛泽东又推论出"美帝国主义走狗蒋介石反动派是纸老虎"的结论。经过三年解放战争,完全证明了这个结论。第二次世界大战结束后,东亚和西南欧出现了11个推翻了帝国主义和反动派统治而成立的社会主义国家,亚洲和非洲出现了殖民地人民推翻帝国主义统治而成立的民族独立国家,再加上英、法、美等帝国主义侵略民族独立国家而遭到可耻失败的事实,更证明了这个结论的正确,并且丰富了这个结论的内容。从思想方法上说,这是一个演绎过程。通过这个例子,李达得出结论说:"毛泽东同志研究一个问题时,总是从实际出发,从客观存在的事实出发,经过研究,作出概括,然后根据这个概括来推论到与问题有关的新方面。这就是说,先用归纳,后用演绎,两种研究方法是统一着的。"①

李达在对分析和综合的统一、归纳和演绎的统一进行阐述后,又进一步探讨了一个问题:为什么归纳和演绎的统一必须结合分析和综合的统一? 他的回答是:"这是因为:在归纳过程中,要概括大量的客观事物或现象,必先进行具体的分析,抽象出它们中间的共通的本质的规定,才能通过综合,作出科学的概括;在演绎过程中,也必须就推论的前提作具体的分析,从其中找出本质的联系,才能通过综合,作出科学的结论。"②李达又以毛泽东为例加以了说明。他指出,毛泽东在得出"帝国主义和一切反动派都是纸老虎"的结论时,就是运用了分析方法和综合方法:分析了帝国主义和一切反动派同人民的矛盾,得出了双方之间的根本矛盾及其解决这一矛盾的必然性,指出前者的腐朽力量必然为后者的新生力量所推翻,前者的反动独裁的逆流必然为后者的人民民主的主流所冲决。毛泽东在运用这个结论推论出"美帝国主义走狗蒋介石反动派是纸老虎"的结论时,也运用了分析方法和综合方法:分析了蒋介石反动派和人民解放军之间的矛盾,得出了双方之间的根本矛盾及其解决这一矛盾的必然性,指出蒋介石反动派进攻解放区的战争是背叛人民的、非正义的战争,结果必败,人民解放军反对蒋介石反动派的战争是人民拥护的、正义的战争,结果必胜。李达说:"由此可见,归纳和演绎的统一必须结合于分析和

---

① 李达:《毛泽东对马克思主义认识论的发展(初稿)》,1960年刊印,第34页。
② 李达:《毛泽东对马克思主义认识论的发展(初稿)》,1960年刊印,第34—35页。

综合的统一。"①对于那种把归纳、演绎同分析、综合相分离的做法,李达提出了尖锐的批评,认为这必然会导致认识活动陷入误区。他指出:"当运用归纳方法概括大量现象时,如果不就大量现象作分析和综合的工作,而仅仅从形式上拈取一些共同的标识就作出概括,这样的概括必然是肤浅的。"②又指出:"当运用演绎方法,由一般原理推论到尚未研究过或者尚未深入地研究过新对象的时候,如果不就那个新对象做分析和综合工作,而仅仅从形式上引出结论,这样的结论必将变成独断。"③

尤其值得重视的是,李达认为在运用归纳方法和演绎方法时,不能离开唯物的观点和实践的观点。他说:"归纳和演绎是辩证逻辑的两个不可分离的因素,当运用归纳和演绎研究客观事物时,必须应用矛盾的分析方法和综合方法,还要有唯物观点和实践观点,就是说,归纳所得的概括,必须经过实践证明它确实符合客观实际,才是正确的,才可以运用这个概括推论及于新冒出来的特殊事物,但对于这个新的特殊的事物,仍须进行具体的分析,否则,会引出错误的结论。"④正是这样,李达强调:"辩证逻辑关于归纳和演绎的涵义,同归纳逻辑所说的归纳,同演绎逻辑所说的演绎,是大不相同的。辩证逻辑认为:归纳是从实践到认识,演绎是从认识到实践。"⑤在辩证逻辑的归纳方法和演绎方法的运用中,"主观反映客观,主观又见之于客观,都必须付出群众的艰辛的实践"⑥。因此,对于辩证逻辑的归纳方法和演绎方法来说,"认识上的归纳和演绎反映实践上的归纳和演绎,又指导着实践上的归纳和演绎"⑦。从这种唯物的观点和实践的观点出发,李达提醒人们在运用归纳方法和演绎方法时,在重视归纳和演绎的统一时,一定要重视实际和实践。他指出:"当我们运用归纳和演绎的方法研究一个革命问题或一个建设问题的时候,必须做系统周密的调查和研究的工作,然后根据研究所得的结果拟订出计划和方案付之实

---

① 李达:《毛泽东对马克思主义认识论的发展(初稿)》,1960 年刊印,第 35 页。
② 李达:《毛泽东对马克思主义认识论的发展(初稿)》,1960 年刊印,第 35 页。
③ 李达:《毛泽东对马克思主义认识论的发展(初稿)》,1960 年刊印,第 36 页。
④ 李达:《毛泽东对马克思主义认识论的发展(初稿)》,1960 年刊印,第 37 页。
⑤ 李达:《毛泽东对马克思主义认识论的发展(初稿)》,1960 年刊印,第 37 页。
⑥ 李达:《毛泽东对马克思主义认识论的发展(初稿)》,1960 年刊印,第 38 页。
⑦ 李达:《毛泽东对马克思主义认识论的发展(初稿)》,1960 年刊印,第 38 页。

践,才能实现预想的目的。"①

在李达看来,马克思主义认识论既然首先是唯物主义的反映论,因此作为认识论的辩证法,就必须与认识论的唯物论相结合;作为思想方法的分析和综合的统一、归纳和演绎的统一,就必须以实际和实践为其前提和基础。因此,李达所说的"认识论是辩证法"是与他所说的"反映论是马克思主义认识论的核心"相联系的。只有理解了这一点,才能对李达所说的"认识论是辩证法"作出准确而深刻的把握。

五、"工作方法是和思想方法一致的"

在读这本铅印稿时,感到其中的第四个特点,在于通过对毛泽东认识论思想的阐释,强调了毛泽东把认识论转化为工作方法的意义。李达认为,毛泽东对于马克思主义认识论有一个特殊贡献,这就是自觉地把认识论转化为工作方法,使之成为中国共产党人认识世界、改造世界的有力武器。他说:"毛泽东同志创造性地运用马克思主义认识论于领导方法、工作方法方面,于党的领导和群众路线的关系方面,这是对马克思主义认识论的一个最卓越的贡献。"②正是这样,这本铅印稿设有"工作方法"一节,对这一问题作了专门的着重阐发。

认识论是哲学上关于认识问题的抽象理论,工作方法是中国共产党人从事实际工作所遵循的基本方法,两者之间当然存在着很大的不同。那么,认识论何以能够转化为工作方法呢? 李达为此提出了一个重要论断:"工作方法是和思想方法一致的。"③也就是说,中国共产党人从事实际工作所遵循的基本方法,是在马克思主义认识论的指导下形成的,是毛泽东认识论思想在实际工作中的具体运用,体现了分析和综合的统一、归纳和演绎的统一的思想方法。因此,认识论能够转化为工作方法,两者之间存在着密切的联系。在这种转化与联系中,李达认为有两个工作方法尤为值得重视:一是领导与群众相结

---

① 李达:《毛泽东对马克思主义认识论的发展(初稿)》,1960 年刊印,第 38 页。
② 李达:《毛泽东对马克思主义认识论的发展(初稿)》,1960 年刊印,第 46 页。
③ 李达:《毛泽东对马克思主义认识论的发展(初稿)》,1960 年刊印,第 54 页。

合,二是社会调查。这两个工作方法,都是毛泽东十分看重、大力倡导的。

领导与群众相结合的工作方法,是毛泽东在1943年为中共中央起草的决定《关于领导方法的若干问题》中明确提出的。在这个决定的开头,毛泽东即指出:"我们共产党人无论进行何项工作,有两个方法是必须采用的,一是一般和个别相结合,二是领导和群众相结合。"①李达对毛泽东的这段话十分重视,并作了自己的理解,在这两个工作方法中更凸显了后者。他说:"这里所说的'领导和群众相结合',可以用'群众——领导——群众'的公式来表达;所说的'一般和个别相结合',可以用'个别——一般——个别'的公式来表达。两者之间,要以'群众——领导——群众'这一公式最能表现党的领导和群众路线的血肉相连的关系,它应当是领导方法的最基本的原则。"②在他看来,"群众——领导——群众"公式,不仅具有认识论意义,而且直接体现了党的群众路线,是认识论与唯物史观相结合的结晶,最能体现马克思主义认识论与中国共产党工作方法之间的转化与联系。因此,他对这个公式予以了特别的关注和凸显,强调"它应当是领导方法的最基本的原则"。联系到李达与毛泽东在1958年所发生的那一场哲学争论,他对"群众——领导——群众"公式的关注、凸显与强调,确实意味深长。

李达进而指出,毛泽东在《关于领导方法的若干问题》中所提出的"群众——领导——群众"公式,与在《实践论》中所提出的"实践——认识——实践"公式是一致的。这种一致性就在于:"我们党所强调的要把马克思列宁主义的普遍真理同中国革命的具体实践相结合,即是同群众的革命的实践相结合,因为除了群众的实践以外,不能再有别的实践。公式中的'领导'代表着群众实践经验的总结,也体现着领导者的实践经验。在这种意义上,领导方法的认识论,同关于客观事物的认识论是一致的。"③他进而指出:"我们的民主主义革命、社会主义革命和社会主义建设的事业,都是人民群众自己解放自己的事业,党是全心全意为人民群众服务的,党只有密切地联系群众,坚决地信

---

① 毛泽东:《关于领导方法的若干问题》,载《毛泽东选集》第三卷,人民出版社1991年版,第897页。

② 李达:《毛泽东对马克思主义认识论的发展(初稿)》,1960年刊印,第47页。

③ 李达:《毛泽东对马克思主义认识论的发展(初稿)》,1960年刊印,第47页。

任群众,领导群众为这一解放事业奋斗到底。为此,党关于革命和建设的政策、计划和方案的制订,必须集中群众的智慧和意见,总结群众生产斗争和阶级斗争的经验,才能发挥群众的革命性和创造性,使这一解放事业能够取得完全胜利。"[①]李达认为,这一理论是以毛泽东为代表的党中央对马克思主义认识论的一个创造性贡献,他把这一理论称为"领导和群众相结合的领导方法(或工作方法)的认识论"[②]。

李达进一步从认识过程上对这两个公式的一致性进行了分析。他指出,"群众——领导——群众"公式所说的"从群众中来,到群众中去"的工作方法,也就是"实践——认识——实践"公式所说的"从实践中来,到实践中去"的认识活动。首先,"从群众中来",也就是从群众的实践中获得正确认识。他说:"从群众中来的过程,是从实践到认识的过程,是调查和研究的过程。领导者要投身到群众的实践中去,虚心向群众学习,采用各种调查方法,搜集群众各方面的意见(即详细地占有材料)。这些意见中,有先进的,有中间的,有落后的;有正确的,有错误的;有真实的,有虚伪的;有感性认识,有理性认识;有成熟的经验,有不成熟的经验,等等。总的说来,这些意见是个别的、分散的、不成系统的。领导者要在马克思列宁主义理论的指导下,运用阶级分析的方法,具体地分析这些意见,经过去粗取精、去伪存真、由此及彼、由表及里的改造制作的工夫,造成理论和概念的系统。即是说,经过研究,把群众的分散的无系统的意见,化为集中的系统的意见(即理性认识)。所以从群众中来的过程,又是概念形成的过程,判断形成的过程和推理进行的过程。"[③]其次,"到群众中去",也就是把获得的正确认识付诸群众的实践。他说:"到群众中去的过程,是从认识到实践的过程,又是检验主观是否符合于客观的过程。在这段过程中,领导者依据那个集中的系统的意见,制定计划和方案,拿到群众中坚持下去。集中的系统的意见,在认识水平上,比较分散的无系统的意见是高一级的东西,为要使计划或方案为一般的群众(特别是中间的落后的群众)所乐意接受而自觉自愿地去执行,必须向群众做耐心细致的宣传解释工作,群

---

① 李达:《毛泽东对马克思主义认识论的发展(初稿)》,1960 年刊印,第 48 页。
② 李达:《毛泽东对马克思主义认识论的发展(初稿)》,1960 年刊印,第 48 页。
③ 李达:《毛泽东对马克思主义认识论的发展(初稿)》,1960 年刊印,第 48—49 页。

众如果被说服了,自觉自愿地执行上级的计划或方案了,这个集中的系统的意见就化为群众的意见。理论一掌握群众,就成为物质的力量。"①而这个"从群众中来,到群众中去"的认识过程,往往不是一次能够完成的,需要经过多次的反复才能够完成。他说:"人脑是能够反映客观世界的,但不能一次地、完全正确地把客观世界都反映出来,这就必须反复地调查和研究,才能一次比一次地反映得比较正确,比较更进一步地接近于客观实际。"②

从重视领导与群众相结合的工作方法出发,李达特别强调了社会调查作为工作方法的意义。他指出,既然"从群众中来"是一个调查和研究的过程,那么到群众中去做调查和研究工作,就和党的政策的制定有着非常密切的关系。为此,他特别强调毛泽东在 1941 年起草的《中共中央关于调查研究的决定》的意义。正是在这个决定中,重申了"没有调查就没有发言权"的论断,指出:"党内许多同志,还不了解没有调查就没有发言权这一真理。还不了解系统的周密的社会调查,是决定政策的基础。还不知道领导机关的基本任务,就在于了解情况与掌握政策,而情况如不了解,则政策势必错误。"③李达对此予以了进一步说明,认为:"这个决定,肯定了毛泽东同志所说的'没有调查就没有发言权'这一句话的真理,认定系统周密的社会调查是决定政策的基础;领导机关的基本任务就在于了解情况和掌握政策,而情况如不了解,则政策势必错误。因此,党中央通告全体党员都要做调查研究工作,使了解情况注意政策的风气与学习马克思列宁主义理论的风气密切结合起来,反对将学习马克思列宁主义原理原则与了解中国社会情况、解决中国革命问题互相脱节的恶劣现象。党中央这一决定在我们党内起了良好的作用。"④

李达认为,毛泽东所从事的大量社会调查,为中国共产党人树立了典范。

①　李达:《毛泽东对马克思主义认识论的发展(初稿)》,1960 年刊印,第 49 页。
②　李达:《毛泽东对马克思主义认识论的发展(初稿)》,1960 年刊印,第 49 页。
③　毛泽东:《中共中央关于调查研究的决定》,载《毛泽东文集》第二卷,人民出版社 1993 年版,第 360 页。
④　李达:《毛泽东对马克思主义认识论的发展(初稿)》,1960 年刊印,第 50 页。李达在写作《毛泽东对马克思主义认识论的发展(初稿)》时,这个决定还是作为中共中央的文件,并没有作为毛泽东个人的著作。因此,李达这本铅印稿中说:"这个决定,肯定了毛泽东同志所说的'没有调查就没有发言权'这一句话的真理"。这个决定收入《毛泽东文集》第二卷,作为毛泽东个人的著作正式发表,是在 1993 年。

他回顾了毛泽东在 1927 年年初对湖南农民运动的大规模考察,认为正是通过这次农村调查,"创造了这种领导方法的认识论,即从群众中集中起来到群众中坚持下去的认识论"①。他指出,在这次调查中,毛泽东亲自到湖南湘潭、湘乡、衡山、醴陵、长沙五县实地考察农民运动,到处召集有经验的农民和农运工作同志开调查会,积累了非常丰富的材料,进而运用马克思列宁主义的理论和阶级分析的方法,缜密地研究这些材料,深入地总结农民运动经验,写成了著名的《湖南农民运动考察报告》,构成了中国民主革命的策略基础,这些都是"从群众中来"的过程。大革命失败后,毛泽东和他的战友们又领导农民重新组织起来进行土地革命战争,组织工农红军,建立红色政权,由农村包围城市,进而夺取城市,这与前一时期对农民革命运动的总结联系起来看,可以说是"到群众中去"的过程。从这个例子中可以清楚地看出,领导与群众相结合的工作方法和社会调查的工作方法实际上是联系在一起的,前者确定了总的工作方法,而后者则是前者的具体落实。

李达由此提醒党的干部们:"领导者是掌握着马克思列宁主义的理论和方法的,但是如果不到群众中去做系统周密的社会调查,不从群众实践中吸取丰富的经验作为研究的材料,那么,理论就变为空洞的东西,方法也无用处,若果这样,理论便和实际相脱离,便成为教条主义。"②在他看来,只有通过认真而深入的社会调查,才能真正地实现领导与群众相结合,才能真正地把马克思主义的普遍真理和中国革命的具体实践结合起来。

在这本铅印稿中,"思想方法"和"工作方法"这两节所讲的内容,都是毛泽东在《实践论》中没有讲过的。这两节的设立,以及由此而展开的对毛泽东的思想方法和工作方法的论述,反映了李达力图对毛泽东认识论思想作出一种更完整更系统的阐释。在他看来,毛泽东认识论思想不仅在于说明实践是认识的基础和认识真理性的标准,说明人的认识活动从感性认识到理性认识、从理性认识到实践两个阶段,而且还包括思想方法和工作方法,包括运用这些方法使中国共产党人的认识活动实现从感性认识到理性认识、从理性认识到

---

① 李达:《毛泽东对马克思主义认识论的发展(初稿)》,1960 年刊印,第 50 页。
② 李达:《毛泽东对马克思主义认识论的发展(初稿)》,1960 年刊印,第 51 页。

实践。这样一来,就具体展开了这本铅印稿"前言"中所揭示的毛泽东认识论思想的三个基本原则,在马克思主义认识论意义上阐明了"实事求是"原则、对立统一规律和党的群众路线的有机统一。李达不仅在这本铅印稿中对毛泽东的思想方法和工作方法做了专门论述,而且还有过进一步研究这些方法的构想。他在 1961 年 8 月 28 日致武汉大学哲学系副系主任余志宏的信中,谈到了自己今后几年中准备做的六项重要研究工作,其中第六项就是写一部《毛泽东的思想方法和工作方法》①。

六、"革命精神和科学精神的统一"

在读这本铅印稿时,感到其中的第五个特点,就是针对当时理论界正在探讨的主观能动性与客观规律性的关系问题,予以了高度重视和明确回答。在第十节"革命精神和科学精神的统一"的开篇,李达即指出:"近来许多同志论述了'主观能动性和客观规律性的关系'的问题。"②对这一问题的探讨,实际上反映了理论界对当时中国的实际情况的思考,因此李达甚为关注,在这一节中专门就这个问题进行了阐发,表明了自己的看法。

李达首先对主观能动性的内涵进行了阐明。他指出:"究竟'主观能动性'的涵意怎样?这是首先要弄清楚的问题。"③为此,他引用了毛泽东在《实践论》中关于"认识的能动作用"的论说,指出从中可以看出:"认识的能动作用,包括两个过程:其一是从实践到认识的过程,即是从感性认识到理性认识、到事物的客观规律性的认识的过程;其二是从认识到实践的过程,即是从理性认识到实践的过程,即根据客观规律性的认识制成理论、计划或方案运用到生产斗争和革命斗争中去的过程。这两个过程是不可分离地统一着,这正是认识和实践的统一。所以认识的能动作用,包括客观规律性的认识和生产的、革

---

① 参见李达:《给余志宏同志的信(1961 年 8 月 28 日于庐山)》,《武汉大学学报(哲学社会科学版)》1981 年第 1 期。

② 李达:《毛泽东对马克思主义认识论的发展(初稿)》,1960 年刊印,第 55 页。

③ 李达:《毛泽东对马克思主义认识论的发展(初稿)》,1960 年刊印,第 55 页。

命的斗争两个有机的构成部分。"①他又引用了毛泽东在《论持久战》中关于"自觉的能动性"的论说,指出从中可以看出:"'自觉的能动性'也包括两个方面:其一是'根据和符合于客观事实的思想',这种思想即是根据于事物的客观规律性的认识而来的;其二是'根据于正确思想的做或行动',这即是根据于以客观规律性的认识为基础制定的计划、方案、政策等等去从事于生产的或革命的斗争。"②通过这些论析,他得出结论说:"主观能动性或主观能动作用,其内容是和'自觉的能动性'或'认识的能动作用'完全相同的,即同样包括关于客观规律性的认识和基于客观规律性的实践这两个构成部分。这两个部分互相联系,互相促进,形成为辩证的统一。只有掌握了客观规律,基于客观规律的实践就能达到预想的结果;只有在符合于客观规律的实践中,才能深入地、全面地掌握客观规律,并发现新的客观规律,因而更促进实践的发展。只有这样,人们的主观能动性就可以逐步提高,并可以充分发挥出来。"③这样一来,就对主观能动性的内涵作出了明确的规定,指出了主观能动性首先就是指对客观规律性的认识和把握,其次才是运用这种认识和把握来从事生产的或革命的活动。

基于对主观能动性的这一理解,李达强调,发挥主观能动性,必须以承认客观规律和认识客观规律作为其前提;绝不能离开对客观规律的承认与认识,去谈发挥主观能动性。人类的生产活动是如此:"人类社会的历史,是人民群众合乎客观规律的生产斗争的历史,是人民群众发挥主观能动性改造自然世界的历史。"④人类的阶级斗争也是如此:"无产阶级只有成为'自为的阶级'的时候,才能高度发挥革命的主观能动性,即是说,他们掌握了社会发展规律,资本主义必然为社会主义所代替的规律,并根据这些规律制定革命的理论和策略,进行无产阶级革命,推翻资本主义社会,建立共产主义社会。"⑤

李达在这一节中,还专门探讨了领导者的主观能动性——科学预见问题。

---

① 李达:《毛泽东对马克思主义认识论的发展(初稿)》,1960年刊印,第55—56页。
② 李达:《毛泽东对马克思主义认识论的发展(初稿)》,1960年刊印,第56页。
③ 李达:《毛泽东对马克思主义认识论的发展(初稿)》,1960年刊印,第56—57页。
④ 李达:《毛泽东对马克思主义认识论的发展(初稿)》,1960年刊印,第57页。
⑤ 李达:《毛泽东对马克思主义认识论的发展(初稿)》,1960年刊印,第58页。

他指出,一个无产阶级的政党,要领导人民大众取得革命胜利,如果没有科学预见,那是不可能的。而这种科学预见,又是以认识和把握客观规律为其前提的。"认识了客观规律,就是认识了客观真理,我们就可以根据这个客观规律,指出事物或过程发展的倾向,因而拟定计划和方案,作为实践的向导,这就是科学预见。"①换言之,"科学预见是依据对客观规律的正确认识,指出事变发展前进过程的科学推测"②。在他看来,马克思、恩格斯、列宁、毛泽东的科学预见之所以能够实现,在实践中证明其正确性,就在于既发挥了敢于斗争的革命精神,又具有实事求是的科学精神。他说:"毛泽东同志那许多的科学预见所以能够一一实现,第一,由于我们有了抓住真理,为真理而冲锋陷阵的党,和在党领导下的革命热情高涨的人民群众;第二,由于党和毛泽东同志掌握了科学的思想方法和工作方法,能够随时适应客观事变的趋势,吸取群众的经验和智慧,制定正确的计划和方案,动员和组织群众,向着预定的目标前进,因而能够达到预想的结果。"③因此,他坚决反对离开实事求是的科学精神,去倡导发挥敢于斗争的革命精神。在这里,李达实际上从哲学上对"人有多大胆,地有多高产"的口号进行了断然否定。

七、中国马克思主义者在当时历史条件下的理论探索

从上述五个特点中可以清楚地看出,李达的这本铅印稿,在对毛泽东认识论思想进行系统阐发的同时,力图结合当时中国的实际情况,对马克思主义认识论作出正确而完整的理解,对中国共产党所面临的思想路线问题作出自己的回答。特别是针对当时盛行的夸大主观能动作用的风气,李达力图从马克思主义认识论入手,在理论与实践的结合上,予以否定和纠正。在这里,体现了中国马克思主义者在当时历史条件下,面对新中国社会主义建设所出现的困难局面,所进行的一种自觉而可贵的理论探索。由于时代条件的限制,这种

---

① 李达:《毛泽东对马克思主义认识论的发展(初稿)》,1960年刊印,第61页。
② 李达:《毛泽东对马克思主义认识论的发展(初稿)》,1960年刊印,第61页。
③ 李达:《毛泽东对马克思主义认识论的发展(初稿)》,1960年刊印,第62—63页。

理论探索不论其形式还是其内容,在今天看来都有局限性;但李达在这一探索中所阐发的基本思想,所体现的理论追求,在经历半个多世纪的岁月后仍然显示着合理性和积极意义。透过这本铅印稿,我们可以触摸到 20 世纪 50 年代与 60 年代之交马克思主义哲学中国化进程的一个环节。

值得注意的是,与李达在 1958 年发生过激烈争论的毛泽东,在进入 1960 年后也开始冷静下来,在哲学上有了新的思考,在认识论的唯物主义原则、认识活动中的分析方法和调查研究的重要性等问题上,都得出了与李达相一致的论断。1959 年与 1960 年之交,毛泽东在读苏联《政治经济学教科书》的谈话中就肯定了认识论的唯物主义原则,认为:"存在是第一性的,思维是第二性的,只要肯定了这一条,我们就同唯心主义划清界限了。然后还要进一步解决客观存在能否认识、如何认识的问题。"[①]同时强调了分析方法的意义,指出:"研究问题,要从人们看得见、摸得到的现象出发,来研究隐藏在现象后面的本质,从而揭露客观事物的本质的矛盾。《资本论》对资本主义经济的分析,就是用这种方法,总是从现象出发,找出本质,然后又用本质解释现象,因此,能够提纲挈领。教科书对问题不是从分析入手,总是从规律、原则、定义出发,这是马克思主义从来反对的方法。"[②]1961 年年初,毛泽东在中共中央工作会议上的讲话中重申调查研究的重要性,并做了自我批评,他说:"我们党是有实事求是传统的,就是把马列主义的普遍真理同中国的实际相结合。但是建国以来,特别是最近几年,我们对实际情况不大摸底了,大概是官做大了。我这个人就是官做大了,我从前在江西那样的调查研究,现在就做得很少了。今年要做一点,这个会开完,我想去一个地方,做点调查研究工作。不然,对实际情况就不摸底。"[③]从毛泽东的这些讲话中,可以映照出李达的这本铅印稿的思想价值。这种哲学上的重新一致,使得这两位青年时代的好友于 1961 年 8 月在庐山上进行了长达几小时的畅谈,从"大跃进"、教育革命、工作作风等

---

① 毛泽东:《读苏联〈政治经济学教科书〉的谈话(节选)》,载《毛泽东文集》第八卷,人民出版社 1999 年版,第 104 页。

② 毛泽东:《读苏联〈政治经济学教科书〉的谈话(节选)》,载《毛泽东文集》第八卷,人民出版社 1999 年版,第 139 页。

③ 毛泽东:《大兴调查研究之风》,载《毛泽东文集》第八卷,人民出版社 1999 年版,第 237 页。

问题谈到理论问题,李达坦率地提了很多意见,毛泽东则高度评价李达的《社会学大纲》,认为此书现在还有很大意义,应当加以修订重新出版。

这本铅印稿在当时没有正式发表。李达将其核心内容概括为《怎样学习毛泽东思想》一文,在《武汉大学人文科学学报》1960 年第 1 期和 1960 年 2 月 2 日《光明日报》上发表。这篇文章后来收录在《李达文集》第四卷中,成为四卷本《李达文集》的压卷之作。

(原载《武汉大学学报(人文科学版)》2013 年第 3 期)

《唯物辩证法大纲》所赋予
马克思主义哲学的中国风格

——纪念《唯物辩证法大纲》成书 50 周年

汪信砚　　刘秉毅

1961 年 8 月,在毛泽东的建议下,李达开始了主持编写《马克思主义哲学大纲》的工作,并于四年后的 1965 年 9 月完成了上卷《唯物辩证法》的送审稿(1978 年 6 月由人民出版社出版时定名为《唯物辩证法大纲》)。《唯物辩证法大纲》是李达生前完成的最后一部重要哲学著作。尽管并没有直接参与具体的编写工作,但作为主编人,李达不仅为全书确定了指导思想、体例结构和篇章安排,而且还对初稿进行了细致的审阅修改,直至最终定稿。也正因如此,《唯物辩证法大纲》这部著作贯彻了李达以马克思主义哲学中国化为范式开展马克思主义哲学研究的思路,自觉将把马克思主义哲学与中国的具体实际相结合、创造并不断发展中国化的马克思主义哲学作为了全书的中心任务、理论目标和基本信念。经过李达的这种阐释和再创造,马克思主义哲学在《唯物辩证法大纲》中具有了一种鲜明的中国风格。

一、自觉区别于苏联模式的哲学教科书

众所周知,在 20 世纪五六十年代,中国人对于马克思主义哲学的理解在很大程度上是被苏联模式的哲学教科书所定向的,一种导源于斯大林的解说体系几乎成为那个时代唯一的"正统"。然而,李达却对苏联模式的哲学教科书并不满意。在他看来,其中有很多不符合马克思主义的内容,因此,中国人完全有必要按照自己的方式进行马克思主义哲学教科书的编写。不可否认,

李达的这一判断是与当时中苏交恶的政治背景分不开的,但我们也要看到,他对苏联模式的哲学教科书的不满态度从根本上来说还是根源于他本人对马克思主义哲学精神实质的独到而深刻的理解。也就是说,正是由于李达已然从学理上彻底地研究过马克思、恩格斯、列宁等经典作家几乎所有的哲学著作,他才能够敏锐地发现苏联模式的哲学教科书的理论缺陷,并有意识地加以避免。具体来说,《唯物辩证法大纲》主要从以下三个方面赋予了马克思主义哲学以区别于苏联模式的中国风格。

第一,强调"马克思主义哲学是人类认识史的积极成果的批判的总结"①。

在苏联模式的哲学教科书中,概论部分必然要讲到马克思主义哲学作为唯一科学的世界观,在哲学上所实现的革命变革。然而,这种说明又往往是在"唯物主义——唯心主义"的框架中展开的,它往往将马克思主义哲学诞生之前的整个哲学史片面地描述为"两军对战"的斗争史。不难发现,这种理解方式的最大弊端就在于否定了唯心论的积极意义,忽视了马克思主义哲学与以往哲学遗产的内在联系。因此,李达明确反对将马克思主义哲学的革命意义奠定在全盘抛弃两千多年来极其丰富的哲学遗产的基础之上。他指出:"这种观点表面上似乎特别'彻底',特别'革命';实际上,它割断了认识的历史,把马克思主义哲学说成了凭空创造出来的东西,说成了'离开世界文明发展大道而产生的褊狭顽固的学说'。这是一种粗鄙的、反马克思主义的观点。"②

为了纠正这种"左"的倾向,李达指出,只有恢复马克思主义哲学与以往哲学的辩证的联系,才能正确地理解马克思主义哲学的革命性意义。这意味着,李达在哲学史研究中采取了一种历史主义的方法论原则。与苏联模式的哲学教科书相比,这种解说方式能够更好地揭示马克思主义哲学孕育、诞生及发展的过程。事实上,早在1935年初步完成的《社会学大纲》中,李达便已经提出了以马克思主义哲学为"人类认识史的综合"这一命题,并主张对"唯物辩证法的前史"予以专门的考察。在其后二十多年的理论探索中,李达不仅没有改变上述基本观点,而且还在同日丹诺夫哲学史定义的对峙中进一步强

---

① 李达主编:《唯物辩证法大纲》,人民出版社2014年版,第60页。
② 李达主编:《唯物辩证法大纲》,人民出版社2014年版,第63页。

化了这种历史主义思维。因此，我们看到，《唯物辩证法大纲》以更为显著的篇幅考察了从原始思维到费尔巴哈哲学的逻辑进程，指明了哲学史上所有被马克思主义哲学批判地吸取了的"积极的成果"。

在具体的考察过程中，李达对哲学史上的唯心论与唯物论予以了同等的重视，并认为马克思主义哲学从唯心论那里继承了逻辑学和辩证法这两大"积极的成果"。例如，关于苏格拉底和柏拉图，他指出：苏格拉底的论辩方法"在一定程度上体现了概念之间的相互联系和相互转化，初步提出了一般和个别的关系问题，对思维的规则也作了一定的研究"，而柏拉图则"因为在论辩中需要不断地揭露和克服思维的矛盾，因而就促进了对于思维规则和方法的研究，推动了逻辑学的发展"①。关于黑格尔，李达指出：尽管其哲学是唯心论的，但却包含着合理的内核，即"思维规律和客观现实规律的一致性"、"运动、变化、发展和联系的思想"以及辩证法的三个规律，所以它能够成为马克思主义哲学的先导②。经过李达的上述努力，《唯物辩证法大纲》在一定程度上消除了"唯心主义——唯物主义"框架的片面性，还原了马克思主义哲学孕育、产生和发展的本来面目。

第二，突出实践观点及其认识论意义。

从我们今天的视角来看，苏联模式的哲学教科书的一个重要缺陷便是没有对马克思提出的实践观点给予应有的重视，反而将阐释的重心放在了唯物论和辩证法上面，以至于使马克思主义哲学退回到了传统本体论和朴素实在论的水平。应当承认，受苏联模式的哲学教科书的影响，李达对于马克思主义哲学的解读也不可避免地带有这种时代的局限性。但是，当他为《唯物辩证法大纲》确定指导思想时，还是明确地将"科学的实践观的创立和引进"作为了"马克思主义哲学区别于一切旧哲学的关键"③。

依据这一指导思想，《唯物辩证法大纲》将实践观点的确立置于马克思对旧哲学的改造过程之中：一方面，马克思克服了费尔巴哈唯物论中的朴素直观，"把革命的实践这个概念引入唯物论的认识论"；另一方面，针对黑格尔把

---

① 李达主编：《唯物辩证法大纲》，人民出版社 2014 年版，第 76、77 页。
② 参见李达主编：《唯物辩证法大纲》，人民出版社 2014 年版，第 94—97 页。
③ 李达主编：《唯物辩证法大纲》，武汉大学出版社 2007 年版，"再版前言"第 5 页。

实践当做抽象的精神活动的做法，"马克思在唯物论的基础上把实践当做社会的生产斗争和阶级斗争，当做认识论的基础，因而把黑格尔的实践概念改造为历史的社会的范畴"①。我们看到，不论就上述哪个方面而言，实践观点的理论意义都被限定在了认识论的方面，而这也正是李达在《唯物辩证法大纲》中理解和阐发实践概念的一个显著特点。只有明白了这一点，我们才能理解他何以会进一步将实践观点作为区分"能动的革命的反映论"和"形而上学唯物论的反映论"的关键所在。

李达认为，实践观点解决了形而上学唯物论在认识问题上的困境，使认识论发生了根本性的变革。其所以如此，是由于形而上学唯物论的认识论只知道认识是客观实在在人的头脑中的反映，却不能理解认识在发生和发展过程中所具有的社会性和历史性。因此，在形而上学的唯物论者看来，认识不过是生物的人对自然界进行消极直观的过程。与此相反，唯物辩证法的认识论认为，"只有从实践的观点出发，才能科学地理解认识问题"：首先，认识的主体是处在生产实践中的人；其次，认识的对象是人们的实践活动所造成的人化自然和社会存在；最后，认识的过程同时也是人们通过实践活动改造客观事物的过程②。总之，只有唯物辩证法的认识论才是一种"能动的革命的反映论"。通过上述论证，李达确立了实践观点在认识论中的首要地位，从而部分地纠正了苏联模式的哲学教科书中实践观点缺失的问题。

第三，重视辩证法与唯物论的统一，以对立统一规律为辩证法的核心。

我们知道，在《论辩证唯物主义和历史唯物主义》一文中，斯大林曾将辩证唯物主义划分为辩证法和唯物论两部分，其中，辩证法是科学的方法论，而唯物论则是科学的世界观。因此，长期以来，苏联模式的哲学教科书一直将辩证法和唯物论作为两块互不相干的内容进行讲解。对于这种割裂马克思主义哲学的整体性的做法，李达并不认同。在《唯物辩证法大纲》中，他更是明确主张将"唯物论和辩证法的统一"作为唯物辩证法的第一个特征。

他论证道：尽管唯物论和辩证法所处理的问题的方面是有差别的，但是，

① 李达主编：《唯物辩证法大纲》，人民出版社 2014 年版，第 109、112 页。着重号为引者所加。

② 参见李达主编：《唯物辩证法大纲》，人民出版社 2014 年版，第 353—354 页。

在唯物辩证法这个完整的哲学体系中，二者又是不可分离地结合着的。具体来说，一方面，唯物论只能是辩证法的唯物论，它在解决哲学的基本问题的时候必然要贯穿着辩证法的规律；另一方面，辩证法也只能是唯物论的辩证法，它在阐明世界发展的最一般的规律的时候必然是从唯物论的原则出发的①。李达相信，正是由于唯物论和辩证法的统一，唯物辩证法才成为唯一科学的哲学；而随着这一结论的得出，科学的世界观与科学的方法论也就在唯物辩证法中实现了统一。

除此之外，在辩证法问题上，苏联模式的哲学教科书还有另一做法令李达无法满意，即"不提对立统一规律的核心地位"、"把辩证法的三大规律平列"②。在他看来，相比于列宁在《哲学笔记》中提出的以对立统一规律为辩证法实质的命题，苏联模式的哲学教科书的做法无疑是一种倒退。因此，从1935年的《社会学大纲》开始，李达便尝试对列宁的上述命题进行解释和发挥。而到了主编《唯物辩证法大纲》的时候，他已经能够系统地说明对立统一规律何以是唯物辩证法的最根本的规律。

李达指出，这首先是因为"只有对立统一规律才揭示了事物发展的泉源，显示了辩证法同形而上学根本分歧的焦点"：辩证法之所以持有普遍联系的观点和变化发展的观点，并由此区别于形而上学，就是因为它承认事物的矛盾，而承认矛盾的观点正是对立统一规律的题中之义；其次，还因为"辩证法的其他规律和范畴，都是对立统一规律在不同方面的表现形态，都只有从对立统一规律的观点出发才能得到理解"，例如，质变量变规律和否定之否定规律都是以承认两个矛盾着的因素的相互斗争为前提的，而这也就又回到了对立统一规律那里③。

综合以上三个方面，我们可以看到，李达有意识地为《唯物辩证法大纲》开辟出了一条有别于苏联模式的马克思主义哲学阐释之路。尽管他将实践观

---

① 参见李达主编：《唯物辩证法大纲》，人民出版社 2014 年版，第 52 页。
② 李达主编：《唯物辩证法大纲》，武汉大学出版社 2007 年版，"再版前言"第 4 页。
③ 参见李达主编：《唯物辩证法大纲》，人民出版社 2014 年版，第 216—220 页。

点局限在认识论领域的做法并没有充分揭示出这一观点的本体论意义①,但无可置疑的是,李达已经达到了 20 世纪 60 年代中国人对于马克思主义哲学的理解所能达到的最高高度,已经最大限度地避免了苏联模式的哲学教科书的片面性。至于那种质疑李达在突破传统教科书体系方面毫无建树的观点,则可以说是一种强人所难的非分要求了。

二、重点阐发毛泽东哲学思想

阐发毛泽东对马克思主义哲学的新贡献是李达主编《唯物辩证法大纲》的重要初衷之一。在他看来,中国人民之所以能够取得社会主义革命和建设的伟大胜利,就是由于有毛泽东思想作为自身的行动指南和思想武器;而这一思想的理论基础,便是毛泽东对唯物辩证法的创造性发展。因此,马克思主义哲学教科书完全有必要将毛泽东思想作为阐发的重点,以使读者真正把握到马克思主义哲学的这一全新的发展阶段。于是我们看到,《唯物辩证法大纲》以显著的篇幅论述了毛泽东在辩证法和认识论等方面的重要哲学思想,并大量引用了其相关著作中的原文。这些著作不仅包括《矛盾论》、《实践论》等哲学名篇,而且也涵盖了毛泽东的一系列关于中国政治、经济、军事、文化问题的著述,如《中国革命战争的战略问题》、《论持久战》、《论人民民主专政》、《关于正确处理人民内部矛盾的问题》等。李达相信,只有这样才能确立毛泽东作为继马克思、恩格斯和列宁之后唯物辩证法的最重要的发展者的地位。

不过,李达对毛泽东哲学思想意义的高扬并不是无条件的。他曾反复要求参与编写《唯物辩证法大纲》的人“在阐发毛泽东哲学思想时一定要坚持科学性,防止简单化和庸俗化”。② 具体来说,这一要求主要有以下三个方面的含义:一是要实事求是地搞清楚毛泽东究竟提出了哪些新的思想、新的结论,而不是把任何一个新的用词、新的语句都说成是“发展”,更不是把马克思、列

---

① 根据李维武教授的考证,李达在《社会学大纲》中已然把握到了实践观点的本体论意义,并由此强调马克思主义哲学是“实践的唯物论”(何萍:《马克思主义哲学史教程》下卷,人民出版社 2009 年版,第 955—956 页)。然而,这样的观点却并未在《唯物辩证法大纲》中出现。

② 李达主编:《唯物辩证法大纲》,武汉大学出版社 2007 年版,“再版前言”第 3—4 页。

宁已经讲得很透辟了的理论也说成是毛泽东首次提出的东西。或者用李达本人的话来说:"讲毛主席对马克思主义的发展要讲得很科学,不要硬讲成到处都是发展。到处都是发展,结果真正的发展反而淹没了。"①二是要强调毛泽东哲学思想与马克思、列宁哲学思想的继承发展关系,绝不能撇开"老祖宗"而孤立地阐发毛泽东哲学思想。我们知道,受当时"左"倾错误的影响,出现了把毛泽东思想绝对化、封闭化的倾向,认为学习马克思主义只需读毛泽东的著作,而无须读马克思、列宁的著作。毫无疑问,李达的上述要求正是针对这种错误倾向而言的。即使面对着重重的政治压力,他也坚持认为,如果脱离了作为普遍真理的马克思列宁主义,就无法讲清毛泽东哲学思想的来龙去脉。三是要看到毛泽东哲学思想本身也要继续发展,因而不能说成是"顶峰"。李达指出:"'顶峰'这个说法不科学、不合乎辩证法嘛。马列主义是发展的,毛泽东思想也是发展的,怎么能有什么'顶峰'呢?"②在他看来,作为马克思主义哲学的一个新的发展阶段,毛泽东思想进一步开辟了通向真理的道路,但它从来没有、也不可能结束真理。

遵循李达的上述指导思想,《唯物辩证法大纲》对毛泽东的哲学贡献作了如下四点概括。

第一,"毛泽东同志把党内正确路线同错误路线的斗争提到哲学的高度,作了系统的解决,为坚持正确路线、反对错误路线提供了锐利的武器和可靠的保证"③。在李达看来,党内长期存在的以毛泽东为代表的正确路线同以"左"右倾机会主义者为代表的错误路线的斗争,归根到底是唯物辩证法同主观主义(唯心论和形而上学)的斗争。因此,要真正击败机会主义的错误路线,就必须用唯物辩证法的武器彻底清算主观主义的思想,而毛泽东正是以《实践论》和《矛盾论》两部著作出色地完成了这个艰巨的任务。具体来说,《实践论》主要是从马克思主义认识论的角度批判了教条主义和经验主义,澄清了诸如"正确的思想是从哪里来的"、"判定思想正确与否以什么为标准"、"如何处理感性认识和理性认识的关系"、"如何对待认识的发展"等一系列根

---

① 陶德麟:《李达与〈唯物辩证法大纲〉》,《书林》1979 年第 2 期。
② 陶德麟:《李达与〈唯物辩证法大纲〉》,《书林》1979 年第 2 期。
③ 李达主编:《唯物辩证法大纲》,人民出版社 2014 年版,第 133 页。

本性的问题,从而以理论和实践相统一的思想粉碎了一切机会主义的理论和实践相脱离的企图。而《矛盾论》则主要是从马克思主义辩证法的角度批判了教条主义和经验主义,解决了"矛盾的普遍性和特殊性的关系问题"、"矛盾的同一性和斗争性的关系问题"以及"对抗性矛盾和非对抗性矛盾的区别问题",从而以"一分为二"的辩证法思想击破了主观主义思潮。

第二,"毛泽东同志第一次系统地、深刻地、简要地、通俗地阐明了马克思主义哲学,并把它具体化为党的工作方法,使它成为广大革命群众能够直接掌握的尖锐武器"[1]。李达认为,马克思主义哲学的通俗化、群众化是一项极其重大的任务,马克思和列宁虽然都很重视这个问题,但却并没有来得及编写出通俗的哲学读本。直到毛泽东,才真正完成了这一具有伟大意义的任务。他的著作不仅对马克思主义哲学的基本理论作了全面的、严整的、集中的论述,而且用的都是人民群众的生动活泼的语言,富于形象性,结合了群众的切身经验,使人感到亲切易懂。不仅如此,毛泽东还专门把马克思主义认识论的原理具体化为党的群众路线的工作方法,为革命干部提供了"从群众中来,到群众中去"的领导方针。也正因如此,广大群众已经能够或者正在学会从唯物辩证法那里寻找解决问题的立场、观点和方法,而哲学所发挥的物质力量也正在不断增强。

第三,"毛泽东同志在指导中国民主革命的过程中,把唯物辩证法应用于以农民为主要群众、以反帝反封建为直接任务的独特条件之下,创立了一整套关于殖民地半殖民地革命问题的学说,光辉地发展了唯物辩证法"[2]。李达指出,在旧中国这样一个半封建半殖民地的东方大国中如何实现社会主义,这是在以往的马克思列宁主义著作中找不到现成答案的问题。而毛泽东正是通过把马克思列宁主义的普遍真理同中国革命的具体实践结合起来,创造性地解决了这个极其艰巨的任务:一方面,他正确地将整个中国革命运动划分为民主主义革命和社会主义革命两个阶段,并由此提出了"不断革命论与革命发展阶段论相结合"的原则;另一方面,他还为民主革命的胜利找到了统一战线、

---

① 李达主编:《唯物辩证法大纲》,人民出版社 2014 年版,第 136 页。

② 李达主编:《唯物辩证法大纲》,人民出版社 2014 年版,第 137 页。

武装斗争和党的建设这三大法宝。尽管这些具体的纲领、路线、战略和策略并不直接相关于哲学,但它们的提出完全是以马克思主义的世界观和方法论为指导的。因此,可以说,毛泽东在发展马克思列宁主义关于殖民地半殖民地革命的理论的时候,也发展了唯物辩证法,他在政治、经济、军事、文化等方面的著作都是唯物辩证法的活的范本。

第四,"毛泽东同志在新中国成立以后,把唯物辩证法应用于新的历史条件,第一次提出了关于社会主义革命和社会主义建设的完整学说,从而发展了唯物辩证法"①。根据李达的观点,毛泽东以前的马克思主义者都没有系统地解决无产阶级在取得政权之后如何巩固和发展革命成果这一问题,以至于发生了资产阶级复辟的情况。与之不同,毛泽东在唯物辩证法的指导下,通过总结中国社会主义革命和社会主义建设的实践经验,以及研究国际上的(主要是苏联的)正反面例证,对上述问题作出了系统的回答。具体来说,毛泽东的伟大贡献就在于,运用对立统一规律,指出在社会主义社会中,基本矛盾仍然是生产关系与生产力之间、上层建筑与经济基础之间的矛盾。不过,社会主义社会的这些矛盾已经具有与旧社会根本不同的性质和情况了。因此,在新的形势下,必须正确区分敌我矛盾和人民内部矛盾,而不是盲目地采取急风暴雨式的阶级斗争的方式来解决所有这些矛盾。

总之,李达认为,毛泽东的这些思想都是前无古人的,他"以新的内容独立地推进唯物辩证法,把它提到了新的阶段"②。而鉴于毛泽东是马克思主义哲学中国化最重要的代表人物,对毛泽东哲学思想的重点阐发无疑进一步强化了马克思主义哲学在《唯物辩证法大纲》中所具有的中国风格。

三、致力于回应中国问题

纵观李达近半个世纪的学术历程,我们可以看到,他研究马克思主义哲学的目的始终是为了认识和改造中国社会,回答"中国向何处去"这样一个时代

---

① 李达主编:《唯物辩证法大纲》,人民出版社 2014 年版,第 139 页。

② 李达主编:《唯物辩证法大纲》,人民出版社 2014 年版,第 140 页。

大问题。而《唯物辩证法大纲》自然也不例外。尽管这部著作的哲学教科书定位决定了李达不可能在其中充分展开有关中国问题的具体论述，但他仍然以特定的方式回应了中国革命和建设事业对于马克思主义哲学的实际需求。

首先，注重结合中国革命经验阐发马克思主义哲学原理。

李达向来重视实际例证在讲解和说明哲学原理的过程中的作用。而在例证的选取问题上，他又格外看重那些产生于中国革命实践的具体经验。也正因如此，《唯物辩证法大纲》中随处可见马克思主义哲学与此类经验的密切结合：

例如，在讲到事物主要矛盾变化的方法论意义时，《唯物辩证法大纲》列举了抗日战争和解放战争的衔接作为例证。抗日战争阶段的主要矛盾是中日矛盾，党在这个阶段的政策是抗日民族统一战线。但是，抗日战争结束后国内的主要矛盾又是什么呢？应当怎样去解决这个主要矛盾呢？这些问题如果等到抗日结束后再去考虑，而不是在此之前就作出清醒的估计和充分的准备，那就会使党和人民的事业因为陷入被动而遭殃。所幸的是，毛泽东已经科学地预见到，抗日战争胜利以后，中国人民同蒋介石反动派的矛盾将上升为主要矛盾，中国将迎来两种命运的决战。因此，党在抗日战争期间并没有片面地服从国民党的军令、政令，而是坚持统一战线中的独立自主，放手发动群众，扩大人民武装，扩大革命根据地，从而为解决下一阶段的主要矛盾做好了充分的准备①。

又如，质变量变规律表明，任何事物都有保持它的质的数量界限。《唯物辩证法大纲》在阐发这一点时，运用了土地改革的例子。具体来说，毛泽东根据中国农村封建剥削制度的实际情况，指出土地改革的总的打击面一般不能超过农村户数的百分之八左右、人数的百分之十左右。显然，这就是土地改革所必须把握的"度"。如果超出了这个度，就会妨碍贫雇农同中农结成巩固的统一战线，就有使贫雇农陷于孤立的危险；相反，如果达不到这个度，就不能彻底消灭封建土地所有制，土地改革的意义也就大打折扣了②。

---

① 参见李达主编：《唯物辩证法大纲》，人民出版社 2014 年版，第 231—232 页。
② 参见李达主编：《唯物辩证法大纲》，人民出版社 2014 年版，第 256 页。

再如,《唯物辩证法大纲》还为否定之否定规律找到了中国革命时期的正反面事例来加以说明。根据毛泽东"为了进攻而防御,为了前进而后退"的战略思想,我军在一定条件下往往会有计划地放弃一部分根据地。当然,这种"否定"的作用是积极的。因为正是通过这种放弃,我军才保存了自己,歼灭了敌人的有生力量,争取了时间,积累了战斗经验,并教育了群众。到了一定时候,我军就可以实现"否定之否定",即重新占领并扩大根据地。然而,那些犯"左"倾机会主义错误的同志却拒绝接受毛泽东的战略方针,不顾当时敌强我弱的客观形势,主观主义地提出所谓"御敌于国门之外"、"不丧失一寸土地"的错误方针。历史证明,这种不了解事物发展曲折性的"直线式"做法使我军在第五次反"围剿"中遭到严重损失,走了一个大大的弯路①。

尽管这些取自中国革命实践的具体例证是以"完成态"进入《唯物辩证法大纲》的,但对它们所进行的哲学总结同样具有探索"中国道路"的意义,同样是对中国问题的一种回应。而且,通过这些实际事例,李达还进一步拉近了马克思主义哲学与中国民众现实生活的距离,在群众和哲学之间搭建起了相互沟通的桥梁。根据《唯物辩证法大纲》主要执笔人陶德麟教授的回忆,李达曾反复要求"全书要有良好的文风,要力求准确、鲜明、生动,不可艰深晦涩"。②显然,这种结合中国革命经验阐发哲学原理的做法正是李达上述要求的题中之义,因而为马克思主义哲学的通俗化、大众化作出了宝贵的探索。

其次,自觉以马克思主义哲学关注中国社会主义建设。

除了作为"完成式"的中国革命经验外,李达也十分关注正处在进行中的社会主义建设事业。我们知道,在编写《唯物辩证法大纲》的20世纪60年代,我国的社会主义建设已进行了十年有余,在取得辉煌成绩的同时,一系列矛盾和问题也逐渐暴露了出来。而其中最令李达担忧的,莫过于"左"倾错误的日益泛滥。为了确保中国社会主义建设发展的正确方向,他对此进行了专门的回应。

针对社会主义条件下工人阶级同民族资产阶级的矛盾问题,《唯物辩证

---

① 参见李达主编:《唯物辩证法大纲》,人民出版社 2014 年版,第 284 页。

② 李达主编:《唯物辩证法大纲》,武汉大学出版社 2007 年版,"再版前言"第 5 页。

法大纲》首先依据矛盾的特殊性原理指出:工人阶级一方的特殊性主要表现在,它有中国共产党的领导,掌握着强大的国家机器和全国的经济命脉,有千百万劳动人民的支持,因而它不怕民族资产阶级造反;而民族资产阶级一方的特殊性则主要表现在,它既有走资本主义道路的要求,又有接受工人阶级领导、走社会主义道路的客观可能。矛盾双方的这种特殊性决定了矛盾总体的特殊性:在我国社会主义现阶段,工人阶级同民族资产阶级的矛盾一般地属于人民内部矛盾,可以用非对抗的和平方式解决。同样地,对抗性矛盾和非对抗性矛盾的辩证关系原理也表明,我国现阶段对民族资产阶级的和平改造是一种非对抗的斗争形式,其目的是为了消灭阶级,解决社会主义和资本主义两条道路的矛盾,而非像"左"的观点所认为的那样,是在搞阶级调和①。

《唯物辩证法大纲》也很关注党内的斗争与团结问题。基于矛盾双方的斗争性原理,我们应当看到,党内不同思想的存在是事实,如果不展开思想斗争,不以正确思想克服错误思想,就达不到团结的目的。从这个意义上说,团结是斗争的结果,不斗争就不可能团结。但是,这种斗争从来都不是无条件的。党内的斗争只能是从团结的愿望出发,经过解决矛盾的阶段,从而在新的基础上达到新的团结的斗争。因此,作为人民内部矛盾的一种,克服党内错误意见也必须采取一种非对抗的斗争形式,如批评讨论的方法。那种把采用非对抗的斗争形式的目的理解为调和矛盾、保存分歧的观点,是完全错误的②。

在全书结尾处,《唯物辩证法大纲》专门论述了"百花齐放,百家争鸣"方针的哲学意义。真理发展的规律表明,真理是在同错误相比较、相斗争的过程中发展起来的,而这一点对艺术和科学又尤为重要。也就是说,我们在解决艺术和科学领域中的是非问题时,更需要为其提供一个自由讨论、自由竞争的环境,而不是用强制的、行政命令的简单办法来处理。这是因为:其一,艺术和科学中的是非问题往往是很复杂的,需要有充分的考察时间;其二,即使关于是非问题的判断是正确的,如果只是用行政命令的办法去处理,也不能解决人们的思想问题,使人们真正"心服口服";其三,在艺术和科学领域中往往没有绝

---

① 参见李达主编:《唯物辩证法大纲》,人民出版社 2014 年版,第 225、243—244 页。
② 参见李达主编:《唯物辩证法大纲》,人民出版社 2014 年版,第 238、244 页。

对的对错，简单的判决式处理很容易压抑真理的成分而放过错误的成分；其四，也是最为重要的，如果用行政命令的办法来解决艺术和科学中的是非问题，那么真理就丧失了同错误作斗争的机会，这种依赖行政权力的真理是没有强大生命力的，也不会得到发展。总之，只有"百花齐放，百家争鸣"的方针才能真正促进真理的发展，它不仅不会像某些人所说的那样，造成非马克思主义思想的自由泛滥，反而会从根本上扩大马克思主义的阵地①。

可以说，正是由于李达在其中赋予了马克思主义哲学以鲜明的中国风格，《唯物辩证法大纲》才成为一部以马克思主义哲学中国化为范式开展马克思主义哲学研究的典范之作。例如，许全兴教授就曾将这部著作与《现代社会学》和《社会学大纲》并列为"我国三个不同时期马克思主义哲学的代表作"②，并指出："在新中国哲学发展史上，《唯物辩证法大纲》是继 1961 年出版的由艾思奇主编的《辩证唯物主义与历史唯物主义》教科书后的又一重大理论成果"③，"反映了我国建国以来马克思主义哲学所达到的新水平"④。也许在我们今天看来，这部著作不免带有泛政治化的时代痕迹和 20 世纪 60 年代的历史局限，但不可否认的是，其中所体现的研究范式即使对于当代中国马克思主义哲学研究而言，也同样具有重大的借鉴意义。倘若我们能够遵循这种研究范式，在今天继续推进马克思主义哲学的中国化、时代化和大众化，那就是对李达等中国马克思主义先驱者们的最好纪念。

（原载《马克思主义研究》2015 年第 10 期）

---

① 参见李达主编：《唯物辩证法大纲》，人民出版社 2014 年版，第 421—422 页。
② 中国现代哲学史研究会等合编：《纪念李达诞辰一百周年》，湖南出版社 1991 年版，第 50 页。
③ 中国现代哲学史研究会等合编：《纪念李达诞辰一百周年》，湖南出版社 1991 年版，第 49 页。
④ 中国现代哲学史研究会等合编：《纪念李达诞辰一百周年》，湖南出版社 1991 年版，第 50 页。

李达哲学译著探析

赵士发

李达是中国著名的马克思主义启蒙思想家，他翻译并撰写了在当时乃至今天都具有重要影响的马克思主义理论著作，为马克思主义在中国的传播和发展作出了巨大的理论贡献。特别是他的哲学译著，深刻地影响了当时中国人民的精神世界，在今天仍然具有重要的时代价值。本文主要联系李达在 20 世纪二三十年代所翻译的五部哲学著作，谈谈其哲学译著的重要内容、基本特色与时代价值这三个方面的问题，以期对促进马克思主义哲学中国化研究有所裨益。

一、李达哲学译著的主要内容

20 世纪二三十年代，李达著译了大量的马克思主义论著。其中，他翻译的《唯物史观解说》、《现代世界观》、《理论与实践的社会科学根本问题》、《辩证法唯物论教程》、《社会科学概论》等五部哲学著作非常重要。这些译著的基本内容都是马克思主义哲学的基本原理，但它们各有特色和侧重。分析和把握这五部译著的内容和重点，是把握李达哲学译著总体特色的前提。

《唯物史观解说》一书为荷兰郭泰所著，中华书局 1921 年 5 月初版，至1936 年 8 月共印行 14 版。该书共 14 章，书前有考茨基的序言，书后有附有《马克思唯物史观要旨》一文和"译者附言"，共约六万字。这本书的目的是简明解说唯物史观的原理，并以此武装劳动者的头脑。不同于哲学唯物论探讨思想的本质和起源，历史唯物论主要探讨社会生活所产生的思想变化。唯物史观的内容是生产力决定生产关系与生产关系反作用于生产力的基本原理，这一原理可以通过大量的经验实例得到说明。科学、发明、法律、政治、道德、宗教与哲学、艺术等是由生产关系决定的,它们随着生产关系的变化而变化,生产关系又随着技术进步而变化。此书的结论是,生产力决定生产关系,生产关系决定思想的产生和变化。但思想的产生是受多因素决定的,还包括一国的政治历史条件、地理气候条件等。唯物史观的阐明,将使劳动者掌握真理。劳动者个人只有按唯物史观指明的方向去努力,才能创造出新的社会。在附录《马克思唯物史观要旨》一文中,作者紧扣马克思的原著,用马克思的话语再度诠释了唯物史观的要旨。

《社会科学概论》为日本学者杉山荣所著,李达与钱铁如合译,上海昆仑书店 1929 年 3 月初版,至 1935 年 11 月共印行 8 版,全书 6 章加上译序,共约七万字。该书认为科学研究因果法则,而社会科学则研究社会现象的内在法则。唯物辩证法是崭新的社会科学,其主要研究方法是从市民社会分析入手,回溯到古代的、封建的与亚细亚的社会,以把握社会发展的内在法则。与研究方法不同,叙述方法主要从单纯的已成范畴开始,一面再生产具体的各种状态,一面达到由多种规定和关系所造成的总体性的社会。必须在不断的流动生成过程中、在矛盾中去把握社会,坚持从整体与联系的观点去考察社会。唯物史观注重对社会结构的静态分析与动态考察。人类、劳动与物质生活条件构成人类社会的前提,生产工具规定生产力,生产工具与生产力规定生产形式,生产关系的总和构成社会经济基础,经济基础规定其他社会关系(阶级关系、家族关系、身份、社会组织等),政治与法律以经济为基础,经济基础决定上层建筑和社会精神生活过程。虽然经济基础决定上层建筑,但二者间存在着复杂的交互作用。社会的发展是通过阶级斗争实现的。

《现代世界观》为德国塔尔海玛著,原书名《辩证唯物论入门》,上海昆仑书店 1929 年 9 月初版,至 1942 年 2 月共印行 9 版。全书共 16 章,加译者序共计约十万字。该书考察了辩证唯物论的前史,作者从宗教世界观入手,揭示了宗教的实质是以信仰为基础的空想或想象力的产物。宗教起源于自然与社会力量对个人的控制,在阶级社会成为阶级统治的工具。由于生产力与商品经济的发展,古代宗教开始解体,希腊、印度与中国的哲学发展起来。希腊的唯物论与观念论以及辩证法都植根于当时的社会实情。印度的唯物论与佛学思想反映了印度社会经济与阶级关系等方面的变化。随着科学技术的进步与市民阶级的发展,西方进行了宗教改革与思想启蒙运动,布尔乔亚的世界观在德国达到最高水平。黑格尔(原文中为黑智儿)与费尔巴哈分别在观念辩证法与唯物论方面为马克思主义的辩证唯物论提供了思想前提。辩证唯物论认为物质是无限多样性与无限统一性的统一,人的感觉器官可以通过思维认识事物的本质,获得真理。真理的标准在于观察与实验。辩证法有其形成的历史,它是关于自然、历史与思维的普遍关系的科学,思维中的辩证法与现实中的辩证法则是一致的。辩证法包括对立融合、质量互变、否定之否定等三个原则。辩证法的历史理论是关于社会基本法则的理论,主张人类获得生活资料的方法和形式决定其他一切方面的社会生活,它开创了通过革命实践实现人类自由解放的道路。阶级是分工的产物,阶级对立与斗争是阶级社会的基本内容。阶级斗争有多种形式,暴力革命是阶级矛盾激化的产物。中国古代哲学反映了当时的宗教和社会条件,形成了以孔子、老子为代表的观念论和以墨子为代表的唯物论哲学,但它们与辩证唯物论的现代世界观是格格不入的。试图超越唯物论与观念论的实用主义,实质是为宗教服务的主观观念论。只有从实践中去学习,才能真正把握唯物论的辩证法。

《理论与实践的社会科学根本问题》一书为苏联卢波尔所著,上海心弦书社 1930 年 10 月 20 日出版,至 1938 年共印行 3 版,全书六章加上原序和译序共十七万多字。作者认为,作为理论与实践统一的唯物论辩证法,是以行动为基础的知识的方法论,同时又是以知识为基础的行动的方法论。列宁哲学发展了唯物辩证法。哲学的党派性反映了精神上的阶级斗争。哲学的基本问题是思维与存在的关系问题,对这一问题的回答是区分唯物论与观念论的标准。实践观点是马克思主义认识论的基本观点,实践是真理的检验标准。马克思主义唯物辩证法强调联系与发展的观点和对立统一的观点,是理论与实践统一的方法论。唯物辩证法也是研究社会现象的方法论,同时也就是历史的唯物论。社会是生产关系的总体,社会发展是一个自然历史过程。阶级分析法是历史的唯物论的重要方法。国家是阶级斗争的产物,无产阶级专政的国家是过渡到共产主义的必经阶段,民主集中制与苏维埃分别是无产阶级专政国家的组织形式与权力机构。文化发展具有连续性和继承性。无产阶级革命是共产主义文化的前提。资本主义文化现在虽然起主导作用,但其宣扬的独立、自由与民主都是虚伪的。应从唯物辩证法层面对资本主义文化进行批判。伊里奇哲学在文化史上有重要的意义,他的哲学坚持理论与实践的统一,是马克思主义的正统。这是一部马克思主义研究者与实践者都应该阅读的著作。

《辩证法唯物论教程》一书为苏联爱森堡等著,李达与雷仲坚合译,其中全书三分之二篇幅由李达译,上海笔耕堂书店 1932 年 9 月初版,至 1939 年 7 月共印行 6 版,全书六章加绪论共约二十六万字。该书以马伊主义哲学为中心,统一理论与实践,结合哲学与政治,联系苏联革命实际,批判各种错误观点,系统地介绍了马克思主义哲学在伊里奇阶段所取得的新成果。在新时代,新问题必须用辩证法唯物论去理解。辩证法唯物论是对于以往的社会发展作总结算的普罗列达里亚的哲学,具有党派性,具有能动的革命的性质。该书首先通过对唯物论与观念论的批判性研究,阐明了伊里奇对马克思主义哲学的继承和发展。伊里奇将理论与实践深刻地辩证地结合起来,把马克思主义的辩证法唯物论具体化,从而指导革命的行动。在认识论问题上,伊里奇批判了普列哈诺夫和带有少数派色彩的观念论者等把辩证法和认识论对置的一切人,主张辩证法、认识论与论理学是同一的东西。在唯物辩证法的基本法则即量变质变法则、对立统一法则和否定之否定法则中,对立统一是辩证法的实质和核心。伊里奇力说了这一法则的要点,指出对立统一规律是客观世界运动发展的根本规律,统一物之分为两个部分以及对它的矛盾着的部分的认识是辩证法的实质。而在唯物辩证法的诸范畴中,本质与现象、形式与内容相互依存、相互渗透,可能性与现实性、偶然性与必然性相互作用、相互转变,再现了最具体的形态中辩证法的根本法则。对唯物辩证法的基本法则和范畴,不能把它当做离开了世界的人类精神的产物去考察,而要把它当做一种"现实性的类推"去考察,当做社会的实践的东西并且是革命的无产阶级(普罗列达里亚)的实践的东西、随着实践的发展而更加完全、深刻地反映其对象的东西去考察。在革命的具体实践中去考察,就是要抓住社会过程中相互作用的诸要素的链子中之决定的环,从而维持链子全体,而造出推移于其次的环的条件。最后,该书对唯物辩证法与形式论理学作了最新的系统研究,阐明了辩证法的思维方法,指出只有辩证法能够看到对象发展的现实路程的思想上的再生产,看到客观世界的矛盾的发展法则之近似的反映,从而能够科学地预见未来。

二、李达哲学译著的基本特色

通过考察李达哲学译著的重要内容,不难发现李达所译的这些哲学著作,都极富有代表性,具有如下一些基本特色:一是质量高且影响大。这些著作在当时都具有重要的影响,代表了当时马克思主义哲学研究所能达到的理论水准。二是问题意识与方法论特色突出。这些著作本身都极富有特色,具有鲜明的问题意识和重要的方法论意义。三是翻译佳且具中国特色。这些著作经过李达等人的移译,具有显著的中国风格与中国气派。下面就这些基本特色进行具体分析。

第一,这些哲学著作都是高质量的理论成果,代表了当时世界马克思主义哲学研究所能达到的理论水平。李达以其独到的理论眼光,精心选择并系统翻译的这批著作,都是当时新近出版的代表作,在马克思主义理论界具有重要影响。

《唯物史观解说》一书作者为荷兰著名的社会主义左翼思想家兼诗人作家赫尔曼·郭泰,他是荷兰社会民主工党左翼刊物《论坛报》的创办人之一与荷兰社会民主党的领导人之一,曾参与创建荷兰共产党,并参加了共产国际的工作。他既具有丰富的革命实践经验,又对马克思主义理论有自己独到的研究。郭泰曾经给列宁写过一封公开信,反对列宁关于俄国与西欧革命,以及关于群众、阶级与政党关系的看法,显示出他对马克思主义理论的独到理解。其《唯物史观解说》一书在当时也受到过一些理论家们的批判,但这并不能说明该书曲解了唯物史观。正如考茨基在序言中所指出的那样:"郭泰作了这本书之后,有许多批评家攻击他,说他对于唯物史观没有了解。我对于这一层很觉得有解释的必要,所以特为作这篇序。"①在这篇序中,考茨基特地对万国劳动者同盟的规约提出了一个异议,说明郭泰对唯物史观有深入的研究和把握。在书中,郭泰区分了哲学的唯物论与历史唯物论,认为前者只从本体论层面探

---

① [荷]郭泰:《唯物史观解说》,李达译,上海中华书局1921年版,"序"第1页。

讨思想与物质的关系,后者则主要考察社会生活与生产关系所决定的思想的产生与变化。与当时流行的经济决定论不同,郭泰看到了思想的产生与变化主要由生产关系决定,但也不能忽视政治历史、地理气候条件的影响。人们对该书的批判,正说明它是一本在当时很有影响的论著。

《社会科学概论》一书作者杉山荣对德国社会学很有研究,他深刻认识到过于思辨的社会学与现实生活的距离,致力于探索一种新的科学的社会科学。他十分注重方法论的研究,主张在不断的流动生成过程中、在矛盾中去把握社会,坚持从整体与联系的观点去考察社会。在今天看来,这些无疑都是十分有见地的主张。李达在译者的话中指出:"这本书确是一种崭新的科学的社会科学概论,内容有许多精彩处,如书中的第三章,第四章,第五章,尤其是第三章的第四节和第六章的第一节,据著者自己说,很有些新的见解,这是译者们所承认的。"①可见,这部著作是很富有创新意义的,在当时马克思主义理论界很有代表性。

《现代世界观》一书提出了许多新的观点,作者塔尔海玛对唯物史观前史的研究,在当时引起了很大的反响和争议。他从马克思主义哲学出发对中国哲学的研究,突破了德国古典哲学家黑格尔关于中国哲学的陈旧看法。今天,尤其值得我们注意的是,作者在书中对马克思主义哲学与中国哲学结合的可能性问题进行了讨论,虽然作者给出了否定的答案,但这是国外学者较早自觉讨论马克思主义哲学中国化的重要代表之一。当然,该书的重要内容在于对辩证唯物论的坚持和发展。正如李达所言:"本书的第七章到第十三章,是这书的主要部分,是辩证唯物论的发展和说明,也就是这书的精粹处,这是值得我们精读的。我觉得这书的价值,并不见得要在蒲列哈诺夫的《马克思主义根本问题》和布哈林的《史的唯物论》之下。"②普列汉诺夫与布哈林的这两部书在当时很有影响,李达对《现代世界观》的这一评价,足见这部著作的理论水平之高。

《理论与实践的社会科学根本问题》一书写于 1928 年,李达于两年后的

---

① [日]杉山荣:《社会科学概论》,李达、钱铁如译,上海昆仑书店 1929 年版,"译者的话"第 1—2 页。

② [德]塔尔海玛:《现代世界观》,李达译,上海昆仑书店 1929 年版,"译者序"第 5 页。

1930 年就将它译为中文出版了。这部著作在理论上提出了唯物论的辩证法是理论与实践有机统一的学说。正如作者卢波尔在序言中所说的："唯物论的辩证法，在著者说来，是以行动为基础的知识底方法论，同时又是以知识为基础的行动底方法论。"①正是由于将唯物辩证法理解为理论与实践有机统一的方法论，逻辑上必然要求面对国家和文化问题。作者在书中重点研究了国家和文化问题，对国家与文化进行了唯物辩证法的分析和探讨，这是对马克思主义政治哲学与文化哲学的较早研究。特别是在对文化问题的研究中，作者得出了新的结论："文化革命，在我们底时代，构成历史的、文化哲学的任务底最后的东西。文化革命，必须以物质的基础为根据而引导到同时是共产主义底实现的那种哲学底实现。"②李达肯定了这本书的价值，他在翻译时没有使用该书的原名《伊里奇与哲学：哲学与革命的关系问题》，而是根据实际内容译为《理论与实践的社会科学根本问题》。

《辩证法唯物论教程》一书是西洛可夫、埃哥洛瓦、推米扬斯基、瑟知可夫、知夫及爱森堡等六人合著的，这六位都是当时马克思主义理论界较有影响的少壮派哲学家。李达在译序中指出："本书是集体研究的结晶，是最近哲学大论战的总清算，是辩证法唯物论的现阶段，是辩证法唯物论的系统的说明。"③这就表明，该书在当时马克思主义理论界的地位十分重要，是辩证法唯物论的最新代表性成果。不仅如此，李达还认为该书是坚持理论与实践有机统一的表率。他说："一切的东西都是运动着，在哲学与政治的统一被实现着的今日，在哲学上进步的速度反映新社会经济进步的速度的今日，我们的哲学的研究，不能不努力追随于新时代的新实践与新理论的统一的发展，依据马＝伊的哲学而不断的被扬弃，不断的被清算。本书的研究，就是我们的模范。"④

---

① ［苏］卢波尔：《理论与实践的社会科学根本问题》，李达译，上海心弦书社 1930 年版，第 4 页。

② ［苏］卢波尔：《理论与实践的社会科学根本问题》，李达译，上海心弦书社 1930 年版，第 4—5 页。

③ ［苏］西洛可夫、爱森堡等：《辩证法唯物论教程》，李达、雷仲坚译，上海笔耕堂书店 1932 年版，"译者例言"第 1 页。

④ ［苏］西洛可夫、爱森堡等：《辩证法唯物论教程》，李达、雷仲坚译，上海笔耕堂书店 1932 年版，"译者例言"第 4 页。

这本书对李达和毛泽东等人形成自己的马克思主义观具有重要影响。

由上可见,这五部哲学著作在当时都是极有代表性的富于创新的马克思主义哲学研究新成果,李达将它们翻译为中文以传播马克思主义哲学,显示了其独到的理论眼光。

第二,这些译著反映了译者具有鲜明的问题意识。李达翻译这些马克思主义哲学著作的目的,在于解决当时中国社会发展所面临的根本理论和实践问题。问题是时代的口号与呼声,当时中国面临的总问题是"中国向何处去"。李达在其早期的求学与留洋生活中,反复思考的就是这个问题。他曾尝试过实业救国、教育救国等不同的道路,但最后发现都走不通。十月革命的胜利及苏维埃俄国对中国作出的一系列援助与声明,让包括李达在内的中国早期进步知识分子看到了希望。他们开始将眼光投向俄国,向马克思主义寻求救国救民的真理。李达的这五部哲学译著,体现了当时中国先进的知识分子为了解决中国向何处去的问题而向马克思主义寻求答案的努力。而要走俄国革命的道路,就必须在理论上先行解决一系列关键的难题,如革命理论与实践的关系问题、革命主体的问题、革命方法的问题等。李达的这些译著都有自己要解决的问题,具有鲜明的问题意识。

李达的这五部哲学译著,要解决的第一个问题就是中国革命理论与实践的关系问题。它们的一个共同的目标是要将马克思主义哲学引入中国,以马克思主义哲学去指导中国的革命实践。因此,在译者例言或译者序言中,李达反复强调理论与实践的统一问题。在《理论与实践的社会科学根本问题》一书译者序言中,李达指出:"我以为本书底骨子是理论与实践底统一,而内容所处理的都是社会科学上底根本问题,所以使用了《理论与实践的社会科学根本问题》的名称。"①关于理论与实践的统一问题的看法,《理论与实践的社会科学根本问题》在五部译著中是最为典型也最为直接的。在《社会科学概论》译序中,李达指出:"我们生活在现代的社会里,很痛切的感到从前的社会科学没有多大用处,诚如著者所说,因此才把这本书翻译出来,藉供国内人士

---

① [苏]卢波尔:《理论与实践的社会科学根本问题》,李达译,上海心弦书社 1930 年版,"译者例言"第 2 页。

的参考,希望读者们拿这本书和从前的社会科学书籍对照读读,总可以理解到新的社会科学的立场和它的用处。"①这里,李达从社会科学的作用出发,强调的正是理论与实践的有机统一问题。在《辩证法唯物论教程》译者例言中,李达写道:"本书以马＝伊的遗教为中心,统一理论与实践,结合哲学与政治。"②除了强调理论与实践的结合外,他还明确主张,哲学研究应努力追随新时代的新实践与新理论的统一的发展。

在《现代世界观》译者序中,李达指出:"读了以后,觉得原著者站在客观的见地,就辩证唯物论作科学的说明和纯理的研究,虽然译成中文不过十万字,而对于辩证唯物论的精义,却已经是扼要的简单的明了的叙述了出来,这确是研究辩证唯物论的一本很好的入门书。"③在《唯物史观解说》译者附言中,李达指出:"解释唯物史观的要旨,说明社会主义必然发生的根源,词义浅显,解释周到;我想凡是要研究,批评,反对,社会主义的人,至少非把这书读两遍不可。"④在这两处引文中,虽然李达没有直接论说理论与实践的有机统一关系,但其强调两书对辩证唯物论与唯物史观的理论解释简明周到且十分管用,蕴含着理论与实践有机统一的思想。

理论与实践的关系问题的解决,离不开革命主体及其实践。李达译著的一个重要目的是改造主体的世界观,即以现代世界观和科学方法论改造国人的精神世界,以马克思主义哲学这个精神武器武装劳动大众的头脑,唤醒革命的主体,使其成为自觉的革命者。这五部哲学译著的书名,体现了李达的这一理论目标。《唯物史观解说》、《辩证法唯物论教程》直接传播马克思主义哲学理论,试图以马克思主义哲学理论武装国人的头脑。《理论与实践的社会科学的根本问题》、《社会科学概论》、《现代世界观》则相对注重传播科学方法论,强调马克思主义哲学的方法论意义。这些著作通过传播马克思主义唯物辩证法和唯物史观,为无产阶级革命指明了方向和道路。

---

① ［日］杉山荣:《社会科学概论》,李达、钱铁如译,上海昆仑书店 1929 年版,"译者的话"第 2 页。

② ［苏］西洛可夫、爱森堡等:《辩证法唯物论教程》,李达、雷仲坚译,上海笔耕堂书店 1932年版,"译者例言"第 1 页。

③ ［德］塔尔海玛:《现代世界观》,李达译,上海昆仑书店 1929 年版,"译者序"第 1 页。

④ ［荷］郭泰:《唯物史观解说》,李达译,上海中华书局 1921 年版,"附录"第 7 页。

第三,这些著作经过李达等人的移译,具有了显著的中国风格与中国气派。马克思主义哲学中国化最早是从翻译开始的。李达以中国人喜闻乐见的语言,将说外语的马克思主义哲学变为说中国话的马克思主义哲学,与早期中国马克思主义者一道开创了马克思主义哲学中国化事业。

如果说这些哲学著作本身的质量是决定它们在国际马克思主义理论界地位的主要因素,那么翻译的水平则是决定它们能否在中国发挥作用的关键。李达是中国著名的马克思主义理论家与翻译家。他精通日语、俄语和德语,一生翻译了大量的马克思主义理论著作。李达的翻译,对马克思主义中国化起到了非常重要的桥梁作用。实际上,马克思主义中国化最早是从翻译开始的。翻译不是一个简单的符号转化过程,而是一个复杂的跨文化传播过程。在翻译过程中,语言的使用体现的是一种文化价值观的交流。做好翻译工作,不仅要有扎实的中外文语言功底,而且需要对中外文化有深入的了解和把握。只有这样,在翻译的过程中,才不至于歪曲作者的原意,或翻译给本国人时词不达意,从而真正做到忠实与准确。在此基础上,才能选择相对生动丰富的语言,让人们接受。这就是严复先生提出的翻译三原则:信、达、雅。

李达对以上五部马克思主义哲学著作的翻译,真正做到了信、达、雅,实现了让马克思主义哲学说中国话的目的。经过李达的翻译,一些马克思主义哲学的概念被逐渐被确定下来并得到了传播。如思维、存在、形而上学、资本、生产力、生产关系、基础、上层建筑、国家、阶级、阶级斗争、真理、辩证法、认识、物质、社会生活条件、劳动、文化、意识、社会结构等,在李达的译著里都已经有了确切的马克思主义的含义。当然,还有一些概念暂未成形,如生产方式(生产形式)、雇用劳动(工钱劳动)等。另有一些概念是以音译的方式翻译的,如康目力斯特(共产主义)、普罗尼达里亚(无产阶级)、狄克推多(专政)等。我们知道,一些基本概念对理论的形成是至关重要的。李达在译著中已经对马克思主义哲学的大部分概念进行了比较准确的翻译,对一些马克思主义哲学的基本原理以中国语言进行了较为科学的表达,从而让马克思主义哲学说中国话,具有了中国风格和中国气派。

也正是因为如此,李达的这些译著在中国得到了广泛的传播,少则出了三四版(如《理论与实践的社会科学根本问题》),多则出到十三四版(如《唯物史观解说》），为中国人所广泛阅读和接受。直到今天，它们依然具有重要影响，体现出不朽的时代价值。

三、李达哲学译著的时代价值

李达哲学译著的内容和特色，决定了其不朽的时代价值。这些译著，对我们坚持和发展马克思主义哲学，推进马克思主义哲学的中国化、时代化与大众化，以及构建当代中国话语都具有重要的启发意义。

首先，李达的哲学译著对我们坚持和发展马克思主义哲学具有重要的时代价值。

今天，如何坚持和发展马克思主义哲学是一个需要反复追问的重大时代课题。特别是20世纪末的苏东剧变让马克思主义面临着创立以来最严重的危机。马克思主义哲学究竟是什么？它是否在苏东剧变中已经破产？今天马克思主义哲学还有没有生命力？坚持和发展马克思主义哲学是否能够通过学术突显、政治淡出的路径实现？这些问题成为困扰着国人的重大理论和现实问题。李达的以上系列哲学译著为我们解答以上问题提供了重要启示。

一是要完整准确地理解和把握马克思主义哲学。李达对马克思主义哲学著作的翻译，既有介绍唯物史观的《唯物史观解说》，又有介绍唯物辩证法的《辩证法唯物论教程》，还有直接突出马克思主义哲学世界观的方法论意义的《理论与实践的社会科学根本问题》、《社会科学概论》和《现代世界观》，这些著作比较完整、全面地引入了马克思主义哲学。在中国早期马克思主义者中，李达是十分注重马克思主义理论的全面性和系统性的思想家。在引入马克思主义理论时，他将马克思主义哲学、政治经济学和科学社会主义作为整体一并介绍。在引入马克思主义哲学时，他也将唯物史观和唯物辩证法一同引入。李达的哲学译著还表明，他强调马克思主义哲学是理论与实践有机统一的方法论，后来他更进一步地将马克思主义哲学理解为实践的唯物论。这就启示我们，只有完整准确地把握马克思主义哲学的内容、实质、功能和特点，才能科学解答马克思主义哲学究竟是什么的问题。李达的马克思主义哲学译著启示我们，马克思主义哲学包括辩证唯物主义和历史唯物主义，二者是一个有机的整体,统一于实践的唯物论之中。

二是要正确理解马克思主义哲学的生命力。李达的哲学译著表明,马克思主义哲学的生命力在于它的真理性和价值性,即在于它是关于客观世界普遍规律的科学,其目的是要实现个人自由而全面发展和人类解放。马克思主义哲学科学地揭示出了人类社会发展的普遍规律,将实现个人的自由而全面发展与人类解放作为理论宗旨。这决定了马克思主义哲学不是一种民族地域性的理论,而是一种世界历史性的理论。但马克思主义哲学的普遍性并不意味着它已经穷尽了一切真理,更不意味着它为世界上一切地区和国家规定了具体的发展道路。苏东剧变并没有也不可能证明马克思主义哲学的破产。要让马克思主义哲学永葆生机和活力,就必须将马克思主义的普遍真理与各国的具体实际结合起来,克服教条主义。李达在《辩证法唯物论教程》序言中指出:"说句实话,我自己在最近正在实行把过去的研究清算,也曾写下一部分的东西,可是有许多地方无批判的采用了普列哈诺夫与德波林,因而我自己的清算,又必须根据本书的指示实行再清算。"①马克思主义哲学只有在不断的自我批判过程中,才能保持生命力。

三是要坚持理论与实践的有机统一。李达的哲学译著表明,马克思主义哲学是理论与实践有机统一的方法论。由此可见,当代中国部分学者主张的所谓"学术突显与政治淡出"的路径,绝不是坚持和发展马克思主义哲学的正确道路,相反,沿着这条道路向前走只会背离马克思主义哲学的根本精神,远离马克思主义哲学的实质。只有坚持理论与实践的有机统一,从马克思主义哲学基本原理出发,通过解答时代提出的重大理论与实践问题,对不合理的现实问题进行不断反思与批判,才能真正坚持和发展马克思主义哲学。

其次,李达的哲学译著对实现马克思主义哲学中国化、时代化与大众化具有重要时代价值。

马克思主义哲学中国化在当代中国已经成为一个重要的时代课题,李达的哲学译著对推进马克思主义哲学中国化具有重要时代价值。虽然马克思主

---

① [苏]西洛可夫、爱森堡等:《辩证法唯物论教程》,李达、雷仲坚译,上海笔耕堂书店1932年版,"译者例言"第3页。

义哲学中国化研究已经成为当代中国学术前沿并取得了一系列成果,但在学术界依然存在着各种混乱的观点,有人甚至否认马克思主义哲学中国化的可能性与必要性。最为典型的说法是,马克思主义哲学中国化预设了一个逻辑前提,即马克思主义哲学属于西方文化传统,而中国哲学属于东方文化传统,二者在性质上是不兼容的,所以马克思主义哲学中国化是一个伪命题。通过李达译著对马克思主义哲学的介绍,我们不难发现,这个看似有理的论证其实是站不住脚的。问题在于,马克思主义哲学属于西方文化传统并不是马克思主义哲学中国化的唯一可能的逻辑前提。马克思主义哲学中国化的另一个可能的逻辑前提是,马克思主义哲学是世界性的,具有普遍的意义。这点在上文我们已经揭示出来。由这个前提出发,马克思主义哲学中国化是马克思主义哲学的普遍原理与当代中国具体实际的结合,是普遍与特殊的有机统一,它在逻辑上就成为可能。其实,关于马克思主义哲学中国化所面临的这一普遍与特殊的关系问题,李达在1923年所著的《马克思学说与中国》一文中就已经从理论上作了合理解答。

马克思主义哲学中国化与时代化是联系在一起的,李达的哲学译著对实现马克思主义哲学的时代化具有重要意义。马克思主义哲学在中国化的过程中,需要与中国优秀的传统文化结合起来,同时也要与当代中国的具体实际结合起来,实现与时俱进地发展。李达在翻译马克思主义哲学著作时,就主张马克思主义哲学必须随着时代的发展而发展,实现理论与实践的有机统一。在《辩证法唯物论教程》译序中,李达肯定它是辩证法唯物论的现阶段,主张理论要随新的实践不断发展,他自己也根据新的材料不断清算自己的思想。其实,李达所译的每一部著作都是当时马克思主义哲学研究的新成果。今天,我们推进马克思主义哲学中国化的理论事业,理应要像李达那样,始终坚持将马克思主义哲学的中国化与时代化有机统一起来,让马克思主义哲学不断焕发出新的生命力。

马克思主义哲学中国化与大众化也是同一个过程,李达的哲学译著对实现马克思主义哲学大众化具有重要时代价值。马克思主义哲学大众化,首先要求马克思主义哲学中国化的目标是为了劳动大众的自由和解放。李达的哲学译著正是以中国劳动大众的自由和解放为目的的,即为劳动大众争取解放提供科学的世界观与方法论指导。马克思主义哲学大众化,还要求以劳动大众喜闻乐见的语言表达马克思主义哲学的理论。前文已经分析过李达的哲学译著的中国风格与中国气派。其实,李达哲学译著所使用的基本上全是当时人们喜闻乐见的白话文,而且语言朴实简明,没有生僻的词汇,文句通俗易懂。特别值得一提的是《唯物史观解说》一书,其中还有大量的实例用以解说唯物史观的深奥道理,让人读后很受启发,这也使得它大受欢迎。今天,马克思主义哲学研究的危机表现之一就是以学术性追求远离实践、远离群众,变得面目可憎。李达的哲学译著在马克思主义哲学中国化和大众化方面作出了巨大贡献,也为当代中国实现马克思主义哲学的大众化作出了表率,具有重要时代意义。

最后,李达的哲学译著对建构当代中国马克思主义哲学话语体系具有重要时代价值。

近代以来,毛泽东领导中国革命胜利,建立独立自主的新中国,解决了中国人民长期"挨打"的问题;邓小平领导中国改革开放,经济水平显著提高,解决了中国人民"挨饿"的问题。但在当代全球化的新的历史语境下,由于西方发达资本主义国家主导着全球化的进程,它们在话语权上也占据着主导地位。虽然我们的中国特色社会主义现代化建设取得了巨大的成就,但是在国际上却没有获得相应的话语权。相反,西方国家一贯坚持唱衰中国的做法,极尽妖魔化中国之能事。中国人民遇到"挨骂"的新问题。李达的哲学译著为我们建构中国话语体系、解决挨骂的问题提供了重要启示。

一是坚持理论与实践的有机统一。李达哲学译著所追求的,不是纯学理的自娱自乐,而是理论与实践的有机统一,为中国革命的主体提供世界观与方法论指导。当代中国话语体系的建构,必须坚持理论与实践的有机统一,不能理论与实践脱节,言行不一致。因为这样会导致话语的诚信问题,最终结果是话语权的丧失。所以今天我们无论是对内讲马克思主义哲学,还是对外讲中国故事,都要言行一致,让理论与实践统一起来。

二是坚持以大众话语表达人民诉求。话语权除了与执行力有关系外,还与人们的认同度有关系。李达哲学译著为当时中国马克思主义哲学话语建构作出了重要贡献,这与他翻译时所用的语言及这些著作所表达的价值诉求得到人们认同是密切相关的。当代中国话语体系的建构成功与否，也要取决于它在多大程度上得到人民大众的认同。而要得到人民大众的认同，就必须说人民大众的话语，必须通俗易懂、和蔼可亲，必须代表人民的利益、表达人民的诉求。

三是坚持对媒体的领导权。李达的马克思主义哲学译著得以出版，首要原因在于李达本人即出版社的负责人。今天，媒体文化较李达时代已经变得十分复杂，除传统的报刊、广播、电视、电影等媒体外，电脑网络、手机信息、博客、微信等现代新媒介层出不穷，只有牢牢把握住对传统与现代新媒体的领导权，才能在建构中国话语的过程中掌握主动，并最终取得成功。

在当代中国，以习近平总书记为核心的党中央，高度重视中国话语体系的建构，并率先垂范，提出了"中国梦"、"丝绸之路经济带"、"社会主义核心价值体系"等一系列具有中国特色的理论话语，并以一系列讲话形式呈现出来，已经在国内外引起了人们的高度关注。同时，还采取有效措施加强了对网络等媒体的管理，这必将有助于中国话语体系的成功构建。

（原载《马克思主义哲学研究》2015 年第 2 期）

第 三 篇

李达政治学论著和思想研究

论李达在建党时期的历史地位

宋镜明　李斌雄

李达是中国共产党的主要创始人之一和党的早期重要领导人之一,这一历史地位是由李达在建党时期的历史活动所决定的。只有忠于史实,才能忠于真理。"马克思主义的精髓,马克思主义的活的灵魂:对具体情况作具体分析。"①

要把握李达在建党时期的历史地位,我们就必须对李达在建党时期的理论活动和实践活动作具体的考察和分析。

一、致力于马克思主义的理论宣传和研究,为建党奠定必需的思想基础

中国共产党的创建是以马克思主义为思想基础的,只有用马克思主义理论武装起来,无产阶级才能建立起本阶级的先进政党,也才能保持和发扬它的先锋队作用。正因为如此,李达一开始就致力于马克思主义的理论宣传和研究。

(一)翻译介绍马克思主义的理论书籍出版

李达最初传播马克思主义,就是从翻译介绍马克思主义理论书籍开始的。早在 1918 年秋至 1920 年夏,李达在国外就翻译了包含马克思主义重要组成部分内容的两本书,即《社会问题总览》和《唯物史观解说》。这两本书先后于

---

① 《列宁选集》第 4 卷,人民出版社 1995 年版,第 213 页。

1921 年 4、5 月由中华书局正式出版,这都是建党时期难得的好书。《社会问题总览》是当初中国传播社会主义学说的一部大著,迄至 1932 年 8 月,共出 11 版。《唯物史观解说》更是当时影响甚大的一本传播历史唯物论的重要著作,受到读者欢迎,截至 1936 年 8 月,重版达 14 次。李达在"译者附言"中说:"凡是要研究社会主义的人","至少非把这本书读两篇不可"。该书附录《马克思唯物史观要旨》一文,对唯物史观的产生作了扼要说明,并着重翻译了马克思和恩格斯关于唯物史观的重要论述,主要把马克思《〈政治经济学批判〉序言》和恩格斯 1888 年 1 月为《共产党宣言》英译本所写《序言》中有关唯物史观最精辟的论述辑录在一起,这对我国的先进分子直接从马克思主义创始人论述中学习和掌握唯物史观的基本原理是很有作用的。《社会问题总览》、《唯物史观解说》这两部译著的出版,很好地促进了马克思主义在中国的传播。

(二)在反对各种错误思潮的论争中传播和捍卫马克思主义

为了扫清建党道路上的思想障碍,奠定党的思想理论基础,李达和李大钊、陈独秀、蔡和森等中国早期马克思主义者一道,积极投入了反对基尔特社会主义、无政府主义、第二国际修正主义,以及第四国际的错误思潮的理论斗争。李达是站在马克思主义理论前沿冲锋陷阵的英勇战士,发挥了核心作用和先锋、骨干作用,成为马克思主义一方的重要代表。他在斗争中撰写了阐述马克思主义的大量论著,以唯物史观为指导,着重研究和宣传科学社会主义原理,从思想理论武装着手,不断排除右的和"左"的干扰。作为马克思主义传播的先驱和播火者,李达为建立中国共产党作出了杰出的理论贡献,做了重要的思想理论准备。

1. 反对基尔特社会主义

以梁启超、张东荪为首的研究系分子,眼见马克思主义的传播和共产主义运动的兴起而惶恐不安。他们打着研究社会主义的幌子,从 1920 年冬至 1921 年年初,先后抛出《由内地旅行而得之又一教训》、《现在与将来》、《复张东荪书论社会主义运动》等文章,大肆贩卖基尔特社会主义,提倡社会改良,反对社会革命,妄图阻止共产主义运动向前发展。面对研究系分子的无端挑衅,中国早期马克思主义者奋起反击。在这场反对基尔特社会主义的斗争中,李达是一员坚强的主将,发挥了核心作用。

张东荪关于"开发实业"的主张一抛出,李达立即写了《张东荪现原形》,揭穿了其冒牌社会主义的假面具。该文实际上是对假社会主义开始反击的标志。不久,李达又写了《劳动者与社会主义》和《社会革命底商榷》两篇重要文章,把斗争逐步引向深入,强调"社会主义是解决社会问题"的根本出路,"劳动者非信奉社会主义……不可"。① 李达以梁启超的《复张东荪书论社会主义运动》"这一篇代表的文字"为"最有力的论敌",发表了《讨论社会主义并质梁任公》的战斗檄文,对研究系的整个反动理论体系作了全面系统的清算。他批判了所谓"马克思主义不适合中国的国情"、"中国无劳动阶级"不能提倡社会主义的论调,驳斥了所谓中国的唯一出路只能是"奖励"资本家"开发实业"走资本主义道路的言论,揭露了所谓"矫正资本家"、"务取劳资协调"的改良主义本质,宣传和捍卫了马克思主义关于社会革命的原理,论证了世界朝着社会主义方向的历史趋势。李达着重指出,在"万国竞争"的中国,企图依靠资本主义来竞存于世界"不免是空想","在今日而言开发实业,最好莫如采用社会主义"。②"将来社会的经济组织必归着于社会主义。"③这就抓住了社会主义论争中的实质问题,从根本上驳倒了基尔特社会主义。

这场关于社会主义问题的论争,是中国走资本主义道路还是走社会主义道路、是采用革命的方法还是采用改良主义的方法改造中国的大争论。在这场大争论中,李达最早参战,发挥了先锋骨干作用和核心作用,是马克思主义一方的主要代表。李达关于科学社会主义的论述,以及对基尔特社会主义的深刻揭露和批判,对于帮助中国先进知识分子掌握科学社会主义的真义、划清真伪社会主义的界限,深刻认识到要实现无产阶级的彻底解放、实现社会主义就必须建立共产党,是有重要作用的。

2. 批判无政府主义

无政府主义是打着共产主义招牌同马克思主义作对的一种小资产阶级思

---

① 《李达文集》第 1 卷,人民出版社 1980 年版,第 41 页。
② 《李达文集》第 1 卷,人民出版社 1980 年版,第 65 页。
③ 《李达文集》第 1 卷,人民出版社 1980 年版,第 64 页。

潮,它在我国有着广泛深厚的社会基础。

五四运动以前,在中国特殊的历史条件下,无政府主义曾经在一定程度上冲击过封建思想和军阀政治。但五四运动以后,随着马克思主义在中国的广泛传播,它的反动性暴露无遗。从 1919 年到 1921 年,以黄凌霜、区声白为代表的无政府主义者,先后发表了《马克思学说的批评》、《我们反对布尔扎维克》等一系列攻击马克思主义的文章。他们鼓吹以个人为中心的"绝对自由",宣扬社会的"绝对平均",反对一切权威,反对一切强权,反对无产阶级夺取政权的斗争,反对无产阶级专政和建立有严格组织纪律的无产阶级政党。同时,他们企图超越社会发展的历史阶段,鼓吹立即实行"各取所需"的分配原则。这种思潮在青年知识分子中颇有影响,成为马克思主义的危险敌人,成了建党的严重障碍。因此,揭露无政府主义的反动本质,就成了马克思主义者不可推卸的责任。只有对无政府主义进行彻底批判,才能引导更多的革命知识分子和革命青年走上马克思主义的道路,才能使党的早期组织更加纯洁和巩固。

从 1920 年起,当时的共产主义者,以《新青年》和《共产党》月刊为阵地,展开了对无政府主义的批判。李达则是马克思主义者一方的杰出代表。

早在 1919 年 6 月,李达就发表了《什么叫社会主义》和《社会主义的目的》两文,初步批判了无政府主义。1920 年 11 月以后,他主编的《共产党》月刊从第 1 号到第 5 号的《短言》对无政府主义作了批判。特别是这年的 12 月和次年的 5、6 月,李达发表了《社会革命底商榷》和《无政府主义之解剖》等两篇颇有影响的文章,有力地驳斥了无政府主义的荒谬主张。李达批驳了所谓"一切国家都是祸害"的谬论,论述了无产阶级专政的必要性和重要性,揭露了所谓"绝对自由"的欺骗性,批判了超越历史阶段、鼓吹"各取所需"的绝对平均主义观点,剖析了无政府主义的反动世界观。李达着重指出,"能够成为无政府主义的,只有个人主义"[①]。无政府主义者实质上大多是在一些革命词句口号掩盖下的极端个人主义者。

建党时期同无政府主义的论争,持续了一年多时间。这场争论,实际上关

---

① 《李达文集》第 1 卷,人民出版社 1980 年版,第 90 页。

系到建立什么样的党的争论。是建立主张无产阶级专政、实行民主集中制、具
有严格纪律的马克思主义政党,还是建立反对无产阶级专政、主张绝对自由、
不受任何纪律约束的小资产阶级的无政府党。李达等早期马克思主义者对无
政府主义的系统而又击中要害的批判,基本上解除了无政府主义的思想理论
武装,划清了马克思主义与无政府主义的界限。这不仅使许多原来信奉无政
府主义的知识青年转变了立场、走上了革命的道路,而且纯洁了早期共产主义
者的队伍,清除了当时混杂在党的组织中的少数顽固不化的无政府主义分子,
为中国共产党的诞生作了思想上和组织上的准备。

3. 批判第二国际修正主义

修正主义即民主社会主义,是一种资产阶级思潮。为了防止它对我国共
产主义运动的侵蚀,确保在中国建立起革命的战斗的马克思主义政党,李达等
早期马克思主义者对第二国际修正主义展开了批判。

1920 年 11 月,李达发表了《第三国际党(即国际共产党)大会的缘起》一
文。他明确指出,第二国际搞的"并不是社会主义",而是"和资本家妥协"的
"改良主义"和"议会主义"①,而"国际共产党联盟的主旨,就是马克思的共产
主义,即革命的社会主义,……至于实现的手段,就是采用无产阶级专政"。②
这就从纲领上划清了马克思主义与第二国际修正主义的界限。

为了系统阐明马克思主义的理论原则,揭露修正主义对马克思主义的背
叛,李达相继发表了《马克思还原》和《马克思派社会主义》两篇重要文章。他
把马克思主义的社会主义看做 是无产阶级的十分完备而严格的思想理论体
系。李达在概述这一理论时,把马克思所述社会革命的原理、手段、方法及其
理想中的社会归纳为七条,从而扼要地阐明了马克思主义关于生产力与生产
关系、经济基础与上层建筑、阶级与国家、无产阶级革命与无产阶级专政的原
理。李达把它当做"是马克思社会主义的概观",并得出结论说:"马克思社会
主义的性质,是革命的,是非妥协的,是国际的,是主张劳动专政的","马克思
社会主义是科学的"③。这就为追求革命的人们提供了识别真伪马克思主义

---

① 《李达文集》第 1 卷,人民出版社 1980 年版,第 27 页。
② 参见《李达文集》第 1 卷,人民出版社 1980 年版,第 30—31 页。
③ 《李达文集》第 1 卷,人民出版社 1980 年版,第 31 页。

的标准。他还指出,"马克思的真面目"被伯恩施坦之流"湮灭殆尽了"①,只有列宁才恢复了马克思主义的真面目②。

无产阶级专政是马克思主义的主要之点。李达在批判修正主义的斗争中,进一步阐明了无产阶级专政的本质、职能和形式,揭示了无产阶级民主与资产阶级民主的对立以及无产阶级民主与无产阶级专政的辩证统一。

李达对修正主义的批判及其所阐发的科学社会主义的基本原理和无产阶级专政的光辉思想,对即将建立的中国共产党免受修正主义的影响,一开始就能成为马克思主义的、革命的无产阶级政党,有着重要的历史作用。

4. 对第四国际"左"倾思潮的批判

第四国际是以共产主义"左"派的面目出现的。他们不能正确认识共产党人在资产阶级议会和黄色工会中进行工作的必要性,否定工农联盟,否定党的领导。为了使我们刚刚成立的共产党免受这股"左"倾思潮的影响,在第四国际出现才半年,李达于 1922 年 4 月发表了《评第四国际》一文,对其理论和策略进行了批判。

李达不仅批判了拒绝利用合法斗争、否定工农联盟的错误主张,阐明了共产党对待农民和资产阶级的正确策略,而且着重批判了否定党的领导的谬论,论述了无产阶级的政党领导的必要性和重要性,强调"共产党是无产阶级的柱石,是无产阶级的头脑"③,认为无产阶级革命只有共产党领导"才有胜利可言"④。他还指出,"共产党不仅在革命以前是重要;即在革命时也是重要;革命之后……,尤其重要。除非到共产主义完全实现的时代,共产党不可一日不存在。"⑤李达这篇论文对马克思主义的党的领导原理的阐发,代表了当时所能达到的最高水准。它的发表,有利于我们党制定正确的策略,特别是有利于始终坚持党的领导不动摇。

诚然,在同各种反马克思主义思潮的斗争中,李达所发表的论著有的观点

---

① 《李达文集》第 1 卷,人民出版社 1980 年版,第 34 页。
② 《李达文集》第 1 卷,人民出版社 1980 年版,第 39 页。
③ 《李达文集》第 1 卷,人民出版社 1980 年版,第 134 页。
④ 《李达文集》第 1 卷,人民出版社 1980 年版,第 133 页。
⑤ 《李达文集》第 1 卷,人民出版社 1980 年版,第 134 页。

也有不准确、不精当乃至错误的地方。由于历史条件的限制,像其他共产主义者一样,当时他也尚未能把马克思主义基本原理同中国革命具体实践相结合,未能正确地解决中国社会的性质和革命的性质以及革命步骤等问题。他主张直接进行社会主义革命,把整个资产阶级都看做中国革命的主要敌人。但是,绝不能因这种难以避免的理论上的缺陷而抹杀李达在我国马克思主义传播中的重大历史功绩。李达不愧是在中国传播马克思主义的先驱者,他坚决捍卫马克思主义的革命真理,致力于科学社会主义的研究和传播,积极宣传共产党的纲领和主张。他对坚持马克思主义指导、坚持共产党领导、坚持社会主义道路的必要性和重要性的论证,在当时是相当突出的,代表了当时所能达到的理论水平。李达为在中国建立马克思主义的无产阶级政党作了杰出的理论贡献。

二、投身于建立中国共产党的伟大实践活动中

(一)党的早期组织的发起人之一,主编《共产党》月刊

1920 年夏,李达抱着"回国寻找同志干社会革命"的目的,从东京回到上海。首先访问了陈独秀,谈起组织社会革命党的事。当时,他以留日学生理事的身份,参加中国学生联合会的工作,担任"全国学联临时主席"。8 月,李达和陈独秀、李汉俊等人发起建立了党的上海早期组织,陈独秀任书记。这是中国共产党最早的组织,它成了全国范围内建党的发起组织和联络中心。12 月,陈独秀离沪赴穗担任广东省教育委员会委员长,书记职务由李汉俊代理。

1921 年 2 月,李汉俊和陈独秀在商谈党组织是采用中央集权制还是地方分权制问题时发生分歧。两人通信互相责难,裂痕愈来愈大。李汉俊因此辞去代理书记职务。李达觉得党组织刚建立就闹分裂,太不像话,便调停于二者之间,要大家加强团结。但李汉俊态度坚决,不肯接受调停,代理书记不做了,《新青年》也不编了,把党员名册和一些文件转给李达,要李达代理书记。为了党的团结,李达接受了这个职务[1]。从这时起到党的一大召开前夕,李达一

---

[1] 　参见李达:《七一回忆》,《七一》创刊号(1958 年 7 月 1 日)。

直全面主持党的发起的组织工作。

为了宣传党的主张，统一建党思想，李达除了参加改组后的《新青年》的编辑工作，并经常给《新青年》写稿以外，还主编《共产党》月刊。这是中国无产阶级的第一个党刊，是党的一个重要理论刊物。这个刊物在中国第一次树起"共产党"的大旗，阐明中国共产党人的基本主张，明确宣告："我们共产党在中国有二大使命：一是经济的使命，一是政治的使命。"①《共产党》月刊号召中国无产阶级"举行社会革命，建设劳工专政的国家"②，"跟着俄国的共产党一同试验新的生产方法"③。

根据建党的需要，《共产党》月刊着重宣传列宁的建党学说和党的基本知识，介绍俄国共产党和国际无产阶级的建党经验，探讨建党的理论与实践问题，博得共产主义者的一致好评。毛泽东就高度赞扬《共产党》月刊"颇不愧'旗帜鲜明'四个字"，并把其中刊载的《俄国共产党的历史》、《列宁的历史》等文章推荐给长沙《大公报》发表。李大钊领导的北京马克思学说研究会也在一则通告中向会员和进步学生推荐这个刊物。据初步统计，《共产党》月刊发表长短文共131篇。其中，李达写了38篇，约占该刊全部文章的百分之三十四。《共产党》月刊以各种方式发行各地，其发行量最高达5000份，在共产主义者和进步知识分子中广为流传。

当时主办这样一个党刊，不仅需要大无畏的革命精神，而且还要克服许多困难。没有办公室，李达便把编辑部设在自己的寓所；没有经费，他便和沈雁冰商量，大家都写稿卖给商务印书馆，以所得稿酬充作办刊经费；没有人力，在最紧张的时候，从写稿到发行，全部工作几乎都由李达一人承担。《共产党》月刊虽然只出了6期就停刊了，但它对中国共产党的创建却起了有力的推动作用。其中，作为主编的李达无疑作出了重要贡献。

（二）党的一大的筹备人和组织者

1921年6月，共产国际代表马林和赤色职工国际代表尼可尔斯来到中

---

① 《李达文集》第1卷，人民出版社1980年版，第746页。
② 《李达文集》第1卷，人民出版社1980年版，第748页。
③ 《李达文集》第1卷，人民出版社1980年版，第741页。

国,他们在上海首先与李达、李汉俊晤谈。李达报告了上海及其他各地党的组织的工作情况。共产国际代表认为组党时机确已成熟,建议及早召开党的全国代表大会①。根据原先的酝酿和马林的建议,李达分别与在广州的陈独秀和在北京的李大钊联系商讨,确定在上海召开党的第一次全国代表大会。李达作为党的上海发起组代理书记,担负了党的一大的筹备工作,负责大会的具体事务。

李达代表党的上海发起组,分别写信通知北京、武汉、长沙、广州、济南等地以及日本留学生中的党组织或党员,各选派两名代表到上海出席党的第一次全国代表大会。李达作为上海党组织的代表出席了一大。

大会期间,李达除参加起草文件外,还负责处理大会事务。一大会址的选定和转移以及代表住地和食宿等具体事务都是李达夫妇负责解决的。李达的夫人王会悟还担任了一大的门卫,起了哨兵的作用。

一大在上海开了6天会,加上两天起草文件,共为8天。最后一天会议由于王会悟的提议和帮助,转移到浙江嘉兴南湖举行。

大会通过了党的第一个纲领和第一个决议,选举产生了中央局作为党的领导机构。李达被选为中央局的领导成员,担任宣传主任。

党的一大宣告了中国共产党的成立。李达作为会议的筹备人和组织者,为一大的胜利召开和中国共产党的成立,贡献了自己的力量。

综上所述,李达在建党时期的理论和实践两方面的历史事实充分表明,李达以中国共产党的主要创始人之一和党的早期重要领导人之一载入了党的光辉史册。

（原载《马克思主义研究》2011 年第 7 期）

---

① 《李达文集》第 1 卷,人民出版社 1980 年版,第 48 页。

李达对中国共产党创建时期宣传工作的贡献

丁俊萍　吕惠东

　　宣传工作是一定的团体或组织,通过一定的手段和方式,对社会上一部分人的思想、行为等产生影响的一种社会行为。中国共产党的宣传工作是中国共产党提升自己、动员群众、战胜敌人的有力武器,在党领导的事业和党自身的建设中发挥极为重要的作用。李达作为我国传播马克思主义的先驱之一,作为中国共产党的主要创始人和早期领导人之一,在中国共产党创建时期的宣传工作方面功绩卓著。

　　李达在中国共产党成立过程中,集宣传、联络、组织筹备于一身,又是党的一大的召集人。在中国共产党第一次全国代表大会上,李达被选为党的宣传主任。这既是对李达在一大召开前所进行的宣传工作成绩的肯定,也是对李达具备从事党的宣传工作良好素质的认同和进一步做好党成立后宣传工作的期待。根据党的一大决议中对党在当前的宣传工作的规定,李达领导并全面地开展了党的宣传工作。直到1923年秋脱党之前,李达一直战斗在党的宣传工作战线上,为中国共产党早期的宣传工作作出了重大贡献。

　　考察李达在中国共产党创建时期宣传工作方面的主要活动及其贡献,有助于我们从一个侧面了解马克思主义在中国的早期传播和中国共产党的创建情况,也有助于我们了解包括李达在内的早期共产党人群体的理想信念、使命感和奋斗精神,这对于我们今天加强中国共产党的思想理论建设、做好党的宣传思想工作和推进马克思主义中国化时代化大众化具有重要意义。

　　概括起来说,李达对中国共产党创建时期宣传工作的贡献主要表现在以下六个方面。

一、撰写宣传马克思主义的文章，阐释马克思 主义理论观点，译介马克思主义著作，促进了 马克思主义在中国的广泛传播

在中国共产党成立前后，各种社会主义思潮纷然杂陈，一些非马克思主义的思想混淆视听，这使人们尤其是广大青年难以接触到科学社会主义，使马克思主义在传播上遇到很大困难。李达作为中国共产党早期宣传工作的先驱，在这一时期的主要任务是宣传马克思主义，推进马克思主义在中国的广泛传播。而要做到这一点，很重要的一项工作便是翻译并阐释马克思主义著作，使人们了解马克思主义。李达在中国共产党成立前后做了大量的马克思主义著作的译介和阐释工作，为马克思主义在中国的传播和党的宣传工作作出了巨大贡献。

据笔者统计，从李达在 1919 年 6 月发表第一篇关于马克思主义的文章《什么叫社会主义？》，到 1923 年 9 月脱离中国共产党组织之前写就的《社会主义与江亢虎》，在 4 年多的时间里，李达以"鹤"、"鹤鸣"、"李鹤鸣"、"胡炎"、"江春"、"立达"、"H.M"、"李特"、"李达"、"达"等多个笔名，在《民国日报》副刊《觉悟》、《解放与改造》、《共产党》、《劳动界》、《新青年》、《妇女评论》、《晨报》、《响导》、湖南《大公报》副刊《现代思想》等报纸杂志上，共发表 32 篇文章，可谓著述甚丰。

李达的上述这些文章，从内容上大致可分为五类：一是直接阐释马克思主义理论观点，如《什么叫社会主义？》、《社会主义的目的》、《劳动者与社会主义》、《劳工神圣颂》、《社会革命底商榷》、《马克思还原》、《马克思派社会主义》；二是运用马克思主义的立场、观点和方法分析当时的世情国情以及当时发生的重大事件，如《陈独秀与新思想》、《对于全国劳动大会的希望》、《日本政党改造之趋势》、《劳动立法运动》、《何谓帝国主义》、《为收回旅大运动敬告国人》、《马克思学说与中国》、《中国商工阶级应有之觉悟》、《旧国会不死，大盗不止》；三是介绍国际共产主义运动的发展情况，如《战前欧洲社会党运动之情形》、《第三国际党（即国际共产党）大会的缘起》、《全欧共产党及独立社会党之联席会议》等 32 则世界消息、《五一运动》、《介绍几个女社会革命

家》、《李卜克内西传》、《俄国的新经济政策》；四是评析和批判各种非马克思主义思潮，如《张东荪现原形》、《讨论社会主义并质梁任公》、《无政府主义解剖》、《评第四国际》、《社会主义与江亢虎》；五是分析和探讨妇女解放问题，如《女子解放论》、《告诋毁男女社交的新乡愿》、《说明本校（按：指上海平民女校）工作部之内容》、《女权运动史》。显然，李达在这一时期所发表的文章的涉及面相当宽，分析和论述也相当深刻。

与此同时，李达在 1919 年 6 月—1923 年 9 月期间也有大量译著问世。以出版时间为序，其中包括荷兰郭泰的《唯物史的宗教观》（《少年中国》1920 年 5 月 2 卷 11 期）和《唯物史观解说》（中华书店 1920 年 5 月初版，至 1936 年 8 月共印行 14 版）、日本高畠素之的《社会问题总览》（中华书店 1921 年 4 月初版，至 1932 年 8 月共印行 11 版）、日本佐野学的《俄国农民阶级斗争史》（《新青年》1921 年 8 卷 6 号）、日本山川菊荣的《劳农俄国底结婚制度》（《新青年》1921 年 8 卷 6 号）、日本山川均的《从科学的社会主义到行动的社会主义》（《新青年》1921 年 5 月 9 卷 1 号）、《列宁的妇人解放论》（《新青年》1921 年 5 月 9 卷 1 号）、日本堺利彦的《女性中心说》（商务印书馆 1921 年 7 月初版，至 1942 年共印行 6 版）、日本山川菊荣的《社会主义的妇女观》（《妇女评论》1921 年 10 月 10、11 期连载）、李达根据翻译材料编译的《劳农俄国研究》（商务印书馆初版，至 1926 年 12 月共印行 4 版）、日本安部矶雄的《产儿制限论（商务印书馆 1922 年 10 月初版，1928 年 8 月再版）、马克思的《哥达纲领批判》（当时译名为《德国劳动党纲领栏外批评》，《新时代》1923 年 4 月第 1 号）以及《脱了牙的狼》（《新时代》1923 年 7 月 15 日第 4 号）。上述译著，既有马克思、列宁的原著，也有阐释马克思主义的三个组成部分——马克思主义哲学、政治经济学和科学社会主义主要内容的理论专著，还有关于俄国革命、妇女解放问题的著作。李达做的这些翻译和阐释性工作对马克思主义基本理论做了一个较为全面的介绍，对早期共产党人和进步青年了解马克思主义理论发挥了重要作用。

可以说，在这四年的时间里，从初步接受马克思主义，到翻译马克思主义经典著作，再到比较全面深刻地阐释马克思主义理论，李达对马克思主义的理解逐渐深入，在宣传马克思主义方面做了大量工作，推动了马克思主义在中国的传播，为奠定中国共产党成立的思想理论基础，为党成立后运用马克思主义指导中国革命,作出了积极贡献。

二、与各种非马克思主义思潮进行论争, 帮助进步青年划清了思想界限

五四运动前后,虽然社会主义是当时最为时髦的思潮,但是各种派别的社会主义种类庞杂,因此,将马克思主义与其他非马克思主义思潮加以区别,就成为早期马克思主义者的首要任务。李达同李大钊、陈独秀、蔡和森等早期马克思主义者一道,积极投入到反对基尔特社会主义、无政府主义、第二国际修正主义以及批判第四国际极左思潮的斗争中,从思想理论武装着手,为中国共产党的创建扫清了思想障碍。

(一)反对基尔特社会主义

所谓基尔特社会主义,就是行会社会主义,它是英国工联中的一种资产阶级改良主义思潮。当时中国的梁启超、张东荪是基尔特社会主义的忠实拥趸,他们大力宣扬通过改良的手段,"开发实业"、"实业救国",以长入社会主义,他们认为,中国没有劳动阶级,不存在行社会主义的基础,唯有首先奖励资本家生产才能为行社会主义创造条件,其实质是要用资产阶级改良主义代替社会主义。针对梁、张的言论,李达相继写了《张东荪现原形》、《劳动者与社会主义》、《社会革命底商榷》等批判性文章。1921 年 5 月,李达发表了长达13000 多字的《讨论社会主义并质梁任公》,代表了当时马克思主义者批判基尔特社会主义的最高水平。

李达贯穿于上述文章的主要思想如下:一是指出在中国存在着严重的阶级剥削和阶级对立,具备发展社会主义的雄厚阶级基础。他认为,近世以来由于西方资本主义国家对中国输入大量商品并开工设厂,使中国大量的手工业者破产,为了生计,他们不得不到资本家的工厂中做工,否则非饿死冻死不可的了,所以"中国是劳动过剩,并不能说没有劳动阶级"①。西方和本国的资本

---

① 《李达文集》第 1 卷,人民出版社 1980 年版,第 67 页。

家极尽剥削工人之能事,中国的工业基础虽不如欧美日本那样发达,但"在此产业革命的时期内,中国无产阶级所受的悲惨,比欧美日本的无产阶级所受的更甚"①。"中国劳动资本两阶级的对峙,在表面似乎与欧美日本不同,在实际上却无有不同的。"②李达通过对中国国情的透彻分析,既批判了资产阶级改良主义,又宣传了马克思的阶级斗争学说,并鲜明地指出了在中国具备马克思认为的在产业革命较发达的国家行社会主义并开展阶级斗争的阶级基础。

二是驳斥了认为中国唯一的出路只能是"奖励"资本家"开发实业"、走资本主义改良道路的主张。李达指出,要为中国的无产阶级拂去一切悲痛谋求幸福,首先要使他们获得必需的生活资料,这就需要开发生产事业,这是资本主义者和社会主义者的共识。但关键的是资本主义的生产方法并不适用于中国,且会使无产者愈益贫困和悲惨。李达对比了资本主义和社会主义两种生产方法,指出:"资本主义生产组织,一切生产机关,概归最小数资本阶级所私有,最大多数的劳动者,均为劳银的奴隶,完全受资本阶级所支配。"③资本家最大限度地剥削劳动者的剩余价值获取利润,工人所得工资还不能赡养一家。另外,资本主义的生产方式还极易导致工人失业的苦痛。李达指出,社会主义的生产组织能够从所有制上规避了这些弊端。在社会主义条件下,"一切农工的生产机关,概归社会公有,共同劳力制造生产物,平均消费","生产物不至于压迫生产者"④,在生产、消费以及分配上完全可以做到平均,且避免了资本主义生产下的无政府无秩序状态。这种对比,突出了资本主义生产方式的弊端,彰显了社会主义生产方式的优势,使那种所谓"奖励资本"、"开发实业"以发展资本主义的主张不攻自破。

三是批判了基尔特社会主义者通过温情的改良的办法发展资本主义的温情主义。李达指出:"社会政策,就是处理社会问题的结果,并不是要铲除社会问题的根本原因",社会政策"只主张借资本阶级的国家底立法,施行几项

---

① 《李达文集》第 1 卷,人民出版社 1980 年版,第 62 页。
② 《李达文集》第 1 卷,人民出版社 1980 年版,第 48 页。
③ 《李达文集》第 1 卷,人民出版社 1980 年版,第 64 页。
④ 《李达文集》第 1 卷,人民出版社 1980 年版,第 64 页。

温情政策,略略缓和社会问题,并不是想根本的解决社会问题的"①。经济基础和所有制不改变,"无产阶级呻吟于资本家掠夺支配之下,绝对得不到丝毫的幸福"②。因此,"梁任公的温情主义的主张是不能达到社会主义的"③,唯有采取"最普遍最猛烈最有效力的一种非妥协的阶级争斗手段"④,广泛地发动群众运动以夺取国家的权力,"用政治的优越权,从资本阶级夺取一切资本,把一切生产工具集中到无产阶级的国家手里,用大速度增加全部生产力"⑤,才能实现中国广大贫苦劳动者的普遍幸福。

(二)批判无政府主义

无政府主义是一种小资产阶级的社会思潮,反映了小生产者企图立即摆脱一切束缚所产生的冲动和狂想。五四运动后,随着改造社会呼声的普遍高涨和知识界的空前活跃,无政府主义迅速流传开来,影响相当广泛。他们鼓吹以个人为中心的"绝对自由",宣扬社会的"绝对平均",反对一切权威,反对一切强权,反对无产阶级夺取政权的斗争,反对无产阶级专政,反对建立有严格组织纪律的无产阶级政党,向马克思主义公开挑战。作为中国早期马克思主义者,李达从1919年6月至1921年6月,先后写了《什么叫社会主义?》、《社会革命底商榷》、《无政府主义之解剖》和《马克思派社会主义》等多篇具有影响的政论文章,并在自己主编的《共产党》月刊第1—5号《短言》中,运用马克思主义理论,分别从国家观、社会生产组织、革命手段等方面批判了无政府主义。

一是批驳了无政府主义者"反对一切强权"的主张。无政府主义者依据巴枯宁的国家观,认为"社会受传统的习惯所支配,不受法律所支配"⑥,因而反对国家,反对政治,反对权力,主张废灭国家、政权、军队、政治、法律等。李达在论战中引用马克思、恩格斯、列宁的话,指出国家并不是从来就有的,"国

---

① 《李达文集》第1卷,人民出版社1980年版,第68页。
② 《李达文集》第1卷,人民出版社1980年版,第68页。
③ 《李达文集》第1卷,人民出版社1980年版,第70页。
④ 《李达文集》第1卷,人民出版社1980年版,第72页。
⑤ 《李达文集》第1卷,人民出版社1980年版,第73页。
⑥ 《李达文集》第1卷,人民出版社1980年版,第82页。

家是一定发展阶段之中的社会的一个产物;是阶级的冲突和经济的利益不能和谐的一个证据"①,认为国家不能一概而论,必须区别资产阶级国家和无产阶级国家这两种性质根本不同的国家。"在资本阶级国家之次的是劳动者的国家;而这种劳动者的国家,已不是真正的国家,要不外是在劳动专政的形式里实现社会主义。所以资本阶级的国家是资本阶级专政;劳动者的国家是劳动阶级专政。"②

二是批驳了无政府主义主张的生产管理上的分散主义和分配上的绝对平均主义观点。李达认为,资本主义生产崇尚自由竞争,否定国家干预,而"无政府主义派主张的生产组织与资本主义的生产组织差不多"③,"无政府主义的生产组织,有一种最大的缺点,即是不能使生产力保持均平。要使各地方各职业的生产力保持均平,无论如何,非倚赖中央的权力不可"④;只有行社会主义的生产管理方式,加强国家对经济的规划性,"把一切农业工业的生产机关,都移归中央管理"⑤,才能结束资本主义在生产管理上的无序混乱状态。在分配方式上,李达指出,共产主义者同无政府主义者一样主张实行各尽所能、按需分配,但共产主义者十分注重革命的发展阶段,在生产力水平低下的中国,只有首先实行按劳分配,调动人们的生产积极性,为步入共产主义创造物质条件,方可行按需分配。"在生产力未发达的地方与生产力未发达的时期内,若用这种分配制度,社会的经济的秩序就要弄糟了。"⑥这就深刻揭露了无政府主义者的小资产阶级不顾中国国情的绝对平均主义的错误倾向。

三是批判了无政府主义者所推崇的"少数人暴动"和"教育"手段的不切实际性。李达指出,无政府主义者试图通过政治、经济总同盟罢工的方式得到革命的成功,只是一种空想,因为这两种手段,"在原则上是承认现社会制度的经济组织的,只可当做劳动阶级的一种示威运动的手段,若想利用他行社会

---

① 《李达文集》第1卷,人民出版社1980年版,第102页。
② 《李达文集》第1卷,人民出版社1980年版,第102页。
③ 《李达文集》第1卷,人民出版社1980年版,第50页。
④ 《李达文集》第1卷,人民出版社1980年版,第49页。
⑤ 《李达文集》第1卷,人民出版社1980年版,第49页。
⑥ 《李达文集》第1卷,人民出版社1980年版,第51页。

革命是办不到的"①；只有采取社会的总同盟罢工，"使全劳动阶级突然罢工，使资本阶级手足无措，乘机扑灭资本阶级，从新建设无阶级的新社会"②，才能实现社会革命。

（三）批判第二国际修正主义

修正主义又称社会民主主义，是一种资产阶级社会改良主义思潮，主张阶级调和，并赞成采取议会政策的方式为工人阶级争取权利。这种议会斗争的方式，在内无民主、外有压迫、经济状况极端落后的中国是根本行不通的。因此，如果不与修正主义划清界限，就不可能在中国建立一个布尔什维克式的共产党。李达在这方面作出了巨大的努力。1920年11月7日，李达在《共产党》创刊号上发表了《第三国际党（即国际共产主义）大会的缘起》一文，概述了第二国际"堕落的历史"，认为他们搞的是和资本家妥协的议会主义、改良主义，指出只有列宁领导的第三国际，即国际共产党，践行的才是真正的马克思主义。"国际共产党联盟的宗旨，就是实行马克思的共产主义，即革命的社会主义，由公然的群众运动，断行革命，至于实现的手段，就是采用无产阶级专政。"③

为了从根本上划清列宁主义与修正主义的界限，李达在1921年1月的《新青年》上发表了《马克思还原》一文，进一步论述了马克思主义原理，揭露了修正主义对马克思主义的背叛。李达认为马克思主义的科学社会主义理论是无产阶级的一个十分完备而严整的思想理论体系，并把马克思的基本原理概述为七条，其中包括：一切生产关系财产关系，是社会制度的基础；经济基础决定上层建筑和意识形态；阶级对立是生产力发展到一定阶段的产物；人类的历史是阶级斗争的历史；全世界无产阶级应团结起来才能获得自身解放；夺取国家政权行无产阶级专政，把资产将阶级的生产工具变为国家公产，进而消灭阶级差别。这些概括从根本原理上传播了科学社会主义理论，为当时的革命进步人士提供了一个判别真假马克思主义的客观标准。

① 《李达文集》第1卷，人民出版社1980年版，第54页。
② 《李达文集》第1卷，人民出版社1980年版，第54页。
③ 《李达文集》第1卷，人民出版社1980年版，第29页。

（四）批判第四国际"左"倾思潮

第四国际是 1921 年 10 月由英、德、荷、葡等国的共产主义极左派团体在柏林成立的。第四国际站在极左的立场上，否定共产党的领导，反对建立无产阶级政党，否定共产党人在资产阶级议会和黄色工会中进行革命工作的必要性，反对利用一切可能的合法斗争，否定工农联盟，反对俄国的新经济政策。为使刚刚成立的中国共产党免受这种"左"派幼稚病思潮的影响，李达在 1922 年 4 月写就了《评第四国际》一文，系统地批判了第四国际的错误理论与策略。

在批判第四国际过程中，李达的一个重要理论贡献是充分论证了建立无产阶级政党的重要性。第四国际虽然也赞成无产阶级专政，但"不赞成无产阶级有独立的政党，以为无产阶级革命应由全体无产阶级介入，而不承认少数先觉劳动者所组成的共产党立在指导地位"①。李达认为，苛求中国的无产阶级同时并全部觉悟是不现实的，只有少数思想认识和觉悟较早的人先组织一个精密的团体，并逐渐影响大多数无产者的觉悟，革命才有希望。"所以无产阶级革命，应先由有阶级觉悟的工人组织一个共产党作指导人。共产党是无产阶级柱石，是无产阶级的头脑，共产党人散步到全体中间宣传革命，实行革命"。"无产阶级若没有一个共产党来领导，决不能从有产阶级手里，从那班昏迷的领袖们手里解放出来。"②这就有力地论证了建党之初的中共存在的必要性和合理性。

李达在批判第四国际的过程中的另一个重要的理论贡献，便是重视联络农村无产阶级进行革命，并把农民群众作为无产阶级革命的动力之一。早在 1921 年 4 月《讨论社会主义并质梁任公》一文中，李达就认识到："工团主义的直接行动，专靠总同盟罢工的武器，也只能适用于工业国，所以俄国的革命运动，就要采取另一种方式，即劳农主义的方式了。俄国是农业国，中国也是农业国，将来中国的革命运动，或者有采用劳农主义的直接行动的可能性。"③

---

① 《李达文集》第 1 卷，人民出版社 1980 年版，第 133 页。
② 《李达文集》第 1 卷，人民出版社 1980 年版，第 134 页。
③ 《蔡和森的十二篇文章》，人民出版社 1980 年版，第 73 页。

1922 年 4 月,在《评第四国际》中,李达指出:"社会革命,工业劳动者固然是主力军,而非与农村无产阶级结合,就不易成就。"即使在西欧各国,"社会革命最初实应联络农村中这种半无产阶级,至少也要运动他们严守中立,才可以减少阻碍力"①。这表明李达在中国共产党创建时期,已经认识到应该把农民作为中国革命的动力之一,并且是最早认识到农民阶级作用的中国共产党人之一。

显然,李达在中国共产党创建时期,通过对各种非马克思主义思潮的批判,宣传了科学的马克思主义理论,有利于人们澄清理论是非,划清思想界限;论证了在中国建立无产阶级政党的必要性,为中国共产党的创建提供了理论支撑,有助于引导人们选择马克思主义的指导、选择共产党的领导、选择社会主义道路、选择通过革命建立无产阶级专政的国家。这些表明,在中国共产党创建时期,李达是中国早期马克思主义者中与各种非马克思主义思潮论战的杰出代表。

三、创办《共产党》月刊,公开亮出了共产党的鲜明旗帜,为中国共产党的建立作了思想理论准备和组织准备

1920 年 11 月 7 日,在俄国十月革命胜利三周年的日子里,上海共产党组织创办了半公开的政治刊物《共产党》月刊,以介绍革命理论和党的知识,推动建党工作的开展。就目前所见,《共产党》月刊为 16 开本,每期约 50 页,前后共出了 6 期。与五四运动前后新文化运动中宣传马克思主义的其他报刊如《新青年》、《每周评论》相比较,《共产党》月刊直接以"共产党"命名,第一次在中国人民面前树起了"共产党"的旗帜,并响亮地喊出了"共产党万岁"的口号,鲜明地表达了马克思主义政治立场。《共产党》月刊用大量篇幅介绍马克思列宁主义学说、各国共产主义运动的情况和经验、中国各地工人运动的发展情况,阐明了建立中国共产党的主张,因而已经是中国共产党党刊的雏形了。

---

① 《李达文集》第 1 集,人民出版社 1980 年版,第 138 页。

《共产党》月刊由李达任主编，主要撰稿人多为上海共产党组织的成员，包括陈独秀、施存统、李达、李汉俊、沈玄庐、周佛海等，均用化名或笔名。由于是半公开的秘密刊物，故《共产党》月刊一般随出售的《新青年》一起附赠。尽管如此，它的发行量最高时仍达到了 5000 份。《共产党》月刊在中国共产党创建过程中作出了重要贡献。正如蔡和森在《中国共产党史的发展（提纲）》中所指出的那样："党的出版物，除《新青年》外还有《共产党》月刊及《工人周刊》等，销数很广，宣传亦很有力量。"①毛泽东在给蔡和森的信中说："对于绝对的自由主义、无政府的主义以及德谟克拉西主义，依我现在的看法，都只认为于理论上说的好听，事实上是做不到的。"②"《共产党》颇不愧'旗帜鲜明'四字。"③《共产党》月刊所取得的突出成绩，是与担任其主编兼主笔的李达卓有成效的工作分不开的。

《共产党》月刊一共发行 6 期，每期都由开篇"短言"、宣传马克思主义的文章、"世界消息"三部分组成。即：在每一期的月刊开头，都有一篇短小精悍、言简意赅、政论性很强的《短言》，对马克思列宁主义的宣传和中国共产党的创建具有重要的导向性作用。"世界消息"主要是介绍各国共产党和马克思主义在各个国家传播动态的简短消息。据统计，《共产党》月刊 6 期一共刊登了 6 篇《短言》，21 篇著述文章，其中《俄国劳动革命史略》、《告中国的农民》、《将死的第二国际和将兴的第三国际》、《万国青年共产党写给上海社会主义青年团的信》、《中国劳动组合书记部宣言》等 5 篇文章未标明作者；25 篇译著；64 则世界消息和 13 则国内消息。其中，李达有 3 篇文章：《第三国际党（即国际共产党）大会的缘起》、《社会革命底商榷》、《无政府主义之解剖》。另外，《共产党》月刊第 3 号中的 32 则世界消息，署名江春，系李达所撰。而李达除撰写上述三篇有重大影响力的文章外，还撰写了六篇短言。至于"世界消息"部分，虽然有的署名江春（李达），有的则没有，但李达作为月刊的主编，对月刊末尾世界消息的选择、撰写、整理、出版起定夺作用。因此，李达是《共产党》月刊当之无愧的主编兼主笔。

---

① 《蔡和森的十二篇文章》，人民出版社 1980 年版，第 20 页。
② 中国革命博物馆、湖南省博物馆编：《新民学会资料》，人民出版社 1980 年版，第 150 页。
③ 《毛泽东书信选集》，中央文献出版社 2003 年版，第 11 页。

李达在《共产党》月刊的组编稿件、筹措办刊经费、应对反动派的搜捕、扩大刊物发行和影响力发面作出了突出贡献。

一是召集进步人士为刊物撰稿。李达组织了一批具有较高马克思主义理论水平的知识分子,如李汉俊、陈望道、施存统、袁振英等,为月刊撰稿。由于要翻译一些欧美国家的共产党纲领和宣言,李达联系当时具有很高的英文翻译水平的沈雁冰(即茅盾),翻译了许多英文的共产主义文章。月刊的作者都具有一定的马克思主义功底,从而保证了月刊稿件的高质量。而李达在联系、聘请月刊撰稿人并编辑稿件的过程中,出色地完成了月刊主编的任务。

二是筹措刊物出版经费。经费的筹集是月刊面临的重要问题。由于中国共产党早期组织成员基本都是学生或教员,没有固定的经济来源,包括办刊物在内的党组织各项工作经常面临困境。包惠僧曾在回忆中说:"因维金斯基回国,陈独秀赴粤,临时中央的经济来源中断,一切工作受到影响,《共产党》月刊也停了好几个月没有编印。"①这是指《共产党》月刊在 1921 年 1 月、2 月、3 月没有编印。李达后来也回忆说:"当时党的工作经费,每月仅需大洋二百元,大家却无力负担",无奈之下,"这时候党的经费是由在上海的党员卖文章维持的,往后因为经费困难,《共产党》月刊出至第二期就中止了"②。为了使月刊重新出版,李达在开源和节流方面作出了艰辛努力。在开源方面,李达把自己给商务印书馆写稿所得的稿费作为《共产党》月刊出版的经费。在节流方面,为了节约经费,在最紧张的时候,从写稿到发行,全部工作几乎由李达一个人承担。此外,为了减少开支,李达把月刊的编辑部设在自己家中一个不到六平方米的亭子里。正是通过李达的努力,才保证了月刊在艰难条件下继续发行。

三是应对反动派的搜捕。由于五四运动前后马克思主义在中国的传播,反动派把共产主义视为"洪水猛兽",对宣传共产主义的刊物进行严厉搜查。《共产党》月刊第 3 号第 2 页,原为《告中国农民书》的篇首,但在出版时此页却是一片空白,仅印了 12 个大号铅字:"此页被上海法捕房没收去了"。这 12

---

① 转引自石川祯浩:《中国共产党成立史》,中国社会科学出版社 2006 年版,第 110 页。
② 《一大前后》(二),人民出版社 1985 年版,第 9 页。

个大号铅字表明,月刊第 3 号在出版印刷时,遭到法租界巡捕房的干扰,第 2 页的铅字版也被搜去。《共产党》月刊出版时面临的恶劣环境由此可略见一斑。李达常常采用隐蔽伪装的方式出版书籍。例如,他曾特意把月刊的社址印成"广州昌兴马路 26 号",以迷惑反动派。可以说,正是李达对党的事业的忠诚和艰苦努力,才使《共产党》月刊在艰难环境中得以出版多期。

此外,李达也还想尽一切办法把刊物送达进步人士手中。他通过随《新青年》赠送的方式,既得以将月刊秘密送达各地的共产党组织,供其成员阅读,也扩大了《共产党》月刊的发行面,使更多的知识青年阅读到了《共产党》月刊。对于远离上海的各地共产党组织,李达采取邮寄的方式寄送月刊,供其成员阅读。如毛泽东所在的早期湖南党组织就是通过李达的邮寄,而得以阅读《共产党》月刊的。

总之,参与创办并主编《共产党》月刊,公开亮出了共产党的鲜明旗帜,既加强了各地共产党组织的联系,也扩大了马克思主义和共产党在进步青年中的影响,直接为建立中国共产党作了思想理论准备和组织上的准备,这是李达对中国共产党创建时期的宣传工作的一大贡献。

四、创办人民出版社,出版马列著作和革命书籍,   为党的宣传工作搭建了一个重要平台

中国共产党成立后,立即开始有领导有计划地翻译和介绍马克思主义经典著作,并在上海成立了第一个秘密出版机构——人民出版社,其负责人就是李达。

人民出版社的主要任务就是印行马克思主义理论著作。李达在 1921 年 9 月 1 日出版的《新青年》第 9 卷第 5 号《人民出版社通告》中说:"本社出版品的性质,在指示新潮底趋向,测定潮势底迟速,一面为信仰不坚者祛除根本上的疑惑,一面和海内外同志图谋精神上的团结。各书或编或译,都经严加选择,内容务求确实,文章务求畅达,这一点同人相信必能满足读者底要求。"①

---

① 《人民出版社通告》,1921 年 9 月《新青年》第 9 卷第 5 号。

这便是人民出版社创办的初衷。

人民出版社的这个通告还公布了他们的出版计划,准备出版"马克思全书"15 种,包括:《马克思传》、《工钱劳动与资本》(今译《雇佣劳动与资本》)、《价值价格与利润》、《哥达纲领批判》、《共产党宣言》、《法兰西内乱》(今译《法兰西内战》)、《资本论入门》、《剩余价值论》、《经济学批评》、《革命与反革命》、《自由贸易论》、《神圣家族》、《哲学之贫困》、《犹太人问题》、《历史法学派之哲学的宣言》;"列宁全书"14 种,如《列宁传》、《国家与革命》等;"康民尼斯特(共产主义)丛书"11 种;其他 9 种,包括恩格斯的《空想的科学的社会主义》(今译《社会主义从空想到科学的发展》)。这在当时无疑是一个颇大的出版马克思主义著作的计划。从计划出版的"马克思全书"和"列宁全书"的书目看,包括了马克思主义哲学、政治经济学、科学社会主义三个组成部分的基本内容,既有马克思、恩格斯成熟时期的著作,又有他们的早期著作,还有新的历史时期列宁的著作。由此可见,李达的意图是想通过出版"马克思全书"和"列宁全书",使人们系统地了解马克思主义的基本内容及其产生和发展的历程。出版"康民尼斯特丛书"的目的,则是为了使党员和革命群众了解国际共产主义运动并对其进行共产主义教育。

这个宏伟的出版计划,由于反动势力的阻挠和物质条件的限制未能完全实现。但李达通过种种努力,克服重重困难,在短短一年内出版了 15 种革命理论书籍,其中包括《共产党宣言》、《工钱劳动与资本》(即《雇佣劳动与资本》)、《资本论入门》、《劳农会之建设》、《讨论进行计划书》、《共产党礼拜六》、《劳农政府之成功与困难》、《列宁传》、《共产党的计划》、《俄国共产党党纲》、《第三国际决议案及宣传》、《劳农革命史》、《李卜克内西传》等。人民出版社出版的马克思主义经典著作,除了《共产党宣言》是重印陈望道的译本外,其余都是第一次以单行本问世的新译本。这些经典著作在党的初创时期,成为许多共产主义者的启蒙读本,对促进马克思主义在中国的传播起了重要作用。

人民出版社是中国共产党的第一个秘密出版机构,它以马克思主义理论为指导,在我国第一次有组织地出版马克思、恩格斯的著作和列宁的著作,开拓了我国出版事业的新路子。李达不愧是中国共产党出版事业的奠基者和宣传工作的先驱。

五、宣传马克思主义妇女解放思想并创办平民女校，
推动中国妇女走上新民主主义革命道路

李达向来十分关注中国妇女问题和妇女解放运动。他以很大的努力研究妇女问题，亲自翻译了一批国外有关妇女解放的著述，如《社会主义的妇女观》、《列宁的妇人解放论》、《劳农俄国的妇女解放》、《女性中心说》、《绅士阀与妇女解放》、《产儿制限论》等，这些著作对西方妇女解放运动作了介绍。与此同时，李达撰写并发表了一系列有关妇女解放的文章和著作，包括《女子解放论》、《〈女性中心说〉译者序》、《告诋毁男女社交的新乡愿》、《介绍几位女社会革命家》、《平民女学是到新社会的第一步》、《说明本校工作部底内容》、《女权运动史》等，积极探索中国妇女解放的道路。在这些文章和著作中，李达将马克思主义的妇女解放理论与中国妇女解放的实际相结合，努力运用马克思主义的立场、观点和方法考察和分析妇女问题特别是中国妇女问题，阐述了自己关于妇女问题和妇女解放的基本思想，对妇女受压迫的根本原因、妇女解放的实质、妇女解放运动潮流的趋向、女权运动与社会主义运动的关系、妇女解放的目标及其与共产党领导的关系等问题作出了正确的分析。李达对马克思主义妇女解放理论的宣传，对中国共产党妇女解放理论的形成起了奠基作用。

李达不仅重视传播马克思主义妇女解放理论，而且注重把这些理论运用到实践中，其突出的体现就是上海平民女校的创办。经过一段时间的筹备，李达等人于 1921 年 10 月以上海女界联合会的名义创办了上海平民女校，李达亲自兼任校务主任。李达不仅主持上海平民女校工作，而且兼课，讲授马克思主义。教员都是具有新思想的知名人士，其中不少人是共产党员，有的还是党的早期领导人。

上海平民女校是一所新型的女子学校，李达在 1922 年 3 月 5 日出版的《妇女声》第 6 期上发表《平民女校是到新社会的第一步》的文章宣传女校，指

出上海平民女校是为没有能力求学的女子而设立的,是为年长失学的女子而设立的,是为不愿接受机械教育的女子而设立的。如果全国各大城市都能照平民女校的模式办学,那么这些求学女子就有受教育的机会,从这层意义上讲,"平民女学是到新社会的第一步"①。

上海平民女校虽然学生不多,办学也只有一年,但它在中国教育史和妇女运动史上却写下了光辉的一页。平民女校的学生在学校新思想的环境中初步接受了马克思主义的熏陶,学习了新的文化、科学知识,并开始走上革命的道路,有的后来成为党的妇女运动的重要领导力量。总起来看,上海平民女校的创办,一方面是培养了一批妇女干部,推动了中国妇女解放运动;另一方面,也在一定程度上为中国共产党早期领导人宣传马列主义理论、宣传党的纲领政策以及关于妇女运动的主张提供了一个重要阵地。李达作为平民女校的负责人,为上海平民女校的创办,为党的妇女解放理论的宣传,为党领导的妇女解放运动的发展,作出了重要贡献。

六、创办《新时代》月刊,宣传反帝反封建的民主革命纲领

为了开辟一个宣传马列主义、研讨中国革命现实问题的新的理论阵地,李达在中共二大上卸任党的宣传主任后,于 1923 年 4 月 15 日与毛泽东一起在湖南自修大学创办了《新时代》月刊,李达任主编。当时,中国共产党已经明确提出民主革命纲领,准备与孙中山领导的中国国民党建立统一战线,而《新时代》月刊就直接担负着宣传党的纲领、促进国共合作的重要使命。

1923 年 4 月至 7 月,《新时代》一共出版 4 期,16 开本,每期约 100 多页、印 2000 份。李达在《新时代》上相继发表了《何谓帝国主义》、《为收回旅大运动敬告国人》、《德国劳动党纲领栏外批评》(即《哥达纲领批判》)、《马克思学说与中国》、《中国工商阶级应有之觉悟》、《旧国会不死大盗不止》等文章。《新时代》除译文外,着重宣传了党的民主革命纲领,阐明了党的革命统一战

---

① 《李达文集》第 1 卷,人民出版社 1980 年版,第 130 页。

线政策,具有很强的理论性、目的性和针对性。

李达的《何谓帝国主义》一文,针对的是 1922 年 10 月胡适在《努力》周报第 22 期发表的《国际的中国》一文中反对中国共产党提出的反帝反封建的民主革命纲领、美化帝国主义侵略的言论。李达在文中用大量历史事实,揭露了帝国主义侵略中国、支持各派军阀混战、破坏国内和平与统一的种种罪行,指出帝国主义的侵占和掠夺是中国落后的一大根源。在《为收回旅大运动敬告国人》中,李达再次强调,中国外交的历史完全是帝国主义列强侵略中国的历史。"一切含有威胁屈辱的意义的中外条约都应完全废弃","不但一切政治的经济的特权不许列强享受,就是一草一木之微也不许他们任意采摘"①。这些文章,宣传了中国共产党的反帝反封建的民主革命纲领,帮助人们明确了中国革命不是要一般地反对资本主义,而是要反对国际帝国主义和打倒本国的封建军阀,从而有说服力地阐述了党的纲领。

《新时代》问世不久,就随自修大学一起,于 1923 年 11 月遭到湖南军阀赵恒惕的扼杀。然而,《新时代》在传播马克思主义真理、宣传党的纲领、策略方面作出的贡献,成为李达从事中国共产党早期宣传工作的重要组成部分。

综上所述,李达是中国共产党创建时期宣传工作战线上的杰出代表,是中国共产党宣传思想工作的先驱,为党的早期宣传事业的发展作出了重大贡献。他对马克思主义理论的坚定信仰,对党的宣传工作的敬业职守,对理论研究的执着追求,曾引领着一代又一代的共产党人为党的宣传事业不懈奋斗,也鼓舞着后来人在党的宣传思想工作阵地上不断作出新的贡献。

（原载《江汉论坛》2013 年第 4 期）

---

① 《李达文集》第 1 卷,人民出版社 1980 年版,第 198 页。

发端与演变

——建党时期李达社会主义思想考察

徐信华　丁俊萍

　　李达是中国共产党创始人之一，是杰出的马克思主义理论家。不管在党内的时期还是置身于党外，他总是战斗在马克思主义理论研究和宣传的阵地。其对马克思主义理论的研究与宣传，从某种意义上讲则是马克思主义中国化的又一路径，是从理论到实践、从抽象到具体的中国化路径。李达在马克思主义中国化过程中所作出的理论贡献是不言而喻的。

　　在《李达文集》中，直接以"社会主义"、"共产主义"等命题的文章比较多。第一卷中有《什么叫社会主义》、《社会主义的目的》、《劳动者与社会主义》、《讨论社会主义并质梁任公》、《马克思派社会主义》、《俄国的新经济政策》、《社会主义与江亢虎》、《空想的社会主义与科学的社会主义》、《马克思之社会主义》等。第二卷是李达撰写的《社会学大纲》，第三卷是《货币学概论》和《经济学大纲》，第四卷则是李达1949年后的重要著作选编，包括《我国宪法是人民革命成果的保障和为社会主义斗争的旗帜》、《我国宪法是社会主义类型的宪法》、《怎样做一个社会主义大学生——给高中毕业同学的信》、《社会主义革命与社会主义建设的共同规律》、《世界无产阶级社会主义革命论》等。

　　当然，并非所有李达关于社会主义的思想和认识都是在以"社会主义"命题的文章中展现的，也有一些并非以"社会主义"命题的文章和著作，也体现了李达关于社会主义的认识和思想，诸如李达翻译的《社会问题总览》、《唯物史观解说》等书，就是着重介绍科学社会主义的理论和各国社会党的实践以及社会政策、工会问题、妇女问题的。这些书在国内出版的时间是1921年4、

5月间,也正是中国共产党创建时期。这说明,李达在早期中国社会革命发展的需求之下,对马克思主义的社会主义理论进行过比较深入的研究和极力的宣传,这种研究和宣传是为建党作理论准备以及建党后进行理论宣传的。

今天重新探讨李达关于社会主义的思想,绝不可以今天我们关于社会主义的理解去比照当时李达对于社会主义的认识和理解。只有在具体的历史语境中,我们才能真正深刻地体悟到李达关于社会主义的思想,其发端和演变等才能得到真实的呈现,其特点和所发挥的历史作用才能更清晰地为人们所把握。

一、李达社会主义思想发端的历史语境: 中国"社会"观念的兴起

历史语境的变迁往往是极其迅猛的。尤其是在中国近现代历史进程中,同一语词在不同历史时期为社会所接受的程度就有着巨大的差别。梁启超曾这样形容清末知识界的观念变化:"二十年前,闻西学而骇者比比然也,及言变法者起,则不骇西学而骇变法矣;十年以前,闻变法而骇者比比然也(王安石变法,为世诟病,数百年来,变法二字,为一极不美之名词。若于十年前在京师尤习闻此言,今则消灭久矣),及言民权者起,则不骇变法而骇民权矣;一二年前,闻民权而骇者比比然也,及言革命者起,则不骇民权而骇革命矣。今日我国学界之思潮,大抵不骇革命者,千而得一焉;骇革命不骇民权者,百而得一焉。"①这大体反映了近代以来中国思想界以救亡为主导的求新求变的潮流。

自辛亥革命以降,中国社会思想界盛行着"民主"、"自由"以及"革命"等口号。这一时期所谓的"民主"、"自由",大体都来自欧美资产阶级民主政治范畴,主要指的是政治民主和政治自由。当然在政治民主和自由的内涵之中,又理所当然地包容着诸如言论自由、新闻自由、出版结社自由等要求。对几千年的专制统治下的中国人来讲,思想封闭已久,一旦有了出口,社会思想犹如

---

① 中国之新民(梁启超):《敬告我同业诸君》,《新民丛报》第17号,1902年10月。转引自王奇生:《革命与反革命——社会文化视野下的民国政治》,社会科学文献出版社2010年版,第69—70页。

开闸之水,瞬间奔流不止,形成蔚为大观的潮流。这一股潮流也因而影响和改变了中国思想文化以往的那种封闭性,形成一股追求开放、追求西学、追求自由、追求民主、追求解放的社会文化思潮。辛亥革命未能在政治上实现其民主政治的理想,却在思想文化上,承接自清末之后的求强求富之路,延续了中国人学习西方的习惯和路径。只是这一次的学习已经从机器、制度,转向了思想和文化,这集中体现为近代中国新文化运动的兴起。

新文化运动的兴起,绝不只是单纯地寻求思想上的突破,而是在政治运动和政治斗争尤其是资产阶级政治民主的实践屡屡失败的现实中,寻求中国富强的又一次出发。它试图在思想文化上改变中国,并由此实现中国彻底而全面的革新。新文化运动的发展,当以《新青年》杂志为最典型的代表。但新文化运动绝非仅仅只是《新青年》杂志一力之功,而是众多同样追求中国富强、希冀改变中国落后现状的有志青年的共同之举。随着新文化运动的发展,新文化阵营中也不可避免地出现了思想分化,或者可以这么说,从新文化运动一开始这种思想分歧就实实在在地存在着。只是由于初始文化斗争的对象一致,新文化运动在短时期内形成了一个阵营,共同与旧道德、旧文学作斗争。一旦新旧文化之间的势力分辨出高下,新文化运动阵营内部原本存在的思想分歧便立刻展现出来,并迅速分化,直至对立。

这种对立最为显著的体现就是马克思主义的传播与新文化运动的初始宗旨的背离。马克思主义传入中国并非自新文化运动始,但新文化运动所带来的思想解放,使得更多的人有可能对马克思主义作更深入的了解。更为重要的是,当留学日本的中国学生在日本接触了大量日本社会主义者的思想以及马克思列宁主义理论之后,他们不可避免地会受到影响——不管这种影响是使得他或她赞成还是反对马克思主义的社会主义,总之影响是一定存在的。这些思想在他们头脑中究竟留下了怎样的影响,如今还没有专门研究。而从中共建党之初的党员构成中可以发现,留学日本的学生成为中共主要的党员构成之一。这说明,日本社会主义思潮对中国留学生的思想转变和发展的影响极其深远。

同期的李达正在日本留学,作为一名正在追寻救国救亡道路的进步青年,李达对日本社会主义思潮的关注、研读是理所当然的。而李达在日本翻译的有关马克思主义社会主义文献也都与日本流行的社会主义思潮有着密切的关系,诸如《社会问题总览》、《唯物史观解说》等著作就是从日译本或者是日译本与德文本结合起来转译过来。不过目前还没有人对李达与日本社会主义思潮之间的关系做深入的、全面的、客观的、系统的剖析。这可能是囿于资料以及对日文熟悉程度的限制。

更为关键的是,中国思想界在五四前后,"大体有一个从'个人解放'到'社会改造'的过程,其间可见'个人'意识淡出、'国家'观念衰减和'社会'主义勃兴等几个环节。几个环节之间的关联互动虽然隐约,但仍有线索可寻。在此过程中,个人主义、自由主义、资本主义、国家主义、社会达尔文主义均因被视为基于'自由竞争'、'弱肉强食'的价值理念而遭否定,而社会主义也因被建构为'平等'、'互助'而大受欢迎。"①当然所有历史语境的变迁,"又均是以国际关系以及中国的国际处境为考量的前提。无论'自由竞争'还是'平等互助'均是针对国与国,而非针对人与人。主义弃迎背后的终极关怀,其实仍是救亡图存的现实考量。"②而胡适也曾在20世纪30年代初关于"现代化"的讨论中认为:"中国的多数青年,本来就不曾领会得19世纪西洋文明有什么永久的价值;现在听见西方有人出头攻击西欧文明,而且攻击的论调又恰恰投合中国向来重农抑商的传统思想,不知不觉之中,最容易囫囵吞下去;所以不上十五年,中国青年人的议论就几乎全倾向于抹煞一九一七年以前的西洋文明了。有些人自然是真心信仰苏联的伟大的、艰苦卓绝的大试验的。有些人不免有吠声之犬的嫌疑,因为他们绝不曾梦想到西欧文明与美国文明是什么样子。"尽管胡适在此处是为西方文明辩护,批评中国青年对俄罗斯革命和西方文明的态度,但这也正反映了这一时期在中国出现了"静候中国的列宁与斯塔林"的思潮③。

正是在中国思想界"个人"观念日渐被疏离、"社会"观念产生并勃发的时

---

① 王奇生:《革命与反革命——社会文化视野下的民国政治》,社会科学文献出版社2010年版,第64页。

② 王奇生:《革命与反革命——社会文化视野下的民国政治》,社会科学文献出版社2010年版,第64页。

③ 智效民编:《民主还是独裁——70年前一场关于现代化的论争》,广东人民出版社2010年版,"序"第2页。

期,李达在日本获悉了俄国十月革命的消息、接触到了马克思列宁主义,并由教育救国、实业救国转为社会改造的努力方向。可以说,李达社会主义思想的发端,高度契合了中国近代以来社会思想发展演变的历程,顺应着时代发展的需求,并在特定时期引领了时代潮流的发展,成为新时代的先锋之一。

然而,李达的社会主义思想具体发端于哪篇文章、哪一时间点? 目前这个问题并没有明确的研究结论。一般而言,论述李达关于社会主义的思想,大概要追溯到 1918 年 4、5 月间李达回国参与反对段祺瑞政府同日本秘密签订卖国反苏的"中日共同防敌协定"的抗议运动。这次斗争实践最终失败的事实教育了李达:"要想救国,单靠游行请愿是没有用的;在反动统治下,'实业救国'的道路也是一种行不通的幻想。只有由人民起来推翻反动政府,象俄国那样走革命的道路。"①这既是李达从爱国主义者转向马克思主义者的一个标志性认识,也是如今我们理解李达社会主义思想的发端之源所在。

二、留日时期李达社会主义思想的发端及主要内容

李达社会主义思想发端于中国近代以来的救亡图存历程之中,以中国社会发展前途为思考出发点,以日本社会主义思潮为主要参考内容,以苏俄革命及其经验为学习对象。当我们追溯李达社会主义思想发端时,中国思想界"社会"观念的兴起,是其具体而现实的客观语境。忽视这一客观语境,我们都将脱离历史的本相,而趋于空洞地谈论李达社会主义思想。在日本留学时期,李达与日本社会主义思潮的接触以及日本社会主义思潮对其思想转变的影响,也应该是今天人们在探索李达社会主义思想的时候所必须要注意的一个具体而至关重要的因素。

(一)李达社会主义思想的发端

1918 年 5 月回国请愿失败后,李达彻底抛弃了实业救国的梦想,认识到

---

① 李达:《沿着革命的道路前进》,《中国青年》1961 年第 13、14 期合刊。

要走俄国人的道路,转向"学习俄国人的革命经验"①。而要走这条道路,就必须先要认识和理解指导俄国革命的指导思想——马克思列宁主义。因此,"这年六月到东京以后,他毅然放弃了理科学习,专门攻读马克思列宁主义"。②他开始阅读、钻研《共产党宣言》、《资本论》第一卷、《〈政治经济学批判〉序言》、《国家与革命》等马列著作和其他介绍马克思主义的书籍,开始成为马克思主义的信奉者。

在留学日本期间,李达撰写了《什么叫社会主义》、《社会主义的目的》、《陈独秀与新思想》、《女子解放论》等文章,并翻译了《社会问题总览》和《唯物史观解说》两部著作,寄回国内出版,比较系统地介绍了马克思主义的有关内容。《什么叫社会主义》、《社会主义的目的》两篇文章相继发表在 1919 年 6 月 18 日、19 日的《民国日报》之《觉悟》副刊上,文章虽短,但简明扼要,直击理论与实际问题的中心。这两篇文章是目前为止所发现的较早的李达表述其社会主义思想的、以社会主义命题的论著,大体反映了李达早年对社会主义的认识和理解,也是李达社会主义思想之发端所在。

(二)留日时期李达社会主义思想的主要内容

如前文所述,李达社会主义思想发端于中国近代以来的救亡图存历程之中,以日本社会主义思潮为主要内容,以苏俄革命及其经验为学习对象,以中国社会发展前途为思考出发点。俄国十月革命胜利的消息在日本广为传播,李达也正是在日本报刊上得知这一消息的。此时的李达,正在"实业救国"的理想与中国残酷的现实冲突中迷茫,正如李达自己所说的:"这对我们仍是茫然的。当时我们就象在漫漫长夜里摸索道路的行人一样,眼前是黑暗的,内心是极端苦闷的。"③当得知俄国十月革命胜利的消息之后,李达"对于这样一个国家感到无限的喜悦,就留心看报纸上这一方面的消息,才知道'过激派'和'过激主义'就是布尔什维克和布尔什维主义,而布尔什维主义就是列宁主

---

① 李达:《沿着革命的道路前进》,《中国青年》1961 年第 13、14 期合刊。
② 宋镜明:《李达传记》,湖北人民出版社 1986 年版,第 21 页。
③ 李达:《沿着革命的道路前进》,《中国青年》1961 年第 13、14 期合刊。

义,列宁主义又是马克思主义,这才知道马克思主义、列宁主义名称"①。

但苏俄革命所信仰的社会主义究竟是什么呢? 当时国内"报纸里面虽然登载过了许许多多,但是看的人很有不明白的地方"。② 于是李达利用留学日本的有利条件,将自己理解的社会主义思想,撰写成文,传播到国内来,从而为马克思主义的科学社会主义在中国的传播,奠定了一定的基础。具体说来,李达在日本留学期间所撰写的文章中主要探讨了两个问题:社会主义是什么? 社会主义的目的是什么? 当时,李达对这两个问题的认识和理解远比同时期的中国先进青年更为深刻。

在李达看来,"社会主义,是反对个人竞争主义,主张万人协同主义。社会主义,是反对资本万能主义,主张劳动万能主义。社会主义,是反对个人独占主义,主张社会公有主义。社会主义,是打破经济的束缚,恢复群众的自由。"③实际上,李达已经明确地认识到,社会主义社会要实行有计划的社会化大生产即"万人协同主义",社会主义社会要实行按劳分配即"劳动万能主义",社会主义要实现社会公有制而不是资本家个人私有制,其最终目的当然是马克思曾经说过的"自由人的联合体"。这是对社会主义目的的阐述。李达在《社会主义的目的》一文中对"社会主义的目的"作了更加清晰和明确的阐释:"社会主义有两面最鲜明的旗帜,一面是救济经济上的不平均,一面是恢复人类真正平等的状态。"④

在《什么叫社会主义》一文中,李达更为突出的贡献在于将社会主义与共产主义、无政府主义做了详细的区分。李达指出:"第一,社会主义和共产主义是不同的,第二,社会主义和无政府主义是不同的。"⑤

那么不同之处在哪里? 在李达看来,社会主义和共产主义的区别在于"社会主义是主张共同的生产及支配,共产主义是主张共同的生活。社会主义是主张全废私有资本,没有主张全废私有财产。共产主义是主张全废私有

---

① 李达:《十月革命与中国知识分子》,《学习》1957 年第 21 期。
② 《李达文集》第 1 卷,人民出版社 1980 年版,第 1 页。
③ 《李达文集》第 1 卷,人民出版社 1980 年版,第 1 页。
④ 《李达文集》第 1 卷,人民出版社 1980 年版,第 5 页。
⑤ 《李达文集》第 1 卷,人民出版社 1980 年版,第 1 页。

财产,各人应以财产献出给社会共有的"。① 而社会主义和无政府主义的区别在于:"社会主义也是要组织一种社会主义的政府,和那无政府主义根本打破政府组织的是不一样的。这是社会主义和无政府主义的主张不同。"②除此以外,二者的手段也不同。"无政府主义里面,分了渐进和激进两派,渐进派的手段比较稳和,激进派的手段都是公然用暴力或是用暗杀的。社会主义里,虽然也有用暴力或是用暗杀的,和那无政府主义中急进派的手段一样,但是多数社会主义的人,他的手段都比那无政府主义急进派中人温和。"③

(三)留日时期李达社会主义思想的意义及局限

留日时期,是李达社会主义思想发端时期,其社会主义思想既有符合马克思主义科学社会主义的一面,带有显著的时代先锋的印记,引领了时代之风气,然而也不可避免地带有初学者的粗浅。同时,历史时代印刻在每一个人身上的印记,李达同样无法避免得了。

李达留日时期,社会主义在中国已经开始流行。正如张东荪指出的:"当欧战未终以前,中国人没有一个讲社会主义的;欧战完了,忽然大家都讲起社会主义来了。"④以至于"高到安那其布尔塞维克,低到安福系王揖唐所称道,都有些可以合于通行所谓社会主义的意义"⑤。这种植根于知识界所热衷的"社会"观念和"社会改造"理念所呈现的"大家都讲社会主义"的态势,成为当时中国社会主义思想流行的一个标志性现象。不过这一时期流行的社会主义思想纷繁复杂、良莠不齐,很多非社会主义思想也借社会主义思想之名在社会上传播。

李达留学日本时期的社会主义思想,对揭露冒牌社会主义的真面目、传播马克思主义科学社会主义提供了最基本的、直接的理论解说,指明了社会主义发展的终极目标就是共产主义,使得中国倾慕于社会主义的先进青年有了更

---

① 《李达文集》第 1 卷,人民出版社 1980 年版,第 1 页。
② 《李达文集》第 1 卷,人民出版社 1980 年版,第 2 页。
③ 《李达文集》第 1 卷,人民出版社 1980 年版,第 2 页。
④ 张东荪:《我们为什么讲社会主义》,《解放与改造》第 1 卷第 7 号,1919 年 12 月。
⑤ 恽代英:《论社会主义》,《少年中国》第 2 卷第 5 期。

为清晰、正确的思想向导,从而指引了中国社会主义思想的发展方向。而李达在留日期间对社会主义与共产主义、无政府主义之间的区别作出的界定,似乎昭示了日后马克思主义与基尔特社会主义、无政府主义论战之必然趋势。

然而,此时李达对社会主义的认识尚较浅显。比如,他将社会主义与共产主义的区别界定为生产的公有和生活的共有之间的区别。在他看来,社会主义只是在生产上实现公有,也就是经济制度上实行生产资料公有制,而共产主义则要个人将自己的财产贡献给社会所有。这一界定,理所当然会引起社会上许多人对共产主义的害怕。这也给了日后那些反马克思主义的人以口实,他们就攻击共产主义就是要共有个人的财产。这无疑是李达在传播马克思主义之初所未曾料到的。

三、建党前后李达社会主义思想的发展

从日本回国后,在与基尔特社会主义、无政府主义的论战中,李达的社会主义思想又有了进一步的深化和发展,从而摆脱了早期的粗浅。他相继撰写了一批宣传科学社会主义理论的论著,如《马克思还原》、《劳动者与社会主义》、《劳工神圣颂》、《讨论社会主义并质梁任公》、《马克思派社会主义》、《无政府主义之解剖》、《俄国的新经济政策》、《马克思学说与中国》、《社会主义与江亢虎》、《共产党》月刊第一至六号短言等,逐步形成了一个比较完整、系统的思想体系。

(一)建党前后李达社会主义思想的主要内容

第一,深刻阐述了科学社会主义的内涵和特征。

尽管"马克思社会主义是什么? 这个问题最难于简单的答复"[1]。但是这个问题又是要使马克思主义科学社会主义进一步在中国深入人心、获得劳苦大众支持所必须解决和回答的。李达对这个问题进行了系统的阐释。

首先,社会主义必须实行公有制。李达指出:"社会主义主张推倒资本主

---

[1] 《李达文集》第1卷,人民出版社1980年版,第30页。

义,废止财产私有,把一切工厂一切机器一切原料都归劳动者手中管理,由劳动者自由组织联合会,共同制造货物。制造出来的货物,一部分作为下次再行制造的资料;一部分作为社会的财产;一部分作为自己的生活资料大家享用。这时候大家都要作工,都能得饭吃得衣穿,资本家也变为劳动者了。大家都享自由,都得平等。"①只有在生产资料公有制的社会中,才有可能"将一切生产工具,集中到劳动者的国家手里,用最大的加速度,发展全生产力"②。要注意的是,这里所说的"公有"主要是指生产资料的公有,而不包括生活资料的公有。

其次,社会主义必须实行无产阶级专政。那种反对一切国家、政权和专政的无政府主义恰恰在这个问题上违背了马克思科学社会主义的原则,它试图消解一切国家和政府。李达指出:"无产阶级的革命,在颠覆有产阶级的权势,建立劳动者的国家,实行无产阶级专政。"③这既是马克思科学社会主义的核心内容,也是为苏俄十月革命以来的社会主义建设实践所证实了的。当然,马克思科学社会主义的终极目标是消灭国家,而国家的消失,只能是由无产阶级专政,并"完全管理社会经济事业,把生产工具变为国家公产以后,则劳动阶级的利益成为社会全体的利益,就没有奴隶制度,没有阶级差别,生产力完全发达,人人皆得自由发展。国家这种东西自然消灭,自由的社会自然实现"。④

再次,社会主义的生产、分配必须是集中且有计划的。在与无政府主义的论战中,李达明确地指出:"共产主义的生产组织是集中的,……共产主义的原则主张把一切农业工业的生产机关,都移归中央管理,有时因生产机关的种类不同,或移归地方管理。"⑤而"无政府主义的生产组织是分散的","主张破坏中央的权利,要将一切生产机关,委诸自由人的自由联合管理"。在李达看来,这种生产组织方式"有一种最大的缺点,即是不能使生产力保持均平"。⑥

---

① 《李达文集》第 1 卷,人民出版社 1980 年版,第 41 页。
② 《李达文集》第 1 卷,人民出版社 1980 年版,第 31 页。
③ 《李达文集》第 1 卷,人民出版社 1980 年版,第 31 页。
④ 《李达文集》第 1 卷,人民出版社 1980 年版,第 31 页。
⑤ 《李达文集》第 1 卷,人民出版社 1980 年版,第 49 页。
⑥ 《李达文集》第 1 卷,人民出版社 1980 年版,第 49 页。

在分配问题上，李达指出："社会主义的分配制度，以自由平等为根据。""分配制度分收入和消费两项，共产主义主张用一种方法调剂各个人的收入，用货币经济，借助货币的形式，分配生产物。各人消费的物资有一定的限制，不得超过自己收入所得的价值。消费的时候，各人必须支出自己收入所得的一部分，所以各种物资都须依一定的价值单位定一个价格。"而"无政府主义的分配制度则以各尽所能各取所需为原则，全不调剂各人的收入，……甚至连消费都不调节的"。① 无政府主义的这种"各取所需"的分配原则虽然听起来非常美好，"若果社会的生产力发达到无限制的程度，生产物十分丰富，取之不尽，用之不竭，这'各取所需'的分配原则是很可实行的"。但在李达看来，"新社会都是继承旧社会的生产力，继续发展的，这生产力是有一定的限制的，生产力既有限制，生产物当然也有限制了，以这有限制的生产，听各人消费的自由得其平等，是绝对办不到的"，"只是在生产力未发达的地方与生产力未发达的时期内，若用这种分配制度，社会的经济的秩序就要弄糟了"。②

社会主义所主张的分配方式，建立在唯物史观的基础之上，因"生产力既有制限，生产出来的物质当然也有制限，我们分配这有限的物质要求其平等，就不可不行使货币经济，对于各人所收入的货币额加以制限。还有一事，物质的价格不可不用一个标准来测定他，生产物对于需要的关系，若其分量比较的多，则定价从廉，否则定价从高。照这样办起来，那么在人类的道德程度没有达到至圣至神的地位时，对于有限的生产物要行公平的分配，再没有比这种制度还好的了。"③纵观李达关于社会主义分配问题的阐释，"按劳分配"的思想隐约可见，只是没有明确地使用这个术语而已。

李达的上述论述，无一例外地都是以唯物史观为指导的，都对马克思主义科学社会主义的深刻阐释。对李达而言，唯物史观是认识社会发展、论证社会主义必然代替资本主义的最有效、最有力的思想武器。由上观之，这一时期内，李达对"社会主义是什么"的认识，已经比其在日本留学时期要更加深刻、科学和全面，这也正是李达社会主义思想逐渐发展、演变和深化的一种表现。

---

① 《李达文集》第1卷，人民出版社1980年版，第50页。
② 《李达文集》第1卷，人民出版社1980年版，第51页。
③ 《李达文集》第1卷，人民出版社1980年版，第51页。

第二,回答了马克思主义社会主义何以科学的问题。

在李达看来,"马克思社会主义是科学的,其重要原则有五:一、唯物史观;二、资本集中说;三、资本主义崩坏说;四、剩余价值说;五、阶级斗争说。"①这五项原则,概括起来说,也就是李达曾在《现代社会学》一书中曾指出的:"马克思社会主义之内容,可分为历史观,经济论,政治论三大部分。""历史观之根柢为唯物史观说,经济论之根柢为剩余价值说,政治论之根柢为劳工专政说,而贯穿唯物史观剩余价值与劳工专政三大原理,使成有机的联络关系者,则为阶级斗争说。"②在李达看来,马克思社会主义之所以是科学的社会主义,就是因为"马克思之社会主义,系根据历史的社会的事实,研求伊古社会组织变迁之原因,而发见其进化之法则;次更依据此进化之法则,以观察现代之社会,决定现代社会之必然变革而达于理想社会,故谓之科学的社会主义"。③

首先,李达认为唯物史观既说明了资本制度发展的过程,也注重新兴的无产阶级的力量。

在李达看来,唯物史观的根本观点就是认为生产力决定生产关系、经济基础决定上层建筑,即"一切生产关系财产关系,是社会制度的基础;一切社会宗教、哲学、法律、政治等组织,均依这经济的基础而定"。④ 李达指出:"社会生产力发达至于一定程度,即构成社会之基础。依据此种基础组成社会之各个人,在生产分配之社会的历程中,恒发生种种相互之关系。各个人所分受之生产物,由此等关系定之。其结果遂以产出一定之社会形体,产出一定之社会制度。同时又产生适合此社会形体之一般心理状态及诸种道德习惯,因而该社会之哲学文学艺术遂以发生。"⑤而在"物质的诸要素中,最能影响于社会之进化而成为根本动力者厥为经济的要素。盖物质的诸要素中最能变化最能发达者,莫如经济的要素,其他如人种地理气候等类物质要素,变化甚少,变化甚少之物质要素,对于社会当不起大变化也"。⑥ 因此,"社会之变迁,政体之变

---

① 《李达文集》第 1 卷,人民出版社 1980 年版,第 31 页。
② 《李达文集》第 1 卷,人民出版社 1980 年版,第 370 页。
③ 《李达文集》第 1 卷,人民出版社 1980 年版,第 370 页。
④ 《李达文集》第 1 卷,人民出版社 1980 年版,第 30 页。
⑤ 《李达文集》第 1 卷,人民出版社 1980 年版,第 371 页。
⑥ 《李达文集》第 1 卷,人民出版社 1980 年版,第 370 页。

形,实依据生产及交换方法之变化而定,非依据所谓真理正义等思想精神之进步而定,换言之,社会进化之原因,不在于哲学而在于经济之中也"。①

但是,社会存在与社会意识、生产力与生产关系、经济基础与上层建筑之间并非简单的决定与被决定的关系。生产关系能反作用于生产力的发展,上层建筑对经济基础的变革也有着相应的反作用。当生产关系不适应生产力发展、上层建筑不适应于经济基础的发展时,生产关系和上层建筑就必然要发生变革;当其适合社会经济发展时,就能推动生产力的发展,经济基础也就越发巩固。因此,当"经济的变革进行之时,新思想自成为改革之要素,而为破坏旧事物之资助。盖新思想为经济的变革之反映。"②

其次,李达从劳动二重性、商品的本质出发,详细地阐释了马克思社会主义思想的一个基本原理——剩余价值学说。

李达认为,所谓剩余价值,"实即劳动者被资本家强制操作之劳动而已。资本家以原料及机械等形式投入生产以内之物,复由商品价格,收入所谓不劳利得。劳动价值乃投入生产之劳动量,工银即便用于生产之劳动代价。惟劳动代价之工银,殊难满足劳动者之生活资料。此工银与劳动价值之差额,即造成剩余价值者也。"不仅如此,资本家所获得的利润"亦由剩余价值产出"。③

简单地说来,在李达那里,剩余价值学说的核心部分就在于"商品价值,由商品中所包含之社会劳动总量决定。惟劳动中一部分所实现之价值,虽以工银形式支给代价,而其他一部分实未支给代价"。因此,"商品即不按实价以上之价值出售,而仅以实价出售,亦足以构成利润。"这就是"剩余价值说之梗概"。④

再次,李达指出,只有马克思才真正地揭示了阶级的实质及阶级斗争的产生根源和终极目标。

在李达看来,马克思的阶级区分标准在于"以经济之特征为区分阶级之标准,即视各个人获得生活资料之方法如何,借以决定其所属之阶级是也。苟

---

① 《李达文集》第1卷,人民出版社1980年版,第371页。
② 《李达文集》第1卷,人民出版社1980年版,第372页。
③ 《李达文集》第1卷,人民出版社1980年版,第379页。
④ 《李达文集》第1卷,人民出版社1980年版,第380页。

其主要生活手段为工银,则属于无产阶级;苟其主要生活手段为资本,则属于有产阶级。无产阶级以出售劳力为生活之渊源,有产阶级以生产机关为生活之渊源"。①

何以见得有产阶级与无产阶级之间一定会产生斗争呢？李达指出:因为"社会组织随生产力之变动而变动时,则社会组织之改造,必假手于社会内部之多数人,故一定社会组织变革时,必有一群主动者担当改革事业,而从事一定之运动。然就历史公例而言之,其成为改造社会运动之中心势力者,必为现社会组织下处于不利益地位之阶级;其成为反动派之中心势力者,必为处于有利益地位之阶级。两者互相对立,相持不下,结果不免于斗争,故社会组织之改造,常借阶级斗争之形式以行之。此一切过去之历史,所以又为阶级斗争之历史"。概以言之,"阶级对立之结果,必成为阶级斗争"。②

要注意的是,李达对阶级斗争的适用范围、目的有着非常清楚的认识。他指出:"阶级斗争说所能适用之范围,仅限于有阶级之社会,而不能适用于无阶级之社会。有史以前之原始共产社会,无阶级之区别,资本社会以后之新社会亦无阶级之区别,当然不能应用阶级斗争说以说明之。"因此,"资本社会中有产及无产两大阶级之对立,为阶级斗争之最终形式"。而阶级斗争的目标则在于:"绝灭资本制的生产方法,以造成无掠夺者及被掠夺者之社会,经济上既无阶级之区别,斯无阶级斗争之事实。"③也就是说,要以阶级斗争消灭阶级斗争,这是阶级斗争的根本目标所在。

最后,李达指出,要实现社会主义、消灭阶级,必须要经过劳工专政的过渡阶段。李达认为,在资本主义经济组织和社会主义经济组织之间,有一个过渡经济组织,而政治组织是建立在经济组织基础之上的,因而在资本阶级民主主义政治与普遍的民主主义政治之间"有一过渡期之政治组织。此过渡期之经济组织为国家资本主义,此过渡期之政治组织为无产阶级民主主义。……过渡期之国家为劳动者之国家,实即劳动阶级专政。"因此"欲谋普遍的民主主义之实现,必经历劳工专政一阶段。所谓无性别,无宗教别,无人种别,无国民

---

① 《李达文集》第 1 卷,人民出版社 1980 年版,第 373 页。
② 《李达文集》第 1 卷,人民出版社 1980 年版,第 373 页。
③ 《李达文集》第 1 卷,人民出版社 1980 年版,第 375 页。

性别之真平等,必经历劳工专政始能实现"①。在李达看来,无产阶级掌握国家权力以后,要利用政权夺取资本阶级一切资本,将一切生产手段集中于国家,同时解除资本阶级的武装。有产阶级完全被镇压以后,则政治革命实现,从此遂从事经营产业,即进于完成经济革命时期。从此生产力得以加速度发达,而社会主义经济组织乃能实现。这是劳工专政的历史必然性之所在。

第三,社会主义必然能在中国实现,中国只能走社会主义道路。

中国为什么要实行马克思的科学社会主义,而非无政府主义、基尔特社会主义、工团社会主义等各种其他的社会理想呢?李达从马克思主义科学社会主义的基本原理出发,结合中国的具体实际,对此作了深刻的说明。

就必然性来说,因为"社会主义是从资本主义的工业产生出来的,资本主义工业将来必定普遍到全世界,同时社会主义也必定征服全世界。资本主义在中国必有发达之一日,社会主义在中国亦必有实现之一日,中国将来迟早必有社会革命,任何人都不能否认"。李达认为这只是一种空泛的议论,虽然道理是不错的,但是没有什么说服力。因此,李达指出:"我们若对于中国社会革命作理论的说明,必须根据中国现时的经济的政治的状态,详加分析。"而对中国现实情况的考察的结果是:"中国数千年来的农业经济组织,自从鸦片战争以后,被欧美日本资本主义破坏了,手工业的生产品被资本主义的商品打倒了。国家愈趋于贫弱,强邻更肆其侵略,条约的束缚,利权的断送,竟使中国形成了半殖民地的状态。中国在经济上现在正是产业革命时代,外则受列强政治的压迫、经济的侵略;内则受本国武人政治的摧残,经济的掠夺。"②

在分析中国社会经济政治状态的基础上,李达对梁启超关于中国"没有劳动阶级不能行社会主义运动"③,只能走"发展实业"的道路、用"温情主义"方式,先实现资本主义,再进行社会主义革命的论调给以了彻底的驳斥。在李达看来,当时的中国已经处于产业革命的时期,"中国人民,已在产业革命的梦中,不过不自知其为梦罢了",而"中国的游民,都可说是失业的劳动者"。④

---

① 《李达文集》第1卷,人民出版社1980年版,第380—381页。
② 《李达文集》第1卷,人民出版社1980年版,第224页。
③ 《李达文集》第1卷,人民出版社1980年版,第66页。
④ 《李达文集》第1卷,人民出版社1980年版,第62页。

虽然中国工业不如欧美日本等国家发达,但是中国无产阶级所受到的压迫比其有过之而无不及。这是中国进行社会主义革命的阶级基础,也是中国进行社会主义运动的必然性之一。

李达认为,中国所处的时代,已经是产业革命时代。而"中国是万国的商场,是各资本国经济竞争的焦点,是万国大战争的战场。各资本国在中国培植的经济势力,早已根深蒂固,牢不可破。当着产业万份幼稚的时代又伏在各国政治的经济的重重势力之下的中国,要想发展资本主义和各资本国为经济战争,恐怕要糟到极点了"。① 因此,要想在资本主义帝国的重重压迫之下,发展资本主义,从而实现国富民强,这无异于异想天开。唯有向平等待我之民族——苏俄学习,走社会主义的道路,才有可能实现国家的独立和民族的富强。这是中国走社会主义道路的必然性之二。

既然中国走社会主义道路是历史发展的必然,那么其可能性有几分? 李达总结俄国十月革命胜利的经验,给出了自己的见解:"照社会主义的原则说,社会革命在资本制度发达到一定的程度的时候,自然要实现的;然而也可以用他种人为势力——非妥协的阶级斗争——促进他的速度。英美资本制度比俄国的要发达得十数倍;英美两国的工会,比俄国的也要发达得十数倍,可以社会革命不在英美两国发生,反在俄国实现呢? 这就是因为俄国社会革命党实行的力量比英美两国大的原故。所以我国在中国运动社会革命的人,不必专受理论上的拘束,要努力在实行上去做。"②既然中国和俄国在经济结构、社会环境、文化传统等方面都具有高度的相似性,既然俄国能取得十月革命的胜利从而走上社会主义的道路,那么中国又有什么理由不选择这样一条道路呢? 这就是中国走向社会主义道路的可能性之一。

要取得社会主义运动的成功,还必须有一个条件,这个条件就是要有工人阶级自己的组织——无产阶级政党。"无产阶级要实行革命,必有一个共产党从中指导,才有胜利之可言。一九一七年俄国革命之所以成功,与一八七一年巴黎共产团之所以失败,就是因为一个有共产党任指挥而一个没有。"③在

---

① 《李达文集》第 1 卷,人民出版社 1980 年版,第 66 页。
② 《李达文集》第 1 卷,人民出版社 1980 年版,第 56 页。
③ 《李达文集》第 1 卷,人民出版社 1980 年版,第 133 页。

中国,因"中国无产阶级处在这样的经济的政治的情形之下,中国共产党乘机起来组织无产阶级,企图社会革命,在理论上在事实上并不是没有确实的根据的。"①此时早期共产主义者已经组织起来,成立了中国共产党,作为中国无产阶级革命运动的指挥机关,这是中国走向社会主义道路的可能性之二。

另外,李达认识到,"资本主义跋扈,渐带国际的倾向,而无产阶级的作战,亦趋于国际的团结。于是全世界一切掠夺,压迫,阶级制度,阶级斗争,若不完全歼灭,全世界被压迫被掠夺的无产阶级,不能从施压迫施掠夺的有产阶级完全解放。"②因此在世界无产阶级革命时代,俄国革命的榜样、共产国际的帮助、世界无产阶级的联合都是中国选择社会主义并最终能取得成功的可能性因素。

第四,在中国实现社会主义的手段——阶级斗争。

李达认为,社会主义运动有三种主要的手段:议会政策、工会运动、直接行动。所谓议会政策,"是主张劳动者组织团体为参政的运动,劳动者要选议员,送到国会或地方议会去,参加立法的机关。这些代表劳动者的议员,可以在国会或地方议会提出改善劳动状态或抑制资本阶级的法案,务期循序渐进,解决一切社会问题"。③ 对于这种手段,李达认为,德国的社会民主党已经给了中国社会主义者以前车之鉴,这种方式实在不可取。

所谓工会运动,是指"劳动者想借团体的力量谋劳动阶级的解放的一种手段。其内容大概可分两种,第一种是改良的,是社会政策的,采用阶级调和主义的手段,承认现制度,谋劳动阶级地位的向上。第二种是革命的,是社会主义的,采用阶级斗争的手段,改造现制度,创立劳动者本位的社会的"。④ 其武器就是同盟罢工。然而,在李达看来,"中国是劳动过剩的国家,大多数都是失业者,所以中国的工会运动是不易行的"。⑤

所谓直接行动,就是指要用阶级斗争的手段。在李达看来,直接行动就意

---

① 《李达文集》第1卷,人民出版社1980年版,第211页。
② 《李达文集》第1卷,人民出版社1980年版,第31页。
③ 《李达文集》第1卷,人民出版社1980年版,第52页。
④ 《李达文集》第1卷,人民出版社1980年版,第53页。
⑤ 《李达文集》第1卷,人民出版社1980年版,第54—55页。

味着猛烈的、突发的群众运动,就是类似俄国十月革命的那种政治斗争运动,它与工会运动中所谓的阶级斗争手段有很大区别,也是实现社会主义的唯一可取的手段。李达认为,只有如此,才有可能实现社会主义革命者要实现的目标。"社会革命底目的,在推倒有阶级有特权的旧社会,组织无阶级无特权的新社会。……我们要达到这个目的,概括的说起来,就是厉行非妥协的阶级斗争。"①"所以我主张我们要在各大都会,结合工人农民兵士及他种属于无产阶级的人,组织一个大团体,利用机会,猛然的干起大规模的运动来,把那地方的政治力,夺在我们手中,凭着政治上的势力,实行我们社会主义的建设,完全管理社会中经济的事业。所以这种直接行动,可以称为社会革命的唯一手段。"②

因此,对如何在中国实现社会主义的问题,李达给出了非常明确的结论:这就是"无产阶级为突发的群众运动"③,即运用阶级斗争的手段来实现这一目标。而要在经济发展落后的中国运用阶级斗争这一手段,"要想达到社会革命的目的,首先要组织群众竭力打倒国际帝国主义、推倒国内军阀政治,建设统一和平,使实业有发展之可能"④。而组织群众的最好手段莫过于宣传。李达指出:"还有相辅而行的手段,就是宣传。宣传的办法,无论是公开的或秘密的,总要普遍,要能激动无产阶级对于有产阶级的敌忾之心,亦能发生效力。"⑤

综上所述,李达对于如何在中国实现社会主义有着十分清晰的思路,这就是用宣传激发群众的阶级意识,组织群众进行大规模的阶级斗争——激烈的政治斗争运动。只有这样,才能实现"革命的目标",即社会主义。

(二)建党前后李达社会主义思想的意义及局限

建党前后,为了从理论源头上廓清对科学社会主义的误解和歪曲,向中国

---

① 《李达文集》第1卷,人民出版社1980年版,第52页。
② 《李达文集》第1卷,人民出版社1980年版,第56页。
③ 《李达文集》第1卷,人民出版社1980年版,第55页。
④ 《李达文集》第1卷,人民出版社1980年版,第225页。
⑤ 《李达文集》第1卷,人民出版社1980年版,第56页。

进步青年传播科学的、准确的"马克思派社会主义",李达积极参与对改良主义和无政府主义的论战,在批判改良主义和无政府主义、阐述马克思科学社会主义理论时,非常注重对科学社会主义的理论基础进行深入的阐释。

第一,有力地回击了改良主义者对科学社会主义的歪曲和误读,为中国先进青年的思想进步提供了丰富、可靠、准确的理论材料。

李达曾旗帜鲜明地指出,中国思想界中流行的社会主义思想,有许多是冒牌的甚至是反社会主义的。"他们是社会主义的障碍,是我们的敌人。"①因为"他们只是口头讲,心里未必赞成,也只是胡乱的讲,却未必十分懂,恐怕这班不久便会连口头赞成都要取消。他们不说中国人要准备知识,学会了社会主义,好行社会革命;便说要助长资本主义的发达好谈社会主义;这类的话,在最近的新闻杂志上,登载得非常的多。这种似是而非的论调,最易淆惑人心"②。

在与基尔特社会主义的论战中,李达充满了斗争精神。所谓基尔特,是英文行会的音译,而"基尔特社会主义就是行会社会主义,是将国家社会主义和工团主义糅合一起的旨在抵制社会主义革命的改良主义理论"③。在中国,基尔特社会主义的代表人物梁启超、张东荪,是当时学界的知名人物,他们对社会主义的理解和认识代表了一批探索中国道路的知识分子对马克思主义科学社会主义的误读,影响颇为广泛。梁启超认为,中国"实业不发达"、"产品贫乏,无法均产",中国"无劳动阶级",因而"目前最迫切之问题,在如何而能使多数之人民得以变为劳动者"、"有业无业乃第一问题,而有产无产转成第二问题"④。而张东荪则宣称:"救中国只有一条路","就是增加富力"、"开发实业","我们也可以说有一个主义,就是使中国人从来未过过人的生活都得着人的生活,而不是欧美现成的甚么社会主义、甚么国家主义、什么无政府主义、什么多数派主义等"⑤。

针对梁启超、张东荪的论调,李达指出:张东荪的主张"无非是不讲社会

① 《李达文集》第1卷,人民出版社1980年版,第46页。
② 《李达文集》第1卷,人民出版社1980年版,第46页。
③ 宋镜明:《李达传记》,湖北人民出版社1986年版,第24页。
④ 梁启超:《复张东荪书论社会主义运动》,《改造》1921年第3卷第6期。
⑤ 张东荪:《由内地旅行而得之的又一教训》,《时事新报》1920年11月6日。

主义去开发实业罢了"①,真正的社会主义应该是"马克思的共产主义,即革命的社会主义,由公然的群众运动,断行革命,至于实现的手段,就是采用无产阶级专政"②,它是"革命的,是非妥协的,是国际的,是主张劳动专政的"③,而不是什么发展实业、调和劳资关系。这才是彻底的革命的社会主义的主张,才是真正的马克思主义科学社会主义的核心所在。

第二,深刻剖析了无政府主义,唤醒了沉溺于无政府主义的中国先进青年,为在中国建立无产阶级政党扫清了理论障碍,极大地推动了中国革命的向前发展。

李达指出:"社会主义的派别很多,主张复杂。"而"马克思派的共产主义和无政府主义"则是两大主潮。④ 在李达看来,马克思主义之所以是科学的,是因为它不仅仅指出了人类社会未来发展的方向,而且还为人们提供了为实现社会理想而奋斗的工具和手段。这也正是马克思科学社会主义与无政府主义之间的区别所在。他说,"无政府党要推倒资本主义,所以是我们的朋友。无政府党虽然要想绝灭资本主义,可是没有手段,而且反不免有姑息的地方,所以不是我们的同志。"⑤正是由于马克思主义为先进的中国人提供了奋斗的工具和手段,所以李达对在中国实现社会主义有着无比坚定的信心。

当然,除此之外,马克思主义社会主义与无政府主义在其他很多方面也都有着根本的不同。例如,前文中李达关于二者在生产和分配问题上的主张的论述,也深刻地反映了这两种思想体系的本质区别。这种针对无政府主义的理论斗争,使得中国共产党早期组织中混杂着的无政府主义者相继退出了中国共产党的早期组织,从而纯洁了中国共产主义队伍。同时,李达对无政府主义的批判,使得中国先进青年认清了无政府主义的理论错误,由此从无政府主义转向马克思主义,有利于促进中国革命的发展。

第三,建党前后,李达对社会主义的论述和阐释,并没有仅仅停留在理论

---

① 《李达文集》第1卷,人民出版社1980年版,第26页。
② 《李达文集》第1卷,人民出版社1980年版,第29页。
③ 《李达文集》第1卷,人民出版社1980年版,第31页。
④ 《李达文集》第1卷,人民出版社1980年版,第49页。
⑤ 《李达文集》第1卷,人民出版社1980年版,第78页。

研究和宣传上,而是与中国革命实际、中国社会实际紧密结合,从而与其他早期马克思主义者一道开启了马克思主义中国化的历史大幕。

李达在论证社会主义在中国实现的可能性和必然性时,紧密地结合中国革命实际和社会实际,始终以"中国"作为理论研究、宣传的出发点。这实际上体现了将马克思主义与中国实际相结合的理论自觉。虽然在建党初期李达对马克思主义中国化的探索还是个人的理论自觉,远没有形成组织自觉和社会自觉,但这种探索和努力却为日后马克思主义中国化的提出、马克思主义中国化成果的形成提供了极为宝贵的历史经验和理论积累。

当然,这一时期李达的社会主义思想也带有显著的时代特点。任何思想家都必然具有的历史局限性,在李达身上也有非常明显的体现。比如,他对中国社会的理解和认识还不深刻,在应该如何对待俄国革命的经验的问题上还存在着模糊的认识,等等。

四、建党时期李达社会主义思想演变的特征

建党时期是李达社会主义思想逐渐从理论到实践、从对一般原理的阐述到将其与中国具体实际相结合过程中的一个重要时期。也正是在这一时期内,李达完成了从爱国主义者向马克思主义者的转变,并参与创建了中国共产党。尽管之后曾因为种种原因,李达脱离了中国共产党组织,成为党外人士。但从李达这一时期内所撰写的文章和著作来看,他对马克思主义的信仰始终都没有改变,始终坚持着研究、宣传马克思主义。其社会主义思想的发展与演变,无一不与中国革命形势的发展密切联系,也真切地反映着中国近代以来社会思想文化的变迁。李达社会主义思想在演变过程中呈现出三大特征。

第一,独立性。李达对社会主义的认识,源于其自身对中国革命的形势、中国社会的实际以及对马克思主义科学社会主义理论的思考。他关于社会主义的理解、特别是他结合中国社会的具体实际而提出的许多关于社会主义的精辟见解,都是他独立思考的结果。

第二,探索性。李达对社会主义的认识,是在与各种非马克思主义思潮的论战中逐步形成和完善的,是在对中国社会发展道路、中国社会的发展前途的

深入探索过程中形成和不断发展的。虽然建党时期李达社会主义思想也存在这样那样的不足,但这些不足是任何探索性的理论活动所不可避免的,它们恰恰是李达社会主义思想的探索性的表现。

第三,学理性。李达在建党时期对社会主义的研究,主要集中在对马克思主义科学社会主义的理论的探索方面。即使是在批判各种非马克思主义思潮的论著中,李达也都非常注意从学理上阐明马克思主义的科学社会主义思想。也正因如此,李达的社会主义思想,包括他联系中国社会实际对社会主义的阐释,都极具有深刻性和理论说服力。

李达社会主义思想演变的过程及其特征,对于我们今天推进社会主义现代化建设具有重要的启示。当代中国的社会主义现代化建设事业正是李达当年所期盼、所向往的事业,而李达对社会主义的理论探索对于我们今天的社会主义建设实践也仍然具有指导意义。李达对社会主义的坚定信念,对中国必须走社会主义道路的执着,并始终坚持研究和宣传社会主义理论,为我们今天在社会主义道路上不断前行树立了一个极好的榜样。

(原载《经济思想史评论》第七辑)

李达早期社会主义思想的民生特色

丁俊萍　虞志坚

　　李达是中国共产党的主要创始人和早期重要领导人之一,也是一位卓有建树的马克思主义理论家,为中国共产党的创建和马克思主义特别是科学社会主义在中国的传播作出了重大贡献。在中国共产党创建时期,李达遵循马克思主义的基本立场、观点和方法,着眼于生产力和生产关系的相互作用及其矛盾运动,对社会主义理论进行了比较深入的研究,形成了他的早期社会主义思想。从李达在中国共产党创建时期所发表的《什么叫社会主义》、《社会主义的目的》、《讨论社会主义并质梁任公》等文章看,其早期社会主义思想的基本观点和主要内容呈现出鲜明的民生特色。

一、社会主义思想的基本理念是注重民生

　　十月革命后特别是五四运动时期,在以李大钊为代表的早期共产主义者推动下,马克思恩格斯创立的科学社会主义理论在中国由零星而片面的介绍转向广泛而系统的传播。李达在 1919 年发表的《什么叫社会主义》一文中,从社会主义的概念入手,把社会主义看做是一种生产协作、生产资料公有、经济发展、人民自由幸福的理想社会,并概括和阐述了社会主义的若干特征。

　　一是劳动万能。李达认为,"社会主义,是反对资本万能主义,主张劳动万能主义。"①李达并不否认土地、资本在社会生产经营中的重要作用,也不认

---

　　① 《李达文集》第 1 卷,人民出版社 1980 年版,第 1 页。

同劳动是一切财富的唯一源泉,强调"土地是人类求生存的根本手段"①,从而指出土地也是创造财富的源泉之一。李达强调劳动万能,体现了他对劳动阶级恶劣的劳动条件和生存环境的深切同情,也反映了他对"劳工神圣"的道德价值标准的推崇。道德价值标准必然要求制度保障。李达呼吁劳动万能,是他认为社会主义在个人消费品的分配上面必须实行按劳分配制度的另一种表达。历史地看,与人类最美好的共产主义社会制度实行的按需分配相比,按劳分配虽有其局限性,但大大抑制了剥削,维护了劳动者的自由平等,解放和发展了社会生产力,相对于资本万能,是一个巨大的进步。

二是社会公有。李达认为,"社会主义,是反对个人独占主义,主张社会公有主义。"②"因为独占生产手段的阶级对于无所有者的阶级,必须在法律上设定不同的身分,以巩固其榨取的方法。"③可见,剥削源于生产资料的私有。只有打破私有制,才能消灭剥削,消除压迫,人人参加劳动,共同占有生产生活资料。李达从改变劳动者的悲惨命运出发,认定创造社会财富的劳动者不仅应当拥有财富的所有权,而且其生存状况、阶级地位都必须适应"劳工神圣"的道德价值标准。从李达思想发展的轨迹来看,这个观点立足于从经济上保障人民权益。

三是人的自由发展。李达认为,"社会主义,是打破经济的束缚,恢复群众的自由。"④他立足于社会发展和人的发展,强调为建成社会主义和共产主义,必须发展国民经济,而"提高劳动人民的物质生活和文化生活的水平,这不论在什么样国家都必须遵守的共同规律"⑤。李达强调"提高劳动人民的物质生活和文化生活的水平"是各国必须遵循的共同规律,当然也是、而且更是社会主义国家必须遵循的规律,是社会主义建设的根本目的,这就触及了科学社会主义的本质。"社会主义,是打破经济的束缚,恢复群众的自由",这里的自由不仅是物质上的自由,还应当包括精神上的自由。而物质生活的相当改

---

① 李达:《租佃论》上篇,《现代中国》1928 年第 2 卷第 1 号,第 1 页。
② 《李达文集》第 1 卷,人民出版社 1980 年版,第 1 页。
③ 《李达文集》第 2 卷,人民出版社 1981 年版,第 469 页。
④ 《李达文集》第 1 卷,人民出版社 1980 年版,第 1 页。
⑤ 《李达文集》第 4 卷,人民出版社 1988 年版,第 562 页。

善,必将使人民群众在文化生活中得以积极开展创造性活动,"劳动大众在社会主义建设过程中的独立的活动性与创造性,在提高大众的文化水准上,尽着决定的任务"。①

李达对社会主义主要特征的上述概括,将改变生产关系与解放和发展生产力统一起来,将打破私有制的社会革命和提高劳动人民物质文化生活水平的目的结合起来,将经济社会发展与人的自由发展结合起来。这一概括,虽然没有紧密结合当时中国的基本国情,却体现了李达对社会主义本质特征的初步把握。同时,上述概括也从一个侧面表明,中国早期共产主义者投身于社会主义运动的精神动力是为人民求解放谋幸福。不难看出,注重民生是贯穿李达早期社会主义思想的一个重要特征。

二、社会主义运动的鲜明旗帜是消除贫富悬殊

社会主义运动,是在科学社会主义理论指导下争取建立和完善社会主义制度的社会运动。它既属理论范畴,也属实践范畴;既是一个社会运动过程,也是一种社会制度。中国早期共产主义者在积极投身于社会主义运动实践的同时,也初步地比较系统地研究了社会主义思想。李达在《社会主义的目的》一文中,从民生的角度对社会主义运动有较为明确的阐释:"社会主义有两面最鲜明的旗帜,一面是救济经济上的不平均,一面是恢复人类真正平等的状态。"②在李达看来,社会主义运动的基本目标是使人民在经济上摆脱贫穷,在政治上实现人人平等。

李达指出,两极分化现象的出现是资本主义制度运作的必然结果。西欧的资产阶级革命废除了专制王权和封建特权,却也为资本的剥削铺平了道路。工业革命使资本主义经济快速发展,却也使社会弊端日益显现:一方面是农村荒废,"另一方面是无产阶级的组织和反抗、工场法和劳动组合法的发布、经济恐慌、同盟罢工、失业问题、贫穷的增加、民主革命的胜利、劳动者的政治运

---

① 《李达文集》第 2 卷,人民出版社 1981 年版,第 609 页。
② 《李达文集》第 1 卷,人民出版社 1980 年版,第 5 页。

动等。"①李达从建立合理的经济基础的角度,提出了消除贫富悬殊的制度保障,强调坚持社会主义的公有制。"社会主义在根本改造经济组织谋社会中最大多数的最大幸福,实行将一切生产机关归为公有,共同生产共同消费。"②"社会主义的界说是:实行将一切生产机关收归社会共有,共同生产,共同消费。"③显然,李达把公有制看做是消灭剥削、平衡收入分配的制度前提。科学社会主义表明,公有制是社会主义的制度属性,"谋社会中最大多数的最大幸福"是社会主义的价值属性。在李达的社会主义思想中,这两种属性不可分割地统一在一起。李达以民生为思想旗帜和价值目标,体现了以人为本的社会主义价值诉求,也呼应了当时中国社会的现实需要,并具有当代价值。

李达强调"救济经济上的不平均",并不是主张搞平均主义。他在《社会学大纲》中指出,社会主义社会虽然遵循按劳分配,但"劳动的支付,也并不是不分劳动的性质和资格而一律'平等'的"④。换言之,按劳分配,不是仅仅依据劳动的数量,而是数量、性质、资格等多项指数综合衡量的结果。这就有力驳斥了那些蓄意使社会主义与平均主义纠缠不清的谬论。同时,李达也认为,纯粹的按劳分配也会导致不公平,"因为把劳动当作尺度使用,这就于不知不觉之中,把不平等的个人的天分和劳动能力,认做'自然的特权'了"⑤。从某种程度上讲,这个观点为后来社会主义改革中实行公有制为主体、多种分配方式并存的个人收入分配制度的出现留下了思想空间,也成为马克思主义经济理论中国化过程中出现的"效率优先,兼顾公平"思想的起点。当然,在社会主义实践中,怎样既坚持按劳分配原则,又避免分配中的平均主义倾向,则是在经历长期探索、付出一定代价之后,才基本上有了比较科学的解答。

---

① 《李达文集》第 1 卷,人民出版社 1980 年版,第 390 页。
② 《李达文集》第 1 卷,人民出版社 1980 年版,第 62 页。
③ 《李达文集》第 1 卷,人民出版社 1980 年版,第 232 页。
④ 《李达文集》第 2 卷,人民出版社 1981 年版,第 459 页。
⑤ 《李达文集》第 2 卷,人民出版社 1981 年版,第 461 页。

三、通过革命走社会主义道路是谋人类之
生存幸福的必由之路

在早期共产主义者探索救国救民新路的过程中,明确社会革命的内涵是运用马克思主义改造中国的前提。李达结合生产方式的根本变革界定了社会革命的含义,指出"社会革命就是为实现社会主义而行的革命"①,是一个经济基础变革和政治制度变革并进的辩证统一过程。而革命的动因是民生问题。"无产阶级和有产阶级的对抗越发显明,无产阶级的贫困增大,有产阶级的财富增加,社会革命的机会到了。"②也就是说,剥削造成的贫富悬殊必然带来反剥削的斗争,压迫造成的社会不公必然带来反压迫的斗争。正如列宁所说的,"千百万人是不会按照定单进行革命的,只有在人民穷困不堪,再也无法生存,千百万人的共同压力和决心足以粉碎一切旧的壁垒并真正能够创造新生活的时候,他们才会起来革命。"③从人们谋求改变穷困不堪、无法生存的悲惨命运看,革命是改善民生的手段,改善民生是革命的目的,两者相互促进。

李达论证了革命的手段取决于民生状况。在近代中国,不存在西欧那种工人贵族阶层,中国工人阶级毫无政治权利,根本不存在开展和平的议会斗争的可能,"所以无产阶级的议员要想在议会中成立一种除去自己阶级痛苦的法案,是断然办不到的"。④ 由此,李达强调最普遍最猛烈的非妥协的阶级斗争是根本改造中国社会的最有效手段。近代以来的中国历史表明,先进的中国人选择革命道路救国救民,广大人民群众跟着先进的社会力量——中国共产党闹革命,希望借以过上幸福美好的新生活往往是其直接的和主要的动机。

李达阐述了革命的对象是民生困苦的祸源——帝国主义。"帝国主义之为祸于中国,至今日而极矣,金铁奴我以物质,宗教奴我以文明,教育奴我以服

---

① 《李达文集》第 1 卷,人民出版社 1980 年版,第 232 页。
② 《李达文集》第 1 卷,人民出版社 1980 年版,第 48 页。
③ 《列宁全集》第 30 卷,人民出版社 1985 年版,第 154 页。
④ 《李达文集》第 1 卷,人民出版社 1980 年版,第 53 页。

从,勾结我国贼,制造我内乱,涂炭我人民。"①他认为,人民要获得自由与幸福,必须组织、发动反帝反封建的社会革命。在李达看来,社会革命是劳动者反剥削、反压迫的斗争,也是一个劳动者争取个人的生存权和劳动权的过程。革命的结果,将使每个人的经济政治等权利都得到充分保障。

李达坚信革命的前途是走向社会主义、共产主义,最终使每一个人都得到全面而自由发展,都具备人的尊严。这就是民生的指望。即是说,通过革命走社会主义道路,是改善民生的必由之路。

四、社会主义制度是谋人类之 生存幸福的最基本保障

马克思恩格斯从维护人民当家作主的角度阐述了社会主义革命的任务。他们指出:"无产阶级将取得国家政权,并且首先把生产资料变为国家财产"②,而"国家真正作为整个社会的代表所采取的第一个行动,即以社会的名义占有生产资料"③。马克思主义创始人的这一思想,显然为李达等早期共产主义者所接受。李达在《讨论社会主义并质梁任公》一文中指出:"社会主义为现代资本主义经济组织直接之产物,所以谋人类之生存幸福而以废除私产为目的者也。"④也就是说,用社会主义代替资本主义的出发点在于消灭私有制,为社会中最大多数人谋取最大幸福。这也表明了李达等早期共产主义者信仰社会主义的初衷。

要实现社会主义的目标,必须通过无产阶级革命来建立无产阶级专政。李达初步阐明了无产阶级专政的实质。他认为,无产阶级专政,实际上就是无产阶级的民主主义。"这是社会上勤劳的多数者的民主主义,是对于少数者的专政,是对于旧榨取者的专政。"⑤显然,这时的李达认识到无产阶级专政的

---

① 《李达文集》第1卷,人民出版社1980年版,第352页。
② 《马克思恩格斯选集》第3卷,人民出版社1995年版,第754页。
③ 《马克思恩格斯选集》第3卷,人民出版社1995年版,第631页。
④ 《李达文集》第1卷,人民出版社1980年版,第367页。
⑤ 《李达文集》第2卷,人民出版社1981年版,第547页。

实质是多数劳动者对于少数剥削者的专政,是民主与专政的统一。不难看出,这与毛泽东后来阐述的人民民主专政概念的内涵已经相当接近。李达阐述的"多数者的民主主义,是对于少数者的专政"这个观点的实践意义在于,在社会主义实践中,建立起多数劳动者对于少数剥削者的专政,是为"谋社会中最大多数的最大幸福"的最可靠最基本的制度保障。

李达还阐述了马克思主义创始人关于社会主义社会的首要任务是发展生产力的思想。他说,无产阶级掌握政权后,首先必须"从资本阶级夺取一切资本,把一切生产工具集中到无产阶级的国家手里,用大速度增加全部生产力"①。他视社会主义为发展生产、改善民生的最佳手段。他强调,"就中国现状而论,国内新式生产机关绝少,在今日而言开发实业,最好莫如采用社会主义。"②而新的社会制度之所以能够代替旧制度,源于它比旧制度能够更好地发展生产力、"谋社会中最大多数的最大幸福"。

五、坚持共产党的领导是谋人类之生存幸福的根本保证

社会主义运动离不开共产党的领导,共产党的领导是社会主义的题中应有之义。共产党的宗旨是为大多数人谋利益。马克思曾提出无产阶级的领导者是社会的负责任的勤务员的思想。他在总结巴黎公社经验时指出,"旧政权的合理职能则从僭越和凌驾于社会之上的当局那里夺取过来,归还给社会的负责任的勤务员"③,以服务于人民。可以说,坚持无产阶级政党领导的本质就是服务人民,尊重人民的主体地位,支持人民当家作主。李达在阐述中国选择社会主义道路的同时,也对建党的重要性和必要性、怎样建党及创建一个什么样的党的问题进行了思考和阐述。

李达突出强调了共产党的领导对发动革命、争取胜利以及捍卫革命成果的极端重要性和必要性。他指出:在阶级和政党消亡之前,共产党不可一日不

① 《李达文集》第 1 卷,人民出版社 1980 年版,第 73 页。
② 《李达文集》第 1 卷,人民出版社 1980 年版,第 65 页。
③ 《马克思恩格斯选集》第 3 卷,人民出版社 1995 年版,第 57 页。

存在,因为"共产党不仅在革命以前是重要;即在革命时也是重要;革命之后又须监护劳农会,尤其重要"。① 他比较了巴黎公社和十月革命的成败得失,强调无产阶级革命必须有共产党领导,否则,"决不能从有产阶级手里,从那班昏迷的领袖们手里解放出来的"②。他认为,共产党的领导也能够从根本上保证社会主义建设成功和民生的持续改善。"要想把我们的同胞从奴隶境遇中完全救出,非由生产劳动者全体结合起来,用革命的手段打倒本国外国一切资本阶级,跟着俄国的共产党一同试验新的生产方法不可。"③他明确认识到,要以列宁创建的俄国布尔什维克党为榜样,建立一个共产党,走社会主义道路。"试验新的生产方法"来发展生产力和"谋社会中最大多数的最大幸福",这是李达由理论而实践,积极投身于中国共产党创建活动的思想动因。

李达阐述了建党的若干原则。首先,党必须坚持无产阶级先锋队的性质,这是马克思主义政党学说的一个根本内容,也是建党所必须遵循的一个重大原则。这一原则备受李达的重视。他强调:"共产党是无产阶级的柱石,是无产阶级的头脑"④,也是无产阶级革命的领导者。其次,党必须坚持马克思主义的指导思想和无产阶级革命、无产阶级专政的纲领。李达明确指出:"国际共产党联盟的主旨,就是实行马克思的共产主义,即革命的社会主义,由公然的群众运动,断行革命,至于实现的手段,就是采用无产阶级专政。"⑤这表明党的指导思想是马克思主义,党的纲领是用暴力革命夺取政权,建立无产阶级专政,最终实现共产主义。

李达还对无产阶级专政下共产党的领导方式和途径进行了思考。他指出:"普罗列达里亚专政决不是党的专政;党的指导是完全基于普罗列达里亚与其前卫之间的相互依赖,是通过普罗列达里亚专政下的大众组织的全体制的媒介而实现的。"⑥李达这个观点深受列宁相关思想的影响。列宁曾指出,党"保持领导不是靠权力,而是靠威信,毅力,靠比较丰富的经验、比较渊博的

① 《李达文集》第 1 卷,人民出版社 1980 年版,第 134 页。
② 《李达文集》第 1 卷,人民出版社 1980 年版,第 134 页。
③ 《李达文集》第 1 卷,人民出版社 1980 年版,第 741 页。
④ 《李达文集》第 1 卷,人民出版社 1980 年版,第 134 页。
⑤ 《李达文集》第 1 卷,人民出版社 1980 年版,第 29 页。
⑥ 《李达文集》第 2 卷,人民出版社 1981 年版,第 546 页。

学识以及比较卓越的才能"①。对比他们关于无产阶级政党领导方式和途径的论述,可以看出二者思想上的相近性。需要指出的是,在中国社会主义革命和建设中,曾长期存在党政不分、以党代政的现象,这很大程度影响了人民主体地位的实现,不利于人民当家作主。实践证明,坚持、改善和加强共产党的领导,是社会主义运动在中国取得胜利的根本保证,也是最广大人民根本利益得到切实实现、维护和发展的根本保证。

中国共产党人争取和努力建设社会主义的一切活动,归根到底都是为了解放和发展社会生产力、改善民生。正如邓小平所说,"像中国这样一个大国,如果没有中国共产党来领导,许多事情很难办,首先吃饭问题就解决不了。"②"没有党的领导,就没有现代中国的一切。"③显然,坚持中国共产党的领导是改善民生的根本保证。

综上所述,社会主义思想的基本理念是注重民生,社会主义运动的鲜明旗帜是消除贫富悬殊,通过革命走社会主义道路是谋人类之生存幸福的必由之路,社会主义制度是谋人类之生存幸福的最基本保障,共产党的领导是谋人类之生存幸福的根本保证,这些思想观点体现了李达早期社会主义思想的民生特色。在新的历史条件下进一步探讨李达早期社会主义思想的民生特色,不仅有助于我们深化中国共产党创建时期的马克思主义中国化研究,也有助于我们今天把人的生存发展问题即民生问题作为社会主义建设的主要价值诉求,把坚持和发展中国特色社会主义与实现最广大人民的根本利益结合起来,从而尊重人民主体地位,最广泛地动员和组织人民积极投身社会主义现代化建设,更好地保障人民权益和保证人民当家作主。

(原载《山东社会科学》2013 年第 9 期)

---

① 《列宁全集》第 7 卷,人民出版社 1986 年版,第 9 页。
② 《邓小平文选》第三卷,人民出版社 1993 年版,第 242 页。
③ 《邓小平文选》第二卷,人民出版社 1994 年版,第 266 页。

20 世纪上半叶李达社会主义思想的基本特点

刘明诗

20 世纪上半叶,为了解答"中国向何处去"的时代大问题,和很多的有志之士一样,李达把社会主义作为救国救民的思想武器,积极介绍、传播、研究关于社会主义的理论,对什么是社会主义、怎样建设社会主义的问题进行了多方面深入的阐发。值得注意的是,由于学术经历、关注重点和实践范围的特殊性,与当时众多宣传、研究社会主义理论的人相比,李达的社会主义思想体现出独有的特点。李达的社会主义思想不仅与当时梁启超、张东荪、梁漱溟等人所主张的改良社会主义有着本质的区别,而且与当时同是马克思主义者的李大钊、陈独秀等的社会主义思想也有具体的不同。相比较而言,李达的社会主义思想不仅具有理论来源的广泛性的特点,而且具有理论阐述的系统性的特点,还具有理论内容的针对性的特点。分析李达社会主义思想的这些基本特点,有助于我们把握李达社会主义思想的历史地位和现实意义。

一、理论来源的广泛性

1918 年秋至 1920 年夏,李达在日本留学,他酷爱学习,通晓中、英、日、俄、德五国语言。东渡海外的求学经历和比较深厚的语言功底,不仅为他在直接学习原汁原味的马克思主义原著方面提供了良好条件,而且也为他从不同的渠道研究各国马克思主义理论奠定了良好的基础。而且,李达在回国之后长期的理论研究的过程中,一直没有停止对各国社会主义思想的比较研究。正是因为如此,李达的社会主义思想从一开始就具有兼收并蓄、来源广泛的特点。李达社会主义思想的来源的广泛性,主要表现在以下四个方面。

　　首先,马克思主义经典作家的原著构成了李达社会主义思想的深厚理论基础。李达非常注重对马克思主义原著的学习和研究,他前后用了一年多时间,认真阅读和研究了一些马克思主义经典作家的原著,包括《共产党宣言》、《资本论》(第 1 卷)、《〈政治经济学批判〉序言》等。除了研读这些经典著作外,李达还翻译了《哥达纲领批判》,出版了《共产党宣言》、《资本论入门》等马克思主义书籍。通过对马克思主义原著的详细阅读,李达从认识和了解社会主义学说之时起,就做到了从原原本本的科学社会主义思想出发,这使得他对马克思和恩格斯关于社会主义思想的基本认识、基本观点从起初就有了准确的理解,从而形成了社会主义思想方面的坚实的理论功底。20 世纪二三十年代,在华夏大地上宣传马克思主义的有志之士中,最有影响的当数李大钊、李达和李汉俊,合称“三李”,但他们宣传的侧重点各有不同:李大钊重点阐发的是唯物史观,李汉俊则把马克思主义经济学作为理论重点,李达侧重宣传的则是社会主义思想。实事求是地讲,李达对社会主义思想研究之深,在当时中国的马克思主义研究者中是为数不多的。正是因为有着深厚的马克思主义的理论功底,在 20 世纪二三十年代那场关于什么是社会主义的辩论中,李达能够突破貌似“仁者见仁、智者见智”的理论迷局,提出真正的“马克思的社会主义”的思想,为宣传正确的社会主义思想作出了突出贡献。

　　其次,日本社会主义思想对李达社会主义思想的形成具有重要影响作用。日本明治维新的成功,加之甲午海战对中国的胜利,使得很多中国的仁人志士在学习西方的同时也学习日本,其中就包括通过日本接受和学习马克思主义思想。日本对李达影响最大的学者是河上肇,李达曾明确说过:“河上肇是我的老师,我的经济学是从那里学来的。”①在李达的学习书单中,河上肇的《马克思社会主义的理论体系》和《马克思主义经济学基础理论》都是重点书目。除了研究河上肇的思想之外,李达还阅读和翻译了高畠素之的《社会问题总览》、堺利彦的《女性中心说》、安部矶雄的《产儿制限论》、杉山荣的《社会科学概论》、高柳松一郎的《中国关税制度史》等十余部著作。受日本马克思主义者的这些著作的影响,李达的社会主义思想带有明显的“日本痕迹”,所以,

---

① 　江明:《展读遗篇泪满襟——记李达和吕振羽的交往》,《文献》1980 年第 4 辑。

与当时同为马克思主义者的李大钊、陈独秀、瞿秋白等人的社会主义思想相比,李达的社会主义思想所关注的内容更为广泛。如果说在李大钊、陈独秀、瞿秋白那里,阶级斗争和社会革命是社会主义思想的全部内容的话,那么李达除了也重点阐述阶级斗争和社会革命这些与当时中国社会息息相关的主要内容之外,还对社会主义理论的其他方面也予以了关注并作了诸多的阐述。例如,在经济、法理、女权等方面,李达撰写了《平民女学是到新社会的第一步》、《女权运动史》、《经济学大纲》、《法理学大纲》等文章和著作,而这些内容在当时是极少引起社会主义理论家关注和探讨的。李达之所以能关注到这些方面,就是明显受到日本社会主义思想的一些观点和主张的影响的结果。

再次,西欧社会主义学者的著述对李达的社会主义思想的形成也起到了非常大的影响作用。李达曾对照德文和日文两个版本,翻译了一系列西欧社会主义思想家的著作,包括荷兰社会民主党活动家格尔曼·郭泰的《唯物史观解说》、德国塔尔海玛的《现代世界观》、苏联卢波尔的《理论与实践的社会科学根本问题》等。这种比较研究使李达很早就对真假社会主义有了较强的理论识别能力。例如,在评价格尔曼·郭泰的《唯物史观解说》一书时,李达认为这位荷兰社会主义者抓住了唯物史观的实质和核心,认为全书对社会主义的历史必然性的理解既通俗易懂,又具体全面,因此,"若是读者读完了这书,必要垂询译书人的见解,我也不能另说别的赞美的话,除了一个'好'字"。① 在20世纪早期,受当时众多打着社会主义旗号的学说的影响,在何谓科学的社会主义的问题上,许多马克思主义者都经历过从信仰到迷惘的内心冲突,陷入过曲解、混淆等认知误区。例如,瞿秋白在一段时间就无异于一个"托尔斯泰派的无政府主义者"②,恽代英、蔡和森、彭湃等也曾在不同的时间接受过无政府主义的思想观点并受其不小的影响。而李达一开始就从宽阔的马克思主义理论视野出发,高屋建瓴地甄别各种社会主义思想流派的真伪,批判、驳斥改良社会主义、无政府社会主义、新村主义、工读互助主义等各种非马克思主义的社会主义思潮,阐述真正的科学社会主义的理论,表现出一种"一

---

① [荷]郭泰:《唯物史观解说》,李达译,中华书局1921年版,"附录"第7页。
② 瞿秋白:《多余的话》,江西教育出版社2009年版,第5页。

览众山小"的理论气势。李达之所以能够达到这样的理论高度,实际上是与他在早期对西欧社会主义思想进行学习、研究和辨别而形成的深厚的理论素养有着紧密的内在关联的。

最后,俄国社会主义革命思想对李达社会主义思想的形成也产生了直接的影响。十月革命的"一声炮响"震动了沉睡中的中国,受苏俄在十月革命胜利后的社会主义理论与实践的巨大影响,李达以极大的理论兴趣阅读了俄国的马克思主义的学者的书籍,他们关于俄国的农民阶级的斗争、妇女解放的斗争、婚姻制度的改变等内容的阐述和分析给李达以极大的启发。李达怀着极大的理论热情,翻译了列宁的《劳农俄罗斯中劳动的研究》、西洛可夫等人的《辩证法唯物论教程》、拉比托斯等人的《政治经济学教程》等包含着苏俄社会主义思想的著作。李达对列宁哲学给予了高度评价,认为列宁哲学思想是新时期马克思主义在苏联的继承和发展,对于中国的哲学研究有着巨大的启迪意义。所以,在翻译《辩证法唯物论教程》的译者例言中,李达提出,中国当下的哲学研究不能故步自封,而应该循着新的"实践"与"理论",在不断的被扬弃和被清算中充满时代活力地向前发展。在这里,"理论"和"实践"分别指的就是列宁哲学思想和俄国十月革命及其后的社会主义建设。在研究俄国社会主义思想过程中,李达对实行社会主义的政策有了越来越深刻的认识,他曾撰文《俄国的新经济政策》,专门介绍俄国实行经济政策的原因、新经济政策的马克思主义基础和新经济政策的利弊,分析总结"科学社会主义的创造者的教训"①。可以说,俄国革命的指导思想、革命方式和建设实践,为李达研究、分析中国革命提供了鲜活的理论和实践范例。

二、理论阐述的系统性

20 世纪上半叶,研究社会主义的中国马克思主义者很多,但受当时主客观方面因素的影响,很少有人能够对社会主义进行全面、系统的阐述。李达研究社会主义理论,不仅阐述了作为其社会主义思想理论基础的马克思主义哲

---

① 《李达文集》第 1 卷,人民出版社 1980 年版,第 117 页。

学理论,而且还阐述了作为其社会主义思想重要内容的社会主义革命理论,以及马克思主义经济学理论,还涉及社会主义理论的其他众多方面如教育学、法理学等领域,在理论阐述上显示出鲜明的系统性,这在当时的理论界中是非常少见的。而且在每个研究领域,李达都做了大量的理论探索工作。

其一,李达系统地阐述了社会主义思想的哲学基础。李达注重从学理上阐述社会主义思想的合理性,在同时期的马克思主义思想家中,李达对社会主义思想的哲学基础方面的论述是最多、最深刻、最全面的。在《现代社会学》一书中,李达在详细阐述什么是马克思主义的社会主义这一重要问题时,提出可以在内容上把马克思主义的社会主义"分为历史观、经济论、政治论三大部分"①,实际上是把历史唯物主义作为马克思主义的社会主义的理论根基,正确地指出了社会主义的哲学基础在于唯物史观。在《社会学大纲》中,他更是把社会主义的经济、政治和意识形态分别作为独立的章节,结合历史上已经出现的社会形态,非常详细地进行了分别单独的研究。在这些章节的分析中,李达站在马克思主义的立场,详尽地论述了生产力与生产关系、经济基础与上层建筑的矛盾。他运用马克思主义的立场、观点、方法来观察和分析社会问题,研究社会的变革、阶级国家、帝国主义和世界革命及人民群众在历史上的地位和作用等重大问题,得出了社会主义的产生和发展是历史的必然的结论。此外,李达还全面系统地阐述了社会主义的社会结构方面的具体内容,而这些阐述无不是立足于唯物史观来展开的。

其二,李达系统阐述了社会主义的经济学理论。李达深入研究社会主义经济学的代表性著作包括《货币学概论》、《中国产业革命概观》和《经济学大纲》等。此外,《社会学大纲》也涉及对社会主义经济体系的研究。在这些著作中,李达探讨了研究政治经济学的重要意义。例如,他在《经济学大纲》中提出,政治经济学研究的目的就在于解决"资本主义经济的发展法则的暴露"②这一人类的最高问题,就是要从分析资本主义生产方式入手,论证社会主义社会必然胜利、资本主义社会必然灭亡的历史必然性。李达不仅系统考

---

① 李达:《现代社会学》,武汉大学出版社 2007 年版,第 140 页。
② 李达:《经济学大纲》,武汉大学出版社 2007 年版,第 12 页。

察了社会主义经济理论的历史渊源,而且详细分析了中国经济实际的特殊性,认为经济学就是要研究历史上各种经济形态的演变规律,探明一种经济形态向另一种经济形态转变的特殊法则,并在此基础上"阐明现代中国经济的特殊性"。① 在《社会学大纲》中,李达在介绍苏联社会主义经济建设经验的同时,初步探讨了社会主义过渡时期的经济体系,肯定在过渡时期存在多种经济形式,指出社会主义经济是有计划的商品经济,并从生产资料公有制程度、计划经济成分的多少等六个方面论述了社会主义经济与共产主义经济的差别。以上表明,李达的经济学思想带有全面性、系统性的特点。

其三,李达系统阐述了社会革命的思想。关于社会革命的发生原因,李达认为,社会革命"皆由生产交换的方法手段而生……乃是发生于现社会的经济状态之变动",强调社会革命的经济动因②。后来,李达又结合上层建筑的概念对社会革命的内涵作了补充:"什么叫做社会革命? ……社会革命乃是由无产阶级举行政治革命夺取政权来实现的。"③李达不仅指出了生产力和生产关系的变化和运动是导致社会革命发生的根本原因,而且据此指出了中国社会半封建半殖民地的社会性质,分析了在帝国主义的统治下的沦为半殖民地半封建社会的国家的具体情形,阐发了此种条件下"劳动运动的特殊性"④,并在此基础上得出了这样一个重要的结论:中国革命的对象不是别的,而是两个方面——一是帝国主义,一是封建主义。为了阐明中国社会革命的领导主体,李达全面考察了中国无产阶级的状况。他认为,在现有的经济情况下,中国的工人阶级所受剥削压迫特别严重,再谋职业几乎变得不可能,农业劳动者穷年不能养家糊口。中国的这种情况表明,帝国主义时代的民族运动已经由资产阶级的政治运动转变为被压迫阶级世界革命的一部分,"民族解放运动的领导权,早已不是资产阶级,而是无产阶级与农民了"⑤。李达的这种深刻分析,从理论上解决了民族解放和民主革命的领导主体问题。由上可见,李达

① 李达:《经济学大纲》,武汉大学出版社 2007 年版,第 18 页。
② 《李达文集》第 1 卷,人民出版社 1980 年版,第 47 页。
③ 《李达文集》第 1 卷,人民出版社 1980 年版,第 203 页。
④ 《李达文集》第 1 卷,人民出版社 1980 年版,第 493 页。
⑤ 《李达文集》第 1 卷,人民出版社 1980 年版,第 596 页。

关于社会革命的思想也是全面而系统的。

其四,李达在与社会主义思想有关的其他领域中也有深入的研究。其中,李达关于法学、教育学的论述较为丰富。在《法理学大纲》一文中,李达运用历史唯物主义的基本原理研究法学,认为"法律的本质是阶级性"①。在此前提下,李达阐述了法律与国家的关系,对西方资产阶级法律思想进行了批判,阐述了中国法律的民族性特征,为社会主义法律的实质界定奠定了理论基础。从中国社会主义法律思想的发展史上来看,李达在 20 世纪上半叶能作出这样的阐述是非常难能可贵的,是有着"重要的学理贡献"②的。李达的教育思想主要集中在平民教育、男女平等教育和全面发展教育等问题上,他将湖南自修大学的创办理念定位为"平民主义的大学",主张从幼儿时代开始就应该"男女同校"③,等等。与新中国成立后李达社会主义思想关于教育的研究相比,这些思想虽然可能不够全面、深入,但也反映了李达社会主义教育思想的基本精神,即不分贵贱、男女平等和人的自由和全面发展等,这种基本精神对后来的社会主义教育理论产生了深远的影响。

由以上分析不难看出,与同时期其他马克思主义理论家相比,李达的社会主义思想显得更为全面和系统。李达社会主义思想的这种系统性特点是与他作为一名学者型的思想家的身份紧密相关的。换言之,李达之所以能够全面、系统阐述其社会主义思想,有其独到的思想优势、理论优势和职业优势。首先,李达本人对理论研究在革命实践中的重要性有深刻的认识。李达曾大力主张在党内加强马克思主义理论的学习研究,提倡在深入了解马克思主义基本理论的同时也对中国的经济状况进行深入研究和把握,认为只有这样才能做到"对于革命理论得一个彻底的了解"④。其次,李达有良好的马克思主义理论素养。正如前面所述,李达的社会主义思想在来源上具有广泛性,他大量阅读和翻译了国外马克思主义著作,这使他具有一般人所不具备的学术素养和理论功底,这就使得他对于社会主义思想的表述带有更强的系统性。再次,

---

① 《李达文集》第 1 卷,人民出版社 1980 年版,第 733 页。
② 王炯华等:《李达评传》,人民出版社 2004 年版,第 329 页。
③ 《李达文集》第 1 卷,人民出版社 1980 年版,第 17 页。
④ 李达:《中国所需的革命》,《现代中国》1928 年 1 月第 2 卷第 1 号。

李达先后在湖南自修大学、湖南省党校、武昌中山大学、暨南大学等多所学校任教，长期从事教育工作，使他不仅在理论上有必要而且在时间上有条件去系统阐发他的社会主义思想。从以上几个方面综合来看，李达能够对社会主义思想进行广泛、全面的阐述，或者说其社会主义思想表现出系统性的特点，也就不足为奇了。就中国当时有代表性的社会主义思想家而言，出于革命实际的需要，大多数人都把马克思主义的核心理解为阶级斗争，而对其他方面有所忽视。例如，瞿秋白就曾说过他"尤其对于经济学我没有兴趣"[1]，李大钊认为马克思主义"这三部理论，都有不可分割的关系，而阶级斗争恰如一条金线，把这三大原理从根本上联络起来"[2]，等等。总之，出于多种多样的主客观原因，与李达同时期的马克思主义者在对社会主义的研究上难以避免地存在着理论表达的系统性不足的缺点。相比较而言，李达关于社会主义的理论阐述上的系统性的特点就显得比较鲜明、比较突出了。

三、理论内容的针对性

在民族危机和社会危机空前加剧的现实背景下，李达和众多的爱国人士一样，把拯救民族于水火之中视为己任。李达进行社会主义思想研究的出发点和落脚点都是为了推动中国社会的变革，找到适合中国实际的发展道路。因此，从理论内容上看，李达社会主义思想必定与中国的具体国情有着极其紧密的联系，必定注重其理论对于中国革命和经济社会发展的适用性问题。事实上，李达所作的正是这种针对性极强的理论探索，而且对中国社会主义革命和建设产生了重要影响。下面以李达社会主义思想的政治方面和经济方面的内容为例来进行分析。

在政治方面，李达的社会主义思想突出了社会革命的内容，这是李达针对中国社会实际情况作出具体分析的结果。对当时的中国国情，李达把握得非常准确。中国的实际是什么？"一言以蔽之，中国就是国际帝国主义的半殖民地而已。"[3]李达指出，"中国将来迟早必有社会革命，任何人都不能否认。

---

① 瞿秋白：《多余的话》，江西教育出版社 2009 年版，第 15 页。
② 李大钊：《我的马克思主义观》，《新青年》1919 年 5 月第 6 卷第 5 号。
③ 《李达文集》第 1 卷，人民出版社 1980 年版，第 210 页。

但是这种说明,社会主义者必不满足。我们若对于中国社会革命作理论的说明,必须根据中国现时的经济的政治的状态,详加分析……外则受列强政治的压迫、经济的侵略;内则受本国武人政治的摧残、经济的掠夺。"①所以,在李达看来,中国革命的所有问题都是由中国处于半殖民地半封建社会这样一种特殊实际所决定和反映出来的,也就是说,中国已经成为一个不折不扣的半殖民地半封建的国家,这就是中国最大的国情,也是回答中国何以进行社会革命和如何进行社会革命的基本出发点。那么,中国革命需要采取何种方式呢? 李达也是针对中国的具体国情作出回答的。李达认为,中国是劳动过剩的国家,大多数都是失业者,所以中国的工会运动是不易行的,只有效仿俄国革命才是易行的,因为俄国革命的方式才"可以称为社会革命的唯一手段"②。可见,李达主张进行革命来改造社会也是针对中国的国情实际进行判断而得出的结论。而且,李达的观点还根据研究国情的结论的变化而及时调整、变化。例如,对于究竟如何看待中国的资本主义,李达前期和后期主张就有明显变化。李达起初认为,作为一个社会主义者,就是要把所有的资本主义(不论本国外国)都看成是仇敌,对待资本主义的态度就是要将之作为革命的对象"尽力扑灭他"③。然而,在分析中国国情后,他逐渐改变了看法:"商工阶级必定要这样的从事民主革命,才有可能推倒军阀,反抗外力……来造成民主革命的联合战线。"④可见,李达不仅改变了对资本主义的态度,而且建议资产阶级要与国民党、无产阶级联合起来,共同为民主革命而奋斗。李达的这种变化恰恰反映出他对革命理论的思考是牢牢建立在对中国特殊国情认真、深刻的分析的基础之上的。由上不难看出,不管是对中国社会性质的认识,还是对中国开展社会革命的必然性的分析,抑或是对中国革命采取的方式、领导阶级、联合对象、革命对象的看法,李达都是在深刻把握中国具体国情的基础上进行的,其社会主义思想具有极强的现实针对性。

在经济方面,李达的社会主义思想突出了中国经济的历史、现状和出路等

① 《李达文集》第1卷,人民出版社1980年版,第224页。
② 《李达文集》第1卷,人民出版社1980年版,第56页。
③ 《李达文集》第1卷,人民出版社1980年版,第70页。
④ 《李达文集》第1卷,人民出版社1980年版,第219页。

内容,这是李达针对中国经济的特殊情况作出分析的结果。李达所撰写的《经济学大纲》、《货币学概论》、《中国产业革命概观》等著作,其出发点就是为了研究和解决中国的经济问题。在《经济学大纲》的开篇,作者就表明了这样的观点:"我们不是为了研究经济学才研究经济学,而是为要促进中国经济的发展才研究经济学。"①因此,他呼吁"除了研究历史上各种顺序发展的经济形态以外,还必须研究中国经济"②。李达在研究古代社会经济形态时,专门论述了中国古代社会的经济形态,他的经济学著作在内容上体现出了相当明显的"中国特色"。例如,在"奴隶制经济形态的发生和发展"一节中,李达详细考察了中国殷代的生产事业,认为那时的"奴、仆、役、臣、妾、奚、竖、媒、姘、俘、小人、僮等,都属于奴隶阶级。至于奴隶所有者,大都是贵族、工商业者一流人"③。在论述封建社会经济形态时,李达也考察了中国古代秦汉到清朝的经济情况,如"秦代,商业的发展已扩张于全国……汉兴,修养数十年之后,天下富庶,商业大见发展……清代对外贸易,在五口通商以前,已经非常发达"④等。在分析中国经济出路的问题上,李达也特别强调中国经济的特殊性。他指出:"谁都知道,目前的中国,是国际帝国主义的殖民地,是资本主义列强的附庸。单就这一点来说,已经可以理解中国经济的特殊性。"⑤可见,李达对经济学原理的论述,不仅基于对中国几千年经济状况的全面了解,而且基于对近代中国的经济状况特别是对中国社会产业革命状况的调查分析,他所做的研究工作不是为了理论而理论,而是通过针对中国经济的特殊的历史和现实的剖析,求得解答"中国向何处去"难题的经济道路。他所提出的社会主义经济思想,既是对马克思主义基本原理的阐发,更是对中国的实际经济问题的解剖,具有强烈的现实针对性。

由上可见,李达的社会主义思想在内容上具有很强的现实针对性。李达这种注重针对中国实际阐发社会主义思想的特点,构成了他理论研究的一以

---

① 《李达文集》第 3 卷,人民出版社 1984 年版,第 22 页。
② 《李达文集》第 3 卷,人民出版社 1984 年版,第 24 页。
③ 《李达文集》第 3 卷,人民出版社 1984 年版,第 73 页。
④ 《李达文集》第 3 卷,人民出版社 1984 年版,第 129 页。
⑤ 《李达文集》第 3 卷,人民出版社 1984 年版,第 22 页。

贯之的风格。无论是在 20 世纪初的社会主义论战中对各种非马克思主义思想的批判,还是 20 世纪二三十年代在《现代社会学》及其多次修订版中全面阐述唯物史观,抑或是三四十年代在其代表作《社会学大纲》、《经济学大纲》中阐述马克思主义哲学和经济学原理,李达无不将他的这种理论研究的风格演绎得淋漓尽致。1929 年,李达出版了《社会之基础知识》,该书的最后部分从两大方面总结性地阐明了中国所处的实际状态:"中国一面是半殖民地的民族,同时又是半封建的社会。"①在《社会学大纲》中,针对中国革命的迫切需要,李达突出了科学的实践观、对立统一规律、认识论、逻辑学、社会存在等内容;在《经济学大纲》中,李达针对帝国主义控制下中国经济的"三个互相交错的过程"的实际,提出了中国将来发展社会主义经济的路径问题。上述这些针对性很强的阐述在一定程度上成为毛泽东的社会主义思想的重要理论资源,对中国共产党探索社会主义的前途、命运、途径等都产生了深远影响。李达有些针对中国实际的研究还引起了国际性反响。例如,在 1941 年 9 月发表的长篇论文《中国社会发展迟滞的原因》中,针对日本支持法西斯主义的文人秋泽修二所提出的"中国社会具有亚细亚的停滞性"因而日本侵华具有合理性的观点,李达通过分析中国的战乱、宗法制、儒学、阶级等八个方面的因素,对秋泽修二具有欺骗性和迷惑性的观点进行了强有力的驳斥,引发国际学者撰文研讨和批判,使秋泽修二的荒谬论点不攻自破,让国际社会认清了日本秋泽修二之流的险恶用心。正是因为具有强烈的现实感和鲜明的针对性,所以李达的社会主义思想显得非常具有说服力,从而不仅在宣传社会主义方面产生了明显的实效,而且在扩大马克思主义阵营和树立马克思主义理论的权威性方面也产生了重大而深远的影响。在今天看来,他针对中国社会实际特别是历史实际而提出的关于确立社会主义道路、进行社会主义建设的某些观点依然还具有重要的现实意义。

(原载《武汉大学学报》(人文科学版)2014 年第 3 期)

---

① 《李达文集》第 1 卷,人民出版社 1980 年版,第 558 页。

李达社会主义思想的哲学基础

刘明诗

李达终生的学术实践都是围绕"中国向何处去"的时代大问题进行的,他为回答"中国向何处去"的时代问题而提出的社会主义思想,在中国马克思主义发展史上占有重要的理论地位。纵观李达社会主义思想的发展可以看到,从 19 世纪 20 年代与各种反社会主义的思想流派进行论战,到 19 世纪 30—40 年代阐发社会主义革命理论,至 19 世纪 50—60 年代探讨社会主义建设规律,李达始终坚持运用马克思主义哲学的基本理论,对什么是社会主义、社会主义何以可能、社会主义如何可能等重大理论问题作了深层次的回答。李达运用马克思主义哲学研究社会主义革命和建设理论所作的各种论述,我们今天读来依然感到有着重要的现实意义。

一、唯物史观:李达社会主义思想的理论基石

20 世纪 20 年代,在第一次世界大战带来沉痛创伤的氛围中,受俄国十月革命和国内五四运动的深刻影响,社会主义成为流行于中国思想界的时髦名词。但是对于究竟什么是社会主义这个问题,不仅国际上众说纷纭,而且国内也是莫衷一是。对于这种情况,当时有人作了这样的描述:"中国真正有人研究社会主义,却在最近的两年中。这自然是大战的反动,俄国大革命的影响,所以能使世界潮流也侵入这思想上交通断绝的中国来。然而中国今日究竟能彻底明白社会主义的有几个人? 我却不敢妄断了。"①可见,什么是社会主义

---

① 蓝公武:《社会主义与中国》,载《中国现代思想史资料简编》第 1 卷,浙江人民出版社 1982 年版,第 537—538 页。

的问题,在当时的中国不仅是一个理论的难题,更是一个现实的难题。

李达在留日期间就翻译了日本和欧洲马克思主义者编写的《唯物史观解说》、《社会问题总览》等书,并以他从中理解和接受的唯物史观作为回答"什么是社会主义"这个问题的理论基础。那么,究竟什么是真正的社会主义?针对当时思想界鱼龙混杂的各种各样的社会主义思想,李达认为只有马克思主义的社会主义才是中国人应当选择的社会主义。李达从财产关系、阶级的划分、阶级斗争、无产阶级的团结、无产阶级专政、发展生产力、国家消亡等七大方面列举了马克思社会主义的基本思想,然后指出:"马克思社会主义是科学的,其重要原则有五:一、唯物史观;二、资本集中说;三、资本主义崩坏说;四、剩余价值说;五、阶级斗争说。"①从这一顺序中也可以看到,李达非常强调唯物史观对于马克思主义的社会主义的理论根基性。由于李达对唯物史观的阐释,最初是"结合中国共产党的创建和社会主义道路的选择来进行的"②,因此,在李达早期的社会主义思想中,唯物史观不仅构成李达区分马克思主义的社会主义与各种非马克思主义的社会主义的理论依据,而且成为李达批判各种假社会主义的理论武器。

李达把唯物史观作为理论基础来阐发社会主义思想,比较集中地体现在20世纪之初的社会主义论战中。1920年上半年,研究系的张东荪、梁启超对社会主义提出怀疑和批判。张东荪认为,中国当务之急并非发展社会主义,而是发展实业,"而开发实业方法之最能速成者莫若资本主义"。梁启超接着撰文提出,中国"有业无业乃第一问题",所以应该"借资本阶级以养成劳动阶级而为实行社会主义之准备",而非进行有产阶级和无产阶级的斗争。依照他们的逻辑,社会主义运动就是诸如实行疾病保险、提高工人红利等调和劳资关系的具体措施。这样一种看似很具可行性的思路,一下子得到很多急于找到变革现状的方案的人们的响应,使得当时中国思想界弥漫一种对社会主义的消极情绪。对此,李达根据唯物史观的基本原理展开了强有力的反驳。李达把社会主义看成是历史发展的必然。他指出,社会主义是18世纪以后资本主

---

① 《李达文集》第1卷,人民出版社1980年版,第31页。
② 李维武:《李达对唯物史观的多向度展开》,《武汉大学学报(人文科学版)》2011年第1期。

义社会阶级斗争发展的产物，"阶级由对峙而斗争，而社会主义运动的大势以成"①。在国际资本主义的作用下，"中国是劳动过剩，不能说没有劳动阶级，只不过没有组织罢了"②，中国的失业游民就是中国无产阶级的组成部分。李达还指出，"梁任公误解社会主义为均产主义的说法，也就是因为忘记了社会主义有更好的生产方法的缘故。"③李达承认对于产业落后的中国来说，发展经济是极其重要的，但李达强调的是，关键的问题是采取资本主义生产方式还是采取社会主义生产方式来发展经济。李达认为，"资本主义的生产组织，是无政府无秩序的状态，社会主义生产组织是有秩序有政府的状态。这两者的利害得失，我想无论何人都容易判别出来。"④在李达看来，对于资本主义不可避免地出现的生产过剩的经济危机，只有社会主义的生产方式方能克服。所以，结论便是"开发实业，最好莫如采用社会主义"。⑤ 李达不仅从理论上论证了社会主义生产方式优越于资本主义生产方式，而且还从现实上阐述了在中国实行社会主义的必要性。他指出，解决中国的民生问题，如果离开了社会主义就只有三条道路可走，即要么实行维持自给自足的旧式手工业生产的闭关锁国政策，要么实行把中国交给西方列强共同经营的卖国主义，要么实行欧美式的资本主义。李达通过逐一分析得出结论，这三条道路都是行不通的，只有社会主义才能根治资本主义的顽疾，达到救国救民的目的。由上可见，李达正是以唯物史观作为理论分析的武器，有力地回击了各种反社会主义的理论进攻，准确地回答了中国面临的时代问题，提出了中国必须走社会主义道路的正确思想。

李达以唯物史观为理论基础来阐发社会主义思想，还比较典型地体现在他对中国实践社会主义的入口——社会革命的深入阐释上。他说："什么叫做社会革命？据马克思唯物史观说：'社会的物质生产力发达到一定阶段的时候，便和当时的生产关系相冲突，用法律上的术语说起来，就是和财产关系

---

① 《李达文集》第 1 卷，人民出版社 1980 年版，第 61 页。
② 《李达文集》第 1 卷，人民出版社 1980 年版，第 67 页。
③ 《李达文集》第 1 卷，人民出版社 1980 年版，第 64 页。
④ 《李达文集》第 1 卷，人民出版社 1980 年版，第 64 页。
⑤ 《李达文集》第 1 卷，人民出版社 1980 年版，第 65 页。

相冲突;然而社会的物质生产力,从前却是在这财产关系里面活动发展过来的。这些财产关系算是从生产力发展的形式变成生产力的桎梏了。从此遂进于社会革命的时代。经济的基础一经变动,那巨大的上部建筑的全部,或是徐徐的,或是急剧的,也就跟着变革了。'……据上述的原理剖释起来,社会革命乃是由无产阶级举行政治革命夺取政权来实现的。"①而中国的现状是怎样的呢? 李达分析指出,鸦片战争以后的中国情形是"资本主义便渐渐侵入了中国的内地,中国固有的经济状况,全被破坏,遂发生了重大的变化。从此便进于产业革命时代。直到现在,国际资本主义商品畅销全国,本国产业的状况也进到纺织工业的萌芽时代,手工业大受摧残,大多数人民遂陷于工钱奴隶和失业的地位"②。李达还分析了国际帝国主义与中国的关系:"最近八十年来,中国外交的历史,完全是帝国主义侵略的历史。全国的金融操纵在外国资本阶级之手,全国的铁路矿山森林水运交通以及许多企业,大半都归外国资本阶级掌握。加以几次的战役赔款以及许多投资的借款,重利盘剥,中国全国的经济生命,全被他们夺去了。此外在中国掠夺的种种政治权利,更是指不胜屈,北京政府间接就被他们支配。一言以蔽之,中国就是国际帝国主义的半殖民地而已。"③在这样的国内外情势之中,张东荪、梁启超他们那种既想发展资本主义开发实业又想避免资本主义制度恶劣后果的思想的空想性就是不言自明的了。在这里,李达通过对唯物史观的经济、政治等向度的展开,把在中国进行社会革命的必然性、合理性、可行性分析得淋漓尽致,从而深刻地指出了张东荪、梁启超等宣扬的基尔特社会主义的实质不过是"劳资协调主义",他们那种温情主义的社会改良处方只能是一种空想,是不具有现实可行性的。至此,李达之前所提出的"直接行动"的革命主张,即发动"突发的猛烈的普遍的群众运动……从资本阶级夺取一切资本,把一切生产工具集中到无产阶级的国家手里,用大速度增加全部生产力"④,便水到渠成地具有合理性、可行性了。

根据以上分析,我们可以很清楚地看到,李达早期关于什么是真正的社会

---

① 《李达文集》第1卷,人民出版社1980年版,第203页。
② 《李达文集》第1卷,人民出版社1980年版,第209—210页。
③ 《李达文集》第1卷,人民出版社1980年版,第210页。
④ 《李达文集》第1卷,人民出版社1980年版,第73页。

主义的论述、关于社会主义道路的必然性的论述,都是建立在马克思主义唯物史观的基础之上的。这些阐述在当时的思想界产生了极大的影响,不仅以强大的理论力量击碎了一些不负责任的人企图在中国贩卖基尔特社会主义和无政府主义的不切实际的空想,而且为党的二大制定最低纲领和最高纲领奠定了坚实的理论基础。

李达不仅从一开始就把唯物史观作为看待社会主义的思想依据,而且在此后的理论探索中,始终坚持运用唯物史观来分析社会主义在中国的实际发展。1926 年,李达的《现代社会学》一书问世,对唯物史观作了比较系统的富有中国特色的阐释,书中所讲的“社会学”,实际上也就是唯物史观①。可以说,正是因为李达对唯物史观有比较深入的研究,所以他才能自觉地以唯物史观作为坚实的理论基石,从而比较准确、比较鲜明地阐发马克思主义的社会主义学说,深刻地阐明了社会主义在中国的合理性与必要性,并有力驳斥了各种攻击、歪曲、诽谤社会主义的思想,为社会主义思想在中国的早期传播作出了杰出贡献。1935 年,李达所著《社会学大纲》和《经济学大纲》出版,更加全面、系统地阐发了唯物史观的基本理论。这种更加全面、系统、深入的研究,也使得李达能够在新中国成立之前和新中国成立之后的很长一段时间内都能正确地抓住生产力和生产关系、经济基础和上层建筑这两对基本矛盾,来观察和分析中国的社会主义运动,为中国社会主义革命和社会主义建设提出了一系列有价值、有影响的思想。

二、唯物辩证法:李达社会主义
思想的方法论原则

正确认识什么是社会主义和怎样开展社会主义运动,离不开科学的方法。李达非常重视研究社会主义的方法论问题。在他看来,“社会学的唯一的科学的方法,是唯物辩证法”。② 李达认为,唯物辩证法是以实践为基础的,故而

---

① 从这时起直到 1949 年,迫于当时的政治环境,李达都是在“社会学”的名义下来阐发唯物史观的。

② 李达:《社会学大纲》,武汉大学出版社 2007 年版,第 3 页。

他又把唯物辩证法称为"实践的唯物论"①。在《唯物辩证法大纲》中,李达系统阐述了唯物辩证法的丰富内容,并自觉地把唯物辩证法作为阐述社会主义思想的方法论指导。比如,矛盾的普遍性与特殊性的辩证关系的原理是唯物辩证法的重要内容,毛泽东称之为"共性个性辩证关系的原理",誉其为"矛盾学说的精髓",这便是李达在阐述其社会主义思想的方法论依据。下面主要分析李达是如何运用矛盾的普遍性与特殊性辩证关系的原理来阐述他的社会主义思想的。

早在1923年,李达就明确地提出了"马克思学说与中国"的论题。在中国如何实现社会主义?是固守马克思主义的本本和共产国际指示的教条,还是从中国的实际情况出发?李达认为,只有把马克思主义的理论与中国的实际情况结合起来,才能找到在中国实现马克思主义的社会主义的正确道路。中国共产党人如何应用马克思学说改造中国社会?李达认为必须解决三个问题:"一,目前的中国可以应用马克思学说改造社会吗?二,假使目前中国可以应用马克思学说改造社会,中国无产阶级应该怎样准备?怎样实行?三,假使中国无产阶级能够掌握政权,应该采用何种政策?"②抛开李达提出的三个具体问题不谈,单就李达明确地提出"马克思学说与中国"的论题而言,他在这里其实是涉及了人类社会发展的普遍性与特殊性的关系问题。1926年,李达在《现代社会学》中,又专门讨论了中国民族革命的特殊性问题。所以,不难看到,李达从接触马克思主义理论之始就关注一般原理的具体应用问题,他所遵循的正是马克思主义哲学的唯物辩证法关于矛盾的普遍性与特殊性的辩证关系的原理。李达所提出的"马克思学说与中国"的论题,以及他所提出的中国马克思主义者在应用马克思学说改造中国社会的同时必须重视中国国情的主张,对于后来的马克思主义者思考在中国如何进行社会主义革命和社会主义建设产生了极其深刻的影响。从某种意义上说,我们党提出走中国特色社会主义的道路,也可以从李达这位党的主要创始人之一的理论思维中找到思想源头。

---

① 李达:《社会学大纲》,武汉大学出版社2007年版,第44页。
② 《李达文集》第1卷,人民出版社1980年版,第202—203页。

1958 年,李达专门撰写了《社会发展的一般规律和特殊规律》一文,阐述了中国社会主义建设的特殊规律与社会主义革命和建设一般规律的关系。李达提出,"生产关系一定要适应于生产力的性质和发展水平"是适用于任何社会形态的一般规律,但是,"每个社会形态都具有许多特殊的特征和具体的历史条件,一般规律在各个社会形态中所起的作用和表现的形式要随着具体的条件和特征而有所变更"。① 即使是同一个规律,"在处于同一社会形态的许多个别的国家和民族中所起的作用和表现形式,也是各色各样的"②。那么,什么是社会主义革命和建设的一般规律呢? 李达从六个方面论述了社会主义革命和建设的一般规律的内容,具体就是:第一,马克思主义政党领导下的无产阶级革命;第二,工农联盟为基础的无产阶级专政;第三,生产资料的社会主义公有制;第四,发展国民经济以提高人民生活水平;第五,在思想文化领域实行社会主义革命;第六,实现民族平等。③ 在李达看来,一切民族走向社会主义都必须遵循这些共同规律。但是李达更加强调的是,各个民族必须结合自己的特点创造性地运用这共同规律。

沿着以上的思路,李达比较详细地分析了中国社会的特殊性,从经济上和政治上指出了中国社会主义革命与建设的特殊规律。在经济上,李达认为,生产关系一定要适合生产力状况的规律是一个普遍规律,但它在中国有其特殊的表现。中国的社会主义建设一定要以中国的国情为基础,尤其是要特别注意中国"一穷二白"的现实基础,要考虑中国这样一个大国的人多底子薄、科学技术不发达的特殊国情。李达指出,中国社会主义建设事业既不能建立在资本主义的经济基础之上,也不能长久地建立在社会主义工业化和小农经济这两种不同的基础之上,所以,在新中国成立之初进行农业的集体化和对资本主义工商业的公私合营,就是一件非常必要、切实有效的做法,这是中国的特殊国情所决定的。新中国成立后,当人民公社这一社会主义的新生事物出现在神州大地时,李达当即结合中国当时的实际作了高度肯定。李达指出,人民公社可以让劳动者、劳动对象、劳动资料等要素在全社会作统一的安排和调

---

① 《李达文集》第 4 卷,人民出版社 1988 年版,第 543—544 页。
② 《李达文集》第 4 卷,人民出版社 1988 年版,第 545 页。
③ 参见《李达文集》第 4 卷,人民出版社 1988 年版,第 559—560 页。

度,是适合当时的中国巩固工农联盟、克服小生产的分散性的现实需要的,因而它的出现有其合理性。李达还充分肯定了我国制定的社会主义建设总路线中的"用两条腿走路"的方针,认为实行工业和农业同时并举、重工业与轻工业同时并举、中央工业和地方工业同时并举、大型企业和中小企业同时并举、洋法生产和土法生产同时并举、集中领导与大搞群众运动相结合的方针是适合当时中国的具体实际的,是科学可行的。李达还高度肯定了新中国成立初期在生产中出现的"两参、一改、三结合"管理模式,认为它是具有中国特点、符合中国实际的。总之,李达认为,在经济生活中,应该坚持社会主义革命和建设的共同规律与民族特点的辩证统一。在政治上,李达指出,必须依靠以工农联盟为基础的人民民主专政,特别是依靠党领导下的人民统一战线政策实行对农业、手工业和资本主义工商业的社会主义改造。在李达看来,这是一条符合中国国情的、行之有效的、和平地由新民主主义社会向社会主义社会过渡的规律。他指出,由当时中国的社会状况所决定,我国无产阶级专政的特点就是"最广泛的统一战线和最广泛的爱国主义团结"①,在这种情况下,把一些社会力量包括在阶级联盟的范围内,就不仅具有可能而且是完全必要的了。所以,李达认为,在实行向社会主义过渡的历史时期内,我们不仅应当依靠工农联盟引导农民走上社会主义道路,而且也应当依靠我国特有的、在长期的民主革命斗争中形成的同民族资产阶级的联盟,实现对资本主义工商业、对资产阶级的"和平赎买"。李达得出这样的结论,不是照抄照搬马克思主义的结果,而是分析中国的特殊国情、将马克思主义的普遍真理与中国具体国情结合的结果。事实上,正是由于执行了这样的统一战线政策,我们成功地进行了社会主义的改造,开创了一条有着中国特色的社会主义建设道路。

通过以上分析,我们可以看到,正是由于以唯物辩证法作为自己的方法论原则,李达科学地分析了中国的社会主义建设的具体实践,在理论上辩证地阐释了中国社会的发展如何既不偏离社会主义的正确道路又立足于自身的具体国情的问题。这些论述不仅具有极强的理论价值,而且具有重要的实践意义,得到毛泽东的高度肯定和重视。

---

① 李达:《由民主主义革命到社会主义革命》(续),《理论战线》1959 年第 4 期。

李达之所以能够正确运用唯物辩证法关于矛盾的普遍性与特殊性的辩证关系的原理作为他阐述社会主义思想的方法论原则，不仅因为李达有着深厚的马克思主义哲学素养，而且因为李达善于总结经验教训，有着高度的方法论自觉。所谓自觉，就是时刻坚持正确的方法论，时刻警惕错误的方法论。李达多次强调，要在方法上自觉地反对主观主义和教条主义。"领导革命的集团若果单凭一般规律而不去考察当时当地的具体的历史条件和特点，这一般规律就会变成抽象的公式，依靠这种抽象的公式去指导革命，就没有不遭到失败的。我党过去的'左'右倾机会主义领导集团对我国革命所招致的损失，就是单凭一般规律指导革命斗争的结果。教条主义者所犯的错误，正是这样。"① 正是因为有着高度的方法论自觉，李达才能够做到高屋建瓴地分析中国社会主义建设的内在规律，在社会主义研究方面独树一帜。总之，李达"在马克思主义哲学的指导下对中国社会的'特殊姿态'作了深刻的分析……他在建国后多方面地论述了中国社会主义建设的特殊规律，成为中国特色社会主义道路的最早探索者之一"。② 李达始终将唯物辩证法作为探索中国社会主义建设道路的方法论原则，这对于今天我们在新的条件下推进社会主义理论的创新依然具有重要的方法论意义。

三、"一切为了人民"：李达社会主义思想的价值取向

社会主义的根本目的在于为人民谋利益，这是马克思主义的基本观点。李达运用马克思主义的这一基本观点，对人民群众的历史主体作用、人民群众在社会主义运动中的现实作用、人民群众的根本利益的重要性等问题进行了深入的阐发，并把"一切为了人民"作为其社会主义思想的价值取向。

李达把"一切为了人民"作为其社会主义思想的价值取向，最早体现于他在 20 世纪初的那场社会主义论战中对究竟什么是社会主义的回答。那时，李

---

① 《李达文集》第 4 卷，人民出版社 1988 年版，第 545—546 页。
② 汪信砚：《李达的马克思主义哲学研究范式及其深刻启示》，《江海学刊》2012 年第 2 期。

达曾经作过这样的论述:"社会主义,是反对个人竞争主义,主张万人协同主义。社会主义,是反对资本万能主义,主张劳动万能主义。社会主义,是反对个人独占主义,主张社会公有主义。"①李达还提出:"总而言之,社会主义有两面最鲜明的旗帜,一面是救经济上的不平均,一面是恢复人类真正平等的状态。"②从这里可以看出,李达从一开始就把人的解放、人民利益的实现作为其社会主义思想的价值旨归。李达的这种价值旨归鲜明地体现在他对社会主义的政治、经济、文化的思考上。在政治方面,李达赞成马克思社会主义的"劳动专政的"③的观点,他还提出"资本阶级的国家是资本阶级专政;劳动者的国家是劳动阶级专政"④,这也就是提出了要从政治上代表和保障劳动人民的利益。在社会主义运动的初期,在全国各地的工会运动中出现过工会把干劳动运动的人视为过激派因而害怕社会主义运动的反常现象。对此,李达指出,"过激派是反对资本家的,只有资本家怕他,工人为什么也害怕呢?过激派就是讲社会主义的人。社会主义是主张把现在资本家手里的一切工厂、土地、房屋、机器、原料都收归劳动者管理的。象这样以工人的利益为利益的人,工人还不欢迎,倒还拒绝吗?工人若说社会主义马上难于实现,这是可以的,却至少不要害怕。"⑤李达分析了俄国"劳农专政"的理论与实践,从无产阶级专政在社会主义基本政治制度中的地位、作用、形式、前途等方面,探讨了工人、农民在社会主义政治生活中的主体地位和作用,在理论上为"以工人利益为利益的人"的社会主义运动作了辩护,实际上也是为人民的利益发出了正义的呐喊。在经济方面,李达指出,社会主义并不像张东荪、梁启超所歪曲的那样只是"劳动者地位的改善"、"均产"、"专争分配"、"利用游民",而是"主张推倒资本主义,废止财产私有,把一切工厂一切机器一切原料都归劳动者手中管理"⑥;他还提出社会主义要"在根本改造经济组织谋社会中最大多数的最大

---

① 《李达文集》第1卷,人民出版社1980年版,第1页。
② 《李达文集》第1卷,人民出版社1980年版,第5页。
③ 《李达文集》第1卷,人民出版社1980年版,第31页。
④ 《李达文集》第1卷,人民出版社1980年版,第102页。
⑤ 《李达文集》第1卷,人民出版社1980年版,第141页。
⑥ 《李达文集》第1卷,人民出版社1980年版,第41页。

幸福"①,在分配上要"以自由平等为根据"②以及"实有按照劳动分量以分配财富之必要"③,等等。所有这些,无一不是在强调人民群众在社会主义经济生活中的基础地位和极端重要性,无一不是李达社会主义思想中人民利益至上的价值取向的生动表现。在文化方面,李达把尊重劳动者的历史地位作为社会主义文化的基本内容。"在社会主义的建设过程中,就需要人类大量的改造,需要人们对于劳动的态度、道德观、世界观以及生活等等的改造,换句话说,就是文化的根本的改造。"④李达把这种改造看成是社会主义运动的基本内容之一。在他看来,由于只有无产阶级才是新社会的建设者,因而无产阶级便是"文化革命的指导者,是文化上的把持者"⑤;在文化革命的过程中,起着决定性作用的是"劳动大众在社会主义建设过程中的独立的活动性与创造性"⑥。在李达看来,相对旧文化而言,社会主义新文化的根本特征表现在对待劳动态度的变化上,"劳动从以前可耻的痛苦的重担,转变为名誉的、光荣的、英勇的事情了"⑦。这种"对于劳动的新态度,同时是新道德——无产阶级道德的基础"⑧。这些论述表明,李达极其尊重人民群众在社会主义文化建设中的主导地位。

新中国成立之后,如何推进社会主义实践向前发展,成为摆在共产党人面前新的历史任务。在这个问题上,李达明确指出,社会主义建设最基本的任务是巩固人民民主专政,具体就是"中国的人民民主专政以工人阶级为领导,以工农联盟为基础"。⑨ 李达强调,巩固人民民主专政,就是从政权上确保人民根本利益的实现。所以,他认为,以工人阶级为领导和以工农联盟为基础的无产阶级专政将最终把中国成功地引向社会主义,也将确保实现人民的根本利益。1950 年,李达在《学习社会发展史》一文中明确主张,"一切为了人民"应

---

① 《李达文集》第 1 卷,人民出版社 1980 年版,第 61—62 页。
② 《李达文集》第 1 卷,人民出版社 1980 年版,第 50 页。
③ 《李达文集》第 1 卷,人民出版社 1980 年版,第 386 页。
④ 李达:《社会学大纲》,武汉大学出版社 2007 年版,第 497 页。
⑤ 李达:《社会学大纲》,武汉大学出版社 2007 年版,第 499 页。
⑥ 李达:《社会学大纲》,武汉大学出版社 2007 年版,第 498 页。
⑦ 李达:《社会学大纲》,武汉大学出版社 2007 年版,第 500 页。
⑧ 李达:《社会学大纲》,武汉大学出版社 2007 年版,第 500 页。
⑨ 《李达文集》第 4 卷,人民出版社 1988 年版,第 23 页。

该成为社会主义的价值追求。他指出,要真正认识什么是社会主义,就必须要有劳动的观点。而所谓要有劳动的观点,就是"第一,要明确了解劳动创造世界创造人类的道理,了解劳动人民在社会发展过程中和当前中国革命中所发生的决定作用。第二,要彻底肃清贱视劳动,践视劳动人民的错误观念。第三,要参加实际劳动。第四,要接近劳动人民,向劳动人民学习,从不断的接触中,建立对劳动人民的阶级感情"。① 李达强调树立劳动的观点的重要性,是为了向代表人民利益、参与决策的社会主义建设的指挥者提出告诫,即不能忽视人民的根本利益。同时,李达还强调要有群众观点。所谓要有群众观点,就是要理解人民群众所具有的伟大创造力,要善于依靠、团结、组织、领导群众。总之,"现在是人民的世纪了,我们的国家是人民民主专政的国家了,一切为了人民,人民的利益高于一切"。② 这是李达社会主义思想"一切为了人民"的价值取向的最集中、最系统、最成熟的表达。

李达社会主义思想"一切为了人民"的价值取向还体现在李达对劳动者在社会主义建设中的重要地位的重视。"劳动者本身是首要生产力,他们共同运用生产工具改造劳动对象为生产品的能力是现实生产力。显而易见,劳动者们的相互关系即生产关系是具有生产力的内容的。"③因此,劳动者的积极性的发挥是和人民利益的实现紧密相连的。李达深刻地指出,尽管中国社会经历了对农业、手工业、资本主义工商业的社会主义改造,但是,生产中还存在着脱离人民群众的"三风"(官僚主义、主观主义、宗派主义作风)和"五气"(官气、暮气、阔气、骄气、娇气)问题,这些不良风气严重影响着劳动者的积极性。李达还曾呼吁国家机关在制订经济计划和政策时要考虑到如何满足劳动群众的需要和利益的问题。他多次强调,在指导国民经济建设时,既要坚持社会主义生产为满足人民物质文化需要服务的生产的目的,又要充分调动劳动者的积极性,尤其要注意按劳分配规律的作用。他还呼吁,要把放手发动群众和一切经过试验结合起来,强调要时刻密切同人民群众的血肉关系,在生产建设中也要坚持群众路线,等等。李达还指出,要把人民群众建设社会主义的巨

---

① 《李达文集》第4卷,人民出版社1988年版,第20—21页。
② 《李达文集》第4卷,人民出版社1988年版,第26页。
③ 《李达文集》第4卷,人民出版社1988年版,第605页。

大积极性同我国较低的生产力水平结合起来,不能搞浮夸和瞎指挥,否则就会使"共产主义变成破产主义,大跃进变成大后退,人民公社变成人民空社"①。总之,在李达看来,人民群众的主体地位受到削弱,人民群众的根本利益就会受到巨大损失,社会主义运动就会受到影响。

中国社会主义发展的实际历程已经证明,李达把"一切为了人民"作为社会主义的价值取向是完全正确的。历史的经验教训表明,当我们党的建设远离了"一切为了人民"的宗旨时,人民群众的积极性便会受到压抑,社会主义事业就会受到损害。在我们倡导"以人为本"、不断推进中国特色社会主义建设事业的今天,李达所提出的"一切为了人民"的观点依然闪烁着真理的光辉。

(原载《江汉论坛》2013 年第 4 期)

---

① 海波等:《纪念和学习李达同志——哲学系教师座谈纪要》,《武汉大学学报(哲学社会科学版)》1981 年第 1 期。

第 四 篇

李达经济学论著和思想研究

李达与马克思主义经济学中国化

颜鹏飞　　刘会闯

一、李达在马克思主义经济学
中国化史上的地位

迄今为止，根据武汉大学《李达全集》编纂委员会的收集成果，李达撰写马克思主义经济学的专著有《中国产业革命概观》（1929 年）、《经济学大纲》、《货币学概论》等三本；译著（含合译）有 6 本：（苏）米哈列夫斯基：《经济学入门》、（苏）拉比托斯和渥斯特罗夫：《政治经济学教程》、（日）河田嗣郎：《土地经济论》、（日）河西太一郎：《农业问题之理论》、（日）高柳松一郎：《中国关税制度论》、（日）河上肇：《马克思主义经济学基础理论》。

李达还先后撰写了 15 篇经济学论文，主要有《佃租论》、《论广义经济学》、《土地问题研究》、《中国现代经济史概观》等。此外，李达的其他一些论著如《马克思学说与中国》、《现代社会学》、《社会学大纲》和《社会发展迟滞之原因》等，也有不少关于经济问题的分析和论述。

这些呕心沥血之作奠定了李达在马克思主义经济学界的声望，以及在马克思主义经济学中国化史上的地位，以至于有人明确地说早期的中国马克思主义者"无一人出李达之右"（侯外庐语）。早期的马克思主义理论家大都以研究和宣传哲学和科学社会主义学说见长，而李达对于马克思主义经济学有很深的造诣，并且特别重视对中国经济问题研究，他是中国早期马克思主义理论者中屈指可数的经济学家。

李达以马克思主义这一新视角探讨中国向何处去的重大的时代性问题，最早研究中国经济问题和"中国经济的特殊的发展法则"。早在 1921 年，他就在《新青年》上发表了两篇令人振聋发聩的檄文:一方面,他以《马克思还原》为题,批判德国社会民主党对于马克思真面目的歪曲,称赞列宁恢复了马克思的真相,大声疾呼"马克思还原";另一方面,他以《马克思派社会主义》为题,指出:"中国何时能够发生社会革命? 中国社会革命究竟采用何种范畴的社会主义,大概也是要按照国情和国民性决定的。"①在这篇文章中,他还严厉批判了各种假社会主义言论,其中包括无政府主义(《无政府主义之解剖》,1921 年)、"走狗社会主义"(《张东荪现原形》,1920 年)和"温情的社会主义"(《社会主义与江亢虎》,1923 年),而在《什么叫社会主义》(1919 年)、《社会主义的目的》(1919 年)以及《现代社会学》(1926 年)等论著中,他系统地宣传了科学社会主义。在《中国产业革命概观》(1929 年)、《中国现代经济史之序幕》(1935 年)、《中国现代经济史概观》(1935 年)这三本著作中,李达运用马克思主义经济学原理对中国具体的经济社会问题作了深入的分析。特别是在 1936 年发表的代表性论著《经济学大纲》等论著中,李达认为,"理解经济进化的一般原理在具体的中国经济状况中所显现的特殊的姿态,特殊的特征,才能得到具体的经济理论,才能知道中国经济的来踪与去迹。"②

可见,李达虽然没有明确地提出马克思主义经济学中国化这一术语,但早在 20 世纪 20 年代已经领悟其中之真谛和精髓,并且对马克思主义经济学中国化做了实际的努力。李达实际上是倡导和力行马克思主义经济学中国化的第一人。

二、李达力行马克思主义经济学中国化的三大阶段

李达力行马克思主义经济学中国化的过程大致可以划分为三个历史阶段。

1. 早期阶段(19 世纪 20 年代)

在党的二大宣言中提出民主革命的纲领后,李达发表了《马克思学说与

---

① 《李达文集》第 1 卷,人民出版社 1980 年版,第 104 页。
② 《李达文集》第 3 卷,人民出版社 1984 年版,第 24 页。

中国》(1923 年)一文。李达鲜明地提出"用马克思学说改造中国社会"的口号,并运用马克思主义分析了中国经济的演变过程,指出"马克思学说之在中国,已是由介绍时期而进到实行的时期了。我们研究经济学说的人,对于这样重大的事实,似有慎重研究和考校的必要",并认为尤其要探讨三大问题,即"目前的中国可以应用马克思学说改造社会吗……中国无产阶级应该怎样准备,怎样实行……应该采用何种政策?",并且力图从经济上为中国共产党的反帝反封建的民主革命纲领作有力的论证,并且预测:无产阶级掌握政权后,应"根据马克思学说的原则和中国的产业状况及文化程度"来确定各种政策①。

李达于 1929 年出版的《中国产业革命概观》是在大革命失败后的紧要关头为回答中国向何处去这个重大课题而作的,是中国人用马克思主义观点系统阐述中国近代经济的第一本著作。他在书中开宗明义指出:"要晓得现代的中国社会究竟是怎样的社会,只有从经济里去探求",只有"就中国经济发展的倾向作正确的分析,才能了解革命的理论,树立建设的计划。这是我所以要编这本小册子的动机"。② 在该书中,他首先考察了中国革命与中国产业革命的关系,接着运用大量统计资料详尽地分析了鸦片战争以后在"帝国主义的侵略"和"封建势力和封建制度"的双重压迫下中国经济的演变趋势,并在此基础上阐明了近代中国的社会性质,论述了中国革命的对象、任务与前途。李达指出:"要发展中国产业,必须打倒帝国主义的侵略,廓清封建势力和封建制度,树立民众政权,发展国家资本,解决土地问题。"③该书出版后很快就被译成俄、日等多国文字。

李达在这一时期还翻译出版了《政治经济学批判》和《马克思主义经济学基础理论》,有力地促进了马克思主义经济学在中国的传播。

2. 中期阶段(19 世纪 30 年代)

20 世纪 30 年代是李达研究马克思主义经济学成果斐然的多产时期。一共撰写了四本代表性著作即《经济学大纲》(1935 年)、《货币学概论》(1937

① 《李达文集》第 1 卷,人民出版社 1980 年版,第 202—203、215 页
② 《李达文集》第 1 卷,人民出版社 1980 年版,第 388 页。
③ 《李达文集》第 1 卷,人民出版社 1980 年版,第 495 页。

年)、《社会学大纲》(1937年)、《社会进化史》(1935年)以及五本译著。特别需要指出的是,李达在20世纪30年代就已经注意到马克思《1844年经济学哲学手稿》的重要理论价值,这在中国早期马克思主义者中是不多见的。

《经济学大纲》是我国马克思主义学者全面系统阐述《资本论》原理的最早著作,通俗易懂地向中国人民介绍了马克思主义经济学,极大地促进了马克思主义经济学在中国的传播。虽然该书系介绍《资本论》原理的专著,但依然有很多极为深刻的个人见解和富有创见的发挥,是中国人自己写的第一本马克思主义经济学教科书。毛泽东同志曾向延安理论界推荐此书:"李达还寄给我一本《经济学大纲》,我现在已读了三遍半,也准备读它十遍。"[1]毛泽东还在写给李达的信中,称赞李达是"真正的人"[2]。

《货币学概论》表明:李达不仅是在中国独立撰写马克思主义经济学教科书的第一人,而且也是中国马克思主义货币理论的开拓者。尹进教授将其与同类国内外书籍做了比较,认为它是"中国最早系统地阐述马克思主义货币理论的一部著作,它不仅标志着中国货币理论领域发展的一个崭新的阶段;同时,从马克思主义在中国传播角度来看,也是马克思主义理论向部门经济学渗透的开端,显示着马克思主义理论在中国的运用与发展的新的里程碑"[3]。从内容的全面性和体系的严谨性以及内容的深度来说,"即使放在30年代世界马克思主义货币理论水平上来衡量,《货币学概论》书稿也是高水平的"[4]。

3. 后期阶段(19世纪50—60年代)

全国解放后,李达的主要精力放在教育等领域,同时还着力于毛泽东哲学思想的宣传和阐发,关于经济问题的研究则散见于一些论著之中,但其经济学思想即使在今天看来也不乏深刻之处。例如,他在《关于过渡时期总路线和国民经济按比例发展的规律》(1955年)、《我国现阶段的上层建筑与经济基础的关系》(1958年)以及1959年针对当时的"大跃进"和"人民公社化"运动

---

① 参见郭化若:《回忆在毛主席身边工作的点滴》,载《学习与回顾》,军事科学出版社1991年版。
② 转引自《李达文集》第1卷,人民出版社1980年版,第17页。
③ 尹进:《李达货币学概论的写作前后及出版的伟大意义》,《经济评论》1991年第5期。
④ 尹进:《李达货币学概论的写作前后及出版的伟大意义》,《经济评论》1991年第5期。

所发表的系列论文和讲话包括《正确认识由社会主义到共产主义过渡的问题》、《共产主义社会的两个阶段》、《关于我国由社会主义过渡到共产主义的问题》等论著中,提出了关于"商品生产和商品交换在整个社会主义阶段,不但不会取消,而且要继续发展"①的观点,这在当时大刮共产主义之风、跑步进入共产主义的大背景下,是切中时弊、难能可贵、具有大无畏的理论胆识的。

综上所述,李达对于马克思经济学在中国的传播与发展,具有不可磨灭的贡献。综观李达力行马克思主义经济学中国化的全过程,一个鲜明的特点是:有的放矢,实事求是,应用马克思主义经济学基本原理具体分析了中国现代经济的特殊性、中国经济的发展规律、出路和对策。他是最早运用马克思主义经济学说以及马克思主义基本原理分析和研究中国现实经济问题的马克思主义理论家。同时,李达既是一位理论素养深厚的马克思主义经济学家,更是一位哲学功底深厚的马克思主义哲学家。毋庸置疑,李达善于运用哲学方法论研究经济问题,也善于通过经济分析来深化和提升哲学观点。这是李达经济思想的一个重要特征。下面我们具体地剖析和解读李达在经济学领域的理论贡献。

三、李达关于经济学研究对象的独到理解

李达在《经济学大纲》"绪论"中,肯定了经济学的社会科学的学科性质:"经济学是社会科学的一种。社会科学,是以各种社会关系为对象的。"②由此他进而明示:"经济学的对象,是社会构成过程中的生产关系的总体,即社会的经济构造。"③

李达从生产力与生产关系的对立统一的角度来理解经济构造:"生产力与生产关系的统一,即适应于生产力的各种发展阶段的生产关系之总体,就是社会的经济构造。"④这一论述,在中国化马克思主义经济学说史上第一次提

---

① 李达:《共产主义社会的两个阶段》,《武汉大学人文科学学报》1959 年第 1 期。
② 《李达文集》第 3 卷,人民出版社 1984 年版,第 3 页。
③ 《李达文集》第 3 卷,人民出版社 1984 年版,第 4 页。
④ 《李达文集》第 3 卷,人民出版社 1984 年版,第 10 页。

出了"生产关系的总体"的概念。新中国成立以后,比较流行的观点,是根源于斯大林经济学模式的,把政治经济学研究对象仅定位于单一的生产关系及其三分法。改革开放以来,生产力(熊映梧,1978年)、生产方式(马家驹,1981年)、"生产力—生产方式—生产关系"(吴易风,1997年),以及"生产关系总体"(胡钧,2011年)、生产力—中介范畴—生产关系(颜鹏飞,2012),先后被列为政治经济学的研究对象而引起学界的讨论和争鸣。总的来看,其发展趋势是越来越逼近马克思的研究对象总体论。而追根溯源,是李达开了正确看待中国化马克思主义经济学研究对象的先河。

在李达看来,生产力与生产关系的统一,是内容与形式的统一。在他看来,生产力是生产关系的内容,生产关系是生产力的运动及作用的形式。生产力是劳动力(隶属于劳动者)与生产手段结合为一而发挥的一种能力,因而劳动力与生产手段的结合,乃是劳动力所有者与生产手段所有者的结合。劳动者的劳动力与其生产手段相结合,就发挥出生产力;劳动力所有者与生产手段所有者相结合,就形成生产关系。李达进一步指出:"这两种结合实是一种结合的两个方面,前一方面是内容,后一方面是形式,而内容与形式,形成为对立的统一。"[1]这就深刻地说明了"社会的经济构造,是生产力与生产关系之对立的统一"[2]。此外,他还着重说明了经济学的研究任务,即科学的经济学所要集中注意的"焦点":"历史上的各种经济形态的发展法则的特殊性,以及顺次由一种形态推移到次一形态的转变法则的特殊性。"[3]

四、李达的"广义经济学"主张

李达把经济学的研究范围划分为"广义经济学与狭义经济学",前者"研究历史上各种经济构造的发生、发展与没落及其互相转变的法则",后者"单只研究商品=资本主义经济的发生、发展及没落的法则"[4]。他进而指出:"我

---

[1] 《李达文集》第3卷,人民出版社1984年版,第9页。
[2] 《李达文集》第3卷,人民出版社1984年版,第10页。
[3] 《李达文集》第3卷,人民出版社1984年版,第14页。
[4] 《李达文集》第3卷,人民出版社1984年版,第15页。

的研究所以要采取广义经济学的立场,不仅是具有纯理论的意义,并且还具有实践的意义,因为广义经济学,并不仅是为了求得经济学的知识才去研究一切经济构造,而实在是为了求得社会的实践的指导原理才去研究它们。"①"我们不是为了研究经济学才研究经济学,而是为了要促进中国经济的发展才研究经济学。"②为此,他批评那种专门研究外国经济却把中国经济忽略的做法"是一个严重的错误,是极大的缺点"③。

在中国近代经济学说史上,李达可以说是最先提出马克思主义政治经济学必须研究中国经济问题的一位马克思主义学者。他极为重视对中国经济特殊性的研究,在他看来,广义经济学必须包括对"中国经济的特殊的发展法则"的研究,因为只有"理解经济进化的一般原理在具体的中国经济状况中所显现的特殊的姿态,特殊的特征,才能得到具体的经济理论,才能知道中国经济的来踪和去迹"④。在他看来,经济学研究,"就必须把捉住一般根本路程上的经济的进化之客观的法则,同时具体的考察中国经济的特殊的发展法则,以期建立普遍与特殊之统一的理论"⑤。李达的这些观点在当时的中国是卓越的和独到的,并对构建中国的马克思主义政治经济学起到了理论先导作用。

李达还具体分析了中国近代经济的特殊性。他指出,中国近代社会成为"国际帝国主义的殖民地,是资本主义列强的附庸"⑥,中国近代经济是"国际资本主义殖民地化的经济"⑦,它不是"一个阶段上的独立的经济形态",而是"还停滞在由封建经济到资本主义经济的过渡状态中,但是深深的烙上了国际帝国主义殖民地的火印"⑧。具体而言,中国近代经济存在着"三个互相交错的过程:帝国主义侵略的过程,民族资本萎缩的过程和封建农业崩溃的过程。这三个过程中,第一过程占据统制的地位,这是不待多言的,第二过程已

---

① 《李达文集》第3卷,人民出版社1984年版,第15页。
② 《李达文集》第3卷,人民出版社1984年版,第22页。
③ 《李达文集》第3卷,人民出版社1984年版,第24页。
④ 《李达文集》第3卷,人民出版社1984年版,第24页。
⑤ 《李达文集》第3卷,人民出版社1984年版,第24页。
⑥ 《李达文集》第3卷,人民出版社1984年版,第22页。
⑦ 《李达文集》第3卷,人民出版社1984年版,第24页。
⑧ 《李达文集》第3卷,人民出版社1984年版,第22页。

是第一过程的附属物,第三过程虽然被第一第二所统制着,却仍然表现顽强抵抗的力量,仍在困苦状态中挣扎着"①。上述关于中国近代经济特殊性的分析,对当时理论界关于中国社会性质问题的讨论以及对于中国革命纲领的制定,都有着十分重要的影响。

因此,可以说,李达的广义经济学主张,对于马克思主义经济学的中国化和构建中国的马克思主义政治经济学具有开拓性意义。

五、李达对资本主义经济的研究

李达非常重视对资本主义经济的研究。他指出:"关于资本主义经济的发展法则的暴露,在目前实是'人类的最高问题'。"②在《经济学大纲》一书中,李达严谨地遵循《资本论》的基本原理,对资本主义经济的内在矛盾及其根源、资本主义社会剥削的实质进行了深入的剖析,提出了很多非常深刻的见解和论断。

李达写道:"我们的研究,采取了如次的顺序,即商品的二重性→劳动的二重性→社会的生产与个人的占有间的矛盾。从这个顺序的另一方面看来,是交换价值→价值→抽象的劳动。在这些对立的契机之中,决定的契机,是社会的矛盾、商品经济所固有的社会的生产与个人的占有间的矛盾。这个根本矛盾的发展,必然出现为劳动的二重性。而劳动的二重性又表现于商品的二重性之中。从交换价值→价值→抽象劳动这顺序说,抽象劳动是决定的契机,这抽象劳动,采取劳动生产物的价值那种形式,而价值通过交换价值而实现。"③通过这种研究顺序,李达层层深入,透过商品表面的现象看到了其内在的本质,入木三分地揭示了资本主义经济内在矛盾的根源。

剩余价值理论是该书分析的重点。李达指出:"资本主义社会中,在支配的一般的平等的外形之后,隐藏着本质上与奴隶经济及农奴经济诸条件下所有的完全一样的榨取……它是外观上在自由平等的旗帜下面,以交换契约的

---

① 《李达文集》第3卷,人民出版社1984年版,第23—24页。
② 《李达文集》第3卷,人民出版社1984年版,第17页。
③ 《李达文集》第3卷,人民出版社1984年版,第165—166页。

形式来进行的,而这契约是两个在形式上独立的而且平等的商品所有者——一个是货币所有者,另一个是劳动力这商品的所有者——所订立的。"他把剩余价值的索取视为资本主义制度下技术发展的界限:"假若某种新机械的价值,比它所能代替的劳动者的劳动力的价值更高些,那末,无论这种机械是怎样好,怎样能减轻人们的劳动,资本家是不会采用它的。"[1] 他以当时中国的情况为例对此作了说明:就是因为中国"苦力"的劳动非常便宜,所以资本家宁愿放弃购买和使用起重机及其他西式的码头上所必要的大汽舶起运货物的一切设备。

李达指出:劳动者的贫穷的根源就是他没有生产手段及生活资料,这是一种"无形的鞭子,比较驱使奴隶或农奴的有形的鞭子或法律的强制更要厉害,它把劳动者赶到工场里使他做资本家的奴隶"[2]。这一论述,生动地揭示了资本主义社会生产的社会性与资本家私人占有性之间的基本矛盾。他还进而分析了资本主义无限地扩大生产以及"生产的消费"(即生产手段的消费)之增大的倾向与消费资料的生产尤其是个人的消费(即消费资料的消费)的缩小的矛盾,认为这是资本主义社会的根本矛盾所使然:"广泛的大众,却一天一天的贫困化了,结果自然把消费限制在极度狭隘的范围中。"[3]资本主义社会的这种根本矛盾,在资本主义的经济恐慌中,即在"生产的无限扩大的倾向与具有支付能力的需要相对缩减之间的矛盾中,最明显地表现出来"[4]。

李达进一步指出,"生产的社会性与占有的私人形式之间的矛盾"[5]正是"恐慌"即经济危机产生的根本原因。他认为,这种恐慌是资本主义社会一切矛盾的集中表现,会剧烈地震动资本主义的经济基础。他还深刻分析了这种恐慌的根本特征,"在于它不是由于生产缩小或商品缺乏以及某种自然灾害而生出的,而是由于过剩生产而生出的"[6],因此,这种恐慌只会在资本主义经济形态发生,而绝不会在其他经济形态发生。

---

[1] 《李达文集》第 3 卷,人民出版社 1984 年版,第 260 页。
[2] 《李达文集》第 3 卷,人民出版社 1984 年版,第 235 页。
[3] 《李达文集》第 3 卷,人民出版社 1984 年版,第 323—324 页。
[4] 《李达文集》第 3 卷,人民出版社 1984 年版,第 412 页。
[5] 《李达文集》第 3 卷,人民出版社 1984 年版,第 411 页。
[6] 《李达文集》第 3 卷,人民出版社 1984 年版,第 406 页

李达的这些论断,在当时是颇为少见和难能可贵的,具有启蒙和传播的开拓性质。

六、李达对社会主义经济的研究

20 世纪 20 年代,《改造》杂志开辟"社会主义研究"专栏,开展了关于中国应该走社会主义道路还是资本主义道路的争论。李达以《新青年》杂志为阵地,开展了与资产阶级改良主义的大论战。在《讨论社会主义并致梁任公》(1921 年)一文中,李达把梁启超等人关于社会主义不适合中国"国情"、中国应发展资本主义的主张斥之为"空想":"中国是万国的商场,是各资本国经济竞争的焦点……产业万分幼稚的时代又伏在各国政治的经济的重重势力之下的中国,要想发展资本主义和各资本国为经济战争,恐怕要糟到极点了。梁任公认此是唯一可行之道,我看这唯一可行之道,反不免是空想罢。"①李达认为,中国的唯一出路在于实行社会主义,社会主义对中国来说不仅是必要的,而且也是符合世界发展趋势的,具有客观的必然性。他指出:"就中国现状而论,国内新式生产机关绝少,在今日而言开发实业,最好莫如采用社会主义"②,"将来社会的经济组织必归着于社会主义"③。这样,李达在批判梁启超等人的观点的同时,旗帜鲜明地回答了中国到底应该走什么道路这样一个具有根本方向性的重大问题,论证了社会主义是中国的唯一出路。

李达还对社会主义经济结构和经济特征作了初步的阐述。首先,在生产的目的问题上,他指出,在社会主义社会里,"生产的目的在供给社会全体的消费,并不是生了产就完了的"④;"社会主义在根本改造经济组织谋社会中最大多数的最大幸福,实行将一切生产机关归为公有,共同生产共同消费"⑤。其次,在生产的组织问题上,他批判了无政府主义思潮,强调社会主义社会的

---

① 《李达文集》第 1 卷,人民出版社 1980 年版,第 66 页。
② 《李达文集》第 1 卷,人民出版社 1980 年版,第 65 页。
③ 《李达文集》第 1 卷,人民出版社 1980 年版,第 64 页。
④ 《李达文集》第 1 卷,人民出版社 1980 年版,第 50 页。
⑤ 《李达文集》第 1 卷,人民出版社 1980 年版,第 61—62 页。

生产必须集中统一领导，认为"非有中央权力去干涉不可，各地方的各职业的单位非绝对服从中央权力不可"①。最后，在分配问题上，他明确指出社会主义时期还不能实行各取所需的分配原则。"譬如今日行了社会革命，明日组织新社会，而新社会都是继承旧社会的生产力，继续发展的，这生产力是有一定的限制的，生产力既有限制，生产物当然也有限制了，以这有限制的生产，听各人消费的自由得其平等，是绝对办不到的。若果社会的生产力发达到无限制的程度，生产物十分丰富，取之不尽，用之不竭，这'各取所需'的分配原则是很可行的。"②可以说，李达是较早对社会主义经济结构和经济特征作了较为全面的研究的一位马克思主义理论家。

此外，李达在《社会学大纲》（1937年）一书中对社会主义过渡时期经济的特征和根本法则作了前瞻性的探讨。他说："过渡期经济，既不是资本主义，也不是完全的社会主义。在这种经济中，存在着许多不同的形态的生产关系（由旧社会经济构成中遗留下来的及在新政治机构下从新发生的），即在这种经济中，存在着资本主义与社会主义的'诸要素、小部分、小片'。"③他还指出："在过渡期经济中，不仅有上述种种经济要素同时混合存在，而且在资本主义要素与社会主义要素之间，必然要发生不断的激烈的斗争。"④在他看来，这是"过渡期经济的最大特征"⑤。他认为，实现"社会主义社会化"——"社会主义部分的扩大再生产、小商品生产之社会主义的改造及资本主义要素的限制和消灭"⑥——的法则就是关于过渡期经济的根本法则。李达在20世纪30年代所提出的这些观点，基本上都为后来的实践所证实。

应该强调指出，在中国化马克思主义经济学说史上，李达对于社会主义商品经济一直是持肯定态度的。早在1920年发表的《社会革命底商榷》中，他便明确主张社会主义应"用货币经济，借助货币的形式，分配生产物"⑦。他指

① 《李达文集》第1卷，人民出版社1980年版，第50页。
② 《李达文集》第1卷，人民出版社1980年版，第51页。
③ 《李达文集》第2卷，人民出版社1981年版，第443页。
④ 《李达文集》第2卷，人民出版社1981年版，第444页。
⑤ 《李达文集》第2卷，人民出版社1981年版，第445页。
⑥ 《李达文集》第2卷，人民出版社1981年版，第448页。
⑦ 《李达文集》第1卷，人民出版社1980年版，第50页。

出,社会主义时期生产力的发展还有一定的限制,"生产力既有制限,生产出来的物质当然也有限制,我们分配这有限的物质要求其平等,就不可不行使货币经济,对于各人所收入的货币额加以制限"①。而在 30 年代,李达也肯定社会主义过渡期仍然存在着商品和货币,并且认为它们是从社会主义生产关系本质之中派生出来的,只不过它们"与资本主义的商品和货币,尽了完全不同的作用"②。他认为,苏联的商品和货币同资本主义的商品和货币的作用完全不同:"苏联的商业和货币的根本特征在于:它们不是体现商品——资本主义经济运动之盲目的法则——价值法则,不是统治人们的力量,而是新政治机构之下的社会主义建设的工具。"③

20 世纪 50 年代末,李达对这一问题又有了新的认识。这时,他摒弃了"借助"论和"工具"论。在他看来,社会主义的各种经济规律互相补充、互相制约,构成了一个整体,不应孤立地考虑某一个或某几个规律的要求,而应全面地考虑各种经济规律的要求,并把它们正确地反映到方针路线和计划中去;社会主义的经济规律,既"包括社会主义基本经济规律、国民经济有计划按比例发展的规律、劳动生产率不断提高的规律、生产资料优先增长的规律(即社会主义积累的规律)以及按劳分配的规律"④,同时也包括价值规律——它要求商品的生产和销售应根据社会必要劳动量来进行。他指出:"既然在社会主义制度下存在着商品生产和商品流通,价值规律也就继续发挥作用。"⑤"商品生产和商品交换,在整个社会主义阶段,不但不会取消,而且要继续发展。只有进了共产主义阶段,商品生产和商品交换才能取消。"⑥他还将商品经济与计划经济联系起来考虑,主张在"国家计划的领导下,继续发展商品生产、实行必要的交换"⑦。在这里,李达已经有了把计划经济和商品经济结合起来亦即形成"有计划的商品经济"的初步思想。

---

① 《李达文集》第 1 卷,人民出版社 1980 年版,第 51 页。
② 《李达文集》第 2 卷,人民出版社 1981 年版,第 449—450 页。
③ 《李达文集》第 2 卷,人民出版社 1981 年版,第 450 页。
④ 李达:《从社会主义到共产主义》,《理论战线》1959 年第 8 期。
⑤ 李达:《从社会主义到共产主义》,《理论战线》1959 年第 8 期。
⑥ 李达:《共产主义社会的两个阶段》,《武汉大学人文科学学报》1959 年第 1 期。
⑦ 李达:《共产主义社会的两个阶段》,《武汉大学人文科学学报》1959 年第 1 期。

另外,李达还提到要注意"共同规律"与民族特点及国情的结合。他认为,除了这些社会正义国家都必须遵守的共同规律外,"但也有一些特点,各国的经济建设应该结合本国有利的自然资源和经济条件"①。"共同规律与民族特点的结合,可说是马克思列宁主义理论与各国革命和建设的实践的结合。一个马克思列宁主义政党如果忽视了民族特点,就必然会使社会主义事业遭受损失。"②这些思想,在当时是很卓越的,不仅具有理论价值,更有着重要的实践意义。

总之,李达的社会主义经济思想确有不少精辟和深刻之处。他在 20 世纪早期论证了中国经济发展的社会主义前途,并为社会主义经济思想在中国的早期传播作出了重要贡献;30 年代,他又较早对过渡期社会主义经济体系的特征和根本法则进行了可贵的探索;50 年代末,他关于社会主义经济建设问题的一系列新认识和新见解,不仅在理论上具有发人深省的前瞻性,而且在后来的实践中发挥了重要作用。

此外,李达在中国近代经济史、产业革命史、货币金融思想等领域,也颇多建树。从经济思想的丰富内容以及论著所体现的理论水平看,李达无疑是中国早期马克思主义经济学家的重要代表。他在传播马克思主义经济经济学说、运用马克思主义经济学理论研究中国现实经济问题以及构建中国马克思主义经济学理论体系等方面都作出了突出的贡献,是马克思主义经济学中国化的拓荒者,在马克思主义经济学中国化史上占有重要的地位。

(原载《武汉大学学报(人文科学版)》2014 年第 3 期)

---

① 《李达文集》第 4 卷,人民出版社 1988 年版,第 562 页。
② 李达:《从社会主义到共产主义》,《理论战线》1959 年第 8 期。

李达的中国近代经济史研究

裴庚辛　　邹进文

李达不但翻译了大量的马克思主义经济学著作,而且潜心研究经济问题,出版了《经济学大纲》等经济学名著,被称为中国 20 世纪三四十年代著名的经济学教授。其经济学研究的视野开阔,在政治经济学、货币学、经济史诸领域都有著作问世。在学术界有关李达经济思想的研究中,少有人关注其经济史方面的成就①。李达有关中国近代经济史的研究,不仅具有拓荒性的学术贡献,在中国近代社会性质、中国社会史、农村社会性质的研究方面产生了重要影响,而且具有认识中国社会性质进而探索中国革命道路的现实追求,对于中国共产党认中国国情、探索革命道路具有思想启迪的价值。

一、李达的中国近代经济史研究的目的

李达对于历史问题的关注开始于留学日本期间。早在 1918—1920 年间他就翻译了荷兰人郭泰的《唯物史观解说》一书,介绍马克思的唯物史观。唯物史观认为,历史发展是有其规律的,一切历史事件的终极动因是社会的经济发展。李达 1921 年 1 月在《新青年》上发表的《马克思还原》一文就指出:"一切生产关系财产关系,是社会制度的基础;一切社会宗教、哲学、法律、政治等

---

① 有关李达对中国近代经济史的研究的公开出版的学术文献仅有叶世昌等的《李达在民主革命时期的经济思想》(《河南师范大学学报》2000 年第 6 期)和杜遵义等的《李达对中国马克思主义史学的贡献》(《华东师范大学学报》1990 年第 3 期),但这两篇文章的主旨都不是专门考察李达对中国近代经济史的研究。华东师范大学卢琼的硕士学位论文《论李达的近代中国经济史研究》(2007)是目前唯一专题探讨李达对中国近代经济史的研究的学术成果。

组织,均依这经济的基础而定。"①1926 年,李达所著的《现代社会学》一书出版,该书比较全面阐述了唯物史观的理论。正是由于对唯物史观的信仰,李达在分析中国的社会历史问题时,特别注重立足于经济史的视角进行思考。

李达不仅以学者著称,而且以革命家显世。兼有革命家和学者双重身份的李达与研究历史问题的职业学者不同,对于李达来说,历史研究并非纯粹的学理探讨,而是具有鲜明的实践取向。

李达所著的第一部经济史著作《中国产业革命概观》就是这样一部著作。该书 1929 年 1 月由昆仑书店出版,其完稿应在 1928 年,李达写作该书具有深刻的时代背景。1927 年国共分裂之后,国内从事社会科学研究的学者围绕"中国的前途与命运"这一主题,展开了中国社会性质问题的大讨论。这一论争并非简单的学理之争,而是以学术的形式表现出来的政治路向之争。中国社会性质问题是与中国近代革命问题相伴而生的。要认清中国革命的特点,首先必须明确中国近代经济的性质亦即中国近代社会的性质。

南京国民政府建立以后,中国的社会性质是否发生了变化? 中国还需不需要革命? 中国革命的性质、对象和任务是什么? 这些问题,不仅国共两党人士关注,共产国际内部也就此展开了争论。围绕中国社会性质问题,从国际到国内,从中国共产党、中国国民党到各中间派人士,展开了一场大论战。李达虽然没有直接参加这场论战,但他对当时的论战无疑是非常关注的。在《中国产业革命概观》一书中,李达明确指出:"要晓得现代的中国社会究竟是怎样的社会,只有从经济里去探求。现代中国的社会,已经踏入了产业革命的过程,渐渐脱去封建的衣裳,穿上近代社会的外套了,一切政治和社会的变动,都是随着产业革命进行的。在中国革命的过程中,凡是留心于国家改造的人们,必先依照这产业革命的经过,就中国经济发展的倾向作正确的分析,才能了解革命的理论,树立建设的计划。这是我所以要编这本小册子的动机。"②

正是基于这一认识,李达仿效列宁《俄国资本主义发展》一书的写作方法,运用大量经济统计资料,从农业、手工业、近代工业、近代企业及资本主义

---

① 《李达文集》第 1 卷,人民出版社 1980 年版,第 30 页。
② 《李达文集》第 1 卷,人民出版社 1980 年版,第 388 页。

的发展等方面,对中国近代经济的演变和特征作了深入分析。它"是中国人用马克思主义观点比较系统地阐述中国近代经济的第一本著作"①。该书不仅在国内学术界产生了较大影响,而且还被译成日、俄等国文字在国外出版。

二、李达关于中国近代经济史的主要学术观点

1935 年,李达出版了系统阐述马克思主义政治经济学基本原理的《经济学大纲》。这部学术著作创造性地阐述了"广义经济学"这一命题:"我的研究所以要采取广义经济学的立场,不仅是具有纯理论的意义,并且还具有实践的意义。因为广义经济学,并不仅是为了求得经济学的知识才去研究一切经济构造,而实在是为了求得社会的实践的指导原理才去研究它们。"②李达所提出的广义经济学,其范围涵盖先资本主义经济、资本主义经济、社会主义经济和中国现代经济等领域。

为什么要研究中国现代经济呢?他认为,"从来的中国的经济学,或者只是研究资本主义经济,或者并行的研究资本主义经济和社会主义经济,但对于中国经济却从不曾加以研究。这些经济学专门研究外国经济,却把中国经济忽略了。我认为这是一个严重的错误,是极大的缺点。"③由于受当时主客观因素的限制,李达的《经济学大纲》一书只完成了先资本主义诸形态和资本主义经济形态部分的研究,而原计划完成的社会主义经济形态及中国现代经济形态方面的研究尚未进行。为了弥补这一不足,李达计划撰写《中国现代经济史》一书,他发表在《法学专刊》1935 年第 3、4 期合刊上的《中国现代经济史之序幕》和发表在《法学专刊》1935 年第 5 期上的《中国现代经济史概观》两篇文章,就是其未完成的《中国现代经济史》的部分内容。

《中国现代经济史之序幕》、《中国现代经济史概观》及《中国产业革命概观》是李达研究中国近代经济史的三篇主要文献。以下综合考察这三篇文献的主要学术思想。

---

① 李达:《经济学大纲·编者的话》,武汉大学出版社 2007 年版,第 3 页。
② 李达:《经济学大纲》,武汉大学出版社 2007 年版,第 11 页。
③ 李达:《经济学大纲》,武汉大学出版社 2007 年版,第 18 页。

（一）中国前近代经济研究

李达在《中国现代经济史之序幕》中重点研究了鸦片战争以前的前近代中国经济。在中国社会性质的论战中，关于帝国主义入侵中国前中国的经济性质有"种种不同的见解"，李达则"认定当时的中国经济仍属于封建经济的范畴"。针对当时陶希圣等认为中国自秦汉以来就已经是商业资本主义社会的观点，李达认为，"封建经济的性质，必须从封建的生产方法与生产关系中去探求，而不应该从商业资本的现象形态"中去探求。他指出："封建的生产方法，是建立在一种自然经济之上的。""封建的生产关系，主要的是土地所有者与直接农业生产者之间的关系。""知道了封建的生产方法及生产关系，就可以理解商业资本的作用。商业资本这东西，并不能创造它自己的生产方法。它和它的双生兄弟高利贷资本，都依存于一定的生产方法以发挥其剥削的机能。"①

在清晰界定了封建经济的概念之后，李达具体考察了中国鸦片战争以前的经济演变过程。他认为，中国经济，"在西周到春秋的时代，主要的是农奴制的经济，那时的地租形态是劳役地租与实物地租杂然并存（即所谓粟米布帛力役之征），但劳役地租在这时期占居主要的地位"。但春秋以后，"地租的主要形态，开始从劳役地租转变到实物地租了"，中国的经济形态亦由农奴制转变为封建制。自秦汉以后，"与封建的生产方法相适应的实物地租，是地租的主要形态，其间虽因'转朝易代'而不断的变更封建领主或土地所有者，而那些封建领主或土地所有者又不断的变更其分配实物地租的形式，或加重实物地租的分量，但实物地租之为物，却是仍旧。即是说，封建的生产关系，并不曾有本质上的变化。"②在分析了中国古代的地租与土地制度之后，李达进一步分析了中国古代商业资本在封建经济中所扮演的角色。他认为，尽管古代中国商业资本有过"优势的发达"，但它"不曾有过独立的发达"，而且"从来没有脱掉它的隶属性和限制性"③。

---

① 《李达文集》第3卷，人民出版社1984年版，第608—610页。
② 《李达文集》第1卷，人民出版社1980年版，第612—613页。
③ 《李达文集》第1卷，人民出版社1980年版，第615页。

（二）中国近代经济研究

李达将中国近代经济演变的特点概括为"半殖民地的资本主义化"。他指出，"半殖民地的资本主义的发展，和先进国的资本主义的发展，具有不同的特征"，因此"半殖民地的社会问题的内容，和先进国的社会问题，也具有不同的特性。假使忽略了这个特性，就不能了解中国的社会问题"①。这是李达研究中国近代经济史的重要学术观点之一，即认为中国是半殖民地社会。在谈到中国劳动问题时，他说："中国劳动运动的性质，一面是经济的同时又是政治的，他们迫于生活的困难，不得不要求经济的地位的改善，迫于民族生存的威胁，不得不从事反对帝国主义和封建势力。这种趋势，和先进国家的劳动运动，必须经历数十年的经济运动然后转换到政治运动的趋势，截然不同。这可说是帝国主义时代的半殖民地的半封建的社会中的劳动运动的特殊性。"②从以上论述来看，李达是国内较早将半殖民地与半封建这两个概念连用的人③。

李达将中国近代经济划分为三个时期："第一期，自一八四二年起至一八八○年为止；第二期，自一八八一年起至一九一四年为止；第三期自一九一五年起至现在为止。"④

李达分别从"国际帝国主义在中国奠定侵略的根据的过程"、"封建势力反抗侵入的资本主义的过程"和"民族资本产业发生的过程"三个方面介绍了中国近代经济史的第一期的情况。关于中国近代经济史的第二期，李达分别

---

① 《李达文集》第 1 卷，人民出版社 1980 年版，第 489 页。

② 《李达文集》第 1 卷，人民出版社 1980 年版，第 492—493 页。

③ 瞿秋白 1932 年 5 月撰写的《唯物辩证法的合法主义化》，曾经使用"半殖民地的半封建的中国社会"的提法，却未出版。而早在 1929 年，李达出版《中国产业革命概观》（1 月）和《社会之基础知识》（4 月），使用了"半殖民地的半封建的社会"、"中国是一个半殖民地的民族，同时又是半封建的社会"的提法。1934 年 4 月，吕振羽发表《中国经济之史发展阶段》，划定鸦片战争以后为半封建半殖民地社会（李洪岩：《半殖民地半封建理论的来龙去脉》，载《中国社会科学院近代史研究所青年学术论坛 2003 年卷》，社会科学文献出版社 2005 年版）。还有学者指出，吕振羽是在史学界第一个提出"半殖民地半封建社会"完整概念的史学家（李曙新：《"半殖民地半封建社会"的概念是怎样提出和确定的》，《青岛大学师范学院学报》1996 年第 1 期）。

④ 《李达文集》第 1 卷，人民出版社 1980 年版，第 634 页。

从"国际帝国主义对华输入资本的过程"、"封建势力投降与资本主义的过程"及"民族的商业资本转变为产业资本的过程"三个方面加以论述①。

李达对中国近代经济的研究主要有三个视角：一是帝国主义对中国经济的侵略；二是传统经济（主要是农业）的崩溃；三是中国民族资本主义的发展。

关于帝国主义对近代中国经济的侵略，李达分两个阶段作了介绍。关于第一阶段（1842—1880 年），他主要从"国际帝国主义在中国奠定侵略的根据的过程"的角度进行论述，具体内容包括：不平等条约的签订；领土的丧失；赔款的支出；商埠的开放；租界的设立；领事裁判权的确立；海关税则的协定权的确立；沿海贸易权之被夺；内河航行权之被夺；片面最惠国待遇的确立；外国军队的驻屯权及帝国主义垄断中国财政经济的银行的设立等。正是通过上述奠定侵略的根据的过程，"在这个时期中"，"中国早已变为半殖民地了"②。关于第二个阶段（1881—1914 年），他主要从"国际帝国主义对华输入资本的过程"的角度进行论述，着重考察了国际帝国主义对中国的铁路投资、工业投资、矿业投资、航业投资、电线投资、银行投资、对中国政府的投资、对地方的投资、对私人的投资及合办事业的投资的情况。"总起来说，帝国主义对中国输入的资本，其总数当在数十亿以上，可以说这时期是外资输入最盛的时期。"③

李达对中国近代农村经济和农民问题作了研究。关于中国近代农村经济，他从"全国荒地面积的增加"、"农业人口的减少"及"进口粮食的增加"等三个方面，得出了中国农村经济已经破产的结论。他认为农村经济破产的主要的原因有三："第一，帝国主义的侵略。包括（1）赔款及外债之负担。（2）经济的掠夺之负担。（3）帝国主义商品的掠夺。（4）农民副业的衰退。（5）农村生活的提高。（6）农村金融的困难。第二，封建政治的剥削。包括（1）苛捐杂税。（2）预征钱粮。（3）勒种鸦片及鸦片税。（4）银行票币倒账。（5）战时的牺牲。第三，土豪地主的剥削。包括（1）加重佃租。（2）重利盘剥。"④

---

① 参见《李达文集》第 1 卷，人民出版社 1980 年版，第 634—668 页。李达曾计划撰文介绍中国近代经济史第三期的情况，但因故未能完成。
② 《李达文集》第 1 卷，人民出版社 1980 年版，第 637 页。
③ 《李达文集》第 1 卷，人民出版社 1980 年版，第 659 页。
④ 《李达文集》第 1 卷，人民出版社 1980 年版，第 407—412 页。

李达认为,中国农村经济的破产,导致了中国的农民问题。他指出:"全国农民三万万三千六百万人之中,已有二万万人以上因受资本主义和封建势力两重压迫和剥削的结果,失地的失地,失业的失业,生活的困难,已是达于极点。"所以,农民为了自己的生存积极参与革命。"就近年来全国农民运动的形势说,有组织的农民曾发展到数千万之多,……而其运动的目的,是在于为自己求出路。"①李达深刻地指出,"农民问题的中心,是土地问题,土地问题不解决,农村经济没有复兴的可能,新式产业也没有发展的可能,占人口过半数的农民生活问题,便不能解决。"②

李达全面、深入地研究了中国民族产业资本发展的历程。其研究主要围绕两条线索展开:一是从纵向的维度,分别考察了清末洋务运动时期官办和官督商办工业的兴起;1894年中日甲午战争至1904年时期的"民业萌芽时代";1905年至辛亥革命时期的"收回利权运动和保护民业时代";辛亥革命以后"工业自立的萌芽时代"。二是从横向的维度分别考察了中国各行业产业资本发展的情况,具体包括煤铁及铁工业(煤、铁矿及制铁业、煤油、锑矿);铁路与船舶(铁路、航运船舶);近代工业(纤维工业、金属工业、化学工业、食品工业);银行业。

李达认为,"中国的产业虽然踏入了初期资本主义的过程,但还是停顿在粗工业的阶段",在此阶段,"中国的工业资本,处在国际帝国主义政治力经济力的宰割之下,要想努力挣扎起来,真是一件不容易的事情",而且中国的工业资本"在国际帝国主义所盘踞的中国市场里,只不过是沧海一粟",即便它想要和国际帝国主义竞争,"力量却是渺乎其小"③。

通过研究,李达认为,近代中国的经济状况是,"第一,新式的工业的确有了相当的发展,但还只是刚到粗工业的阶段,而且已经出现了停滞的征象;第二,农业呈现出破产的倾向,原料和食粮,大受限制;第三,手工业逐渐破产;第四,国际帝国主义和国内封建势力压迫加重,生产力已受束缚殊难顺利发展;

---

① 《李达文集》第1卷,人民出版社1980年版,第493页。
② 《李达文集》第1卷,人民出版社1980年版,第493页。
③ 《李达文集》第1卷,人民出版社1980年版,第474页。

第五,贫困程度增加,劳动问题和农民问题,日形严重"。① 他进一步探究后认为,"以上数端,是现代中国经济混乱的现象,而这经济混乱的现象,又是政治混乱的原因"。"总而言之,处在国际经济侵略之下的中国,幼稚的新式产业,决没有顺利发展的余地,即使稍有发展的机会,也只限于国际经济侵略所不能及的时间或空间而已,然而发展的可能性却是很有限的。""由此可知帝国主义的侵略不打破,中国的产业是没有发展的可能的。"②李达由此得出了"中国革命,即是要打破这种经济的混乱和政治的混乱,去求得新的出路的"这样的结论③。他指出,"中国革命是为了解决哪一部分人民的生活问题?哪一部分人民能为中国革命而奋斗?我们只要了解这两点,就可以知道中国发展产业所必须采用的主义了。因此我在这里把中国社会问题的特殊性略加考察,因为中国的社会问题是和中国的产业革命同时发生的。"④

李达认为,"怎样发展中国产业的问题,实是中国革命的根本问题"。怎样才能发展中国的产业呢?他说:"要发展中国产业,必须打倒帝国主义的侵略,廓清封建势力和封建制度,树立民众的政权,发展国家资本,解决土地问题。"⑤他以中国产业发展中的产业劳动者问题为例指出:"欲谋中国产业的发展,就必须解决这产业劳动者问题,然欲谋解决这产业劳动者的问题,就必须针对中国劳动问题和劳动运动的特殊性,打倒帝国主义和封建势力,发展民众的国家资本主义。"⑥

通过对中国近代经济史的研究,李达认为当时中国的社会"不是资本主义社会,也不是封建社会,而是帝国主义殖民地化过程中的社会"。他认为,"现阶段的中国人,必先认清自己的历史使命,就是要使中国从这种过程中解放出来。为要完成这种使命,必须实现民主的统一,发展国民经济,改良农工生活。全国人民,要一致团结起来,集中一切力量,准备民族奋斗,以求得中国

① 《李达文集》第1卷,人民出版社1980年版,第394页。
② 《李达文集》第1卷,人民出版社1980年版,第480—481页。
③ 《李达文集》第1卷,人民出版社1980年版,第394页。
④ 《李达文集》第1卷,人民出版社1980年版,第489页。
⑤ 《李达文集》第1卷,人民出版社1980年版,第495页。
⑥ 《李达文集》第1卷,人民出版社1980年版,第493页。

之自由平等。这必须是现代全中国人的第一目的。"①

李达还将中国社会演进的方向与世界潮流的变动结合起来,认为作为国际社会的一部分,中国社会的演进方向要与国际潮流的演进方向一致。他指出:"中国是国际帝国主义的半殖民地,在世界帝国主义将要没落的今日,已成为向来所拥抱这的一切世界经济的矛盾之清算者和新局面的打开者了。"中国既是一个半封建社会,同时也是一个半殖民地社会,所以中国的革命,对外要打倒帝国主义,对内要铲除封建制度,前者属于民族革命的性质,后者属于民主革命的性质。李达依据中国社会经济的特点,认为中国革命与欧洲革命的路径不同,中国革命既要依靠城市无产阶级,也要依靠农村无产阶级。"社会革命,工业劳动者固然是主力军,而非与农村无产阶级结合,就不易成就。"②

三、李达对中国近代经济史研究的贡献

在 20 世纪 20—30 年代的中国社会性质问题的论战中,革命的社会科学工作者多方面驳斥了所谓"中国已发展到资本主义国家了","中国目前是个资本主义社会",因此大可不必进行反帝反封建斗争的荒谬观点。这次论战,使当时越来越多的人了解、理解了中国共产党对于中国社会性质问题的主张。在这场论战中,革命的社会科学工作者也存在某些缺点和不足,如他们对近代中国社会经济性质缺乏历史的考察。他们在论述中国社会经济性质时,局限于对南京国民政府统治时期各种经济成分所占比重的静态分析,而缺乏对近代中国社会经济演变的历史考察。从鸦片战争到 20 世纪 30 年代,中国近代社会经济已经历 90 年的演变,从经济基础到上层建筑都发生了巨大变化,如果不对这巨大变化作深入研究考察,自然无法深刻理解中国近代社会经济的变迁,也就不能正确认识中国近代社会经济的性质及中国革命的方向。

作为马克思主义理论家,李达既深入钻研马克思主义经济理论,又系统分

---

① 《李达文集》第 2 卷,人民出版社 1981 年版,第 5 页。
② 《李达文集》第 1 卷,人民出版社 1980 年版,第 138 页。

析中国经济的现状,在此基础上提出了自己有关中国近代经济史的主张。李达的《中国产业革命概观》等论著是我国马克思主义史学发展史上的具有里程碑意义的著作。李达的一系列论著,不仅将唯物史观的基本原理运用于对中国近代经济史的宏观分析之中,而且还将其运用于对各种经济关系和经济要素的微观考察之中。经过他的概括和分析,中国近代经济史就不再是一大堆零乱数据的堆积,各种经济关系、经济要素和经济现象也就不再是孤立无援、彼此无涉的现象,而是一个具有内在关联的整体①。从这个意义上来讲,李达的《中国产业革命概观》等论著,不仅是我国马克思主义史学界在中国近代经济史领域的拓荒性研究成果,开创了中国近代经济史的崭新范式,而且对于中国共产党理解中国社会的性质、探索革命的道路作了理论准备。

在对中国近代经济史的研究中,李达首次概括出了理解中国近代经济史的三条中心线索(帝国主义、封建主义与民族资本主义),并从总体上勾勒出三者之间的矛盾运动及其势力消失的趋势。虽然从学理的角度看,李达的相关研究与中国近代经济史的丰富内容相比还显得比较粗疏,但李达开创的中国近代经济史研究的这一范式对以后的中国近代经济史研究产生了深远的影响,成为以马克思主义为指导的中国近代经济史著作的标准分析模式。

(原载《马克思主义哲学研究》2015 年第 1 期)

---

① 卢琼:《论李达的近代中国经济史研究》,华东师范大学硕士学位论文,2007 年。

李达对中国近代经济史的探索

郎廷建

作为中国马克思主义史上的一位百科全书式的理论家,李达是最早在中国倡导运用马克思主义经济学研究中国经济问题并力行马克思主义经济学中国化的先驱,是最早在中国独立撰写马克思主义经济学教材的第一人。他独立撰写出版的著作《中国产业革命概观》"是中国人用马克思主义观点系统阐述中国近代经济的第一本著作"。① 《经济学大纲》是中国第一部马克思主义经济学教材。可以说,经济学研究在李达毕生的理论研究中占据极其重要的位置,而在李达的经济学研究中,对中国近代经济史的探索,又是一个无论如何都不可忽视的重要方面。考察李达对中国近代经济史的探索,对于我们准确地把握李达经济学思想的内在逻辑、目的指向和主要观点,科学地评价李达的学术成就和历史贡献,都是极其重要的。

一、李达中国近代经济史探索的缘起

1935 年,李达的《经济学大纲》由北平大学法商学院作为教材铅印成书。然而,当时铅印成书的《经济学大纲》,内容并不完整,只涉及了作者原定四部分计划中的两部分,即先资本主义经济形态和资本主义经济形态,而预定的社会主义经济形态和中国现代经济两部分,则未能完成。尽管这两部分的核心思想作者已在该书的绪论中明确阐述,但终究是没能像先资本主义经济形态

---

① 李达的助手、武汉大学人文社会科学资深教授陶德麟语,参见"武汉大学百年名典"之《经济学大纲》(武汉大学出版社 2007 年版)再版前言。

和资本主义经济形态两部分那样,用独立的篇幅进行专门、详细的论述。这不仅是作者的遗憾,也是读者的遗憾。

现实的局限可以迫使一个理论研究者在短期内不得不放弃理论研究,但对于李达这样一个极其崇尚理论研究的学者,短暂的停滞,绝不意味着永远停止了对经济问题、特别是具有重大理论和现实意义的经济问题的思考和研究。尽管李达在《经济学大纲》中没能专门、详细地论述社会主义经济形态和中国现代经济,但这并不意味着他就此放弃了对这两部分的思考和研究,特别是对中国现代经济的研究①。实际上,李达非常重视中国近代经济研究。关于这一点,《经济学大纲》绪论中的"中国现代经济研究的必要"一部分,就是很好的证明。用李达的话来说,"我们不是为了研究经济学才研究经济学,而是为要促进中国经济的发展才研究经济学。"②"我主张广义经济学,除了研究历史上各种顺序发展的经济形态以外,还必须研究中国经济。只有这样的研究,才能理解经济进化的一般原理在具体的中国经济状况中所显现的特殊的姿态,特殊的特征,才能得到具体的经济理论,才能知道中国经济的来踪和去迹。这是我所以主张我们所研究的广义经济学必须研究中国经济的理由。"③而《中国现代经济史之序幕》(属于未完成著作《中国现代经济史》的一部分,北平大学法商学院《法学专刊》1935 年 5 月第 3、4 期合刊)和《中国现代经济史概观》(属于未完成著作《中国现代经济史》的一部分,北平大学法商学院《法学专刊》1935 年 9 月第 5 期)两篇长文,则可视为李达对中国近代经济研究的展开。毕竟,要研究中国近代经济,离不开对中国近代经济史的探索。

以上充分说明了这样一点,即李达对中国近代经济史的探索,是其经济学理论研究的逻辑必然。从某种意义上说,李达对中国近代经济史的探索,就是他对《经济学大纲》中未完成的部分——中国现代经济研究的延续。

如果说李达经济学理论研究的内在逻辑,是促成李达对中国近代经济史

---

① 需要说明的是,李达在《经济学大纲》中所谈到的"中国现代经济",实为我们今天所说的"中国近代经济"。《中国现代经济史之序幕》的开篇就指出,"中国现代经济史,在我们的研究上,实是帝国主义侵入以后的中国经济史"(《李达文集》第 1 卷,人民出版社 1980 年版,第 608页)。

② 李达:《经济学大纲》,武汉大学出版社 2007 年版,第 16 页。

③ 李达:《经济学大纲》,武汉大学出版社 2007 年版,第 18 页。

的探索的主观动因,那么,回应当时(20 世纪二三十年代)国内学界乃至社会各界关于中国社会性质、社会史问题的大论战,则是李达对中国近代经济史的探索的现实原因。

1927 年前后,斯大林曾联系列宁的民族殖民地学说和中国革命的具体实际,对中国社会的性质、革命的性质和任务作出过分析。他认为,封建残余及其全部军阀官僚上层建筑是"中国国内的压迫的主要形式",土地革命是"资产阶级民主革命的基础和内容","中国的资产阶级民主革命不仅反对封建残余,同时也反对帝国主义"①。然而这种正确的主张却从 1927 年上半年开始,特别是中国大革命失败之后,遭到了以托洛茨基为代表的苏共内部机会主义者的猛烈攻击。托洛茨基就认为,中国已经没有封建地主阶级,封建关系也已无足轻重,"无条件的占优势和占直接统治的地位"的是资本主义关系,中国革命的任务是对外争取关税自主,对内反对资产阶级和富农,而不是反封建②。尽管托洛茨基的谬论一经抛出,就遭到了斯大林的有力驳斥,但没想到的是,时隔不久,他的错误思想却被中国的托派重新捡了起来,并奉为反对中国革命的依据。

大革命失败后,中共内部出现了以陈独秀为代表的一小部分右倾机会主义者,他们受吓于国民党反动派的屠杀政策,对革命前途丧失信心,成为取消主义者,并和苏共内部的托派搞在一起,暗中贩卖托派关于中国问题的错误观点。在陈独秀被清除出党之后,他更是开始明目张胆地公开和托派分子相勾结,还组成了"托陈取消派",试图通过诡辩和形而上学的手法,掩盖当时中国社会的真正性质,模糊人们的认识,以达到取消中国共产党领导的人民革命战争的目的。

从 1929 年起,以严灵峰、任曙、刘仁静等托派分子为代表的"动力派"创办了《动力》杂志,并以此为阵地,先后公开发表了系列论著,宣扬中国的封建主义已是"残余的残余"、中国已经进入资本主义社会等托洛茨基的错误观点,攻击中国共产党关于中国社会性质、革命性质和任务等方面的正确论断。

①　《斯大林全集》第 9 卷,人民出版社 1954 年版,第 260 页。
②　参见托洛茨基:《中国革命的回顾及其前途》,杨笑湛译,载《中国革命问题》第 2 集,上海书局 1930 年版,第 43—44 页。

而以国民党反动文人陶希圣、顾孟余、周佛海等人为代表的"新生命派"则创办了《新生命》杂志,为了配合蒋介石的反革命军事"围剿"和文化"围剿",他们在中国社会性质问题上提出了很多反动的观点。如陶希圣的"中国封建制度崩坏论",认为中国的"封建制度在春秋时已经崩坏,所以中国早已不是封建的国家"①。

为了使广大人民群众更好地了解中共六大决议——"中国的社会性质仍然是半殖民地半封建社会,中国并没有从帝国主义压迫之下解放出来,地主阶级的私有土地制度并没有推翻,一切半封建余孽并没有肃清";中国革命的性质仍然是"资产阶级性的民权革命","推翻帝国主义及土地革命是当前的两大任务"——同时也为了揭露动力派和新生命派的反革命本质,粉碎蒋介石的反革命"围剿",迎接革命高潮的到来,中国共产党组织成立了"中国社会科学家联盟",以进步刊物《新思潮》和《读书杂志》等为阵地,兼用大学的讲坛、学术讨论会、墙报等多种形式,开始向动力派和新生命派反击,由此揭开了关于中国近代社会性质论战的序幕。此次论战围绕帝国主义、封建主义、民族资本主义三种势力的相互关系及农村经济性质问题等展开,核心问题是当时的中国社会性质到底是半殖民地半封建社会还是资本主义社会。

随着论战的不断深入,继中国近代社会性质论战之后,中国近代社会史论战开始了。何干之指出:"现阶段的中国社会,并不是从天上掉下来,它的来龙去脉,是有一定的历史根据的。今日的中国,是几千年来历史发展的一段落,所以要了解中国社会的横剖面,对于它的纵断面,也必须同时了解的。人们因为要认识现在,追求未来,而要求清算过去,那是非常自然的事情。"②关于这场由现实回溯历史的论战,争论的范围很大,上下古今,什么都谈,参加的人也很多,各种人都有。争论的主要问题是亚细亚生产方式问题、奴隶制问题、封建制问题和所谓商业资本主义问题,参加者"有马克思主义者,如李达、郭沫若、吕振羽等同志;也有托派分子李季之流,还有陶希圣等一帮反动文人"③。

---

① 陶希圣:《中国社会之史的分析》,新生命书局 1929 年版,第 26 页。
② 何干之:《研究中国社会史的基本知识》,《自修大学》1937 年第 1 卷第 1 期。
③ 侯外庐:《韧的追求》,三联书店 1985 年版,第 222 页。

李达在《中国产业革命概观》一书的"编辑例言"中开宗明义地指出："要晓得现代的中国社会究竟是怎样的社会,只有从经济里去探求。现代中国的社会,已经踏入了产业革命的过程,渐渐脱去封建的衣裳,穿上近代社会的外套了,一切政治和社会的变动,都是随着产业革命进行的。在中国革命的过程中,凡是留心于国家改造的人们,必先依照这产业革命的经过,就中国经济发展的倾向作正确的分析,才能了解革命的理论,树立建设的计划。"①既然讨论中国近代的社会性质,依据唯物史观,要从中国近代的经济中去探求,那讨论中国近代社会史,显然就要从中国近代的经济史中去探求。从这个意义上来说,回应中国近代社会性质和社会史的争论,澄清大革命失败后弥漫在共产党人中的迷茫和困惑,明确近代中国的社会性质,明确中国革命的对象、任务和前途,构成了李达对中国近代经济史的探索的现实原因。

二、李达中国近代经济史探索的核心论题和主要观点

李达对中国近代经济史的探索,集中体现在《中国产业革命概观》②、《经济学大纲》③和《中国现代经济史之序幕》、《中国现代经济史概观》这些论著之中,特别是《中国现代经济史之序幕》和《中国现代经济史概观》这两篇长文,是李达未完成著作《中国现代经济史》的一部分④。在这两篇文章中,李达

---

① 《李达文集》第1卷,人民出版社1980年版,第388页。

② 李达的《中国产业革命概观》是马克思主义经济学中国化的开启之作,它明确了产业革命的意义,比较了中国产业革命和欧洲产业革命的共同点和不同点,利用国内外有关中国经济状况的数据和资料,系统地考察了中国近代经济演变的三个过程,即帝国主义的入侵过程、封建主义的瓦解和挣扎过程及民族资本主义的形成和萎缩过程,科学地分析了半殖民地半封建社会条件下中国的经济状况和产业革命的发展趋势,准确地回答了怎样发展中国产业的问题。

③ 李达的《经济学大纲》是马克思主义经济学中国化的标示性成果,它明确了经济学的研究对象和范围,通过对先资本主义经济形态、资本主义经济形态、社会主义经济形态的考察,揭示了经济的一般发展规律;深入中国经济现状研究,揭示了中国经济的特殊发展规律;统一考察经济的一般发展规律和中国经济的特殊发展规律,探讨了能够促进中国经济发展的经济理论,对中国经济实践有重要指导意义。

④ 参见《中国现代经济史之序幕》标题处作者原注:"本文是未完成的拙著《中国现代经济史》的一章。"(《李达文集》第1卷,人民出版社1980年版,第608页。)

以帝国主义、封建主义和民族资本主义为主线，以帝国主义侵入为标志，围绕着帝国主义侵入以前即鸦片战争以前中国经济的性质、帝国主义侵入以后中国近代经济的矛盾运动及其运动规律等问题，展开了他对中国近代经济史的探讨。

（一）帝国主义侵入前中国经济的性质问题

李达认为，"我们叙述现代中国经济史之时，依照论理的程序，首先有说明帝国主义侵入前中国经济的概况并决定其性质之必要"。① 李达之所以这样讲，究其原因就在于对帝国主义侵入前中国经济的研究构成了中国近代经济史研究的前提。具体来说，中国近代经济史研究的目的在于把握中国近代经济的状况，揭示其发展过程和变动轨迹。为了达到这个目的，研究近代以前的经济就显得尤为必要。因为，想要对中国近代经济的发展进程和运动规律有一个全面的认识，除了要将中国近代经济作为直接研究对象，还必须研究近代以前的经济；也只有在总体上把握了近代以前中国经济发展的动态过程和基本轨迹以后，才能对中国近代经济的演变过程有一个真切而深入的理解。

既然研究中国近代经济史有必要研究近代以前的经济，那"帝国主义侵入以前中国经济的性质"就是一个无法回避的问题。对于这个问题，李达给出的答案是，"近来研究中国社会史的人们，有种种不同的见解，但据我个人的研究，却认定当时的中国经济仍属于封建经济的范畴"。②

为了说明帝国主义侵入以前中国经济是封建经济这个论断，李达首先考察了封建经济的性质。他认为，要考察封建经济的性质，"必须从封建的生产方法与生产关系中去探求，而不应该从商业资本的现象形态，封建权力的组织形态，或土地所有权的法律形态中去探求"。③ 封建的生产方法是一种建立在自然经济基础上的生产方法，封建的生产关系与这种生产方法相适应，主要是土地所有者与直接农业生产者之间的剥削与被剥削关系。封建权力的组织形态和土地所有权的法律形态属于上层建筑，它们不但不能说明经济的性质，反

---

① 《李达文集》第 1 卷，人民出版社 1980 年版，第 608 页。
② 《李达文集》第 1 卷，人民出版社 1980 年版，第 608 页。
③ 《李达文集》第 1 卷，人民出版社 1980 年版，第 608 页。

而只能由经济的性质来说明。

针对一些研究者以"秦废封建置郡县"为根据断言中国在秦代以前是封建社会、在秦代以后是商业资本支配的社会的谬论,李达敏锐地指出了这种论调的错误,并鲜明地提出了自己的观点:"这是从封建社会的上层建筑或封建经济的现象形态去研究中国社会的方法。据我看来,中国经济的发展,在其封建的生产关系的表现上,是由劳役地租的形态转变为实物地租的形态的。"[①]李达认为,从西周到春秋时代,中国的经济主要是农奴制经济,这一时期的地租形态是劳役地租和实物地租并存,劳役地租占主要地位;到了春秋时代,伴随着社会生产力的发展和直接农业生产者文化素质的提高,地租的主要形态开始由劳役地租转向实物地租;到了秦商鞅"废井田开阡陌"的时候,实物地租彻底取代劳役地租成为主要地租形态;自秦汉以来,尽管不断地出现因"转朝易代"而发生封建领主或土地所有者变更的情况,但封建制度中所固有的生产方法及与其相适应的实物地租这一封建的生产关系,却从未有过本质的变化。

针对有些研究者以中国没有像欧洲那样的大地主为由说中国在秦汉以后至近代以前没有封建经济的妄言,李达同样予以驳斥:"这种见解也是不对的。大的土地所有并不是封建经济所不可缺的条件。封建经济中所固有的地主与农民的关系,即是在实物地租形态上所表现的阶级关系,与土地所有的大小无关。"[②]

为了更好地说明自己的观点,李达专门讨论了中国商业资本在封建经济中的作用。通过考证,李达得出结论说,中国的商业和商业资本发生在殷代,发展于周代和春秋时代及以后。商业资本没有自己的生产方法,处于生产过程之外,只能依存于一定的生产方法来发挥其剥削和破坏机能。商业资本的发展能冲倒农奴制的封闭性,打破市场的独立性,使土地变成可以买卖的东西,摧毁农奴制经济,加强市民的拘束,促进都市的发展,最终促成上层建筑由战国以前的地方分权的封建政治向秦汉以后的中央集权的封建政治的转变。

---

① 《李达文集》第 1 卷,人民出版社 1980 年版,第 611—612 页。
② 《李达文集》第 1 卷,人民出版社 1980 年版,第 613 页。

"然而这种上层建筑的转变的过程,实根据于由劳役地租形态转变为实物地租的过程,至于商业资本的发展,只是促速这种转变的一种推动力,这是应当注意的地方。商业资本确实是具有摧毁一种经济形态使转变为他种经济形态的作用的,但它自己并不能造出新的经济形态。因为一种经济形态,是由一定的生产方法与生产关系所规定,如果新的经济形态还未曾在旧的经济形态孕育成功,商业资本也只能继续发挥其剥削与破坏的机能,而不能创造新的经济形态。"①李达进一步指出,自秦汉以来,中国的商业资本确实有过优势的发展,但它的发展与一定的生产方法和生产关系不相干,而且从未摆脱过自身的隶属性和限制性。关于这一点,近代以前中国商业资本依存于封建的生产方法发挥其剥削机能、秦汉至满清期间历朝封建政府都厉行重农轻商主义而对商贾课以名目繁多的杂税、封建领主和土地所有者是剩余生产物的剥削者和贩卖者、普通商人无法涉足对外贸易等,就是很好的说明。所以说,近代以前的商业资本,"向来不曾有过独立的发展,当然说不到它的'支配的'或非'支配的'作用了"。② "它必然和它的双生兄弟高利贷资本一同站在生产过程之外去尽力发挥其剥削的机能而摧残封建的经济。这便是商业资本在中国封建经济史上所演的作用。"③需要指出的是,尽管商业资本始终处于一种外在的、与自身无关的社会的生产状态,而且在封建经济形态中受到这样或那样的限制,但其仍有发展的空间。手工劳动的农工业的生产的发展和单纯商品经济的发展,决定了在这一过程中商业资本必然会发达。18世纪末到19世纪40年代之间商业资本的飞速发展,就充分印证了这一点。只是此后,随着国际贸易的进展和外国资本势力的输入,刚刚和高利贷资本一起形成了资本原始积累的两个形态、作为产业资本诸前提的一个杠杆的中国商业资本,由于中国全土已经进入半殖民化的前夕,其依附的对象从原来的封建生产方式变成了外国资本家的生产方法。

此外,李达还专门考察了清初到鸦片战争期间的中国的经济概况。他认为,中国经济在这一时期的发展较以前快得多,显著地表现在农村经济方面和

---

① 《李达文集》第1卷,人民出版社1980年版,第615页。
② 《李达文集》第1卷,人民出版社1980年版,第617页。
③ 《李达文集》第1卷,人民出版社1980年版,第617页。

都市的手工业、商业方面,但从世界范围来看,中国封建的生产方法相对于资本主义的生产方法却发展迟缓,"是非常缓慢非常静止的进化着"①,无论是在生产方法方面还是在生产关系方面,这期间的中国经济都仍属于封建经济的范畴。

"总括起来,我们可以说,中国经济的趋势,截至 19 世纪三四十年代为止,仍属于封建经济的范畴。但是在经济发展的阶段上说来,当时的经济虽说是属于封建的范畴,它却已进到了封建时代的末期而走进于资本主义的时代了。可惜当它刚刚进到这个地步时,它又不能不踏入半殖民化的过程。"②

(二)帝国主义侵入后中国近代经济的矛盾运动及其规律问题

李达首先考察了帝国主义侵入的由来和鸦片战争的前因后果。在李达看来,自 16 世纪欧洲进入资本主义时代以来,资本的趋利、扩张本性就促使欧洲各国都一致努力向海外去搜寻领土。当他们尝到了海外殖民的甜头,差不多已经把非洲、欧洲、南美洲及半个亚洲瓜分完了之后,他们将目光投到了中国身上。1840 年,为了打破中国的闭关锁国状态,进而向中国倾销商品、采集原材料及输入资本,英国悍然发动了旨在征服中国的鸦片战争,成为最先打开中国国门的帝国主义国家。产业革命的相继完成,特别是重工业和交通工具的发展,为英国入侵中国提供了技术条件。为了反抗毒药而防止利权外溢、阻止现银大量外流,封建的满清政府奋起进行了反抗,结果却以失败告终。1942 年,中英双方签订了《江宁条约》,规定中国割地、赔款、开放通商口岸、减免英商货物税费。"从此以后,其他各国都追随着帝国主义老前辈的后尘,陆续的侵入了中国,中国就变成了半殖民地。从此以后,中国便慢慢走到半殖民地的资本主义化的过程。"③

其次,李达对中国半殖民地的资本主义化的过程进行了划分。他指出,"中国之半殖民地的资本主义化的过程,大概可划分为三个时期;第一期,自一八四二年起至一八八〇年为止;第二期,自一八八一年起至一九一四年为

---

① 《李达文集》第 1 卷,人民出版社 1980 年版,第 618 页。
② 《李达文集》第 1 卷,人民出版社 1980 年版,第 624 页。
③ 《李达文集》第 1 卷,人民出版社 1980 年版,第 632 页。

止;第三期自一九一五年起至现在为止。"①

中国近代经济史的第一期,包括国际帝国主义在中国奠定了侵略的根据的过程、封建势力反抗侵入的资本主义的过程和民族资本产业发展的过程。在 1842 年至 1880 年间,帝国主义国家或是用武力或是用威吓,先后与颟顸无识的清廷胁订了很多不平等条约。这些不平等条约使中国蒙受了巨大的损失,涉及领土的丧失、赔款的支出、商埠的开放、租界之设置、领事裁判权之确立、海关税则协定权、沿海贸易权之被夺、内河航行权之被夺、最惠国条款之作用、军队驻屯权以及垄断中国财政和经济的机关之设立等。由此可知,帝国主义国家在中国境内已经完全建立了实行经济、政治、文化侵略的种种根据,中国已经变成了半殖民地。面对帝国主义国家的入侵,当时的国内封建势力还没有完全缴械投降,他们企图通过举办以军事为中心的军用工业来进行反抗。在这种思想和具体举措的作用下,中国的民族资本工业产生了。

在李达看来,中国近代经济史的第一期,"实是民族资本工业的发生时期"②。为了说明自己的观点,李达专门考察了民族资本主义的前提条件。依据资本主义的三大前提条件,即商业市场的扩大及商品生产的发展、资本之原始的积累及商业资本之参与于生产、劳动力的商品化,李达认为,在资本主义占据支配地位的世界经济中,中国早已成为各资本主义国输出商品、采集原料的半殖民地,中国商品市场的逐渐扩大是必然之势。中国手工劳动的农工业的商品虽然还在发展,但其方向却发生了变化,已趋于原料生产的方面。纺纱织布和金属品的手工业,已逐渐衰退。商品市场的扩大和商品生产的发展,决定了商业资本必然要向前发展。然在帝国主义侵入以后,中国的商业资本开始变质,从资本之原始积累的形态变成了隶属于资本主义诸国的资本的流通过程之商业资本循环的一部分。这些都为中国民族资本主义的产生创造了条件。为了进一步说明中国商业资本的"这种特殊性,是与半殖民地的资本主义化的特殊性有关联的"③,李达依次分析了买办资本、商人资本、票号及钱庄资本等中国商业资本的部门,还讨论了中国商业资本的变质及其前途。他指

---

① 《李达文集》第 1 卷,人民出版社 1980 年版,第 634 页。
② 《李达文集》第 1 卷,人民出版社 1980 年版,第 643—644 页。
③ 《李达文集》第 1 卷,人民出版社 1980 年版,第 647 页。

出:"中国的商业资本愈隶属于国际资本而不能脱离它的支配,然而在国际资本的笼罩之下,仍不妨碍其转变为工业资本。"①此外,商业资本参加生产过程及自由劳动者的丰富,也为民族资本主义的产生提供了条件。"由以上各项看来,这时期的中国,商品市场扩大了,资本和劳动力也有了。民族资本主义的前提条件已经备具,并且连新式的技术也陆续输入了。所以在这种意义上,我们可以把这个时期,称为民族资本工业的发生期。"②

中国近代实业史的第二期,包括国际帝国主义对华输入资本并加紧其侵略的过程、封建势力投降于资本主义的过程和民族的商业资本转变为产业资本的过程。在 1882 年到 1914 年间,随着中法战争、中日战争、八国联军侵华及与中国有密切关系的日俄战争的相继爆发,中国已完全被国际帝国主义征服,完全丧失了抵抗能力,任人宰割。帝国主义国家通过领土的攘夺、赔款的榨取、加开商埠、租界的遍设、工业投资权之取得、军港之租借、势力范围之划定、军队驻屯权之确定等,加紧对中国的政治控制;通过铁路投资、工业投资、矿业投资、航业投资、电线投资、银行投资、对中国政府投资、对地方投资、对私人团体投资、合办事业之投资等共同投资和单独投资的形式,加快对中国的资本输入。为了应对帝国主义对华的政治控制和资本输入,同时也是为了设法打败外国、毁弃条约以挽回利权、恢复国权,中国的封建势力开始投降于资本主义而自动地举办新式产业。特别是在各次对外战争均以失败告终之后,他们更是不得不死心塌地地投降于资本主义。也是在这一时期,中国的商业资本开始普遍地向产业资本转变,民族的产业资本(包括官办事业、官商合办事业和商办事业)成立起来。但是,"在国际资本的控制之下成立的民族产业资本,早已被决定了它自己的命运,即半殖民地的资本主义化的前途"。③

在结束中国近代经济史第二期考察之前,李达对这一时期的中国产业界进行了概观的说明。具体而言,涉及四个方面。其一,在国际资本主义进入帝国主义阶段的时候,他们加速了对中国的商品倾销、原料采集和资本输出。其二,国际帝国主义者对中国的大量投资,引起了中国民族资本的发生和成立。

---

① 《李达文集》第 1 卷,人民出版社 1980 年版,第 652 页。
② 《李达文集》第 1 卷,人民出版社 1980 年版,第 652—653 页。
③ 《李达文集》第 1 卷,人民出版社 1980 年版,第 667 页。

其三,由于受到外国商品大量输入和封建势力超经济剥削的双重迫害,中国旧式手工业农业的生产,逐渐倾向于原料的一方面。其四,在中国走向半殖民地化的过程中,尽管封建关系受到了相当的破坏,但封建的残余仍然存在,他们蜷伏而挣扎于帝国主义的支配之下,以期维护他们赖以生存的封建的剥削关系。

至于中国近代经济史的第三期,李达对这一部分的研究集中体现在《中国现代经济史概观》一文的"待续部分",可惜的是,"本文待续部分没有找到"①。

三、李达中国近代经济史探索的理论贡献

作为李达经济学研究中一个不可忽视的重要方面,对中国近代经济史的探索既是李达经济学研究的逻辑必然,又是对现实争论——中国近代社会性质争论的回应。李达对中国近代经济史的探索,作出了多方面的重要理论贡献。

首先,有力地驳斥了托陈取消派、新生命派、动力派对中国社会性质的歪曲,进一步明确了中国近代社会的半封建半殖民地性质。前文我们已经谈到,在大革命失败以后,国内的革命势力和反动势力之间展开了一场旷日持久的激烈论战,争论的核心问题是中国近代社会的性质问题。这场论战直接关系到党的纲领、战略策略和无产阶级领导权等根本问题,关系到是发展革命还是取消革命等重大问题。作为坚定的马克思主义者、忠贞的中国共产党理论战士,李达敏锐地把握住了"社会史论战中存在的许多理论缺陷。他对于社会史论战是十分关注的,对论战中的托派理论保持着非常敏锐的警惕性"②,积极投身论战。区别于一些学者滥用理论、轻视材料的流弊,李达批判性地利用了当时所能搜集到的大量国内外有关中国近代经济史的资料,依据马克思主义的社会形态学说,从生产力和生产关系、经济基础和上层建筑这两对社会基

① 《李达文集》第 1 卷,人民出版社 1980 年版,第 668 页。
② 侯外庐:《韧的追求》,三联书店 1985 年版,第 36—37 页。

本矛盾的运动发展的角度,对中国社会这个巨大有机体的组织要素、结构系统及它们之间按照一定的比例所结成的支配与被支配关系进行了剖析,并就论战中的核心论题——帝国主义是否完全摧毁了封建制度、商业资本是不是一种独立的社会形态等问题展开了深入讨论,清晰地勾画了中国近代社会的形态,正确地评估了中国近代资本主义的发展程度,从而有力地驳斥了托陈取消派、新生命派、动力派的错误观点。通过对中国近代以来的社会进行分期研究,李达将鸦片战争以来的中国社会划分为 1942—1880、1881—1914 和 1915以后三个时期,随后分别考察了这三个时期内国际帝国主义、中国封建主义、中国民族资本主义三者间关系的变化过程,即国际帝国主义从军事入侵到资本输入、进而通过遥控中国封建势力控制中国的过程,中国封建势力从反抗到投降、依附国际帝国主义的过程,中国民族资本主义从商业资本、高利贷资本的积累形态向产业资本的转化及受国际帝国主义和国内封建主义双重压迫的过程,并将这些过程放到社会整体的统一的历史进程中进行研究,从而揭示了中国陷于半殖民地半封建社会的历史过程,进一步明确了中国近代社会的半殖民地半封建性质。

其次,坚持了《中国产业革命概观》中突出强调的"没有调查,就没有发言权"的研究方法和《经济学大纲》中明确提出的广义经济学的主张。从时间的先后顺序来看,李达对中国近代经济史的探索位于《中国产业革命概观》和《经济学大纲》两部著作完成之后,前后的研究在观点和方法上都存在内在的必然联系,具有合理性。在《中国产业革命概观》中,全书除了第一章绪论之外,其余的所有章节无论是在形式上还是在内容上都有一个共同的特点,即通篇援引了大量国内外有关中国经济状况的材料,及基于数据和资料分析所得出的结论。这充分说明了李达对调查研究的重视,完美地诠释了"没有调查,就没有发言权"的论断,同时也使他与当时的众多马克思主义经济学研究者鲜明地区别开来。在《经济学大纲》一书中,区别于以往中国的经济学研究者或是只研究资本主义经济,或是并行研究资本主义经济和社会主义经济的狭义经济学的立场,李达提出了广义经济学的主张,强调经济学既要研究历史上各种顺序发生的经济形态,还必须研究中国经济。李达非常重视"没有调查,就没有发言权"的研究方法和广义经济学的立场,这种方法和立场同样广泛地应用于他后续的经济学研究之中。通过上文对李达的中国近代经济史研究的核心论题和主要观点的梳理,我们知道,李达区别于那些滥用理论、轻视材料的研究者,他重视材料、用事实说话,批判性地利用了当时所能搜集到的大量国内外有关中国近代经济史的资料,研究中国近代经济的状况,同时还追本溯源,考察了中国近代以前经济的状况,从而在总体上把握了近代以前中国经济发展的动态过程和基本轨迹的基础上,对中国近代经济的发展进程和运动规律有一个全面而深入的认识。李达研究经济学的方法和立场在 20 世纪20、30 年代是极其难能可贵的,时至今日,依然是我们研究问题应该秉承和坚持的。

最后,深化了中国马克思主义经济学研究,促进了马克思主义经济学的中国化。应该说,在马克思主义中国化、特别是马克思主义经济学中国化的历程之中,李达是一个拓荒性的、奠基性的人物,他的《中国产业革命概观》开启了马克思主义经济学中国化的先河,开创了中国马克思主义经济学研究的范式,运用马克思主义经济学基本原理来分析和解答中国社会问题。他的《经济学大纲》全面、系统地阐述了马克思主义经济学的基本原理,尤其注重运用马克思主义经济学的基本原理和广义经济学的立场来分析和解答中国经济的问题。作为其经济学研究的延续,李达对中国近代经济史的探索以马克思主义经济学为基础,以马克思主义的社会形态学说为根据,以中国近代经济和中国近代以前的经济为研究对象,以帝国主义、封建主义和民族资本主义为主线,围绕着帝国主义侵入以前中国经济的性质、帝国主义侵入以后中国近代经济的矛盾运动及其运动规律、商业资本的历史作用等问题展开论述,从中国近代经济中去探究中国近代社会的性质,从中国近代经济的发展史去把握近代中国社会发展的动态过程和基本轨迹。作为马克思主义经济学中国化历程的一个重要组成部分,李达对中国近代经济史的探索,是其前期经济学研究的拓展和深化,它注重把马克思主义经济学基本理论与中国近代经济史实际相结合,是对马克思主义经济学中国化研究范式的创造性运用,它不仅深化了中国马克思主义经济学研究,而且有力地促进了马克思主义经济学的中国化。

（原载《马克思主义哲学研究》2015 年第 1 期）

马克思主义经济学中国化的开启之作

——李达的《中国产业革命概观》探论

汪信砚　　郎廷建

李达是中国近现代史上的思想巨匠，是中国马克思主义史上百科全书式的理论家，他独立撰写出版的著作《中国产业革命概观》（上海昆仑书店 1929年 1 月初版，至 1930 年 5 月印行 3 版），"是中国人用马克思主义观点系统阐述中国近代经济的第一本著作。这本著作是在大革命失败后的紧要关头为回答中国向何处去这个重大课题而写的，鲜明地体现了他的经济学研究的目的和方法"[1]。今天，我们考察李达《中国产业革命概观》的写作缘起，回顾李达对中国近代经济状况和产业革命发展趋势的据实分析，品味李达对马克思主义经济学中国化范式的创造性运用，对于在当代条件下推进马克思主义经济学中国化有着非常重要的意义。

一、《中国产业革命概观》的写作背景

1917 年 11 月，俄国十月革命取得胜利，建立了世界上第一个无产阶级领导的、以工农联盟为基础的社会主义国家。随后，作为国际无产阶级革命运动指导思想的马克思主义开始在中国广泛传播，并迅速在中国大地产生了深刻影响，出现了一大批中国马克思主义者、一系列共产党组织。1921 年 7 月，中国共产党正式成立。

---

① 陶德麟教授语，参见李达：《经济学大纲》，武汉大学出版社 2007 年版，"再版前言"第 3 页。

在中国共产党成立之初，党的理论建设还严重不足，许多党员甚至在对马克思主义这一党的指导思想都知之甚少的情况下就投入到了革命实践中。虽然当时党在尚未充分掌握马克思主义理论的情况下就已开始担负起领导中国革命的重任，但这并不意味着可以轻视理论建设，因为毕竟中国革命实践迫切地需要马克思主义理论的指导。到底是侧重革命实践，还是侧重马克思主义理论研究，还是两头齐抓，在我们今天看来是一个无须争论的问题，但在建党之初，它却是一个现实难题。时任中央局书记的陈独秀曾说："我望青年同志们，宁可以少研究点马克思的学说，不可不多干马克思革命的运动！"[①]时任中央局宣传主任的李达则认为，党内应"对于马克思学说多做一番研究功夫，并且自己也努力研究马克思学说和中国经济状况，以求对于革命理论得一个彻底的了解"[②]。而就此问题，毛泽东在 1920 年也曾有过思考。在谈及新民学会的工作规划时，他提出，新民学会的工作要从两个方面展开，一是从事学术研究，"多造成有根柢的学者"，以"求学储能做本位"；二是"从事于根本改造"、"从事社会运动"[③]。显然，相对于李达和毛泽东力求理论联系实际的正确主张，陈独秀轻理论重实践的观点是非常片面的。也正是由于轻视对于马克思主义理论的研究，陈独秀在领导中国革命的过程中出现了严重的失误。

李达与陈独秀之间的另一个重要分歧与国共合作的策略问题有关。李达坚持认为，"共产党应该单独的严整无产阶级的阵"，"应注重'组织无产者成为一阶级'的工作，时时要保持独立的存在，免受他党所影响"[④]。也就是说，李达强调共产党应该在国共合作中保持独立性并争取领导权。然而，陈独秀并没有接受李达的这种正确观点，而是主张"党内合作"，允许共产党员以个人的身份加入国民党。1922 年秋和 1923 年夏，李达和陈独秀就国共合作的策略问题先后进行了两次争论，其中，后一次争论尤为激烈。陈独秀在争论中态度粗暴，拍桌子、打茶碗，甚至破口大骂，指责李达在长沙不参加游行示威，说李达没资格作主张，还扬言要将李达开除出党。李达为了保住无产者的革

---

① 陈独秀：《马克思的两大精神》，《广东群报》1922 年 5 月 23 日。
② 李达：《中国所需要的革命》，《现代中国》1928 年第 2 卷第 1 号。
③ 《新民学会资料》，人民出版社 1980 年版，第 92 页。
④ 《李达文集》第 1 卷，人民出版社 1980 年版，第 212 页。

命政党,坚称"被开除不要紧,原则性决不让步",认为陈独秀这样的草寇式英雄主义者做我党的领袖,前途一定无望,并"自以为专做理论的研究与传播,即算是对党的贡献,在党与否,仍是一样"①。是年秋,李达犯下了被他自己称为生平"最严重、最不可饶恕的大错误"——脱离了自己曾积极创建并为之作出过重大贡献的中国共产党。

在离开党的日子里,李达虽身在党外,但仍心系党的事业,用实际行动践行着他对党的绝对忠诚和对真理的执着追求——通过理论研究,特别是研究马克思学说和中国经济状况,探求适合中国社会发展和革命需要的理论。1923 年秋至 1929 年冬,李达先后翻译出版了日本学者高柳松一郎著的《中国关税制度论》(商务印书馆 1924 年 10 月初版,至 1933 年共印行 5 版)、穗积重远著的《法理学大纲》(商务印书馆 1928 年 11 月初版,1930 年再版,1933 年 4 月国难后新一版,1935 年 1 月新二版,译者署名"李鹤鸣")、山川菊荣著的《妇女问题与妇女运动》(上海远东图书公司 1929 年 1 月版)、杉山荣著的《社会科学概论》(与钱铁如合译,上海昆仑书店 1929 年 3 月初版,至 1935 年 11 月共印行 8 版,由上海社会科学研究会发行)和德国学者塔尔海玛著的《现代世界观》(原书名为《辩证唯物论入门》,上海昆仑书店 1929 年 9 月初版,至 1936 年 2 月共印行 8 版,1942 年 2 月新版重印),独立撰写和出版了《现代社会学》(湖南长沙现代丛书社 1926 年 6 月初版,1928 年 11 月由上海昆仑书店出版修订版,至 1933 年 4 月共印行 14 版)、《中国产业革命概观》(上海昆仑书店 1929 年 1 月初版,至 1930 年 5 月印行 3 版)、《社会之基础知识》(上海新生命书局 1929 年 4 月版,署名"李鹤鸣",1932 年 10 月再版,至 1932 年 10 月 30 日再版 3 次)和《民族问题》(上海南强书店 1929 年 9 月 30 日出版)。此外,李达还写作和发表了一系列论文,包括《民生史观》(《现代中国》1928 年第 1 卷第 1 期,署名"平凡")、《土地所有权之变迁》(《现代中国》1928 年第 1 卷第 2 号,署名"平凡")、《民生史观和唯物史观》(《现代中国》1928 年第 1 卷第 4 期,署名"李平凡")、《对日经济绝交之研究》(《现代中国》1928 年第 1 卷第 4 期,署名"李平凡")、《佃租论》(上)(《现代中国》1928 年第 2 卷第 1 号,

---

① 《李达自传》(节录),载《党史研究资料》第 2 集,四川人民出版社 1981 年版,第 11 页。

署名"李平凡")、《租佃论》(下)(《现代中国》1928 年第 2 卷第 3 号,署名"李平凡")、《现代中国社会之解剖》(《现代中国》1928 年第 2 卷第 4 号)、《土地问题研究》(《双十月刊》1928 年第 3 期,署名"李平凡")、《革命过程中的民主革命》(《双十月刊》1928 年 9 月第 4 期)等。

以上就是李达写作《中国产业革命概观》之前的有关情况。可以说,正是对理论研究的坚守,对党的绝对忠诚和对真理的执着追求,以及力求通过对马克思主义理论和中国具体实际的研究、特别是对中国经济状况的研究,探求能够指导中国社会发展和革命实践的正确理论,促成李达写作了《中国产业革命概观》。

此外,大革命失败后党内乃至整个中国理论界开展的关于中国社会性质和中国革命问题的争论,也是促成李达写作《中国产业革命概观》的一个重要原因。

大革命失败之后,党内乃至整个中国理论界开展了关于中国社会性质和中国革命问题的争论。伴随着"中国社会到底是什么社会"之争论的持续发酵,出现了"动力派"、"新生命派"和"改组派"等一些派别,他们都针对这一议题纷纷发表意见。李达虽然没有直接参与这场争论,但作为一个有着强烈现实关怀的理论工作者,特别是一个具有敏锐嗅觉的马克思主义理论研究者,他对这场争论无疑是十分关注的。毕竟争论的结果事关重大,直接关系到中国革命的前途和命运,关系到中国社会的发展方向。可是,如何才能准确地揭示出中国的社会性质,寻得正确的革命理论和建设计划,从而为中国革命和中国社会发展指明方向呢? 李达依据马克思主义的唯物史观,认为应该从经济里去探求问题的答案。而要研究中国的经济状况,就应聚焦于中国的产业革命,因为现代中国社会已经踏入了产业革命的过程。于是,李达就着手写作《中国产业革命概观》,并在该书的"编辑例言"中开宗明义地指出:"要晓得现代的中国社会究竟是怎样的社会,只有从经济里去探求。现代中国的社会,已经踏入了产业革命的过程,渐渐脱去封建的衣裳,穿上近代社会的外套了,一切政治和社会的变动,都是随着产业革命进行的。在中国革命的过程中,凡是留心于国家改造的人们,必先依照这产业革命的经过,就中国经济发展的倾向作正确的分析,才能了解革命的理论,树立建设的计划。这是我所以要编这本小册子的动机。"①

当然，还有一个因素也是不能忽略的，那就是李达在日本留学期间的老师——河上肇的个人影响。日本和俄国同为中国早期马克思主义者接触马克思主义理论的两大主要渠道。而在当时日本的马克思主义学者中，属河上肇的影响最大。他的代表作《马克思主义经济学基础理论》②，以经济学为切入点展开对马克思主义哲学的研究，重视经济在社会发展过程中的基础性作用，并将阶级斗争说视为贯穿马克思主义的主线。李达在日本留学期间曾师从河上肇专攻马克思主义，他后来思想的发展无疑深受河上肇的影响，《中国产业革命概观》从中国经济状况透视中国社会问题的做法，就是最好的明证。

二、《中国产业革命概观》对中国 近代经济状况的据实分析

从内容上看，《中国产业革命概观》一书分为七章，书中明确了产业革命的意义，比较了中国产业革命与欧洲产业革命的共同点和不同点，利用国内外有关中国经济状况的数据和资料，系统地考察了中国近代经济演变的三个过程，即帝国主义的入侵过程、封建主义的瓦解和挣扎过程及民族资本主义的形成和萎缩过程，科学地分析了半殖民地半封建社会条件下中国的经济状况和产业革命的发展趋势，科学地回答了怎样发展中国产业的问题。

在第一章"绪论"中，李达首先讨论了产业革命的意义。李达认为，"产业革命是促成现代社会的发生和成长的东西。社会随着产业革命的进行，渐渐脱去旧时封建制度的衣裳，显出现在这样资本主义制度的各种特征来，使得物质的生产和分配，政治的生活和经济的生活，都发生了非常的变革。"③在明确了产业革命意义的同时，李达实际上也说明了一个社会的变革与产业革命之

① 《李达文集》第1卷，人民出版社1980年版，第388页。
② 李达等人对其进行了翻译并在中国出版发行，其中，上篇"马克思主义哲学基础"由李达、王静、张栗原合译，下篇"马克思主义经济学的出发点"由钱铁如、熊得山、宁敦午合译，上海昆仑书店1930年6月1日初版，至1938年共印行4版。
③ 《李达文集》第1卷，人民出版社1980年版，第390页。

间的密切关系,回答了为什么"要获得中国社会改造的理论,惟有在中国产业革命的过程中去探求"①的问题。随后,李达分别考察了欧洲的产业革命和中国的产业革命,指出了二者的共同点和不同点。在李达看来,"中国产业革命的进路,和欧洲的产业革命,在形式上大致有些相同,但是原因和内容却有许多地方不同。"②欧洲的产业革命,始于封建社会末期,是欧洲各国的资产阶级为了增殖资本而从内部掀起的,属于内力驱动型。所以,欧洲的产业革命使欧洲各国迅速确立了资本主义制度,并随即开始对外殖民扩张。而中国的产业革命,则源于国际帝国主义的入侵,是受帝国主义国家的殖民压力而被迫进行的,属于外力推动型。"现代中国的资本主义,一面是在国际帝国主义的卵翼之下得到了相当的发展,同时又受国际帝国主义巨大的政治力经济力所笼罩所支配,绝没有在它们的掌握中翻过筋斗的可能。"③

紧接着,李达援引国内外有关中国经济状况的数据和资料,用了五章的篇幅,从农业和农业崩溃的过程、手工业和手工业凋落的过程、近代企业发达的过程、近代企业的现状和中国境内资本主义之发展几个方面,系统地考察了中国近代经济在国际帝国主义入侵之后所发生的变化及演变过程,科学地分析了半殖民地半封建社会条件下中国的经济状况和产业革命的发展趋势。

1. 农业和农业崩溃的过程

李达通过考察全国耕地面积和农家户数、农业经营的形态及其变迁、耕地分配的形态和自耕农与佃农之消长,揭示了农业经济中各要素的细微变化及农业经济崩溃的宏观过程。在李达看来,全国荒地面积的增加、农业人口的减少、进口粮食的增加,是农村经济破产的最显著的表现,而农村经济破产的主要原因有三个方面,即帝国主义的侵略及因其而引起的赔款及外债之负担、经济的掠夺之负担、帝国主义商品的掠夺、农民副业的衰退、农村生活的提高和农村金融的困难,封建政治的剥削及因其而存在的苛捐杂税、预征钱粮、勒种鸦片及鸦片税、银行票币倒账和战时的牺牲,以及土豪地主的剥削及因其而产生的加重佃租和重利盘剥。

---

① 《李达文集》第 1 卷,人民出版社 1980 年版,第 390 页。
② 《李达文集》第 1 卷,人民出版社 1980 年版,第 390 页。
③ 《李达文集》第 1 卷,人民出版社 1980 年版,第 393—394 页。

2. 手工业和手工业凋落的过程

在考察了农业之后，李达将目光投向了手工业。他列举了中国近代主要城市中手工业的种类和手工工人的概数，认为中国的手工业与产业革命以前英国的手工业相似，已经从旧式的手工业进到了利用简单机器的家庭小工业。不过，由于外国资本在中国境内的膨胀、国内资产阶级的新式企业的发展及旧式手工业的组织不良等原因，手工业者的生产品被压倒，手工业组织遭到破坏，而以自由竞争为根本原则的近代工厂则蓬勃发展起来。"因此，那成为中国社会纽带的大家族主义，和基尔特的社会连带的道德，终于破坏，自由的劳动者阶级便发生出来，那阶级的意识也侵入于中国社会之中了。"①

3. 近代企业发达的过程

李达指出，中国的近代工业"开始于军用工业，其次再推行于一般的生产工业。就其经营的形式说，始于官业而成为官督民业"②。他认为，在 50 年的发展历程中，中国的近代工业先后经历了五个发展阶段，即 1862 年至 1881 年的军用工业时代、1882 年至 1894 年的官办事业及官督商办事业时代、1894 年中日战争起至 1904 年的外资侵入与民业萌芽时代、1905 年日俄战争起至 1911 年清朝灭亡的收回利权运动和保护民业时代、辛亥革命后的怀葛运动与工业自立的萌芽时代，其中，军用工业时代是中国近代工业的起始时期，官办事业及官督商办事业时代是铁工业、采矿业和铁路业相继发展起来的时期，外资侵入与民业萌芽时代是外资企业和民营企业争相创办的时期，收回利权运动和保护民业时代是近五十年间中国产业的前途"很有希望"③的时期，而怀葛运动与工业自立的萌芽时代则是中国工业资本家谋求工业自立却又难以摆脱国际资本控制的时期。

4. 近代企业的现状

在对中国近代工业的发展过程作了总体性的分析之后，李达详细地讨论了中国近代企业的生存现状。他认为，"资本主义文明的基础在于近代的工业组织，近代工业组织的核心在于机械，而煤和铁在近代工业中的地位，却和

---

① 《李达文集》第 1 卷，人民出版社 1980 年版，第 416 页。
② 《李达文集》第 1 卷，人民出版社 1980 年版，第 417 页。
③ 《李达文集》第 1 卷，人民出版社 1980 年版，第 423 页。

太阳一样。所以我们要说明中国近代企业现状,应当先说煤和铁,其次说铁路船舶的状态,其次说近代的主要工业。"①通过对煤铁及制铁业(附带煤油和锑矿)、铁路与船舶、纤维工业(纺织业)、金属工业(造船业)、化学工业(火柴业)、食品工业(制粉业)等近代工业的现状的考察,李达揭示出这样一个事实,即"中国工业的经营者和资本,由外国来的非常之多,所以虽说是中国的工业,实际上却完全是资本主义最后阶段的帝国主义的投资"。② 在这样的情况下,中国近代工业的发展步履维艰,前景着实令人担忧。

5. 中国境内资本主义之发展

在论述了中国近代工业发展的过程和现状之后,李达进而考察了中国境内的资本主义。他认为,"中国近代产业的大部分是直接间接受了国际资本主义的支配,同时和这个对抗的本国人自己经营的近代工业,也渐渐的发展起来了。"③他指出,国际资本通过工业、银行和外债等形式侵入中国,导致的结果是,"不但破坏了清朝的国家组织,并且使得中国社会组织的根柢也大受影响,中国民族因此陷于灭亡的危险"。④ 与此同时,中国自己的民族企业逐渐发生,国内的资本开始集积,形成了官僚资本、商业资本、银行资本和工业资本。然而,"中国的产业虽然踏入了初期资本主义的过程,但还是停顿在粗工业的阶段,中国的工业资本,处在国际帝国主义政治力经济力的宰割之下,要想努力挣扎起来,真是一件不容易的事情"⑤。在李达看来,国际资本的侵入造成了中国经济的混乱,而经济的混乱又助长了帝国主义侵略中国的势力,促进了内乱战争,结果又影响到经济,使得生产事业更趋衰落。因此,要谋求中国经济的发展,必须排除经济的混乱,而"要排除经济的混乱,必须打破政治的混乱,求得中国民族的独立,实行政治的改造"⑥。

在科学地分析了半殖民地半封建社会条件下中国的经济状况和产业革命的发展趋势之后,李达开始探讨怎样发展中国产业的问题,这实际上是中国革

---

① 《李达文集》第 1 卷,人民出版社 1980 年版,第 429 页。
② 《李达文集》第 1 卷,人民出版社 1980 年版,第 429 页。
③ 《李达文集》第 1 卷,人民出版社 1980 年版,第 458 页。
④ 《李达文集》第 1 卷,人民出版社 1980 年版,第 464 页。
⑤ 《李达文集》第 1 卷,人民出版社 1980 年版,第 474 页。
⑥ 《李达文集》第 1 卷,人民出版社 1980 年版,第 476 页。

命的根本问题,也是李达之所以写作《中国产业革命概观》一书的终极指向。李达从打破国际帝国主义的侵略、廓清封建势力及封建制度、发展国家资本主义与解决土地问题三个方面,系统阐述了他对怎样发展中国产业问题的思考。

李达认为,造成中国产业迟迟不能发展的原因有两大类:一类是附带原因,如资本之缺乏、企业者智识能力之缺乏等;一类是主要原因,如国际帝国主义之侵略、封建势力和封建制度的存在。国际帝国主义主要依靠全部不平等条约实施对中国的侵略,其中,阻碍中国产业发展最显著的是领土权之侵夺、关税权之侵夺、工业经营权之侵夺、领海及内河航行权的侵夺以及国际投资。"总而言之,处在国际经济侵略之下的中国,幼稚的新式产业,决没有顺利发展的余地,即使稍有发展的机会,也只限于国际经济侵略所不能及的时间或空间而已,然而发展的可能性却是很有限的。"①在李达看来,封建势力和封建制度的存在,同样是发展新式产业的大障碍。它们对于新式产业发展的阻碍主要表现在两个方面:一是国内战争的影响,如交通机关的破坏、军事借款、兵匪之骚扰、百业荒废等;二是苛捐杂税,这是封建制度的遗物的影响。李达认为,如若不能打破帝国主义的侵略、扫除封建势力、廓清封建制度,中国的产业就没有顺利发展的希望。所以,"打倒帝国主义的侵略,廓清封建势力和封建制度,是中国革命的唯一对象,同时又是发展产业的唯一前提"。② 但是,在扫除了帝国主义和封建势力两大障碍物以后,采用何种经济主义来发展中国的产业也是需要说明的问题。李达指出,要回答这个问题,必须考虑中国社会问题的特殊性,因为中国的社会问题是和中国的产业革命同时发生的。根据国外内有关中国经济状况的数据和统计资料,李达将中国的社会问题划分为五种,即产业劳动者问题、农民问题、手工工人问题、商业店伙问题和失业者问题,并提出了解决这些问题的对策,即树立民众的政权、发展国家资本主义和解决土地问题。

最后,李达对他关于怎样发展中国产业问题的思考作了概括:"怎样发展中国产业的问题,实是中国革命的根本问题。简单的结论是:要发展中国产

---

① 《李达文集》第 1 卷,人民出版社 1980 年版,第 480—481 页。
② 《李达文集》第 1 卷,人民出版社 1980 年版,第 488 页。

业，必须打倒帝国主义的侵略，廓清封建势力和封建制度，树立民众的政权，发展国家资本，解决土地问题。"①

三、《中国产业革命概观》的历史地位和理论贡献

正如在哲学领域中李达最早在中国系统传播了马克思主义哲学并力行马克思主义哲学中国化一样，在经济学领域中，李达也是在中国运用马克思主义经济学研究中国经济问题并力行马克思主义经济学中国化的第一人。如果说李达的《现代社会学》是"中国人自己写的最早的一部联系中国革命实际系统论述唯物史观的专著"②，那么，他的《中国产业革命概观》则是中国人用马克思主义观点系统阐述中国近代经济的第一部著作。作为马克思主义经济学中国化的开启之作，《中国产业革命概观》具有多方面的重要理论贡献。

首先，《中国产业革命概观》澄清了大革命失败后弥漫在中国共产党人中的迷茫和困惑，揭示了中国革命与中国产业革命的关系，明确了中国革命的对象、任务和前途，回答了中国向何处去的问题。1927 年，随着蒋介石和汪精卫分别在上海和武汉相继发动反革命政变，历时 3 年多的国民大革命宣告失败。此时，相对于国民党反动派大规模屠杀共产党人和革命群众的白色恐怖，弥漫在共产党人中的迷茫和困惑问题显得更加严峻。不解决这个问题，不明确"中国向何处去"，中国共产党人就永远无法找到中国革命的正确道路。正是在这样的背景下，中国共产党内乃至整个中国理论界再次展开了关于中国社会性质的大讨论。因为"只有认清中国社会的性质，才能认清中国革命的对象、中国革命的任务、中国革命的动力、中国革命的性质、中国革命的前途和转变。所以，认清中国社会的性质，就是说，认清中国的国情，乃是认清一切革命问题的基本的根据"③。在这一大讨论中，以任曙和严灵峰为代表的"动力派"提出的观点最具代表性，但是，"动力派"对帝国主义经济在中国近代所扮演角色的分析，主要是基于一种理论假设。与此不同，李达对这一问题的思

---

① 《李达文集》第 1 卷，人民出版社 1980 年版，第 495 页。
② 江明：《展读遗篇泪满襟——记李达和吕振羽的交往》，《文献》1980 年第 4 期。
③ 《毛泽东选集》第二卷，人民出版社 1991 年版，第 633 页。

考,则完全基于历史事实。他关于从经济里探寻中国社会性质的主张,在当时可谓独树一帜,也是最具说服力的。在《中国产业革命概观》一书中,李达运用马克思主义经济学基本原理,以中国经济状况为切入点,系统地分析了中国近代经济形态演变的三个过程,明确提出近代中国是"半殖民地半封建"社会,中国革命的对象是帝国主义和封建势力,中国革命的任务是打倒帝国主义、廓清封建势力和封建制度,中国经济的发展前途是树立民众政权、发展国家资本、解决土地问题。这样一来,李达就澄清了大革命失败后弥漫在共产党人中的迷茫和困惑,不仅科学回答了怎样发展中国产业的问题,而且正确回答了"中国向何处去"的重大时代问题。

其次,《中国产业革命概观》完美地诠释了"没有调查,就没有发言权"的重要论断。《中国产业革命概观》一书共七章,分别是"绪论"、"农业和农业崩溃的过程"、"手工业和手工业凋落的过程"、"近代企业发达的过程"、"近代企业的现状"、"中国境内资本主义之发展"和"怎样发展中国产业"。书中除第一章"绪论"外,其余六章都有一个共同的特点,即通篇援引了大量国内外有关中国经济状况的丰富材料,作者的结论都是通过对这些材料的分析得出的。依据李达的说法,"这本小册子所采用的材料的来源,一是从前北京农商部的农商公报,二是日本人所编关于中国经济状况的书籍,三是我国人关于这方面的编著。"①可以说,这些材料是当时国内所能搜集到的最全面、最权威的实证材料。李达在该书对这些材料的运用,充分表明了他对调查研究的重视,也完美诠释了"没有调查,就没有发言权"的论断。李达对调查研究的重视,使他与当时的众多马克思主义经济学研究者鲜明地区别开来。当然,李达研究中国经济问题所倚重的材料也可能存在着某些问题,如他所运用的数据和资料的真实性和时效性可能尚有待甄别,但这是任何调查研究都会面临的问题。实际上,李达本人也意识到了这一问题。他在谈到该书所运用的材料的来源时写道:"不过二三两类的书籍,又多以农商公报为根据,而农商公报所刊登的统计之类,又不免有些是官僚式的敷衍的调查,不实不尽的地方是常有的。编辑的人对于材料的采集,恐怕不免有陷于错误的地方,这一点只好在将

① 《李达文集》第1卷,人民出版社1980年版,第388页。

来得到正确的新材料时,另行改编了。"①虽然李达所运用的材料所存在的这样那样的问题使得他在《中国产业革命概观》一书中所提出的论断必然具有某种时代局限性,但他在该书中对于调查研究的重视,即使在今天看来也仍然值得我们认真学习。

最后,《中国产业革命概观》开了马克思主义经济学中国化的先河,开创了中国马克思主义经济学的研究范式。中国马克思主义经济学的研究范式一开始就是马克思主义经济学中国化的范式,其目标在于找到能够指导中国革命和建设的正确理论、回答"中国向何处去"这一时代大问题,其路径是密切联系中国的经济状况来研究马克思主义经济学,其根本方法是唯物辩证法。这种马克思主义经济学中国化的研究范式,就是由李达在《中国产业革命概观》一书中开创的。虽然李达在《中国产业革命概观》一书中并没有对马克思主义经济学基本原理作系统的阐述,这项工作是李达在后来的《经济学大纲》一书中完成的,但《中国产业革命概观》是李达在准确把握马克思主义经济学基本原理的基础上,运用马克思主义经济学基本原理来分析和解答中国社会问题的代表性著作。它深刻地表明了这样一个事实,即马克思主义经济学在中国的传播已经开启了马克思主义经济学中国化的进程。作为马克思主义经济学中国化的开启之作,《中国产业革命概观》致力于把马克思主义经济学与中国的具体实际相结合,从经济里探求中国革命的出路,回答"中国向何处去"这一时代大问题,堪称运用马克思主义经济学中国化范式的典范。

(原载《湖北社会科学》2015 年第 4 期)

---

① 《李达文集》第 1 卷,人民出版社 1980 年版,第 388 页。

马克思主义经济学中国化的标志性成果

——李达的《经济学大纲》探论

郎廷建

  李达不仅是杰出的马克思主义哲学家,也是杰出的马克思主义经济学家。作为最早在中国传播马克思主义经济学的先驱之一、在中国独立撰写马克思主义经济学教材的第一人,李达在马克思主义经济学领域做了大量工作,为马克思主义经济学的翻译、介绍和独立研究作出了卓越的贡献。1924—1935年,李达先后翻译出版了日本高柳松一郎著的《中国关税制度论》(商务印书馆1924年10月初版,至1933年共印行5版)、日本河西太一郎的《农业问题之理论》(上海昆仑书店1930年1月)、俄国米哈列夫斯基著的《经济学入门》(原书名为《政治经济学》,上海乐华图书公司1930年4月1日初版,至1933年5月1日共印行3版)、日本河田嗣郎著的《土地经济论》(与陈家瓒合译,商务印书馆1930年10月出版,1933年8月国难后新一版)、日本河上肇著的《马克思主义经济学基础理论》(上篇“马克思主义哲学基础”由李达、王静、张栗原合译,下篇“马克思主义经济学的出发点”由钱铁如、熊得山、宁敦午合译,上海昆仑书店1930年6月1日初版,至1938年共印行4版)、俄国拉比拉斯、渥斯特罗维查诺夫合著的《政治经济学教程》(与熊得山合译,上海笔耕堂书店1932年6月30日出版上册,1933年2月20日出版下册,全书至1936年4月20日共印行3版),独立研究发表了论文《中国现代经济史之序幕》(属于未完成著作《中国现代经济史》的一部分,北平大学法商学院《法学专刊》1935年5月第3、4期合刊)、《中国现代经济史概观》(属于未完成著作《中国现代经济史》的一部分,北平大学法商学院《法学专刊》1935年9月第5期),独立撰写出版了著作《中国产业革命概观》(上海昆仑书店1929年1月初版,至

1930 年 5 月印行 3 版)、《经济学大纲》(1935 年由北平大学法商学院作为教材铅印成书,其第一分册《先资本主义的社会经济形态》,由香港生活书店于 1948 年 1 月出版,1985 年 9 月武汉大学出版社将全书出版,2007 年 4 月武汉大学出版社又将全书纳入"武汉大学百年名典"重新出版)。其中,《中国产业革命概观》是中国人用马克思主义经济学观点系统阐述中国近代经济的第一本著作,回答了大革命失败后中国向何处去这一重大课题,鲜明地体现了李达的经济学研究的目的和方法。而《经济学大纲》,则是以上所有工作的结晶和提升。由于日本侵华战争爆发,作者长期处于颠沛流离的生活环境之中,缺乏起码的工作条件,以致该书只完成了先资本主义诸经济形态和资本主义经济形态两部分,而预定的社会主义经济形态和中国现代经济两部分未能完成。但这两部分的基本思想,作者已经在该书的绪论以及《中国产业革命概观》、《中国现代经济史之序幕》、《中国现代经济史概观》等另一些著作中有所论述。该书的理论价值和历史作用不可磨灭。时至今日,当我们重温这部 80 年前的著作时,仍然不能不钦佩作者的精辟见解和创造性论述。

一、《经济学大纲》的内在逻辑

明确经济学的研究对象和范围,通过对先资本主义经济形态、资本主义经济形态、社会主义经济形态的考察,揭示经济的一般发展规律;深入中国经济现状研究,揭示中国经济的特殊发展规律;统一考察经济的一般发展规律和中国经济的特殊发展规律,探讨能够促进中国经济发展的经济理论,指导中国经济实践。这是李达的《经济学大纲》的写作思路。下面,就让我们深入讨论《经济学大纲》的内在逻辑。

在《经济学大纲》的开篇,李达首先明确了经济学的研究对象。李达指出,一种科学之所以区别于它种科学,究其原因就在于它拥有不同的研究客体即对象。作为一种社会科学,经济学也是以社会关系即在社会中形成的人与人的关系为研究对象。但是,人类的社会关系是非常复杂的,既有物质生活关系、阶级或政党关系,也有财产所有权关系和信仰、学术等其他多种关系。经济学并不研究所有的这些关系。"经济学的对象,是社会构成过程中的生产关系的总体,即社会的经济构造。"①

在明确了经济构造是经济学研究的对象之后,接下来的首要工作就是要说明"经济构造究竟是什么?"为此,李达分别考察了劳动力、生产手段、生产力、生产关系,以及生产力与生产关系之间的关系。李达认为,人类社会要继续存在,就必须通过有意识有目的的劳动去采取并改造外部自然界来获取物质生活资料。"劳动是人类求生存的第一个前提。"②"劳动是人类与自然之间的物质交换的过程。"③作为劳动过程的三大必不可缺的构成要素,劳动力是寄存于人类身体中的各种能力的总和,劳动对象是劳动过程中所能加工的一切天然存在的和人工的对象,劳动手段是介于劳动者与劳动对象之间的、通过对自然物加以变造而成的能够传达人的活动于其对象的一物或诸物的复合体。人类只有使用劳动力结合劳动手段与劳动对象,才能开始生产活动,进而获取所需的物质生活资料。在李达看来,当劳动力、劳动手段和劳动对象在生产过程中统一、能动地结合在一起时,生产力就实现了。"所以特定社会的生产力,是人类利用劳动力去结合劳动手段与劳动对象之时所发挥出来的制造物质生活资料的能力。"④但是,人是社会存在物,生产也是社会的人类的生产,这就决定了,人类在劳动过程中不仅与自然发生关系,即人与自然的关系,而且也与他人发生关系,即包括生产过程中人与人的关系、分配关系、交换关系和消费关系在内的生产关系。"简括的说来,生产关系,是在社会的生产总过程中发生的人们相互间的关系,即在生产、分配、交换及消费的过程中发生的人们相互间的关系。"⑤作为人的劳动力与人的生产手段相结合的生产力,与作为劳动力所有者与生产手段所有者相结合的生产关系,二者是内容与形式的统一。伴随着作为内容的生产力的发展变化,作为形式的生产关系本身也要随之发生变化。但是,生产关系绝不是受动的东西,它对于生产力具有能动的积极作用。只有当生产力与生产关系的矛盾发展到敌对状态时,生产关

---

① 李达:《经济学大纲》,武汉大学出版社 2007 年版,第 2 页。
② 李达:《经济学大纲》,武汉大学出版社 2007 年版,第 2 页。
③ 李达:《经济学大纲》,武汉大学出版社 2007 年版,第 2 页。
④ 李达:《经济学大纲》,武汉大学出版社 2007 年版,第 4 页。
⑤ 李达:《经济学大纲》,武汉大学出版社 2007 年版,第 5 页。

系才会发生质的转变。而社会的经济构造,就是"生产力与生产关系的统一,即适应于生产力的各种发展阶段的生产关系之总体"①。

基于上述说明,李达指出,作为以经济构造为研究对象的科学,经济学不仅要研究生产关系,而且也要研究生产力发展的社会形式,只有这样,才能"指出生产力与生产关系的矛盾,暴露特定经济构造由于这个矛盾而发生发展,以及由一种形态转变到别种高级形态的法则"②。

其次,李达明确了经济学的研究范围。李达认为,由于生产关系伴随着生产力的发展变化而不断地变化、发展,因而常常存在的生产关系只是与历史上特定的生产方法相适应的特定的生产关系。生产方法就是劳动力与劳动手段相结合的方法,它与生产力的发展阶段相适应。在人类历史上,先后出现了原始的、古代的(奴隶制的)、封建的和资本主义的生产方法以及社会主义的生产方法五种性质不同的生产方法,相应地,也就出现了原始社会的、古代社会的、封建社会的、资本主义社会的及社会主义社会的经济形态五种经济构造的形态。这五种经济构造的形态有一些共通的标志、共通的规定,即都是特定历史阶段的生产力与生产关系的矛盾的统一,伴随矛盾的发展而发展,最终转变为新的形态。当然,每一种历史的经济形态,也有其自身的特殊发展法则。因此,想要全面地理解一种经济形态,不仅要知道一切经济形态的共通的一般的发展法则,还要具体地研究这种经济形态,捉住其特殊的丰富的内容,建立一般与特殊的正确关系。只有这样,我们才能发现每一种具体经济形态的特殊发展法则。经济学的任务也就在于"暴露各种经济形态的发生、发展及其转变的特殊法则"③。为此,李达采取了恩格斯的广义经济学的立场。"因为广义经济学,并不仅是为了求得经济学的知识才去研究一切经济构造,而实在是为了求得社会的实践的指导原理才去研究它们。即是说,我们不是为理论而理论,为科学而科学,而是为了经济上的实践才研究经济学"。④

在李达看来,广义经济学首先要着重研究资本主义经济。因为,资本主义

① 李达:《经济学大纲》,武汉大学出版社2007年版,第6页。
② 李达:《经济学大纲》,武汉大学出版社2007年版,第7页。
③ 李达:《经济学大纲》,武汉大学出版社2007年版,第10页。
④ 李达:《经济学大纲》,武汉大学出版社2007年版,第11页。

在当时世界占支配地位,绝大多数人都受到资本主义社会的发展法则的支配;资本主义社会的生产力在历史上是很进步的;资本主义社会中无产阶级和资产阶级的对立会随着社会存在的发展而日趋普遍、尖锐。"所以关于资本主义经济的发展法则的暴露,在目前实是'人类的最高问题'。"①在阐明资本主义经济的发展法则之后,还必须研究社会主义经济的发展法则。因为,社会主义经济与资本主义经济是对立的,这点在苏俄社会主义经济的发展现状与资本主义社会中的经济总危机、政治总危机的对比中就可全然知晓。只有理解了这种法则,才能为担负改造经济形态使命的人们提供理论指导。不过,区别于资本主义商品社会的经济发展法则,社会主义经济的发展法则不是自然发生作用并支配人类的,而是通过人类意志而实现的法则。因此,为要发展计划经济即"依据于人们所发见的经济法则而订定而实施的"②,就必须尽可能地去认识社会主义经济的发展法则。此外,广义经济学还要研究先资本主义的诸经济形态,因为先资本主义的经济形态的遗物,无论是在资本主义经济形态中,还是在社会主义经济形态中,还是在许多落后民族的落后经济形态中,都存在着。当然,作为现代的中国人,"我们不是为了研究经济学才研究经济学,而是为要促进中国经济的发展才研究经济学。"③因此,我们要着重研究中国现代经济。中国现代的经济,大体上说来还停滞于由封建经济到资本主义经济的过渡状态中,是处于帝国主义宰割之下的、工农业陷于破产状态的经济。"这种经济,可以说是国际资本主义殖民地化的经济。"④在这样的情况下,探寻中国经济的发展路向,不仅是一个经济问题,更是整个中国求生存、求解放的问题。基于此,李达强调指出,"我主张广义经济学,除了研究历史上各种顺序发展的经济形态以外,还必须研究中国经济。只有这样的研究,才能理解经济进化的一般原理在具体的中国经济状况中所显现的特殊的姿态,特殊的特征,才能得到具体的经济理论,才能知道中国经济的来踪和去迹。这是

---

① 李达:《经济学大纲》,武汉大学出版社 2007 年版,第 12 页。
② 李达:《经济学大纲》,武汉大学出版社 2007 年版,第 14 页。
③ 李达:《经济学大纲》,武汉大学出版社 2007 年版,第 16 页。
④ 李达:《经济学大纲》,武汉大学出版社 2007 年版,第 17—18 页。

我所以主张我们所研究的广义经济学必须研究中国经济的理由。"①

二、《经济学大纲》的内容展开

在明确了《经济学大纲》的写作思路之后,李达首先展开了对原始社会、古代社会及封建社会的经济形态的研究。

(一)原始社会的经济形态

李达从考察氏族社会以前的经济入手。李达认为,"由猿猴到人类的转变,是在劳动的长期发展过程中完成的。劳动的发展,是人类社会的基础,是由猿猴到人类社会的转变的基础。"②依据地质学、考古学、古生物学及人类学等科学研究所取得的成果,可以推定,人类社会出现的相对的年代是新生代。"先氏族社会,是采集经济与漂泊生活的阶段,大约与旧石器时代相适应。"③生产力发展水平的低下及人类对自然斗争的力量的弱小,使得本就处于未发达状态的原始人不得不结成共同劳动、共同分配的原始人群。而为了狩猎,原始人群又开始了性别与年龄别的分工。在先氏族社会中,婚姻关系和家族关系是被当做生产关系的侧面看待的。在研究了氏族社会以前的经济之后,李达又分别讨论了氏族社会的经济和原始社会的经济之发展及其崩溃的过程。在李达看来,氏族社会是先阶级社会的后期发展阶段,它与先氏族社会并不存在生产力性质的差异,而只存在生产力发展程度的差别。"由先氏族时代到氏族时代的推移,就劳动手段方面说,是旧石器时代到新石器时代的推移;就经济性质方面说,是采集与狩猎经济到生产经济即农业与牧畜经济的推移;就生产关系的一个侧面之血统关系说,是集团婚家族到对偶婚家族的推移。"④和后来的各种形态的社会发展一样,生产力与生产关系的矛盾也是原始社会发展的原动力。李达指出,自进入氏族时代以后,原始社会先后出现了农业与

---

① 李达:《经济学大纲》,武汉大学出版社 2007 年版,第 18 页。
② 李达:《经济学大纲》,武汉大学出版社 2007 年版,第 23 页。
③ 李达:《经济学大纲》,武汉大学出版社 2007 年版,第 26 页。
④ 李达:《经济学大纲》,武汉大学出版社 2007 年版,第 33 页。

畜牧业的分工以及手工业与农、畜牧业的分工。在分工的发展过程中,出现了个别化的生产。"所谓个别化的生产,是说原始群由无分工状态进到自然的分工状态,由杂婚进到群婚的状态,表现了生产的个别化的倾向。这种分工,这种生产个别化的倾向,是促进生产力发展的动因。"①伴随着这种倾向的发展和家族间的分工形态的发生,从前的那种按需分配的分配方式不得不变更为按劳分配的方法,从而就引起了土地以外的私有财产的发生。而各家族的私有财产的出现,引起了氏族共同体的崩溃,慢慢地导致土地也变成私有财产,社会变为奴隶与主人、穷人与富人对立的社会。于是,氏族社会的经济形态宣告结束,取而代之的是奴隶制的经济形态。

(二)奴隶制的经济形态

李达从奴隶制经济形态的发生与发展,及奴隶制经济形态的崩溃两个方面展开讨论。李达认为,"奴隶制的经济构造,是最初的阶级社会的经济构造。"②其发生有两个前提:一是原始社会末期生产力的发展,二是农村共同体内部出现的财富不平等。作为社会发展过程中的一个必经阶段,奴隶制的最初形式是家长制的奴隶制。奴隶是一个自然人,只有在一定的关系下才变为奴隶,他也因此构成一种经济的范畴。作为一种经济范畴,奴隶首先是一种财产、物品、商品,其次才是劳动者。"奴隶制经济构造的主要特征,就是:奴隶没有生产手段,并且不能处理自己的劳动。""奴隶根本在人格上就隶属于奴隶所有者,奴隶所有者用超经济的方法,迫使奴隶工作,并力图在最短期间,从奴隶身上榨取最多的生产物。"③奴隶制经济的性质是自然经济,它以奴隶所有者强制占有奴隶的劳动为基础。随着奴隶制经济的发展,大奴隶生产相较于比较独立的小生产的优势不断显现,其发展引起了商业的发达,进而又引起了货币和高利贷资本的发生和成长。虽说商业和货币的关系的作用很重要,但对于主要是自然的生产方法的奴隶制生产方法,它却仅有次要的作用。李达进一步指出,奴隶制经济形态的基本矛盾是奴隶制社会的生产关系和生产

① 李达:《经济学大纲》,武汉大学出版社 2007 年版,第 42 页。
② 李达:《经济学大纲》,武汉大学出版社 2007 年版,第 53 页。
③ 李达:《经济学大纲》,武汉大学出版社 2007 年版,第 58—59 页。

力之间的矛盾。"这种基本矛盾,可以说是奴隶制的剥削关系与由这种剥削的本质所产生的奴隶劳动的低级生产性之间的矛盾。"①伴随着这个基本矛盾的发展,分化出其他多种矛盾,最终形成了导致奴隶制崩溃的各种原因。所以说,是奴隶制本身毁灭了奴隶制经济。令人遗憾的是,虽然奴隶制的经济消灭了,但奴隶制的残余却一直存留至今。"就今日世界的情形说,奴隶制的遗物,在许多落后的民族中仍旧残存着。特别是就帝国主义与殖民地民族的关系来看,殖民地人民,实际上变成了帝国主义者的奴隶。"②

(三)封建的经济形态

李达认为,相对于奴隶制的经济,封建的经济是比较进步的历史形态。西欧的封建制起始于公元4世纪时日耳曼人对罗马的入侵,中国的封建经济构造则始于周代。作为一种特殊的社会——经济的构造,封建经济区别于奴隶制经济和资本主义经济,"是支配阶级在生产上从直接生产者吸取剩余劳动的剥削形态"③。封建的剥削形态就是包括劳役地租、现物地租和货币地租在内的封建地租。从生产方法和生产关系的角度来看,封建制和农奴制并没有区别,农奴制实际上是封建制的生产关系的特征。作为变相的封建制,"'亚细亚的生产方法',即是附加几个特殊经济条件的封建的生产方法"。④ 西欧各国的封建经济和中国自周代到鸦片战争期间的封建经济,就是封建的经济构造的具体实例。在讨论了封建经济的形成及其一般特征之后,李达又分别讨论了都市经济之发展和封建经济的崩溃。他认为,在封建社会初期,封建领主为了保护农民和开设市场,设立了许多都市。然而,伴随着农业和手工业的分离,农村与都市的对立,以及商品交换的繁荣,都市成为手工业生产、商业及货币流通的发达的中心。中国封建时代商业发达于西周时期,商业资本和高利贷资本发达于春秋战国时期,全国性的商人势力则发达于秦代。李达进一步指出,"封建经济构造的根本矛盾,是封建地主与农民之间的矛盾,即大土

---

① 李达:《经济学大纲》,武汉大学出版社 2007 年版,第 68 页。
② 李达:《经济学大纲》,武汉大学出版社 2007 年版,第 76 页。
③ 李达:《经济学大纲》,武汉大学出版社 2007 年版,第 83 页。
④ 李达:《经济学大纲》,武汉大学出版社 2007 年版,第 88 页。

地所有者与小生产者之间的矛盾。"①在 16、17 世纪的西欧,商业经济的发展对于农业经济产生了巨大的腐蚀作用,导致农民失掉了土地,生活悲惨,引发农业人口的阶级分化——封建地主或是没落,或是转变为资本主义的地主;农民中的富裕阶层或是转变为新式的农业资本家,或是变成流浪的无产者。商业市场的急剧扩大与商业资本的迅速增加也对都市产生了重大的影响,导致行会制度的瓦解、家内工业和工场手工业的兴起以及阶级的重新改编。

在结束先资本主义经济形态研究之前,李达通过对单纯商品经济与资本主义商品经济的对比分析,再次明确了研究单纯商品经济的重要性和必要性。李达指出,尽管资本主义生产和单纯商品经济之间存在许多不同之处,但是,它们之间"还有一个共同点,就是他们都以生产手段的私有权为基础"②。"单纯商品经济,在历史上是先于资本主义而发生的,而且是资本主义发生的先决条件,所以我们在研究商品——资本主义的时候,必须从单纯商品经济开始。"③

(四)资本主义经济形态

接下来就进入到了广义经济中最重要的一部分——资本主义经济形态的研究。为此,李达以十三章的篇幅,依次从商品、货币、货币的资本化、剩余价值的生产和工资、资本的再生产与积蓄、资本的循环与回转、剩余价值的利润化、商业资本与商业利润、放贷资本与信用、恐慌、地租、帝国主义以及资本主义的总危机与特种萧条等十三个方面,全面论述了资本主义的经济形态。

1. 商品

李达认为,商品是资本主义社会的细胞,是资本主义研究的逻辑起点。作为使用价值与交换价值的统一,"商品是人们以拿到市场交换为目的而制造的劳动生产物"。④ 价值是一切商品的共通物。使用价值与价值之间的矛盾是商品的内在矛盾,它表现着商品生产的主要矛盾,即私人劳动与社会劳动间

---

① 李达:《经济学大纲》,武汉大学出版社 2007 年版,第 108 页。
② 李达:《经济学大纲》,武汉大学出版社 2007 年版,第 115 页。
③ 李达:《经济学大纲》,武汉大学出版社 2007 年版,第 115 页。
④ 李达:《经济学大纲》,武汉大学出版社 2007 年版,第 121 页。

的矛盾。商品的二重性以劳动的二重性为基础,具体劳动形成使用价值,抽象劳动形成价值。商品的价值量由平均的社会必要劳动决定,它与一定的商品的生产上所耗费的劳动量成正比例,与劳动的生产性成反比例。商品的价值形态包括相对价值形态和等价形态,其发展依次经历了单纯的、扩大的、一般的及货币的价值形态四个阶段。在商品社会中,人们受着以物的形式表现出来的生产关系的支配,于是就出现了人造物决定人自身命运的商品拜物教。"人们把自己手造的东西(商品),使它神格化,就叫做商品拜物教。"①价值法则是商品经济的根本法则,它规定着商品——资本主义经济的运动和发展。

2. 货币

在李达看来,"货币是一般的等价物,是商品价值的一般的体化物,是商品生产者的社会的生产关系之物的表现,是商品经济的矛盾之必然的运动形态——这是货币的本质。"②作为商品拜物教的一种,货币拜物教是商品拜物教进一步发展的产物,它伴随商品经济的发生而产生,亦随着商品经济的消灭而消亡。随着商品生产者的社会生产关系的发展,货币逐渐展现出价值尺度与价格本位、流通手段、储藏手段、支付手段、世界货币及纸币六个方面的机能。

3. 货币的资本化

李达指出,商品生产发展到一定的水平,就会超出单纯商品经济的领域而转入资本主义的生产领域,这时,货币就变成了资本。"W—G—W′,是单纯商品流通的形态;G—W—G′,是资本的一般的公式,是资本主义的流通形态。"③资本的一般公式内含着矛盾。这种矛盾的本质就是,价值本不能在流通中增大,但他方面的价值又必然在流通中才能增大。作为价值的源泉,劳动力商品的出现,解决了这一矛盾。但是,劳动力并不是在任何社会条件下都是商品,它只有在资本主义条件下才会成为商品。

4. 剩余价值的生产和工资

李达认为,剩余价值和价值形成于劳动过程即生产过程中。"劳动者所

---

① 李达:《经济学大纲》,武汉大学出版社 2007 年版,第 150 页。
② 李达:《经济学大纲》,武汉大学出版社 2007 年版,第 158 页。
③ 李达:《经济学大纲》,武汉大学出版社 2007 年版,第 187 页。

产生的在他的劳动力的价值以外的超过价值,就是所谓剩余价值。"①剩余价值是资本家利润的源泉。资本是作为可变资本的劳动力和作为不变资本的生产手段之总称。剩余价值率表现着资本对劳动力的榨取程度。剩余价值包含绝对剩余价值和相对剩余价值两种形态。绝对剩余价值是"由于劳动日之绝对延长而得到的剩余价值"②。相对剩余价值是"由于缩短必要的劳动时间,由于变更构成劳动力的两个部分的长度而产生的剩余价值"③。提高劳动生产率,是产生相对剩余价值的方法。而提高劳动生产率的关键在于技术的改进。纵观资本主义的发展历程,技术的改进对于推动资本主义从单纯协业到工场手工业再到机械大工业的发展起着重要的作用。但在资本主义条件下,资本家改良技术的目的是为了个人的利益,使得技术成了统治人的异化物。李达指出,工资是劳动力的价值,它包括时间工资和产额工资两个基本形态,也包括赏金、分红和物价工资、现物工资和货币工资、名目工资和实质工资等其他形态。"它们的特征,都是以掩蔽资本主义社会的阶级性、蒙蔽榨取的事实、用欺骗诱惑的手段使劳动者不受外部强制而提高劳动能率为目的的。"④

5. 资本的再生产与积蓄

在李达看来,"无论是在生产手段的领域或消费资料的领域,生产过程之更新与反复,就叫做再生产。"⑤资本主义再生产的特征表现在这样几个方面:一是生产资料是资本家的私有财产;二是劳动者有人身自由但却没有生产手段,只能靠出卖自己的劳动力过活;三是资本家通过榨取剩余价值剥削劳动者。资本主义的再生产有单纯再生产和扩大再生产两个形态。随着资本主义的发展,大企业形成并快速壮大,引起了生产的集积与集中,以及资本的集积与集中。技术的进步促进了资本有机构成的提高。资本的集积和集中产生了的资本积蓄,它的发展形成了资本主义生产方法之必要的前提条件,即大量劳动力的出现和大产业资本家的出现。资本积蓄可以暂时提高劳动者的工资,

---

① 李达:《经济学大纲》,武汉大学出版社 2007 年版,第 196 页。
② 李达:《经济学大纲》,武汉大学出版社 2007 年版,第 203 页。
③ 李达:《经济学大纲》,武汉大学出版社 2007 年版,第 205 页。
④ 李达:《经济学大纲》,武汉大学出版社 2007 年版,第 225 页。
⑤ 李达:《经济学大纲》,武汉大学出版社 2007 年版,第 231 页。

但作为资本主义生产的一个法则的产业预备军的存在,却妨害了工资的提高。"资本主义之发展的法则,就是劳动阶级之相对的与绝对的贫穷化。"[①]劳动组合的斗争不能仅限于经济斗争,还要提高劳动组合中劳动者的阶级意识,通过政治斗争实现经济要求。

6. 资本的循环与回转

李达认为,当做总体看的资本主义的生产过程表现着生产过程和流通过程的统一。在资本循环的全过程($G—W\cdots P\cdots W'—G'$)中,资本顺次采取了货币资本、生产资本、商品资本三种形态,经过了货币资本转化为生产资本、生产资本转化为商品资本、商品资本转化为货币资本三个阶段。"资本之由一形态向他形态的转化,及经过三个阶段的资本运动,就叫做资本的循环。"[②]货币资本循环($G—W\cdots P\cdots W'—G'$)的起点和终点都是货币,其目的在于实现价值增值。生产资本循环($P\cdots W'—G'—W\cdots P'$)的起点和终点都是生产,它隐藏着资本诸关系的本质。商品资本循环($W'—G'—W\cdots P\cdots W''$),它由两个相反的商品=货币流通为起点,在这两个流通过程之后才开始生产过程,也表现着资本主义生产的目的,即生产剩余价值。资本只有在运动中、循环过程中才能发挥创造剩余价值的机能,因此,资本家总是想使自己的资本连续不断地运动,而不是中断甚至停滞。但这是不可能的。李达指出,资本在循环过程中经过了多次转化的循环和回转。生产时间"是生产手段与劳动力相结合的时间"[③]。它比实际劳动支出的时间要长得多。资本的流通不仅需要时间,而且产生费用。流通过程中的劳动包括生产劳动和非生产劳动两类。资本不仅可以分为不变资本和可变资本,也可以分为固定资本和流动资本。劳动力和不变资本中的原料、辅助材料构成流动资本,不变资本中的机器和房屋是固定资本。固定资本随着产品出售逐次收回,待物质上不能使用或经济上不宜使用时,就需要更新。而流动资本在一次生产时间完成时就需要更新。资本家加速资本回转的目的,是以等量的资本从劳动者那里获得较多的剩余价值。随着资本主义与技术的发展,资本回转的平均速度呈现出一种缓慢的趋势。李

---

① 李达:《经济学大纲》,武汉大学出版社 2007 年版,第 248 页。
② 李达:《经济学大纲》,武汉大学出版社 2007 年版,第 254 页。
③ 李达:《经济学大纲》,武汉大学出版社 2007 年版,第 259 页。

达认为,社会资本的再生产包括两个基本部门:一是为全体资本家提供生产手段的生产生产手段的部门,二是给全社会的劳动者和资本家提供消费资料的生产消费资料的部门。作为生产的社会性与私人占有形态间的根本矛盾之表征的生产的扩大与消费的缩小间的矛盾的表现,社会资本的运动包括单纯在生产条件下的运动形态和扩大再生产的运动形态两种形态。

7. 剩余价值的利润化

李达指出,每个资本家不仅占有自己的劳动者创造的剩余价值,还参与产业资本家在资本运动过程中的剩余价值分配。"在资本循环中,资本主义的生产费,是和现实的劳动支出相分离的。"[1]后者因含有剩余价值而大于前者。而这一事实又加强了资本主义诸关系的拜物教性质。"生产费的范畴,蒙蔽了资本主义榨取的根源,抹杀了不变资本与可变资本的区分,掩饰了资本各种形态之原则上的差别,以及资本各部分在价值转移及剩余价值的形成过程中所尽的不同的作用。"[2]在资本主义的生产方法中,当剩余价值被当做垫付总资本的产物时,剩余价值就转化为利润形态。决定资本家企业的利益的、剩余价值对总资本的比率,就是利润率。在其他条件不变的情况下,利润率的高度同剩余价值量、资本回转速成正比例关系,同资本的有机构成成反比例关系。李达进一步指出,资本家间的竞争和资本移动,引起利润率的平均化,进而导致资本主义各产业部门的劳动者所创造的剩余价值要在资本家之间进行再分配。生产价格由生产费和平均利润组成,它调剂各资本家的生产部门的资本之自然的运动,也调剂各部门的劳动之自然的运动。商品的生产价格以它的价值为基础,生产价格的变动受价值法则支配。随着资本主义经济和资本主义诸关系的发展,价值生产价格化。尽管资本家们想尽一切办法提高平均利润率,但却无力扭转由生产力的发达而引起的平均利润率低落的趋势。利润率低落的法则体现着资本主义社会的深刻矛盾,这种矛盾的本质是"资本家对于利润无厌的追求,及离开他们意志而发生的利润率的低落,在资本主义社会中,虽然唤起了生产力急速的发达,然而这种利润的追求与平均利润率的低

---

① 李达:《经济学大纲》,武汉大学出版社 2007 年版,第 278 页。
② 李达:《经济学大纲》,武汉大学出版社 2007 年版,第 279—280 页。

落,是阻碍生产力的发展的。归根到底,这也就是生产的社会性与资本主义占有间的矛盾。"①

8. 商业资本与商业利润

李达认为,随着资本主义生产的发展,参加总资本循环的资本的流通部分就和产业资本相分离,采取了商业资本的形态。作为完成总循环过程的单一资本的一部分,商业资本是离开产业资本而尽其特殊机能的资本。"商业资本家所得利润,本质上属于商人代理产业资本家贩卖商品的报酬,是由产业资本家所转让的剩余价值的一部分。"②生产价格既包含生产费,也包含产业资本家的平均利润和商业资本家的利润。在资本主义社会中,商业资本总额愈少愈好,它随着回转的加速而减少。商业资本家为了经营自己的商业而使用仅从事价值转化劳动的商业雇员。为了免受商业资本的剥削,人们组成了各种合作社。然而,资本主义社会中的大规模的合作社,只不过是隶属于资本家的一种机关罢了。

9. 放款资本与信用

在李达看来,资本主义的发展使得资本循环过程中又分化出一种资本形态即放款资本,因而分化出利息。放款资本来源于一定期间内在产业资本家手中休息着的一切货币量,它的特性是"利用自己资本作为放款资本的货币所有者,把货币让渡于第三者,投入于流通中,当做资本而成为商品"③。放款资本加强了资本主义社会的拜物教的性质。利率是贷主所受的利息额对于放款资本的比率,平均利率是它的最高限度。决定利率变动的唯一要因是放款资本的需要与供给的比率,放款资本越多,利率越低,放款资本的需求越大,利率越高。货币资本的机能和产业资本的技能的分立,引起利息和企业利润的分立。在资本主义生产法则的支配下,作为主要是榨取小商品的农民和手工业经济的手段,高利贷资本的性质发生了激烈的变化。但是,先资本主义时代的特征的高利贷资本,在现代资本主义国家仍然残存着。作为促进商品形态资本转变为货币形态资本的信用,商业信用的对象是商品资本,而作为是休息

---

① 李达:《经济学大纲》,武汉大学出版社 2007 年版,第 297 页。
② 李达:《经济学大纲》,武汉大学出版社 2007 年版,第 302 页。
③ 李达:《经济学大纲》,武汉大学出版社 2007 年版,第 312 页。

资本转化为机能资本的信用,银行信用的对象是放款资本,二者存在有无买卖的差异。票据是债务的证券,它的贴现使商业信用和银行信用相互结合起来。"银行是拥有休息货币的人与需要货币的人之间的中介人。"①其业务分为受信用(借入)业务和授信用(贷出)业务两种。银行存在的目的是获取信用利润。随着资本主义的发展,股份公司发展起来,成为资本主义诸企业组织的支配形态。股份公司和银行一样,也可以收集散金而投入企业,使资本由休息状态走入运动状态。大股东是股份公司的支配者。各股东通过出卖股票这种虚拟资本收回原来的资本。股份公司的存在,造成了生产机能与资本占有的分裂,而这就暴露了资本家的寄生性质。

10. 恐慌

李达指出,在资本主义世界,经济恐慌差不多每十年反复一次。生产相对过剩是资本主义经济恐慌的根本特征。"恐慌的原因,是生产的社会性与占有的私人性之间的根本矛盾,这个矛盾,显现为无限扩大生产的资本的欲求与勤劳大众之具有支付能力的需要的低减之间的矛盾。"②当然,资本主义再生产的循环性、固定资本的更新、平均利润率的低落的法则及商业、信用,也是形成恐慌的因素。

11. 地租

在李达看来,资本主义的农业中包含着地主、资本家和劳动者三个阶级。"地主出让土地使用权于资本家所得的报酬"③即是地租。它分为差额地租和绝对地租两种。差额地租,是因土地肥沃程度及位置而发生的剩余价值的超过额,其源泉"是因优良土地的劳动生产性比决定农产物价值的最劣等土地较高的结果所形成的超过剩余价值"④。绝对地租,就是因土地私有权的垄断而产生的、租种任何土地都必须缴纳的地租形式,其源泉"是在农业上形成的、高出于平均利润以上的超过剩余价值"⑤。差额地租适应于小农经济,而

---

① 李达:《经济学大纲》,武汉大学出版社 2007 年版,第 322 页。
② 李达:《经济学大纲》,武汉大学出版社 2007 年版,第 343 页。
③ 李达:《经济学大纲》,武汉大学出版社 2007 年版,第 349 页。
④ 李达:《经济学大纲》,武汉大学出版社 2007 年版,第 357 页。
⑤ 李达:《经济学大纲》,武汉大学出版社 2007 年版,第 360 页。

绝对地租则相反。在资本主义社会,土地是买卖对象,具有价格。"土地的价格,是资本化了的地租,即是转化为货币资本——生产利息的资本——的地租。……土地价格的水准,依存于两个条件:一个是土地对于地主所提供的地租的高低;另一个是银行存款的利率。地租愈高,利率愈低,土地价格就愈高;反之,地租愈低,利率愈高,土地价格就愈低。"①随着资本主义的发展,地租愈加增大,而这对资本家阶级和劳动者阶级都是有害的,也阻碍了资本主义社会生产力的发展,导致劳动者和部分资本家都反对土地私有,高唱土地国有。李达指出,在资本主义条件下,农业的发展比资本主义工业的发展迟缓,这一事实引起了工业和农业、都市和农村之间的深刻对立,导致劳动者阶级受到强烈打击。大规模的农业生产相对于小生产具有巨大的优势。大部分土地集中在少数大地主和资本家手中的事实,使得农民永远奴隶化和贫穷化。

12. 帝国主义

李达认为,帝国主义是资本主义的最高阶段,其根本特征是独占的支配。独占是资本集积和集中达到极大规模的产物,它最简单的方式的是加特尔,高级形态是辛狄加,资本家结合的更高级的形态是托拉斯,异种企业大规模结合的形态是康策伦。独占的形成和发展,加深了资本主义的诸矛盾,将这些矛盾发展到极高的程度,同时也使竞争趋于极端的激烈化。生产和资本的集积的一般过程引起了银行的集积和集中,使得银行事业走上独占,进而引起了产业与银行相互依存的加强及银行资本与产业资本的融合,形成金融资本。金融资本的发生和发展,又引起了金融寡头政治。金融资本和金融寡头在一国实行垄断的同时,还通过放款资本和产业资本两种形式进行对外资本输出,剥削、统治世界上的其他国家。在这样的背景下,资本家联合起来对世界经济进行分割,慢慢地又发展为帝国主义国家对世界领土的分割。伴随着帝国主义者间纷争和冲突的加剧以及各帝国主义者势力的变化,帝国主义时代的战争必然爆发。李达指出,独占对技术进步的阻碍、资本主义的腐化性和寄生性及资本主义矛盾的加深,使得帝国主义成为资本主义灭亡的时代。资本主义发展的不均衡性与社会主义在一国的胜利,帝国主义时代资本主义根本法则的

---

① 李达:《经济学大纲》,武汉大学出版社 2007 年版,第 361—362 页。

作用,特别是生产过剩的恐慌的爆发,使得帝国主义成为资本主义的最后阶段。

13. 资本主义的总危机与特种萧条

在李达看来,苏联的存在使得世界分为两个相互斗争体系,这是资本主义总危机时期的一个最重要最根本的特征。资本主义总危机的基本特征表现于两个体系间的斗争、帝国主义国家间矛盾的加深、帝国主义与殖民地及半殖民地间矛盾的尖锐化、资本主义腐化性的加强及其发展不均衡性的增大、劳动者失业的增加及其地位的恶化。第一次世界大战后,世界资本主义的发展经历了大战后的尖锐恐慌时期、1923 年开始的相对安定时期和相对安定的崩溃时期三个基本时期。李达指出,资本主义生产的矛盾,决定了慢性的动摇和周期的经济恐慌必然发生。现代世界经济恐慌的一般情形表现在这样几个方面,即世界经济恐慌的发生和发展、信用恐慌和破产、生产的减缩与生产力的破坏、失业增加和大众的贫穷化,以及对外贸易的衰落。现代世界经济恐慌的特征有四个方面:一是它是在资本主义总危机基础上生长起来的,二是这次恐慌的普遍性、深刻性和悠久性,三是工业恐慌和农业恐慌交错,四是它是在独占资本主义的基础上发展起来的。尽管几个主要资本主义国家中的一切工业都已经实现了由衰落的最低点向经济萧条的转换,但目前的经济萧条从根本上不同于以往的经济萧条,它是从资本主义总危机中发生的,也不会再转入繁荣阶段了。

三、《经济学大纲》的理论贡献和历史地位

李达的《经济学大纲》联系中国现代经济实际系统地阐述了马克思主义经济学基本原理,代表了 20 世纪 30 年代中国马克思主义经济学研究的最高水平,是中国早期马克思主义者介绍和传播马克思主义经济学的结晶。作为马克思主义经济学中国化的标志性成果,《经济学大纲》在马克思主义经济学中国化的历史上占有重要的地位。

首先,《经济学大纲》提供了研究经济学应采取的广义经济学立场。区别于以往的中国经济学研究者或者只研究资本主义经济,或者并行研究资本主

义经济和社会主义经济的狭义经济学的立场,李达主张恩格斯的广义经济学的立场,即"政治经济学,从最广的意义上说,是研究人类社会中支配物质生活资料的生产和交换的规律的科学"。① 他强调,广义经济学既要研究资本主义经济形态的规律,而且也要研究自原始社会以来所有社会形态的规律,以及由一种低级社会形态转变到他种高级社会形态的一般发展规律,还要特别着重研究中国经济的规律。"只有这样的研究,才能理解经济进化的一般原理在具体的中国经济状况中所显现的特殊的姿态,特殊的特征,才能得到具体的经济理论,才能知道中国经济的来踪和去迹。"②因为,所有后发社会形态中都残存着先行社会形态的"遗物",特别是杂存着旧时代的各种经济制度。不了解先行社会形态的特殊发展规律,就不可能深刻了解某种社会形态的来踪去迹。这样,李达就为我们提供了中国人研究经济学所应采取的立场。应该说,在 20 世纪 30 年代的中国就提出要采取广义经济学的立场研究经济学,是极其难能可贵的,这也在一定程度上为中国经济学研究指明了正确的方向。而以十三章的篇幅对资本主义经济形态的重点论述,不仅是李达《经济学大纲》极具特色的首创,而且也填补了当时中国经济学界研究的空白。

其次,《经济学大纲》深刻地体现了历史的唯物论和历史的辩证法的有机统一。应该说,李达不是第一个在中国传播唯物史观的学者,不是第一个将唯物辩证法传入国内的人,《经济学大纲》也不是李达第一部将历史的唯物主义和历史的辩证法统一运用的著作。但是,这些并不妨碍他对马克思主义经济学作唯物而辩证的把握。从把经济学的研究对象确定为作为生产力与生产关系对立统一的经济构造,进而研究生产力发展的社会形式、生产关系以及生产力与生产关系之间的矛盾运动,指出生产力是人类社会发展的最终决定力量,生产力和生产关系的矛盾运动是实现社会经济形态由一种低级形态转变到别种高级形态的根本动力;从考察人类社会历史上各经济形态的一般发展法则和特殊发展法则,特别重视现代中国经济特殊规律的研究,提出要获得能够促进中国经济发展的经济学理论,指导中国经济实践,必须将经济的一般发展法

---

① 《马克思恩格斯选集》第 3 卷,人民出版社 1995 年版,第 489 页。

② 李达:《经济学大纲》,武汉大学出版社 2007 年版,第 18 页。

则与中国经济的特殊发展法则结合起来研究;从一个抽象的商品概念,经过"商品——货币——资本——资本主义"这一完全符合资本主义经济的历史发展过程和人们对它的认识发展过程的历史与逻辑相统一的上升过程,最终描绘出整个具体的资本主义社会的全景式图像,所有这些无不表明,李达在该书中不仅坚持了历史的唯物主义,而且贯彻了历史的辩证法,特别是把一般与特殊相结合、历史与逻辑的一致、由抽象上升到具体的方法运用得非常纯熟。这构成了李达《经济学大纲》的一个重要理论特色。

最后,《经济学大纲》赋予了马克思主义经济学以中国的特色。同李达其他的代表作一样,《经济学大纲》也鲜明地体现着理论研究是为了服务中国实践的现实旨趣。李达指出,"我们不是为了研究经济学才研究经济学,而是为要促进中国经济的发展才研究经济学。但研究经济学的我们,是现代的中国人。我们不仅生活于现代的资本主义世界,并且生活于资本主义世界中的现代的中国。"①因此,我们既要关注世界经济,也要重视中国经济。"现在的中国经济,是处于帝国主义宰割之下的、工农业陷于破产状态的经济。这种经济,可以说是国际资本主义殖民地化的经济。在这种特殊的经济状况下挣扎着的中国国民,究竟应怎样寻求自己的生路呢?这不仅是一个经济问题,而是整个中国自求生存、自求解放的问题。"②可以看出,通过回答"中国经济向何处去"进而回答"中国向何处去"这一时代重要问题,是李达研究经济学的最终目的指向。也正是这样的现实取向,促使李达不仅系统地阐述了马克思主义经济学的基本原理,而且始终贴近中国经济现实来提出和分析问题,并尤其注重运用马克思主义经济学的基本原理和广义经济学的立场来分析和解答中国经济的问题,探寻中国经济的发展方向。《经济学大纲》是马克思主义经济学在中国系统传播时期的重要代表作,是马克思主义经济学中国化历程的一个重要的组成部分。

此外,把严谨科学的分析与通俗易懂的表达结合起来,也是李达《经济学大纲》的一大突出特点。作者没有采取生吞活剥的洋化表达方式,而是选用

---

① 李达:《经济学大纲》,武汉大学出版社 2007 年版,第 16 页。

② 李达:《经济学大纲》,武汉大学出版社 2007 年版,第 17—18 页。

了当时中国人喜闻乐见的语言表述,使该书在文字上通俗易懂而又不伤害理论的严谨性。这种在今天的理论界都是极其难能可贵的文风,在当时大大增强了马克思主义经济学在中国传播的实效,本身就是实践马克思主义中国化的一个不可忽视的方面。

(原载《武汉大学学报(人文科学版)》2015 年第 2 期)

中国马克思主义货币理论的早期开拓

——李达的货币思想研究

邹进文　张夏青

　　五四运动以后,中国经济学界最突出的变化是马克思主义经济学传入中国并迅速得以普及。作为马克思主义经济学一个重要组成部分的马克思主义货币理论也随之传播开来。马克思主义传入中国,使中国历史地选择了社会主义。马克思主义货币理论的传入,使中国建立了马克思主义的货币理论体系,中国第一次有了科学的货币理论指导思想。马克思主义改变了中国,马克思主义货币理论同样使中国货币理论、货币制度实现了彻底变革。在中国早期马克思主义货币理论体系创建过程中,作为中国共产党的早期领导人、"中国马克思主义史上百科全书式的学者和理论家"①的李达起了开路先驱的奠基作用,他在 20 世纪 30 年代中期撰写了中国第一部自著的马克思主义货币学专著《货币学概论》②,系统、全面介绍了马克思主义货币理论,是中国马克思主义货币理论的拓荒性著作。

　　目前有关李达货币思想的专题研究论文尚付阙如,仅有数部学术专著论及其货币思想③。李达的货币思想主要包括三个方面:系统介绍马克思主义货币理论;批判西方资产阶级货币理论;运用马克思主义货币理论分析资本主

---

　　①　陶德麟:《〈经济学大纲〉再版前言》,载李达:《经济学大纲》,武汉大学出版社 2007 年版,第 2 页。

　　②　该书早在 20 世纪 30 年代已经基本完成,但是因为抗日战争爆发的缘故一度搁置,直到 1949 年才由三联书店收入"新中国大学丛书"公开出版。

　　③　这几部专著分别为叶世昌等:《中国货币理论史》,厦门大学出版社 2003 年版;张家骧主编:《中国货币思想史》,湖北人民出版社 2001 年版;施兵超:《新中国金融思想史》,上海财经大学出版社 2000 年版。

义货币制度。以下分别加以论述。

一、对马克思主义货币理论的系统介绍

20 世纪 30 年代在大危机的影响下,宏观经济学体系开始建立,对宏观调控的研究迅速形成体系。宏观经济学的嬗变反映在货币学领域的变化就是货币理论强化了货币与经济生活的相互作用的研究,形成了"Money Economics"——货币经济学。在货币经济学产生以前的货币理论的核心是货币价值研究——重点研究货币的本质、职能及货币价值的决定,无论是西方资产阶级货币理论还是马克思货币理论都是如此。

马克思原著同货币理论关系最密切的是《资本论》和《政治经济学批判》。李达早在 1918—1920 年留学日本期间就研读了《资本论》第一卷、《〈政治经济学批判〉序言》。1930 年,李达与邓初民等人在上海创办的昆仑书店出版了陈启修译的《资本论》第一卷第一分册①。以上工作,为李达学习、了解马克思货币理论提供了条件。李达的有关马克思主义货币理论的论著大体是借鉴马克思的《资本论》和《政治经济学批判》的相关理论的结晶。

李达较为集中论述货币问题的著作是 20 世纪 30 年代中期任教于北平大学法商学院时期出版的两部经济学著作——《经济学大纲》和《货币学概论》。其中《经济学大纲》②是中国人自己写的第一本马克思主义经济学教科书和专著;《货币学概论》是中国人自著的第一部马克思主义货币学专著。

李达在《经济学大纲》和《货币学概论》中比较全面、系统地介绍了马克思的货币理论,论述了货币的起源、本质及其机能及货币的资本化。

1. 货币起源论

货币是在商品交换过程中自发产生的。马克思的《资本论》在分析货币的产生时,从商品交换过程中价值形态的演变来分析货币的产生。马克思将价值形态的演变分为四个阶段:第一阶段为"一个商品的简单的或个别的相

---

① 参见陶德麟:《经济学大纲·再版前言》,武汉大学出版社 2007 年版,第 2 页。

② 该书 1935 年由北平大学法商学院铅印成书。

对价值形态";第二个阶段为"一种商品可以完全展开它的相对价值";第三个阶段为"商品界全体以一般的社会的相对价值形态";第四阶段为"货币形态"①。

在《货币学概论》一书中李达对于货币起源的分析完全是按照马克思的分析理路展开的,在该书第一章"货币的本质"第二节"价值形态的发展与货币的发生"中,李达将价值形态的演变同样将价值形态之发展概括为四个阶段:"单纯的价值形态"、"扩大的价值形态"、"一般的价值形态"、"货币形态"。李达认为:"由于商品生产与交换的向前发展,发生了要求固定的一样的一般等价物的事实。于是,适应于那种社会的要求,商品世界便分化出一种特殊的商品,去充当固定的一样的一般等价物。这就是货币商品。"②

对于货币的具体形态,李达也作了论述。他认为,"在货币的价值价值形态完全发达的处所,独占着一般的等价形态的东西,'在历史上是特定商品,即金'"。至于为什么贵金属最终固定地充当一般等价物即货币,李达认为这个原因"首先要从社会、历史中去探求,即是要从商品经济的发展过程中去探求。""什么种类的商品先成为一般的等价物,以至固定为货币商品,这是由历史的、社会的、地理的诸事情所决定。"③李达把马克思在《资本论》中所说的"金与银非天然为货币,但货币天然为金与银"④的名言表述为"金银本来不是货币,而货币本来是金银"⑤。

从商品交换过程的价值形态的角度说明货币的产生这一马克思主义的货币论并非李达的首创,陈启修在 1933 年出版的《经济学讲话》中就按照马克思对价值形态四个发展阶段顺序依次进行了分析⑥,但关于要从历史、社会、地理几个方面去寻找什么样的商品最先成为货币的原因这一马克思主义货币理论的基本内容,最先是由李达传播的。李达没有进一步运用马克思的货币起源理论说明中国货币随着商品生产和交换不断发展的演变过程,这说明中

①　马克思:《资本论》第 1 卷,人民出版社 1963 年版,第 42—45 页。
②　《李达文集》第 3 卷,人民出版社 1984 年版,第 532—537 页。
③　《李达文集》第 3 卷,人民出版社 1984 年版,第 537—541 页。
④　马克思:《资本论》第 1 卷,人民出版社 1963 年版,第 66 页。
⑤　《李达文集》第 3 卷,人民出版社 1984 年版,第 542 页。
⑥　参见陈启修:《经济学讲话》,好望书店 1933 年版,第 486 页。

国早期的马克思主义货币学者较多地关注马克思货币理论的基本观点,而没有将研究的重点放在运用它研究中国货币问题上。直到 20 世纪 40 年代,才有越来越多的马克思主义学者运用马克思主义货币理论研究中国的货币问题。

2. 货币本质论

在分析货币本质的过程中,李达继承了马克思关于货币本质的理论精髓,认为货币首先是商品,但它不单是商品,而是一种特殊的商品。他对货币的本质作了如下概括:"货币是一般的等价物,是商品价值的一般的体化物,是商品生产者的社会的生产关系之物的表现,是商品经济的矛盾必然的运动形态,——这就是货币的本质。"①李达的这一分析是非常深刻的,比中国当时的非马克思主义学者仅从货币的表面现象来看待货币的本质要深刻、全面。

马克思在《资本论》第一章"商品"中专列"商品拜物教性质及其秘密"一节讨论商品拜物教。在货币本质现象化的分析中,李达还借鉴马克思的商品拜物教思想批判了货币拜物教,指出"货币拜物教,是商品拜物教的一种,是商品拜物教之进一层的发展"②,认为商品拜物教和货币拜物教都是客观的实在,应该透过现象看到本质,发现内含的社会的生产关系,这就揭露了拜物教是由人的生产关系被物化之后产生的这一真相。李达认为,在商品经济这一历史范畴下,货币与货币拜物教是如影随形的,"在商品经济存在的限度内,货币决不消灭,货币拜物教也不消灭"③。

3. 货币机能论

马克思的《资本论》第一卷第三章"货币或商品流通"讨论了货币的职能。马克思认为,货币的职能有五种:价值尺度、流通手段、货币储藏、支付手段、世界货币。其中价值尺度与流通手段单独列为一节讨论,而将货币储藏、支付手段、世界货币三种职能列于"货币"一节合并论述。

李达对于货币机能的分析完全遵循马克思的观点,亦将货币机能概括为价值尺度、流通手段、储藏手段、支付手段、世界货币五种,他的《货币学概论》

---

① 《李达文集》第 3 卷,人民出版社 1984 年版,第 545 页。
② 《李达文集》第 3 卷,人民出版社 1984 年版,第 549 页。
③ 《李达文集》第 3 卷,人民出版社 1984 年版,第 551 页。

甚至在体例上都模仿《资本论》关于货币职能的论述,如他将储藏手段、支付手段、世界货币三种机能置于"当作货币看的货币"这一节合并论述。稍有不同的是将价值尺度、流通手段两机能置于"当作价值尺度与流通手段看的货币"一节加以论述。

但是,值得注意的是,在论述完货币的职能之后,李达将货币机能与商品生产关系联系起来分析,认为"商品生产关系的发展,表现于货币机能的发展之中。货币机能的发展,表现商品生产的矛盾的运动形态"①。很显然,他认为,货币机能和商品生产的发展是相辅相成、互相促进的。李达还进一步分析了两者关系的另一方面,即货币的阶级性:"货币的作用,能使一方没落,使他方富裕,这是货币的阶级性。"货币"在货币经济中,变为特殊阶级征服其他阶级的重要武器"②。他认为在不同的阶级关系下,货币具有不同的作用,因此,不同的社会,货币的阶级性不同。他分别分析了古代货币的阶级性、封建时代货币的阶级性和现代社会中货币的阶级性。

在古代社会,资本的原始形态是以高利贷资本及其孪生兄弟的商业资本存在的,货币所有者以这样的形态剥削土地所有者、农民、手工业者的财富,其结果是"高利贷业者一跃成为社会的上层分子,变为奴隶所有者,变为土地所有者"③。在封建时代,"货币经济,是分化农民的基本的杠杆,它使农村人口分化为两个对立的阶层:第一阶层是富农,第二阶层是贫农及劳动者",所以货币在封建时代就变成了"农业资本家征服贫农大众的手段"④。在现代社会,"现代资本主义的货币流通,主要的以流通的信用手段为基础"。在资本主义的最后阶段,货币变成了"帝国主义者宰割世界弱小民族、征服世界勤劳大众的工具"。⑤

李达"是中国最早提出货币具有阶级性的观点的人"⑥,其关于货币的阶级性的分析属于他个人的认识与见解,马克思没有这种观点。货币是否具有

---

① 《李达文集》第 3 卷,人民出版社 1984 年版,第 602 页。
② 《李达文集》第 3 卷,人民出版社 1984 年版,第 612 页。
③ 《李达文集》第 3 卷,人民出版社 1984 年版,第 611 页。
④ 《李达文集》第 3 卷,人民出版社 1984 年版,第 612 页。
⑤ 《李达文集》第 3 卷,人民出版社 1984 年版,第 613—614 页。
⑥ 叶世昌等:《中国货币理论史》,厦门大学出版社 2003 年版,第 554 页。

阶级性的问题,一度成为我国货币理论界的一个热门话题,既有肯定的声音又有否定的意见。但是,李达关于货币阶级性的观点在新中国成立以后的有关争论中,仍然产生了十分深远的影响①。

4. 货币资本化论

马克思在《资本论》中专列一章——"由货币到资本的转化",讨论"当作货币的货币和当作资本的货币"②的问题,下分3节:"资本的总公式"、"这个总公式的各项矛盾"和"劳动力的买和卖"。李达在《经济学大纲》中亦专列"货币的资本化"一章,下分两节——"资本的一般公式及其矛盾"和"劳动力的买卖"讨论货币的资本化问题,其研究思路及观点与马克思完全一致。

二、对西方三种货币理论的批判

20世纪以前,西方现代经济思想的东渐,主要是西方资产阶级经济思想的东渐。尽管西方从19世纪40年代马克思主义产生开始就出现了马克思主义经济思想与资产阶级经济思想的并存局面,但在20世纪以前,中国的先进人士却无一例外地选择了西方资产阶级经济思想作为救国救民的理论武器。在货币理论方面亦是如此,在马克思主义货币理论传入中国以前,西方货币理论早已大量传入,如何评价这些货币理论是中国早期马克思主义货币理论家所必须面对的。

货币金属主义、货币名目主义和货币数量说是20世纪30年代以前西方货币理论中流行最广、最具代表性的三种货币理论,亦是在中国影响最大的三种货币理论。李达基于马克思主义货币理论的立场对上述三种西方代表性的货币理论进行了批判。

1. 货币金属主义

李达指出,货币金属主义"主张货币是具有着'固有价值'的商品。货币的固有价值,即是成为货币材料的贵金属的价值,即使用价值",依据这种见

①　参见施兵超:《新中国金融思想史》,上海财经大学出版社2000年版,第10页。
②　马克思:《资本论》第1卷,人民出版社1963年版,第134页。

解,金属主义者"主张货币价值的安全与铸造货币的金银块相联系","否定纸
币本身,把纸币当作粗恶的、病理学的、劣等的货币,认为它不能与金属货币同
列,它只是国家财政陷于紧急状态时的临时救治手段"①。

李达认为,金属主义者的错误之一是只抽取了货币各种机能中的价值尺
度机能,"不知道货币是商品价值的一般体化物",混淆了商品的价值和使用
价值;其错误之二在于不理解货币的本质,"把货币与商品的交换看做单纯的
商品与商品的交换";其错误之三是除了价值尺度和储藏手段的机能以外,不
知道货币的其他机能、特别是流通手段的机能,认为"货币即是贵金属,即是
价值十足的贵金属货币,因而对纸币采取否定的态度"②。

2. 货币名目主义

货币名目主义是资产阶级经济学中关于货币本质问题与金属主义学说完
全相反的一个派别。货币名目主义注重货币观念的存在形态,认为货币是关
于人类的意志、愿望、法律的产物,不是商品经济发展过程中自生的结果;认为
纸币才是真正的货币,货币与贵金属毫无关系。同时,货币名目主义还认为,
货币没有价值,因此不是商品。它强调,货币是观念上的,货币是表示关于商
品的票券的表象,货币的价值是由法律制度强制赋予的。

李达认为,货币名目主义错误的根源是没有认清货币的本质,并且只知道
货币的支付手段和流通手段的机能,而否认其他的货币职能。"名目主义单
只看到货币的价值符标的机能,把货币的本质看做表章,看做象征或符号,完
全否定金银的内在价值的意义,甚至把价值充足的金银货币也当作表章、象征
或符号去说明。"李达指出,"纸币所代表的价值,不是人们的意志自由决定
的,也不是法律所能自由变动的,它完全依存于市场上流通的诸商品的实现所
必要的金银。"③

李达对金属主义和名目主义还给出了一个整体的判断,认为两种观点都
是片面的,都没有从根源上理解货币的本质。"大体上说来,金属学说与名目
学说,都是蜷伏于货币的物神性之前,拘泥于货币的现象,不知道从商品生产

---

① 《李达文集》第 3 卷,人民出版社 1984 年版,第 619—621 页。
② 《李达文集》第 3 卷,人民出版社 1984 年版,第 622—623 页。
③ 《李达文集》第 3 卷,人民出版社 1984 年版,第 632 页。

关系的分析去理解货币的本质,只知道把货币的某一种或两种的机能抬高到绝对的地位,而忽视货币的其他的各种机能,创造出片面性的货币理论。""因此,金属主义与名目主义,都不能理解货币的本质,不理解货币中所表现的商品生产关系,因而引出了只见部分不见全体、只见树木不见森林的货币理论。"①

3. 货币数量学说

李达认为,货币数量学说的主要特点"是主张商品价格的高低与货币数量的增减为比例的学说"。货币数量说认为,"货币的购买力与货币的数量成反比例。货币的数量如果增加,货币的购买力就减少;货币的数量如果减少,货币的购买力就增加。"

由于货币数量论是当时西方最为流行的货币理论,李达对于货币数量论的批判着墨最多。他首先分析了货币数量说的由来,从波单、洛克、孟德斯鸠、休谟、李嘉图到费雪、凯恩斯等人的货币数量说,他都作了评述。其中,李达对于凯恩斯货币理论的评述是马克思主义学者最早研究凯恩斯的成果。李达认为,货币数量说的错误的根源在于"他们根本不理解货币的本质,不理解货币的机能及其发展。这完全是由于他们不理解商品经济的本质及其矛盾,不理解劳动的二重性。他们只在表面上,在商品流通过程中,在市场的交换行为中,去观察一切现象"。

李达对货币数量论的数量分析方法也提出了批评。他认为,"数量论者把数学的方法作为经济学的唯一正确的方法。这种方法的特征,是反历史主义的。他们努力要发见永远的法则,想出一些机械的、无生命的图式,拿来镶嵌于现实的生命之中。"李达对于西方数量分析方法的批判在经济学数理化愈演愈烈的今天仍然有其警示作用。

李达是中国马克思主义学者中第一个较为准确地运用马克思主义货币理论对货币数量说进行归纳总结和批判的人,其对货币数量说的批判全面深刻、切中要害。

---

① 《李达文集》第 3 卷,人民出版社 1984 年版,第 619 页。

三、对西方货币制度的剖析

1913 年以前,世界资本主义货币体系是金本位制。1913 年以后,遭遇两次世界大战的冲击,金本位逐渐崩溃而代之以信用货币——纸币。李达的《货币学概论》对资本主义的这两种货币制度作了全面的阐述。

1. 金本位制

李达介绍了金本位产生、发展直至崩溃的历史。他指出:"金本位制是资本主义国家的一种代表的货币制度。"①最初采用金本位的国家是英国,1816年 5 月,英国发行金镑,开始采用金本位制。继英国之后,美国于 1853 年颁布铸币条例,取消银辅币的自由铸造,限制银辅币的法币资格,确立了金本位制。法国、德国、比利时、意大利、瑞士、日本等国亦于 19 世纪 70 年代以后纷纷实行金本位制。

第一次世界大战期间,帝国主义战争消耗了大量的战费,"交战各国筹措战费的方法,一部分是不断的发行巨额的公债,一部分是不断的实行通货膨胀"②。由于受金融市场规模的约束,公债的发行数量有限,因此通货膨胀成为各国筹措战费的主要途径。而金本位是不能推行通货膨胀政策的,于是欧洲各国大量发行银行卷——纸币,因此,"大战期中各主要资本主义国家,在事实上都停止了金本位制的机能"③。

第一次世界大战结束以后,欧美各国都把通货安定的问题列上了日程,逐渐恢复了金本位制。1929—1933 年的经济大危机再次冲击金本位制,导致金本位的崩溃。李达详细介绍了金本位在英国、日本、美国、法国等主要资本主义国家崩溃的过程。李达最后指出,1936 年 9 月"法国之放弃金本位,意味着全资本主义世界金本位制之普遍的完全的崩溃(荷兰和瑞士追随了法国的后尘),从此再也没有采行金本位的国家了"④。

---

① 《李达文集》第 3 卷,人民出版社 1984 年版,第 674 页。
② 《李达文集》第 3 卷,人民出版社 1984 年版,第 831 页。
③ 《李达文集》第 3 卷,人民出版社 1984 年版,第 832 页。
④ 《李达文集》第 3 卷,人民出版社 1984 年版,第 896 页。

2. 银行券与纸币

从西方币制的演进过程看,纸币有两种:一种是银行以其信用发行的信用货币——银行券;一种是国家以其信用发行的货币——纸币。李达对两种信用货币作了论述。

李达指出:"银行券是银行所发行的信用货币","银行券与发行银行的信用,由兑换现金的准备金来维持","但是银行对于所发行的银行券,并不需要百分之百的准备金"①。他分正常状态与非正常状况两种情况对银行券的流通法则进行了论述。在正常情况下,银行券流通法则"受现实货币的金子的流通法则所支配。银行券的流通量,随着通货的流通必要量的增减而增减。这流通必要量,在通货的流通速度一定时,由商品价格及支付总额所决定"②。在金融恐慌、政府财政赤字巨大等非正常情况下,银行券的发行就不是依据银行信用发行的原则进行的,"银行券的发行数目如果超出了银行券的流通必要量以上时,那些多发的银行券,就从流通界游离出来,转变为休息资本,使放款资本增加起来,以致引起放款利率的低落"③。

关于纸币,李达认为它"是金银的表章","它得到国家法律的承认而取得强制通用力"。"纸币代表基于一定商品价格总额而应当流通的金币分量。如果纸币量比较流通所必要的金币量增加了几倍,纸币的价值就低落,每一单位的纸币就只能代表每一单位金币的几分之一。"纸币的运行法则是"纸币的数量在不超过它所代表的同名金币的流通必要量的场合,纸币能够代表它票面所记载的同名金币的价值"④。如果国家破坏纸币的运动法则而滥发纸币就会引发通货膨胀。李达指出,通货膨胀的过程可以分为三个阶段:"第一阶段,是纸币通货膨胀发生的阶段,也可以说是'潜伏的通货膨胀'的阶段";"第二个阶段,是通货膨胀发展的阶段,也可以说是通货膨胀的假繁荣的阶段";"第三个阶段,是通货膨胀破裂的阶段"。⑤

---

① 《李达文集》第 3 卷,人民出版社 1984 年版,第 664—665 页。
② 《李达文集》第 3 卷,人民出版社 1984 年版,第 684 页。
③ 《李达文集》第 3 卷,人民出版社 1984 年版,第 686 页。
④ 《李达文集》第 3 卷,人民出版社 1984 年版,第 777—779 页。
⑤ 《李达文集》第 3 卷,人民出版社 1984 年版,第 790—791 页。

　　从总体上看,李达不仅对于马克思的货币理论作了较为全面、系统的传播,而且对马克思所没有或较少涉及的问题如现代货币数量论、通货膨胀、货币本位等都有较为详细的分析,丰富了马克思主义货币理论,其货币思想达到了中国当时马克思主义货币理论的最高程度。李达不仅介绍了马克思主义货币理论,而且能够理论联系实际,运用马克思主义货币理论批判西方各种货币学说,剖析西方资本主义货币制度,这方面的研究成果对于当时中国唯西方货币理论和货币制度马首是瞻的资产阶级学者是一种警示与纠正。当然,李达的货币思想亦存在不足,主要表现在他在运用马克思主义货币理论分析中国当时现实的货币问题方面论及太少,这是马克思主义货币理论传播早期的历史条件所造成的普遍现象,它不会降低李达在传播和运用马克思主义货币理论方面的重要地位和作用。

（原载《江汉论坛》2015 年第 9 期）

第 五 篇

李达史学论著和思想研究

李达对史学理论的探索

鲁 涛

李达是 20 世纪上半叶中国马克思主义发展史上的一位百科全书式的人物。他不仅是一位著名的政治宣传家、教育家和哲学家,而且还是一位多方面的学者,在法学、经济学、货币学、史学、社会学等领域中也有很高的造诣。然而,在他的哲学、法学、经济学和社会学等理论研究的巨大成就的掩荫下,他在史学领域的辛勤探索和重大贡献,长期以来却一直隐而不彰。

其实,李达是最早运用马克思主义唯物史观研究中国历史的学者之一。他以唯物史观为指导对中国历史分期、中国亚细亚生产方式、中国奴隶社会、中国封建社会、近代中国社会性质、近代中国资本主义等诸多问题作了深入的探讨,并由此直接促成了 20 世纪 30、40 年代中国马克思主义史学观的形成,从而开启了马克思主义史学中国化。特别是他用唯物史观来研究中国近代经济史、世界史,开辟了中国马克思主义史学研究的新领域、新方向。他所撰写的《社会进化史》被称为"我国学者以马克思主义为指导写作的第一部世界通史"①,而他的《中国产业革命概论》、《中国现代经济史之序幕》等论著"开创了中国近代经济史的崭新范式"②。

本文主要探讨李达的史学理论方面的成果。李达的史学理论是李达以历史学本身为研究对象的、关于理论问题的论述,即狭义的史学理论。李达并未提出系统的史学理论,也无相关的史学理论专著。但是,他在长期的史学研究实践中形成了丰富的史学理论,并散见其论文、专著、报告和谈话中。李达积

---

① 吴元钊:《李达与中国社会性质、社会史问题论战》,《史学史研究》1988 年第 4 期。

② 卢琼:《论李达的中国近代经济史研究》,华东师范大学硕士论文,2007 年。

极探讨了一系列重大的史学理论问题,如历史学研究对象、定义、特性与内涵,历史学研究的任务,历史学的地位,历史学与社会学的关系,方法、史料与理论的关系等,揭示了历史学这门学科的内在本质与发展规律,从历史学的概念、范畴、性质、定位、基础等方面推动了马克思主义史学理论的发展。

一、历史学研究的对象、定义、特性与内涵

近代以来,历史学是否是科学一直存在着较大的争议。在李达看来,"社会历史的发展是具有其自己的规律的,因而社会历史的研究,已成为一种科学。"①那么,作为一门科学的历史学的研究对象、定义与特征是什么呢?

李达首先对一般科学的研究对象有深入的阐述。他认为,规定各门科学的研究对象是各门科学的区别所在,它是相当重要的。他说:"一种科学,是与别种科学有区别的。各种科学所以相互区别,都由于它们的研究客体即对象各不相同。各种科学,都各自研究一定种类的对象,研究现实世界的特定一方面。所以科学的对象的规定,在开始研究那种科学时,是一件很重要的工作。因为,第一,我们如不把所要研究的科学的对象加以规定,就不能确定这一科学与别种科学的差别,当进行研究之时,就会不知不觉侵入别种科学研究的领域,陷入于反科学的混乱。"②而"任何一种科学的对象,都和其他各种科学的对象不同。各种科学对象所以互不相同,是由于各个对象中各具有其特殊的矛盾。科学研究的区分,就是根据科学对象所具有的特殊的矛盾性。所以对于某一现象的领域所特有的某一种矛盾的研究,就构成某一门科学的对象。……社会科学所研究的基本矛盾,是生产力和生产关系的矛盾、阶级和阶级的互相斗争;军事学所研究的基本矛盾,是攻击和防御的矛盾。至于哲学,则是唯心论与唯物论、形而上学观和辩证法观斗争的领域。现代的唯心论哲学和形而上学观站在资产阶级的立场,向辩证唯物论进行斗争;辩证唯物论则站在无产阶级立场,向各种流派的唯心论和形而上学观进行斗争。这一切,都

---

① 《李达文集》第4卷,人民出版社1988年版,第18页。
② 《李达文集》第3卷,人民出版社1984年版,第3页。

是因为具有特殊的矛盾和特殊的本质,才构成了不同的科学的研究对象。"①

根据上述原则,历史学具有独特的区别于其他科学的对象、特性和任务,有自己专门的概念、范畴、原理和方法。李达是怎样规定历史学的研究对象的呢? 他首先说:"随着资本主义商品生产的发展,大工业的出现,阶级与阶级斗争(最初是资产阶级对封建阶级,其后是无产阶级对资产阶级)的发展,社会生活的日趋复杂,于是研究社会现象的政治学、经济学、法律学、历史学,就如雨后春笋一般地出现了。"②在这里,李达侧面地说明了历史学研究的对象:"社会现象。"基于前面李达所谓的各门科学研究对象的特殊性,"社会现象"并不能完全规定为历史学研究的对象。不过,我们可以从李达对历史学的定义中进一步确定历史学的研究对象。他说:"历史学依年代之顺序,研究过去社会之事实,为记述的科学。"③显然,李达认为历史学的研究对象就是"过去社会之事实",也就是过去的"社会现象"。

应该说,李达对历史学的概念和研究对象的确定和阐述,准确地抓住了历史学的本质特征。这是因为:第一,历史的发展既非命定也非任意,而是受着社会规律支配的,而作为研究历史的历史学无疑也是一门寻找规律的科学,故历史学完全是一门科学。第二,历史学研究的对象是"过去社会之事实",这就表明历史学注重过去,是一门研究人类社会现象的学问。正像李大钊所说:历史学是研究"整个的人类生活,即是社会的变革,即是在不断的变革中的人类生活及为其产物的文化"。④ 换句话说,历史学不是以物质世界为主要研究对象的科学,而是一门旨在探讨过去人类社会关系的科学。第三,廓清历史学与历史记录的关系。历史学是一门记述的科学,这就是表明历史学是在历史记录的基础上产生的,但历史记录绝非是历史学,历史记录只是"记",是对历史事实的记载,而历史学还有"述"的程序,这一程序是对历史记录的升华。而这种"述"就是诠释与分析,就是要对历史事实研究而形成系统的知识体

---

① 《李达文集》第 4 卷,人民出版社 1988 年版,第 225 页。
② 《李达文集》第 4 卷,人民出版社 1988 年版,第 50—51 页。
③ 李达:《现代社会学》,武汉大学出版社 2007 年版,第 9 页。
④ 李大钊:《李大钊全集》第 4 卷,人民出版社 2006 年版,第 407 页。

系。德国历史学家兰克说:历史的主旨在于"陈述过去发生的事"①。兰克的话表明历史学须臾脱离不了诠释——追述。第四,拓宽了历史学研究的内容。李达认为中国传统史学主要是叙述帝王将相兴衰的历史。他说:中国古代"在历史学的领域中,有不少史学方法论和史论的著作,但大部分是说明如何叙述帝王卿相等封建阶级剥削与统治的事实。在这一类的知识中,虽然也有过一些积极的东西,但也只是对于社会历史的片面了解。这是由于剥削阶级的偏见,经常歪曲社会的历史,另方面则由于生产规模的狭小,限制了人们的眼界"。② 李达把历史学研究的对象确定为"过去社会之事实"、过去的"社会现象",在内容上大大突破封建史学以帝王将相为中心和以政治史为基干的狭隘格局,将历史学研究的空间拓展为整个人类社会的方方面面,包括了政治、经济、文化、军事、教育等等过去的一切社会现象,都构成了历史学研究的对象。李达的这一提法无疑与由"君史"转向"民史"的"新史学"遥相呼应。

特别值得一提的是,李达还对唯物史观与史学理论两者本质属性进行了辨析,显示出李达力求让史学理论研究建立在历史唯物主义的科学基础之上,从而让它具有相当强的科学性和学术性。长期以来,中国马克思主义史学由于受到"左"的影响和对唯物史观的片面理解,导致以唯物史观代替史学理论,严重束缚了史学理论的全面发展,并对历史研究产生不利的影响。李达主张将"历史唯物主义这门科学必须和其他各种社会科学如历史学、政治经济学、国家与法权理论等取得密切联系,互相配合,使历史唯物主义理论更趋于丰富和发展"③。也就是说,在李达看来,唯物史观与史学理论的学科属性不同,前者属于哲学范畴,后者属于历史学范畴。唯物史观的理论形态是客观的、抽象的,只能为史学研究提供科学的指导。而这种指导作用只能通过史学理论转化为运用于史学研究各领域的具体方法、手段才能体现出来。所以,唯物史观是马克思主义史学理论的精髓,但不是全部,它不能代替历史科学自身的理论和方法。最终,唯物史观只有和包括历史学在内的其他学科结合起来

---

① 转引张晓校:《追述的意义——历史学家"非在场"叙事价值考量》,《史学理论研究》2014年第1期。
② 《李达文集》第4卷,人民出版社1988年版,第50页。
③ 《李达文集》第4卷,人民出版社1988年版,第550页。

研究,才能进一步丰富和发展它本身的理论。

二、历史学研究的任务

李达在《社会进化史》中说道:"由上述种种科学所得到的材料之总体,使我们能推定劳动工具的发达及其变迁中的一定顺序、生活手段获得方法的变化中的一定顺序以及(以此为基础)原始人社会生活的发展的一定顺序。"他进而认为:"设定人类社会发展之顺次的阶段,阐明其发展的原因,这是历史科学的任务。"①李达在这里赋予了历史学的根本任务是:"设定人类社会发展之顺次的阶段,阐明其发展的原因。"李达之前在《现代社会学》中也早已申明历史学的根本任务就是"欲解释历史事实之因果关系"②。

历史学的首要任务当然是收集材料,厘清事实。为此,李达在研究原始社会的历史时,用"种种科学所得的材料"即考据的方法来确定原始人使用劳动工具的事实,用实证的手段来还原原始社会的历史。但原始社会的历史就是这些事实吗? 就是这些材料吗? 回答是否定的。历史不等于事实,尤其不等于材料。也就是说,"历史记载只有作为进入一个人、一个时代的精神世界的路标时才是有价值的。历史文献和实物当然都是那个已经消逝的心灵世界的象征与符号,但它们标志着什么或意味着什么并不是一望便知的。更不是能用'科学方法'可以归纳出来的。它们必须被作为密码和暗号加以破译,这就是解释学的任务。"③正因为如此,把史料收集考辨等同于历史学,就是把手段等同于目的,把前提等同于派生物,这显然是不正确的。如果按照历史学的本质属性来分,历史学可分为两个层面:史实认知层面和史实阐释层面。前一个层面就是我们前面所说的史料收集、还原历史事实的客观实证阶段;后一层面就是李达所说的"解释历史事实之因果关系",属于解释、理解的主观人文阶段,也就是李大钊所说的"解喻"阶段。李大钊说:"所谓历史的事实,便是解喻中的事实。解喻是活的,是含有进步性的,所以历史的事实,亦是活的,含有

---

① 李达:《社会进化史》,北平大学法商学院,1935 年,第 5 页。
② 李达:《现代社会学》,武汉大学出版社 2007 年版,第 9 页。
③ 王学典:《史学引论》,北京大学出版社 2008 年版,第 246 页。

进步性的。只有充分的记录,不算历史的真实,必有充分的解喻,才算历史的真实。"①正是在此意义上,历史学之所以成为历史学,全有待于解释给以活的生命。故此,李达所谓的历史学的根本任务就是"设定人类社会发展之顺次的阶段,阐明其发展的原因"也就不难理解了。

三、历史学的地位

作为中国杰出的马克思主义理论家,李达一直重视历史学的基础地位,亦注重从史学理论的角度来考察、探讨各门科学。"在他的各类著述中几乎都有历史方面的论述,这既说明他注重从多种角度研究历史问题,也体现了他对历史研究的价值的重视。"②显然,李达对待历史学的态度不一般。他告诫他的学生、著名的马克思主义历史学家吕振羽说:"历史很重要,是一切科学的基础,是社会科学的中心一环。"③这是一句有着极为丰富的思想内涵,有着前瞻性眼光的科学论断。李达在这个论断中明确指明了历史学在整个学科体系中的地位。我们可以从两个维度来分析。

第一,"历史是一切科学的基础"。李达这里所谓的"历史"指的是历史学科,也即历史学。为何历史学是一切科学的基础呢? 我们知道,历史学所研究的对象是整个人类社会,其研究的内容包罗万象,涉及人类社会的方方面面。因而它与研究人类社会某种现象或某一方面的其他学科在研究对象或研究内容上必然有重叠的地方,也必然发生着某些联系。换句话说,就是"史学几乎跟任何其他学科都有或多或少的联系,至少每一学科本身发展的历史都是史学的一个组成部分"④。正是在这个意义上,马克思和恩格斯在《德意志意识形态》中说:"我们仅仅知道一门唯一的科学,即历史科学。"⑤马克思和恩格斯所言并非是说世界上只有一门科学,而是强调:一方面,"一切科学都是在

---

① 李大钊:《李大钊全集》第4卷,人民出版社2006年版,第403页。
② 莫志斌、鲁涛:《中共早期领导人的读史人生——以李大钊、李达、蔡和森、张闻天为例》,《湖南科技学院学报》2012年第2期。
③ 江明:《展读遗篇泪满襟——记李达与吕振羽的交往》,《文献》1980年第4期。
④ 白寿彝:《史学概论》,中国友谊出版公司2012年版,第155页。
⑤ 黎澍:《马克思 恩格斯 列宁 斯大林论历史科学》,人民出版社1980年版,第1页。

人类历史发展过程中产生的,从这个意义上看,它们当是人类历史的一部分",它们理应成为历史学研究的对象;另一方面,"一切科学都有自己产生、发展的历史,对这一历史的研究,从广义上说,也是历史科学的一部分"①。于是,"历史学是一切科学的基础"也就成立了。

第二,"历史是社会科学的中心一环"。历史学是社会科学的中心一环,理由有三:首先,史学是传统国学的主干。《隋书·经籍志》正式以经、史、子、集进行图书分类,其中史部有 13264 卷,竟占到总数 31694 卷的 41.85%。到了唐代,刘知几把本来列入经部的《尚书》、《春秋》转列到他的《史通》中,归为史书。清代的章学诚则更进一步,响亮地提出"六经皆史"的观点。他指出,古代"无'经''史'之别,《六艺》皆掌之史官"②,"三代学术,知有'史'而不知有'经',切人事也"。③ 除经部外,归入子部、集部的大量古籍无疑也多有属于史学的内容。明代文史大家王世贞除了强调"《六经》,史之言理者也",即认为《六经》是史学理论专著。他还大胆提出了"天地间,无非史而已"的论断,以为世间一切文化遗存,都应当归入历史学的范畴。其次,在马克思主义的理论构架中,历史学占有十分重要的地位。恩格斯曾指出:"历史就是我们的一切,我们比任何一个哲学学派,甚至比黑格尔,都更重视历史。"④恩格斯在总结马克思的伟大历史贡献时说道:"在马克思使自己的名字永垂于科学史册的许多重要发现中","第一点就是他在整个世界史观上实现了变革。""历史破天荒第一次被置于它的真正基础上"⑤。最后,在现代学科体系中历史学处于显著的位置。我们知道,历史学是现代学科体系中专门的学科分支,具有系统的学科建制。历史研究的类别在这种建制之内得到进一步的细化。历史学属于一级学科,归为人文与社会科学门类。与其他人文与社会科学相比较,历史学的重要性尤为明显,主要体现在三个方面:"首先,历史学自身的时序性,为各门科学提供了一种以时序为基准的参照系,一种对于事物

---

① 姜义华等:《史学导论》,陕西人民教育出版社 1989 年版,第 69—71 页。
② 章学诚:《校雠通义外篇·论修史籍考要略》。
③ 章学诚:《文史通义内篇二·浙东学术》。
④ 《马克思恩格斯全集》第 1 卷,人民出版社 1956 年版,第 650 页。
⑤ 《马克思恩格斯选集》第 3 卷,人民出版社 1995 年版,第 334—335 页。

或对象按其发展方向作顺时态纵向考察，以把握其演进全过程的研究范式。其次，历史学的整体性，弥补了各学科分工越来越细、研究越来越专门而综合不足的弊端，可以有力地保证各学科正确认定自身的学术地位，并促进一系列交叉学科、边缘学科的诞生。历史学所具有的这种广泛的包容性，使它在各个科学领域间具有一种黏合的作用，甚至处于一种主导的地位。历史学的研究成果对各门人文科学、社会科学、思维科学及管理科学具有广泛的借鉴作用，因为每一门科学都需要历史的依据。再次，历史学所倚以为生命的实证性，使之成为一种最为有效的尺度，其他科学中各种学派、各种学说、各种研究方法、各种结论，在这里受到检测。它们究竟是否包含真理性，或者包含多少真理性，都将由历史给予证明。"①正是这三方面的优势使历史学取得其他人文与社会科学无可取代的特殊地位，以及在推动人文与社会科学发展中具有不可或缺的独特作用。基于上述三个充分的理由，李达所谓"历史学是社会科学的中心一环"的论断也就无疑义了。

四、历史学与社会学的关系

历史学与其他学科的关系问题，一直是近代以来历史学发展的基本理论问题之一。由于马克思主义史学自身独有的特点，历史学与社会学的关系尤其受到李达的重视。

社会学作为一门探索社会体系发展和作用规律的学科，就其精神而言与历史学是一致的，因其研究依据的都是历史事实，目标也十分相近，即主张以人类社会生活为考察对象。正像李大钊在《史学要论》中所说："把人类的生活整个的纵着去看，便是历史，横着去看，便是社会。历史与社会，同其内容，只是观察的方面不同罢了。"②马克思在阐述他的历史观的时候，也"常把历史和社会关联在一起"，"他认横着去看人类，便是社会，纵着去看人类，便是历史。历史就是社会的变动。以经济为中心纵着考察社会变革的，为历史学；对

---

① 姜义华等：《史学导论》，复旦大学出版社 2010 年版，第 33—35 页。
② 李大钊：《李大钊全集》第 4 卷，人民出版社 2006 年版，第 400 页。

于历史学,横着考察社会的,推马克思的意思,那边是经济学,同时亦是社会学。"①杰弗里·巴勒克里夫在《当代史学主要趋势》中也认为:"当代社会与过去社会之间的分界线是微妙的,不断变动的,而且是人为的。'原始的'文化和'文明的'文化之间的分界线也是如此。其次,有一些极其重要的问题——例如文化转移、不同社会(通常指比较原始的社会和比较先进的社会)之间的接触所引起的变化——对于人类学家、社会学家和历史学家来说,都是同等重要的研究主题。"②甚至有人认为历史学就是社会学,把社会学与历史学相混淆,李达认为这种认识是错误的。为此,李达对历史学与社会学的关系进行了细致的辨析。

第一,两者时间取向、研究趋势上有区别。李达说:"历史学专注重过去而不及现在,社会学注重现在并追溯过去。"③这就是说,历史学重点关注的是人们过去的社会生活及其规律。社会学侧重关注当前和一定时期的人们的社会生活及其规律。因此,"一个区别则来自两者各自对'时间'的态度"。④ 并且,两者研究趋势是相反的:历史学从过去来反映现在,侧重在过去;社会学从现在追溯到过去,侧重在现在。然而,对于社会学只关注现在,一些历史学家提出了批评。英国历史学家迈克尔·斯坦福指出:"19 世纪是历史研究大有进展的世纪,社会学家有相当多的材料取自历史。到了 20 世纪,尤其是在人类学家的影响下,大部分社会学家渐而只留心现代。失去历史眼光,显然更容易恢复(历经两个世纪以后)以前的幻想,亦即人间现象犹如自然科学现象,不必参照所属时日而加以描述。大部分社会学作品均非致力于理论的建构及检测,仅是描述时运用既有理论。这类研究,若无历史背景,用处不大。然而不幸的是,有时,心理学、人类学和社会学已经陷入完全静态的社会观之中。"⑤

第二,两者互为条件。李达说:"社会学欲探求社会进化之原理,必须借

① 《李大钊全集》第 4 卷,人民出版社 2006 年版,第 401 页。
② 杰弗里·巴勒克里夫:《当代史学主要趋势》,上海译文出版社 1987 年版,第 76 页。
③ 李达:《现代社会学》,武汉大学出版社 2007 年版,第 9 页。
④ 迈克尔·斯坦福:《历史研究导论》,刘世安译,世界图书出版公司 2012 年版,第 53 页。
⑤ 迈克尔·斯坦福:《历史研究导论》,刘世安译,世界图书出版公司 2012 年版,第 53 页。

助历史学所提供之资料;历史学欲解释历史事实之因果关系,必须应用社会学所提供之方法。故历史学为社会学之资料,社会学为历史学之方法。"①这就是说,历史学为社会学提供史学材料和背景知识,而社会学为历史学提供研究方法和指导理论,两者相互依存。

第三,两者研究方法不完全相同。虽然社会学为历史学提供了研究方法,但是两者的研究方法并不完全一致。李达以历史学中的历史哲学为例。他说:"历史哲学研究社会事实发达之理法,其内容大部分与社会学相似。但二者之研究方法不同。历史哲学仅用思辨的方法,不能利用经济学统计学心理学等所研究之结果;而社会学则由实证的方法,利用此等材料为基础。历史哲学专就过去事实为演绎的抽象论,不就现在事实加以调查研究,故与社会学有极明确之界限。"②

李达这些理论上的梳理推动了历史学与社会学的结合,促进了历史学同社会学关系问题研究的深化。

五、方法、史料与理论

在对待方法、史料和理论三者的关系上,李达作为马克思主义唯物史观派的主将之一,强调这三者既无一可以偏废,亦无一可以独行,须相辅相成。不过,李达的这个认识有一个逐步完善的过程。

20世纪30年代,李达为吕振羽的《中国社会史纲》作序。在序言中李达明确指出史料与方法须统一。他提醒"在中国史研究的课题中"应注意两个重要的问题:"第一是历史方法论的问题,第二是史料的缺乏及其真伪考辩的问题。关于第一问题,如果能够生动的应用而不误入实验主义或机械论的歧途,困难还容易解决。关于第二个问题,史料的缺乏,阻碍我们研究的进行;而史料的真伪的鉴别如有错误,结果必会颠倒历史的真相。"③李达在这里注重方法和史料的统一。一方面,他认为研究方法要"生动地应用",反对胡适的

① 李达:《现代社会学》,武汉大学出版社2007年版,第9页。
② 李达:《现代社会学》,武汉大学出版社2007年版,第9页。
③ 《李达文集》第1卷,人民出版社1980年版,第606页。

"实验主义"。因为"'实验主义'的精髓'只是一个方法,只是一个研究问题的方法',它的特性便是'细心搜求事实,大胆提出假设,再细心求证实'"①。无疑,对于李达来说,胡适的这种不善援用多种其他方法,只讲"大胆假设,小心求证"的方法,极易误入机械论的窠臼。另一方面,李达指出,没有史料,史学研究无从谈起。但是,有了史料还须用方法来鉴定、考辨,否则"必会颠倒历史的真相"。正如梁启超所言:"史料为史之组织细胞,史料不具或不确,则无复史之可言。"②综合两方面来说,史料的真伪需要方法的应用,而方法要"生动地应用"则须有大量史料作为前提。有鉴于此,李达最后强调:史料与方法"这两个问题是密切的联系着,我们必须连同去解决,才能着手研究"。③换而言之,方法与史料要相辅相成。

20 世纪 50 年代,李达强调,"我们考察任何一个问题,必须尽量搜集对于这一问题的材料,并且还要辨别其中某些不正确的材料,把它剔除出去,然后才能从这些完全而正确的材料,运用唯物的辩证的思维方法,正确地解决这一问题。"④李达这时仍秉承着以前的理念,认为要正确解决问题:一是要在史料上求全,二是要运用方法在史料上求真、求准。这里讲的仍是要求方法与史料的统一。

到了 20 世纪 60 年代,李达在这个问题上有了更为全面的认识。他提出要坚持方法、材料与理论三者的统一原则,即以"去粗取精,去伪存真,由此及彼,由表及里"的科学方法对材料进行分析,做到史论结合、材料和观点的统一。他在参加"纪念王船山逝世二百七十周年学术讨论会"上强调:"在学术研究工作方面,我们必须看重材料,决不能徒托空言;同时,要在占有材料的基础上,善于运用辩证唯物论和历史唯物论的观点和方法,对丰富的材料进行去粗取精,去伪存真,由此及彼,由表及里的具体分析。"他还在会上充分肯定了一些研究者的做法:"据我所知,在论文写作过程中,同志们都进行了刻苦的钻研,付出了很大的劳动,既注意从调查开始,从占有原始资料开始;同时也力

---

① 许冠三:《新史学九十年》,岳麓书社 2003 年版,第 151 页。
② 梁启超:《中国历史研究法》,河北教育出版社 2000 年版,第 49 页。
③ 《李达文集》第 1 卷,人民出版社 1980 年版,第 606 页。
④ 《李达文集》第 4 卷,人民出版社 1988 年版,第 83 页。

图运用马克思列宁主义、毛泽东思想的观点和方法,贯彻史论结合、观点和材料统一的原则,因而取得了现有的成果。"①这一时期,李达在《积极发展哲学社会科学的理论研究工作》一文中告诫广大的哲学社会科学工作者,"要使我们的理论研究工作取得较大的成绩,就必须充分地、全面地、系统地掌握有关的资料。毛泽东同志屡次告诉我们,只有'详细地占有材料,加以科学的分析和综合的研究',才能'从这些材料中引出正确的结论'。如果不下功夫做'系统的周密的收集材料加以研究的工作',是不可能对任何问题作出科学的理论说明的。"②按照李达的识见,在历史研究中详细地占有材料是基本前提,然后再运用科学的方法对这些材料进行深入细致的分析,最后才能得出正确的结论。显然,李达在这里兼重了方法、材料与理论三者的统一。

当然,由于历史条件的限制,李达对史学理论的探索,有些地方尚不成熟,有些地方甚至还存在严重缺憾,但在那个时代已是难能可贵的了。总起来看,李达对一些重要史学理论的基本立场和观点,以及在中国马克思主义史学理论研究中所把握的方向都是正确的。无疑,他对史学理论的探索为推动中国马克思主义史学理论的发展起到了重要的促进作用。

(原载《湖北社会科学》2015 年第 4 期)

---

① 李达:《纪念王船山逝世二百七十周年学术讨论会开幕词》,《江汉学报》1962 年第 12 期。

② 《李达文集》第 4 卷,人民出版社 1988 年版,第 717 页。

李达史学方法探要

鲁　涛　刘　创

　　20 世纪 30 年代,李达为吕振羽《中国社会史纲》作序时强调"在中国史研究的课题中"应注意两个重要的问题:"第一是历史方法论的问题,第二是史料的缺乏及其真伪考辩的问题。关于第一问题,如果能够生动的应用而不误入实验主义或机械论的歧途,困难还容易解决。关于第二个问题,史料的缺乏,阻碍我们研究的进行;而史料的真伪的鉴别如有错误,结果必会颠倒历史的真相。"[①]这表明李达对史学方法及史学方法论的高度重视。其后不久,他在为谭丕模《宋元明清思想史纲》作序时再次申明,在研究中国历史时科学方法是极为重要的。他说:"用科学方法改编中国历史,是极重要而又极繁难的工作。"[②]李达所谓的历史方法论和科学方法是指什么? 他又是怎样运用这些历史方法论和科学方法的呢? 在这里,我们首先必须弄清史学方法和史学方法论。

一、史学方法与史学方法论

　　何谓科学方法? 李达的界定是:"科学的方法,与它的对象有密切关系。方法是客观的东西,它反映现实,反映现实本身所固有的根本特征。因而研究一切现象的一般的科学的方法,在各种具体的对象中应用起来,就反映出这对象的特征。所以科学的对象如不规定,就不能正确的应用科学的方法,去发现

---

①　《李达文集》第 1 卷,人民出版社 1980 年版,第 606 页。
②　谭丕模:《宋元明清思想史纲》,上海书店出版社 2010 年版,第 3 页。

对象的规律性。"①李达认为,方法的特性是客观性,而它的任务就是在科学对象确定的前提下去探寻对象的规律性。依据李达的上述见解,我们可以把具体的史学方法理解为:"它是指搜集、整理、运用、分析史料,发现因果联系与历史本质,探寻历史发展规律的方法。"

历史方法论就是史学方法论。它由方法和理论构成,是一个完整的体系,是史学理论的重要组成部分。概括地讲,史学方法论是指关于历史研究的方式方法的性质特点等的理论和认识,是关于具体史学方法的理论或学问。如果说史学方法是处于操作层面的研究手段,那么史学方法论就是处于指导层面的理论思考。这也就是说,史学方法论与历史观有着密切的关系。李达认为,马克思主义的历史唯物论既是历史观,又是方法论,它是方法论与历史观的统一。李达说:"历史唯物论的方法是具体的,是受研究对象的社会的规律的特殊性所限制的。它决不是抽象的社会的方法论。在这种处所,历史唯物论是社会发展理论与社会认识方法的统一,它决不与具体的历史相分离,也决不与其他社会科学相隔绝。它是反映历史发展之具体过程的科学的历史观,它是这种历史观之哲学上、理论上及方法论上之本质的内容。"②李达在这里不仅强调历史唯物论也即唯物史观本身所具有的方法论意义,而且着重说明唯物史观必须与具体的历史实际相结合,与其他具体的社会科学相结合,才能真正使它起到研究"指南"的功用。

众所周知,历史研究对象的广泛性和复杂性,直接导致研究历史的方法是多种多样的。对于马克思主义史学更是如此。正如瞿林东等学者所言:"马克思主义的史学方法并不是一种单一性的方法,而是由多层次、多领域的方法集结而成的方法体系,它适合于对各种领域的历史问题的研究,既可以运用于整体的、广泛性的历史问题的研究,也适用于具体的、单一性的历史问题的研究。这就是说,马克思主义史学方法既适用于宏观研究,也适用于微观研究。"③因此,根据马克思主义史学方法不同的性质、作用、范围,我们大体上将

---

① 《李达文集》第 3 卷,人民出版社 1984 年版,第 3 页。
② 《李达文集》第 2 卷,人民出版社 1981 年版,第 303—304 页。
③ 瞿林东等:《唯物史观与中国历史学》,上海人民出版社 2013 年版,第 346 页。

李达史学方法分为两个不同层次的方法,即"普遍方法和具体方法"①。普遍方法主要指马克思主义的唯物史观,它既是观察人类社会历史的世界观,又是研究社会历史现象的普遍方法,普遍方法在历史研究的每一项具体研究中发挥着根本指导作用。具体方法主要是指那些广泛适用于一切历史科学领域研究的方法,如历史比较分析方法、归纳与演绎法、分析与综合法、数量统计法、跨学科方法、图表法等。

二、普遍方法

李达从接受马克思主义开始,就自觉地接受唯物史观来分析社会和历史。他早年在《马克思还原》一文中就以唯物史观为研究原则和方法考察了"资本制度发展的过程"和"新兴的无产阶级的力量"②。晚年他要求社会科学工作者必须以唯物史观为最基本的研究方法来考察和研究包括历史在内的各门社会科学。他说:"社会科学工作者必须用历史唯物论观点,研究和解释历史、经济、政治、文化及国际事务。"③李达以马克思主义的唯物史观作为历史研究的普遍方法,概括起来主要包括以下两种方法。

1."掌握住科学的阶级观点理解阶级社会史"

马克思主义经典作家坚持从社会划分为阶级的事实出发,去寻求一切重大历史事变的基本原因和力量,并用这种观点分析一切社会问题,这就是阶级分析法。它是马克思主义研究阶级社会历史的一个最基本、最普遍的方法。马克思和恩格斯把这一分析法运用于全部文明史,特别是资本主义社会历史的研究,从而为无产阶级指明了革命的道路和方向。列宁在领导俄国革命的过程中,成功地运用了这一方法,并对它作了系统而精辟的阐发。列宁指出,马克思创立的唯物史观,"提供了一条指导性的线索,使我们能在这种扑朔迷

---

① 赵吉惠在《历史学方法论》(四川人民出版社 1987 年版)中将史学方法分为普遍方法、一般方法和特殊方法三种。也有学者将史学方法分为两种,即普遍方法和具体方法。如赵晖的《毛泽东史学思想》(南京师范大学出版社 2002 年版)。本文亦采用两分法。
② 《李达文集》第 1 卷,人民出版社 1980 年版,第 36 页。
③ 《李达文集》第 4 卷,人民出版社 1988 年版,第 121 页。

离、一团混乱的状态中发现规律性。这条线索就是阶级斗争的理论"①。列宁强调:人们在从事历史科学研究时,"必须牢牢把握住社会划分为阶级的事实,阶级统治形式改变的事实,把它作为基本的指导线索,并用这个观点去分析一切社会问题,即经济、政治、精神和宗教等等问题"。② 在列宁看来,研究阶级社会的历史,只有坚持阶级分析的方法,才能从复杂的历史事实和迷离混沌的现象中,看出历史的真相和本质,发现历史的规律性。作为一位马克思主义的理论工作者,李达善于运用阶级分析方法来解释历史和现状。他始终都记住历史划分为阶级这一基本事实,坚持分析阶级关系的正确立场来研究人类社会史。他说:"我们必须掌握住科学的阶级观点,才能理解原始社会是无阶级的社会,理解各个历史阶段的阶级社会之阶级构成,因而才能理解阶级斗争的社会史。"③在历史研究中,李达坚持阶级分析的方法主要表现在以下三个方面。

第一,李达注意到在阶级社会中人类活动留下的史料和文献都打有阶级的烙印,尤其是意识形态领域的东西,无不反映着有关阶级的利益和意志。所以,他要求对这些史料、文献用阶级分析的方法来加以选择和应用。他说:"在阶级社会中,统治阶级的一切思想、理论和政治观点,都贯串着自己阶级的特殊利益和要求,都是他们压迫人民的精神的武器。我们研究历史必须善于分析他们这些精神的武器。阶级的性质,指出其社会物质生活的根源。同时我们对于一切史料,一切文献,也要贯串着阶级的观点,慎重地加以选择和应用。"④据此, 李达认为, "中国自周秦以迄鸦片战争的二千余年之间, 有不少关于社会方面的学说", 虽然 "也有过一些积极的东西", "但大部分是说明如何叙述帝王卿相等封建阶级剥削与统治的事实", 如果用阶级的观点来分析, "这是由于剥削阶级的偏见, 经常歪曲社会的历史"⑤。

---

① 《列宁选集》第 2 卷,人民出版社 2012 年版,第 426 页。
② 《列宁选集》第 4 卷,人民出版社 2012 年版,第 30 页。
③ 《李达文集》第 4 卷,人民出版社 1988 年版,第 21 页。
④ 《李达文集》第 4 卷,人民出版社 1988 年版,第 23—24 页。
⑤ 《李达文集》第 4 卷,人民出版社 1988 年版,第 50 页。

第二，李达重视具体地分析社会的基本阶级矛盾，注意分析这个基本阶级矛盾在各个不同历史时期的特点，力图找出矛盾双方在具体斗争中的关系，努力分清主要矛盾和次要矛盾、对抗性矛盾和非对抗性矛盾。李达以社会阶级矛盾演变为例分析近代中国社会性质以及中国无产阶级领导革命胜利的原因。他说："在帝国主义没有侵入以前，中国社会是封建社会，其主要矛盾是人民大众和封建制度的矛盾。这个矛盾包括着农民阶级和地主阶级的矛盾。但在帝国主义侵入中国以后，中国社会就变成了半殖民地半封建社会，除了原有的人民大众和封建制度的主要矛盾以外，又出现了新的主要矛盾，即中华民族和帝国主义的矛盾。这个矛盾包容着中国无产阶级和帝国主义国家的资产阶级的矛盾。因为'中国无产阶级的发生和发展，不但是伴随中国民族资产阶级的发生和发展而来，而且是伴随帝国主义在中国直接地经营企业而来。所以，中国无产阶级的很大一部分较之中国资产阶级的年龄和资格更老些，因而它的社会力量和社会基础也更广大些。'（《毛泽东选集》第二卷，第五九〇页）这是中国无产阶级能够领导中国革命的历史根源。但在中华民族和帝国主义这个主要矛盾中，最初，帝国主义站在矛盾的主要方面，其势力是异常强大的。……正因为帝国主义取得了支配地位的矛盾的主要方面，所以中国的社会才变成了半殖民地社会。至于中华民族，从最初起，处于矛盾的非主要方面，人民大众，一面受着帝国主义的压迫，一面受着封建政治的压迫，不能组成强大的力量。并且清朝的封建政府，在帝国主义侵入后不久，就投降了帝国主义，而与帝国主义深相结合，共同压迫中国人民。但中国人民，百多年来，对帝国主义列强进行了一系列的英勇斗争……在长期的反帝国主义的革命过程中，在'五四'运动以前，中国无产阶级还停顿在自在的阶级的状态，还不曾起来领导这个革命，而民族资产阶级又没有领导这个革命的能力，所以中华民族还处于矛盾的非主要方面。但到'五四'运动的时候，中国无产阶级已转变为自为的阶级，随着它的司令部——中国共产党也成立了。于是中国人民反帝国主义的革命力量，就在中国共产党和无产阶级领导下，逐渐地成长起来。到了抗日战争时期，中国共产党所领导的抗日民族统一战线，使中华民族的势力日趋壮大，终于取得了支配地位的矛盾的主要方面，打败了日本帝国主义。最后及经过第三次国内革命战争，把美蒋匪帮赶出了中国大陆。于是中国由半殖民地变成了独立国,旧中国变成了新中国——中华人民共和国。"①

第三,李达注意在对历史人物的评价中贯串阶级分析方法。李达认为,在以阶级的方法分析历史人物时,一方面要正确地全面地估价这些历史人物的历史作用,不能苛求这些历史人物;另一方面,也要客观地揭示其阶级局限性,具体是要看他们代表哪个阶级的利益,他们的思想、观点、实践对谁有利。唯有这样,才不至于失之偏颇,才能得出正确的、科学的结论。他说:"分析历史人物的阶级属性,不仅要看他的阶级出身,更重要的是要看他的思想体系、他的政治活动究竟为哪个阶级服务,在当时起过什么作用,对以后有什么影响。历史上任何人物及其思想,都是有阶级性的,在阶级社会不存在什么超阶级的思想家。只有运用阶级观点去分析历史人物的思想、行动,才能正确地评价他们的历史作用和局限性,才不致于片面地肯定一切,或片面地否定一切。"②

在李达看来,知识分子及其一些代表人物,不是一个独立的阶级,而是以其知识为一定的阶级服务,并分别属于不同阶级和阶层。看待一个思想家的思想体系及其行为的阶级属性,不是看其出身如何,而主要看其言行对哪个阶级有利,为哪个阶级服务。比如,在对胡适、梁漱溟、费孝通等学者的思想进行批判时,李达就主要是以阶级分析方法去评价他们。

2. "必须用历史主义的方法考察社会形态"

马克思主义的历史主义方法是研究历史的又一最基本、最普遍的方法。列宁曾经说到过它的重要性:"在社会科学问题上有一种最可靠的方法,它是真正养成正确分析这个问题而不致于淹没在一大堆细节或大量争执意见之中所必需的,对于用科学眼光分析这个问题来说是最重要的,那就是不要忘记基本的历史联系,考察每个问题都要看某种现象在历史上怎样产生、在发展中经过了哪些主要阶段,并根据它的这种发展去考察这一事物现在是怎样的。"③按照列宁的这一论述,要考察任何历史人物、历史事件,就必须从具体的历史条件出发,将其放在整个历史发展的有机联系中去分析,具体地分析具体的情

① 《李达文集》第4卷,人民出版社1988年版,第293—294页。
② 李达:《纪念王船山逝世二百七十周年学术讨论会开幕词》,《江汉学报》1962年第12期。
③ 《列宁选集》第4卷,人民出版社2012年版,第26页。

况。对此,李达表示完全赞同。他说:"列宁说:马克思主义的最本质的东西,马克思主义的活的灵魂,就在于具体地分析具体的情况。"①李达还明确提出,在探求人类社会历史发展规律时,只有采用历史主义的方法来考察,方能获得正确的认识。他说:"我们若要知道社会发展的一般规律在某一社会形态中所发生的作用和所表现的形式究竟怎样,就必须用历史主义的观点考察那个社会形态的存在及其发展的一切历史条件和特点,才能有正确的认识,才能根据这种正确的认识作出实际的结论去指导革命的实践。"②而"我们在研究唯物辩证法的一般原理时,必须站在历史主义的立场,说明唯物辩证法的孕育、诞生及其发展的过程,指出这个哲学实是人类认识史的总计、总和与结论"③。

李达强调任何社会、任何思想都是一定历史条件下的产物,是在一定的时间和一定的空间范围内发生的;要认识某一个历史现象所反映的本质,就必须把它置于一定的历史范围之内来分析,必须了解它赖以产生和存在的社会基础和自然环境。他说:"在历史方面应用起来,我们对于任何社会,任何社会思想,就不能单从某种要素或一定成见出发,而必须从这一现象或社会思想所由产生,并与它相联系的那许多社会条件出发,并且还要联系时间与地点。"④他举例说:"我们说毛泽东思想是马克思主义,这是对的。但单只说毛泽东思想是马克思主义,还是不够的。毛泽东思想是中国的马克思主义。……在苏联十月革命以前,中国不可能有毛泽东思想,因为毛泽东思想所由产生的社会的条件,还没有完全具备。"⑤所以,在李达看来,对具体的历史问题必须做具体的历史分析。

李达特别赞赏毛泽东以历史主义分析方法来研究中国革命的诸问题。他说:"毛泽东同志研究革命的诸问题——经济的、政治的、军事的、文化的诸问题——,总是作全面性的研究,具体地分析具体的问题中的矛盾,暴露每一个矛盾的特殊性及矛盾双方的特点,然后综合起来,暴露问题的全貌,找出解决

① 《李达文集》第4卷,人民出版社1988年版,第235页。
② 《李达文集》第4卷,人民出版社1988年版,第545页。
③ 《李达文集》第2卷,人民出版社1981年版,第10页。
④ 《李达文集》第4卷,人民出版社1988年版,第14页。
⑤ 《李达文集》第4卷,人民出版社1988年版,第14—15页。

497

的方法,指出运动的方向,增强革命群众的信心和勇气,向着前途迈进。"①他认为,毛泽东的许多论著如《中国社会各阶级的分析》、《湖南农民运动考察报告》、《中国的红色政权为什么能够存在?》、《星星之火,可以燎原》等都是毛泽东具体地分析中国历史和现实国情的特点而总结出的"不朽杰作"②,"这些著作都是为中国革命规定正确的路线和策略的重要文献"③。

李达还特别注重在认识历史现象或历史人物时以发展的眼光来考察其来龙去脉、发展趋势,反对僵化的、停滞的、简单的静态分析。例如,他在《法理学大纲》中指出当时各派法理学的通病之一就是:"都没有历史主义的观点。各派学者们完全不懂得人类社会的历史,不懂得国家是社会发展过程中必然的产物,因而也不懂得法律与国家的关系,以及法律与国家随着社会的发展而发展的过程。他们大都把国家看做和社会是同一的东西,把法律看做和社会规范是同一的东西。自然法学者虽然假想着把人类社会史划分为自然状态与国家状态,而其所假想的自然状态,纯属虚构而缺乏历史的根据。历史学派虽标榜历史的方法,但也只限于研究法律的历史,而专从罗马法旧籍中去探求氏族的法律确信,并不能理解法律的起源。社会法学派虽然宣称法律现象是社会现象的一部分,而其所根据的市民社会学,并不能说明国家与法律的起源及其发展的过程。这一切法理学者们,因为缺乏了历史主义的观点"。因此,"这样建立起来的法理学,当然没有科学的性质"。④ 李达本人力图纠正这方面的错误。他在说明我国宪法的性质时,动态地考察了人类社会各个阶段如奴隶社会、封建社会、资产阶级社会、社会主义社会的"国家和宪法"的特点,最后指出,"中华人民共和国宪法是属于社会主义类型的宪法"⑤,是"历史经验的总结"⑥。无疑,李达用历史主义的方法来分析宪法而得出的结论是相当有说服力的。

李达一生都始终坚持"站在历史主义的立场"看世界,"站在历史主义的

① 《李达文集》第4卷,人民出版社1988年版,第243页。
② 《李达文集》第4卷,人民出版社1988年版,第136页。
③ 《李达文集》第4卷,人民出版社1988年版,第135页。
④ 《李达文集》第1卷,人民出版社1980年版,第707—708页。
⑤ 《李达文集》第4卷,人民出版社1988年版,第487页。
⑥ 《李达文集》第4卷,人民出版社1988年版,第488页。

立场"看社会,"站在历史主义的立场"看矛盾和斗争,"站在历史主义的立场"看政治、经济和文化,"站在历史主义的立场"看人,他由此而获得了往往不同凡响的历史见解。

三、具体方法

李达在历史唯物主义指导下将各种具体方法都灵活地运用到历史研究的实践中,甚至还从理论上对其中的一些方法作了明确的阐述。李达历史研究中的具体方法主要有:

1. 自觉地比较中西历史文化

历史比较,是通过找出历史对象的相同点或相异点来认识研究对象的特征和本质的一种方法。李达在自己的论著中特别注重中西历史文化的对比,并在历史唯物主义的指导下大量地吸收和运用了历史比较研究法。

历史的发展,既有统一性,又有多样性;既存在一般的规律,又存在特殊的规律。任何历史研究对象,都是共性和个性的统一体、普遍性与特殊性的统一体。李达坚决反对将两者割裂开来。他说:"一般规律和特殊规律原是有密切的关系。如果只注重社会发展的一般规律而不联系各个社会形态的特殊规律去考察,这一般规律就变成空虚的抽象;如果只注重个别社会形态的特殊规律而不联系社会发展的一般规律去考察,甚至否认一般规律的存在,整个人类历史就表现为各个社会形态互不联系、互相脱节的漫画。象这样把一般规律和特殊规律割裂开来,不但毁损历史唯物主义这门科学,并且对于革命的实践也是有害的。"①正是由于历史研究对象这种特点,为人们在研究历史问题时于同中求异或异中求同提供了客观的依据。深谙历史辩证法的李达,十分重视历史比较研究法。他比较研究的具体历史事实和类型,内容十分丰富,其主要表现有如下方面。

其一,对社会经济形态的比较研究。李达在《中国产业革命概论》中就对"中国产业革命"与"欧洲产业革命"的"进路"提出了比较,并认为两者"在形

---

① 《李达文集》第 4 卷,人民出版社 1988 年版,第 546—547 页。

式上大致有些相同,但是原因和内容却有许多地方不同"①。而这种不同,"大体上说,欧洲的产业革命是自力的,是因自力的充实而由国内逐渐展开以及于世界,中国的产业革命是外力的,是因外力的压迫由世界而渗入于国内。因为这两者的原因不同,所以两者的内容也是各异。"②此外,李达还对中国社会经济形态的不同时期进行了比较。他的《中国现代经济史之序幕》重点比较了"帝国主义侵入前中国经济之性质"与"帝国主义侵入后中国经济之变动"前后两个阶段,也就是对中国封建社会前期的封建经济与封建社会末期的半殖民地半封建的经济进行了比较。

其二,对民族观的比较研究。李达在《民族问题》中对帝国主义各个国家与东方国家的资产阶级学者的民族观点予以了比较:"例如日本资产阶级的学者看来,以为大和民族是有仁义勇武的德行,中国民族是有利己心、残忍性与不洁性。在俄皇时代的御用学者看来,斯拉夫民族是信仰很深的民族。在德意志资产阶级的学者看来,德意志民族是富有创造力的国民,是为世界各民族之冠。在西欧帝国主义各国的资产阶级的学者看来,只有西欧的各种民族是受过基督教的洗礼的洁白而高尚的民族,是受了上帝的付托,有支配东方及亚非利加的野蛮蒙昧的民族而'善导'之的使命。在东方各国新兴资产阶级的学者,其主张恰恰相反,以为西欧及北美的各种民族,是中了物质文明之毒的机械的唯物的民族,只有东方各种民族,才有负有普及'精神文明'于世界的使命的理想主义的民族。"③通过这种鲜明的对比,李达揭露了帝国主义民族观的本质:"拥护帝国主义的人们,把民族的历史性与过渡性,埋葬于若有若无之中,暗暗里承认民族的永久性,这是与他们的阶级利害一致的,是要拥护帝国主义的侵略战争,是要分裂无产阶级的营垒,以确保帝国主义者永远的统治的。"④

其三,对社会历史阶段的比较研究。李达在《中国社会发展迟滞的原因》中对中国与西欧各自经历封建社会的时间及其造成的原因作了比较。李达首

---

① 《李达文集》第 1 卷,人民出版社 1980 年版,第 390 页。
② 《李达文集》第 1 卷,人民出版社 1980 年版,第 392 页。
③ 《李达文集》第 1 卷,人民出版社 1980 年版,第 570 页。
④ 《李达文集》第 1 卷,人民出版社 1980 年版,第 571 页。

先提出疑问，"为什么中国社会在三千年的长期内停顿于封建阶段呢？西欧各国所经历的封建时期，不过八九百年，就都转进了现代社会的阶段。"①李达自己给出的答案是："中国社会所以在三千年的长期内停顿于封建阶段，当然是渊源于中国封建社会的特殊性。这种特殊性在上述四项（封建的战乱、力役与剥削，以及封建的政治机构——引者注）之中也表现得很清楚。其一，战乱是一切封建社会所通有的，而中国封建的战乱，其规模之大，期间之长，却是欧洲封建时代所没有的。封建时代的人民在战乱中牺牲的，动辄数十万以至数百万，战乱的期间动辄数十年至数百年，战乱的区域，波及数百万或数千万方里，劳动力与生产手段的惊人的损失，是欧洲封建时代所没有的。其二，中国封建的土地关系，与欧洲封建的土地关系不同。中国在周代之时，土地归大小领主所分领，这与欧洲的封建时代相仿佛。但入秦以后土地可由人民自由买卖，出现民间地主。在民间地主之上，更有大领主的国王。这在欧洲，只有在封建制度解体之时，土地所有权才由领主移归民间，而领主就随着没落，这是与中国的封建土地关系不同之点。中国自秦以后，有无数民间地主分布于全国，成为大领主＝国王的强有力的台柱。农民阶级所受的劳役与实物的剥削是二重的。他们一面为民间地主服役，一面又要为国王服役。并且他们为国王服役的人数与时间很多，所受的牺牲也很大。至于实物的贡纳，除了以生产物的一半以上缴纳于民间地主以外，还要从那一半以下部分，提出一部分贡纳于国王，其税率也很繁重。这都是欧洲封建社会所没有的历史的事实。其三，周代贵族政治，略与欧洲中世纪的封建政治相似，但秦代以后二千余年之间，一直是绝对主义统治的时代，其间虽然更换了很多王朝，而君主独裁的政治，却丝毫未曾改变，反而愈趋强化。欧洲的绝对主义政权，出现于封建制度解体之时，那种君主独裁政治，是树立在贵族阶级与市民阶级的均势之上的。实际上，市民阶级的力量，已经可以同贵族相颉颃，且有凌驾其上之势。至于中国的绝对主义政权，一直树立于民间地主的台柱之上，并代表地主阶级的利益。这一地主阶级，与西欧的封建贵族不同，他们虽支持绝对主义政权，其本身却与王权绝无利害冲突，在经济上只有仰赖于王权才能维持其利益。

---

① 《李达文集》第 1 卷，人民出版社 1980 年版，第 684 页。

所以在君主方面看来,地主阶级是绝对有利而无害的最有力的台柱。这一台柱,在二千余年间,日益根深蒂固,牢不可破。朝代的更替,只是上层政权的移转,任何新起的王朝都要建立在这一台柱之上,断无摒弃这一台柱而更换新台柱的意图。这正与封建领主不能摒弃缴纳田赋的人们一样。这绝对主义政治,世代相承的传统了二千余年之久,致令统治者与被统治者都把这种政治看做天经地义,永难更改。所以偶尔有反抗这种政治的英雄起来号召民众推翻某一王朝,但结局仍不能不回到原来的绝对主义,因为在这种社会之中还没有产生出担负新生产方法的阶级。"①这种宏大的历史现象,如果不放到更大范围内加以比较和考察,是不可能得出更全面、更深刻的认识的。也就是说,就中国历史而言,如果不把它放在世界历史的总体中研究,如果不与外国历史进行比较研究,要想得到符合历史真实的全面的深刻的认识,也几乎是不可能的。无疑,李达在中西封建社会比较、中西文化比较等领域取得了引人注目的成就。

其四,对社会制度、社会意识形态的比较研究。李达在《社会进化史》中,尤为注重对东西方的社会制度、社会意识形态的比较,也特别注重对西欧国家的封建主义、资本主义的制度与俄国的农奴制度、资本主义制度的比较。比如,李达认为,"古代东方社会的意识形态是带有神权的性质,是建筑在魔术、奇迹,种种教义之上,并以宗教的恐吓手段为基础。僧侣和国王,都利用宗教的恐吓手段使一般人民服从他。东方各国的经济生活,是落后的,是比较固定的,所以东方各国的意识形态的体制与欧洲的比较起来,便较为巩固。"②

其五,对阶级的比较研究。阶级的比较在李达的论著中出现较多,他几乎对所有的对立阶级都作过比较。例如,他曾把奴隶社会的奴隶阶级与封建社会的农民阶级,封建社会的农民阶级与地主阶级等等进行过比较。他说:"历史上代替奴隶制社会而出现的是封建社会。封建社会建筑在封建地主与农民的阶级对立之上。前者是压迫与剥削的阶级,后者是被压迫被剥削的阶级。这封建社会比较奴隶制社会是前进了一步的。农奴是半解放了的奴隶,比较

---

① 《李达文集》第 1 卷,人民出版社 1980 年版,第 705—706 页。
② 李达:《社会进化史》,北平大学法商学院,1935 年,第 136—137 页。

单纯的奴隶要自由些。从此农民对地主的阶级斗争,就代替了奴隶对主人的阶级斗争。"①

其六,对重大历史事件的比较。李达比较了巴黎公社和俄国十月革命两次重大的革命事件。他认为巴黎公社之所以失败的原因是:"在那个时期,无产阶级革命的客观条件和主观条件还没有具备,巴黎的无产阶级还没有组织坚强、久经革命锻炼的党,又不曾和农民阶级结成同盟,致使农民的后背力量还站在资产阶级方面,还有,巴黎公社成立以后,对于资产阶级及其反抗的镇压,并没有彻底去做,对敌人太过于宽容。"②而俄国十月革命则相反,已经具备了这些主客观条件。它的客观条件是:"(一)二月革命原是工人、农民和兵士为了推翻沙皇制度和反对战争而发动的,其目的在于获得和平、面包和土地,可是资产阶级临时政府,却勾结沙皇余孽和英法帝国主义者继续进行帝国主义战争,并压迫和剥削人民,使人民得不到和平、土地和面包,人民已是不愿意照旧生活下去,而反动的资产阶级被工人的斗争弄得软弱无力,地主被农民弄得垂头丧气,即是说统治阶级已不可能照旧生活下去。(二)被压迫的工人、农民和士兵的贫困和灾难,一天比一天深重。(三)人民群众走投无路,被迫着要起来革命。"而它的主观条件是:"(一)工人阶级革命斗争情绪的高涨,(二)工人阶级和农民大众结成了广大的同盟,(三)马克思列宁主义武装着的布尔什维克党和伟大的领袖列宁、斯大林。""正因为有了这些主观条件和那些客观条件结合起来,所以十月革命就能够胜利地实现了。"③通过一成一败的比较,使人们对两次革命事件有了更全面、更准确、更深刻的理解。

从以上的历史比较研究的实践中,我们可以发现,李达的这些比较,既有对不同时间的历史现象作比较性研究的纵向比较,又有对不同空间范围的历史现象作比较性研究的横向比较;既有宏观的历史比较,又有微观的比较。其中,中西历史、中西文化的比较是李达最为关注的。陈平原说:"自觉地比较东西文化,思考积淀在民族心理中的传统文化,力图通过改造国民灵魂来改造中国社会,是20世纪中国知识分子关注的一个中心课题。从严复、梁启超、王

① 《李达文集》第4卷,人民出版社1988年版,第9页。
② 《李达文集》第4卷,人民出版社1988年版,第343页。
③ 《李达文集》第4卷,人民出版社1988年版,第341—342页。

国维、林纾到'五四'一代知识分子,都把西方文化作为一个参照系,探讨中国人的民族性格,并寻求中国文化的出路。"①作为从五四运动成长起来的知识分子,李达通过这些比较研究,加深了对中国的认识,特别是加深了对中国历史现象、历史问题的认识,避免了认识中产生片面性和狭隘性;但是,李达更为深层的动机是为了改造中国,即探索"中国的出路"②,回答"中国向何处去"这一时代问题。

不过,历史比较研究法也有它的局限性。比如,它要遵循可比性原则,等等。李达对那些无条件的比较、肤浅的比较、机械的比较是坚决反对的。他曾就东、西方历史比较说过:"亚细亚各国历史的发达,带有独特的性质。我们不能无条件、机械的、照原样的把这些国家的历史过程的独立性,拿来和欧洲的封建制度同样看待。"③

2. "**必须对事物作具体的分析与综合**"

李达这样来看待分析与综合的方法:"分析的任务,就是在个别中发见普遍,在现象中发见本质、法则。但分析的结果,是具体的普遍,是包含了特殊的丰富的内容的普遍。……但是,科学的认识,并不停顿在这个阶段,并不以抽取一般的规定或抽象的范畴为止境,而必须更进一层的在其'多种规定的总括','复杂性的统一'上,把对象在精神上再生产出来。即是说,科学的认识要从最单纯的规定或关系,循序上进到复杂的规定或关系。最单纯的关系中内在的合法则的发展,要用综合的方法来探求,即是顺次把新的关系引入研究的范围,顺次添加新的规定,而到达于综合多数规定及关系的丰富的总体,到达于媒介的具体。"④李达在这里着眼于把分析的本质规定为"由直接的具体到抽象的过程",而综合的本质则是"从抽象到媒介的具体的过程"。两者的关系是:"分析与综合,互相结合,互相制约,形成辩证法的统一。综合以分析为前提,分析受综合所指导。"⑤

---

① 陈平原:《当年游侠人——现代中国的文人与学者》,三联书店 2006 年版,第 168 页。
② 《李达文集》第 1 卷,人民出版社 1980 年版,第 558 页。
③ 李达:《社会进化史》,北平大学法商学院,1935 年,第 68 页。
④ 《李达文集》第 2 卷,人民出版社 1981 年版,第 261—262 页。
⑤ 《李达文集》第 2 卷,人民出版社 1981 年版,第 262 页。

李达一向要求"必须对事物作具体的分析与综合",并指出"这是马克思主义者区别于教条主义者的重要标志之一"①。他认可毛泽东在《反对党八股》中的关于分析与综合方法的论述,即"提出问题和解决问题的方法,就是具体的分析和综合的基本规则"。那么在解决问题中怎样运用分析和综合的方法呢?李达在毛泽东的阐述的基础上进一步发挥,"'什么叫问题?问题就是事物的矛盾。那里有没有解决的矛盾,那里就有问题。既有问题,你总得赞成一方面,反对另一方面,你就得把问题提出来。提出问题,首先就要对问题即矛盾的两个基本方面加以大略的调查和研究,才能懂得矛盾的性质是什么,这就是发现问题的过程。大略的调查和研究,可以发现问题,提出问题,但是还不能解决问题。要解决问题,还须作系统的周密的调查工作和研究工作,这就是分析的过程。提出问题也要分析,不然,对着模糊杂乱的一大堆事物的现象,你就不能知道问题即矛盾的所在。'由此可见,对于所提出的问题必须实行系统的周密的分析。才能发现基于基本的两个矛盾侧面所发生与发展着的许多次要的矛盾的侧面,才能明了问题的全貌,因而才能做综合工作,才能很好地解决问题。"②

李达在历史研究中历来重视分析与综合的方法。早在20世纪20年代,他就主张以分析与综合的方法来编纂和研究中国社会发达史。他说:编纂和研究中国社会发达史"这种工作,要靠有多数人分别就中国史的各时期和各部门,先做分析的研究,日积月累,然后才能进行到综合的研究的阶段"③。李达所提出的由分部门的研究到综合研究,在专题研究基础上进行综合研究,是史学研究的正确方法和步骤。

他在探讨中国封建社会发展迟滞的原因时,不仅善于分析,也善于综合。他首先逐一分析了八个方面的原因,最后再综合这些原因,指出"第一项到第五项是主要的原因,第六项到第八项是次要的原因",进而强调:"应当做一个全面的研究","我们决不能主观的指出某一主要原因而忽略其他的主要原因",同时,"如果主观的指出某一次要原因而不去把握那些主要原因,那也不

---

① 《李达文集》第4卷,人民出版社1988年版,第400页。
② 《李达文集》第4卷,人民出版社1988年版,第400—401页。
③ 谭丕模:《宋元明清思想史纲》,上海书店出版社2010年版,第3页。

能触及这个问题的核心"。①

李达在考察中国社会问题的内在原因时,亦先分析后综合。他指出,中国种种社会问题都是由于"遂偕资本主义商品以俱来",而"推原其故,约有四端"。这"四端"分别是:"一曰,资本主义以中国为逋逃薮也。二曰,大资本压迫小资本也。三曰,不平等约条之为厉也。四曰,内乱之不宁也。"综合这些分析,李达一针见血地切中问题的要害,"中国社会问题虽亦同为资本主义之产物,然其发生之理由,乃因产业之不得发展,与工业先进国因产业发展过度而发生之社会问题大不相同,此其特性也"。②

李达认为马克思的《资本论》多处运用了分析与综合的方法。他说:"例如《资本论》中分析的抽取出来的'生产物之商品形态',就是这样的具体的普遍。这是由直接的具体到抽象的过程。""例如,《资本论》由最单纯的关系——商品关系——出发,把商品经济的诸矛盾及现代社会的发生、发展及其必然没落的法则,在其多数规定及关系的总体上,从始到终的表现了出来,这是从抽象到媒介的具体的过程。"③

3. "归纳与演绎互相联结"考察历史

归纳与演绎法是辩证思维的起点,它反映了人们认识事物两条方向相反的思维途径,前者是从特殊到一般的思维运动,后者是从一般到特殊的思维运动。依据李达的见解,"归纳即是'由特殊到一般',演绎即是'由一般到特殊'。由特殊到一般和由一般到特殊这两个过程是互相联结的。即归纳与演绎是统一的。"④李达清晰地梳理了归纳与演绎两种方法的本质及其相互关系。

归纳与演绎法在历史研究中的应用非常普遍。任何历史事物都存在着特殊与一般、个性与共性的关系。特殊中包含着一般,个性中包含着共性,因而人们可以从特殊中概括一般,从个性中概括共性。与此相反,一般存在特殊之中,共性存在于个性之中,因而人们可以从一般中演绎出个别,从共性中演绎

---

① 《李达文集》第1卷,人民出版社1980年版,第704页。
② 李达:《现代社会学》,武汉大学出版社2007年版,第130—131页。
③ 《李达文集》第2卷,人民出版社1981年版,第261—262页。
④ 《李达文集》第4卷,人民出版社1988年版,第388页。

出个性。历史事物本身所固有的这些关系,就是归纳与演绎在历史研究中应用的客观基础。

李达善于运用归纳法从历史事实中发现因果联系和规律性。李达在《社会进化史》中研究了封建时代西欧的种种农民运动的事实,包括 14 世纪的法兰西运动——扎克里,及英吉利的瓦特台勒尔领导下的农民运动、15 世纪捷克的胡司战争、16 世纪宗教改革时代的德意志农民战争等,最后概括出农民运动失败的原因:"并不是运动的不充分展开或暴动大众及领袖所犯的错误之结果。而这些失败,是以后由农民暴动转化而来的农民革命所必然经验的。一切这些失败,都是不可避免的。这些失败的根本原因,由于农民在其阶级的性质上自己不能达到革命的胜利,在革命运动中,只有在其他阶级领导的条件下,农民才能破坏封建制度。""同时,农民又没有组织,暴动是自然发生的,分散的而且没有显明的纲领,缺乏与阶级敌人的技术相对置的技术。"①他对封建社会的意识形态采用了归纳法研究得出的结论是:"封建的意识形态之宗教的和权利的(立脚于某种权利之上)性质,无论对于欧洲各国,或东方各国,同样都是固有的。从其发生说来,这种意识形态,与同一经济的社会政治的诸前提相结合。现在不从别国去看,只加以概括的观察,亦可以说明欧洲和东方一部分的精神生活中的共通的特性。"②李达在考察我国宪法的历史时,先从"我国宪法是中国人民百多年以来英勇斗争的历史经验总结"、"我国宪法是中国近代关于宪法问题和宪政运动的经验的总结"、"我国宪法是新国家成立以来新的历史经验的总结"三个方面来分析,再归纳起来认为,"我国宪法不仅是历史经验的总结,而且还是全国人民为建成社会主义而斗争的旗帜"。③

演绎就是从一般到特殊。也就是说,人们历史的认识活动并非凭空进行的,而是在一定的认识基础上,以一定认识结果作为一般原理为指导进行的。在《经济学大纲》中,李达把"封建的经济构造之基本特征"归纳为九个方面④,再由这些一般特征来具体认识"西欧各国的封建经济"和"中国的封建

---

① 李达:《社会进化史》,北平大学法商学院 1935 年,第 275 页。
② 李达:《社会进化史》,北平大学法商学院 1935 年,第 345 页。
③ 《李达文集》第 4 卷,人民出版社 1988 年版,第 504 页。
④ 参见《李达文集》第 3 卷,人民出版社 1984 年版,第 100—101 页。

经济",而"西欧各国的封建经济"包括了法兰西的封建经济、英吉利的封建经济、俄罗斯的封建经济。李达在《社会进化史》中大量运用了的演绎法。例如,在该书第七篇中,他认为,19世纪中叶的欧洲诸国,胜利的资产阶级取得了政权,"各国转向一个世界经济统一的过程"[①]。而由这一总趋势,李达分别阐述了"德意志的统一"、"意大利的统一"以及"北美合众国之经济迅速成长"。再如,李达指出古代东方国家的生产方法亚细亚方式具有独特的性质,但"从构造上看来,毫无疑义的是封建的=农奴制的构造之一变种"。[②]于是,依据此特性,李达逐一论析了古代的埃及、巴比伦、亚述——巴比伦、腓尼基、印度和中国等国家各自的生产方法。

如前所述,归纳与演绎是统一的。也就是说,这两种方法是相互渗透地相互联系在一起的。李达在历史研究中注重将归纳与演绎互相补充,全面地考察了历史研究的对象。例如,他对"社会的历史,是劳动人民的历史"[③]的论析,对"社会发展的一般规律和特殊规律"[④]的解读,对"生产力同生产关系的统一"[⑤]的规律的阐述,等等,都是通过归纳和演绎这种双向思维的方法来进行的。

4. 重视"统计"方法

历史现象也和其他任何客观事物一样,存在于时间、空间和数量关系之中;丰富多彩的历史过程,也往往通过各种数量关系得到反映。历史研究中的数量统计法是指运用以描述性的统计资料所形成的数据来论证或说明历史问题。数量统计法的基本要求,是对历史过程或个别历史现象作出定量分析,准确地确定历史过程或个别历史现象的性质与发展趋势,以论证或说明该历史过程或个别历史现象具有或不具有某种性质或特点。这对于完成历史研究的最终目的和任务无疑是至关重要的。梁启超认为,数量统计法是历史研究中最好的方法之一。他说:"历史统计学,是用统计的方法,拿数字来整理史料

---

① 李达:《社会进化史》,北平大学法商学院,1935年,第721页。
② 李达:《社会进化史》,北平大学法商学院,1935年,第68页。
③ 《李达文集》第4卷,人民出版社1988年版,第8页。
④ 《李达文集》第4卷,人民出版社1988年版,第540页。
⑤ 《李达文集》第4卷,人民出版社1988年版,第604页。

推理史绩。""我并非说这是研究史学的唯一好办法;但我敢说最少也是好办法中之一种。"①一些西方学者也指出,使用数量统计分析法可以使历史研究大大严格化、科学化和精确化。如美国历史学家伊洛斯说:"只有引进数学才能使历史学成为'过硬的科学'。"②英国计量史学家罗德里克·佛拉特认为:"没有从数量方面作出回答的知识,我们便不能解释'重要'问题上的证据。"③

李达很早就注意到数量统计法在经济史研究中的重要性。他在《中国产业革命概论》"编辑例言"中解释说,"在经济统计资料缺乏的今日中国,要编这种性质的书籍,实有许多不便"。④ 他甚至对自己所采用的北京"农商部公报所刊登的统计之类"的数据因"不免有些是官僚式的敷衍调查"表示怀疑,寄希望于"将来得到正确的新材料时,另行改编了"⑤。经济统计资料就是指使用数量统计法的资料。李达所言足以看出他对经济统计资料中数量统计的准确性的要求是相当高的。

在历史研究中运用数量统计方法,主要是对某一历史过程或某一历史现象进行有关数据的搜集、整理、计算和分析。在李达那里,历史研究中最常用的是图表分析,即以列表的方式对数据资料进行整理和分析,以发现历史研究的本质和规律。以李达在《中国产业革命概论》使用的图表为例,在这本不足7万字的"小册子"里使用了60个图表的统计数据,这还不包括一些没有形成图表的统计数据。而这些图表广泛使用在他对近代农业、手工业、企业、工业、商业、资本业等领域的研究中。李达通过这本"小册子"主要是要说明鸦片战争以后"中国社会究竟是怎样的社会"。而这些图表的统计数据客观地反映了当时中国社会的现实状况,即农村经济破产,手工业衰落,新式工业大受限制,大商业依赖于外国资本,银行业富于投机性质,工业进步缓慢,失业的人民

---

① 梁启超:《历史统计学》,载蒋大椿《史学探源》(下),吉林教育出版社1989年版,第697、705页。
② 转引姜义华、瞿林东、赵吉惠:《史学导论》,复旦大学出版社2010年版,第129页。
③ 转引姜义华、瞿林东、赵吉惠:《史学导论》,复旦大学出版社2010年版,第129页。
④ 《李达文集》第1卷,人民出版社1980年版,第388页。
⑤ 《李达文集》第1卷,人民出版社1980年版,第388页。

增加,生产事业困难,多余资本用于政治投机及失业者变为兵匪。① 李达使用的那些图表中的统计数据虽然是冰冷的,却有力地揭示了当时中国社会萧条、混乱的局面,让当时的人们深切地感受到中国社会危机的严重性和中国革命的紧迫性。套用鲁迅那句话,"读史,就愈可以觉悟中国改革之不可缓了"。② 同时,这些统计数据也成为人们判别近代中国社会的半殖民地半封建性质的有力证据。

李达在《中国现代经济史之序幕》中使用多个数量统计图表分析了鸦片战争前后"进出口货物的变化"以及"鸦片进口的数值",从而为"中国便慢慢走到半殖民地的资本主义化的过程"③提供了实证材料。在《中国社会发展迟滞的原因》中,李达引用了宋朝史学家马端临《文献通考》中的历朝历代因战乱而死亡的人口数量统计表,并以此"说明封建的战乱引起人民大量死亡的真相"④。李达在《社会进化史》中亦使用了较多的数据统计图表。例如,他以"被采掘的银量"⑤的图表来反映 16 世纪欧洲殖民统治者对美洲殖民地的疯狂掠夺的情况,以 18 世纪俄罗斯"乌拉尔工场数目的增加"⑥的图表来说明当时俄罗斯工业的发展水平,等等。

5. "哲、史、政、文、教诸方面相互配合"的多学科方法

多学科方法从历史学诞生起就已被运用。我们知道,历史本身的多样性、多面性使得历史学涉及多种学科,人们不能脱离其他学科而理解历史学。作为中国马克思主义学术发展史上的一位百科全书式的人物,李达在研究历史问题时,自觉地吸取哲学、经济学、社会学、民族学、法学、货币学等多学科的理论与方法。李达的这一特点,符合美国史学家鲁滨逊定义的"合格史学家"的要求,即:"一个合格的历史学家,除了要有较强的史料批判能力和扎实的专业知识外,还必须对人类学、史前考古学、社会学、心理学、经济学、地理学、法

① 参见《李达文集》第 1 卷,人民出版社 1980 年版,第 475—476 页。
② 《鲁迅全集》第 3 卷,上海鲁迅全集出版社 1938 年版,第 138 页。
③ 《李达文集》第 1 卷,人民出版社 1980 年版,第 632 页。
④ 《李达文集》第 1 卷,人民出版社 1980 年版,第 688 页。
⑤ 李达:《社会进化史》,北平大学法商学院,1935 年,第 418—419 页。
⑥ 李达:《社会进化史》,北平大学法商学院,1935 年,第 609 页。

学、伦理学等诸多学科有深入的了解。"①

我们从李达的《现代社会学》便可知李达对人文社会科学各个学科的熟悉和精通。该书是一部以社会学、历史学为主又兼及多学科的专著,甚至还涵摄了属于自然科学的生物学和心理学等学科的理论和方法。例如,李达在第五节"社会学与诸学科之关系"中对社会学与历史学、经济学、政治学、法学、人类学、生物学、心理学的关系进行了深入的辨析。这反映出李达善于利用多学科的理论与方法来研究社会学的问题。

大致说来,李达使用多学科的研究方法主要体现在两个方面:

一是运用包括历史学在内的多学科的理论和方法来研究其他人文社会科学。李达在《经济学大纲》中运用历史学、考古学和社会学的理论与方法来研究经济学的问题。例如,他注意以历史学的材料、方法和理论来探讨社会的经济构造。他说:"经济学,在其自身的本质上,是历史科学。它所处理的东西,是历史的材料,即不断变化的材料。经济学首先研究生产及交换的各个发展阶段的特殊法则。"②在该书中,李达在论述原始社会、古代社会、封建社会等社会经济形态时,使用了大量的考古材料、历史文献材料,并运用历史主义研究方法来阐述各个社会经济形态的一般特征。

二是运用其他多种人文社会科学的理论和方法来研究历史问题。在《社会进化史》中,李达运用考古学、地质学、古生物学、人类学、民俗学和语言学等学科的材料和理论,来论证"劳动创造了人类本身"这一观点。在《中国社会发展迟滞的原因》一文中,李达以经济学、社会学、伦理学、政治学、文化学、地理学等学科的理论和方法来探析中国社会发展迟滞的原因。

除了在自己的历史研究中重视使用多学科的研究方法外,李达也号召其他社会科学工作者在历史研究中采用这种研究方法。他在"纪念王船山逝世二百七十周年学术讨论会"上号召多个学科的学者相互合作来研究历史人物王船山。他说:"会前两省在分别准备论文的过程中,都同样地出现了一些新

① 转引王学典:《史学引论》,北京大学出版社 2008 年版,第 315 页。
② 《李达文集》第 3 卷,人民出版社 1984 年版,第 15 页。

气象:以王船山研究为中心,哲、史、政、文、教诸方面,互相配合起来了。"①李达在文章中亦鼓励社会科学工作者将历史唯物主义与其他学科结合起来研究。他说:"历史唯物主义这门科学必须和其他各种社会科学如历史学、政治经济学、国家与法权理论等取得密切联系,互相配合,使历史唯物主义理论更趋于丰富和发展。"②这些都反映出李达对多学科研究方法的重视。

上述李达之言、之行正好印证了王学典的论断,即:"真正以现代科学方法治史的当推唯物史观派学者。他们从社会学、人类学、经济学诸学科借取理论和方法,致力于历史事件和历史现象的阐释。唯物史观派史学的发展本身就是跨学科研究的结晶。"③

(原载《山东社会科学》2014 年第 9 期)

---

① 李达:《纪念王船山逝世二百七十周年学术讨论会开幕词》,《江汉学报》1962 年第 12 期。

② 《李达文集》第 4 卷,人民出版社 1988 年版,第 550 页。

③ 王学典:《20 世纪中国史学评论》,山东人民出版社 2002 年版,第 75 页。

论李达的史学修养

鲁　涛　　汪信砚

　　李达是一位百科全书式的学者,不仅在马克思主义哲学、政治经济学、法学等领域有很高的造诣,而且在史学领域也卓有建树。在论及我国马克思主义史学发展史时,李达这个名字与他的史学论著是无法避开的。在中国马克思主义史学初创阶段,李达对马克思主义史学中国化作了许多有益的探索,而这种探索也为中国马克思主义史学研究开辟了新的领域、新的方向。毫无疑问,李达在马克思主义史学研究方面的成就与他的良好史学修养是密不可分的。

　　在历史上,史学家刘知几、章学诚、梁启超等人曾对史学修养做过比较系统和全面的总结,在他们看来,史学修养主要包括史德、史学、史识、史才。当代马克思主义史学家白寿彝在批判继承的基础上对这"四长"理论作了详尽阐发。他说:"我国的历史工作者应当继承我国史学史上历史家的这几个方面的修养,发扬这些优良的传统,这是很要紧的。"①但是,白寿彝认为,"四长"在不同时期有不同的标准,特别是在社会主义时期应该有新的要求和新的标准,即:"我们是社会主义时期的历史工作者,在德、才、学、识方面应当有新的要求、新的标准,这恐怕是更要紧的。"②

　　在白寿彝看来,衡量"史德"的标准有两条:一是要实事求是;二是要关注现实;"史学"是指掌握丰富的史料、历史知识以及与历史知识有关的各种知识;"史识"就是历史学家的见识,即对历史的认识能力;"史才"指的是对历史

①　白寿彝:《史学概论》,中国友谊出版公司 2012 年版,第 266 页。
②　白寿彝:《史学概论》,中国友谊出版公司 2012 年版,第 266 页。

著作的表述水平。白寿彝特别强调，"德、学、识、才是互相联系的，不是互相割裂的；历史工作者的能力可能有强弱之差，水平可能有高低之别，但从德、学、识、才全面要求自己来说，应该是没有什么区别的。"①白寿彝之所以将"史德"放在第一位，是由于中国文化历来强调"德才兼备，以德为先"。"以德为先"既符合中国传统文化和马克思主义的内在要求，也尊重了客观现实。而白寿彝对"学"、"识"、"才"的次序也有明确的规定。"学"属于认知阶段，"识"属于判断阶段，只有在这两个阶段的基础上，史学家才能发挥自己的"才"，而"才"是将"学"和"识"应用到现实的历史研究中，"才"属于应用阶段，也就是把理论成果应用到客观现实的阶段。所以，这四者互相依存，不可割裂，构成了一个完整的体系，且四者之间具有严密的逻辑关系，不能随意更替次序。

总之，重视史德、史学、史识、史才，既是中国史学的优良传统，也是史学研究的客观需要。虽然随着时代和社会的发展，史德、史学、史识、史才的内涵也在不断地变化与发展。但以史德、史学、史识、史才来衡量和评判学者的史学修养还是比较恰当的。有鉴于此，我们以"四长"理论为基准来探讨李达的史学修养。

一、李达的"史德"

有学者指出："史德的关键就是态度问题。而态度的首要问题，是指对于史学研究的兴趣。"②一般说来，对史学的兴趣是史学家之所以能成为史学家的首要的主观因素。李达从小就对史学颇有兴趣，一方面是受到其父亲的影响，另一方面也与他超人的天赋有关。李达在唐家祠堂就读的时候，由于能滚瓜烂熟地背诵一些孔孟著作，被私塾先生唐花圃谓为"神童"③。也许，正是因为老师的这种鼓励，进一步激发了他对文史知识的渴望。可以想象，如果没有对史学的浓厚兴趣，没有较高的天赋，当时作为稚嫩少年的李达不可能去阅读

---

① 白寿彝：《史学概论》，中国友谊出版公司 2012 年版，第 266 页。
② 张文生：《李大钊史学思想研究》，中国社会科学出版社 2006 年版，第 93 页。
③ 王炯华：《李达评传》，人民出版社 2004 年版，第 21 页。

吕祖谦的《东莱博议》以及王船山的史论和《黄书》等论著。正是基于这种浓厚的兴趣,李达在中青年时期的主攻方向之一就是历史学,并写成了一系列的史学论著。他"曾经计划过编纂中国社会发达史的工作,并曾利用一个出版机关,用重酬征求这类的著作。但当时绝无应征之人"①,加上当时李达本人工作繁忙,因而这个宏伟的编史计划最终落空。到了晚年,李达对史学的兴趣丝毫不减。新中国成立后不久,李达写信给历史学家吕振羽,鼓励他"约集几位同志写一本《周代社会制度研究》,科学地解决古代史分期问题"②。李达还准备在此书著成之日,写一篇读后记。李达甚至不顾自己年事已高、疾病缠身的状况,积极参加各种史学会议。1961 年 10 月,他参加了中国历史学会在武昌举行的纪念辛亥革命 50 周年的研讨会,并致开幕词。受此次研讨会的启发,李达"写信给湖南历史考古研究所所长谢华同志,提请谢华同志和他一起,共同倡议在长沙举行一次纪念王船山学术的讨论会"③。1962 年 11 月,"王船山逝世二百七十周年学术讨论会"在长沙召开,李达不仅主持讨论会,而且还致开幕词。李达对史学这种终生都不曾衰减的兴趣,或许源自他早年读吕祖谦和王船山的史学论著时的收益。

李达长时期对历史的爱好和钻研,不仅使他逐渐积累起丰富的历史知识,而且养成了实事求是的治史原则。他认为,历史研究中的"求真"、"求是"主要是针对著述历史的写作态度以及历史学家本身思想修养而言的,即著述历史要符合客观历史,不掺杂任何主观偏见,强调主观要尊重客观,并受客观的检验。他首先要求在史料方面要"鉴别真伪,切不可歪曲历史的真相"④。鉴别真伪的目的在于认真抉择与正确使用史料,以确保史料可靠、可信,从而在史料中复原历史事实的本来面目。同时,李达强调要坚持历史的客观性与史料的真实性,"必须自始至终贯彻百家争鸣的方针,有什么材料,就摆什么材

① 谭丕模:《宋元明清思想史纲》,上海书店出版社 2010 年版,第 3 页"李鹤鸣先生序"。
② 江明:《展读遗篇泪满襟——记李达与吕振羽的交往》,《文献》1980 年第 4 期。
③ 曹忠琨:《李达倡议召开王船山学术讨论会》,载吕芳文等主编:《一代哲人李达》,岳麓书社 2000 年版,第 338 页。
④ 江明:《展读遗篇泪满襟——记李达与吕振羽的交往》,《文献》1980 年第 4 期。

料,有什么观点,就谈什么观点","必须看重材料,决不能徒托空言"①。此外,李达还提出,在史料真实的基础上,"要善于运用辩证唯物论和历史唯物论的观点和方注,对丰富的材料进行去粗取精,丢伪存真,由此及彼,由表及里的具体分析"。例如,"我们对某一哲学家的思想本质及其时代特点,对整个中国哲学发展的规律性,要有真正科学的了解,得出符合实际的结论"②。

在现实中,李达也养成了求真务实的生活态度。他尊重事实,反对空谈,对所遇到的每个问题都力求采取实事求是的态度。正如陶德麟先生所说:李达"能够把马克思主义的实事求是精神贯彻到他的言行当中。可以说他这个人一辈子不说假话,坚持真理,修正错误,他很坚持自己的意见,但是一旦发现自己的意见有不正确、不完善的地方,别人指出的时候,他也能很虚心接受,并且很认真地改正。我觉得这是很了不起的精神。"③

依白寿彝之见,史德的另一个方面就是史学家须"关注现实",即史学服务现实的态度。我们知道,近代以来,即使在那些不直接介入社会现实的史学家的学术研究中,社会现实的影子仍旧依稀可辨。例如,著名史学家陈寅恪的学术研究,几乎全部是纯学术的考据工作,似乎与现实生活毫无关涉。表面看来,他给人的印象是一位不食人间烟火、不问当世治乱兴亡的古典型学者。但从深层看,陈寅恪一生的学术研究工作可以说都与现实密切相关。他自称"喜谈中古以降民族文化之史",而不是全部中古史,正显示出他所密切关切的是中国文化在现代世界中如何转化的问题。他默默地研究中古以降汉族与其他民族交往的历史,以及外国文化(如佛教)传入中国后所产生的后果,希望获得历史的教训。这正是因为,在当时,东西方文化剧烈冲撞,中国固有的传统面临危机,西方文化汹涌而入,势不可挡,这一处境逼迫着中国知识分子进行反思。陈寅恪实际上是希望通过研讨民族文化交流史来解答现实中的中国文化转型问题。

---

① 李达:《纪念王船山逝世二百七十周年学术讨论会开幕词》,《江汉学报》1962 年第12 期。

② 李达:《纪念王船山逝世二百七十周年学术讨论会开幕词》,《江汉学报》1962 年第12 期。

③ 《李锐等同志访谈录》,载《纪念李达诞辰一百周年》,载吕芳文等主编:《一代哲人李达》,岳麓书社 2000 年版,第 160 页。

早在 20 世纪 30 年代,李达就在《经济学大纲》中明确指出,不能为学术而学术,学术必须为现实服务,为国家服务。他就经济学研究指出:"我们不是为了研究经济学才研究经济学,而是为要促进中国经济的发展才研究经济学。"①新中国成立后,李达对学术的现实性提出了更为具体的指向。他说:"我们提倡学术活动,要把现状、历史、理论三方面的研究结合起来,目的都在为社会主义服务。"②事实上,"只要研究一下他的全部著作(包括历史著作——引者注)就不难发现,他的理论活动也就是他为中国人民的解放而进行的革命活动的主要部分,是他为人民的利益而斗争的基本方式。正因为这样,他的文章和专著都不是为研究而研究的作品,而是运用马克思主义对中国革命和建设的重大实际问题进行艰苦探索的成果。"③

二、李达的"史学"

历史学研究的对象是人类的过去,几乎涵盖了人类社会以往的一切,可以说无所不包,无所不及。这种研究对象的特殊性要求研究者"会其通"④,即"前言往行,无不识也;天文地理,无不察也;人事之纪,无不达也"⑤。特别是近代以来,随着自然科学的兴起,历史学的内涵和外延得到了拓展,表现出更多的综合性和跨学科性。这样,对于历史学家来说,掌握丰富的史料和历史知识是他们的应有之义,而掌握与之相关的自然科学和社会科学的知识也是非常必要的。李大钊十分讲究史学家的"史学"。他说:"历史学家如不具有多种学科的知识与修养,则治史亦为难矣。"⑥就李达而言,他在历史研究方面不仅有开阔的视野,而且具有广博的学识。

---

① 《李达文集》第 3 卷,人民出版社 1984 年版,第 22 页。

② 李达:《纪念王船山逝世二百七十周年学术讨论会开幕词》,《江汉学报》1962 年第 12 期。

③ 陶德麟:《李达同志是杰出的马克思主义理论家和教育家》,《武汉大学学报(哲学社会科学版)》1986 年第 3 期。

④ 《李大钊文集》第 4 卷,人民出版社 1999 年版,第 318 页。

⑤ [唐]魏徵等:《隋书》卷 33《经籍志二》,中华书局 1973 年版,第 992 页。

⑥ 转引自姜义华等:《史学导论》,复旦大学出版社 2010 年版,第 259 页。

李达从小喜欢自然科学,在青少年读书期间他的数学成绩相当优秀,物理、化学等成绩也名列前茅。在日本留学期间,他主修了数学、物理等功课。李达熟练掌握这些自然科学知识,对于他后来的学术研究是很有意义的。我们看到,他不仅在哲学、史学研究中大量运用自然科学的成果,而且自然科学也为他的唯物主义思想的发展奠定了坚实的基础。丁晓强、李立志也认为:"李达在接受马克思主义哲学之前,学习的是自然科学,受到了自然科学唯物论的影响。"①

李达自幼接受中国传统的私塾教育,学习了诸子百家之学,特别是熟读了许多儒家的经典和史籍,使他深切地理解了中国传统文化的真义。我们可以在李达的论著中看到,他对中国传统思想文化和历代史籍十分熟悉,运用起来得心应手。李达的论著几乎涉及了中国古代的各种主要典籍,如《大学》、《中庸》、《论语》、《孟子》、《诗经》、《尚书》、《礼记》、《易经》、《春秋》、《左传》、《荀子》、《二十四史》、《文献通考》、《史记》、《亭林文集》等。对中国传统文化的广泛涉猎,为李达的学术研究奠定了良好的国学基础。

特别值得注意的是,李达的语言能力超群。他在 1913 年第一次东渡日本留学期间就学会了日语、德语和英语,后来又自学了俄语。掌握了这些语言工具之后,李达广泛吸收西方的社会科学成果,翻译了大量的日本、苏联和欧美国家的哲学社会科学著作,特别是有关马克思主义的著作。对"西学"和马克思主义理论的精通,不仅开阔了李达的学术视野,也为他融汇中西、博古通今创造了条件。

李达的学术兴趣和研究领域也相当广泛,不仅对马克思主义的哲学、政治经济学和科学社会主义都有深入研究,而且在法学、经济学、史学、教育学、社会学、政治学、民族学等领域也有很高的造诣。

上述表明,李达在少年时代就接受了严格的国学训练,对中国传统文化有深刻的理解;青年时代又受到了日本、西方学术的训练,具备了多学科的扎实知识基础;加上精通多种外语,更加开阔了他的学术视野。正是因为拥有广博的知识和厚实的学术积累,李达能够在人文社会科学众多领域中都取得了开创性的成就,成为中国马克思主义史上一位少有的百科全书式的学术大师。

---

① 丁晓强、李立志:《李达学术思想评传》,北京图书馆出版社 1999 年版,第 105 页。

三、李达的"史识"

史识指的是历史学家的见识,即对历史的认识能力。这种认识能力主要包括两个方面:一是观察力;二是辨别力和判断力。梁启超认为史识首先是一种观察力。他说:"史识是讲历史家的观察力。做一个史家,须要何种观察力?这种观察力,如何养成?观察要敏锐,即所谓'读书得间'。旁人所不能观察的,我可以观察得出来。凡科学上的重大发明,都由于善于观察。……无论对于何事何物,都要注意去观察,并且要继续不断的做细微功夫,去四面观察。在自然科学,求试验的结果;在历史方面,求关联的事实。但凡稍有帮助的资料,一点都不可放松。"①在具有敏锐的观察力的同时,史学家还需要明智地、正确地作出判断。从这个意义上讲,史识又是一种辨别力和判断力。归根结底,这种辨别力和判断力来源于对现实社会的领悟和对历史问题的洞察。毛泽东在1958年5月的《中共八大二次会议上的讲话》中曾说:"唐朝有个刘知几,是个历史学家。……他说的识,就是辨别风向的问题。我现在特别提醒同志们注意的是,我们应该有识别风向的能力,这一点有极端的重要性。一个人尽管有才有学,如果不善于识别风向,那还是很迟钝的。"②

李达的史识,主要表现为他依据唯物史观的基本原理对历史问题的深刻分析。他善于发现问题,能够准确地抓住历史问题的实质,并对之作出恰如其分的判断。作为一位马克思主义理论家,李达的史识是建立在以下几个方面的基础上的。

第一,精通马克思主义哲学,深刻理解社会发展的基本规律。恩格斯曾经说过,理论思维是一种天赋的能力,"这种才能需要发展和培养,而为了进行这种培养,除了学习以往的哲学,直到现在还没有别的办法"。③ 恩格斯在这里强调了提高理论思维与学习哲学的关系。马克思主义哲学是人类全部哲学

---

① 梁启超:《中国历史研究法》(外二种),河北教育出版社2000年版,第179—180页。

② 《党的文献》编辑部编:《毛泽东谈历史文化中学习工作方法二十则》,《党的文献》2008年第1期。

③ 《马克思恩格斯文集》,人民出版社2009年版,第436页。

思想发展的最积极的成果,同时又深刻地揭示了客观世界、特别是人类社会发展的基本规律。李达之所以在中国史研究上能提出和解决了许多重大问题,作出了重要贡献,正是其刻苦钻研马克思主义哲学的结果。李达通晓唯物史观,深刻理解社会发展的基本规律,因而他能够对各种历史现象及其在历史发展过程中的地位、作用、意义等作出准确的分析和判断。

第二,掌握了有关的具体科学知识。李达对历史所作的深入研究,总是从专题、专史着手的。丰富的社会科学和自然科学知识,使他洞察到了为前人和他人所忽略了许多问题。例如,李达的《经济学大纲》就曾独到地考察了各种社会形态下的经济发展史。要撰写出这样的著作,不仅需要具备历史知识,至少还要懂得经济学,然后方可去考察中国古代、近代经济的变迁,并对各种相关问题进行分析和阐述。

第三,积累了丰富的历史知识和历史研究经验。例如,李达对经济史的深入研究,是与他前期积累的近代、现代经济史的材料和知识有关的。他在撰写《经济学大纲》之前,就曾撰写了《中国产业革命概论》,并翻译了多部经济学著作,不仅搜集了大量有关中国近代经济史的材料,而且积累了丰富的经济史知识和历史研究经验。而这些也为李达在当时的经济史研究中对各种问题作出深刻的分析和准确的判断奠定了基础。

第四,关注社会现实,具有丰富的人生经验。一般而言,人生经验越丰富,越有利于做好学问。李达从事过多种职业,并且有过坎坷的人生经历,这些丰富的阅历使他拥有对各种社会政治问题的敏锐的洞察力。例如,20世纪20年代李达对梁启超和张东荪的"假社会主义"、黄凌霜等人的无政府主义以及第二国际修正主义的批判,就表明了他对现实社会问题的洞察力。这种敏锐的洞察力也增化了他对历史问题的分析、判断能力。应该说,后来他在《现代社会学》中对历史唯心主义的深刻的分析和尖锐的批判,与他对现实社会问题的关注有着密切的关系。

四、李达的"史才"

历来史学家们对"史才"的理解大体上是一致的。梁启超指出:"史才专门讲作史的技术……此种技术，就是文章的构造"①，它包括组织、文采两个方面。杨翼骧认为，"大概史才是指的搜集、鉴别和组织史料的能力，叙述事实、记载言语和撰写文章的能力，以及运用体例、编次内容的能力，都是属于历史编纂学范围的才具。"②这些看法与白寿彝对史才的表述大致相似。

在李达早期的政论、史论文章中，他的史才就已初步表现出来。例如，他的《女子解放论》开篇就画龙点睛地阐述了他的中心论点："世界女子过去一大部分的历史，是被男子征服的历史。"③而李达将这种历史分为古代和近代两个大时段来予以考察。就古代而言，李达主要揭示了"女权不竞之由来"，认为女权的衰落经历了四个历史阶段："（一）男阀跋扈与女子之征服；（二）男性中心社会之确定；（三）女子之商品化；（四）女子沦于悲惨的待遇。"就近代而言，李达致力于"欧美女子解放动机"的考察和"欧美女子女权运动之概括"，进而认为"我国女子解放之条件"需要七种，包括男女共同教育、婚姻制度之改善、女子精神的独立、女子经济的独立、男女普通选举之实行、家庭恶习之废除、娼妓之禁绝。通过这种严密的分析，李达最终得出的结论是："女子所以屈从男子的，因为精神上的自由被束缚的缘故。精神上的自由所以被束缚的，因为物质上的自由先被束缚的缘故。如今要将女子解放，须先使他恢复物质上的自由。女子物质的自由的欲望，到达了最高点的时候，那精神的自由的欲望，自然而然的勃发起来。那时真正的自由，方可完全实现。这样的，才可算作真正的女子解放。"④可以看出，李达的这一研究具有鲜明的特点：脉络清晰，时间线索交代得非常清楚，严格按照女权衰落、女权发展的内在逻辑展开；视野开阔，既有对古代与近现代的女权运动的历史梳理，也有中西女权状况的对比，纵横交错，从而展现出多角度、多层次、多向度的分析；论证周密，将对历史的考察与对现实的分析相结合，既"详其始末"又"明其来历"，既具有历史厚重感又具有现实意义。

《现代社会学》是一部最能体现李达"史才"的论著。《现代社会学》1926

① 梁启超：《中国历史研究法》（外二种），河北教育出版社2000年版，第183页。
② 转引张文生：《李大钊史学思想研究》，中国社会科学出版社2006年版，第99页。
③ 《李达文集》第1卷，人民出版社1980年版，第9页。
④ 《李达文集》第1卷，人民出版社1980年版，第23页。

年6月由现代丛书社首次出版,至1933年重版14次。《现代社会学》之所以如此受欢迎,除了它是一部当时在对唯物史观的理解和运用上达到最高水平且为中国人民提供了认识社会、改造社会的思想武器的论著之外,还在于它颇具特色的论述方式。

首先,它在语言表述方面言简意赅。《现代社会学》使用了浅近的文言文,行文中时有鸿论创见,却无闲言杂语,大量的说明方法,包括下定义、举例子、分类别、打比方、作比较、作诠释等的使用,使人读起来感到简洁明了、通俗易懂、流畅明快,它能让人感受到李达深厚的学术功底,以及他的语言的真实之美、质朴之美和简洁之美。陶德麟先生认为,李达在《现代社会学》使用"这种浅近的文言文却是当时的知识分子并不陌生的,比某些佶屈聱牙的西化汉语易懂得多,不仅没有成为读者理解的障碍,反而增加了中国气派,成为了本书的特色和优点"①。

其次,它在材料驾驭与观点表达方面致力于由难化易。《现代社会学》不仅运用了当时人们比较熟悉的马克思和恩格斯的《共产党宣言》等著作的思想,而且还运用了当时人们所不熟悉的马克思、恩格斯、列宁的原著,如马克思的《资本论》第一卷,恩格斯的《家庭、私有制和国家的起源》、列宁的《帝国主义论》中的观点和材料。为了让读者不至于误读、难读,李达花了大量的功夫理解、消化这些新的材料和观点,力求融会贯通。因此,他的表述并不是马克思主义经典著作的摘录和翻译,但又与经典著作的基本思想相吻合。李达这种由难化易的努力体现了他深厚的学术功底,也反映了他为广大读者着想、使他们能够读懂自己这部著作的良苦用心。

最后,它的逻辑结构相当严整。对于《现代社会学》,李达本人"觉是书颇有缺点,结构微嫌松懈,因此屡欲实行改编,亦因无暇着手,容稍假时期,当从新编著"②,这显然带有自谦的成分。在我们看来,这部著作的逻辑结构还是相当严谨的。《现代社会学》共有18章,可以分为三大部分。第一章为第一部分,是全书的概论;第二章至第十二章为第二部分,主要论述了唯物史观的

---

① 陶德麟:《〈现代社会学〉再版前言》,载李达:《现代社会学》,武汉大学出版社2007年版,第3页。

② 李达:《现代社会学》,武汉大学出版社2007年版,"例言"第5页。

基本原理;第十三章至第十八章为第三部分,主要阐述了以唯物史观为指导的科学社会主义的一般原理。应该说,这三部分构成了一个比较严密、完善的体系,而这个体系在当时最准确、最系统而又最通俗地联系中国实际阐发了唯物史观。

中国历代史学家都以德、才、学、识兼备作为衡量"良史"的标准和砥砺自身的目标。在李达身上,我们可以清晰地看到对这一重要学术传统的传承与赓续,而这也从一个侧面彰显了马克思主义史学与中国传统史学之间的契合性。可以说,李达良好的史学修养,反映了他对马克思主义史学中国化的深刻理解。

(原载《江汉论坛》2015 年第 9 期)

李达与中国传统史学

鲁　涛

当代著名历史学家戴逸曾经说过："人是传统塑造的,离开传统就没有现实。"①李达虽然是中国马克思主义理论家,但是在他身上有着深受中国传统文化浸染的士人品格。李达的好友、著名的社会史家邓初民的描述很能印证这一点:"李先生学术湛深,践履笃实,蔼然学者。其说话,写文章,一如其人,简洁、明确、质朴、实际、淡澹,对于现时政治经济文化各方面,具有真知灼见,对于任何问题,抓得住中心环节,而且立身处世,心有所主;不为'富贵'、'贫贱'、'威武'世俗之物所摇撼,实有足多者。"②人是如此,学术亦是如此。这是因为学品是人品的反映,一个人学术思想的特点和态度与其人格和品德是密切联系在一起的。李达的史学思想自然脱离不开中国传统史学的根基,它也从以往的传统史学成果中吸取了丰富的养分。尽管"李达的著述中也较少引用传统文化的术语,但民族、地域的传统文化在其思想、行为上的潜在影响仍然依稀可见"③。有人认为李达因早年出国而受传统文化影响不大的看法,是片面的和没有根据的。可以说,他不仅对马克思主义史学有着精辟的理解和运用,而且对中国传统史学的精髓和价值也有独到的认识和理解。这使他的史学思想必然表现出浓郁的民族特色。研究李达与中国传统史学的关系,既有助于我们深入了解李达史学思想的内在逻辑,也有助于我们进一步认识李达其人。

---

①　梁启超:《中国历史研究法》(外二种),戴逸:总序,河北教育出版社 2000 年版,第 14 页。
②　邓初民:《我所知道的李达先生》,《人物》1946 年第 9 期。
③　曲广娣:《论湖湘文化及其对李达的影响》,《湖湘论坛》2009 年第 2 期。

具体而言,李达受中国传统史学的影响主要表现在两个方面:一是早期教育阶段的史学启蒙;二是受湖湘本土史学文化的熏陶。

一、青少年时期的史学启蒙

早在青少年时代,李达就养成了爱读古书、特别是爱读文史书籍的习惯。尤其是其父李辅仁对传统史学的精勤与喜好,使李达自小就受到了感染。李辅仁喜读传统典籍,他"居恒手一卷,自经史子集,以迄时务家言,无不浏览"①。在李辅仁的教育下,李达五岁就开始识字。当李达最初以文字形式领略中国文化时,就接触到了中国传统史学编定为蒙童课本的普及读物。

七岁时,李达跟随秀才胡燮卿读的是传统简易读物《三字经》、《百家姓》等。这些蒙学教材,蕴含着丰富的历史知识,不仅对于儿童历史观的初步形成起到了潜移默化的影响,而且对于推动中国历史教育的开展发挥了重要的作用。

一年多以后,胡燮卿将李达推荐到唐家祠堂就读。李达在这里受到了更好的教育,先后读了《幼学琼林》、《千字文》等启蒙书籍。同样,这两本启蒙书籍也都包含有历史方面的内容,具有历史教育的作用。随着知识水平的提高,李达逐渐接触难度很大的孔孟著作。比如,他读的书中有"《学而》、《先进》、《离娄》、《告子》、《大学》、《中庸》等四书篇章"②。这就是李达回忆说的:"十岁的时候,我被送到一家私塾念'诗云'、'子曰'。"③当时,李达虽然尚不明义理,却背得滚瓜烂熟。然而,李达并不满足于背诵这些由老师指定的课文,还大量阅读了《三国演义》、《水浒》等历史小说。虽然这些历史小说不是正史,也没有冲破传统史学观念的束缚,但这些历史小说使李达对中国历史有了初步的认识和体会。

在唐家私塾,李达"还读了《东莱博议》等新学书籍"④。《东莱博议》,又

---

① 李达:《李公辅仁八十自序》。
② 王炯华:《李达评传》,人民出版社 2004 年版,第 21 页。
③ 《李达文集》第 4 卷,人民出版社 1988 年版,第 729 页。
④ 王炯华:《李达评传》,人民出版社 2004 年版,第 22 页。

称《左氏博议》,是南宋史学家吕祖谦的代表性史学论著。《东莱博议》之名就因吕祖谦号称"东莱先生"而来。《东莱博议》选取了《左传》66 篇文章,阐发了吕祖谦的史学思想。从现有资料看,《东莱博议》可能是李达读到的第一部史学论著,他由此而获得了较为系统的史学理论知识。

15 岁至 19 岁,李达在永州中学就读。在这里,李达更加注重对学问的孜孜以求,用心阅读了一批古典文史名著,并熟练地掌握了古文写作的基本技巧。李达将自己所作的得意之作,装订成册,编为《鹤鸣文集》,老师看后,赞叹不已。应该说,李达苦学古文的经历,对他以后的治学是有重要意义的。他的理论著述呈现出叙事完整、说理充分、语句流畅、逻辑严密、用字准确、言简意赅的特点,特别是他的《现代社会学》全由文言写成,不能不说受益于他早年打下的坚实的国学根基。陶德麟先生认为,《现代社会学》"论述方式体现了中国特色",用"这种浅近的文言文……反而增加了中国气派,成了本书的特色和优点"①。

其时,科举废除,新学勃兴。受清末民初教育新思潮和教育改革的影响,地处湖南西南部的永州中学在教育内容上也吸取了许多西方的科学文化知识,许多教师对西学都有不同程度的了解,教学方法有不少改变。这样的教育环境,自然使李达受到西方文化知识和思想的初步影响。李达史学研究的重要特点之一,就是常常以中西比较来说明中西历史文化的优劣得失,阐释中国历史的特殊性②。这与他从小便接受西方文化思想的影响和对西方文化知识的学习是分不开的。

在永州中学读书期间,李达开始有了国家的观念,知道怎样来爱国、抵御侵略。他甚至还积极参加过抵制日货、勤练军事操等爱国活动。虽然这些活动遭到了清廷的压制,但也开阔了李达的视野,让他具备了初步的民族意识和爱国意识。而这种民族主义和爱国主义后来直接促使李达走上了以学术经国济世的道路。李达的史学思想有强烈的民族观念和国家观念,其最初原因即在于此。

---

① 李达:《现代社会学》,武汉大学出版社 2007 年版,"再版前言"第 3 页。
② 鲁涛、刘创:《李达史学方法探要》,《山东社会科学》2014 年第 9 期。

正因为早期接受了良好的史学启蒙,阅读了较为丰富的传统史著,李达在日后的历史研究特别是中国古代史研究中能够熟练地引经据典,而对传统典籍的史料更是信手拈来。以他的《中国社会发展迟滞的原因》为例,可以窥见他广泛阅读史籍的一斑。据笔者粗略统计,他先后引证了《汉书·食货志》、《文献通考》、《诗经》、《孟子》、《论语》、《左传》、《汉纪》、《史记》、《亭林文集》、《荀子》、《中庸》等十多种典籍中的史料和观点,全面而又深刻地分析了中国社会发展迟滞的原因。我们再以《经济学大纲》为例。在这部经济学论著中,李达大量使用中国传统典籍中的史料和观点来论证经济学上的一些观点。这也从一个侧面反映出李达深厚的史学根基以及广博的知识面。他还曾引用《易经》、《尚书》的史料证明奴隶制的崩溃①,引用《诗经》的史料佐证中国周代封建制的形成②,引用《诗经》、《国语》、《孟子》、《管子》、《史记》等文献阐析中国的封建经济状况③,引用《诗经》、《管子》、《谷梁》、《周语》、《繁胜录》、《梦粱录》中的史料来反映中国封建社会的手工业的发展④,引用《尚书》、《易经》、《史记》、《庄子》、《论贵粟疏》中的史料来说明中国奴隶社会和封建社会商业资本的发达⑤。

很明显,如果没有早期打下的扎实的文史功底,没有掌握和积累丰富的传统历史文化知识,很难想象李达能对有关中国奴隶社会、中国封建社会等的诸多历史问题作出那样深刻和透彻的分析。例如,李达在《中国社会发展迟滞的原因》一文中对中国封建社会发展缓慢的原因所作的探讨,正如王炯华所言:"即使后人的研究也只不过如此。"⑥

二、湖湘本土史学文化的熏陶

李达是湖南人。湖湘文化对史学的特殊注重,特别是湖湘学人自古以来

① 《李达文集》第 3 卷,人民出版社 1984 年版,第 85—86 页。
② 《李达文集》第 3 卷,人民出版社 1984 年版,第 96—97 页。
③ 《李达文集》第 3 卷,人民出版社 1984 年版,第 110—115 页。
④ 《李达文集》第 3 卷,人民出版社 1984 年版,第 122—123 页。
⑤ 《李达文集》第 3 卷,人民出版社 1984 年版,第 128—129 页。
⑥ 王炯华:《李达评传》,人民出版社 2004 年版,第 305 页。

具有的良好治史传统,成为李达史学思想得以成熟的基本因素之一。纵观李达的一生,他深受这一传统影响,并将这一传统发扬光大。

王船山是湖湘史学的开创性人物,也是湖湘文化的旗帜。他的史学思想比较集中地反映了明清时期湖湘史学的特色。王船山即王夫之,湖南衡阳人,与黄宗羲、顾炎武并称为明末清初三大思想家。王船山的史学思想具有进步性,受到后人及史学家的赞誉。《读通鉴论》与《宋论》是王船山的代表性史评著作,是他毕生对中国整体历史的全面回顾与检讨。这两部史论,确立了王船山在中国史学史上的地位。除此之外,他还撰有《春秋家说》、《春秋世论》、《续春秋左氏传博议》,政论性著作《黄书》、《噩梦》等。他在书中大胆批判封建专制的"正统",认为"天下非一姓之私也"①,并揭露传统史学的劣根性,认为其实质是服务于封建专制社会的。他说:"故学者之言学,治者之言治,奉尧、舜以为镇压人心之标的;我察其情,与韬黄之流推高其祖以树宗风者无以异。"②他还提出了"不以一人疑天下,不以天下私一人"③的见解,并主张君权"可禅,可继,可革,而不可使夷类间之"。历史学家侯外庐高度评价了王船山史学思想的这种战斗性、进步性和创新性。他说:"夫之的史论不仅在消极的批判方面有战斗性,而且在历史理论的建树上确有大的贡献。在中国思想史上,夫之的史学创见是破天荒的。"④也正因为如此,王船山的史学思想影响深远。"自船山之后的湖湘学人,比如魏源、曾国藩等人,在治学方面,大都受船山学的影响。"⑤

在青少年时期,李达就受过王船山史学思想的启迪。他晚年曾说:"在少年时期,读过他的史论以及《黄书》等著作的,对于他的一些爱国主义的思想都有比较深刻的印象。"⑥李达还追忆说,从清末到五四运动之间,王船山的史

---

① 《读通鉴论·叙论一》。
② 《宋论》卷六。
③ 《黄书·宰制》。
④ 侯外庐:《中国思想通史》第 5 卷,人民出版社 1956 年版,第 128 页。
⑤ 莫志斌主编:《湘籍近现代文化名人·史学家卷》,湖南师范大学出版社 2010 年版,"前言"第 2 页。
⑥ 李达:《纪念王船山逝世二百七十周年学术讨论会开幕词》,《江汉学报》1962 年第 12 期。

学思想和哲学思想"对许多先进知识分子在摸索一条继承优秀传统和开辟文化革命相结合的正确途径上,曾发生过良好的思想影响"①。

章士钊在《王船山史说申义》中写道,与同时代其他著名学者相比,"船山之书独晚出,直至洪杨荡定之后,曾国藩始辑遗书刻之,其说大倡于湖湘而遍于天下。"除指出"船山之书适于是时大发明"而外,他还预言:"吾知此后其被船山之影响者必无量,而必生出许多之波动,则敢断言者也。"他认为,"船山之史说宏论精义,可以振起吾国之国魂者极多。"②章士钊的这些预言,后来在李达身上得到了验证。

李达深刻地把握到了王船山史学思想的两个方面。一是王船山史学思想的积极方面。李达指出,王船山在"哲学、史学以及文学等方面,都有不少的贡献。他的著作和思想,在中国思想史上占据了很重要的地位③。特别是王船山的治史态度,"既有比较开阔的思想境界,又有比较严谨的求实精神。他以'六经责我开生面'的抱负,来'推故而别致其新';因而,既没有脱离传统文化发展的大道,又能在一些问题上,别开生面,推陈出新。这一方面,对以后的进步思想家,具有多方面的启发作用"。二是王船山史学思想的消极方面。李达认为,"王船山迷信儒家经典,受到封建思想的严重束缚,并不能完全摆脱他所代表的阶级的偏见。"④针对王船山史学思想的这些特点,李达主张既要"怀着尊敬的心情来纪念他",同时又要"批判地研究他的学术遗产"。可以看出,李达是在辩证唯物主义与历史唯物主义这一总的理论原则指导下批判地承继和总结王船山的史学思想的。

李达于1922年应毛泽东之邀,来到湖南自修大学担任学长,想必与毛泽东一样,也受到以王船山为代表的湖湘学风的感召。湖南自修大学是毛泽东借用船山学社的社址和经费办起来的。在此之前,毛泽东经常到传承和发扬

---

① 李达:《纪念王船山逝世二百七十周年学术讨论会开幕词》,《江汉学报》1962年第12期。

② 《辛亥革命前十年间时论选集》第1卷下册,三联书店1960年版,第722页,第731页。

③ 李达:《纪念王船山逝世二百七十周年学术讨论会开幕词》,《江汉学报》1962年第12期。

④ 李达:《纪念王船山逝世二百七十周年学术讨论会开幕词》,《江汉学报》1962年第12期。

王船山学术精神的船山学社听课。王船山对毛泽东的影响，势必也会影响到与毛泽东志同道合的李达。而李达在以船山学社社址为基础之上办起来的湖南自修大学授课，深受王船山的思想和学风浸润也是情理之中的事情。

包括王船山在内，湖南学者也历来"尤多经济之学"①，即重视经邦治国、济世安民之道。宋代湖湘学派创立之初，"就强烈反对为学'不充实用，平居高谈性命之际，叠叠可听，临事茫然'的'腐儒'学风，而主张'通晓时务物理'，'留心经济之学'。"②李达受此种学风浸染颇深。正如有学者所言："李达经世致用的务实学风，与自宋以来形成的湖湘学风的滋润十分相关。"③而在湖湘史学里也透露出这股浓郁的学风："说古是为了道今，批判以往是为了针砭时弊。研究历史并不是为学术而学术，而是检讨兴亡教训，寻求国家中兴和救亡图存的历史借鉴。这种为经世致用而重视史学的精神，为当前政治服务而重视史学的传统，影响了湖湘史学的发展方向。"④

显而易见，李达的爱国热情和学术研究的风格符合湖湘士人的气质。他在永州中学读书期间，听闻八国联军侵华，便"萌发了国家兴亡、匹夫有责的爱国之心"，并积极参加一些爱国活动。1918年，他作为中华留日学生救国团的主要成员，率领一百多人回国参加请愿活动。以后他开展的多学科的学术研究，都不是所谓的纯学术研究，而是带有极强的政治理念和很强的价值诉求，继承了中国古代史学的优良传统，亦体现了湖湘学派"经世致用"的学风。例如，李达在1923年担任湖南自修大学学长期间主编了该校校刊《新时代》，他在《新时代》发刊辞中坚决反对"书斋式"的学问，提倡作出为社会改革作准备的致用学术。他说："本刊出世的使命实在是非常重要。将来，国家如何改造，政治如何澄清，帝国主义如何打倒，武人政治如何推翻，教育制度如何改革，文学艺术及其他学问如何革命、如何建设等等问题，本刊必有一种根本的研究和具体的主张贡献出来。"⑤所以，他陆续发表在《新时代》的文章，都是

---

① 黄宗羲：《宋元学案·岳麓诸儒学案》。
② 郑焱：《近代湖湘文化概论》，湖南师范大学出版社 2008 年版，第 4 页。
③ 谢双明：《湖湘文化对李达的影响》，《湘潭大学社会科学学报》2002 年第 1 期。
④ 百度百科："湖湘文化"。
⑤ 《李达文集》第 1 卷，人民出版社 1980 年版，第 749 页。

围绕着"帝国主义如何打倒,武人政治如何推翻"、探索"中国的出路"①、回答"中国向何处去"的问题而展开的。

又以他完成于抗战初期的著作《社会学大纲》为例。作为一部哲学著作,该书所阐述的唯物史观和辩证的历史认识方法,对中国马克思主义史学发展具有重要的指导意义。除了纸面的严谨和深刻,这部著作纸背的热度和深情同样值得重视。李达并不讳言这部著作的研究目的,他在扉页上满腔热情地题写了"献给英勇的抗日战士"九个大字,又在第四版序言中详细地说明此书的目的是为了帮助战士们"建立科学的宇宙观和历史观,并锻炼知识的和行动的方法的"②。这也就是说,李达出版这部著作,就是要把科学的历史观和方法论化为抗日战士们的强大精神武器。实际上,在其全部学术生涯中,李达都始终反对那种不食人间烟火的所谓"为学问而学问"的治学立场,非常明确地主张"学以致用"、"经世致用"。这也恰恰体现了湖湘学派所倡导的学风。

（原载《马克思主义哲学研究》2015 年第 2 期）

---

① 《李达文集》第 1 卷,人民出版社 1980 年版,第 558 页。
② 《李达文集》第 2 卷,人民出版社 1981 年版,第 7 页。

李达对历史人物的评价

鲁　涛

历史好比一个大舞台,里面有各种各样的人物在这个舞台上演绎着他们的喜怒哀乐、聚散离合、纷争纠葛或成败兴亡。如何理解历史人物的命运？用什么标准去评价历史人物的功过是非？这些问题,一直以来都是历史学家关注的重要课题。作为马克思主义理论家,李达也极为关注对历史人物的评价和研究。新中国成立后,他对当时关于辛亥革命历史人物的研究提出了指导性的意见,力图纠正当时历史人物研究只关注极个别重要人物的弊端。他说:"过去我们虽然取得了不少成绩,但是作为马克思列宁主义的史学工作者,我们永远也不满足已经做过的工作。何况辛亥革命的历史又是如此丰富,不仅我们研究过的问题,须要作出具体的结论,对于还没有研究的问题,也须要进行探索。"①例如,"关于历史人物的研究,对资产阶级革命派我们比较注意了研究孙中山,但对孙中山的思想研究仍然不够;对黄兴、宋教仁等的研究则更不够。对立宪派人物我们比较注意了康有为和梁启超,但对其他的人,则研究得很少。"②后来,他又指出,举办纪念历史人物的学术研讨会有利于促进学术交流,有利于推动历史学研究的发展。他说:"去年在武昌举行纪念辛亥革命五十周年的学术讨论会,是利用历史事件的周年纪念来进行学术活动的;今年在长沙举行纪念王船山的学术讨论会,是利用历史人物的周年纪念来进行学术活动的。这都是推动学术研究、加强学术交流的很好的方法。这两次大型

---

① 李达:《辛亥革命学术讨论会开幕词》,《江汉学报》1961 年第 4 期。
② 李达:《辛亥革命学术讨论会开幕词》,《江汉学报》1961 年第 4 期。

学术讨论会主要是促进了历史科学方面的研究。"①

李达一生对许多历史人物和群体进行过广泛的评价和研究。在对历史人物进行评价时,他始终坚持马克思主义的原则。他引用毛泽东的话说,我们要重视我们的历史遗产,并用马克思主义的方法对它们进行批判的总结。李达对历史人物的评价主要表现在以下四个方面。

一、热情讴歌具有"新思想"和 "革命精神"的革命者

李达非常推崇五四运动时期的革命领袖陈独秀。1919 年 5 月 4 日,五四运动爆发,在日本的李达热烈拥护和坚决支持这次伟大的革命运动。6 月 11日,五四运动的领袖陈独秀被捕,李达在 6 月 24 日上海《民国日报》副刊《觉悟》发表《陈独秀与新思想》一文。文章热情讴歌了陈独秀,强烈谴责段祺瑞的北京政府。李达表达了对陈独秀的"两种敬意:一,敬他是一个拼命'鼓吹新思想'的人。二,敬他是一个很'为了主义肯吃苦'的人"②。李达认为,反动派"捕去的陈先生,是一个'肉体的'陈先生,并不是'精神的'陈先生,'肉体的'陈先生可以捕得的,'精神的'陈先生是不可以捕得的"。③ 在他看来,陈独秀"鼓吹新思想"具有深远的意义。"今日世界里面的国家,若是没有把'新思想'来建设改造了'新国家'恐怕不能够立足在二十世纪!"④

李达赞赏具有革命精神的革命家,并以他们的革命精神来鼓舞中国的革命者。在《介绍几个女社会革命家》中,李达认为德国女革命家罗扎和克拉拉"称为德国社会民主党底双璧,两人交谊最厚,形影相依,学问,文章,才辩都不相上下,真是世界女社会运动者中特出的人物"⑤。对于德国无产阶级领袖人物李卜克内西,李达专门为他立传,写有《李卜克内西传》。李达号召人们

---

① 李达:《纪念王船山逝世二百七十周年学术讨论会开幕词》,《江汉学报》1962 年第12 期。

② 《李达文集》第 1 卷,人民出版社 1980 年版,第 7 页。

③ 《李达文集》第 1 卷,人民出版社 1980 年版,第 7 页。

④ 《李达文集》第 1 卷,人民出版社 1980 年版,第 8 页。

⑤ 《李达文集》第 1 卷,人民出版社 1980 年版,第 111 页。

"追想着李卜克内西底伟大,一面要努力奋斗,继承他的革命精神,同时要把他毕生奋斗的历史写了出来,使他的革命精神永远不死"。①

李达对伟大的"革命先行者"孙中山非常钦佩。他认为,孙中山"是一个无限忠诚于自己的祖国,对革命事业具有不息的热忱的革命家","追忆他对于中国革命事业的功绩,学习他伟大的革命精神,是有非常重大的意义的"。②李达对鲁迅评价孙中山的观点持肯定态度,他尤为欣赏孙中山那种坚忍不拔的革命精神。他说:"伟大的人民文豪鲁迅先生痛斥了这批人,指出中山先生乃是真正的'战士',而这些说风凉话的右派不过是'苍蝇',他尖锐地讽刺道:'有缺点的战士终竟是战士,完美的苍蝇也终竟不过是苍蝇'。鲁迅先生在《孙中山先生逝世一周年》这篇文章里说:'无论如何,中山先生一生的历史具在,站出世间来就是革命,失败了还是革命;中华民国成立之后,也没有满足过,没有安逸过,仍然继续着进行近于完全的革命的工作。直到临终之际,他说道:革命尚未成功,同志仍须努力。'鲁迅先生的这一段切实有力的话,是对于孙中山先生毕生为革命事业奋斗的伟大精神的公允的评价。"③李达将孙中山的精神概括为热爱祖国、坚持革命、追求真理、修正错误等四个方面,并强调要继承和发扬孙中山这四种精神。他说:"孙中山先生的革命功绩和思想言论,乃是我们中华民族的极可珍贵的遗产,我们有责任继承和发扬这一份珍贵的遗产,学习孙中山先生热爱祖国,坚持革命,追求真理,修正错误的伟大精神,为把我国建设成为一个伟大的工业化的社会主义国家而奋斗!"④

李达也高度评价那些坚持真理、为真理而献身的科学家,并号召人们向他们学习。李达说:"坚持真理是科学家传统的宝贵品质。大家都知道古代伟大的哲学家和科学家亚里士多德说过的一句话:'我爱我师,但我更爱真理。'这是很对的。在欧洲文艺复兴时期,许多科学家和思想家,象布鲁诺、塞尔维特等人,为了坚持真理,和反动教会的黑暗势力进行过不屈不挠的斗争,直到宗教裁判所把他们活活烧死的时候,他们仍然不肯放弃自己的科学上的确信。

---

① 《李达文集》第 1 卷,人民出版社 1980 年版,第 122 页。
② 《李达文集》第 4 卷,人民出版社 1988 年版,第 523 页。
③ 《李达文集》第 4 卷,人民出版社 1988 年版,第 524 页。
④ 《李达文集》第 4 卷,人民出版社 1988 年版,第 527 页。

这种崇高的品质,值得人们永远敬仰。"①

二、充分肯定"反抗压迫阶级的革命领袖、保卫祖国的民族英雄以及人民的科学家、文学家、艺术家和思想家"

李达以人民为本位,充分肯定劳动人民创造历史的功绩。为此,他主张"要重新估定历史的价值"②。这当然包括对人民群众以及领导人民群众起义的领袖、保卫祖国的民族英雄以及人民的科学家、文学家和思想家在历史上地位的重新认识。李达说过去的封建阶级"所写的历史,是歪曲事实的历史,是记录自己屠杀人民剥削人民的历史",而"人民反抗他们的革命历史,他们则诬称为匪徒谋乱史。在中国的长期封建社会里,由于'地主阶级对于农民的残酷的经济剥削与政治压迫,曾经不能不在历史上掀起无数的农民暴动以反抗地主阶级的统治。从秦朝的陈胜、吴广、项羽、刘邦,汉朝的新市、平林、赤眉、黄巾、铜马,隋朝的李密、窦建德,唐朝的黄巢,宋朝的宋江、方腊,元朝的朱元璋,明朝的李自成,直至清朝的太平天国,都是农民的反抗运动,都是农民的革命战争'。但过去统治者的历史上,都把这些农民战争诬为'匪乱',为'匪祸'(其中刘邦与朱元璋因后来欺骗农民取得皇帝宝座而除外),口诛笔伐,无所不用其极"③。实际上,"封建时代农民的阶级斗争,是历史发展的动力。每一次农民的起义和战争,都打击了当时的封建统治,因而也就多少推动了社会生产力的发展。"④有鉴于此,李达认为,"现在我们要把这类历史加以改编了,这数千百万的先代的人民,是革命的先烈,是历史的主人,我们要洗清他们所蒙受的污名,表扬他们的丰功伟业",并要"表扬他们,继承他们反压迫反剥削的光荣传统"。⑤

---

① 《李达文集》第4卷,人民出版社1988年版,第521页。
② 《李达文集》第4卷,人民出版社1988年版,第12页。
③ 《李达文集》第4卷,人民出版社1988年版,第13页。
④ 《李达文集》第4卷,人民出版社1988年版,第469页。
⑤ 《李达文集》第4卷,人民出版社1988年版,第13页。

除颂扬劳动人民和农民起义领袖人物之外,李达还指出:"历史上的人物值得我们人民称赞和歌颂的,必须是反抗压迫阶级的革命领袖、保卫祖国的民族英雄,以及人民的科学家、文学家、艺术家和思想家。"①

可以看出,李达的历史观充分体现了对于"奴隶"、"农民"、"民族英雄"的历史作用的肯定,尤其是充分体现了对于充满进取精神、革新精神、造反精神、爱国精神、爱民精神的历史人物的褒扬和赞颂。

三、批判英雄史观与生物史观,但又不否认伟人和英雄人物在创造历史过程中的重大作用

在《现代社会学》中,李达首先批判了英雄史观与生物史观两种错误的历史观。英雄史观主张历史纯粹是由个人创造的;生物史观则认为历史就是自然进化的过程。李达强调,这两种历史观都有偏颇,不符合客观历史事实。李达说:"世之主观论者恒重视个人在历史上之活动,以为历史纯由个人创造而成,遂轻视社会发达之历史的法则;反对论者又重视社会发达之进化的历程,以为社会之进化纯系自然进化,遂忽视历史由个人创造之实事;二者皆一偏之论也。"②李达在这里把人类社会发展的规律称为"法则"。李达指出,第一种历史观只承认历史是由个人创造的,而忽视客观规律性。这种历史观一般表现为英雄史观。在中国几千年的封建史学中,除了神创造论外,其余的历史观都是认为帝王将相、圣贤哲士一类英雄人物才是历史的创造者。近代以来,这种英雄史观遭到了梁启超等新史家的猛烈批判。第二种历史观重视历史发展的客观规律性,以为人类进化与自然进化一样,皆遵循"物竞天择,适者生存"的规律。这种历史观实质上是一种生物史观。对于生物史观来说,历史不过是自然进化的结果。很显然,生物史观有着致命的弱点,许冠三将其总结为两点:"即误以比论代实证;在作人类社会为一'有机实体'论断时,又只见自然有机个体与人类社会集体之间的类似,而不见其差异。"③

---

① 《李达文集》第 4 卷,人民出版社 1988 年版,第 120 页。
② 《李达文集》第 1 卷,人民出版社 1980 年版,第 284 页。
③ 许冠三:《新史学九十年》,岳麓书社 2003 年版,第 293—294 页。

在批判两种错误的历史观的同时,李达阐述了人类历史是由在一定历史条件下、在一定社会关系中活动的人们自己所创造的。但这种创造并不是随心所欲的创造,并不是在人们选定的条件下的创造,而是在"确实之前提与条件下"进行的创造。其中,经济的前提和条件归根结底是决定性的。那些"特种个人"之所以"能影响历史之进行,且有时能使此影响特别增大",归根结底是经济的原因,他们"恒受社会组织所拘束,恒受多数社会力所限制"。"个人之性质所以能成为社会发达之一要素者,非个人之特殊天才使然,实社会关系有以玉成之也。个人所处之地,所处之时,苟皆与社会关系相宜,则其在相当范围之内之努力,必足以促社会之发展。个人努力对于历史进行之影响,其大小如何,固视个人能力之大小以为断,然在一定时期内各个人所负之使命,仍受社会组织所限制也。"①

李达也充分肯定了伟人和英雄人物在创造历史过程中的重大作用。他认为,伟人之所以能够成为伟大的人物,并不是由于他们个人的天赋和才能在历史上"大放异彩"②,而是因为他们有相当的远见,解决了时代提出的问题,切合了当时社会的大需要,推进了社会的进步,对后世产生了重要的影响。不过,李达认为,伟人的作用是"依着当时的社会经济构造以及当时的社会力量对比关系来决定的,个人的性格和才能,只有在社会关系所容许的那个时间、地点和其他的条件下,才能成为社会发展的因素,所谓英雄豪杰才能显出他们的真正本领,否则,他们的作用便永远不会由可能性进到现实性……英雄、杰出人物,只有当他们能正确了解社会发展条件,了解应如何改进这些条件的时候,才能在社会生活中起重大的作用"。③ 李达以卢梭为例对此作了说明。他说:"卢梭等能测度历史进化之潮流,究知社会发达之趋向,故首创天赋人权之自由学说,为彼被压抑之工商阶级开一民主革命之生路,于是而民治潮流遂澎湃于寰球,而卢梭遂成为世界之伟人。"李达认为,马克思亦是如此。"又如十九世纪中叶,欧洲产业革命殆已完全成就,卢梭之自由学说化成资本阶级自由竞争之利器,自由竞争与私有制度遂成为现代社会组织之两大原则,而社会

---

① 《李达文集》第1卷,人民出版社1980年版,第285页。
② 《李达文集》第1卷,人民出版社1980年版,第285页。
③ 《李达文集》第4卷,人民出版社1988年版,第24—25页。

问题于以发生,阶级对立于以显著,资本集中,恐慌迭起,生产力渐有停滞之虞,而社会革命之经济的条件,似亦已具备矣,于是马克思起而创社会主义学说,为被压抑之劳动阶级造一社会革命之工具,于是社会思潮遂震荡于寰宇,而马克思遂成为世界之伟人。"①李达通过对两位伟人的分析,论证了伟人是时代的产物,而且每个时代都会造就出自己的伟人,这些伟人都顺应了时代潮流,把握了时代发展方向,启发了普通民众的思想,推进了社会的进步。"此非卢梭马克思之天才能创造万人所热烈信仰之学说也,实则卢梭马克思能认清社会进化之关键,能阐发万人心理之自由思想以启发众人之耳目而已矣。"②

四、坚持实事求是的原则,以阶级分析的方法,全面辩证地评价历史人物

李达明确指出:"必须用阶级分析的方法来研究历史人物"。这是因为,"一个人的阶级立场,决定着他的思想、言论和行动"。③ 具体而言,"分析历史人物的阶级局性,不仅要看到他的阶级出身,更重要的是要看他的思想体系、他的政治活动究竟为哪个阶级服务,在当时起过什么作用,对以后有什么影响。历史上任何人物及其思想,都是有阶级性的,在阶级社会不存在什么超阶级的思想家。只有运用阶级观点去分析历史人物的思想、行动,才能正确地评价他们的历史作用和局限性,才不致于片面地肯定一切,或片面地否定一切。"④

李达以王船山为例,称赞王船山是明末清初的大思想家,具有相当强烈的民族气节,特别是在参加抗清斗争之后,专门从事著述,其思想在中国文学、史学、哲学等方面具有重要的地位和广泛的影响。李达认为,王船山的首要功绩

---

① 《李达文集》第 1 卷,人民出版社 1980 年版,第 286 页。
② 《李达文集》第 1 卷,人民出版社 1980 年版,第 286 页。
③ 李达:《梁漱溟政治思想批判》,湖北人民出版社 1956 年版,第 1 页。
④ 李达:《纪念王船山逝世二百七十周年学术讨论会开幕词》,《江汉学报》1962 年第 12 期。

"是一个热烈的爱国主义者",他积极抵抗清军的入侵,即使失败了,也不愿为清王朝卖命。再有,从思想影响和治学态度来说,一方面,王船山是一位杰出的唯物主义者,对宋明以来唯心主义理学进行了猛烈的批判,同时又发展了传统的唯物主义和辩证法思想;另一方面,王船山的治学态度也很值得推崇和借鉴,既表现出开阔的思想视野,又有比较严谨的求真精神,难能可贵的是,他在此基础上还能不落窠臼,推陈出新,对以后许多思想家多有启发。

与此同时,李达也毫不客气地指出王船山不足之处:"他的爱国主义思想是有狭隘性的,他的政治思想并不都是进步的",因此,地主阶级曾经宣传过他思想中的糟粕,且产生了不良的影响;王船山的哲学思想具有那个时代的烙印,尤其是历史观方面,值得人们好好总结和反思;其三,王船山"迷信儒家经典,受到封建思想的严重束缚,并不能完全摆脱他所代表的阶级的偏见"①。

李达在这里除了用阶级分析的方法外,还坚持实事求是的原则,历史地具体地全面地分析和评价了王船山。换而言之,李达将王船山放置在明末清初的具体历史语境中,用历史的观点对之进行考察和分析:一方面,在评价王船山的历史功绩时,李达是根据王船山比前代思想家提供了什么新的思想和新的方法以及对后世有什么启发作用来予以判断的;另一方面,李达既不溢美王船山,也不苛求于他,而是实事求是,功过分明,一分为二,比较客观地指出他身上的历史局限性,并认为这种局限性是由于当时的社会历史条件以及他本身具有的阶级属性所造成的。

李达提出的评价历史人物的上述原则,表现出他卓越的历史识见。李达对王船山的评价可以作为我们研究历史人物的典范。

(原载《学习与探索》2015 年第 5 期)

---

① 李达:《纪念王船山逝世二百七十周年学术讨论会开幕词》,《江汉学报》1962 年第 12 期。

李达史学思想研究的回顾与前瞻

鲁　涛　莫志斌

一、李达史学思想研究概观

李达是最早在我国传播马克思主义的先驱者之一,是中国共产党的主要创建人之一,也是杰出的理论家、宣传家和教育家。他不仅对马克思主义的哲学、政治经济学和科学社会主义有深入研究,而且在法学、货币学、史学等领域也有很高的造诣。改革开放以来,特别是 1980 年李达冤案平反后,人们对李达思想的研究逐步展开,并产生了一批高质量的研究成果。但是,从研究的内容来看,与对李达在哲学、经济学、政治学、法学、社会学、教育学等领域的理论贡献的研究相比较,有关李达史学思想的研究显得比较单薄和沉寂,有待进一步加强。

二、李达史学思想研究的历程

学术界对于李达史学思想的研究历程,大致可分为三个历史阶段:第一阶段是 20 世纪 30 年代的初始阶段,第二阶段是"文化大革命"结束至 20 世纪 80 年代末的发展阶段,第三阶段是 20 世纪 90 年代以来至今的繁荣阶段。

(一)初始阶段

20 世纪 30 年代最早对李达史学思想进行研究的当属 1935 年郭湛波撰写的《近五十年中国思想史》。该著把人物与问题交织起来,兼顾到思想的一般运动与理论个案,将李达作为著名的思想家列出,认为他是除冯友兰、张申府、郭沫若之外,在"中国近五十年思想史第三阶段影响最深,贡献最大"的思想家。郭湛波指出,李达的主要成绩"就在辩证唯物论思想之介绍。今日辩证唯物论之所以澎湃于中国社会,固因时代潮流之所趋,非人力之所能左右,然李先生一番介绍翻译的工作,在近五十年思想史之功绩不可忘记"①。

同年,北平的《世界日报》记者茜苹撰写了《学人访问记》,其中的第一篇《经济学和社会学名教授李达》对李达在经济学、社会学、唯物史观等方面的学术成果作了简要介绍。之所以选择李达作为第一位采访的学者,茜苹的理由是:"开始访问时,我为了第一个访问谁,很费了一番斟酌。论学术,这些学者都是出类拔萃的人物,第一个访问谁都行。可是要选择一位在学识、品德方面都是被人敬佩的学者,就不得不多所考虑。结果我第一个访问的是李达教授。"②由此可见,李达在当时不仅是一位著名的、学术成就突出的学者,而且还是一位品德高尚的谦谦君子。

不过,20 世纪 30 年代人们对李达史学思想的研究还是初步的。那时,有关李达史学思想的研究时有时无。之所以如此,既有政治气候方面的原因,也有学术方面的原因。在当时的学术版图中,以胡适、傅斯年为首的史料学派仍是官学正统,而由李大钊、李达等人开创的唯物史观派则始终处于边缘位置,"他们的成果受到主流学术界的轻蔑"③。

(二)发展阶段

"文化大革命"结束后,经过与"两个凡是"的斗争,中国共产党召开了具有历史意义的十一届三中全会,重新确立了"实事求是"的思想路线。在此种情况下,1980 年李达冤案得到平反。1981 年 6 月,中国共产党十一届六中全会通过了《关于建国以来党的若干历史问题的决议》,对建国以来党的重大历史问题特别是"文化大革命"、毛泽东的功过是非和毛泽东思想的基本内容和指导意义作了事实求是的评价和阐述。显然,所有这些,为实事求是地评价李达的理论贡献提供了根本性的前提,奠定了根本性的思想基础,也拉开了新时

---

① 郭湛波:《近五十年中国思想史》,上海古籍出版社 2005 年版,第 172 页。
② 逸文:《采写〈学人访问记〉的回忆》,《新闻研究资料》1979 年第 1 期。
③ 王学典、陈峰:《二十世纪中国历史学》,北京大学出版社 2009 年版,第 4 页。

期李达思想研究的序幕。自此之后,史学界从不同的角度对李达思想进行了深入、广泛的研究。这一阶段,学术界关于李达史学思想研究的成果有以下几个方面。

1.专著。宋镜明的《李达传记》(湖北人民出版社 1986 年版)、王炯华的《李达与马克思主义哲学在中国》(华中工业大学出版社 1988 年版)、陶德麟和洁人的《著名马克思主义哲学家评传》(第三卷)(山东人民出版社 1990 年版)等,这些专著主要是从历史哲学、特别是唯物史观的角度对李达的史学思想进行了考察,比较全面地阐述了李达对中国马克思主义史学理论的贡献。

2.期刊论文。江明的《展读遗篇泪满襟——记李达和吕振羽的交往》(《文献》1980 年第 4 期)专门介绍了李达与吕振羽两位史学家的学术交往,并尤为关注李达对吕振羽史学思想的影响。韩树英的《评李达早期的唯物史观著作——〈读李达文集〉第一卷》(《哲学研究》1981 年第 2 期)、宋镜明的《李达同志在建党时期对传播马克思主义的贡献》(《武汉大学学报》1983 年第 3 期)和陈殿云的《李达在建党前传播的唯物史观及其历史作用》(《求索》1983 年第 2 期)三篇论文都对李达早期的唯物史观思想及其对于传播马克思主义的贡献做了评述。吴元钊的《李达与中国社会性质、社会史问题论战》(《史学史研究》1988 年第 4 期)界定了李达在中国马克思主义史学发展过程中的地位:"李达同志是最早在我国传播马克思主义的先驱者之一,也是我国马克思主义史学的开拓者之一。在为我国马克思主义史学的创立和发展而进行的斗争中,他曾做出卓越的贡献。他是继李大钊同志之后最早在我国传播马克思主义史学理论和方法论的重要代表;他是二三十年代中国近现代社会性质问题和中国社会史问题论战中马克思主义派的重要代表。"该文还具体论述了李达的治史活动和治史特点。

3.学术会议。1986 年 5 月 17 日至 18 日,武汉大学举行了李达学术思想讨论会。与会学者高度评价了李达对中国马克思主义史学理论的重大贡献。有的学者认为,"李达同志是我国的马克思主义史学开拓者之一。他是继李大钊之后最早在我国传播马克思主义史学理论的重要代表,并运用马克思主义史学理论研究了世界史和中国史的许多课题,取得了重大成果,写了不少论著,为创立我国的马克思主义史学作出了卓越贡献。侯外庐、吕振羽等著名马克思主义史学家都曾著文深情地回忆李达同志当年对他们的巨大影响。"①
1990 年 10 月 20 日至 21 日,为纪念李达诞辰 100 周年,在李达的故乡湖南冷
水滩市举行了座谈会。这次座谈会没有过多涉及李达的史学思想,但有学者
评述了"李达对中国国情的研究"。该学者指出:"李达用马克思主义的观点,
通过对中国社会性质、社会经济结构、社会阶级结构、社会革命等方面的国情
研究,雄辩地证实了马克思主义适合中国国情,对党的路线方针政策产生了影
响,也对毛泽东思想的形成作出了一定的理论贡献。"②

4.史料汇编。这大体上包括三大类:其一,编辑和出版李达论著。1978
年,人民出版社出版了李达的《唯物辩证法大纲》。从 1980 年到 1988 年,人民
出版社又先后出版了四卷本的《李达文集》,收录了李达的主要著述。其二,
搜集李达著译,编辑李达研究文献。宋镜明搜集了李达著译 58 种。同时,他
还对李达研究的参考文献进行了整理,撰写了《李达著作、生平研究参考文
献》,比较集中地呈现了 1985 年以前的李达研究文献。其三,完善李达著译目
录,搜集有关书信。丁晓强、李立志对李达著译进行了系统归纳,列出了 240
种著译,还发现了毛泽东给李达的一些书信、李达在武汉大学的部分有价值的
讲话稿、信札以及李达给吕振羽的四封信。上述三类文献的搜集、整理和发
表,适用了李达研究的需要,为研究李达的史学思想提供了重要的原始资料,
具有重要的史料价值。

总而言之,这一阶段的研究成果并不算太多,大部分研究关注的是李达对
中国马克思主义史学理论发展的贡献。这一阶段也存在一定的缺憾和不足,
主要表现为对人们研究李达史学思想的视野偏窄、研究方法单一、重复性研究
较多等。

(三)繁荣阶段

20 世纪 90 年代至今,人们对李达史学思想的研究进入繁荣阶段。王学
典在《六十年来中国史学之变迁》中说:"同 1949 年一样,1989 年也成为史学

---

① 段启咸:《李达学术讨论会综述》,《武汉大学学报(哲学社会科学版)》1986 年第 5 期。
② 杨邦国等:《纪念李达诞辰 100 周年座谈会综述》,《湖南党史月刊》1990 年第 12 期。

发展的一条分水岭。"①其实,李达史学思想研究亦是如此。这一阶段,随着时代的发展和改革开放的推进,学术交流日益频繁,人们的学术视野日益宏阔,史学理论及史学史的研究向着更为深入、更为全面、更为专门化的方向迈进。随之而来的是,人们对李达史学思想的研究也日趋细化和深化。具体来说,这一阶段人们对李达史学思想的研究成果大致有以下五个方面。

1.专著。丁晓强、李立志的《李达学术思想评传》指出,李达不仅是马克思主义史学理论的研究者,也是运用这一理论研究历史的实践者。该著认为,李达虽然史学著作不多,但他的各类著述中几乎都有历史方面的内容,这说明他注重从多种视角研究历史问题,体现了他对历史研究的重视。该著还总结了李达史学研究的特点和意义:"李达的史学研究,既忠实于唯物史观,对唯心史观、形而上学历史观进行了有力的反击,又十分重视史料的考辨,因而其史学研究既有强烈的斗争精神,又有较高的学术价值。"王炯华的《李达评传》(人民出版社 2004 年版)以宏阔的学术视野条分缕析地阐述了李达的史学研究成就。王炯华将李达的《现代社会学》、《中国产业革命概观》、《中国现代经济史概观》、《经济学大纲》、《中国现代经济学之序幕》、《社会进化史》等史学著作,放置到 20 世纪二三十年代中国社会性质和中国社会史论战的历史背景下,分析了它们各自的史学价值,阐述了李达的历史观。同时,王炯华还考察了李达对吕振羽史学研究的影响。苏志宏的《李达思想研究》(西南交通大学出版社 2005 年版)是一部颇有新意的专著。该著厘清了李达思想在 20 世纪马克思主义中国化历程中的历史地位和时代价值,系统考察了李达的社会历史观,并对李达的唯物史观进行了阐释。该著最大的特点就是将李达的思想和观点置于特定的社会历史和理论背景下来加以考察,没有受已有研究及其结论的束缚。罗海滢的《李达唯物史观思想研究》(暨南大学出版社 2008 年版)从哲学层面阐述了李达的唯物史观思想的理论来源、历史分期和主要特色,尤其是对李达的唯物史观思想与其对中国经济问题、社会主义问题的研究的关系进行了梳理和辨析。

2.期刊论文。这一阶段有关李达研究的期刊论文成倍增长,而有关李达

---

① 王学典:《六十年来中国史学之变迁》,《新华文摘》2009 年第 20 期。

史学思想研究的论文主要有五大类：其一，关于李达与吕振羽史学方面的师承关系的研究。主要有：翟清福的《李达与吕振羽的史学渊源》（《北京农业工程大学学报》1994 年第 1 期）、李曙新的《李达和吕振羽对中国国情认识的历史贡献》（《文史杂志》1997 年第 4 期）、李曙新的《李达与吕振羽的师生情》（《湖南党史》1998 年第 1 期）。其二，关于李达的唯物史观思想的研究。主要有：李维武的《李达在〈现代社会学〉中对唯物史观的阐释》（《马克思主义哲学研究》2008 年第 1 期）、陶德麟的《杰出的马克思主义理论家李达》（《高校理论战线》2009 年第 2 期）、黄修卓的《李达唯物史观研究论析》（《武汉大学学报》2010 年第 3 期）、李维武的《李达对唯物史观的多向度开展》（《武汉大学学报》2011 年第 1 期）。其三，关于李达对党史学习问题的论述的研究。主要有：李衍增的《李达谈学习党史》（《党史文苑》2010 年第 19 期）、徐玉凤的《李达谈学习党史》（《百年潮》2011 年第 3 期）。其四，关于李达治学（治史）特点的研究。主要有：胡绳的《在李达同志诞辰 100 周年纪念会上的讲话》（《中共党史研究》1991 年第 1 期）。其五，关于李达的读史活动的研究。主要有：莫志斌、鲁涛的《中共早期领导人的读史人生——以李大钊、李达、蔡和森、张闻天为例》（《湖南科技学院学报》2012 年第 2 期）。

　　3.中国史学史著作。这一阶段出版的部分中国史学史著作都有对李达史学思想的述评。桂遵义的《马克思主义史学在中国》（山东人民出版社 1992 年版）、王德佩的《马克思主义历史学》（北京体育出版社 1992 年版）、洪认清的《中国史学思想通史》（近代后卷，黄山书社 2002 年版）、陈其泰主编的《中国马克思主义史学的理论成就》（国家图书馆出版社 2008 年版），都对李达的史学思想作了专题性的评析，颇多新意。其中，桂遵义的《马克思主义史学在中国》着力探讨了李达在中国马克思主义史学初创时期的贡献。该著认为：李达在宣传、研究历史唯物论的同时，还尝试以唯物史观为指导，结合中国的历史实际，撰写了一些有学术价值的史学论著，其中，有的着重论述经济基础与上层建筑的辩证关系，有的着重论述阶级斗争理论，有的着重于历史人物的评价，它们都是我国马克思主义史学开创阶段的重要著作，对我国马克思主义史学的发展有着重要的影响。该著还特别阐述了李达的女权运动史和国际共产主义运动史研究。洪认清的《中国史学思想通史》（近代后卷）专门开辟一章研究李达的历史理论和史学思想,该章从"李达的历史理论及其对中国史学的影响"和"李达的社会经济史及其学术影响"两个向度分析了李达的史学思想,重点考察了李达关于历史内容、历史特征及历史发展动力的理论。

4.硕士论文。这一阶段还有一个突出的特点就是有硕士论文选择以李达的经济史思想作为研究对象。2007年华东师范大学卢琼的硕士论文《论李达的中国近代经济史研究》对李达研究中国近代经济史的主要成果进行了系统梳理,分析了李达在中国近代经济史研究领域的主要成就及其贡献,并从中国近代史、尤其是中国近代经济史学科产生与发展的角度对李达的学术成就给予了实事求是的评价。

5.史料汇编和出版。丁晓强、李立志对1995年以前出版的李达研究文献进行了归纳整理,附录在他们合著的《李达学术思想评传》后面,具有重要的史料参考价值。2007年,武汉大学出版社出版了李达的专著《现代社会学》、《社会学大纲》、《经济学大纲》、《辩证唯物主义大纲》等四部著作。2010年武汉大学启动了国家社科基金重大项目"李达全集整理与研究"的工作,它必将为李达研究包括李达史学思想研究提供重要的文献资料。

总体说来,这一阶段的繁荣,主要表现在人们在已有研究成果的基础上,以新观点、新视角、新选题多方面地拓展和深化了李达史学思想研究。一方面,研究成果不断增多,不仅发表了大量论文,而且出版了多部专著。另一方面,研究领域不断扩大,研究深度不断拓展,人们不仅对李达史学思想的演进历程、基本内涵、风格特点等做了较为深入的剖析,而且还从其历史影响、学术地位等方面做了广泛的探讨。

三、李达史学思想研究中存在的问题

学术界对李达史学思想研究,已取得了一定的成果,但也存在以下四个方面的问题:

第一,缺乏从史学理论的高度对李达的史学思想进行整体的考察和系统的概括。以往的研究成果显得零散、简略,往往都是结论性的或概要性的,且大多的是以唯物史观的基本原理为框架来归纳、阐述李达史学思想的,尚未从整体上对李达史学思想作立体式扫描和系统研究。

第二,缺乏从史学近代化的视角来考察李达史学思想的地位。以往的研究主要是将李达的史学思想置于中国马克思主义史学发展的历程中来考察,而缺乏从中国史学近代化的进程的视角的考察。其实,李达不仅是马克思主义史学中国化的代表人物之一,而且也是中国史学近代化进程的有力推动者。

第三,缺乏对李达史学观和史学方法及其运用的研究。在李达的众多学术著作中存在着大量的历史观、史学观和史学方法及其运用。例如,李达在对史料的考辨、对史学方法的运用、对历史的内容和特征及其动力的研究、对历史人物的评价等方面都有极为深刻的见解。然而,这些问题大部分被学术界所忽视。

第四,缺乏对李达与同时期中国其他马克思主义理论家的史学思想的比较研究。我们要正确评价李达史学思想的贡献和历史地位,必须将其与李大钊、蔡和森、瞿秋白、毛泽东等中国马克思主义理论家的史学思想进行比较,找出它们的共性和个性。然而,这一方面也为人们所忽视。

可以说,以上四个方面也是今后李达史学思想研究需要努力的方向。笔者对李达史学思想研究的历史、现状作大致的梳理和评议,指出其所存在的不足,其目的也在于明确李达史学思想研究应该努力的方向,从而推动李达史学思想研究的进一步深化。

(原载《云梦学刊》2013 年第 1 期)

第 六 篇

李达法学论著和思想研究

李达与马克思主义法学中国化

刘明诗

在 20 世纪马克思主义法学中国化的历史上,李达不仅是理论先驱,而且还是杰出代表。李达所撰写的《法理学大纲》、《中华人民共和国宪法讲话》等,是我国马克思主义法学思想的早期代表性著作。在其关于马克思主义法学理论的著述中,李达坚持把马克思主义法学基本原理同我国具体实际紧密地结合起来,对我国民主革命的历史和我国社会主义建设的现实进行了全面的考察和深入的研究,在中国马克思主义法学的诸多领域都提出了一系列真知灼见,在推进马克思主义法学中国化方面取得了突出成就。研究李达推进马克思主义法学中国化的历程、理论贡献和具体特点,有助于我们全面把握李达的法学思想并从中得到多方面的启发,对于进一步推进马克思主义法学中国化有着重要的理论和现实意义。

一、李达推进马克思主义法学中国化的历程

马克思主义法学是在特定的历史条件下产生的,它是人类法学思想发展到 19 世纪的产物,是马克思、恩格斯在工业革命时代的背景下广泛吸收人类优秀文化成果特别是继承了前人一切有价值的法学思想的基础上形成的为当时的无产阶级的革命实践服务的法学理论。马克思主义法学立足于唯物史观考察法律问题和法律现象,揭示了法律的阶级实质,是与以往一切法学思想截然不同的真正科学的法学理论和法律思想。马克思主义法学在人类法学思想史上具有划时代的重大意义,是对以往旧的法学思想的根本变革。

实现马克思主义法学的中国化,是中国近代以来社会变革的内在要求和

时代发展的必然结果。在中国处于半殖民地半封建社会的时代背景下,中华民族学习先进的法律思想、实行以法治国的意识逐渐觉醒,中国的仁人志士们开始寻求救国救民的法律武器。经过从康有为的戊戌变法到孙中山的辛亥革命,人们逐渐认识到,传统礼制是中华民族法制进步的极大障碍,因此必须从思想上打破封建礼法的束缚,树立民主、共和的理念。在李大钊、陈独秀等新文化运动代表人物的积极推动下,包括马克思主义法学思想在内的马克思主义理论逐渐为中国先进知识分子所理解和接受。随着十月革命一声炮响,列宁领导俄国人民成立了苏维埃政府,标志着世界上与资产阶级民主制有着本质不同的新型无产阶级民主制度的诞生,这在中国社会激起了巨大反响。在黑暗中摸索了很长时间、经历了艰难探索历程的中国先进知识分子,终于找到了马克思主义这一先进理论武器,马克思主义法学理论也随之开始传入中国,中国的一批进步思想家逐渐走上了运用马克思主义法学理论来思考和解决中国面临的重大问题的道路,实现马克思主义法学中国化也就成为中国社会的时代选择。

正是在这样的时代背景下,李达结合中国实际对马克思主义法学理论进行了深入的阐述,成为 20 世纪马克思主义法学中国化的先行者和重要代表人物。早在 1920 年年底,李达就相继撰写了《马克思还原》、《劳工神圣颂》等文章,指出马克思主义的社会主义主张劳动专政,提出"万物的所有权"问题,蕴含着为劳动者立法的思想。在 1922 年 9 月发表的《劳动立法运动》一文中,李达明确提出劳动立法之于劳动者的必要性和现实性,号召劳动者"若真有自谋解放的决心,就要急起直追来干劳动立法运动"①,拿起法律这一重要武器来维护自己的地位和权利。1923 年 12 月,李达应邀到湖南公立法政专门学校任教,这是当时湖南唯一的一所法政学校,后来发展为湖南大学法科,李达在该校讲授法学,为他系统思考法学理论和法学问题提供了较好的机会和条件。在 1926 年出版的《现代社会学》一书中,李达在系统介绍马克思主义基本理论的同时,深入地探讨了法律的起源、法律的本质和法律的作用等法学理论的基本问题,这是李达首次阐述马克思主义法学的基本观点,为以后推进

---

① 《李达文集》第 1 卷,人民出版社 1980 年版,第 191 页。

马克思主义法学中国化奠定了良好的基础。1928 年 11 月,李达翻译的日本著名法学家穗积重远的《法理学大纲》一书,由商务印书馆出版,在思想界产生了广泛的影响。1930 年,李达加入上海左翼社会科学家联盟,在党的安排下到上海法政学院任社会系主任。在此期间,无论是在法学教学还是法学研究中,李达都坚持马克思主义法学的基本观点,不遗余力介绍和宣传马克思主义法学。1932 年,李达远赴北平,在北京大学法商学院、中国大学、朝阳大学等多所大学任教,讲授法学课程。他不惧国民党的监视和恐吓,大力宣传马克思主义法学,被誉为当时北平思想界的"红色教授"。我国著名法学家张友渔曾在这一时期与李达共事,他曾回忆说:"我年纪虽然与李达差不了几岁,但是,在政治上他是先驱,在理论上他是导师。我们 30 年代在北平相识,同在北平法商学院任教,他是当时最杰出的一个。"①在长期的教学实践和理论研究中,李达深感必须全面、系统地介绍和阐述马克思主义法学理论,于是开始着手收集资料,为编撰马克思主义法学教材作准备。1940 年到 1944 年,李达回到湖南,在广泛的社会调查的基础上,结合中国的现实问题和历史文化传统,写成了《法理学大纲》的初稿。这是一部饱含李达致力于马克思主义法学中国化的心血的手稿,但极其遗憾的是,李达在拖家带口前往道县大瑶山躲避战乱的过程中遭遇了一帮土匪抢劫,书稿在混乱中不知所终,李达珍贵的手稿还没来得及付印就这样不幸遗失了。1947 年 2 月,经湖南党组织的安排,李达来到湖南大学法学院任教,在法学院院长李祖荫的支持下,李达在教学之余抓紧一切时间写作,再次撰写出《法理学大纲》的手稿,于 1947 年年底分上、下两册石印出来,作为临时教材供法律专业的学生上课学习之用。这是我国第一部系统介绍马克思主义法学的专著,不仅全面阐述了马克思主义法学原理,而且对资产阶级法学理论进行了批判,对中国的历史和文化实际进行了深入反思,还对国民党当局黑暗统治下的社会现实作了无情揭露,堪称马克思主义法学中国化的经典之作②。李达是马克思主义法学中国化的卓越开创者,在20 世纪上半叶中国的马克思主义法学界,他是一名真正的"战士型的学者,学

---

① 转引自陶德麟:《杰出的马克思主义理论家李达》,《高校理论战线》2009 年第 2 期。

② 该书下册已遗失。上册分为 3 篇共 12 章,第 12 章不全。

者型的战士"①。

李达还积极参与新中国的马克思主义法学建设,并有着突出的表现。新中国成立后,李达担任国家政务院法制委员会委员,他还担任全国重要的法学研究组织(中国新法学研究会、中国新法学研究院)和教学单位(中央政法大学)的重要职务,曾任副会长、副院长、副校长等职。在这些与法学教学、研究和法制建设紧密相关的工作岗位上,李达充分发挥他在马克思主义法学方面的精深造诣和理论特长,积极参与和推动新中国的社会主义法制建设。李达不仅参与了新宪法的讨论,而且还在宣传、解读、阐发新宪法方面做了大量卓有成效的工作。在《中国人民政治协商会议共同纲领》颁布后,李达就开始为新宪法的出台作理论宣讲和理论阐释方面的准备。他相继在中国新法学研究院和中央政法大学作了《学习马列主义的国家观》和《从共同纲领推测新宪法的轮廓》等重要报告。在这些报告中,李达以深厚的马克思主义法学理论功底不仅深刻阐释了国家的起源、实质、功能等基本问题,阐明了宪法与国家的内在关系,而且结合我国当时的实际对新宪法的内容作了富有见地的推测,为后来人们正确理解和把握新宪法的内容、实质、特征、作用等作了理论上必要的铺垫。《中华人民共和国宪法草案》颁布后,李达发表了《热烈参加宪法草案的讨论》等多篇文章。1954年《中华人民共和国宪法》颁布后,李达很快就写作和发展了一系列学习文章,产生了广泛的影响。特别是1956年李达撰写的《中华人民共和国宪法讲话》的长篇著作,更是产生了重大的社会影响。在这部著作中,李达对我国宪法作了详尽的、全面的、系统的阐发,不仅对我国宪法的宣传、普及起到了重要作用,而且也对我国宪法的贯彻、落实产生了重要影响。正因如此,所以著名法学家韩德培曾称赞李达是"一位少有的马克思主义法学家"②。

二、李达推进马克思主义法学中国化的理论贡献

在近半个世纪的理论研究生涯中,李达不仅在宣传、介绍马克思主义法学

---

① 陶德麟:《杰出的马克思主义理论家——李达》,《光明日报》2000年7月11日。

② 韩德培:《一位少有的马克思主义法学家》,《武汉大学学报(哲学社会科学版)》1981年第1期。

基本理论方面作出了巨大努力,而且还自觉运用马克思主义法学的基本理论对中国革命和建设中的诸多现实问题作出了富有建设性的应答,在构建中国化马克思主义法学理论方面作出了突出贡献,是推进马克思主义法学中国化的典范。

首先,李达较系统阐述了马克思主义法学的基本原理,为马克思主义法学在中国的广泛传播奠定了基础。第一,关于法律的产生问题。李达提出,应该从国家的出现去理解法律的起源,离开了国家就不可能有法律的产生。"有国家必有法律,有法律必有国家。历史上没有无国家的法律,也没有无法律的国家。世界上有什么样的国家形态,必有与之相适应的法律制度。"①因此,要树立正确的法律观,就必须有正确的国家观。李达通过考察和分析历史上的各派法学观点,指出这些观点都没有看到法律背后国家的存在,看不到国家是阶级统治的机关,看不到"法律是附丽于国家而存在的"②。一言以蔽之,在李达看来,以往的法学观点由于缺乏科学的国家观,因而也没有科学的法律观,所以也就不能正确地理解法律的起源。第二,关于法律的本质问题。李达指出,法律的本质隐藏在各种法律现象的背后,必须从各种各样法律现象即"法律关系的表现形态"③去加以把握;透过各种纷繁复杂的法律现象可以发现,"法律的本质,即是阶级关系,即是阶级性"。④ 由此出发就不难看出,资产阶级的法律其本质是为资产阶级服务的,体现的是维护资产阶级私有制的"自由、平等"关系,是"实现不自由基础上的自由、不平等基础上的平等,因而是实现不公道基础的公道的"⑤。第三,关于法律的特征问题。李达指出,法律具有规范性、命令性、强制性和等价性等四个方面的特征,正是这四个方面使得法律和其他社会规范区别开来。由于书稿遗失的原因,我们现在只能看到李达关于法律的规范性的论述,以及关于法律的命令性的论述的很小一部分。李达认为,法律是国家意志的体现,因而是"划定个人意思行为的自由与不自

---

① 李达:《法理学大纲》,法律出版社 1983 年版,第 87 页。
② 李达:《法理学大纲》,法律出版社 1983 年版,第 93 页。
③ 李达:《法理学大纲》,法律出版社 1983 年版,第 99 页。
④ 李达:《法理学大纲》,法律出版社 1983 年版,第 107 页。
⑤ 李达:《法理学大纲》,法律出版社 1983 年版,第 101 页。

由的界限的规划"①,它既以自由为基础和目标,又给自由附加特定的具体条件,所以法律的规范性就是自由与不自由的统一②。此外,李达还对法律与道德的关系、法学研究的对象和任务等基本问题作了马克思主义的阐述。总之,李达对马克思主义法学的基本原理作了深入的阐释,为当时中国的法学研究提供了崭新的思路,对马克思主义法学的广泛传播起到了理论启蒙的重要作用。

其次,李达全面论述了我国法律的基本规定性,为我国社会主义法制建设沿着正确的轨道健康发展提供了理论指导。新中国成立后,我国颁布了新的宪法。如何从理论上解读我国的新宪法? 如何帮助人们正确认识宪法的本质以及我国新宪法的性质、意义和特点? 这些都是当时面临的重要理论问题,需要法律方面的理论工作者及时予以解答。李达在这方面做了大量的工作。李达深刻阐述了宪法的阶级本质,认为"宪法是完全具有阶级性的。宪法的阶级性构成宪法的本质。所谓全民宪法或超阶级的宪法,只是资产阶级愚弄无产阶级的胡说"③。在他看来,宪法的产生和消灭都是有规律的,"资产阶级宪法是随着资本主义基础的消灭而消灭,而社会主义宪法则随着社会主义基础的产生而产生"。④ 李达还阐述了宪法与一般法律的根本差异,他认为,作为国家的根本法律,宪法"具有最高的法律效力"⑤,而一般法律是根据宪法制定的,必须是与宪法相符的,一般法律具有与宪法相同的阶级实质,"仍是特定阶级的国家用以统治被统治阶级的工具"⑥。李达还指出,我国宪法有着特定的历史渊源和特殊的性质,与那些"在书斋里写出来的东西"⑦有着截然不同的本质区别,它凝结着中华民族长期以来特别是近代以来为争取独立和解放而斗争的实践经验,也凝结着新中国成立以来的建设经验,是中国人民为巩固革命成果和进行社会主义建设而制定的,是广大中国人民意志和愿望的反映。

---

① 李达:《法理学大纲》,法律出版社 1983 年版,第 128 页。
② 参见李达:《法理学大纲》,法律出版社 1983 年版,第 129 页。
③ 《李达文集》第 4 卷,人民出版社 1988 年版,第 412 页。
④ 《李达文集》第 4 卷,人民出版社 1988 年版,第 410 页。
⑤ 《李达文集》第 4 卷,人民出版社 1988 年版,第 461 页。
⑥ 《李达文集》第 4 卷,人民出版社 1988 年版,第 462—463 页。
⑦ 《李达文集》第 4 卷,人民出版社 1988 年版,第 443 页。

李达高度评价了我国宪法的重要意义,指出它是人民民主的宪法因而与一切旧宪法有着根本的不同。他说,"正因为它是真正的人民民主的宪法,所以当它一经公布出来,就在全国人民中引起了经久不息的欢呼声。"①李达认为,这是"我国第一部人民的宪法,这是中国人民革命史上的重大事件"②,是人类历史上新型的宪法。李达说这部宪法是"马克思列宁主义的宪法理论与中国革命的具体实践的结合"③,实际上强调了这部宪法的马克思主义性质,强调了它是马克思主义法学中国化的结果。李达能够在当时的历史条件下就我国第一部社会主义宪法作出如此准确和精辟的论述,这与他长期研究马克思主义法学因而具有十分深厚的马克思主义法学功底是分不开的。李达的这些阐述,不仅对我国社会主义法学理论的发展产生了重要影响,而且对我国社会主义法制建设提供了重要理论指导。即使在今天来看,他的某些论述所体现出来的理论高度我们还依然无法超越。

最后,李达深刻阐述了研究法律问题的基本方法,为我国法学理论发展开启了新的研究范式。李达系统分析了以往各派法理学研究在方法论层面存在的问题,认为"各派法理学所应用的研究方法,都是主观的论理学"④,都属于形式论理学,它们往往从主观出发,远离社会实践,缺乏联系和发展的观点,而运用这样的研究方法形成的法学理论当然不可能是科学的。在他看来,要形成科学的法学理论,就必须以客观论理学即唯物辩证法为研究方法,因为客观论理学正确反映了"客观世界的发展法则"⑤。李达是客观论理学的实践者,他主张以"扬弃"的态度对待历史上的各派法学理论。在考察古代希腊和罗马的法理学派、中世纪的神学派以及自然法学派、历史法学派、分析法学派、比较法学派、社会法学派等各派法律观点和法学体系的过程中,李达始终坚持既"扬"又"弃",在清算各派法学理论的唯心主义实质和形而上学缺陷的同时,也肯定存在于这些法学理论中的积极的、进步的、合理的因素。李达在考察自

① 《李达文集》第4卷,人民出版社1988年版,第428页。
② 《李达文集》第4卷,人民出版社1988年版,第430页。
③ 《李达文集》第4卷,人民出版社1988年版,第445页。
④ 李达:《法理学大纲》,法律出版社1983年版,第20页。
⑤ 李达:《法理学大纲》,法律出版社1983年版,第20页。

然法学派时,深刻地批判了其在"权利"、"契约"等问题上的观点的主观性、片面性,但也在一定意义上肯定了其在欧洲早期资产阶级革命中的历史进步性。李达在批判黑格尔的国家观及其法学思想的唯心主义错误的同时,也对黑格尔把发展的观点运用于法学研究的辩证法思想予以了肯定。李达指出,各学派法理学的各种具体的研究方法,如历史方法、分析方法、比较方法、社会学方法等,都是优劣皆存、利弊互现的。比如分析法,它"是一般法学上通用的方法,是最旧而又最新的方法"①,但这种方法的缺陷在于,它死守形式逻辑的三段论推演,不考虑社会现实中的各种复杂因素,看不到社会的政治经济和文化历史等因素对法律的深刻影响,其演绎出来的结论必然带有形而上学的片面性。又如比较方法,它自亚里士多德以来一直被广泛使用,但仅仅单独地使用这个方法,其结论依然还是片面的。总之,"所谓分析的、或历史的,或比较的方法,都不能单独的成为法学上的方法,而且都不能缺少哲学的观点。"②这里所说的"哲学的观点",不是别的观点,正是唯物辩证法的观点。李达除了从理论上阐述唯物辩证法作为一种研究方法对于法学研究的重要性和必要性外,还在实践上始终如一地做到以唯物辩证法作为根本方法来研究我国的法律问题。例如,他运用普遍与特殊相结合的方法来解读、分析和阐释我国宪法等。总之,李达强调唯物辩证法对于我国法学研究的根本方法论意义,运用唯物辩证法对我国法学的诸多问题作了创新性的阐发,为我国法学开创了新的研究范式,极大地推动了我国马克思主义法学的发展。

三、李达推进马克思主义法学中国化的具体特点

作为马克思主义法学中国化的早期杰出代表,受时代特点和个人经历的影响,李达在推进马克思主义法学中国化的过程中表现出较为明显的个性化特点。这些特点使他在我国马克思主义法学理论研究领域取得了突出成就,对我们今天深化马克思主义法学中国化研究提供了多方面的启发。

---

① 李达:《法理学大纲》,法律出版社 1983 年版,第 57 页。
② 李达:《法理学大纲》,法律出版社 1983 年版,第 70 页。

第一，李达始终坚持以唯物史观为法学研究的理论基础。如何正确看待法律的产生和来源？李达指出，应该遵循唯物史观的基本观点，将政治、法律等意识形态的东西看做是由经济基础所决定的东西，而不应像以前的非科学的法律观那样试图到所谓的"绝对理念"或"人类理性"中去寻找答案，也就是说，要去寻找和发现那些观点和制度背后的因素，"要到社会的生活条件中去探求，要到社会在特定历史时期所采取的生产方式中，即要到社会的经济制度中去探求"①。可见，李达对法律的分析贯穿着社会存在与社会意识之间的辩证关系原理，在考察政治、法律等上层建筑的过程中始终关注其背后的经济基础这个起根本决定作用的因素，这就与以往法学理论看不到法律背后的经济基础而将法律与人类意志、人类自由等口号简单挂钩的唯心主义划清了原则界限。李达这种"使法律的理论从神秘的玄学的见解中解放出来，而构成为科学的法律观"②的努力，就是要告别旧的法学理论所依据的那种唯心主义哲学基础，而将马克思主义的唯物史观作为法学研究的理论分析基点。从李达的法学著述来看，他不管是对马克思主义法学原理的阐发，还是对中国法律历史和法律现实的分析，都始终贯穿了唯物史观这条红线。也正是因为始终坚持以唯物史观作为法学研究的理论基础，李达在《法理学大纲》一书中对于从柏拉图到黑格尔直到19世纪后期的西方各派法学理论都能够作出马克思主义的批判，对于法律的起源、法律的本质、法律的特征、法律的发展规则、法律与道德的关系等法学基本问题都能够作出马克思主义的阐释，在我国新宪法颁布后的一系列解读和研究性文章中对于我国法律的性质、目的、作用等重大问题都能够作出马克思主义的阐发。李达始终坚持以唯物史观为理论基点分析各种法学理论问题，不仅是李达"对唯物史观所作多向度开展的一个最有特色的方面"③，而且为奠定我国马克思主义法学研究的基本理论框架和确立我国马克思主义法学研究的正确方向起到了重要的作用，对我们今天发展中国特色社会主义法学理论依然具有指导意义。

---

① 《李达文集》第4卷，人民出版社1988年版，第406页。
② 李达：《法理学大纲》，法律出版社1983年版，第6页。
③ 李维武：《李达对唯物史观的多向度开展》，《武汉大学学报（人文科学版）》2011年第1期。

第二，李达始终注重紧密结合中国的具体实际研究法学问题。李达在1926年出版的《现代社会学》一书中提出，要研究"中国社会问题之特性"。始终注重"中国社会问题之特性"，也构成此后李达研究法学的基本遵循。李达在阐述法律研究的任务时就专门指出，"我们不能不以中国的法律、法学及其与中国社会的关系为问题"。① 针对一些人所提出的应该引进外来法律来解决近代中国社会落后问题的观点，李达指出，这是完全不切合中国实际的。李达强调说，应该充分研究由中国社会的特殊性所造成的中国法律的特殊状况，提出应"由中国社会发展的特殊路线，展开与之互适应而又能促进其发展的法学理论，作为改造法律充实法律的指导"②。李达阐述了近代以来一些西方法学家帮助中国政府编撰、修改、注解法律因而使得"法律是舶来品，法律的注释也是舶来品"③的历史事实，讽刺有的学校采用外国人的法律著作作为法学专业的教材导致"连法理学也是舶来品了"④。在李达看来，这些舶来品是否符合中国实际构成了一个很大的问题，这是中国法学当时面临的最重要的最根本的问题，"这个问题如不解决，中国的法学自身没有生机，也不能促进法律的改造，因而也不能促进社会的进步"⑤。李达深刻地指出，这些舶来品看似新潮，但它们必然因为难以切合中国实际、难以解决中国面临的具体问题而终将被中国社会所抛弃，而只有那些"从中国社会的基础中产生的法律，才是与中国社会的前途相配合的法律。只有这样的法律才能推动中国社会的前进"⑥。李达这种紧密结合中国实际研究法学的特点，还生动地体现在他对我国新宪法的解读上。李达明确指出，只有"结合客观的革命实际和社会实际"⑦，才能准确、全面地把握我国新宪法的基本精神。在《学习中华人民共和国宪法》、《我国宪法是社会主义类型的宪法》等文章中，李达立足中国的民主革命实践历程、中国近代以来宪政运动的历程、中国由新民主主义革命向社会

---

① 李达：《法理学大纲》，法律出版社1983年版，第9页。
② 李达：《法理学大纲》，法律出版社1983年版，第14页。
③ 李达：《法理学大纲》，法律出版社1983年版，第11页。
④ 李达：《法理学大纲》，法律出版社1983年版，第12页。
⑤ 李达：《法理学大纲》，法律出版社1983年版，第12页。
⑥ 李达：《法理学大纲》，法律出版社1983年版，第13页。
⑦ 《李达文集》第4卷，人民出版社1988年版，第444页。

主义过渡的历程等中国的具体实际,对我国宪法进行了深刻的解读,在历史与现实的有机统一中无可辩驳地论证了我国宪法是中国人民长期实践经验的总结,是"全国人民为建成社会主义而斗争的旗帜"①。可以说,没有对中国实际的长期而深入的研究和把握,是难以写出这样具有深厚历史感和理论深度的法学文章的。正是基于对中国具体实际的深刻关切,李达对马克思主义法学理论的阐述深受我国各界人士的喜爱和人民群众的欢迎。也正是由于始终立足中国具体实际从事法学研究,李达的法学论著所运用的大都是中国人易于理解和掌握的大众化语言。李达运用中国人的语言讲述马克思主义法学理论,就使得他的法学理论带有鲜明的中国作风和中国气派。在这个意义上,我们可以说李达开创了马克思主义法学中国化的良好"学术传统"②,是马克思主义法学中国化的"拓荒者和带路人"③。

第三,李达表现出献身于中国马克思主义法学研究及其实践的大无畏精神。真正献身于马克思主义法学研究及其实践、追求马克思主义法学真理,除了要克服种种外界的社会压力之外,还要克服这样那样的实际困难,这就需要坚定信仰,无所畏惧。受俄国十月革命的感召,李达赴日本刻苦研究马克思主义著作,成为马克思主义的坚定信奉者。回国后,李达除了大力宣传马克思主义法学思想之外,还将大量时间和精力放到推进马克思主义法学中国化上。李达的这种信仰和实践,必然不会受到反对马克思主义的国民党政府当局的欢迎和认可,李达因此长时间受到排挤和迫害。例如,李达在湖南大学法律系任教期间,国民党政府对他的学术研究和社会活动作了种种限制,严禁他公开举行与政治有关的演讲活动,学校当局也设置种种借口不让他讲授马克思主义理论。在这种险恶的政治环境下,李达宁折不屈。他认为,作为一个学者,按自己的体系讲课是应有的权利。他曾直言不讳地宣称:"要我不宣传马克思主义,办不到。我教法理学,不是同样可以宣传马克思主义吗?马列主义的

---

① 《李达文集》第 4 卷,人民出版社 1988 年版,第 504 页。

② 汪信砚:《李达开创的学术传统及其意义》,《哲学研究》2010 年第 11 期。

③ 韩德培:《一位少有的马克思主义法学家》,《武汉大学学报(哲学社会科学版)》1981 年第 1 期。

原理不是同样可以贯串到教学中去吗?"①可以说,新中国成立前李达的马克思主义法学研究都是在白色恐怖下进行的。这需要何等的勇气和献身精神啊!而且,李达还克服了很多在今天难以想象的困难:面对资料奇缺的困境,李达想尽一切办法收集当时所能找到的跟法学相关的国内外书籍;面对时间紧迫的难题,李达不分昼夜和寒暑地辛勤工作,在臀部生疮落座不便的情况下仍然坚持写作,在极短的时间内完成了《法理学大纲》讲义。新中国成立后,李达更是抓紧一切时间,以极大的政治热情投身于马克思主义法学研究和社会主义的法制建设,不仅担任各种法学研究机构的负责人,还亲自撰写大量法学文章,阐发我国社会主义法律的深刻内涵,讴歌我国社会主义法制建设的巨大成就。正是由于具有献身于中国马克思主义法学研究及其实践的大无畏精神,李达才能够在中国马克思主义法学研究中始终坚持党性和科学性的统一,既能作出一针见血的批判,又能作出积极有效的建构,从而为推进马克思主义法学中国化作出了重大的贡献。在建设中国特色社会主义的今天,我们应该努力继承和弘扬李达的献身精神,在新的历史条件下把马克思主义法学中国化继续推向前进。

(原载《马克思主义哲学研究》2015 年第 1 期)

---

① 尹世杰:《坚贞的马克思主义理论战士——回忆李达同志断片》,载《为真理而斗争的李达同志》,武汉大学出版社 1985 年版,第 184 页。

李达构建马克思主义法学
话语体系的初步尝试

周　可

构建当代中国学术话语体系所面临的一大难题是如何逐步摆脱学术研究的"学徒"状态,凝练出既能够把握时代脉搏、切中中国问题,又兼具理论深度、视域广度和感染力度的学术理论和话语形态。20世纪上半叶,李达构建马克思主义法学学术话语体系的初步尝试,值得我们学习借鉴。

一、思想旨趣关切中国问题

20世纪20年代,李达主张中国马克思主义者的任务应该从介绍、宣传马克思主义转入到运用马克思主义改造中国社会。他指出,"马克思学说之在中国,已是由介绍的时期而进到实行的时期了。"从此,研究现实问题、改造中国社会就成为李达毕生的思想旨趣,并且贯穿于他不同时期对法律问题的关注与思考中。

20世纪20年代初,妇女解放的呼声此起彼伏。李达充分认识到立法是保障劳动者和妇女权益的重要手段,初步形成了根据法律变迁考察各国劳动运动和妇女运动的思路,并且把立法运动视为推进中国劳工运动和妇女解放运动的初步措施。

新中国成立前后,李达积极投身新宪法的制定与解读工作,特别注意联系中国革命和社会主义建设的历史与现状来解读新中国宪法。在李达看来,新中国宪法既是历史经验的总结,又是社会主义制度的保障。它不仅体现了工人阶级和人民群众社会主义觉悟的提高,而且能够动员全国人民在巩固已取得的胜利的基础上继续努力,为建成社会主义社会而斗争。

可见,在李达那里,法律问题是与中国社会的现实问题密切关联的,特别是关涉到中国社会发展的道路和前途问题。这也是他深入探讨法学基本理论、构建马克思主义法理学体系的根本原因。

二、学术路径重视前沿研究

李达对现实法律问题的关切最终落脚于对法理学的思考,其标志性成果是他在1947年完成的讲义《法理学大纲》。这部著作虽然保留至今的只有上卷,但它被誉为"中国历史上第一部用科学的世界观和科学的社会观研究法学基本原理的系统的法理学专著"(李龙、汪习根语)。在写作《法理学大纲》的过程中,李达密切追踪国内外法理学研究状况,充分重视法理学领域的研究进展。这主要表现在以下两个方面。

一是介绍国外法理学研究成果。1928年,李达翻译出版了日本学者穗积重远的《法理学大纲》。穗积重远是日本著名法学家,他的《法理学大纲》是近代日本法理学研究的代表作。在这部著作中,穗积重远既梳理了西方法理学的主要流派和基本观点,又介绍了20世纪美国"社会法学"奠基人罗斯科·庞德的著作和主张,从而较为全面地概述了西方法理学的历史和现状。穗积重远本人的"新理想主义"法律观则代表了当时日本法理学的前沿观点。这部著作的中译本为当时的中国学人了解国外法理学提供了珍贵的资料。法学家韩德培先生晚年曾回忆,20世纪30年代初,他就读过李达这部译著。

二是批评中国法学研究现状。20世纪上半叶,从欧、美、日留学归来的法政学者热衷于翻译、传播西方学术界流行的各派法学理论。1928年李达翻译出版《法理学大纲》,可谓恰逢其时。时隔近20年,李达在撰写自己的《法理学大纲》时,旗帜鲜明地表达了对国内法学研究现状的不满。他指出,自清末到民国,中国一直在向西方学习,建立内容上接近西方先进国家的法律体系;在法学研究方面,中国学者满足于在各部门法学领域里翻译、注释外来法律。李达将此类做法斥之为"注释法学"、"概念法学",认为中国法律学者和立法者如果只关注国外最新的法律思想和立法趋势,不思考法律与社会现实的关系问题,就无助于改进中国落后的社会现状。针对这一弊病,他明确指出,中国法理学的研究途径,是要通过研究法律发展的普遍法则,探讨法律与社会现实的关系,进而在改造中国社会的基础上建立与中国社会现状和前途相适应的法律体系。

三、坚守马克思主义立场的理论基点

在体例和内容方面,李达的《法理学大纲》既借鉴了穗积重远的同名著作,又作了明显的调整。在最为重要的法律观方面,李达也在吸收、借鉴穗积重远著作的基础上有所突破。他根据马克思主义的世界观和社会观理解法理学,认为法理学是马克思主义的科学世界观在法理学领域的应用和扩张,它同时受到唯物史观的指导,其对象是揭示法律的发展法则,其任务是运用法律发展法则来改造现实社会、实现社会进步,其所涉及的范围不仅包括法律领域的各个部门,而且包括国家、经济、意识形态等诸多方面,其研究方法则是与唯物辩证法相适应的"客观论理学"。

由此出发,李达对各派法理学的批判,不只是像穗积重远那样从学理上评析各派观点的意义和缺陷,而是进一步说明了各派法理学的历史背景、社会根源和理论实质。不仅如此,李达还运用唯物史观与唯物辩证法的基本观点,从哲学基础和方法论的角度,揭露了各派法理学的共同缺陷。他认为,以往各派法理学的哲学基础都是观念论,都缺乏历史主义的观点,不懂得人类社会的历史演变与国家形成发展的现实基础,都缺乏社会现象互相联系的观点,不懂得法律与社会生活其他领域之间的密切联系,其结果只能是立足于资本主义社会的经济基础和社会结构,追求不可能实现的公平正义。这实际上也是对穗积重远的"新理想主义"法理学的批评。

20世纪上半叶,西方各派法学理论盛行于中国法学界,马克思主义的法学思想则普遍受到冷落,或是遭到尖锐批评。与此同时,在国民党当局的文化"围剿"下,从事马克思主义法学的传播和研究面临着生命危险。在此背景下,李达构建马克思主义法学学术话语体系的初步尝试,绝非学术研究的标新立异之举,而是一位真诚无畏的马克思主义者所进行的大胆理论探索。今天,面对纷繁复杂的社会现实和形形色色的社会思潮,我们仍有必要学习李达的理论勇气和探索精神,继承他所开辟的理论道路和研究范式,构建与当代中国特色社会主义伟大实践的要求相适应的法学学术话语体系。

(原载《中国社会科学报》2016 年 2 月 3 日)

李达与马克思主义法理学中国化

——李达《法理学大纲》探论

朱晓璇

众所周知,李达在马克思主义哲学、经济学领域有很高深的造诣。但是,对于李达在马克思主义法学领域占有的重要地位,知之者却不多。其实,早在1928年,李达就将日本穗积重远所著的《法理学大纲》一书译成中文,由商务印书馆出版。1947年,李达又撰著了《法理学大纲》教材并由湖南大学印行。新中国成立后,他曾担任政务院法制委员会委员和新法学研究院副院长等职务。1954年我国第一部宪法公布后,他在百忙中还撰写了《谈宪法》和《中华人民共和国宪法讲话》两书。李达的著作《法理学大纲》为马克思主义法理学中国化作出了重要贡献,在现代法理学理论蓬勃发展的今天,他的法理学研究对于我们仍然有极大的启示。

一、《法理学大纲》的成书过程

1918年6月李达第三次赴日留学,师从日本著名马克思主义学者河上肇,专攻马克思主义思想。留学期间,马列经典著作和大量介绍马克思主义思想的文章给了他很大的启发,李达因此而撰写了《什么叫社会主义》、《社会主义的目的》、《战前欧洲社会主义运动的情形》、《女子解放论》等文章来介绍和宣传马克思主义。这些文章发表在国内的刊物上,促进了马克思主义在中国的传播。这一时期,李达从单纯的爱国主义者转变为坚定的马克思主义者,并且接受了马克思主义法理学思想的启蒙教育,学会了运用马克思主义唯物史观和马克思主义法理学观点看待、分析中国社会问题。

1920 年 8 月从日本归国后,李达与陈独秀、李汉俊等共同发起成立了中国共产党,并成为党的早期领导人之一。尽管他因与陈独秀意见不合而于 1923 年秋脱党,但他仍然坚持从事马克思主义理论研究和宣传工作。在 20 世纪 20 年代,李达十分关注劳动问题和妇女问题。他将部分国外作品翻译成中文,如《社会问题总览》、《妇女问题与妇女运动》、《劳农俄国底妇女解放》等,还撰写了《劳动立法运动》、《女权运动史》、《劳工神圣颂》等文章,对当时主要国家的历史与现状进行了分析,并介绍了它们的劳动、妇女问题,阐明了社会主义的劳动观和妇女观。

在宣传马克思主义的过程中,李达坚持将马克思主义的理论与中国实践相结合,同时把唯物史观也引入法理学的研究中。李达于 1926 年出版的《现代社会学》是马克思唯物史观中国化的代表性著作,在该书中,他提出阶级既是经济概念又是法律和政治概念的独特见解。李达于 1929 年出版的《社会之基础知识》对唯物史观进行了详细介绍,并在其同年出版的著作《中国产业革命概观》中首次将历史唯物主义的思想应用于中国近代经济史的研究,其于 1935 年出版的《社会学大纲》被毛泽东称为"中国人写的第一部马克思主义哲学教科书"。

七七事变后,李达一直过着颠沛流离的生活,但却没有中断理论研究工作,撰写并发表了《形式逻辑扬弃问题》、《中国社会发展迟滞的原因》等文章。直到 1947 年春他才结束这种生活,到湖南大学法律系任教。当时的国民党特务机关对李达下达了各种"禁令",禁止其宣传马克思主义,也不让他讲他最拿手的社会学和经济学,他只能讲其从未讲过的法理学。其实,李达并非不擅长法理学。李达早年翻译日本穗积重远的《法理学大纲》的经历已使他对西方各派法理学有了较系统深入的理解,也为他教授法理学和编写《法理学大纲》教材奠定了基础。

为了能够继续宣传马克思主义,李达决定将马克思主义的基本观点与法理学的教学内容相结合,独辟蹊径地用马克思主义的立场、观点和方法来讲授法理学,并为此冒着被逮捕的风险撰写了《法理学大纲》一书作为教材,这是中国第一部马克思主义法理学著作。

在写作过程中,李达饱受精神与肉体上的折磨。为了躲过书刊检查,李达反复推敲,字斟句酌;由于资料短缺,李达还要克服学术研究上的困难;天气炎热,李达饱受坐疮之苦,仅靠板凳架着扁担落座才能勉强继续写作。就是在这样艰难的条件下,李达最终完成了《法理学大纲》。

二、《法理学大纲》的基本内容

李达的《法理学大纲》共计 16 万字,于 1947 年完成,当时曾由湖南大学分上下两册石印。令人遗憾的是,该书下半部分内容早已遗失,存留下来的书稿中第三篇的内容也不完整。1983 年,法律出版社正式出版了《法理学大纲》的部分残留稿,共三篇十二章,计十万字左右。其中,第一篇为"绪论",第二篇为"各派法理学之批判",第三篇为"法律之论理的考察"。仅就存留下来的书稿看,其内容也是十分丰富的。

首先,李达论述了法理学的对象、任务和范围。

李达认为,法理学的对象是"暴露法律的发展法则",即法理学就是要发现并揭示法律的发展法则,并将其应用于法律的改造之中,以使法律与社会现实相适应,从而促进社会的进步与发展。在他看来,中国法理学的任务在于,揭示法律发展的规则,认识到法律随着世界的发展而发展,认识到特定时期的法律与该时期的社会现实相适应,同时将法律发展的规则应用于中国的社会现实之中,从而使法律与社会现实相适应,促进社会发展和进步。他指出,法理学就是要揭示法律随着社会的发展而发展的过程,明确其在世界和社会中的地位,同时也要探究法律与社会的联系,并将其应用于社会改造之中,以促进社会的进步和发展。

其次,李达阐述了法理学的研究方法。

李达批判了哲学派、分析学派、历史学派、比较学派和社会学派所采用的研究方法——主观的形式论理学(形式逻辑),并指出只有客观论理学(辩证逻辑)才是科学的法理学的研究方法。他还指出,法理学研究工作必须以中国的具体现实为基础,探求社会发展的规律,并以此来指导自己的研究,这才是法理学研究工作的唯一正确的途径。

第三,李达探讨了法理学的三个基本问题。

法理学研究的是法学领域中最基本的问题,法学领域的其他分支都是在法理学研究成果的基础上发展起来的。李达在《法理学大纲》中探讨了法律与国家、法律的本质与现象、法律的形式与内容的关系,揭示了法律的本质,阐述了法的规范性、强制性和命令性这三个基本属性。他认为,在私有制社会里,阶级性是法律的本质属性,而法律存在的根本目的也就是为了保障统治阶级的利益。

第四,李达还评析了西方法理学各流派。

李达对西方法理学各流派的共同缺陷进行了深刻的揭露和批判。在他看来,虽然这些法理学流派对于当时的法学研究作出了重大贡献,并且后来的流派对于先行流派都有不同程度的补充和发展,但这些流派都暴露了其固有的缺陷——它们的观点都是非科学的。在他看来,西方法理学各流派的缺陷包括:①各派法理学的哲学基础都是观念论,即用主观思维作为衡量和考察法律的根据。②各派法理学都没有历史主义的观点,都将国家、法律和社会的关系割裂开来,无视国家和法律会随着社会的发展而发展。③各派法理学都缺乏社会现象互相联系的观点,不懂得法律在社会诸现象中所处的地位,没有看到经济基础与法律之间辩证的、历史的互动关系。④各派法理学都是在承认不公平的合理性的前提下去寻求公平的,抹杀了私有制带来的不平等。

最后,李达考察了法理学与哲学的关系。

李达认为,科学的法理学必须以科学的世界观为基础,而辩证唯物主义与历史唯物主义的世界观是唯一科学的世界观。在他看来,科学的世界观由自然观与社会观两部分构成。法律现象既属于世界万有现象,又属于社会现象。法理学"是通过社会观而接受世界观的指导的"①,即社会观直接指导法理学,世界观间接指导法理学。既然科学的社会观对法理学有着重要的直接指导作用,那么究竟什么是科学的社会观呢? 李达认为,科学的社会观包括三个方面:其一,坚持社会存在决定社会意识的根本原则;其二,以人类社会历史的发展过程和发展规律为研究对象;其三,认为生产力与生产关系的冲突是一切社会现象发展的根本动力。

---

① 李达:《法理学大纲》,法律出版社 1983 年版,第 3 页。

三、《法理学大纲》的主要特点

由于各方面的原因,马克思、恩格斯、列宁等人都未曾在他们的著作中明确将唯物史观的法学思想系统化、体系化。李达在《法理学大纲》中则尝试系统地阐述马克思主义法理学思想。具体来说,该书有以下几个特点。

第一,立足于唯物史观来分析法律现象,将法理学研究奠基于唯物史观的基础之上。

唯物史观认为,法律的存在与发展受到社会经济基础的制约。在《德意志意识形态》、《经济学手稿(1857—1858)》、《家庭、私有制和国家的起源》等书中,我们可以找到马克思恩格斯零散的法律观点——他们通过对法律制度历史演变的研究,得出私有制和国家的诞生导致法律诞生的结论,并且通过罗马法的例子很好地解释了法律的诞生与私有制形成的关系。不过,马克思恩格斯并没有系统阐述法律演变的过程,也从未考察过东方的法律制度。李达的《法理学大纲》则恰好弥补了这一缺憾。

李达通过对原始社会和私有制社会不同道德观念的考察,揭示了法律与道德的关系。原始社会时期,人们遵守普遍的道德;封建社会时期,道德沦为维系等级制度的工具;资产阶级社会时期,资产阶级为了维护自己的利益更是将道德规范中关于保障资产阶级经济结构的部分写入了法律。李达在研究法律形式演变的过程时,考察了从习惯法、判例法到成文法的发展历程,从中揭示了法律的内容与形式的矛盾。李达从历史的角度指出,在古希腊、罗马时代,阶级斗争使得习惯法逐渐发展成为成文法,法律被少数特殊阶层所垄断,并随着时间的推移逐步广为人知;到了资产阶级社会时期,人们的经济生活已经发生了极大的变动,使得习惯法与成文法可以相互转变。李达在考察法律制度演变过程的时候,以经济基础与作为上层建筑的法律制度之间的辩证关系为脉络,将法律制度的整个发展过程串联起来。李达考察法律制度历史演变的过程,也就是将唯物史观应用于法律研究的过程。

第二,以唯物辩证法为根本方法,对法理学中的一系列问题进行了深刻分析。

　　李达阐述并论证了唯物史观与唯物辩证法的关系。他认为,唯物辩证既是世界观又是认识论,它包括自然辩证法和历史辩证法。自然辩证法是对自然科学成果的概括,它以自然现象的发展法则作为研究对象;而历史辩证法则是社会科学成果的概括,其主要研究对象是社会现象的发展法则。李达不仅将唯物辩证法应用于社会历史领域,还以唯物辩证法为方法,对法理学中的一系列问题进行了分析。

　　一是运用唯物辩证法分析了法律与经济基础的关系。李达在分析法律与经济基础的关系时认为,法律是受经济基础制约的上层建筑,它必须随着经济基础的发展而发展;我们应当由此揭示法律发展的法则,形成科学的法律观。同时,他还强调,法律作为上层建筑的一部分与经济基础是对立统一的关系。

　　二是运用唯物辩证法分析了法律的本质与现象的关系。李达认为,只有在考察了法律现象之后才能揭示法律的本质,法律的本质潜藏于法律的现象之中。他通过分析奴隶社会、封建社会和资本主义社会的法律现象,得出了法律的本质即阶级性的结论。在他看来,在阶级社会里,法律是统治阶级确保和维护统治阶级的利益的工具。

　　三是运用唯物辩证法分析了法律的内容与形式的关系。李达认为,法律的内容就是法律关系的内容,即以生产关系为基础的财产关系;法律的形式则是国家规范中生产关系所采取的形式。根据内容与形式的矛盾统一的法则,法律的形式是由法律的内容所产生的,并且受法律的内容所规定,而法律的内容通过法律的形式而表现出来;法律的形式对于法律的内容来说,不只具有受动性,还具有能动性。他说:"法律的形式的发展过程,由法律的内容的发展过程所规定,而法律的内容是通过形式而发展的。"①

　　第三,从中国的具体实际出发,紧密联系中国社会实际来开展法理学研究。

　　李达抨击旧中国的法学研究严重脱离国情、盲目照搬西方法律的做法。当时法学界有人诡称,西方最新的法律思想能够完美适配中国的民族心理。李达对此进行了有力反驳。他阐述了从实际出发来开展法理学研究的重要性

---

① 李达:《法理学大纲》,法律出版社 1983 年版,第 119 页。

和必要性,明确阐述了中国法理学研究的方向。首先,要总结出法律发展的规律。李达指出,人类社会的发展影响着法律的发展,人类社会发展特定阶段的状况也对当时的法律发展有重要制约作用,这些都应该加以研究和总结。其次,要根据世界法律发展的一般规律来研究中国社会法律发展的规律,建立与中国社会需要相适应的法学体系,用以指导中国的法律实践。在李达看来,只有在马克思主义理论的指导下,将世界法律发展的规律与中国的现实相结合,法理学研究才能取得实质性进展;也只有这样,才能对中国现有的法律体系进行改造,使之适应中国社会的需要,促进中国社会的发展。李达的这些思想和观点,对我国的法理学研究产生了重要影响。

四、《法理学大纲》对马克思主义 法理学中国化的贡献

所谓马克思主义法理学的中国化,实质上就是把马克思主义法理学与当代中国的实践相结合,将马克思主义关于法理学的基本观点应用于中国社会主义建设实践,建立并不断发展能够适应中国社会主义法制建设需要的法学理论。李达的《法理学大纲》是马克思主义法理学中国化的重要尝试,为马克思主义法理学中国化作出了重要贡献。

首先,《法理学大纲》明确了马克思主义法理学中国化的目的和实现路径。

李达不是为了研究而研究马克思主义法理学,他将马克思主义的基本观点应用于法学研究工作,希望能够通过建立科学的法理学来解决如何改造中国、"中国向何处去"等时代大问题。在《法理学大纲》中,李达自觉运用马克思主义哲学观点来开展法理学的研究,全面、系统地分析批判了历史上各个法理学流派的观点,深入探讨了各种法理学问题。在这一过程中,李达始终强调法理学研究应当坚持唯物史观的基本观点,应当与中国的现实相结合。他认为,我国的法理学研究既要坚持以马克思主义为指导,又要与中国的具体实际相结合,要将"舶来品"变成"实用品",因为只有建立在我国社会现实基础上的法律才能符合我国社会的发展要求、推动我国社会进步。

其次，《法理学大纲》提出了马克思主义法理学中国化的方法论原则。

李达在批判各派法理学时指出，这些派别都采用主观的形式论理学（形式逻辑）作为研究方法。他认为，形式论理学是主观的，缺乏发展和联系的观点，也没有与实践产生关联性，因而形式论理学不能作为法理学的研究方法；而客观论理学注重内容与形式的统一，反映了客观世界的发展法则，即矛盾同一的法则，是认识与实践的统一的论理学。在他看来，只有把客观论理学（辩证逻辑）作为研究方法，才能使马克思主义法理学基本原理与中国实际相结合，真正解决中国社会的现实问题。

具体来说，李达在《法理学大纲》中提出了马克思主义法理学中国化的这样几个方法论原则。

一是客观性原则。李达认为，以往各种法理学流派都没有揭示法律发展的普遍规律，它们都从主观意志出发，将统治阶级的利益诉求作为法律的根据，而真正科学的法理学则应当揭示法律发展的客观规律。在他看来，旧中国的法律和法学理论都是一些舶来品，它们并不能适应中国社会的现实需要。他强调说，中国的法理学研究只有从中国的社会现实出发，对那些"舶来品"进行改造，使之适应中国社会现实的需要，才能促进中国社会的进步。

二是整体性原则。李达认为，根据唯物辩证法，世界上的万事万物都是普遍联系的，法律现象内部各部分之间也是互相联系着的。因此，法律具有系统性、整体性。因此，在建立中国法学理论体系和中国法律体系时，要充分考虑法律各范畴、各规定之间的普遍联系性，全面考察其各个部分之间及各个部分与整体之间的关系。

三是发展性原则。李达认为，持形式论理学观点的法学家总是形而上学地看待法律现象，将其视为一成不变的东西，看不到法律现象的发展性。在李达看来，法律现象也是在不断变化和发展着的，法律现象的变化发展过程也是社会发展过程的一个方面；法律的发展，表现为从低级形态进化为高级形态、从旧形态演变为新形态；法律的发展也是有规律的，科学的法理学就必须阐明法律发展的规律。

最后，《法理学大纲》建构了一个中国化的马克思主义法理学体系。

虽然现存的《法理学大纲》并不完整，但我们仍然可以从中看出，李达在该书中建构了一个中国化的马克思主义法理学体系。在第一篇"绪论"里,李达分三章分别论述了法理学与世界观及社会观、法理学的对象、任务与范围和法理学的研究方法。其中,第一章考察了法理学与哲学的关系。李达指出,科学的法理学必须以科学的世界观为基础,法理学"是通过社会观而接受世界观的指导的"①,即社会观直接指导法理学,世界观间接指导法理学。第二章详细论述了法理学的对象、任务和范围。李达认为,法理学的对象是"暴露法律的发展法则",它的任务就是要发现并揭示法律的发展法则,并将其应用于法律的改造之中,以使法律与社会现实相适应,从而促进社会的进步与发展。第三章阐述了法理学的研究方法。李达认为,只有客观论理学(辩证逻辑)才是科学的法理学的研究方法,法理学研究必须以中国的具体现实为基础,探求中国社会发展的规律,并以此来指导中国的具体实践。在第二篇里,李达考察了法理学各流派,分析和批判了他们共同的缺陷。李达指出,法理学各流派的这些缺陷,归根结底是由它们所依存的经济基础所决定的,而它们所依存的经济基础本身很有局限性。在第三篇里,李达探讨了法理学的三个基本问题,即法律与国家、法律的本质与现象、法律的形式与内容的关系。在分析这三个基本问题的过程中,李达揭示了法律的本质,阐述了法律的规范性、强制性、命令性等三个基本属性。

总之,《法理学大纲》为马克思主义法理学中国化作出了重要贡献,奠定了李达在马克思主义法理学中国化方面的重要地位。也正因如此,我国著名的法学家韩德培、何华辉等人都对李达的这部著作作出了极高评价。

（原载《马克思主义哲学研究》2016 年第 1 期）

---

① 李达:《法理学大纲》,法律出版社 1983 年版,第 3 页。

以马克思主义哲学中国化范式
开展法学研究的成功范例

——李达法学思想研究

周　可

　　李达不仅是我国著名的哲学家,是马克思主义中国化的重要代表人物之一,而且被誉为"少有的马克思主义法学家",是"我国最早运用马克思主义研究法学的一位拓荒者和带路人"①,对新中国法学的建立起到了重要的奠基作用。以往对于李达法学思想的研究主要依据李达的《法理学大纲》,强调李达运用马克思主义研究法理学所具有的开创意义。实际上,自从成为马克思主义者以后,李达一直都在关注法律问题,探索改造中国社会的法学理论和法律实践。20世纪50年代,他还领导、参与过新中国的法制建设和法律教育事业。在李达那里,探讨中国的法律问题、建构法理学体系是丰富、发展马克思主义理论的题中之义。正如有学者所言,法理学是李达唯物史观开展的重要向度之一②;李达运用马克思主义哲学研究法学,体现了李达立足于马克思主义理论的整体性联系研究马克思主义哲学的独特理论个性③。换言之,李达的法学思想是他所开创的马克思主义哲学研究范式④的范例之一。李达在不

---

　　①　韩德培:《一位少有的马克思主义法学家》,《武汉大学学报(哲学社会科学版)》1981年第1期。

　　②　李维武:《李达对唯物史观的多向度开展》,《武汉大学学报(人文科学版)》2011年第1期。

　　③　汪信砚:《李达哲学探索的独特理论个性》,《哲学研究》2011年第12期。

　　④　作为研究范式的马克思主义哲学中国化,是指以探索"中国的出路"、回答"中国向何处去"这一时代大问题为目标,以立足于马克思主义理论的整体性联系研究马克思主义哲学为路径,坚持普遍与特殊相结合的根本方法。参见汪信砚:《李达的马克思主义哲学研究范式及其深刻启示》,《江海学刊》2012年第2期。

同时期对于法律问题的思考和探索，从以下方面体现了这一研究范式：

一、立足中国现实思考法律问题的理论旨趣

19世纪末以来，向西方学习，寻求富国强民之道是中国先进知识分子的共同追求。在目睹了帝国主义的贪婪、北洋军阀政府的无能，听闻了俄国十月革命的喜讯之后，李达跟当时许多中国先进人士一样，放弃了游行请愿和"实业救国"的主张，开始研究并接受马克思列宁主义，致力于在中国推行俄国革命的道路。五四新文化运动前后，李达不仅认真研读马克思主义经典著作和介绍性书籍，还翻译了一批马克思主义著作，撰文介绍社会主义思想和运动，批判各种非马克思主义思潮。随着革命形势的发展和理论研究的深入，他迫切地认识到，中国马克思主义者的任务，不能仅限于介绍、宣传马克思主义，还必须立足中国现实，运用马克思主义来改造中国社会、推动中国革命、实现社会主义。早在1923年的《马克思学说与中国》一文中，李达就鲜明地指出，"马克思学说之在中国，已是由介绍的时期而进到实行的时期了。"①为此，中国无产阶级和共产党应该承担起夺取政权、实行政治革命的重任。从此，研究中国现实、改造中国社会就成为李达从事马克思主义研究的理论旨趣，并且贯穿于他学术生涯的诸多方面。李达对法律问题的关注与思考可以说是深刻体现了这一理论旨趣。

（一）妇女、劳动解放与立法运动

20世纪20年代初，在早期中国马克思主义者的领导与组织下，中国工人运动风起云涌。与此同时，受到五四新文化运动的洗礼，反对封建束缚、追求妇女解放的呼声逐渐成为时代的最强音。这一时期，李达非常重视劳动问题和妇女问题。他不仅翻译了一批国外著作和文章，如《社会问题总览》、《妇女问题与妇女运动》、《女性中心说》和《劳农俄国底妇女解放》、《劳农俄国底结婚制度》、《绅士阀与妇女解放》、《社会主义底妇女观》等，还撰写了《劳动者

---

① 《李达文集》第1卷，人民出版社1980年版，第202页。

与社会主义》、《劳工神圣颂》、《对于全国劳动大会的希望》、《女子解放论》和
《女权运动史》等文章，介绍世界主要国家的劳动问题、妇女问题和社会政策
的历史与现状，阐明社会主义的劳动观和妇女观。从这一时期李达关于劳动
问题和妇女问题的译著来看，他充分认识到立法是保障劳动者和妇女权益的
重要手段，确立了根据法律变迁考察各国劳动问题和妇女问题的思路，并且把
立法运动视为推进中国劳工运动和妇女解放运动的初步措施。

例如，李达翻译的日本学者高畠素之的《社会问题总览》一书，较为系统
地介绍了世界各国的社会政策、社会主义、工会和妇女问题，里面多次谈到立
法在各国推行社会政策、实行社会党的施政纲领、保障劳动者和妇女权益等方
面的重要作用。在高畠素之看来，社会政策是指国家运用立法、行政等方法，
解决各种社会问题，以达到社会改良的目的①；在欧美发达国家，诸如允许同
盟罢工、强制劳动保险、缩短劳动时间、承认劳动团体的行动等法律规定，既属
于国家层面的社会政策，又是各国社会党和工会长期努力争取的结果；而这些
国家的妇女运动，主要表现为争取选举权的斗争，其成果也是以法律的形式承
认了妇女参政的权利。李达翻译的日本学者山川菊荣论述社会主义妇女观的
系列文章进一步阐明了妇女解放的意义和目标。山川菊荣指出，资产阶级的
女权论者所倡导的妇女解放运动，满足于争取妇女从事教育、职业和政治方面
的权利，忽视了现代资本主义工业的兴起对妇女生活所产生的深远影响。现
代资本主义工业客观上促使妇女走出家庭，走向工厂，接受资本家的剥削，损
害了妇女的身体健康。由此可见，仅限于追求与男子享有平等政治权利的妇
女解放运动，丝毫没有触及资本主义社会的经济组织，无助于从根本上解决更
为迫切的妇女受剥削的问题，因而无法真正实现妇女解放；只有采取社会主义
的方式，彻底改造现存国家和经济组织，消灭私有制，实现无产阶级解放，才能
够从根本上解决妇女问题②。

在同一时期李达撰写的文章和著作中，一方面，他接受了解决现代社会劳
动问题和妇女问题的社会主义主张，认为现代社会的劳动问题和妇女问题根

① ［日］高畠素之：《社会问题总览》，李达译，上海中华书局 1921 年版，第 19 页。
② ［日］山川菊荣：《绅士阀与妇女解放》，李达译，《妇女杂志》1921 年 6 月第 7 卷第 6 号。

源于资本主义工业的发展和雇佣劳动制度的盛行,妇女问题的实质就是劳动问题,女权运动只有转变为劳动运动,通过改造资本主义经济组织才能彻底解决①。另一方面,他意识到借助立法推动当前中国劳工运动发展的重要性。1922年,李达接连发表两篇文章《对于全国劳动大会的希望》和《劳动立法运动》,表达了通过立法斗争推动中国劳动运动发展的期望。在《对于全国劳动大会的希望》中,他指出,中国的劳动运动正处在萌芽时期,受到军阀财阀势力的打压,不仅劳工代表遭到杀戮,而且受法律所限,工会、罢工活动和劳动出版物屡被查禁,因此,有必要推行立法运动,从法律上废除阻碍劳动运动的因素。为此,他特别强调,劳动者的立法运动应该提出如下几项要求,即承认劳动者有罢工权、制定工会法和工厂法、实行八小时劳动制、保护童工女工和制定劳动保险法。在《劳动立法运动》中,他揭露了中国劳动者缺少国内法律保障的事实,认为尽管中华民国的约法规定国民享有集会自由、结社自由,但它同时颁布了限制这些自由的条款,再加上一些限制性条例和法律,使得这些自由仅仅为少数特权阶级专享,工人等非特权阶级的政治自由往往受到限制,工人罢工更是受到野蛮镇压。不仅如此,他还回顾了西方工人阶级团结反抗、争取劳动立法、改善自身状况的历史,呼吁国内劳动界团结起来,从事劳动立法运动,争取结社自由和罢工权利。他充满激情地说道:"中国劳动者处在半封建式的武人政治之下,受不到法律的保障,军阀资本家可以任意杀人,若想用合法的手段取得真正的自由,当然是不可能之事。但是劳动者解放的第一步,至少必先取得结社自由和罢工权利。有了结社自由,无数万劳动者便可组成一大阶级和有产阶级对峙。有了罢工权利,劳动阶级就可以学得作战方略和有产阶级敌抗。所以在现在的中国要求劳动立法,一则可以获得组织、团结的机会,一则可以顾忌目前的利害。凡是劳动者,都应急起直追,切不可观望不前。"②

可见,20世纪20年代初,在思考中国的劳动问题和妇女问题时,李达开始关注法律问题,不仅了解到发达资本主义国家的劳动者和妇女通过立法手

---

① 参见李达:《女权运动史》,载《李达文集》第1卷,人民出版社1980年版,第146—149页。

② 《李达文集》第1卷,人民出版社1980年版,第190页。

段维护自身权益的历史与现状,而且结合中国社会的实际状况,呼吁日益壮大的工人阶级开展立法运动以推动劳动问题的解决。不过,我们应该注意到,李达这一时期已经接受了马克思主义的社会主义学说,并不把劳动解放等同于在法律上保障劳动者的政治权利和经济利益,而是认为劳动立法是解决劳动问题的第一步,要从根本上解决现代社会的劳动问题和妇女问题,必须诉诸无产阶级革命,推翻资本主义制度和国家政权。在李达看来,在社会主义运动的手段方面,反对借助立法机关改善劳动者地位的议会主义,主张采取政治革命的直接手段,是马克思主义的社会主义的基本观点①。

(二)社会主义国家与法律

在 20 世纪 20 年代的社会主义争论中,李达还开始探讨无产阶级夺取政权、建立社会主义国家后采取何种政策的问题。在李达看来,马克思主义经典作家关于无产阶级专政的设想,以及俄国十月革命胜利后建立的社会主义制度,已经从理论和实践层面对这一问题作出了回答。在社会主义国家,改革立法机关和完善法律制度是巩固社会主义政权、保障劳动者权益的必要措施。这一时期,李达翻译、撰写的社会主义理论与实践方面的著作,都涉及社会主义国家的法律问题。

例如,在《马克思派社会主义》一文中,李达厘清了正统派社会主义、修正派社会主义、工团主义、组合社会主义和多数派社会主义的主要观点和区别,指出多数主义即布尔什维克主义的原理是劳动专政,它反对现代资产阶级的民主主义和议会政策,主张由工人农民组成的劳农会集中立法权和行政权,根据劳动单位而不是地域来划分选举区域。这样,李达就较早地向中国读者介绍了马克思列宁主义的国家观和法律观,以及无产阶级专政下的法律制度。在《马克思学说与中国》一文中,李达指出,中国无产阶级掌握政权后,应该根据中国的产业状况和文化程度以及马克思主义的原则制定各项政策。为此,他拟订了若干条大纲,其中包括立定保工法,保障工人农民的无条件的选举权

---

① 参见李达:《讨论社会主义并质梁任公》,载《李达文集》第 1 卷,人民出版社 1980 年版,第 71—74 页。

和被选举权,实现妇女在政治上经济上社会上一切与男子平等①。从这一时期李达的译著来看,俄国十月革命胜利后建立的社会主义政权及其所颁布的法律制度为他展望社会主义国家的法律制度提供了直接的思想资源。这一时期,李达翻译了日本学者山川菊荣的《劳农俄国底妇女解放》《劳农俄国底结婚制度》,详细介绍了俄国十月革命胜利后所制定的种种保护妇女和儿童的措施,以及新的婚姻法和家族法。作者指出,俄国的新婚姻法和家族法在男女权利平等的基础上,专以当事人的意愿为结婚离婚的条件,完全废止了私生子制度,保证了父母双方对于子女的权利和义务完全平等。总之,不同于资本主义社会的利益本位和金钱本位,俄国的新婚姻法体现了社会主义以人为本的原则。②

可见,在马克思主义传入中国的初期,李达较早地思考了社会主义国家的法律问题,不仅阐明马克思主义经典作家关于无产阶级专政下的法律制度的基本观点,介绍了俄国革命胜利后颁布的法律条文,而且展望了在中国完成社会主义革命后应该确立的法律制度。这一时期李达对社会主义国家法律制度的思考和探索,始终围绕着他在当时非常关注的劳动问题和妇女问题,强调社会主义国家的法律制度对劳动者和妇女的政治、经济和社会权利的广泛尊重和充分保护。

新中国成立前后,制定新宪法成为摆在共产党人面前的一桩大事,也是李达关心的话题。从《中国人民政治协商会议共同纲领》的颁布,到《中华人民共和国宪法草案》的讨论,以及《中华人民共和国宪法》的出台,李达都给予了极大的关注,并且积极投身于新宪法的解读工作,撰写了大量论著。这些论著不仅运用通俗易懂的语言介绍了马克思主义的宪法观,而且结合宪法史的考察,阐明了新中国宪法的性质、内容和意义。不仅如此,李达始终注意联系中国革命和中国社会主义建设的历史与现状来解读新中国宪法。他明确指出,"我国的宪法是全国人民大众的共同意志的表现,它决不是几个法学家在书斋里写出来的东西。所以我们学习这个宪法,必须结合客观的革命实际和社会实际,来理解它的根本精神。"③为此,他从以下方面阐述了新中国宪法与中

---

① 《李达文集》第 1 卷,人民出版社 1980 年版,第 215 页。

② 参见[日]山川菊荣:《劳农俄国底妇女解放》,李达译,《新青年》1921 年 7 月第 9 卷第 3 号;[日]山川菊荣:《劳农俄国底结婚制度》,李达译,《新青年》1921 年 4 月第 8 卷第 6 号。

③ 《李达文集》第 4 卷,人民出版社 1980 年版,第 443—444 页。

国革命和社会主义建设之间的关系：

首先，新中国宪法是历史经验的总结。李达指出，中国新宪法是从中国革命的具体实践和历史实际出发而制定的，它总结了中国人民一百多年反抗帝国主义和封建主义的革命斗争的经验，中国近代关于宪法问题和宪政运动的经验，以及新中国成立以来新的历史经验，特别是新中国成立以后社会主义改造和社会主义建设的经验及其在共同纲领、宪法草案中的体现。

其次，新中国宪法是社会主义制度的保障。中国新宪法之所以总结了近代中国的历史经验，很大程度上是因为它以明确的条文规定了中国的阶级基础、政治基础、经济基础以及公民的基本权利和义务，体现了近代以来中国人民的共同愿望。新宪法还阐述了在中国建设社会主义的这一目标和具体步骤，论述了实现目标的三个保证条件，即国内统一战线、国际统一战线和国内民族的大团结。因此，新中国宪法不仅凝聚着近代以来中国革命的胜利成果，而且为巩固中国的社会主义制度、实现建设社会主义的目标提供了有力的法律保障。

正因为如此，李达认为，新中国宪法是中国人民为建设社会主义而斗争的旗帜，它不仅体现了工人阶级和人民群众社会主义觉悟的提高，而且能够动员全国人民在已取得的胜利的基础上继续努力，为建成社会主义社会而斗争。可见，李达对作为临时宪法的共同纲领和新中国宪法的深入、详尽、通俗的解读，始终都立足于中国的具体实际，总结中国革命和社会主义建设的历史经验，探索中国社会发展的前途与道路问题。这正是他在《法理学大纲》中就曾提到的，"只有这样从中国社会的基础中产生的法律，才是与中国社会的前途相配合的法律。只有这样的法律才能推动中国社会的前进"。①

二、运用马克思主义哲学研究
法律现象的理论创造

我们知道，马克思恩格斯所创立的唯物史观认为，法律和政治、道德、宗

---

① 李达：《法理学大纲》，法律出版社 1983 年版，第 13 页。

教、哲学等同属于特定社会的上层建筑,本质上是由生产力和生产关系构成的经济结构所决定的,并且在一定程度上反作用于经济结构。由此,唯物史观内在地包含着马克思主义法律观的基本观点。在早期中国马克思主义者中,李达率先致力于系统阐述唯物史观。在《现代社会学》中,李达就提出要用"社会学"即唯物史观的理论和方法来研究包括法学在内的人文社会科学,并且通过研究这些人文社会科学来丰富、发展唯物史观。尽管如此,在20世纪二三十年代,李达的法学研究还处于起步阶段。他翻译出版了日本学者穗重积远的《法理学大纲》,并且在全面阐述唯物史观的过程中解读了马克思主义法律观。在这一时期的代表作《现代社会学》和《社会学大纲》中,李达关于法律问题的论述散见于各章节。在《现代社会学》中,李达一方面区分了法律上的身份与阶级,认为法律上的身份关系不过是阶级关系的历史表现形式,反对阶级关系由身份关系决定之类的说法,另一方面考察了国家与社会之间的关系,认为法律是支配阶级为维护自身经济利益而制订的社会规范。在《社会学大纲》中,李达根据唯物史观的基本观点,认为法律是社会的上层建筑,其主要作用是保障现行的财产关系;他还概括了苏联宪法不同于各资本主义国家的若干特征,阐述了法律作为资本主义社会意识形态的历史性特征。1947年李达执教于湖南大学法律系,在极端恶劣的环境下被迫讲授法理学。即便如此,李达丝毫没有放弃传播马克思主义的信念。在他看来,讲授法理学照样可以宣传马克思主义,马克思主义的基本观点同样可贯穿到法理学的教学当中。现存李达法理学课堂讲义《法理学大纲》尽管只有上卷部分,但我们仍然能够从中看出李达不只是在传播马克思主义,而且为丰富发展马克思主义法律观作出了重大的理论贡献。不仅如此,李达为解读新中国宪法而撰写的一系列著作,也延续了《法理学大纲》的研究思路和若干观点。

法律思想是唯物史观的重要组成部分,马克思主义经典作家为我们留下了关于法律问题的精辟论述。这些论述阐明了法律作为意识形态的特点和实质,揭示了法律与统治阶级的物质生活条件之间的关系,具体分析了法律对社会生活所起的双重作用。可是,限于种种原因,无论是唯物史观的创始人,还是东方马克思主义者的杰出代表列宁等人,都没有来得及系统阐述唯物史观的法律思想。李达的法学研究在一定程度上弥补了这一缺憾。大致而言,李达的《法理学大纲》从以下两个方面丰富和发展了马克思主义的法律观。

一是运用唯物史观考察法律制度的历史演变。

唯物史观认为,法律随着社会存在、社会经济制度的改变而改变。在《德意志意识形态》、《1857—1858年经济学手稿》、《家庭、私有制和国家的起源》等著作中,马克思恩格斯曾经考察了西方社会法律制度的演变,论述了法律随着私有制的产生和国家的形成而出现的过程,特别是以罗马法为例,说明了私法和私有制的发展与自然形成的共同体的解体过程相适应。尽管如此,散见于经典作家著作中的法律观点较为零散,缺少对法律现象历史演变的系统考察,更谈不上将中国这样的东方国家的法律制度纳入研究视野当中。李达的《法理学大纲》以及在新中国成立后完成的《中华人民共和国宪法讲话》等著作可以说是这方面的补白之作。

《法理学大纲》虽然不是法律史研究的专著,但是,李达将对东西方法律制度的历史考察有机地融入对法理学若干基本问题的研究当中。在论述法律的本质的显现过程时,李达考察了经济结构从古代奴隶制、中世纪封建制到近代资本制的历史演变,指出法律的本质与现象是同一的,是互相适应的。

在论述法律的本质与道德之间关系时,李达依次考察了原始社会、私有制社会的物质生活及其所决定的道德观念,进而指出,原始阶段人们共同遵守的、普遍的全面的道德,在私有制社会演变为维系等级制度的道德,如中国封建时代的礼治、欧洲中世纪基督教的爱与行善的精神。到了资产阶级社会,道德规范既反映了商品社会的共同性质,又与各社会阶级的经济要求相一致,其中能够保障资产阶级社会经济结构的内容,被纳入了法律当中①。

在论述法律的内容与形式之间矛盾的发展时,李达从历史的角度考察了法律形式从习惯法、判例法到成文法的演变。从法律的形式来看,氏族社会处理各种民事和刑事事务的主要是缺少公权力强制的、作为社会规范的习惯;在氏族社会崩溃以后的奴隶制社会,带有强制力的国家规范取代了社会规范。"初期国家成立以后,统治者就从社会的习惯规范,选择其具有保障奴隶制经济结构的功能的部分,掺合当时的宗教与道德的规范,针对自己阶级的利益,

---

① 李达:《法理学大纲》,法律出版社1983年版,第111—112页。

制定为国家规范,用公权力强制其实行。"①这样,氏族社会时期管理社会事务的习惯就逐渐演变为习惯法。经由司法或行政机关对于法律判决的整理,在习惯法的基础上形成了判例法;同时,那些被反复援用的判例也会成为普遍适用的习惯法。从法律的内容来看,不同时期的习惯法反映了特定的经济生活,如古代的习惯法以奴隶制经济结构为内容,封建的习惯法以封建制经济结构为内容,近代的习惯法以资本制经济结构为内容;在各个不同的时代,习惯法的内容有所增加与调整,但它们都以维护私有制为共同特征。李达通过考察法律形式从习惯法到成文法的演变,进一步揭示了法律的内容与形式之间的矛盾。通过回顾历史,他指出,在古希腊罗马、封建时代,不成文习惯法都是由于阶级斗争而发展成为成文法的,其结果是以往为少数特殊阶层所垄断的法律逐渐为大众所知晓;而到了资产阶级社会,成文法与习惯法相互转变,反映了不同时期经济生活的变动状况。

值得注意的是,李达对法律制度的历史考察,不是简单罗列古今中外法律条文和规章制度,也不是详细梳理某一部门法的流变过程,而是始终围绕马克思主义法律观的基本观点而展开的。换言之,李达对法律制度的历史考察,是对马克思主义法律观基本观点的历史阐释。经济基础与法律制度之间辩证的、历史的互动关系是李达考察法律制度历史演变的基本线索。一方面,他反复强调法律是特定社会阶段的经济结构的反映,旨在维护统治阶级的经济利益;另一方面,他从法律的本质与现象、法律的本质与道德、法律的内容与形式等角度,揭示了各个时代的经济结构与法律制度之间关系的丰富而具体的内涵。

二是阐明了法理学研究的马克思主义方法。

马克思主义经典作家向来重视唯物史观的方法论意义,多次强调唯物史观是研究人类历史和社会形态的指南,而不是剪裁历史、构造体系的公式。运用唯物史观研究历史就是要从不同时代人们物质生活生产的客观条件出发,探究各种社会经济形态的产生、发展和衰落过程及其规律,说明与之相应的政治法律制度和意识形态。马克思的《资本论》和恩格斯的《家庭、私有制和国

---

① 李达:《法理学大纲》,法律出版社 1983 年版,第 120 页。

家的起源》为我们留下了运用历史唯物主义方法分析和说明特定社会形态的典范。如前文所述,李达对东西方法律制度的历史考察也可以说是运用历史唯物主义方法研究法律现象的理论尝试。不仅如此,在李达那里,历史唯物论与唯物辩证法是紧密结合在一起的,二者共同构成了法理学研究的马克思主义方法。

李达在《社会学大纲》中详细阐述了唯物辩证法与历史唯物论之间的关系。他指出,作为世界观和认识论的辩证唯物论包含着自然辩证法和历史辩证法两部分,前者以自然现象的发展法则为对象,是对自然科学成果的概括,后者以社会现象的发展法则为对象,是对社会科学成果的概括。这样,历史辩证法不仅成为社会科学与唯物辩证法之间不可或缺的中介,而且构成了发展唯物辩证法的必要环节。"只有彻底的把辩证唯物论扩张于人类社会或历史的领域,才能使辩证唯物论更趋于深化和发展,人们才能在世界变动的过程中去认识世界,改造世界。"[①]正如有学者所指出的,李达虽然也用了"扩张"一词,但这是从逻辑上而不是从产生的先后上理解的,与后来斯大林和苏联教科书解释的"扩张"有原则的区别,更准确地反映了马克思主义哲学的内在结构和实质[②]。李达进而指出,在人类社会和历史领域运用辩证唯物论的观点,就要坚持历史唯物论的基本观点,即从社会存在决定社会意识的观点出发,揭示不同时代人们的物质生产活动与上层建筑之间的关系。

如果说李达的《社会学大纲》还只是阐明了运用辩证唯物论研究包括法律在内的人类社会各个领域的基本观点和方法,那么,在《法理学大纲》中,李达进一步阐发了唯物辩证法与历史唯物论的关系,建构了法理学研究的马克思主义方法。在他看来,法律现象既是整个世界的一部分,又是社会领域的一部分;它不仅间接受到世界普遍规律的支配,而且直接服从于社会领域的规律。因此,研究法律现象的法理学"是通过社会观而接受世界观的指导的"[③]。也就是说,"把法律制度当做建立于经济构造之上的上层建筑去理解;阐明法制这东西,是随着经济构造之历史的发展而发展,而取得历史上所规定的特殊

---

① 李达:《社会学大纲》,武汉大学出版社 2007 年版,第 228 页。
② 陶德麟:《再版序言》,载李达:《社会学大纲》,武汉大学出版社 2007 年版,第 4 页。
③ 李达:《法理学大纲》,法律出版社 1983 年版,第 3 页。

形态,阐明其特殊的发展法则,使法律的理论从神秘的玄学的见解中解放出来,而构成为科学的法律观"。①

更为重要的是,李达阐明了唯物辩证法的基本法则和范畴在法理学研究中的具体应用。从内容上看,李达《法理学大纲》所讨论的"客观论理学"实际上就是唯物辩证法。在他看来,客观论理学注重内容与形式的统一,把矛盾同一的法则看做是客观世界和思维的根本法则;客观论理学承认客观事物的永恒运动、普遍联系和相互影响,并且运用论理学的系列概念和法则反映客观事物的运动及其法则。他以法律上的概念、判断和推理为例,说明了唯物辩证法在法理学中的运用。例如,法律概念既揭示了对象的普遍性,又包含着对象的特殊性和个别性;它反映了特定的社会关系,并且随着社会关系的变动而运动、发展,而不是孤立、不变的东西;法律上的判断作为法律概念的运动形式,反映了社会关系的必然联系及其发展的形式;法律推理作为法律认识的最高形式,只有综合运用分析与综合、归纳与演绎的方法,才能逐渐由感性认识上升到理性认识,揭示出社会关系的必然联系。李达的分析表明,概念、判断和推理是构成一切现实法律的基本要素,从表面上看,它们既有着各自的等级序列,相互之间又呈现出从简单到复杂的逻辑关系;就其实质而言,合理的法律概念、判断和推理都是对社会关系及其发展的客观反映,只有运用唯物辩证法的法则和范畴才能实现这一目标。如前所述,李达在《法理学大纲》中先后运用了本质与现象、内容与形式、普遍性与特殊性和个别性等唯物辩证法的范畴来考察法律的实质、作用和演变,这些都可以说是马克思主义方法在法理学研究中的具体表现。

三、建构马克思主义法理学体系的理论尝试

在立足中国现实思考法律问题、运用马克思主义哲学研究法律现象的过程中,李达对法律问题的思考日趋深入。历史地看,李达的法律研究经历了从阐释马克思主义法律观到建构马克思主义法理学体系、解读社会主义宪法的

---

① 李达:《法理学大纲》,法律出版社 1983 年版,第 6 页。

过程。其中,《法理学大纲》是他建构马克思主义法理学体系的初步尝试。结合时代背景和历史发展,我们能够从中窥见李达这一理论创造活动的意义和特点。

20世纪二三十年代,从英美日等国留学归来的中国法学研究者就已经开始介绍马克思主义的法学思想,并且把唯物史观和唯物辩证法看做是解释法律现象的代表性学说。不过,他们中的大多数人并不认同马克思主义法律观的基本观点,还有一些受西方自由主义思想影响的学者如张君劢等激烈反对唯物史观,对马克思主义法律观作了尖锐的抨击。从整体上看,马克思主义法学思想在民国时期的法学界尚无一席之地,当时出版的重要法学期刊和法学著作很少涉及马克思主义的观点。造成这一状况的原因是多方面的。有学者指出,马克思主义法学之所以在民国时期受到冷遇,既是因为马克思主义法学鲜明的阶级特征使得国民党政府极力压制马克思主义法学研究,又与民国时期中国法学研究的时代精神相关①。那些留学欧美等国的法政学者热衷于在中国传播当时西方学术界盛行的各派法学理论,冀图变革中国法律体系,使之与西方先进法律制度接轨。在这一背景下审视李达的法学研究,我们不难看出,李达在当时运用马克思主义研究法律问题,不能仅仅看做是民国法学领域的标新立异之举,而应该理解为一位真诚的马克思主义者冒着极大的生命危险进行的理论探索。同时,李达并没有因为马克思主义法学思想的惨淡境遇而无视同时代学者的研究,而是从民国时期法学研究的现状和问题出发,试图革除国内法学研究的弊端,进而解决更为迫切的时代问题。这样,李达的法学研究在当时独树一帜,而且开启了中国学者建构马克思主义法理学体系的理论进程。具体而言,李达建构马克思主义法理学体系的理论尝试具有以下方面的特点:

一是用法理学话语表述马克思主义哲学中国化的研究范式。在《法理学大纲》中,李达明确指出,"作为社会科学之一的法理学,如果真能阐明法律的发展法则,就可以依据这法则以改造法律,使法律适应于社会生活,并促进现

① 参见张小军、张天羽啸:《马克思主义法学在民国法学界境遇概览》,《新疆大学学报(哲学·人文社会科学版)》2010年第6期;程波:《二十世纪二三十年代中国法学话语的多面性》,《法学杂志》2011年第4期。

实社会的发展,这是关于法理学的任务的问题。"①在实践中认识自然界和人类社会的发展规律,进而合理运用这些规律来改造自然界和人类社会,推动人类历史进步,这是马克思主义哲学实践观的基本主张。然而,普遍性的规律总是蕴含在特殊性的条件中,合理运用这些规律,依赖于人们在不同时代和民族的实际状况中进行创造性的努力。对于法理学研究和法律实践而言,同样如此。法律发展的普遍法则的实现,不能离开各国的社会现状和法律体系,更不能寄希望于法律体系的自我完成。

李达结合当时中国法律体系和法学研究的现状,进一步阐发了法理学的任务。他指出,自满清末年到民国政府时期,中国通过向西方学习,确立了在内容上接近西方先进国家的法律体系。尽管如此,中国现行法律体系不是像某些学者所称的那样反映了中国民族心理,反而与产生中国民族心理的社会实际状况相脱离。也就是说,"法律已经赶上帝国主义国家法律的水准,而社会现实还停顿在殖民地状态"②。李达还回顾了中国法学研究的历史,并揭露了其弊端。李达认为,中国的法学研究肇始于满清末年的日本留学生和日本人主讲的北京法律学堂,以在各部门法学领域翻译、注释外来法律为主,是一种"注释法学"、"概念法学"③。总之,当时的中国法律学者和立法者关注国外最新的法律思想和立法趋势,却不思考法律与社会现实的关系问题,因而无助于改进中国落后的社会现实。针对这一状况,一方面,李达阐明了法理学研究的意义,认为只有研究法律发展的普遍法则的法理学,才能摆脱各部门法学的藩篱,探讨法律与社会现实的关系问题。另一方面,他指明了中国法理学研究的致思方向。在他看来,人们可以通过认识并运用社会发展法则来选择社会发展道路,进而改造中国社会,而不是照搬西方资本主义模式;而法律改造是社会改造的一部分,中国法律体系的革新应该是在改造中国社会的基础上建立与中国社会基础和前途相适应的法律。因此,"法理学的研究,首先要阐明世界法律发展的普遍原理,认识法律的发展与世界发展的关系,认识特定历史阶段上的法律与社会的关系;其次要应用那个普遍原理来认识中国的法律

---

① 李达:《法理学大纲》,法律出版社 1983 年版,第 9 页。
② 李达:《法理学大纲》,法律出版社 1983 年版,第 13 页。
③ 李达:《法理学大纲》,法律出版社 1983 年版,第 11 页。

与特殊的中国社会的关系,由中国社会发展的特殊路线,展开与之相互适应而又能促进其发展的法律理论,作为改造法律充实法律的指导"。① 由此可见,李达的法理学研究深刻地体现了他立足中国现实、探索中国出路的马克思主义哲学中国化范式。

二是运用马克思主义哲学展开法理学批判。从民国时期中国法律体系和法学研究的现状和问题出发,阐明马克思主义法理学的任务和思路,还只是李达建构马克思主义法理学体系的第一步。在《法理学大纲》中,李达还运用马克思主义哲学的理论和方法,回顾了自古希腊时代以来法理学的学说史,展开了对各派法理学的批判。早在 1928 年,李达就翻译出版了日本近代著名法学家穗积重远的《法理学大纲》,这部著作被法学界人士誉为"中国近代引进翻译的、有份量的国外法理学作品之一"②,它将西方法理学分为分析派、哲学派、历史派、比较哲学派和社会学派,分别概述、评析了各派的观点和方法,并且提出了针对法律现象的分析的、历史的、比较的研究方法和哲学的、社会学方法的所谓新理想主义的研究方法。从体例和内容上看,李达的《法理学大纲》既借鉴了穗积重远的同名著作,又增删了大部分内容。李达改变了穗积重远根据研究方法梳理西方各派法理学的叙述方式,采取了遵循法理学历史演变过程的叙述方式,将各派法理学的基本观点和研究方法融入法理学的学说史中。同时,李达选取了各派法理学的代表人物及其观点,加以重点讨论,而不是像穗积重远那样,分析每一派法理学时都罗列出若干学者,显得主次不分,枝蔓庞杂。

最为明显同时也是实质性的区别在于,李达对各派法理学的分析与批判,不仅仅是像穗积重远那样从学理上评析各派观点的意义和缺陷,而是进一步说明了各派法理学的历史背景、社会根源和理论实质。例如,在谈到自然法学派时,李达区分了拥护君权的自然法学派与提倡民权的自然法学派,认为前者反映了 16、17 世纪资本主义早期阶段呼吁信仰自由和政治权利、同情新教贵族、反抗专制暴君的主张,后者则是法国大革命所代表的资产阶级革命的理论

---

① 李达:《法理学大纲》,法律出版社 1983 年版,第 13—14 页。

② 魏琼:《勘校者前言》,载〔日〕穗积重远、〔美〕福克尔:《〈法理学大纲〉与〈法律哲学 ABC〉》,李鹤鸣、施宪民译,魏琼校,中国政法大学出版社 2004 年版,第 3 页。

来源。他还指出,德国玄学派的法理学反映了 18 世纪末叶到 19 世纪初叶的德国市民阶级的二重性,他们一方面欢迎法国革命的理论,另一方面又由于担心革命的恐怖而与封建贵族相妥协;德国历史派法理学的兴起与 19 世纪初德国市民阶级的民族主义的统一运动密不可分,当时德国境内各邦法律不一,资产阶级要求统一德国,以发展经济,增强竞争力,因而主张发掘德国固有的法律传统,建立统一的德国法;19 世纪后期出现的社会哲学派和比较哲学派法理学分别反映了这一时期帝国主义国家通过社会政策的立法以缓和社会矛盾以及帝国主义和殖民地国家的法律体系相接触的客观形势;20 世纪的社会法学派则是资本主义矛盾充分暴露后资产阶级法学家被迫接受现状、寻求补偏救弊措施的理论。李达的分析表明,西方法理学的学说史实际上反映了西方社会从古希腊时代到 20 世纪上半叶的社会生活特别是经济结构和国家制度的历史演变。不仅如此,李达对各派法理学共同缺陷的揭露,坚持了唯物史观与唯物辩证法的基本观点,从哲学基础与方法论的角度展开了批判。他认为,以往各派法理学的哲学基础都是观念论,都没有历史主义的观点,不懂得人类社会的历史和国家形成发展的现实基础,都缺乏社会现象互相联系的观点,不懂得法律与社会生活其他领域之间的密切联系,其结果只能是立足于资本主义社会的经济基础和社会结构,追求不可能实现的公平正义。用李达的话来说,"市民的法理学,只是想把自己阶级的意志加入于统治万人的法律之中。他们的意志之根本的性质与方向,是受他们的阶级的存在之经济条件所决定的"。①

三是阐明了法理学研究的前提性问题和核心论题。这是建构马克思主义法理学体系的另一项任务。在李达看来,这些前提性问题包括法理学的定位,即法理学与世界观和哲学观的关系问题,法理学的对象、任务和范围,以及法理学的研究方法,等等。在前文的讨论中,我们已经涉及了李达关于法理学的定位、对象、任务和研究方法等问题。简言之,在李达看来,法理学要在马克思主义哲学的指导下,阐明法律的发展法则,进而依据这些法则改造现实社会和法律制度,促进社会发展,为此需要综合运用分析与综合、归纳与演绎的方法。

---

① 李达:《法理学大纲》,法律出版社 1983 年版,第 86 页。

由此出发，李达对于法理学研究范围的理解，就突破了以往局限于法律条文、体系和制度的模式，突破了法律领域的视域限制，转而考察法律作为特殊的社会现象与政治、经济和其他意识形态之间的关系，从而揭示了法律自身的发展法则以及法律与社会生活之间的密切联系。所以，李达认为，法理学除了要研究法律制度的各种形式和历史形态之外，还要研究法律制度与国家形态、经济基础以及法律的起源，并在此基础上构建系统的法律观。由此，李达就把与法律相关的广阔社会领域和思想观念都纳入了法理学的研究范围，例如当代的社会问题、劳工问题、中国社会史、世界社会史、社会思想、中国与世界现状等。循此标准，我们可以说，李达早年对中国和世界的劳工问题、妇女问题、社会主义思想和运动的研究都属于法理学的研究。

在合理阐明法理学研究的前提性问题之后，李达揭示了法理学的核心论题，即法律与国家的关系问题。这显然是李达运用马克思主义哲学探讨法律现象得出的必然结论。马克思主义经典作家已经指出，随着氏族社会的瓦解，私有财产的出现，国家逐渐形成，它是阶级统治的机关，运用法律等社会规范和暴力机关来保障经济结构，维护统治阶级的利益。因此，无论是从法律的历史还是现状来看，法律的实质和功能都是通过法律与国家之间的关系而展现出来的。为了更深入地解答这一问题，李达一方面批判了各派法理学的国家观和法律观，揭露了各派法理学对法律与国家关系的曲解，另一方面在论述法律的本质与现象、内容与形式、属性时，始终围绕法律与国家关系这一核心论题，从不同角度展现了法律与国家关系的丰富内涵。尽管存留下来的《法理学大纲》没有向我们展现李达建构马克思主义法理学体系的全部成果，但是它的内容足以呈现李达这一理论工作的深远意义，他对法理学研究的前提性问题和核心论题的讨论为后继者提供了合理的框架，指明了正确的方向。正因为如此，时至今日，中国法学界仍然肯定他的《法理学大纲》是"中国历史上第一部用科学的世界观和科学的社会观研究法学基本原理的系统的法理学专著"[①]。

综上所述，从 20 世纪 20 年代到新中国成立后，李达始终没有放弃对法律

[①] 李龙、汪习根：《二十世纪中国法理学回眸》，《法学评论》1994 年第 4 期。

问题的关注与思考。从探讨劳动问题、妇女问题到解读社会主义宪法,李达总是立足中国社会现实,思考与民族命运和社会发展密切相关的法律问题。与此同时,他坚持运用马克思主义哲学研究法律现象、思考中国的出路问题,将马克思主义哲学的普遍性与法律领域和中国社会的特殊性有机结合在一起,从而丰富、发展了马克思主义哲学特别是马克思主义法律观。作为学者型的马克思主义哲学家,李达还剖析了民国时期中国法律体系和法学研究的现状与弊端,由此出发建构了马克思主义法理学体系。可见,李达的法学研究不能简单理解为马克思主义哲学的理论和方法在法学领域的单纯应用,而是马克思主义哲学中国化研究范式的成功范例,是通过运用马克思主义哲学研究法律问题来发展马克思主义哲学、建构法理学体系、思考中国出路问题的理论创造工作。

(原载《山东社会科学》2014 年第 9 期)

从翻译到创新

——李达的法理学探索及其启示

周　可

在 20 世纪的中国马克思主义者中,李达以其著译丰富、涉猎广泛而格外引人注目。他毕生留下的大量译著和专著,涉及哲学、经济学、法学、历史学、社会学等多个领域,并且在这些领域都取得了开创性的成就,产生了深远的影响。李达在人文社会科学诸多领域的探索与思考,又始终贯穿着一条主线,即马克思主义哲学中国化的研究范式①。他一方面运用马克思主义哲学的理论和方法开展各门人文社会科学的研究,另一方面借助这些研究来丰富和发展马克思主义哲学,推进马克思主义哲学的中国化。他的法学思想也是以马克思主义哲学中国化范式开展法学研究的成功范例②。不仅如此,李达哲学探索的另一特点是,他非常关注国外学术研究的前沿动态,翻译了许多重要著作,并且在批判吸收这些著作的基础上构建自己的理论体系。因此,李达的译著构成了其理论创造活动乃至整个马克思主义哲学中国化进程中不可或缺的一环,为我们深入理解李达思想、推进中国马克思主义哲学中国化提供了宝贵的思想资源。

在李达的论著中,有两部著作颇为特别,因为它们有着一模一样的标题——《法理学大纲》。第一本《法理学大纲》是 1928 年李达翻译的日本近代著名法学家穗积重远的代表作,它被誉为“中国近代引进翻译的、有份量的国

---

① 汪信砚:《李达的马克思主义哲学研究范式及其深刻启示》,《江海学刊》2012 年第 2 期。
② 参见拙文《以马克思主义哲学中国化范式开展法学研究的成功范例——李达法学思想研究》,《山东社会科学》2014 年第 9 期。

外法理学作品之一"①。第二本《法理学大纲》是 1947 年李达在湖南大学法学院讲授法理学时的讲义。尽管这部著作只保留了上卷,但时至今日,它仍被誉为"中国历史上第一部用科学的世界观和科学的社会观研究法学基本原理的系统的法理学专著"②,是"我国第一部运用马克思主义观点系统地阐述法学理论的专著"③。以往人们对李达思想的研究主要以李达本人的学术专著为解读对象,对李达的译著关注甚少;在李达法学思想方面也是如此,人们主要关注李达本人的《法理学大纲》,在论及李达翻译的《法理学大纲》时往往着墨甚少④。实际上,这两部《法理学大纲》对于理解李达的法学思想和他的马克思主义哲学创造活动而言具有重要的意义。从时间上看,这两部著作之间横亘着近 20 年的光阴;从形式上看,一本是李达的译著,另一本是他本人的专著;从内容上看,虽然这两部著作都是为讲授法理学而撰写的讲义,但是,二者之间的差异非常明显。通过考察这两部著作之间的联系与差异,我们能够清楚地看出李达从介绍他人观点深入到构建自己学说的探索过程,同时发掘李达的法学研究与马克思主义哲学中国化之间的内在联系,进而阐发有助于今天推进马克思主义哲学中国化的若干启示。

一

20 世纪 20 年代,唯物史观开始在中国广泛传播。一方面,中国早期马克思主义者如李大钊、陈独秀、蔡和森和李达等不约而同地结合人文社会科学的特殊领域和具体问题来阐释唯物史观,呈现出各具特色的阐释路径;另一方

---

① 魏琼:《勘校者前言》,载于[日]穗积重远、[美]福克尔:《〈法理学大纲〉与〈法律哲学 ABC〉》,李鹤鸣、施宪民译,魏琼校,中国政法大学出版社 2004 年版,第 3 页。

② 李龙、汪习根:《二十世纪中国法理学回眸》,《法学评论》1999 年第 4 期。

③ 韩德培:《李达教授在法学方面的贡献》,《武汉大学学报(人文科学版)》2007 年第 2 期。

④ 曲广娣的《李达法理学思想研究》(中国政法大学出版社 2013 年版)一书将李达的《法理学大纲》置于中国近代法理学的背景下加以考察,辨析了李达所构建的马克思主义法理学体系与中国近代法理学诸多流派、学说之间的渊源和差异,较好地揭示了这部著作在中国近代法理学史上的地位和意义。不过,受主题所限,该书关于李达两部《法理学大纲》的论述较为零散,不甚详尽,也没有阐明这两部著作的根本差异。

面,这些中国马克思主义者逐渐形成了明确的理论旨趣,把运用马克思主义来改造中国社会当做自己的理论任务。正如李达在《马克思学说与中国》一文中所言,"马克思学说之在中国,已是由介绍的时期而进到实行的时期了"①。由此,李达对法律现象、法学理论的关注和研究,既是他阐释、发展唯物史观的路径之一,又贯穿着他运用马克思主义研究中国现实、改造中国社会的理论旨趣。

20世纪20年代初,正是中国妇女解放运动和工人运动风起云涌的时候。李达作为中国先进知识分子的代表,不仅翻译了一批介绍世界主要国家的劳动、妇女和社会政策以及社会主义劳动观和妇女观的著作,而且提出了解决现代社会劳动问题和妇女问题的社会主义主张,意识到借助立法推动中国劳工运动发展的重要性。与此同时,在这一时期的社会主义争论中,李达较早地思考了社会主义国家的法律问题。他翻译、撰写的关于社会主义实践与理论的许多著作,阐明了马克思主义经典作家关于无产阶级专政下的法律制度的基本观点,介绍了俄国革命胜利后颁布的法律条文,探讨了完成社会主义革命后应该确立的法律制度。他特别指出,中国无产阶级掌握政权后,应该根据中国的产业状况和文化程度以及马克思主义的原则,制定各项政策。为此,他拟订了若干条大纲,其中包括立定保工法、保障工人农民的无条件的选举权和被选举权、实现妇女在政治上经济上社会上一切与男子平等②。

从这一时期李达对社会主义国家法律制度的思考和探索来看,他始终围绕着当时中国社会亟待解决的劳动问题和妇女问题,主张借助立法手段推进劳动运动、维护劳工权益,强调社会主义国家的法律制度应尊重、保护劳动者和妇女的政治、经济和社会权利。

不仅如此,作为一名学者型的马克思主义哲学家,李达对法律问题的关注与思考并不满足于照搬其他国家的法律制度和立法经验,而是试图从理论上认清法律现象的实质,寻求解决中国问题的根本途径。于是,他一方面尽可能地借鉴国外法学研究的最新成果,另一方面深入研究马克思主义的法律观。

---

① 《李达文集》第1卷,人民出版社1980年版,第202页。
② 《李达文集》第1卷,人民出版社1980年版,第215页。

1928 年李达翻译了穗积重远的《法理学大纲》。穗积重远是日本近代著名法学家、东京帝国大学教授，其父亲穗积陈重是日本近代法学的主要奠基人。该书是明治 40 年（1907 年）穗积重远在东京帝国大学讲授法理学时编写的讲义，囊括了近代法理学的主要内容，提出了关于法理学若干基本问题的独到见解，堪称近代日本法理学研究的代表作。这部著作的翻译出版，为当时的中国学人了解近代日本以及西方的法理学思想提供了珍贵的资料。著名法学家韩德培先生晚年曾回忆，20 世纪 30 年代初，他在大学期间就读过李达翻译的《法理学大纲》①。

李达翻译国外学者研究成果的理论工作几乎是与他钻研马克思主义理论同步进行的。在翻译出版《法理学大纲》前后，李达先后完成了《现代社会学》和《社会学大纲》，并且发表了多篇解读三民主义和唯物史观的文章。特别是在《现代社会学》和《社会学大纲》中，李达不仅较为系统地阐述了唯物史观，介绍了马克思主义法律观的基本观点，而且论述了社会主义法律的特征。在 1926 年出版的《现代社会学》中，李达依据社会进化的原理来说明法律的进化。他指出，生产力的发展是法律进化的原动力，阶级斗争是法律进化的人工发动力。他结合不同时代的阶级状况，详细描述了从古罗马时代到封建时代和资本主义社会的法律进化趋势，并且深入剖析了资本主义法律的自由主义精神的实质。在他看来，资本主义法律以"自由"、"平等"和"私产神圣不可侵犯"为其根本原理，实质上反映了经济领域的阶级斗争。在资本社会里，劳动者一无所有，不得不出卖劳动力，并且在劳动过程中依附于雇主，由他们占有自己的剩余劳动产品。劳动者的不自由、不平等状况，是由近代维护私有制的法律所造成的。因此，社会主义革命必然要求"将私人所有权化为社会所有权，而创制以社会共有制为本位之法律"②。此外，他还区分了法律上的身份与阶级，认为法律上的身份关系不过是阶级关系的历史表现形式，法律是支配阶级为维护自身经济利益而制订的社会规范。在 1935 年印行、1937 年出版的《社会学大纲》中，李达根据唯物史观的基本观点，认为法律是社会的上层

---

① 参见韩德培：《一位少有的马克思主义法学家》，《武汉大学学报（哲学社会科学版）》1981 年第 1 期。

② 李达：《现代社会学》，武汉大学出版社 2007 年版，第 104 页。

建筑,其主要作用是保障现行的财产关系,它既为社会的经济构造所规定,又反作用于经济基础,促进或阻碍经济发展。在考察国家形态的演变时,他着重论述了资产阶级国家和过渡时期无产阶级专政国家的法律制度。李达认为,资产阶级革命胜利后所确立的民主主义,即法律所规定的平等和自由原则,虽然消除了身份的差别,但是建立在私有财产的基础之上,无法掩饰阶级的差别;而俄国无产阶级革命胜利后颁布的苏联宪法,"是推翻资本主义走入社会主义的标志"①,具有不同于资本主义国家宪法的若干特征,如实行无产阶级专政、废除私有制度、选举制度的民主化等等。

由此可见,在 20 世纪二三十年代,李达关注与思考法律问题的焦点逐渐从实践层面的法律问题上升到学理层面的法律学说,从与中国社会现实和未来出路密切相关的立法运动和法律制度深入到探讨法律本质和功用的理论体系。李达翻译国外最新研究成果与阐释马克思主义法律观的理论工作体现了他从事法学研究的理论自觉,也为后来构建马克思主义法理学体系奠定了理论基础。不过,从整体上看,这一时期李达的翻译介绍工作与马克思主义法律观的阐释工作尚未有机地结合在一起。他在《现代社会学》和《社会学大纲》中对马克思主义法律观的解读,既没有充分吸收国外法理学研究的前沿成果,也没有展开对近代西方法理学的批判,更谈不上构建马克思主义法理学体系。而真正完成这些理论任务的,则是他在 20 世纪 40 年代完成的《法理学大纲》。

二

虽然现存的李达《法理学大纲》的上卷部分直接提及日本学者穗积重远及其著作的地方并不多,但是,读过这两本《法理学大纲》的读者都不难发现这两部著作的相似之处,也很容易看出李达的《法理学大纲》受到了穗积重远同名著作的影响。不过,我们不能由此得出结论说,李达只是在转述或照搬穗积重远著作的内容和观点,甚至否认李达本人的理论创新。准确地说,20 世

---

① 李达:《社会学大纲》,武汉大学出版社 2007 年版,第 453 页。

纪 40 年代李达对法律问题的思考凝聚着近 20 年来他研究马克思主义哲学特别是马克思主义法律观的成果。通过比较李达与穗积重远的《法理学大纲》，我们能够深入理解李达在前人研究的基础上，融入自己多年来研究马克思主义哲学的心得，进而构建独具特色的法理学体系的探索过程。

在体例方面，李达的《法理学大纲》既借鉴了穗积重远的同名著作，又作了明显的调整。穗积重远的《法理学大纲》大体上分为三部分，第一部分从研究方法和研究范围两方面阐述了法理学的意义，第二部分概述并评析了各派法理学，第三部分讨论了法理学若干核心论题。李达的《法理学大纲》也是遵循先厘清法理学基本问题，然后评述以往法理学，最后构建自己学说的线索，依次分为三篇，分别是界定法理学的性质、对象、任务、范围和研究方法的"绪论"篇、"各派法理学之批判"篇以及讨论法律与国家的关系、法律属性的"法律之论理的考察"篇。在这两部著作中，评述各派法理学的部分都占了较大的篇幅。

不过，李达没有像穗积重远那样根据不同的研究方法来梳理西方各派法理学，而是遵循法理学演变的历史线索，在阐述法理学学说史的同时介绍、评析各派法理学的基本观点和研究方法。穗积重远沿袭美国学者罗斯科·庞德（R.Pound）的观点，根据研究方法的不同，将自古希腊以来的西方法理学划分为分析派、哲学派、历史派、比较哲学派和社会学派等五大流派，并分别讨论各派的主要人物和代表性观点。李达则依据各派法理学出现并盛行的大致时间顺序，将西方法理学划分为古代哲学派、中世纪神学派、自然法学派、玄学派、历史学派、分析学派、社会哲学派、比较法学派和社会法学派等若干派别。

相比之下，李达著作在体例方面的调整具有明显的优越性。这种以历史线索为主的叙述方式一方面吸收了庞德和穗积重远的研究成果，另一方面避免了穗积重远著作的某些缺陷。例如，分析派和历史派法理学大致兴起于 18 世纪末 19 世纪初，分别从不同角度展开了对自然法派法理学的批判，在时代背景和理论立场等方面有着极大的相似性，但是，穗积重远却把二者看做毫无关联的两大流派，忽视了它们的共性特征。再比如，社会哲学派和比较法学派都出现于 19 世纪末，共同反映了帝国主义时期社会生活的新趋势，可是，在穗积重远著作中，社会哲学隶属于哲学派法理学的现代形态，而比较法学派是与哲学派法理学相并列的一大流派,由此我们很难发现这两大派别之间的内在联系。而李达将分析派与历史派、社会哲学派与比较法学派法理学,分别置于共同的时代背景下,深入辨析了其理论主张的异同,合理揭示了法理学与时代生活之间的密切联系。

在内容方面,穗积重远既详细罗列了各派法理学的学者及其主要观点,又从学理上评价了各派法理学的优点和不足,最后阐述了自己对于法理学若干核心论题的看法。与之相比,李达的《法理学大纲》则有所不同。一方面,李达借鉴了穗积重远对各派法理学观点的概述和评价。例如,在论及统一期社会法学的研究要旨和理论特征时,李达完全引用了穗积重远所转述的庞德的观点;在批评社会法学的缺陷时,李达也部分吸收了穗积重远的主张,同样认为社会法学没有区分国家与社会,没有注意到法律作为社会现象的特殊性。

另一方面,李达又有所取舍,增删了一些内容。穗积重远著作涉及的一些人物和争论,如古希腊哲学家毕达哥拉斯和赫拉克利特、近代哲学家斯宾诺莎和费希特以及分析派法学家波罗克等,还有历史派法理学中萨维棱与提波、"德国派"与"罗马派"之间的争论,在李达著作中都没有出现。这主要是因为这些人物没有直接影响西方法理学的思想演进,这些争论大多属于学派内部的事件,不具有代表性和普遍性。对于那些在穗积重远著作中略有提及却具有代表性的流派,李达则作了详细论述。例如,对于晚近出现的社会学派法理学,穗积重远仅用较少的篇幅加以概述,而李达不仅细致介绍了穗积重远提及的学者及其主要观点,如实证主义奠基者孔德、生物学法理学的代表人物斯宾塞,还专门讨论了穗积重远著作中所没有涉及的法学家亚当斯(Brook Adams)和冯特(Wundt)等人的学说。

在法律观方面,李达也在吸收、借鉴穗积重远著作的基础上有所突破。在李达和穗积重远的著作中,作者的法律观体现在多个方面,包括对法理学前提性问题的回答、对以往各派法理学的批判以及对法理学核心论题的探讨。

穗积重远著作一开篇就讨论了法理学的意义。他区分了法律学与法理学,认为法律学是关于法律现象的系统知识,而法理学旨在研究法律自身的根本原理以及法律现象在一切现象中的位置,因而属于探究事物的普遍性和根本性的哲学领域,是介于现实法学与一般哲学之间的、关于法律现象的特殊哲学。在穗积重远看来,哲学是关于事物的普遍性和根本性的知识,它以建立在经验基础之上的科学为前提,是对科学知识的进一步反思;就其范围而言,法理学除了法律形而上学之外,还涉及法律学、立法学、法律心理学、法律伦理学、法律教育学和法律美学等多个领域。至于穗积重远本人的法律观,他提出了一种"新理想主义":"所谓理想主义,实可谓为现实的理想主义(realistic idealism)。盖法理学实系研究基于法律现实(das Seiende)之法律理想(das Seinsollende)者也。"①进一步而言,这种"新理想主义"是对以往各种法理学研究方法的综合运用,既包括对法律现象进行分析的、历史的、比较的研究,又注重展开哲学的、社会学的批评。在该书的第二部分,穗积重远对各派法理学展开的批判,既是回顾法理学的历史,又是通过评析各派法理学的方法和观点,为构建自己的法理学体系奠定基础。用他的话来说,"著者所注重之处,不在于说明某学者曾为某说,而在于将各种应有之法律观作系统地批评,以准备构成自己之法律观也"。② 基于这一考虑,穗积重远不忘运用这种"新理想主义"来评价某些派别的法理学观点。例如,谈到康德的自然法派法理学时,他明确指出,康德倡导的绝对个人主义在理论上和现实中都不符合人类生活的社会性特征,因而存在根本谬误,"故吾人所应采取之途径,非卢梭之想象的事实论,非康德之观念的理想论,乃事实的理想论也"。③ 在批评斯达穆拉的法理学时,他又说道:"彼之以社会生活为法律根柢而说明社会理想,此在吾人之社会法学的新理想主义观之,固为一大卓识,然既论社会生活,求社会理想,而又不欲放弃其形式观念,殆属不可能之事。"④在该书的第三部分,穗积重远进一步根据这种"新理想主义"来探讨法理学的若干核心论题。他认为,法律是人类社会发展到国家形态的产物,其实质是由社会力强制实行的社

---

① [日]穗积重远、[美]福克尔:《〈法理学大纲〉与〈法律哲学 ABC〉》,李鹤鸣、施宪民译,魏琼校,中国政法大学出版社 2004 年版,第 22 页。

② [日]穗积重远、[美]福克尔:《〈法理学大纲〉与〈法律哲学 ABC〉》,李鹤鸣、施宪民译,魏琼校,中国政法大学出版社 2004 年版,第 27 页。

③ [日]穗积重远、[美]福克尔:《〈法理学大纲〉与〈法律哲学 ABC〉》,李鹤鸣、施宪民译,魏琼校,中国政法大学出版社 2004 年版,第 51 页。

④ [日]穗积重远、[美]福克尔:《〈法理学大纲〉与〈法律哲学 ABC〉》,李鹤鸣、施宪民译,魏琼校,中国政法大学出版社 2004 年版,第 57 页。

会生活规范;它以保护社会利益和个人利益为主要内容,以执行正义为目的,并呈现出逐渐进化的趋势;从形式上看,法律包括习惯法、判例法、成文法和法典;就其中心观念而言,法律经历了从义务本位到权利本位、从个人本位到社会本位的演变。

　　同样,李达也在著作开篇的"绪论"部分阐明了法理学的学科性质、研究对象、任务和范围以及研究方法。他依据马克思主义的世界观和社会观来理解哲学和法理学,认为哲学就是科学的世界观,是关于世界发展的一般法则的科学,而法理学是科学的世界观在法律领域的应用和扩张,它同时受到科学的社会观的指导,是一种科学的法律观。由此,法理学的对象就是揭示法律的发展法则,其任务是运用法律发展法则来改造现实社会、实现社会进步,其范围不仅涉及法律领域各个部门,而且包括国家、经济、意识形态等诸多方面,其研究方法则是与唯物辩证法相适应的"客观论理学"。这样,李达就确立了与穗积重远观点截然不同的"科学的法理学",即马克思主义的法理学。这种"科学的法理学"依据历史唯物主义关于社会存在决定社会意识的基本观点,把法律看做是主要保障财产关系的上层建筑,具有强制性和历史性。这显然不同于穗积重远根据经验主义哲学而得出的法理学观念。正如李达在《社会学大纲》中所指出的,"道德和法律的规范,按其内容说,是以当时存在着的社会制度和社会生活状态来决定的。由于时代不同,社会不同,阶级不同,这些规范的内容也各不相同。而这种规范主要的是依存于阶级利害。"①因此,要恰如其分地评价并批判各个时代的法律制度和法理学说,就要深入它们所处的历史时代和社会生活。

　　在《法理学大纲》中,李达对各派法理学的批判,不只是像穗积重远那样从学理上评析各派观点的意义和缺陷,而是进一步说明了各派法理学的历史背景、社会根源和理论实质。例如,在谈到自然法学派时,李达区分了拥护君权的自然法学派与提倡民权的自然法学派,认为前者反映了16、17世纪资本主义早期阶段呼吁信仰自由和政治权利、同情新教贵族、反抗专制暴君的主张,后者则是法国大革命所代表的资产阶级革命的理论来源。他还指出,19

---

① 李达:《社会学大纲》,武汉大学出版社 2007 年版,第 493 页。

世纪后期出现的社会哲学派和比较哲学派法理学分别反映了这一时期帝国主义国家通过社会政策的立法以缓和社会矛盾以及帝国主义和殖民地国家的法律体系相接触的客观形势,20世纪的社会法学派则是随着资本主义矛盾充分暴露,资产阶级法学家被迫接受现状,寻求补偏救弊措施的理论。李达的分析表明,西方法理学的学说史实际上反映了西方社会从古希腊时代到20世纪上半叶的社会生活特别是经济结构和国家制度的历史演变。

不仅如此,李达还运用唯物史观与唯物辩证法的基本观点,从哲学基础与方法论的角度,揭露了各派法理学的共同缺陷。他认为,以往各派法理学的哲学基础都是观念论,都没有历史主义的观点,不懂得人类社会的历史和国家形成发展的现实基础,都缺乏社会现象互相联系的观点,不懂得法律与社会生活其他领域之间的密切联系,其结果只能是立足于资本主义社会的经济基础和社会结构,追求不可能实现的公平正义。我们不难看出,这也正是穗积重远所谓的"新理想主义"法理学之实质。穗积重远虽然提倡基于法律现实的法律理想,但忽视了作为法律现实根基的社会现实及其意义,试图在保留资本主义社会结构的前提下实现合乎公平正义的法律理想。代表这种法律理想的法律制度不可避免地沦为统治阶级利益的附庸,为资本主义社会的政治制度和经济结构而服务。用李达的话来说,"市民的法理学,只是想把自己阶级的意志加入于统治万人的法律之中。他们的意志之根本的性质与方向,是受他们的阶级的存在之经济条件所决定的。"①

此外,在探讨法理学核心论题时,穗积重远着重讨论了法律的进化、本质、内容、形式和本位。李达在《法理学大纲》的第三篇"法律之论理的考察"中,也同样探讨了法律的起源、本质、形式和属性等问题,并且采纳了穗积重远的若干观点。在诸如习惯与法律、法律与道德的关系等问题上,李达持有与穗积重远相同的看法,认为习惯法是习惯中之经由公权力确认其有法律效力的部分,法律与道德既相互联系,又彼此区别,法律是借公权力强制实行的社会规范。尽管如此,李达始终坚持马克思主义法律观的基本观点,围绕法律与国家的关系这一核心问题来展开自己的法理学体系。在讨论这些问题时,他先后

---

① 李达:《法理学大纲》,法律出版社1983年版,第86页。

运用了本质与现象、内容与形式、普遍性与特殊性和个别性等唯物辩证法的范畴来考察法律的实质、作用和演变,这些都可以说是唯物辩证法在法理学研究中的具体运用。概而言之,贯穿于李达的《法理学大纲》的基本观点是马克思主义的法律观,是马克思主义哲学的世界观和方法论在法理学领域的具体运用,它根本不同于穗积重远的"新理想主义"观点。

总之,李达的《法理学大纲》既充分借鉴了穗积重远的同名著作,又在体例、内容和法律观等方面作出了若干调整和增删,特别是运用马克思主义哲学的理论和方法,构建了全新的法理学体系。

三

从翻译穗积重远的《法理学大纲》到讲授自己的《法理学大纲》,李达在全面把握、深刻理解马克思主义哲学基本观点的基础上开展理论创新,历经近20年的艰辛探索之后,构建了第一个较为完整的马克思主义法理学体系。这一体系既是20世纪中国法理学革新的里程碑,又是中国学者为马克思主义思想宝库所贡献的宝贵财富,是马克思主义哲学中国化进程中的重大理论成果。这是因为,李达构建马克思主义法理学的探索过程,是从法理学的角度推进马克思主义哲学的中国化,是马克思主义哲学中国化在法理学向度的展开。因此,回顾李达从翻译《法理学大纲》到独著《法理学大纲》的历程,比较李达译著与专著之间的异同,能够从微观层面揭示李达构建马克思主义法理学体系、推进马克思主义哲学中国化这一理论创造工作的特征,进而阐明这一工作对于我们今天发展中国马克思主义哲学的启迪意义。

首先,李达构建马克思主义法理学体系、推进马克思主义哲学中国化的理论创造工作,始终关注学术前沿和国内研究动向,在学术争鸣与思想交锋中推动自身理论的发展。20世纪上半叶,可以说是中国法理学研究的"学徒"时期。其时,从欧美日等国留学归来的法政学者热衷于翻译、传播西方学术界流行的各派法学理论,并以这些理论为基础,撰写了不少以"法学通论"为名的法理学著作。李达在20世纪20年代翻译出版穗积重远的《法理学大纲》,恰逢其时,为国内学者了解国外法理学的前沿观点打开了一扇窗户。因此,无论是就李达译著的出版时间还是内容而言,李达都称得上是 20 世纪上半叶中国传播西方法理学前沿学说的先驱。不仅如此,时隔近 20 年后,当李达撰写《法理学大纲》的讲义时,他仍然非常关注国内法理学研究状况。在《法理学大纲》中,他回顾了现代中国法律制度和法学研究的历史。他指出,自清末到民国,中国一直在向西方学习,建立内容上接近西方先进国家的法律体系,而在法学研究方面,则满足于在各部门法学领域翻译、注释外来法律。对此,李达斥之为"注释法学"、"概念法学"①,认为中国法律学者和立法者如果只关注国外最新的法律思想和立法趋势,却不思考法律与社会现实的关系问题,就无助于改进中国落后的社会现实。对此,他明确提出中国法理学的研究途径,即通过研究法律发展普遍法则的法理学,探讨法律与社会现实的关系,进而在改造中国社会的基础上建立与中国社会基础和前途相适应的法律体系。可见,20 世纪上半叶中国法理学研究的现状及其问题是李达法理学研究的理论语境和批判对象。李达不是在空泛地介绍马克思主义的法律观点,也不是抽象地讨论马克思主义法理学的体系问题,而是切入中国法理学研究的现状,发现其中的弊端,并力图运用马克思主义的观点加以解决。简言之,关注学术前沿和国内研究状况,重视学理层面的思想批判,是李达法理学研究的一大特色,它为李达构建马克思主义法理学体系的理论创造工作奠定了坚实的学术基础。

其次,李达的理论创造工作,始终坚守马克思主义立场,运用马克思主义观点研究具体问题。早在 20 世纪二三十年代,就有一些法学研究者在他们的著述中开始介绍马克思主义的法律思想,但是,在民国法学界,马克思主义的法学观点处于边缘位置,甚至遭到了一些受西方自由主义思想影响的学者如张君劢等人的猛烈抨击。再加上当时恶劣的政治环境,研究、讲授和出版与马克思主义相关的学术观点需要冒着极大的生命危险。然而,即便是面对如此严峻的政治形势和充满偏见的学术环境,李达始终没有放弃他的马克思主义信仰,不仅在学术研究中坚持马克思主义立场,而且在运用马克思主义研究中国社会具体问题的过程中丰富和发展马克思主义。我们看到,虽然李达在国

---

① 李达:《法理学大纲》,法律出版社 1983 年版,第 11 页。

内较早翻译、介绍了当时日本法理学界的最新著作，并且通过这一著作了解到了欧美法理学的前沿观点，但是，他从来没有全盘接受这些观点，也没有依凭某一派新潮学说来构建自己的法理学体系，而是运用马克思主义的理论和方法对这些观点和学说进行批判的吸收，进而构建马克思主义法理学体系。在李达本人的《法理学大纲》中，一方面，他用大量的篇幅对自古希腊以来西方各派法理学进行了剖析与批判，深入揭露了各派法理学的理论缺陷、时代背景和阶级根源。这番学理层面的批判，本身就贯彻着马克思主义哲学的基本观点，同时也为构建马克思主义法理学体系扫清了地基。另一方面，他对法理学的对象、任务、范围和研究方法以及法律的实质、作用和演变的阐述都建立在马克思主义哲学基本观点的基础之上，是运用马克思主义研究法律现象的有益尝试。例如，马克思主义经典作家认为法律等上层建筑是国家借以保障社会经济结构、维护统治阶级利益的工具，因此，法律与国家的关系是马克思主义法律观的核心论题，这也是李达在批判各派法理学并构建马克思主义法理学体系时着力阐述的观点。他不仅揭露了各派法理学对法律与国家关系的曲解，而且围绕这一核心论题，从马克思主义哲学的角度论述了法律的本质与现象、内容与形式、属性等。

最后，李达的理论创造工作，始终坚持马克思主义的整体性和开放性原则，倡导马克思主义与其他人文社会科学之间的沟通与融汇。在 20 世纪中国马克思主义哲学家中，李达是少有的广泛涉猎人文社会科学多个领域并在这些领域里都留下了丰硕理论成果的思想家。李达之所以在历史学、经济学、法学、社会学等领域勤耕不辍、成绩斐然，很大程度上是与他对马克思主义哲学的理解分不开的。在李达看来，"马克思主义哲学是讲世界观、方法论的，应当是各门科学中的首席科学，对一切科学和各项工作都有指导作用。"[1]从李达构建马克思主义法理学体系的理论创造工作来看，他所指的马克思主义哲学对一切科学的指导作用应该从以下两方面来理解：一是马克思主义内部的整体性，即在马克思主义内部，哲学与经济学、社会学、法学、历史学等是密不可分的，马克思主义哲学为从不同角度认识人类社会生活和历史进程并指导

---

[1]　转引自《陶德麟文集》，武汉大学出版社 2007 年版，第 717 页。

社会实践提供了科学的世界观和方法论,而经济学、社会学、法学和历史学等人文社会科学为丰富、发展马克思主义的理论和方法提供了现实的问题、丰富的材料和崭新的视角;二是马克思主义体系的开放性,即作为理论体系的马克思主义不是封闭的,其发展也不是概念的抽象演绎与推进,而是始终关注其他各门人文社会科学的理论进展和最新成就,在吸收与批判当代人文社会科学成果的过程中,更新自身的理论内容、研究范式和表述方式。

总之,李达构建马克思主义法理学体系的工作经历了从学术翻译到理论创新的艰辛探索过程。这一过程是他立足中国实际、思考中国问题、推动马克思主义哲学中国化进程的缩影。它为我们在 21 世纪发展中国马克思主义哲学留下了宝贵的精神遗产,启发我们在学理层面深化马克思主义研究,关注学术前沿,坚守马克思主义立场,坚持马克思主义的整体性和开放性。

(原载《江汉论坛》2015 年第 9 期)

李达宪法思想研究

——兼论李达与毛泽东宪法思想的关系

徐亚文　　肖琼露

　　李达是中国共产党内著名的马克思主义理论家之一,在哲学、经济学、政治学、史学、法学、教育学等领域都有卓越的贡献。他毕生坚持研究和宣传马克思主义,为马克思主义在中国的发展做了大量的开拓性研究,是马克思主义中国化的重要奠基人。

　　李达的法学思想以辩证唯物主义和历史唯物主义为理论基础,深刻地分析了社会各方面的现象,揭穿了剥削阶级的偏见,科学地阐述了法的本质及其发展规律。宪法思想是李达法学思想的重要组成部分。李达以其扎实的马克思主义理论功底,在系统地研究世界宪法发展历史并借鉴苏俄宪法的优秀成果后,为我国 1954 年宪法的起草、制定、颁布、解读和宣传教育作出了杰出的贡献。李达的宪法思想大体上形成于 1954 年前后,他在此期间出版了《谈宪法》(1954)、《中华人民共和国宪法讲话》(1956) 等著作,并在《人民日报》、《长江日报》和《新建设》上发表了多篇阐述其宪法思想的文章。本文试图通过对这些著作的理解,把握李达宪法思想的理论来源、现实基础和主要内容,并将其与毛泽东的宪法思想进行比较,从而发掘李达宪法思想的精髓和原创性的内容,在总结李达对我国宪法发展的重要贡献的同时探索李达宪法思想的当代价值。

一、李达宪法思想的理论来源和现实基础

　　作为我国伟大的马克思主义先驱,李达的宪法思想有着深厚的马克思主

义思想积淀,并且深受 1936 年苏联宪法的影响,同时正确反映了中国的历史实际和社会实际。

(一)李达宪法思想的理论来源

李达早年便投身于马克思主义的传播和研究。李达留学日本期间,俄国十月革命给他很大鼓舞,使他抱定了学习马克思主义、走俄国人革命道路的信念。就像当年鲁迅弃医从文那样,李达也放弃了理科学习,拜日本著名的马克思主义学者河上肇为老师,专攻马克思主义理论。回国后,他毕生从事对马克思主义的研究和宣传,在研究和宣传辩证唯物主义和历史唯物主义以及毛泽东哲学思想方面,成绩卓著,影响深远,著有《〈实践论〉解说》、《〈矛盾论〉解说》和主编《唯物辩证法大纲》等。可以说,李达始终坚守着马克思主义的阵地,是一个矢志不渝的杰出马克思主义理论家。李达对宪法的研究,也充分地体现了他对马克思主义的坚持和运用。

首先,李达的宪法研究方法充分体现了马克思主义的基本原理及其方法论原则。根据马克思主义关于物质决定意识的原理和一切从实际出发的要求,李达主张宪法的制定和实施要"认真分析当时当地的国情,到社会生活的条件中去探索,到社会的经济制度中去探索"。根据马克思主义关于矛盾的特殊性的原理,李达强调要分清当时我国社会的主要矛盾,认为应该将过渡时期的总路线写入宪法。根据历史唯物主义的基本原理,李达主张在宪法制度构建和人民权利的赋予方面充分体现"人民群众是历史的创造者"。

其次,李达的宪法思想坚持以马克思主义法学思想为指导。马克思主义法学认为,由统治阶级的共同利益所决定的统治阶级意志的表现就是法律,法律同上层建筑的其他组成部分一样,并不是完全被动和消极的,它对经济基础和其他上层建筑具有相对的独立性或反作用。李达对宪法性质的阶级分析、对宪法同经济基础的关系之阐释、对世界各国宪法思想的论述及其关于国家政权构建的学说,无不体现出他始终坚持以马克思主义法学为指导。

在 1954 年中华人民共和国宪法草案的全民讨论阶段,李达写作和出版了《谈宪法》一书。该书通过对世界各国宪法的比较分析特别是通过对苏联宪法的精神实质的考察,得出了"凡在苏联所已实现的东西,是在其他国家里也完全可能实现的"的结论。可以说,1936 年苏联宪法(斯大林宪法)的公布和实施,对于李达以及当时国内的绝大多数宪法学者都有着极大的影响。

首先,就宪法的性质而言,苏联宪法无疑是当时社会主义宪法的典范。李达认为,"苏联新宪法(1936 年宪法)是胜利了的社会主义国家的宪法,是以扩展的社会主义民主制原则为基础的新宪法,这个宪法对于苏联各族人民来说,使他们在为人类解放而斗争的战线上胜利的总结,而对于各资本主义国家和殖民地人民来说,则是他们的指路明灯和行动纲领"。① 据此,李达始终强调,作为社会主义阵线中的民主国家的中国,其宪法也应该是社会主义性质的。

其次,就宪法原则和宪法精神来说,苏联宪法所体现的人民民主精神和基本人权原则也受到人们的赞誉。李达认为,"苏维埃最高类型的民主表现于选举制度……人民直接参加国家管理,代表对人民负责,这一切是苏维埃国家的基本特征。"②在李达看来,苏联 1936 年宪法是世界上最彻底的民主宪法,也是规定了最广泛的公民平等权利的宪法。受此影响,李达的宪法思想也特别强调人民民主的政治制度、公民权利的普遍性及其物质保障的重要性。

总之,李达宪法思想既自觉坚持和运用了马克思主义,又深受苏联宪法的影响。

(二)李达宪法思想的现实基础

李达始终坚持辩证唯物主义的观点,强调一切从客观实际出发。他认为,"我们学习宪法,必须结合客观的革命实际和社会实际,来理解它的基本精神","我国宪法当然参考了苏联宪法和各人民民主国家的宪法,吸取了国际的经验,但它密切地联系着我国的具体情况"。③

李达宪法思想形成于我国社会主义改造时期。从政治上看,当时,新民主主义革命已经取得胜利,社会主义革命正在进行。党中央提出的过渡时期的总路线,强调要在一个相当长的时期内,逐步实现国家的社会主义工业化,逐步完成对农业、手工业、资本主义工商业的社会主义改造。从经济上看,自

① 李达:《中华人民共和国宪法讲话》,人民出版社 1956 年版,第 28 页。
② 李达:《中华人民共和国宪法讲话》,人民出版社 1956 年版,第 33 页。
③ 李达:《学习中华人民共和国宪法》,《新建设》1954 年第 10 期。

1949 年起,国家进行了为期三年的国民经济恢复和发展工作。到 1952 年,我国实现了国民经济的根本好转,完成了国民经济的恢复工作。从文化上看,民众的文化水平得到了提高。在《共同纲领》实施后的几年中,我国人民在政治生活实践中逐步理解了我国的国家制度构建,有了较大的民主需求,并对基本权利有了一定的认识。

李达的宪法思想就是建立在这样的现实基础上的,并因此而具有鲜明的时代特征。在对我国国家制度和社会制度的认识上,李达始终强调过渡时期的总任务;在对四种所有制的分析中,李达也始终结合我国当时的国情。可以说,李达的所有宪法思想都有其深刻的历史和现实背景,并且都自觉服务于我国的社会主义建设。

二、李达宪法思想的主要内容

李达的宪法思想内容丰富,见解深刻,它在马克思主义的指导下,从我国的实际情况出发,并且借鉴了国外诸多宪法尤其是苏联宪法思想的精髓。其内容主要有以下五个方面。

(一)关于宪法的概念

李达在《中华人民共和国宪法讲话》一书中对宪法概念作了词源学的考察。他指出:"宪法这个名词是我国的旧名词,是指'典章'和'法度'说的,……宪法的拉丁字是 Consititutio,是确立、确认的意思。……在欧洲封建时代,宪法一词有时用来表示封建主的各种特权和政治自由,……所以近代意义的宪法,即作为国家根本法的宪法,在奴隶时代和封建时代是不曾有过的。"[1]李达的这一考察,确定了我国 1954 年宪法的基础语境,即它是近现代规定国家政权构建和公民权利与义务的宪法。

在分析各个国家形态中国家与法律的关系后,李达认为,法律和国家一样,同是社会的上层建筑;法律是国家的统治阶级按照自己阶级的意志制定

---

① 李达:《中华人民共和国宪法讲话》,人民出版社 1956 年版,第 2 页。

的,它反映着社会的财产关系,保护和巩固有利于统治阶级的经济制度,并由此巩固有利于统治阶级的政治制度。在此基础上,李达认为,宪法是国家最基本的法律,它规定一个国家的国家制度和社会制度的基本原则、规定国家机关的组织与活动的原则以及公民的基本权利和义务;宪法具有最高的法律效力;宪法的制定与修改程序比普通法律更严格。因此,宪法是一个国家的根本大法,它是阶级斗争的产物,是阶级斗争实际力量对比关系的表现。

关于宪法的性质问题,李达指出,"当一个国家中新兴的革命阶级,在推翻反动统治阶级,取得革命胜利,夺取政权以后,就根据自己阶级的意志制定与自己有利的宪法"①,因此,宪法具有鲜明的阶级性。在李达看来,我国宪法是社会主义类型的宪法,这主要体现在:首先,我国宪法是民主革命历史经验的总结,是百年来我国宪政斗争的伟大成果;其次,我国宪法是全国人民为建成社会主义而斗争的宪法,它确定我国建成社会主义的法定目标,有利于巩固人民民主统一战线、加强各民族间的大团结,有利于我国开展和平外交和维护国际统一战线。

(二)关于国家制度和社会制度问题

1954 年宪法在第一章"总纲"中规定了社会制度和国家制度的根本原则。所谓国家制度的根本原则,是指对国家的阶级关系、国家性质、国家权力属于谁等问题的规定;所谓社会制度的根本原则,则是指对于国家的社会经济基础、各种生产资料所有制的发展和改造问题的规定。②

李达运用马克思主义基本原理对我国的国家性质作出了较为深刻的分析。他认为,宪法是阶级力量对比关系的表现,因此,制定宪法时,就必须弄清楚工人阶级、农民阶级、城乡手工业者和其他非农业的个体劳动者以及知识分子的地位和他们之间的关系。

首先,工人阶级领导有其历史的必然性。第一,工人阶级在革命中比任何别的阶级都来得彻底和坚决;第二,中国工人阶级开始走上革命舞台就受到马

---

① 李达:《中华人民共和国宪法讲话》,人民出版社 1956 年版,第 6 页。

② 参见韩大元:《1954 年宪法与中国宪政》(第二版),武汉大学出版社 2008 年版,第 365 页。

克思列宁主义政党——中国共产党的领导,它是中国社会中最有觉悟的阶级;第三,中国工人阶级和广大的农民有天然的联系,便于结成工农联盟。李达认为,为了巩固我国人民已经取得的胜利果实,为了完成社会主义革命的伟大事业,必须继续巩固和加强工人阶级对于国家的领导。

其次,工农联盟是我国人民民主专政的基础。工人阶级领导下的工农联盟,不但是新民主主义革命胜利的保证,而且也是社会主义革命胜利的保证。李达认为,只有加强和巩固工人阶级领导下的工农联盟,才能实现我国在过渡时期的总任务。

最后,知识分子也属于工农联盟的范畴。李达认为,我国的知识分子一般都具有很强的革命性,他们在新民主主义革命斗争中常常起着先锋和桥梁的作用,并且解放以后党对知识分子的团结教育和改造工作使得绝大部分知识分子有了根本的变化,我国社会主义建设事业也迫切需要知识分子发挥作用,因此,我们要继续坚持对知识分子进行团结和改造的方针。

李达深刻地阐释了我国人民民主专政的国家性质,阐明了我国什么要"对人民内部实行民主制度,对于敌人实行专政",并对党领导的人民民主统一战线作了论证。正如1954年宪法序言中所说:"我国人民在建立中华人民共和国的伟大斗争中已经结成以中国共产党为领导的各民主阶级、各民主党派、各人民团体的广泛的人民民主统一战线。今后在动员和团结全国人民完成国家过渡时期总任务和反对内外敌人的斗争中,我国的人民民主统一战线将继续发挥它的作用。"

(三)关于人民代表大会制度问题

1954年宪法所确定的我国的根本政治制度是人民代表大会制度。李达总结了我国人民代表大会制度的几个特点:第一,人民代表大会制度体现了我们国家权力的完整和统一;第二,一切国家机关实现民主集中制,它是民主的又是集中的,是在高度民主基础上的集中和在高度集中领导下的民主;第三,立法工作与行政工作的统一;第四,发扬批评与自我批评的精神,防止官僚主义,使人民群众直接参加国家管理,能够充分发挥人民群众的积极性和创造性;第五,在国家生活中各民族一律平等。

李达还系统地阐述了我国人民代表大会制度的优越性,认为人民代表大会具有真实的高度统一的权力,具有能够保障人民民主的程序,具有实现民族团结国家统一的能动力量。

(四)关于公民的基本权利体系问题

毛泽东说过,自由是人民争来的,不是什么人恩赐的。同样,李达也认为,我国公民的基本权利来源于中国共产党领导的新民主主义革命的胜利,是通过建立中华人民共和国而取得的。在《中华人民共和国宪法讲话》一书中,李达写道:"中国人民一百多年的革命斗争过程,就是向帝国主义和封建主义争自由、争民主、争生存和发展权利的斗争过程,……中华人民共和国宪法关于公民基本权利和义务的规定,就是用法律形式总结了人民已经取得的各种权利、自由以及对其新的扩充,并保证其继续发展。"这一论述表明,我国公民权利并不是天赋的,而是阶级斗争的产物,是我国人民通过斗争建立自己的政权后以宪法的形式确定下来的。

李达认为,公民的基本权利一般体现在:政治上免受反动统治专政的压迫和摧残,参与国家的管理;经济上免于受到残酷的剥削、免于失业和饥饿的威胁,在法律上有着平等的地位。由此,李达将1954年宪法规定的公民权利归纳如下:公民的平等权利、公民的政治权利和自由、公民的宗教信仰自由、公民的人身不可侵犯、公民的社会经济权利、公民的文化教育权利等。由此,李达构建了较为完整的公民权利体系。李达认为,人民必须在政治生活、经济生活、文化生活和社会生活各个方面充分地正确地运用这些权利,发扬民主精神,贡献自己的智慧和力量来建设我们的国家。他认为,我国公民的权利和义务具有统一性:公民享受权利与履行义务之间是密切结合的,没有无权利的义务,也没有无义务的权利;公民享受权利与履行义务都体现出个人利益与国家利益的密切关系。

(五)关于宪政的实施

毛泽东在《新民主主义宪政》一文中指出,宪政是什么呢? 就是民主政治。在制定1954年宪法的过程中,他主要关注国家政策的制定与国家权力体系的建设问题,而对宪法实施本身的问题并没有给予制度层面上的高度关注。① 尽管该宪法仅在第二十七条第三款规定人民代表大会有监督宪法的实施这一职权,但李达仍然对"为宪法而斗争"这一命题进行了十分有意义的阐述,主要表现在李达特别强调对宪法的宣传和对公民宪法意识的培养。在宪法草案的讨论过程中,李达出版了《谈宪法》一书,介绍了世界宪法发展的历程并着重阐述了苏联宪法的制定、实施及其基本精神。李达在该书中写道:"中央人民政府委员会已经公布了《中华人民共和国宪法草案》,全国地方各级人民政府在人民群众中普遍地组织对于宪法草案的讨论。因此,我们先学习苏联宪法并体会其精神实质,这对于我们参加宪法草案的讨论和学习是会有所帮助的。"李达在此强调的是人民对立宪的普遍参以及对宪法草案的学习。他认为,公民在立宪阶段的自由表达、自由参与是对宪法精神、宪法作用、宪法基本内容的认识的基础,只有在了解宪法中所蕴含的公民与国家的关系后,公民才能自觉地参与宪政运作过程,形成统一的共同意志。在这样的思想指导之下,李达积极宣传宪法的内容和精神,努力促进人民宪法意识和宪法感情的形成。

在 1954 年宪法公布之后,李达在《学习中华人民共和国宪法》一书的最后指出:"中华人民共和国宪法是马克思列宁主义关于宪法理论在中国的具体的表现,是我们全国人民学习社会主义的教科书,我们必须认真地、虚心地学习这个宪法,广泛地深入地宣传这个宪法;'必须按照宪法所规定的道路,在中国共产党的领导下,加强团结,继续努力,为保证宪法的完全实施而奋斗。'(刘少奇同志语)"。这一论述所强调的是宪法形成以后的宪法意识,它表现为人们认真学习宪法和积极拥护宪法。只有这样,才能形成宪法实施的社会基础,它是让宪法真正得到遵循的前提。

三、李达宪法思想与毛泽东宪法思想的比较

毛泽东主持起草了新中国的第一部宪法,其宪法理论对于 1954 年宪法的

---

① 参见韩大元:《1954 年宪法与中国宪政》(第二版),武汉大学出版社 2008 年版,第356 页。

制定和实施都具有极大的影响。毛泽东的宪法思想立足于马克思主义理论基础，并紧密联系我国的具体实际，为我国国家政权的构建和人民权利的保障作出了开拓性的贡献。

（一）李达对毛泽东宪法思想的阐释

李达的宪法思想与毛泽东的宪法思想是基本一致的，所以，李达能够很好地阐释毛泽东的宪法思想，使之更加令人信服。以下以李达对毛泽东宪法思想的两个方面的内容的阐释为例进行说明。

1. 对于宪法是根本大法的思想的阐释

李达完全赞同毛泽东关于宪法是根本大法的思想，认为宪法在内容、效力、制定和修改程序上均与普通法律有所不同。在对这一思想进行阐释时，李达强调宪法的阶级性质，他运用马克思主义关于国家与法律的一般原理来说明法律是统治阶级的意志。李达指出，"法律是一种社会的上层建筑，它不仅表现某一种社会中的财产关系，并且又以巩固这种财产关系为目的：它不仅巩固于统治阶级有利的经济制度，并且还巩固于统治阶级有利的政治制度，即巩固某一统治阶级专政及其在社会中的领导作用。"这就从经济基础和上层建筑的关系上阐明了宪法的阶级性。而既然宪法集中反映了统治阶级的意志，有利于巩固统治阶级的经济制度和政治制度，那么，宪法当然就是国家的根本大法。可见，经过李达的阐释，毛泽东关于宪法是根本大法的思想很容易为人们所理解和接受。

2. 对于我国为什么必须实现人民民主专政的阐释

毛泽东在《论人民民主专政》一文中指出："总结我们的经验，集中到一点，就是工人阶级（经过共产党）领导的以工农联盟为基础的人民民主专政，……对人民内部的民主方面和对反动派的专政方面，互相结合起来，就是人民民主专政。"人民民主专政的政治模式，在1954年宪法中作为我国的国体由宪法第一条明确地确定下来。

李达运用马克思主义理论对我国为什么必须实现人民民主专政的问题作出了令人信服的阐释。李达认为，宪法是阶级斗争的实际力量的对比关系的表现。据此，他分析和论述了我国在1954年时的各阶级地位的现状："建国五年来,由于我们取得了社会改革、民主改革、经济改革等一系列的新胜利,阶级斗争的实际力量对比关系发生了新的变化。官僚资产阶级和地主阶级消灭了;工人阶级的队伍壮大了,领导力量加强了;农民、手工业者及其他个体劳动者在工人阶级领导下,逐步走上了互助合作的道路,工农联盟巩固了,……宪法就是这样的阶级力量对比关系,指出了社会各阶级在国家中的地位,规定着国家的阶级基础。"①

(二)李达的原创性宪法思想

首先,毛泽东对宪法之公民权利的研究并没有其对于国体、政体以及国家政策的理论内容丰富,而李达总结了我国人民争取权利而斗争的历程,系统地论证了我国公民权利的来源,并构建了较为完整的公民权利体系。他在对各项公民基本权利进行分类研究和阐释的过程中,强调了宪法保障公民权利的基本职能,概括出了我国公民权利之平等性、普遍性、真实性等基本特点,从而为促进我国宪法的实施作出了积极努力。

其次,李达对于人民宪法意识的培养和教育的强调也是具有一定原创性。他在介绍各国宪法实践、总结苏联宪政经验、号召民众学习宪法和参与宪法实施的过程中发挥了积极的作用。他撰写和发表了许多分析宪法、解释宪法的论著,论证准确,深入浅出,为宪法的起草和顺利实施作了理论研究和宣传的重要准备。

总之,李达以马克思主义理论为指导,借鉴和学习了苏联宪法思想和实践实践,同时从我国客观实际出发,通过对 1954 年宪法的宣传、解释、分析和论证,形成了丰富的宪法思想。这些宪法思想即使在今天也仍然对我们有重要的教育作用与启发意义

(原载《经济思想史评论》第七辑,中国经济出版社 2015 年版)

---

① 李达:《学习中华人民共和国宪法》,《新建设》1954 年第 10 期。

第 七 篇

李达社会学、教育学及
其他论著和思想研究

李达妇女解放思想探析

汪信砚　袁　雪

李达哲学思想的核心是唯物史观,他的哲学探索立足于中国现实,致力于回答"中国向何处去"的问题。李达特别注重把唯物史观的基本原理与中国的具体实际相结合,探寻解决中国社会问题的策略。他认为,中国的社会问题可以分为劳动者问题、妇女问题及准无产者问题。就像对劳动者问题和准无产者问题一样,李达对妇女问题也进行了多方面的考察。他继承和发展了《家庭、私有制和国家的起源》这一马克思主义妇女观经典著作中的基本观点,形成了较为系统的妇女解放思想。

从1919年到1929年,李达的妇女解放思想经历了一个由萌芽到成熟的发展过程。在这一过程中,他接受了马克思主义的妇女观,也受到日本、俄国妇女解放思想的影响。李达妇女解放思想的成熟,集中体现在他的《现代社会学》中对妇女问题的分析。他以唯物史观为指导,运用历史分析和阶级分析的方法,从政治、经济、法律、教育等多个角度深入而透彻地探讨了妇女问题。在他看来,世界正处于大变化时期,男女非但不应该争斗,而且应该团结起来,互相帮助,共同致力于社会变革,建立新的社会组织,推动社会发展。他指出,妇女受压迫的根源是私有制,妇女受压迫的实质是阶级压迫;妇女要想改变受压迫的情形,实现自身的解放,就必须在无产阶级的领导下,实行社会革命,推翻私有制,建立生产资料公有制。

一、妇女解放运动必须与社会运动相结合

在1919年的《女子解放论》一文中,李达虽然从唯物史观出发看到了社

会经济制度对妇女地位所起的决定作用,也从多个方面论述了妇女解放的条件,但是并未触及妇女受压迫的根源问题。实际上,从政治、经济、法律上为妇女争取权利,并不能铲除妇女受压迫的根源。后来,在《女权运动史》一文中,李达写道:"妇女问题发生于私有财产制度确立之后,这无论中国与外国都是相同的。"①在这里,李达一语道破了妇女问题的根源。妇女受压迫的根源是私有财产制度,这是对恩格斯《家庭、私有制和国家的起源》关于私有制的确立使原始社会过渡到男性中心社会并使妇女丧失独立思想的深刻理解。恩格斯还在《家庭、私有制和国家的起源》中指出,私有制的废除将使男子地位发生很大变化,也会使妇女的地位发生相应变化。李达认为,既然妇女被压迫的根源是私有财产制度,那么,要实现妇女解放,就必须废除私有制度;而私有制是一定社会的经济基础,私有制的废除仅仅凭借妇女解放运动是不可能完成的,必须把妇女解放运动与社会运动结合起来,努力实现社会变革。

具体来说,之所以要把妇女解放运动与社会运动结合起来,有两方面的原因。

第一,妇女解放是社会发展的要求,要推动社会发展,就必须实现妇女解放。这个社会本来就是由男女共同组成的,他们在社会的发展中都作出了同样重要的贡献。实现妇女解放,不仅是妇女本身的要求,更是社会经济组织发展变化的需要。李达指出:"女权运动,从主观的方面说来,固然可说是个人主义思想在妇女界发出的思想的革命,而从客观的方面说来,实是使女子适合现时经济组织的社会的改造。"②虽然妇女问题在私有财产制度确立以后就出现了,但女权运动是在资本阶级大革命爆发后才发生的,也就是随着妇女劳动问题的出现才真正开展起来的。之所以说妇女解放是社会经济组织变化的需要,这是因为,产业革命以后,资本家的工厂需要大量廉价的劳动力,下层妇女为了弥补家用,就从家庭事务中解放出来,从事社会的生产劳动。妇女解放是资本主义经济发展需要廉价劳动力的必然结果。

第二,妇女解放运动是社会运动的一部分,不可能脱离社会运动而独立进

---

① 《李达文集》第 1 卷,人民出版社 1980 年版,第 149 页。
② 《李达文集》第 1 卷,人民出版社 1980 年版,第 147 页。

行。李达认为,社会运动有广义和狭义之分,"依广义解释之,凡一定社会阶级或社会部类,直接谋改良自身生活或间接谋增进自身利益之有组织的运动,皆称为社会运动。就狭义解释之必须被压迫阶级为谋自身解放而反抗压迫阶级之有组织的运动,始称为社会运动"。① 广义的社会运动种类繁多,而在近代史上可以称为狭义的社会运动的主要是有产阶级推翻封建阶级的运动和无产阶级推翻有产阶级的运动。妇女解放运动作为无产阶级推翻有产阶级的运动,是近代史上社会运动的一种,不可避免地要与社会运动结合在一起。在《女权运动史》一文中,李达列举说明了法国、英国、德国、奥匈国、意大利、荷兰、比利时、瑞士、斯干的那维亚、巴尔干、俄国的女权运动。其中,我们看到,专制政府的统治下,女权运动受到强烈的压抑。尤其是在法国拿破仑专政时期,女权运动几乎偃旗息鼓,并且女权运动与社会运动的结合受到了惩罚。女权运动与社会运动的结合之所以受到惩罚,是因为统治阶级明白,两者的结合会促进它各自的发展;而为了抑制两者的发展,统治阶级竭力阻止两者的结合。当然,即使起初妇女解放运动与社会运动的结合受到了惩罚,妇女解放运动与社会运动也是必然会结合的。妇女解放运动也只有与社会运动相结合,才能取得自己想要的成果。

要使妇女解放运动和社会运动都取得成功,妇女解放运动和社会运动都必须达到和满足一定的要求。

首先,妇女解放运动本身应该具有彻底的革命性。李达指出,俄国妇女运动之所以为妇女争取到了解放,是因为"俄国底女权运动与英法等国底女权运动各有不同。英法等国底女权运动,最初在于要来承认妇女底权利。俄国底女权运动却不是如此。"②当时,俄国的男子与女子同时处于专制统治之下,女权运动最初的目的就是结合同样受压迫的男子,同专制政府和大地主贵族资本家作斗争。俄国的女权运动史可以当做女子的革命史来看,妇女们的运动具有革命性质,并且俄国的妇女运动是男女共同携手奋斗的。俄国的妇女解放运动,一开始就是立足于俄国的实际国情,致力于与处于被压迫地位的男

---

① 李达:《现代社会学》,武汉大学出版社 2007 年版,第 163 页。

② 《李达文集》第 1 卷,人民出版社 1980 年版,第 180 页。

子共同推翻封建统治,故而方能实现妇女的解放。而欧美各国的妇女解放运动,起初只是为了为妇女争取到教育、政治、经济上的权利,并未触及社会的根本制度问题,因而妇女的解放只是停留在取得一定权利的层面上,并不能获得根本的解放。而且,即使是那些一定层面上的权利,对妇女也具有正反双重作用。例如,作为妇女运动的成果,为保护女工而制订的法律虽然在一定程度上维护了女工的权益,但也为女工的就业带来了不便,很多工厂主就是因为保护女工的法律而减少了对女工的雇佣。

其次,社会运动也应该具有彻底的革命性。这包括两个方面。第一,社会运动应该是致力于彻底改变社会经济基础、推翻现有社会制度的运动,改良主义的社会运动是不能真正帮助妇女实现自身的解放的。李达认为,解决社会问题,必须探索出这种社会问题弊病的根本原因,然后才能找到彻底解决的办法。如果只图暂时的解决方法,那么永久的解决方法就不能找到。改良主义者主张在维持现有社会制度的基础上,通过改变社会政策来实现妇女的解放,并为此作出了许多努力,使妇女获得了政治、法律上一定的权利。但是,这并不能消除妇女受压迫的根源,不能从根本上解决妇女受压迫的问题,也就不能真正实现妇女的解放。俄国的妇女运动是妇女运动与彻底的社会革命相结合的成功典范,一次实现了妇女解放。李达认为"俄国现在已没有妇女问题了"①,并且引用列宁的演说说明俄国妇女运动所取得的成就:"最近十年之中,世界最进步的民主国中,无论什么民主的党派在解放妇女上,能够做到我们专政后第一年所做事业百分之一的,一个也没有。在我们国内,凡有关屈辱意义的法律,如拒绝妇女底权利,妨害自由离婚,处罚私生子等法律,现在都废止了。"②俄国通过十月革命推翻了封建统治,建立了民主政府,其在此基础上实行的保护劳动妇女权益的法律才是真正意义上平等的法律,在此基础上实现的妇女解放才是真正意义上的解放。第二,社会运动的领导者应该先致力于政治革命,在掌握政权后再来实现经济革命。李达指出,现代社会的经济基础即私有制是妇女受压迫的根源所在,要改变妇女受压迫的状态,就要进行废

① 《李达文集》第 1 卷,人民出版社 1980 年版,第 180 页。
② 《李达文集》第 1 卷,人民出版社 1980 年版,第 180 页。

除私有制的彻底的经济变革。社会革命分为政治革命和经济革命,经济革命和政治革命同时进行,社会革命才能取得彻底的成功。经济革命需要较长时间,而政治革命可以一蹴而就。为了拯救受苦受难的人们,需要先实行政治革命,再来进行经济上的变革。"政治革命为社会革命之前提,又为社会革命必经之途径,经济上被压迫之阶级苟不取得政权以改造经济组织,社会革命必无由实现也。"①政治革命,需要由被压迫阶级联合起来,颠覆旧权力者,建立新的社会组织。政治革命的胜利为经济革命的进行创造条件,政治革命取得胜利后,才能进行彻底的经济变革。

李达认为,政治革命又可以分为资本主义革命和社会主义革命,其中,资本主义革命的目的是为了实现资本主义,它由资产阶级领导;社会主义革命的目的是为了实现社会主义,它当然由无产阶级领导。在李达看来,只有无产阶级领导的社会主义革命才能实现真正的妇女解放。"一九一七年三月革命爆发了。妇女中急进的分子,都加入布尔什维克,主张无产阶级的革命即时实现。""布尔什维克一举掌握了俄国的政权,建设了男女平等的社会主义共和国。""真正的妇女解放,……竟在劳农俄国首先实现了。社会主义与妇女解放的关系如何,做女权运动的人们大概可以明白了。"②

二、妇女解放运动必须坚持无产阶级的领导

李达运用阶级分析的方法,阐释了妇女解放运动必须坚持无产阶级领导的原因。李达依据唯物史观的基本观点,坚持从经济上分析阶级概念。他指出:"阶级者,社会的生产历程之结果,由生产条件产生而出,因生产手段之分配,及社会人员被分配于生产历程中所构成之社会的系统而生者也。"③依照这个阶级概念,现代社会中的阶级,可以分为有产阶级和无产阶级两大阶级。妇女解放之所以必须坚持无产阶级领导,有三个方面的原因:一是妇女受压迫的实质是阶级压迫,是有产阶级对无产阶级的压迫;二是妇女问题的实质是劳

---

① 李达:《现代社会学》,武汉大学出版社 2007 年版,第 76 页。
② 《李达文集》第 1 卷,人民出版社 1980 年版,第 184 页。
③ 李达:《现代社会学》,武汉大学出版社 2007 年版,第 116 页。

动问题,妇女解放的中心问题就是劳动妇女的解放,而劳动阶级是无产阶级,无产阶级的问题需要由无产阶级来领导解决;三是无产阶级自身的革命性质,决定无产阶级必须领导妇女实现自身的解放。

第一,妇女受压迫的实质就是阶级压迫。妇人受压迫,长期以来丧失自我,其实质就是阶级压迫。男女不平等的社会现象不是有史以来就存在的,而是随着私有制的产生而出现的。私有制度的形成,使社会上的人们分为有产阶级和无产阶级。"男子就凭着经济的权力,创造出奴隶制度,婚姻制度,家族制度,女子就渐渐依赖男子谋生,服从,隐忍,就成了女子第二的天性。于是就有许多圣人贤人出来赞扬这种男性中心的社会,更造出许多男尊女卑的礼教文物来。男子完全成为治者阶级,女子完全成为被治阶级,女子除了做男子的玩物和奴隶以外,几乎失去了存在的意义。"①妇女被男子压迫,是在男子掌握了社会财富、妇女依赖男子生活即妇女成为无产阶级、男子成为有产阶级之后形成的。男子对妇女的压迫,是有产阶级对无产阶级的压迫。妇女处于被压迫地位,其生存状态与奴隶无异。"凡是女子所处的地位,无一不在男子的下层。男子好象天神,是主人。女子好比是奴隶,囚犯。"②妇女长期以来的被压迫是作为无产阶级被压迫,因此,妇女的解放是无产阶级自己的事情,无产阶级自己的事情必须由无产阶级来领导解决。

第二,妇女问题的实质是劳动问题。在《现代社会学》中,李达将妇女问题分为普通妇女问题和妇女劳动问题两类。普通妇女问题主要是男女平等方面的问题,妇女劳动问题的重心则在于经济问题。"普通妇女问题即妇女要求社会承认与男子享受同等权利之问题;妇女劳动问题即从事劳动之妇女拥护其为劳动者之利益之问题。普通妇女问题以要求除去社会生活上男女差别之待遇为主旨,属于人格问题;妇女劳动问题以要求劳动之解放为主旨,虽同属于人格问题,而其重心则属于经济问题。"③普通妇女问题的产生,是由于启蒙运动促进了个人意识的觉醒,妇女认识到自己与男子相比地位低下和不能受到社会的尊重,要求与男子享有同等的权利。普通妇女问题属于一种广义

---

① 《李达文集》第 1 卷,人民出版社 1980 年版,第 146—147 页。
② 《李达文集》第 1 卷,人民出版社 1980 年版,第 9 页。
③ 李达:《现代社会学》,武汉大学出版社 2007 年版,第 127 页。

的文化运动,所以可以通过在中流以上的妇女指导下进行斗争来解决,但是"妇人劳动问题属于经济问题,故由妇女劳动者主持之"①。在这里,妇女问题与劳动问题结合起来了,成为妇女劳动问题。所以,妇女问题的解决离不开劳动问题的解决,同样地,劳动问题的解决也离不开妇女问题的解决。李达认为,现代妇女解放的重心问题是妇女劳动问题。"故今日妇女运动之趋势,其中心已由中流妇女移于无产妇女,而成为最有意义之社会运动矣。"②正因如此,妇女解放运动理应由劳动阶级即无产阶级来领导实现。在李达看来,由资产阶级领导的妇女运动并不能维护下层妇女的权益。欧洲各国的女权运动往往是从资产阶级妇女运动开始的,而资产阶级妇女运动集中为社会上层妇女谋利益。虽然这种运动也取得了一定成就,但是,这种集中在社会上层妇女中的解放运动,丝毫没有改善下层妇女受压迫、受奴役的生活状况。他认为,为了社会上多数妇女的利益,妇女解放运动应该由占妇女大多数的无产阶级来领导。俄国的妇女运动就是如此。在俄国无产阶级的领导下,男女联合起来,推翻了专制统治,建立了新政府,实现了妇女的解放,维护了包括资产阶级和无产阶级在内的妇女的权益。

第三,无产阶级领导妇女实现自身的解放,是无产阶级自身彻底革命性的要求。早在《共产党宣言》中,马克思就指出,无产阶级是人类历史上最后一个阶级,是自己解放自己、自己灭亡自己的阶级。李达认为,无产阶级的使命是解放全人类,妇女是整个人类的一部分,无产阶级要解放全人类,当然就要解放妇女。同时,无产阶级领导妇女实现解放是无产阶级解放自身的要求。私有制度产生以后,社会上分为有产阶级和无产阶级,无产阶级一直处于经济上受剥削、政治上受压迫的地位。无产阶级所处的社会地位决定它只有废除生产资料私有制、消灭人剥削人的制度,才能使自己摆脱剥削和压迫。无产阶级只有不分性别地把人们联合起来,共同奋斗,才能获得自身和整个人类的解放。作为占人类人口一半的妇女,如果不能获得解放,无产阶级和整个人类就不能获得解放。为了完成自己的使命——解放全人类和实现自身的解放,无

① 李达:《现代社会学》,武汉大学出版社 2007 年版,第 128 页。
② 李达:《现代社会学》,武汉大学出版社 2007 年版,第 169 页。

产阶级必须领导妇女实现解放。

三、中国的妇女解放

与旧的哲学不同,马克思主义哲学不仅要解释世界,要重要的是为了改造世界。李达的哲学探索秉承马克思主义哲学的这一特质,力图回答"中国向何处去"的时代问题,努力探寻中国的出路。作为其哲学思想的一个重要组成部分,李达的妇女解放思想是为了解决中国的妇女问题,探寻中国妇女解放的现实道路。

近代中国社会是半殖民地、半封建的社会。与欧洲国家相比,中国的妇女解放面临着更多的困难和阻碍。在半殖民地、半封建的社会里,中国人民苦难深重,妇女更是受到多重的压迫,有来自封建礼教的压迫,有来自现实政府的压榨,还有来自帝国主义势力的勒索,等等。李达认为,在中国,无论普通妇女问题还是妇女劳动问题都有除世界妇女问题一般性之外的特殊性。就普通妇女问题来说,最突出的是婚姻问题和参政问题。在婚姻方面,中国的妇女依然受封建礼教的束缚,婚姻不能由自己做主,没有婚姻自由可言。在法律上,中国的妇女没有财产继承权,经济上不能自立。中国的妇女教育不发达,妇女极少有服务社会的本领。同时,中国的产业不发达,工商界也不能为妇女提供工作的机会,妇女们被束缚在家庭之内,不能获得所谓的人格自由和尊严,更不用说参政权。而在欧洲各国,女权运动已经为妇女取得一定程度上的教育权、参政权。就劳动妇女问题而言,随着资本主义商品经济的侵入,中国农村手工业逐渐破产,农村妇女不得不进入城市谋取生路,但是由于没有劳动法的保护,女工受到残酷的剥削和压迫,其所得的工钱不能满足自己的基本生活需要。劳动妇女是中国妇女的绝大部分,她们的生活困难,权益无法得到保障。总之,中国的劳动妇女处境悲惨。

在同梁启超和研究系的假社会主义论战时,李达就指出中国的唯一出路是由无产阶级政党领导群众用暴力夺取国家政权,向共产主义迈进。李达认为,由于中国的特殊国情,中国的社会问题是与民族问题联系在一起的,中国革命兼有民族革命和民主革命两重任务。中国外受帝国主义的压迫,需要进行民族革命,推翻帝国主义对中国的压迫。中国内受武人政治的统治,需要进行民主革命即社会革命,推翻武人政治,建立维护人们利益的政府组织。民族革命和民主革命是相互促进的,民主革命是阶级斗争的表现,民族革命的胜利有利于民主革命的胜利,民主革命的胜利有利于民族问题的解决。"无产阶级苟得解放,则弱小民族亦随而解放,阶级隶属之事实消灭,则民族隶属之事实亦必归于消灭;反之,民族隶属之事实消灭,则阶级隶属之事实亦必归于消灭。"①在李达看来,妇女解放运动是民主革命和民族革命的一个重要组成部分。无论是摆脱帝国主义的统治、实现中国的独立,还是要推翻国内武人政治、建立维护人们利益的政府,都需要进行妇女解放运动。他强调指出,中国社会革命应当从反帝反封建的民主革命开始谈起,不然就成了空想的社会主义。中国的妇女解放运动是民主革命的重要一部分,需要和民主革命一起进行。

李达认为,中国妇女要反抗重重压迫、实现自身的解放,必须高度重视以下几个方面。第一,由于中国社会的半殖民地、半封建的性质,中国的民主革命和民族革命必须同时进行,妇女解放运动必须同这两者结合起来。只有通过与民主革命和民族革命相结合,依靠社会整体的力量消灭压迫妇女的各种势力,中国妇女才能实现自身的解放。第二,中国的妇女问题同世界的妇女问题一样,其中心问题是妇女的劳动问题,因此,中国妇女的核心阶级是劳动阶级;要实现中国妇女的解放,就必须坚持无产阶级政党的领导。第三,中国妇女要想保障自己的权益,就必须在社会革命之后努力实现劳工专政,建立劳工政府。只有在劳工政府的领导下,建立和健全保护妇女权益的各种法律和制度,才能实现男女平等。第四,妇女受压迫的历史几乎从一开始就带有世界性,中国的妇女要想获得解放,不仅要参与国内的民主革命和民族革命,还要与国际无产者联合起来。如果不与国际无产者联合,即使侥幸取得一时的胜利,"然其结果亦不过脱离甲派帝国主义之支配而转受乙派帝国主义之压迫"②。反对帝国主义的斗争是世界范围内的斗争,中国不可能脱离世界而独

① 李达:《现代社会学》,武汉大学出版社 2007 年版,第 179 页。
② 《李达文集》第 1 卷,人民出版社 1980 年版,第 362 页。

立存在,中国人民争取独立的斗争必须与国际无产者争取解放的斗争联合起来,中国的妇女解放运动也必须与国际无产者领导的解放运动联合起来。

四、共产主义社会里妇女的彻底解放

李达的妇女解放思想是对马克思主义妇女观的继承和发展,而马克思主义妇女观是立足于人类解放来看待妇女解放问题的。所谓人类解放,就是实现每个人的自由全面发展。那么,无产阶级领导的社会革命后建立的劳工专政的国家是否能够实现人的自由全面发展呢? 对此,李达首先分析了私有制被废除后的社会状态。

李达认为,妇女受压迫的根源在于私有制,妇女要想获得彻底的解放,就必须废除私有制。现代社会的上层建筑是建立在私有制基础之上的,那么,私有制被推翻后社会将呈现怎样一种状态呢? 他指出:"由唯物史观说得推知资本主义社会必然变革而进于社会主义社会,由剩余值价说得推知资本主义经济组织必然崩坏而达于社会主义经济组织,由阶级斗争说得推知资本家的生产方法为阶级最后之敌抗形式,而阶级与阶级斗争之必归于消灭。是故社会主义唯一目的,在将私有资本收归公有,而达到此目的之唯一政治手段,厥为劳工专政。"①在这里,李达根据马克思主义国家观认为,资本主义必然趋于灭亡,代之而起的是代表人民利益的劳工专政国家。他还指出,从资本主义社会到社会主义社会之间,有一个过渡时期,这个过渡时期的经济组织为国家资本主义,过渡时期的政治组织为无产阶级民主主义。

在《现代社会学》中,李达对国家与社会作了区分。他认为,国家是私有制的产物,国家的出现以阶级对抗为前提,它是占统治地位的阶级进行阶级统治的工具,统治阶级是为了维护自己的统治才建立国家的。国家随阶级对立产生,也会随着阶级对立的消灭而消亡的。而社会是不能与国家混为一谈的,二者在诸多方面都是不同的。李达详细分析了国家与社会在形式、范围、生活内容、秩序、行为规范等方面的区别,从而为阐明国家消亡后的社会状态奠定

---

① 李达:《现代社会学》,武汉大学出版社 2007 年版,第 148 页。

了基础。他认为,只有国家消亡后,人们才能实现真正的自由平等,这好比是古代社会中的自由平等,但却不是原来意义上的自由平等,而是否定之否定后的自由平等。在国家走向消亡的过程中,有一个过渡期的国家。这种过渡时期的国家是劳动者的国家,是实行劳动阶级专政的国家,它能为妇女解放提供物质的、经济的保障。在李达看来,妇女解放包括物质的解放和精神的解放,妇女要谋求精神的解放,首先必须谋求物质的解放;而要想获得物质的解放,就要摆脱资产阶级的资本支配,这就要毁灭掉资产阶级的资本组织。而过渡时期的国家,采取国家资本主义的形式,它将资产阶级的企业的财产收归国有,采取财产公有、共同经营的经济模式,从而使得妇女解放有了现实的经济基础。

家庭也是私有制经济的产物,私有制被废除后,家庭会怎样呢?妇女解放运动本身是否是对家庭制度的一种破坏?李达认为,一切制度都应该顺应时代的要求、为人们服务。如果一种制度不能满足为人们服务的要求,那么,它就有被废除的必要。即使它不被废除,由于其不再适应时代发展的要求,到了一定时期,它自己也会退出历史舞台。家庭制度作为社会制度的一种,如果不能顺应时代发展的要求,同样会自动退出历史舞台。妇女解放,对家庭制度来说,没有什么破坏可言。从历史上看,从专门针对妇女实行专偶制起,对妇女的压迫日益变本加厉起来。专偶制的存在,是私有制经济的产物。私有制经济的产生,使得大量的财富集中在男人手中,为了使这些财富传给这一男子的子女,就需要对妻子的专偶制,限制妻子的性自由,使妻子只有丈夫一个性伴侣。对私有制社会进行变革后,大部分生产资料都将变为社会公有。那时,不仅专门针对于妇女一方的专偶制会消失,而且随着生产资料变为社会公有,对妇女进行其他各种限制的经济基础亦不复存在,妇女不必再为金钱而献身。同时,私人家务将变成社会的公共事务,妇女日益从家庭生活的束缚中解放出来,更多地参与社会生产劳动。当然,专偶制仍然会存在,但专偶不再只是专门针对妇女的专偶,它同时也是针对男人的专偶。只有在这种情况下,婚姻才能不再以任何经济因素而是完全以爱情为基础,真正的一夫一妻制也才会实现。

在谈到私有制被废除并经历过渡时期的国家以后的未来社会状态时,李达指出,社会学的派别很多,关于未来社会的推测也很多,但是这些推测殊途同归的一点是,未来社会必然是自由平等博爱的社会。"惟此种自由平等博爱之未来社会状态,非经济进化最高阶段不能实现,故所谓自由平等博爱之社会实即共产社会也。社会进化之极致必达于共产社会。"①在这里,作为一位坚定的马克思主义者,李达坚信,未来社会必定是共产主义社会,而共产主义社会将会实现自由平等博爱。

李达指出,共产主义社会是生产力高度发达的社会,在共产主义社会中,人们从自发分工中解放出来从事自由生产活动。正如马克思、恩格斯所说:"原来,当分工一出现之后,任何人都有自己一定的特殊的活动范围,这个范围是强加于他的,他不能超出这个范围……而在共产主义社会里,任何人都没有特殊的活动范围,而是都可以在任何部门内发展,社会调节整个生产,因而使我有可能随自己的兴趣今天干这事,明天干那事。"②这样,人们就从以往社会必须维持生计的活动中解放出来,个人无须担心自己衣食住行的需求是否能得到满足,不再受物的支配,摆脱了各种异化的状态。与此同时,人们的精神境界也得到极大的提高,整个社会完全按需分配。在共产主义社会里,分工所造成的人的发展的片面性将被克服,妇女不会再被缠身于家务劳动,无所谓固定的工作,只需根据自己的喜恶来进行选择。而随着由私有制造成的劳动异化的被扬弃以及以男女之间的支配与从属关系为特点的分工制度的消失,妇女就有了完全实现自己本质的物质的和精神的可能性。共产主义社会是将人的本质还给人的社会,共产主义社会里的个人是完全解放的个人,而这种解放是人的自由的完全重新获得。共产主义社会是人的自由全面发展的社会,这种自由全面发展是相对社会中的所有人而言的,当然也包括妇女的自由全面发展。共产主义社会里妇女的自由全面发展,也就是妇女解放的真正实现即妇女的彻底解放。

(原载《武汉大学学报(人文科学版)》2014 年第 3 期)

---

①　李达:《现代社会学》,武汉大学出版社 2007 年版,第 187 页。
②　《马克思恩格斯选集》第 1 卷,人民出版社 2012 年版,第 165 页。

李达的女性理论

——规范意义及中国女性解放的视角

李 志

    李达对于女性问题的理论研究,以及他与夫人王会悟对于推进中国女性解放事业的诸多努力,已经受到学术界的充分肯定。然而,由于此前的研究将李达的女性理论看做是一个单一的或孤立的理论,从而将研究仅局限于李达关于这一问题的专门著述①,所以李达的女性理论与他的其他理论之间的内在关联就自然而然地被忽视了。

    实际上,根据李达翻译的女性问题著作和撰写的各种女性问题评论,我们可以看出,他主要采用了社会学与人类学的研究方法,并自觉地立足于马克思主义的理论立场,在纵向地阐明女性地位的历史变化和横向对比欧美各国女性解放运动的基础上,着重思考中国女性的解放问题。由于"解放"所涉及的不是对事物的客观说明,不在于阐明"是什么",而是对"应当怎样"的一种诉求,也即时下人们常说的规范问题的一种表述,所以,女性解放作为人的解放的一个方面,归根结底也从属于规范问题。

一

    李达曾在《现代社会学》(1926 年 6 月版)一书中明确谈道:"科学有所谓说明学与轨范学之分。说明学在根据一假设之原理以说明诸现象之因果关

---

① 国内关于这一问题的研究,多集中于《女子解放论》(刊发在 1919 年 10 月《解放与改造》第 1 卷第 3 号上)这篇论文。

系,如物理学是;轨范学在研究人类行为之标准,指示其理想之所在,如伦理学是,社会学实以说明学而兼轨范学者也。社会学之说明学的任务,即在于应用一根本原理,说明过去及现在社会之组织与变化,发见其因果关系。社会学之轨范学的任务,即在于推知社会行进之方向,指示吾人信仰之所在,以定改造现社会达到理想社会之方针,虽谓社会学为指示理想社会之科学亦无不可也。"①根据这段话的意思,社会学包含两个方面的任务,一是通过对社会的客观说明来发现社会进化的规律,二是在此基础上指出现存社会的缺陷、指出改造这一社会的方法,并预测未来社会的发展方向。这第二个方面所指向的是"社会应当如何",即社会学的规范意义。

李达认为,社会学的规范意义,不是指要像摩尔、傅里叶等人那样创立空想社会主义,因为社会学不是对未来之理想社会的纯粹想象,而是通过运用科学的方法,在归纳历史的社会的事实的基础上得出的一种规范。换言之,社会学的说明学构成社会学的规范学的基础,正是对现存社会(包括该社会的历史)的大量研究,才能发现现存社会的种种缺陷或问题,从而找到改造这一社会从而达到理想社会的途径。

在李达看来,社会问题非常之多,其中非常重要的一类问题是女性问题。李达将女性问题分为两种:"其一为普通妇女问题,其二为妇女劳动问题。普通妇女问题即妇女要求社会承认与男子享受同等权利之问题;妇女劳动问题即从事劳动之妇女拥护其为劳动者之利益之问题。普通妇女问题以要求除去社会生活上男女差别之待遇为主旨,属于人格问题;妇女劳动问题以要求劳动之解放为主旨,虽同属于人格问题,而其重心点则属于经济问题。"②"普通妇女问题之发端,亦在于自由之要求。盖启蒙运动之结果,能诱致一般文化之进步,促进个人之觉醒,因而人格之自由与权利之尊重,遂为社会各方所唱道。……是以先觉之妇女起而从事女权运动,要求社会上法律上政治上经济上之男女平等,更进而要求解放家庭之束缚。"③"妇女劳动问题,因自由思想之勃兴及产业革命之影响而生。普通妇女问题殆属一种广义的文化运动,故

---

① 李达:《现代社会学》,武汉大学出版社 2007 年版,第 8 页。
② 李达:《现代社会学》,武汉大学出版社 2007 年版,第 127 页。
③ 李达:《现代社会学》,武汉大学出版社 2007 年版,第 127 页。

由中流以上之妇人指导之;而妇人劳动问题属于经济问题,故由妇女劳动者主持之。……故妇女劳动问题虽为对于男子之特别问题,同时又为与劳动者共通之问题。妇女劳动者一方要求同等劳动之同等工银,要求保护产妇,要求男女劳动组合之平权;同时又与男劳动者共谋劳动条件之改善,更以阶级的意识协谋现代经济组织之改造。故妇女劳动问题根本上实与男子劳动问题无异。"①由上面三段论述可以看出,普通妇女问题实质上就是两性问题,妇女劳动问题实质上是资本主义雇佣劳动的问题。

根据李达对两性问题的研究,这一问题是历史发展的产物,男性本位是历史现象,并非天然的或永恒的。"世界女子过去一大部分的历史,是被男子征服的历史。在这时期,道德上风俗上习惯上法律上政治上经济上一切种种,凡是女子所处的地位,无一不在男子的下层。……好象这世界是男子独占的世界,不是男女共有的世界。"②在李达看来,男权统治的社会,与社会系统的建构是相违背的。"社会是个人的系统,个人是社会系统的一员。有个人而有社会,有社会而有个人。所谓个人的,是含有社会意味的个人,不是绝对的个人。……个人含有男女两性。男性与女性结合,成为个人。个人的分裂,必成为男女两性,所以社会是由男女两性结合生出新个人。新陈代谢,然后有进化,有创造,有发展。所以社会称为个人的有机体的集合体,即可称为男女两性结合的大系统。……个人是组织社会的单位,男女两性是组织个人的基本单位。所以凡是社会上的道德、风俗、习惯、法律、政治、经济,必以男女两性为中心,方可算得真道德、真风俗、真习惯、真法律、真政治、真经济,否则是假的,是半身不遂的。"③至于男性为何在人类历史中逐渐取得独占和中心的地位、女性为何成为男性的附庸,这在李达翻译的《女性中心说》、《妇女问题与妇女运动》等著述中均有具体说明,其中最根本的原因是私有制的出现。对李达而言,这一段历史可以充分说明女性解放运动的必要性与合法性——既然社会本就是由两性组成,而且女性与男性具有同等的能力,对于社会具有同等的贡献,那么,只承认男性的社会或以男性为中心的社会就是不合理的社

---

① 李达:《现代社会学》,武汉大学出版社 2007 年版,第 127—128 页。
② 《李达文集》第 1 卷,人民出版社 1980 年版,第 9 页。
③ 《李达文集》第 1 卷,人民出版社 1980 年版,第 9—10 页。

会。在这种情形下，女性唯有通过解放自身，能够并且必须获得与男性同等的地位与权利，才能使社会成为以两性为本位的社会，才能使社会回归正途。

尽管欧美的女性解放运动致力于实现两性的平等，但在李达看来，这一运动所达到的结果主要是文化解放或精神解放——使女性逐步获得了与男性同样的人格尊重与权利（法权意义上的而非实质上的）。与之相比，妇女劳动问题以及由此带来的解放运动要更为彻底一些，因为它不仅仅要一般地改变男性与女性之间的不平等地位，而且要颠覆共同压迫男性与女性的社会基础，从而将一般的平等问题推进到自由问题的高度，将精神解放推进到物质解放并带来人的全面解放。关于这一点，李达曾在《女子解放论》一文中这样说道："女子所以屈从男子的，因为精神上的自由被束缚的缘故。精神上的自由所以被束缚的，因为物质上的自由先被束缚的缘故。如今要将女子解放，须先使他恢复物质上的自由。女子物质的自由的欲望，到达了最高点的时候，那精神的自由的欲望，自然而然的勃发起来。那时真正的自由，方可完全实现。这样的，才可算作真正的女子解放。"①

如上所述，妇女劳动问题本质上是资本主义的雇佣劳动问题，这一问题既具有雇佣劳动问题的一般特征，也具有其特殊的方面。根据李达对欧美女性解放运动的研究，除了上面所谈到的要求男女平权之外，还因为资本主义的出现，女性的生存与生活方式发生了巨大的改变："况且机械发达，制造迅速，妇人专管的手工业，都被大工场夺去了，妇人的职业减少，一生的生活安全，失其保障，其结果遂起而谋教育的改善，并求活动范围的扩张。那资本主义，是专要扩张生产范围的，所以失业的人，都向工场求工做。但是工场用人有限，求做工的人多，所以竞争起来。那万恶的资本家，贪雇廉价的工人，所以情愿采用女子——因为女子的工价，要得少些。女子既然从事劳动，一则得免家庭的拘束，二则由劳力所得，有独立的收入，可以自营生活。所以渐渐的不为男子所左右，并且与男子立于相对的地位了。又此时的劳动家做工的条件，是由资本家指定，最不公平的，劳动者所受的牺牲弊害不少。劳动者有了自觉，是不

---

① 《李达文集》第 1 卷，人民出版社 1980 年版，第 23 页。

肯服从这种苛刻条件的。所以全劳动界,有合组团体的必要,所以男男女女互相结合起来,对抗那资本家。所以到了这资本主义的社会,直接利用女子劳动的自由,间接即以促进女子的解放。"①由此可见,一方面,资本主义的生产方式迫使女性从家庭走向社会、从家务劳动转向社会劳动,即变成廉价的雇佣工人(与男子相比更为廉价),女性也由此受到资本家的压迫;另一方面,由于女性成为雇佣工人,所以女性得以摆脱家庭的束缚并具有独立的经济能力,同时为了能够参与社会劳动,女性必须接受教育、学习各种技能,所有这些,都直接或间接地促进了女性的自由。此外,女性成为雇佣工人,就与大多数男性的雇佣工人具有了相同的生存处境和生存体验,具有了一致的反抗对象——资本家,因而就产生了团结起来的必要性。在这一意义上的女性解放,实质上已不单单是女性的解放,而是男女共同从资本主义中解放出来,重新拥有自由的劳动时间。正如李达所言:"现社会经济的基础已经动摇了。社会根本的改造的大事业,横在我们的面前,有志改造社会的男女们,彼此不可不有阶级的共存的自觉,共同携手参与改造事业,和那共同的社会的敌人奋斗,建设男女两性为本位的共同生活的社会。这也许是我译这书的一点用意了。"②

根据对两种女性问题的研究,李达得出的结论是:"妇女问题发生于私有财产制度确立之后,这无论中国与外国都是相同的。至于把妇女问题当做问题实际起来解决的女权运动,却是开始发生在资本主义发源地的欧洲,尤其是开始发生在资本阶级大革命的爆发地的法国。"③也就是说,按历史的发生来说,女性问题在资本主义之前已经出现,但真正的女性解放运动或女性开始有意识地争取解放的运动却是资本主义发展之后的事情。换言之,只是在妇女劳动问题出现之后,女性才开始意识到之前早已存在的两性问题,才开始有意识地组织起来谋求自己的利益,真正的女性解放运动才开始起步。这也可以说明为什么中国的女性解放运动在晚清覆灭之后方才出现。

---

① 《李达文集》第1卷,人民出版社1980年版,第15页。
② [日]堺利彦:《女性中心说》,李达译,商务印书馆1922年版,序言第2页。
③ 《李达文集》第1卷,人民出版社1980年版,第149页。

<h1 style="text-align:center">二</h1>

　　上述关于女性解放问题的研究在李达的女性理论中固然是重要的,这些研究也由于凸显女性与雇佣劳动的关系而具有鲜明的阶级立场和马克思主义的性质。不过,李达对于女性问题以及欧美女性解放运动的考察,并不出于一种纯粹知识论的立场,其目的并不在于达到对一般意义上的特别是欧美的女性解放运动的全面理解。对于李达而言,最终要面对的问题其实是中国女性的解放问题,如何看待以及如何解决中国女性的解放问题,才是李达女性理论的真正落脚点。在这一意义上,李达的女性理论可看做是马克思主义中国化的一次理论尝试。

　　李达认为,中国社会不同于欧美社会,中国社会问题也不同于欧美社会问题,所有这些决定了中国女性问题除了具有女性问题的一般特征外,还具有一定的特殊性。关于中国社会问题的特性,李达的观点包括两个层次,一是中国传统社会是没有所谓社会问题的,只是伴随着欧美资本主义的入侵和中国产业革命的出现,中国社会问题方才出现。很显然,这一观点的理论基础是黑格尔及马克思主义的市民社会理论,即资本主义的出现直接导致国家与市民社会的分野,其中市民社会因与劳动、金钱相关而具有突出的经济性质。二是中国社会的特性无一不与资本主义有关,这从李达的归纳中就可以看出。他曾经将产生中国种种社会问题的原因总结为四个方面,分别是"资本主义以中国为逋逃薮也"、"大资本压迫小资本也"、"不平等约条之为厉也"和"内乱之不宁也"[1]。正是基于这些原因,"中国社会问题虽亦同为资本主义之产物,然其发生之理由,乃因产业之不得发展,与工业先进国因产业发展过度而发生之社会问题大不相同,此其特性也"[2]。

　　根据上述关于中国社会问题之特性的分析,李达指出了中国女性问题的特殊性:"中国家族制度,特别谨严,礼教之束缚,家长之专制,为世界各国所

---

[1]　李达:《现代社会学》,武汉大学出版社 2007 年版,第 130—131 页。

[2]　李达:《现代社会学》,武汉大学出版社 2007 年版,第 131 页。

未有。近自欧化东渐,而妇女问题亦与其他社会问题同时并起。中国妇女社会问题,亦可分为普通妇女问题与妇女劳动问题两方面言之。就普通妇女问题言,最显著者莫如婚姻问题,其次为参政问题。中国女子在法律上无继承财产之权,中流妇女之地位虽较下层妇女为优,而其同为无产者则一。经济上既不能自给,欲求婚姻之自由,不可得也。中国女子教育不甚发达,且以产业幼稚之故,工商界不能吸收有智识之女办事人,女子殊难取得服务社会之机会。此中国普通妇女问题之特性也。次就妇女劳动问题言,亦自有其特别之点,盖自手工业被资本主义商品压迫之后,农村妇女之生计大受影响,不能不群趋都市以谋生,惟女子所操之工作及其所受之工银,较男劳动者尤为低劣,且因劳动法尚未颁布之故,女工所感受之苦痛,特别重大,此亦中国妇女劳动问题之特性也。"①根据上面这段话,李达依然是将中国的妇女问题看做中国社会问题的一个分支,并且依然认为中国妇女问题也包括普通妇女问题与妇女劳动问题两个方面。不过,他更为关注的是中国妇女问题的那些比较特殊的方面。

这些特殊方面,与中国社会的特殊性直接联系在一起。所谓"家族制度"和"礼教之束缚,家长之专制"都是中国封建制度的特有产物,它们对中国女性的控制与压迫达到了无以复加的地步。甚至可以说,以往的中国女性不是真正意义上的"人",而是附属于"夫"或"父"的"物"。虽然西方女性在传统社会中也是无权的,但这主要指的是没有公民权,即没有参与政治的权利。而且,由于中国社会从传统走向现代的过程并非是自发的,或者说,资本主义在中国的出现与发展主要是由于西方国家的强力入侵而带来的一种后果,所以,中国的妇女问题与西方的妇女问题具有鲜明的差异:

普通妇女问题与妇女劳动问题在西方不是同时出现的,而是伴随着资本主义的发展而逐步显露出来,相应地,女权运动也是逐渐从一般地要求女性具有同等的参政权、教育权等上升为女性从雇佣劳动中解放出来。比如,李达在考察欧美女权运动时曾指出:"英国女子教育,在19世纪中叶尚幼稚,自梅莉女士作女权拥护论,提倡女权以后,继起创办学校者颇多,教育大有起色,女子可学法律可充律师。参政运动,起于一八一九年。……德国妇人自一八四八

---

① 李达:《现代社会学》,武汉大学出版社2007年版,第132页。

年革命后,始从事女权运动,谋教育的普及,参政的运动。……法国女子在一七八九年大革命的当时,阿林布女士发表女权宣言,主张男女同权。"①

与之相比,由于资本主义在中国的出现与发展主要是受外力影响的结果,所以,从普通妇女问题逐步发展为妇女劳动问题的过程并不明显,精神解放的要求与物质解放的要求几乎是同步的。除此之外,中国的普通妇女问题首先体现为婚姻问题,其次才是参政问题,这与中国的家长制度和封建礼教关系密切,所以,那个时代的女子首先要避免的是沦为封建礼教的牺牲品,争取到个人的自由,其次才谈得上与男子挣得同等的政治地位。这从当时中国知识分子非常热衷于鞭挞封建礼教和倡导婚姻自由就可见一斑了。其中,李达还特别谈到中国的女性教育事业非常不发达,这就极大地妨碍了中国女性摆脱家庭走向社会去独自谋生。妇女劳动问题亦是如此,由于近代中国的城市化水平不高,农村女性由于外来资本主义商品的入侵而无法维持原有的手工业,不得不走向城市中的工厂,但由于她们几乎没有受过教育,又无任何的法律来保障她们,所以她们受到的盘剥和压迫非常之沉重。

正是由于中国女性问题的特殊性,中国女性的解放运动呈现出与欧美女性的解放运动不完全相似的地方:欧美女性的解放运动直接就是资本主义发展的产物,体现为由内而外的过程,而且这一过程从一般的女性解放逐步演绎为女性的劳动解放,所以相对来说,显得比较温和。中国女性的解放运动最初源自封建主义与资本主义、中国传统与西方现代文明的交锋,后由于资本主义在中国的发展以及马克思主义的传入,这一运动的面貌变得格外复杂:既要以资本主义的一般人权来抨击封建礼教对于中国女性的束缚和压迫,从而为女性争取一般意义上的婚姻自由权、教育权和参政权等;又要以共产主义的人类解放来批判资本主义的女性解放运动,从而在争取一般权利的基础上为女性争取自由的劳动。总之,中国女性的解放运动是由外而内的过程,其中裹挟的反封建与反帝国主义的内容,决定了这一过程与革命斗争相关,显得比较激烈。

当然,对中国女性解放运动特殊性的强调,并不是要完全否定女性解放运

---

① 《李达文集》第 1 卷,人民出版社 1980 年版,第 15—16 页。

动的一般原则与逻辑。对此,李达曾明确说过:"我认为中国的女权运动,也必是要受同样的社会进化的原则所支配。特就欧洲各国女权运动的历史叙述出来,使女权运动者知道社会进化的定律,能够于过去的历史中,寻求根本解决的目的和手段。"①换言之,中国的女性解放运动若想获得成功,必须要充分地理解女性解放运动的历史,必须要从欧洲各国的女权运动中汲取经验。根据上面一节的论述,这一经验可理解为:女性问题由来已久,正是私有制导致了男权社会的出现,所以,以男性为中心的社会只是一个历史现象,或者说,这种社会是有可能被颠覆的,女性有可能重新争取到与男性同等的社会地位;女性解放问题始于资本主义的出现及发展,女权运动以女性的精神解放和文化自觉为先导,同时有赖于女性的物质解放,唯有物质解放的推进才能最终实现女性的解放,实现两性共同的世界。"惟妇女运动缺乏经济的基础,故其发达至为迟缓。然在今日,妇女问题已与劳动问题相结合,而构成妇女劳动问题,其社会的意义愈益重大。……故今日妇女运动之趋势,其中心已由中流妇女移于无产妇女,而成为最有意义之社会运动矣。"②在李达看来,要想获得物质的解放,必先脱离资本的支配;要脱离资本的支配,就必须扑灭资本主义的经济组织;要扑灭资本主义的经济组织,唯有一个途径,即保存现有的大企业组织并将其生产手段化为公有的形式。③ 总之,女性解放运动能否成功,最终取决于这一社会能否完成针对资本主义所展开的无产阶级革命。在这一意义上,唯有中国的社会主义革命成功了,中国女性解放运动才可能具有物质解放的前提和条件,或者说才可能获得最终的成功。很明显,李达的这一看法深受马克思主义关于资本主义与共产主义之间的过渡阶段——社会主义的论断,直接就是一个马克思主义的观点。

正是在综合欧洲女权运动的经验以及中国女性问题之特殊性的基础上,李达曾经专门概括了中国女性获得解放的几个条件:第一,男女共同教育,即女子不仅与男子拥有平等的受教育的权利,而且男女可以同校。"既然知道女子的能力与男子是一样的,就应该把女子当一个'人'看。权利义务,既然

① 《李达文集》第1卷,人民出版社1980年版,第149页。
② 李达:《现代社会学》,武汉大学出版社2007年版,第169页。
③ 参见李达:《现代社会学》,武汉大学出版社2007年版,第164页。

主张平等,所受的训练,不可不平等,所以我主张男女同校,自幼稚院而小学,而中学,而高等,而大学,都是可以同校的。"①第二,婚姻制度之改善,即废除各种形式的买卖婚姻,主张由自由恋爱而结婚的制度。"我对婚姻一事,别有积极主张,若举其最适于我国情的,莫如恋爱自由。………恋爱是男女结婚的中心要素,夫妇间若无恋爱,便无道德,离婚也可,再婚也可,爱尽交疏,理之当然。"②第三,女子精神的独立,即女子要培养自己的知情意,树立作为"人"的人生观。"如今女子理性阙欠,感情脆弱,意志柔和,实由男子中心的社会压迫使然。种种苛责女子的道德将他压住,知识的门被关闭了,那里还有理解力,创造力?所以精神上的压迫,比物质上的压迫更利害。女子若自己要解放,就应该早知早觉,先求精神上的独立。"③第四,女子经济的独立,即女子应成为社会生产的一员,获得独立的经济收入。"女子若能于未嫁之先,从事农工商蚕桑畜牧等工作,求得独立之收入,则结婚以后夫妇间经济关系,有真意义的协同组织,对于所得之物,各自支给,对于生产事业,各自劳动,对于他人给与之物,亦必以同样的给与他人。"④第五,男女普通选举之实行,即女子要争取选举权与参政权。除了这些条件之外,还有家庭恶习之废止和娼妓之禁绝。此外,李达还特别提到:"女子劳动问题,是现在过渡时代的妇人问题之最要点,也应该提出研究的——异日再论罢。"⑤

综上所述,李达对于女性问题及女性解放问题的关注与研究,是有其深刻的社会学背景的。在李达看来,社会学的规范意义不仅仅在于颠覆现存社会或指出该社会的种种问题,还在于发现铲除和解决这些问题的方法和途径。同样地,他的女性理论也不可能定格于女性为了自身的解放而与男性社会发生的冲突和抗争,相反,它恰恰是要找到化解这一冲突的可能途径,即创造一个新的社会、一个以男性和女性为本位的社会。正如他自己所说的:"我并不是提倡崇拜女性的人,也不主张专应用女性中心学说,来改造社会的组织。我

---

① 《李达文集》第1卷,人民出版社1980年版,第17页。
② 《李达文集》第1卷,人民出版社1980年版,第19页。
③ 《李达文集》第1卷,人民出版社1980年版,第20页。
④ 《李达文集》第1卷,人民出版社1980年版,第20页。
⑤ 《李达文集》第1卷,人民出版社1980年版,第21页。

只希望凡是要创造新社会的人,总要了解社会进化的历程,明白男女关系的变化,根本的抛弃男性本位的、因袭的道德观和一己的偏见,不要无理解的排斥女性。"①

（原载《武汉大学学报(人文科学版)》2012 年第 6 期）

---

① ［日］堺利彦:《女性中心说》,李达译,商务印书馆 1922 年版,"序言"第 2 页。

女性解放的可能性及其现实道路

——李达女性解放理论的再思考

李 志

肇始于西欧的女性解放运动,从最初要求在教育、参政(选举与被选举)、职业等方面取得与男子同等的权利或地位,到后来与男子携手合作反抗资本主义的压迫,前前后后经历了一百多年的时间。时至今日,不仅女性解放运动在世界范围内不断深化与拓展,而且有关女性解放的讨论也越来越受到学术界的重视与关注。而李达在 20 世纪初从马克思主义哲学、社会学、人类学等角度对女性解放运动作出的系统思考,在当代依然发人深省。

一场社会运动能否成功,在很大程度上取决于是否"对症下药",女性解放运动同样如此。换言之,女性能够获得解放的可能性和条件,甚至女性解放可能采取的道路和方式,将在很大程度上取决于女性问题是如何成为问题的,即女性解放运动的"症结"所在。本文就以这一"症结"作为论述的起点。

一、女性问题的出现

根据李达所译的《女性中心说》,有一种深入人心的观点认为,女性无论在体力还是智力上都要逊于男性,而且这种比较常常是以还原论的或自然主义的理论为前提的。根据这类观点,两性在智力上的差异也被归结为"在精神能力上,男子当然较女子为优",因为"男子的脑髓大概比女子的大"①。

与这种观点针锋相对的,是一种强调"女性中心"的论说。依据这一理

---

① [日]堺利彦编述:《女性中心说》,李达译,商务印书馆 1922 年版,第 5 页。

论,女性与男性之间的差异,并不像通常所认为的那样是先天的和固定不变的,相反地,它具有鲜明的历史性,总是伴随着社会条件的变化而发生改变。或者说,人类社会里最初是没有所谓的女性问题的,这是一个后来才出现的问题。

那么,哪些历史条件的改变,对于女性问题的出现具有决定性意义呢? 根据李达的另一本译著《妇女问题与妇女运动》,女子所从事的劳动样式以及经济地位的变化,带来了从母系制度到父系制度、从氏族公有制到私有财产制的转变。对此,该书明确指出:

> 由母系家族制度到父系家族制度的变迁,乃人类生产方法进步经济组织变化的结果,是数千年来徐徐进行的一种大的社会变革。原始社会获得食物的方法,是男子从事畋渔,女子从事农业。农业被尊重为主要产业,其收获亦归妇人管理,妇人在种族内部的经济地位,自然是提高的。后来社会进步,取得生活资料的畋渔工作,渐次失其必要,畜牧事业便发达起来了。畜牧是男子的工作,由畜牧所得的丰富物资也归男子管理,于是男子的地位便大大增高了。同时农业日增发达,那致力于畋渔工作日少的男子,便代替女子从事这方面的主要劳动,因而妇女的活动范围便限于家事和育儿一方面,男女经济的地位从此便颠倒起来了。①

当女性的活动范围仅限于家务事和生儿育女之后,女性问题也就相伴而生。一般而言,女性问题体现在以下方面:其一,女性在家庭内部处于无权和无人格的地位——作为女儿,随时有可能被父母以买卖婚姻的形式出让掉;作为妻子,必须无条件地服从自己的丈夫,无论在人身上还是经济上都是如此,在古代甚至是丈夫淫欲和泄愤的对象。其二,就女性作为社会的一员而言,女性在政治上也是无权的,只有男子具有参与国事的权利,即使到了 16、17 世纪,仍只有男子有选举权和被选举权。其三,因为女性在成人之后无法参与公

_____

① [日]山川菊荣:《妇女问题与妇女运动》,李达译,上海远东图书公司 1929 年版,第 67—68 页。

共事务,所以女性历来被排斥在教育之外,在文化上是没有话语权的,所谓"女子无才便是德"。所有这些,使得女性的生存状态类似于奴隶,而非一个"人";而且,因为女子历来被教育要顺从于男性,所以,她们对于自己的这种被奴役状态缺乏自我反思,这仿佛就变成她们心甘情愿成为男性的附庸。恩格斯在《家庭、私有制与国家的起源》里也提出了相似的看法:

> 我们从过去的社会关系中继承下来的两性的法律上的不平等,并不是妇女在经济上受压迫的原因,而是它的结果。在包括许多夫妇和他们的子女的古代共产制家户经济中,由妇女料理家务,正如由男子获得食物一样,都是一种公共的、为社会所必需的事业。随着家长制家庭,尤其是随着专偶制个体家庭的产生,情况就改变了。料理家务失去了它的公共的性质。它与社会不再相干了。它变成了一种私人的服务;妻子成为主要的家庭女仆,被排斥在社会生产之外。①

要而言之,女性的这种附庸的、受奴役的状态,并不体现一种自然的安排和自然的秩序,而是历史发展的一种结果,即所谓的"女性的具有世界历史意义的失败"(恩格斯)②。如果女性问题的出现是带有世界历史性的,那么,这一问题的根本解决就不可能限于某一种文化或民族,而必定在一种世界历史的范围内得到理解和解决。于是,在人类的历史当中能否出现世界历史意义的变革,就成为女性是否可能获得解放的关键所在。

二、女性解放的可能性

既然女性问题是一个历史问题,因女性劳动样式的变化而起,那么同样地,女性的附庸的、受奴役的生存状态就不可能是永久的不可更改的状况。这正如马克思批评那些资产阶级者妄图把资本主义永恒化一样:

---

① 《马克思恩格斯文集》第 4 卷,人民出版社 2009 年版,第 87 页。
② 《马克思恩格斯文集》第 4 卷,人民出版社 2009 年版,第 68 页。

经济学家所以说现存的关系(资产阶级生产关系)是天然的,是想以此说明,这些关系正是使生产财富和发展生产力得以按照自然规律进行的那些关系。因此,这些关系是不受时间影响的自然规律。这是应当永远支配社会的永恒规律。于是,以前是有历史的,现在再没有历史了。①

而且,既然劳动或生产是造成这一问题的"症结",那么,它也将是唯一可能解开这一"症结"的药方。或者说,劳动样式的再次变革,就有可能为解决这一问题提供合适的社会条件。从原始社会到奴隶社会,从奴隶社会再到封建社会,尽管不断地有新兴的劳动形式涌现出来,但都没有对已有的男性与女性的劳动分工形式产生明显的影响,女性依然负责家务事而在社会事务上受到轻视。这种情形直到资本主义生产方式的出现与拓展,才出现了改变的可能性。

其中一个主要原因是,资本主义的生产方式打破了以往田园式的"男耕女织"的平静生活,仅靠男子的劳动已经无法维持家庭的生计,女子被迫参与社会劳动,即"取得谋生的职业"。这一变化在客观上却为女性的解放提供了可能性与条件:女性为了参与社会劳动,就必须接受一定的教育和职业培训;反过来说,女性一旦成为有智识的人,就可以谋取较好的工作机会和较高的收入,就会逐步要求在经济上政治上和文化上的两性平等。这正如李达在《女权运动史》一文中曾指出的:

> 近代欧洲产业革命以来,经济组织大生变化,以前的农业经济,手工业经济,一变而为机械的工业经济。都会的资本主义工业勃兴,手工业大受打击,人民的生活,因而发生变动。无产的妇女固然要到工厂作工,而中流阶级的妇女更陷入困苦颠连的境遇。因为中流阶级的妇女,向来靠结婚为唯一谋生途径,现在逢着社会的变动,不得不靠自己的劳动来维持生活了。但伊们虽欲取得一种谋生的职业,却因为缺乏职业的训练和智识,又因为感受社会的习惯和束缚,依然得不着谋职业的机会,所以伊们

---

① 《马克思恩格斯选集》第 1 卷,人民出版社 1995 年版,第 151 页。

首先起来要求教育的门户开放,要求职业的门户开放,要求一切法律上经济上社会上的两性平等,以便能够得到自营生业的能力和机会,从苦痛的境地解放出来,这便是女权运动的开端。①

更进一步来看,资本主义的生产方式最初还仅限于少数几个西方国家,但由于资本生产在本性上的扩张性,使得这一生产方式通过各种政治的、经济的或文化的方式渗透到越来越多的国家和地区,从而呈现为一种世界性的变化。如前所述,劳动方式的这一世界性变化,必将带来不同国家与地区的女性的自我意识、社会地位、政治地位乃至文化地位上的变革,从而使女性解放运动呈现为一场世界性的运动。

正因为女性问题的核心在于劳动,所以李达在论及女性解放运动的可能性与条件时,并没有过多地强调中国社会的特殊性,没有过多地强调中国女性问题的特殊性,而是强调女性解放运动的一般逻辑与原则。对此,李达指出:

> 妇女问题发生于私有财产制度确立之后,这无论中国与外国都是相同的。至于把妇女问题当作问题实际起来解决的女权运动,却是开始发生在资本主义发源地的欧洲,尤其是开始发生在资本阶级大革命的爆发地的法国。②

> 我认为中国的女权运动,也必是要受同样的社会进化的原则所支配。特就欧洲各国女权运动的历史叙述出来,使女权运动者知道社会进化的定律,能够于过去的历史中,寻求根本解决的目的和手段。③

须特别一提的是,尽管资本主义生产方式的出现与拓展,为世界范围内的女性解放提供了必要条件和可能性,但是,真正现实的女性解放运动则由于发生在不同的国家和民族,由于处于不同因素和条件的作用下,所以总会呈现出一些复杂性与多样性。因此,虽然李达并不强调中国女性解放运动在原则上

---

① 《李达文集》第 1 卷,人民出版社 1980 年版,第 147 页。
② 《李达文集》第 1 卷,人民出版社 1980 年版,第 149 页。
③ 《李达文集》第 1 卷,人民出版社 1980 年版,第 149 页。

与其他国家的女性解放运动的差别,但这并不意味着李达将中国女性解放的道路简单地等同于西方女性的解放道路。事实上,即使就西方的女性解放运动而言,李达也依国别作了一番细致的梳理工作。根据这一贡献,我们将发现,有些国家的女性解放道路是比较相近的,而有的则并非如此。对于中国而言,中国社会在20世纪初的特殊境况,更是需要审慎地决定:我们究竟采取什么样的女性解放道路才是合适的;在这方面,我们更应该借鉴哪些国家的成功经验。

三、女性解放的不同道路

女性解放运动起于西方,因而很自然地,为了在中国开展女性解放运动,除了通晓女性解放运动的一般条件外,还应从这场运动的源头——西方那里获得丰富的经验。关于西方的女性解放运动,李达主要研究了法国、英国、德国、奥匈国、意大利、荷兰比利时和瑞士、斯干的那维亚(瑞典、芬兰、挪威与丹麦)、保加利亚和俄国的情况。俄国的情况比较特殊,其后再叙;就其他几国而言,其女性解放运动都大体经历了两个阶段:一是凸现男性与女性在教育、政治与经济上的不平等,要求将"天赋人权"的观念从男性拓展为"人",即要求女性获得这些方面的权利;二是劳动运动的阶段,即女性与男性携手合作,要求从资本生产的束缚中摆脱出来,从而成为真正自由的"人"。关于这两个阶段,李达写道:

> 欧洲女权运动的经过,大概可以分为两个时期。……第一期为中流阶级女权运动的时期,第二期为无产阶级女权运动的时期。在第一时期,女权运动的最大目标是打破男权专制,要求法律上、社会上、经济上、政治上一切方面的男女机会均等。……到第二期时代,女权运动的中心,由中流阶级移到无产阶级。多数女子为了生活的关系,都投入劳动市场,和男工竞争起来,徒使资本阶级获得渔人之利。竞争的结果,男工女工,两败俱伤。男工受了女工的排挤,劳动条件有日趋低劣之势;女工受了经济独立的美名所欺,牺牲了青春、健康和一切幸福,取得工钱奴隶的地位。到

这时候,劳动的妇女就觉到有利于中流妇女的女权运动的无效,而纯粹的妇女劳动运动的倾向就发生了。①

在李达看来,从第一时期到第二时期,女权运动逐渐触及了妇女问题的核心,因为"妇女问题的中枢本是职业问题,而职业问题若用广义解释,即是劳动问题。劳动问题解决了,妇女问题自然会消灭"②。但问题是,上述国家所开展的女权运动仍旧是在资本主义的框架中寻求一种解放,所以它不可能最终解决劳动问题,也不可能最终解决女性问题。比如,李达在谈到英国女权运动的第二阶段时,只是提到了各种形式的劳动组合或工会组织以及这些组织所举行的罢工,而未涉及更为根本的工人解放的问题。在谈到德国时,李达也是以这一标准来评判其女权运动的:

> 德国在现在虽说是社会民主党掌握政权的国家,而种种施设,纯系有产阶级民主主义的政策,是无产阶级所不满意的。妇女的权利虽说是较旧德帝制时代伸张了不少,而与劳动者的国家劳农俄罗斯妇女比较起来,却相差很远了。③

换言之,对李达而言,这样一种由平等权而逐渐上升为劳动运动的女性解放的道路,是不能令人感到满意的。相形之下,俄国女权运动所展示出的另一条道路,却是非常成功的,而且还因为俄国与中国在当时的很多相似性,对于引导中国的女性解放运动,则更具有示范的意义。关于俄国,李达特别强调了俄国女权运动与欧洲其他国家这一运动的差异性:

> 俄国底女权运动与英法等国底女权运动各有不同。英法等国底女权运动,最初在于要来承认妇女底权利。俄国底女权运动却不是如此。俄国男子处在极端专制政治之下,也并没有什么自由可言,妇女们从始便不

---

① 《李达文集》第1卷,人民出版社1980年版,第147—148页。
② 《李达文集》第1卷,人民出版社1980年版,第148页。
③ 《李达文集》第1卷,人民出版社1980年版,第170页。

必要求和没有自由的男子相等。所以伊们运动底方向是和别国底妇女们不同的。伊们最初的目的,就在结合国内和伊们处同样境遇的男子们,共同向专制政府及大地主贵族资本家作战。[①]

李达进一步指出,俄国女权运动之所以没有出现明显的两个阶段,而是直接迈进劳动运动阶段,主要是因为当时俄国的特殊境况。概括起来,俄国的特殊性主要体现为:其一,旧俄国是绝对专制统治的国家,人民在政治上没有丝毫自由可言,无论男女,都不例外;其二,旧俄国是农奴制度盛行的国家,农民处在大地主的压迫之下,在经济上没有幸福可言,无论男女,都不例外;其三,俄国在 19 世纪末 20 世纪初开始受到资本主义发展的影响,出现了一种在经济上文化上混杂的状态。"在农村仍旧为中世纪时代幼稚的农村经济,在都会则为 20 世纪的资本经济,两者混合,逐成为一种新的经济状态。同时在这种政治的经济的状态之上反映出来的人民思想,就有民主主义、社会主义、无政府主义、虚无主义……"[②]

这些特殊性决定了,俄国的女性解放运动不可能像英法等国那样按部就班地缓慢地开展,而是一开始就同民族解放、民主主义、社会主义等诉求一道爆发出来,展示了强烈的革命性。所以,李达评价道:"我以为俄国底女权运动史,简直可当做女子革命史看。因为俄国妇女们底运动,始终一贯都是带着革命性质的。"[③]

李达认为,俄国女性解放运动的革命性,突出地体现为彻底性,即它从来都没有把运动的目标归结为低层次的要求(教育权、参政权)上,而是明确地要求完成无产阶级的革命,建设男女平等的社会主义国家。因此,李达才感慨地说"真正的妇女解放……竟在劳农俄国首先实现了"[④]。为此,他还特地引用了列宁的一段话:

[①] 《李达文集》第 1 卷,人民出版社 1980 年版,第 180—181 页。
[②] 《李达文集》第 1 卷,人民出版社 1980 年版,第 181—182 页。
[③] 《李达文集》第 1 卷,人民出版社 1980 年版,第 181 页。
[④] 《李达文集》第 1 卷,人民出版社 1980 年版,第 184 页。

最近十年之中,世界最进步的民主国中,无论什么民主的党派在解放妇女上,能够做到我们专政后第一年所做事业百分之一的,一个也没有。在我们国内,凡有关屈辱意义的法律,如拒绝妇女底权利,妨害自由离婚,处罚私生子等法律,现在都废止了。①

总之,就当时西方已经开展的女性解放运动而言,唯有俄国取得了真正的成功,因为唯有俄国的女性解放运动直接是与无产阶级革命相伴而生的,直接是为着消灭资本生产这一目标的。而且,俄国道路所展现的,直接是以自由而非权利的平等作为解放的目标。这一点类似于马克思关于两类解放的解释。在《论犹太人问题》中,马克思曾经将解放区分为政治解放与人类解放:前者使国家的公民在出身、等级、文化程度、职业方面的差别变成非政治的差别,即国家宣布不论每个人在这些方面具有怎样的差异都是主权的平等参与者②;后者使得个人在出身、阶级、文化、职业方面的社会差别最终被消灭掉,即每个人都是自由而平等的社会共同体的成员。尽管马克思肯定政治解放的伟大意义,但他十分清楚地指出了政治解放的限度,即差别和不公正不是被消灭,而是以其他形式最终保留了下来。与之相类似,英法等国的女性解放运动的道路只是实现了政治解放,即女性在教育、政治和经济上的各项权利以法权的形式被承认,但距离真正的女性解放还有相当长的路途;俄国的女性则因社会主义革命的成功,直接取得了这些平等权利,并在社会劳动的层面上获得了自由。在这一意义上,俄国女性解放运动的成功,实际上是社会主义革命的一个必然产物。

四、中国女性的解放道路

对李达而言,上述关于西方女性解放运动经验的系统概括,并不仅仅是为了获得一种关于女性解放的理论。实际上,李达的学术研究从来不是为理论

---

① 转引自《李达文集》第 1 卷,人民出版社 1980 年版,第 180 页。
② 参见《马克思恩格斯全集》第 1 卷,人民出版社 1956 年版,第 427 页。

而理论,正所谓"社会学应负改造社会之使命"①。因此,上述研究与探索最终是为了回应已经发生在中国大地上的女性解放运动,并为其提供理论的导引。

根据上面的分析,一方面,从国情看,旧中国与旧俄国有诸多的相似之处——在社会大变革之前,二者都是政治上十分专制、经济上十分落后。这些相似的国情,也直接决定了两国女性的相似境遇,而且在某种意义上,中国女性的处境由于传统的家族制度而显得更为糟糕。"中国家族制度,特别谨严,礼教之束缚,家长之专制,为世界各国所未有。"②此外,如果说19世纪末20世纪初的俄国还存在着资本主义自发生长的可能性,那么,与此同时的中国正面临着变成西方国家之殖民地的严重威胁,资本主义这种生产形态是以帝国主义强权的方式在中国推行着。因而很自然地,对当时的中国女性而言,封建传统与帝国主义共同构成近代中国女性问题的源头,共同造成了中国女子被奴役的命运。这正如李达所言:

> 近自欧化东渐,而妇女问题亦与其他社会问题同时并起。中国妇女社会问题,亦可分为普通妇女问题与妇女劳动问题两方面言之。就普通妇女问题言,最显著者莫如婚姻问题,其次为参政问题。中国女子在法律上无继承财产之权,中流妇女之地位虽较下层妇女为优,而其同为无产者则一。经济上既不能自给,欲求婚姻之自由,不可得也。中国女子教育不甚发达,且以产业幼稚之故,工商界不能吸收有智识之女办事人,女子殊难取得服务社会之机会。此中国普通妇女问题之特性也。次就妇女劳动问题言,亦自有其特别之点,盖自手工业被资本主义商品压迫之后,农村妇女之生计大受影响,不能不群趋都市以谋生,惟女子所操之工作及其所受之工银,较男劳动者尤为低劣,且因劳动法尚未颁布之故,女工所感受之苦痛,特别重大,此亦中国妇女劳动问题之特性也。③

既然中国的女性问题与劳动问题并起,那么相应地,这一问题的彻底解决

---

① 李达:《现代社会学》,武汉大学出版社2007年版,第8页。
② 李达:《现代社会学》,武汉大学出版社2007年版,第132页。
③ 李达:《现代社会学》,武汉大学出版社2007年版,第132页。

即女性解放运动,就不可能像英法等国的女性解放运动一样,体现为资本主义发展的伴生物,而可能像俄国的女性解放运动一样,从一开始就呈现出强烈的反对资本主义的立场。这一点已由后来的中国历史所证明。

另一方面,如前所述,俄国女性解放运动的成功已经透露了社会主义与女性解放运动的内在关系。对于这一点,李达是深信不疑的。比如,李达在其译述的《社会主义底妇女观》一文中谈道:"但就现在底事实说,社会底发展已经由个人主义进到社会主义了。竞争制度将达到极点而至于破坏了。所以妇女要得到真正的经济独立,只有从事社会主义运动。"①在《现代社会学》一书中,李达更是明确地将现代社会所发生的、用于解决各种社会问题(包含女性问题)的社会运动,理解为"无产阶级一切解放运动之总称也"②。此外,他在谈到社会运动的种类时是这样规定妇女运动的:

> 劳动运动为劳动阶级对于有产阶级要求解放之运动,究属于男子方面之问题;妇女运动为女子对于男子要求解放之运动,则属于男女双方之问题……劳动问题固不能离妇女问题彻底解决,同样,妇女问题亦不能离劳动问题单独处理。故今日妇女运动之趋势,其中心已由中流妇女移于无产妇女,而成为最有意义之社会运动矣。③

综上所述,在李达的眼中,中国的女性解放运动只可能采取类似于俄国女性解放运动的道路,即通过无产阶级的革命,通过建立一种新的社会主义的制度,来实现自身的自由以及在教育上、政治上和经济上与男子相同的权利和地位。如李达所言,这条解放道路所通达的是,不是女性与男性之间的再次对立与隔阂,而是男性与女性的和谐共存;不是女性自身的解放,而是全人类的解放,所有人共同成为真正的自由的人。

1949 年之后中国女性也同俄国女性一样获得了前所未有的解放,先前的

---

① [日]山川菊荣:《社会主义底妇女观》,李达译述,上海《民国日报》副刊《妇女评论》1921 年 10 月 12 日第 11 期(署名鹤鸣)。

② 李达:《现代社会学》,武汉大学出版社 2007 年版,第 163 页。

③ 李达:《现代社会学》,武汉大学出版社 2007 年版,第 168—169 页。

束缚与压迫——被解除了。不过,正如马克思在《哥达纲领批判》中所指出的,社会主义毕竟只是通向共产主义的一个阶段,其自身的不完满性是不可回避的,法权意义上的平等权依旧会发挥极大的作用,而作为生存方式的自由并不能完全得以实现。[①] 因此,女性解放就和人类解放一样,依然作为一项历史的课题,摆在我们的面前。

(原载《山东社会科学》2013 年第 9 期)

[①] 参见李志:《马克思对平等权的质疑——兼论平等权的人学基础》,摘自《马克思主义哲学研究》(2011),湖北人民出版社 2011 年版,第 306 页。

治学先师　真理卫士

——李达在武汉大学的十三年

丁俊萍　吕惠东

在 20 世纪马克思主义在中国的传播历程中，李达的贡献必将为永远人们所铭记。在马克思主义哲学、经济学、法学、史学、教育学等多个领域，李达都作出了杰出的成绩。作为马克思主义的理论家，他一生为马克思主义在中国的传播、发展而呕心沥血。同时，李达也是一位杰出的教育家。新中国成立后，李达担任武汉大学校长达十三年之久。在 20 世纪五六十年代那个激情燃烧的岁月里，李达带领武大人，筚路蓝缕、披荆斩棘，用自己的智慧和双手，谱写了武汉大学历史上的光辉篇章，并以武汉大学为平台，奠定了湖北地区在新中国高等教育中的前列地位。在"文化大革命"中，李达以自己的古稀之躯抵制狂热的"左"的错误，并因捍卫真理而惨遭迫害。他把自己的智慧和生命永远地献给了荆楚大地。李达留给后人的不仅有等身巨著，更有尊师重教、爱护学生、奖掖后学的师者风范和不畏权贵、刚正不阿、求真求实的学者品性。

一、新中国成立后湖北高等教育的奠基人

1949 年年底，热爱教学与科研的李达，婉辞了毛泽东安排他在京工作的好意，主动要求下到地方做一名"教书匠"，为新中国的建设培养人才。次年 2 月，李达赴任湖南大学校长。1953 年 1 月，他又调任武汉大学校长。从此，他任职武汉大学长达 13 年，成为武汉大学历史上任期最久的校长。他以武汉大学为基地，加强学科建设、发展教师队伍、引进各类人才，为武汉大学的学科建设和人才培养，为湖北地区乃至新中国高等教育的发展作出了杰出贡献。

第一，提高教育质量，培养德才兼备的社会主义建设者。

新中国成立初期，百废待兴，国家建设急需各方面的优秀人才，而高校承担着培养、输送人才的重任。1953年，初任武汉大学校长一职的李达就在开学讲话中阐述了自己的教育观、人才观。他指出，国家建设的现实需要是高校人才培养的第一出发点，要求所培养的学生在马列主义世界观的指导下，积极学习，努力掌握先进的科学技术，并全心全意忠实于国家和人民的事业。① 他根据自身数十年从事教育事业的经验，提出了创办新型高等教育、培养德才兼备的人才的原则，即"首先以马列主义关于自然和社会发展规律的科学，作为高等学校所必须具备的基础；其次，适应国家经济建设计划所要求的不同部门的不同建设人才，在广博的基础知识之上进行不同类型的专业教育，使其理论与实际相结合、全面发展与专业训练相结合，以培养出对各种建设事业胜任的专家"。② 李达讲话中所提出的由博到专、唯才是用、服务于国家社会发展需要等原则，实际上回答了教育应培养"全才"还是"专才"的问题，体现了唯物辩证法思想，指明了高等教育的发展方向，也确立了建设综合性大学的基本方针。

武汉大学是新中国成立之初高校院系调整后仅有的14所综合性大学之一。李达上任伊始，就清楚地认识到综合性大学和其他专科性的高等学校在国家的人才培养中扮演着不同的角色，担负着不同的任务。在他看来，专科性或专门性高等学校的任务，主要是为社会培养和输送技术科学方面的专门从事实际工作的应用型人才，更注重实践操作；而综合大学的任务，则"主要是培养理论或基础科学（自然科学和社会科学）方面的从事研究工作或教学工作的专门人才"③，同时也为科教文卫各部门输送专门人才。在此基础上，李达提出了综合性大学的培养目标：其一，"要使学生具有较高深的理论水平与较广阔的科学知识，通晓一般的自然科学或社会科学的规律"，必须在他们的理论基础打牢之后再对之进行专业训练。其二，使学生"逐渐养成能够独立地、创造性地进行研究工作，并善于在马列主义方法论的基础上解决自己专业

---

① 宋镜明：《李达》，河北人民出版社1997年版，第239页。
② 李达：《教学工作是学校一切工作的中心》，《新武大》1958年10月第98期。
③ 李达：《教学工作是学校一切工作的中心》，《新武大》1958年10月第98期。

方面的某些理论和实际的问题"。① 这一过程要经过系统的长时期的锻炼,如此使学生不仅掌握学科理论,而且掌握专业方法,这样就能使其具备一定的优势,就业范围就比较广。"综合大学所教育的程度比较深,而方面也比较广,学生毕业后就业的范围也比较广,因此培养目标并不因学生就业而有所影响。"②李达的这些看法,反映了他的两个极为重要的教育理念:一是基础理论的学习至关重要,要把学生培养成独立思考的个体,而不是被动接受知识的机器;二是不能把学生就业作为高等教育的唯一指向,而应该使学生具备系统的知识和完备的人格。这样两个教育理念,即使是在今天,对我国高等教育的发展仍具有重要的指导意义。

第二,爱才用才、奖掖后学,重视师资队伍建设。

"所谓大学者,非谓有大楼之谓也,有大师之谓也。"大师是一所大学重要的资本和标志。民国时期,武汉大学涌现出了很多"大师",如王星拱、王世杰、闻一多、朱光潜等。李达主政武汉大学期间,也极为重视优秀人才的引进和青年人才的培养,力求为学生提供最好的教师资源。"大学是最高学府,教师要有最高学术水平才行。"③李达认为,师资力量是提高教学质量、"迎头赶上"的关键因素。他勉励各系主任"找点有培养前途的教师,以三至五年为期,十年、八年在学术界出现几个有地位的。把中级骨干充实起来,希望三至五年之内,十至八年之内,涌现一批名教授,要培养一批人才出来"。④ 在李达看来,知名教授,拔尖的学术带头人,是建设师资队伍、提高教学质量的关键。基于这样一种理念,李达特别注意人才的发现和培养,在他的领导下,学校广开才路,到处招贤纳士,不拘一格选拔人才,充实学校师资队伍。有这样一个事例一度传为美谈:著名化学家、学部委员、高等教育部副部长曾昭抡教授被错划为右派后,别人都避之唯恐不及,都不敢用他。李达得知这一消息后,大胆聘请曾昭抡教授到武汉大学任教。曾昭抡教授的引进,带动武汉大学化学系一大批中青年学术骨干脱颖而出,科研硕果大量涌现。这一事例,充分地反

① 李达:《教学工作是学校一切工作的中心》,《新武大》1958 年 10 月第 98 期。
② 李达:《教学工作是学校一切工作的中心》,《新武大》1958 年 10 月第 98 期。
③ 《李达文集》第 4 卷,人民出版社 1980 年,第 727 页。
④ 《李达文集》第 4 卷,人民出版社 1980 年,第 725 页。

映了李达独到的识才眼光和不拘一格用人才的魄力。

其他各类教师的培养也是提升学校综合实力的关键。李达高度重视师资培养工作，认为"教师的教学水平和马克思列宁主义科学水平，是反映学校工作水平的重要标志之一，是'出成品'、'出人材'的最基本条件"。他强调："必须把师资培养提高工作，放在十分重要的地位。"①

在新中国成立初期的院系调整中，武汉大学哲学系被并入北京大学哲学系，原哲学系的教授、副教授全部调出了武汉大学。1956年，李达决定重建武汉大学哲学系。他在哲学系师资队伍建设上采取了三条办法，"一是亲自到人大、北大去聘请教师；二是依靠武大派到人大、北大学习过哲学的已回校的青年教师；三是继续派青年教师到人大、北大学习"。② 哲学系重建伊始，为满足学科建设对师资力量的需要，李达亲自到北京大学聘请了一批优秀人才，如萧萐父、陈修斋等，为哲学系日后的发展打下了坚实的基础。李达作为资深的马克思主义理论家、党的创始人之一，年逾花甲、顶着病痛，亲自邀请中青年教师到武汉大学工作，并极为关心他们的工作和生活。陈修斋教授曾回忆说："我还清楚记得，他在我家坐下不久，就感到胃痛难忍，随同他的同志当即送上一包随身带的饼干，他一面就着茶水吃了几片压压胃酸，一面忍痛和我谈话，原来他是带着一身病痛，在亲自为办学事业奔波！而态度还是那样和蔼、诚恳、亲切。"③萧萐父教授也曾回忆说："我患了眼病，老校长拄着拐杖两次到我家里来看我，我至今想起来还是非常感动。"④另据当时在北京进修的武汉大学教师回忆，"老校长每次到北京去开会，无论怎么忙，总要把在北京学习、进修的武汉大学同志找到他那里去畅谈"，有时亲自到北京大学研究生宿舍里看望进修的武汉大学青年教师⑤。李达对青年教师的关爱和提携由此可见

---

① 孙祥锺：《深有启示的几次谈话》，《武汉大学学报（哲学社会科学版）》1981年第1期。

② 陶德麟：《李达同志与武汉大学哲学系的重建》，《珞珈哲学论坛》第一辑，武汉大学出版社1996年，第73页。

③ 陈修斋：《百感交集情李老》，《武汉大学学报（哲学社会科学版）》1981年第1期。

④ 《纪念和学习李达同志——哲学系教师座谈纪要》，《武汉大学学报（哲学社会科学版）》1981年第1期。

⑤ 《纪念和学习李达同志——哲学系教师座谈纪要》，《武汉大学学报（哲学社会科学版）》1981年第1期。

一斑。也正是由于李达爱才用才,所以武汉大学的教师能够专心从事教学科研工作,其教学科研水平不断提高。在李达的努力下,当时武汉大学的师资队伍有了长足的发展。到1966年,武汉大学拥有教师801人,是1954年的2.35倍,涌现出了韩德培、吴于廑、唐长孺、李国平、陶德麟、彭斐章、高尚荫、查全性等一大批知名学者,哲学、法学、史学、文学、图书情报学、数学、生物学、物理学、化学等学科均位居全国高等学校的前列。这样一支高水平的师资队伍和一批优势学科,为改革开放新时期武汉大学的跨越式发展奠定了重要基础。

第三,反思与抵制"教育革命"。

1958年,教育领域掀起了一场"教育革命","坚持以阶级斗争作为主课"、"革命大批判"等成为教育的主要内容。在这场所谓的"教育革命"中,人们热衷于"拔白旗、插红旗",主张"政治挂帅、劳动上马",并以"放卫星"的形式鼓励青年助教和学生编写教材,以与所谓的"资产阶级专家"、教授"打擂台"。这场"教育革命"强调生产劳动,轻视基础理论教学,结果高校把生产劳动列为必修课程,还把一些实验室变成工厂,使学生无法安心读书而是整天在工厂参加生产劳动。这是"大跃进"运动在教育领域的延伸与扩展。武汉大学也不例外。1958年9月12日,毛泽东视察武汉大学,他来到化学系和物理系的校办工厂,"称赞实行半工半读的学生,说青年人就是要有志气"。毛泽东在听取学校负责人汇报情况时又指出:"学生自觉地要求实行半工半读,是学校大办工厂的必然趋势,应给他们以积极的支持和鼓励。"①虽然毛泽东肯定了武汉大学"教育革命"的成绩,但李达却对这种违背高等教育发展规律的做法进行了痛苦的反思,对武汉大学的"教育革命"由沉默、抵制直至公然反对。

李达首先对"教育革命"所采取的方式方法的合理性提出了质疑:让教师、学生都参加生产劳动,片面强调教育与生产劳动相结合是否会降低教学质量?对学术造诣很高的教授、专家进行批判,弃而不用,是不是一种资源浪费?等等。李达在初任武汉大学校长时,在一次开学典礼讲话中就表明了自己的

---

① 《毛泽东年谱(一九四九——一九七六)》第3卷,中央文献出版社2013年,第445页。

办学理念:"教学工作是学校一切工作的中心,一切行政工作都服务于教学工作。"①在李达看来,教育与生产劳动相结合是必要的,但教学必须放在学校工作的首位,不能本末倒置。而此时,李达发现很多师生竟然置正常的基础理论知识的传授于不顾而去参加生产劳动,如当时哲学系的部分师生一味重视生产劳动,将书本丢在一边,甚至大谈"花生地里出哲学"。面对这种现象,李达极为不满,认为这样做完全背离了正常的教育规律。他批评学校的某些负责人说,让学生整天参加劳动,大学就不能称之为大学,"一开口就讲赚了几十万,学校不是做生意的"②。他认为,在大学里搞诸如"打倒资产阶级权威","拔白旗、插红旗","比武"、"打擂台"等政治运动的做法是"胡闹"。他明确指出:"科学的权威是打不倒的,说打倒权威是胡闹"③,"搞革命不能靠空喊,要拿出东西来,要拿出有分量的成品,科学著作要拿到桌子上打得叮当叮当响!"④他还在全校教师大会上说:大家要认真读书,对于开会劳动的事情可以不用理会,为的只是使正常的教学工作不要受到群众运动的干扰。李达的这些看法,对于我们思考"学校如何与社会进一步互动,办学如何更好地切合社会的实际需要,学生如何在获取理论知识的同时加强实际动手能力的培养,社会、学校如何为学生学用结合、知行合一创造更好的条件"⑤等问题,无疑具有重要启迪。

经历了"大跃进"的曲折之后,党中央于1961年制定了《高教六十条》。这是当时高等教育领域拨乱反正的纲领性文件,对高等教育的体制、方针、培养目标、教学方法等都做了明确规定。对此,李达不仅坚决拥护,而且深入学习领会,并带领全校师生坚决贯彻执行。他明确指出,教育革命把学校的教学秩序、规章制度搞乱了,使整个学校处在一种无政府状态,这种状况必须予以改变。他随即要求立即纠正由助教担任教研室主任和系主任的荒唐做法,并

---

① 李达:《教学工作是学校一切工作的中心》,《新武大》1953年10月第98期。
② 《李达文集》第4卷,人民出版社1980年,第724页。
③ 《湖北日报》1966年6月30日第3版。
④ 《湖北日报》1966年6月30日第2版。
⑤ 王敦琴:《张謇高等教育理念的历史意蕴与当代价值》,《南通大学学报(社会科学版)》2012年第5期。

强调"要重视基础课,要有经验的教师担任基础课"①,"要行政恢复那些规章制度,搞教学计划要在原有基础上提高"②。正是由于李达对"教育革命"的坚决抵制与深刻反思,武汉大学的教学秩序得以逐渐恢复并又迅速步入正轨。至于后来"文化大革命"中的大规模群众运动与"造反派"的暴力行径,已经不是李达这样的一介文弱书生所能抵抗的了。

二、狂热年代真理的捍卫者

李达不仅是一名出色的教育家,更是党的历史上杰出的马克思主义理论家。他时刻关注社会发展,关心百姓疾苦,并运用自己所掌握的马克思主义理论知识,尽最大可能去扶正党在领导社会主义建设中理论认识的方向。

第一,论争"人有多大胆,地有多高产"。

1958年夏,"大跃进"运动如火如荼地开展起来,"左"的错误不断蔓延,许多地方提出一些违反常识的口号,其中"人有多大胆,地有多高产"流传甚广。当时的武汉大学学生到基层进行社会调查时,看到了"宁肯少活十年,不愿落后一天"、"人有多大胆、地有多高产"等标语。李达听闻这两条标语,认为前者表明群众生产的热情和决心,而后者则是明显的唯心主义,这种认识论上的错误会危害人们的生产实践,因为人的主观能动性的发挥是需要条件的,否则会陷入唯意志论。

是年9月11日,适值"大跃进"高潮,毛泽东视察大江南北,并到达武汉,李达匆匆赶到毛泽东下榻的东湖客舍。他省却了寒暄与客套,直接向毛泽东发问:"人有多大胆,地有多高产"这句话到底说不说得通、行不行得通?毛泽东问明来意后,不慌不忙地说,这个口号和世间一切事物一样也具有两重性,其作用主要在于鼓励群众发挥主观能动性。对此,毛泽东还列举了几个革命战争年代发挥主观能动性取得胜利的例子加以说明。然而,李达并不赞同。他打断了毛泽东的话,并追问道,主观能动性是不是可以无限大呢?毛泽东见

---

① 《李达文集》第4卷,人民出版社1980年,第724页。
② 《李达文集》第4卷,人民出版社1980年,第724页。

李达非究根到底不可,便生气地说道,在一定条件下无限大。李达也气冲冲地说:"人的主观能动性的发挥离不开一定的条件。我虽然没有当过兵,没有长征,但是我相信,一个人要拼命,可以'以一当十'。但一夫当关,万夫莫开,总是要有地形作条件的,人的主观能动性不是无限大的。"李达继续耐心地劝说毛泽东:"现在人的胆子太大了,润之,现在不是胆子太小,你不要火上加油,否则可能是一场灾难。"李达越说越激动:"你脑子发热,达到39℃高烧,下面就会发烧到40℃、41℃、42℃……这样中国人民就要遭大灾大难,你承认不承认?"话说到这一步,毛泽东不免心生怒气。李达走后,平复下来的毛泽东对身边工作人员说:"我现在在认识论上发生了问题,离开客观走向了主观唯心主义。今天我和李达的争论,我是错误的。"①

毛泽东作为一位马克思主义哲学家,不可能不知道上述口号的唯心主义错误。但是,他特别强调人的主观能动性在革命和建设中不可替代的作用,哪怕群众对于发挥主观能动性的热情看起来有点脱离实际,他也不会给群众泼冷水,而且还会批判给群众泼冷水的人。例如,他在农业互助合作运动中曾批评邓子恢是"小脚女人"。1958年1月,他曾指出:"不要提反冒进这个名词,这是政治问题。一反就泄了气,6亿人一泄了气不得了。"②他还曾并批评周恩来说:"你不是反冒进吗? 我是反反冒进的!"③毛泽东对群众热情的维护由此可见一斑。此次李达不惜冒犯和顶撞领袖,与毛泽东发生激烈争论,反映了一个马克思主义理论家对真理的执着。而毛泽东事后主动承认错误,在一定程度上也对他自己"发热"的头脑起到了冷却的作用。李达在这一论争中的表现,充分显示出了他对真理的坚持和捍卫。

第二,批判和抵制"顶峰论"。

伴随着反右派斗争扩大化和"大跃进"运动的开展,个人崇拜之风迅速蔓延,其表现之一就是出现了"顶峰论",即把毛泽东思想看做是马列主义的"顶峰"。"顶峰论"首先由康生提出,后由林彪发挥到极致。1960年10月,林彪

---

① 参见:谢红星、梅雪:《李达与毛泽东的哲学交往》,中国社会科学出版社2010年,第185页;王炯华:《李达评传》,人民出版社2004年,第410—412页。

② 薄一波:《若干重大决策与事件的回顾》下卷,中共中央党校出版社1993年,第637页。

③ 薄一波:《若干重大决策与事件的回顾》下卷,中共中央党校出版社1993年,第639页。

在中央军委扩大会议上说:"现在的马列主义是什么? 就是我们毛主席的思想。它今天在世界上是站在最高峰,站在现时代思想的顶峰。"①这种"顶峰论",反过来又进一步加剧了全国范围内狂热的个人崇拜。此时的李达,正在带病主持编写《马克思主义哲学大纲》,需要对毛泽东思想以及马列主义的发展作出全面、正确的论述。正因如此,李达也就不可避免地会与鼓吹"顶峰论"的林彪、康生之间产生尖锐的矛盾。在李达看来,应该实事求是地、科学地论述毛泽东对马克思主义的发展,不应该把马克思主义经典作家已经讲得很透彻的东西也说成是毛泽东"第一次提出"的。他说:"讲毛主席对马克思主义的发展要讲得很科学,不要硬讲成到处都是发展。到处都是发展,结果真正的发展反而淹没了。"②李达以实事求是的态度对待毛泽东思想,坚决批判和抵制了"顶峰论"。

"文化大革命"暴风雨到来前夕,李达仍在继续抵制"顶峰论"。尽管显得力量单薄,但他与众多在狂热的年代里仍保持清醒、始终坚持真理的知识分子一道,为使这个国家少受磨难而燃烧着自己最后的光和热。

1966 年 1 月,"顶峰论"可谓甚嚣尘上。李达的助手在撰写关于毛泽东哲学思想发展的系列文章时,曾提出是否要写上"毛泽东思想是当代马克思主义发展的顶峰"的问题,立即遭到李达的严厉批评。陶德麟教授曾回忆说:1966 年 3 月以后,林彪的"顶峰"论在一些报纸上大肆宣扬起来。李达忍不住了,他坚决不同意"顶峰"论,并公开地说:"是'顶峰'? 不发展了吗?"有人当场提醒他:"这是林×××讲的呵!"他坚定地回答:"我知道,……违反辩证法的东西,不管哪个讲的,都不能同意!""'顶峰'这个说法不科学、不合乎辩证法嘛。"③在李达看来,马克思列宁主义和毛泽东思想都是不断发展着的理论,怎么可能有顶峰呢? 违反辩证法的东西不管谁说的,都不能同意! 这些意见本来属于马克思主义的基本常识,但在"文化大革命"中却成了李达"反毛泽东

---

① 转引自:谢红星、梅雪:《李达与毛泽东的哲学交往》,中国社会科学出版社 2010 年版,第 214 页。

② 陶德麟:《李达与〈唯物辩证法大纲〉》,载《为真理而斗争的李达同志》,武汉大学出版社 1985 年版,第 216 页。

③ 参见陶德麟:《李达与〈唯物辩证法大纲〉》,载《为真理而斗争的李达同志》,武汉大学出版社 1985 年版,第 216 页。

思想"的最"过硬"的"定性材料"。1966 年 8 月 24 日,已届 76 岁高龄且身患多种疾病的李达,在经过无数次的批斗后最终撒手人寰,含冤死去。粉碎"四人帮"后,中共中央于 1980 年批准了中共湖北省委关于为李达同志彻底平反、恢复党籍的决定。一生为捍卫真理而斗争的李达终于得到平反昭雪。

　　回顾李达担任武汉大学校长的十三年,他在教育领域,始终坚持以教学为根本,以学生为主体,不断引进人才、奖掖后学,对高校中的"左"的错误,尽自己最大努力进行抵制,为武汉大学和湖北高等教育保留下了改革开放以后飞速发展的火种。在理论上,李达作为一个杰出的马克思主义理论家,"不唯书、不唯上、只唯实",始终把实践作为检验认识的真理性的唯一标准,抵制错误,捍卫真理,直至生命的最后一刻。李达不愧为一代治学先师、真理卫士。今天的武汉大学校园内矗立着李达雕像,四周绿树成荫。清晨傍晚,学生在"李达园"中读书漫步;节假日期间,游人在李达雕像前参观拜谒。李达老校长的精神和品格,将永远激励着人们为坚持真正而奋斗。

（原载《武汉大学学报（人文科学版）》2015 年第 2 期）

李达的文化思想探析

李白鹤

近代以来,关于文化的"古今中西"的争论一直是中国思想界的热点。五四时期,东西文化派曾就中西文化的新旧优劣问题展开过激烈的争论。进入20世纪30年代后,面对帝国主义武力入侵的逐步升级,中国人的民族意识日益高涨,于是,在全盘西化派和中国本位派围绕中国文化出路问题展开的中国本位文化论战中,"中国本位"这一突显文化民族性的概念又引发了思想界的热烈关注和探讨。随后,1936年,中国的一些马克思主义者联合左翼知识分子发起"文化上的救亡运动",倡导开展以爱国主义为主要内容的新启蒙运动,以唤醒并推动全国民众争取民族的解放。在对新启蒙运动的倡导和对来自右翼分子的攻击的反驳中,新启蒙运动的主将们纷纷撰文对文化与救亡的关系、如何建设中国现代新文化等问题进行了深入的探讨。李达是我国著名的马克思主义理论家,一直重视"以马克思主义哲学的世界观和方法论揭示中国社会的特殊发展规律,帮助中国人民科学地分析中国社会的实际问题"[1],对马克思主义中国化作出了极其重要的贡献。李达并没有就文化问题以专文的形式直接参与20世纪30年代中国思想界关于文化的讨论。但是,这并不意味着他对中国的文化问题漠不关注。1937年,《读书》杂志刊载了一篇对李达的访问,主要内容是请刚抵达上海、时在北平大学任教的李达介绍一下当时北京的文化运动情况。在那篇访问中,李达就对新启蒙运动的性质、文化上的救亡运动的必要性以及新旧启蒙运动的区别作出了简明清晰的阐述,

---

① 汪信砚:《李达的马克思主义哲学研究范式及其深刻启示》,《江海学刊》2012年第2期。

并对当时杨立奎等人对新启蒙运动的攻击表示反对①。可见,当时思想界关于中国文化问题的讨论一直在他的关注视域之中。实际上,结合 20 世纪二三十年代苏联关于社会主义文化建设的理论和实践对中国马克思主义者的影响以及中国思想界关于中国文化问题的争论的演进脉络等思想背景和历史语境来考察李达这一时期的重要著述,我们可以在李达的代表作《社会学大纲》、在他对中国社会进行深度剖析的《中国社会发展迟滞的原因》等论著中看到他关于文化问题的一些重要思考以及对当时思想界一些关于中国文化问题的争论所作的回应。

一、文化的含义及新旧文化的关系

在李达的《社会学大纲》中,第五章"社会的意识形态"在分析了由原始社会到资本主义社会的意识形态的特征之后,最后一节"社会主义的意识形态"对社会主义的文化建设、新文化的特征进行了讨论。实际上,全书也是在这里才出现了"文化"概念和关于文化的直接讨论。尽管李达在书中没有对"文化"概念作出明确界定,但是从他在文中对"意识形态"和"文化"概念的前后使用来看,他所说的"文化"以社会意识形态为主要内容,属于社会意识范畴。这一时期,其他一些中国马克思主义者曾依据唯物史观关于社会存在决定社会意识、经济基础决定上层建筑的基本原理对文化在社会结构中的地位和作用作出过一些明确的阐述。艾思奇在发表于 1936 年的《目前中国文化界的动向》一文中指出,"人类的经济生活是人类文化的基础,而人类的文化又只是经济生活的上层建筑。"②柳湜则在发表于 1938 年的《什么是思想运动与文化运动》一文中指出,"社会的构造是由下层基础和上部建筑合成的,下层基础是社会经济结构,上部建筑却又可分为上部建筑一和上部建筑二,一是政治法制的生活过程,二是社会意识诸形态的过程。平日我们所谓文化,就是指某特定社会的上部建筑二。"③将这些表述与李达关于意识形态作为上层建筑在社

---

① 参见《文化斗争:文化运动在北平》,《读书》1937 年第 1 卷第 2 期。
② 艾思奇:《目前中国文化界的动向》,《现世界》1936 年第 1 卷第 1 期。
③ 柳湜:《什么是思想运动与文化运动》,《柳湜文集》三联书店 1987 年版,第 687—688 页。

会结构中的地位的论述"一定社会的意识形态,是一定社会的上层建筑。意识形态的上层建筑,是社会的上层建筑之二"①相比照,我们可以很容易地进一步推断出,在李达那里,"文化"也是被作为建立在社会经济基础上的观念上层建筑来看待的。

在五四以后中国思想界关于文化的争论中,"如何对待中国古代传统文化"一直是争论的一个焦点,既有复古派对中国古代文化的推崇备至,也有全盘西化派主张彻底抛弃中国传统文化以全盘接受西方文化。李达在《社会学大纲》中依据唯物史观关于社会存在决定社会意识、经济基础决定上层建筑的基本原理对"社会的意识形态"所作的相关考察,实际上已经为分析文化的古今问题提供了重要的理论依据。李达系统地分析了人类社会的意识形态自原始社会经由奴隶社会、封建社会、资本主义社会再到社会主义社会的历史演变,揭示了不同社会形态中的社会意识形态的不同特征,深刻展现了社会意识对社会存在的依存性,指出"人类的历史上,社会经济形态,经历了原始的、古代的、封建的、现代的各个顺次的发展阶段,因而就有与之相适应的各发展阶段的意识形态"②。由此,李达强调,社会主义新文化区别于之前的旧文化的根本特征就在于"旧文化,是建设在精神劳动与肉体劳动的分离的基础之上。……反之,新文化却是在精神劳动与肉体劳动的差别之克服的基础之上成长起来的。这一点就是新文化的根本特征"③。他对新旧文化的这一区分,实际上就是根据经济、政治对文化的决定和影响来揭示新旧文化的根本不同的。在他看来,在无产阶级和劳动大众普遍受剥削的社会中,"既然有剥削者与被剥削者各阶级存在,精神劳动自然要成为一方的特权,而肉体劳动就成为他方的义务了"④;只有在无产阶级取得政权之后,在社会主义的经济制度下,在社会主义的生产过程中,才能造就既具备较高的文化素质和劳动技能又以劳动为荣的新文化的建设者,才能创造出完全地属于无产阶级和劳动大众的新文化。

---

① 李达:《社会学大纲》,武汉大学出版社 2007 年版,第 235 页。
② 李达:《社会学大纲》,武汉大学出版社 2007 年版,第 469—470 页。
③ 李达:《社会学大纲》,武汉大学出版社 2007 年版,第 499—500 页。
④ 李达:《社会学大纲》,武汉大学出版社 2007 年版,第 499 页。

由李达的以上分析可以看到,他是基于社会经济基础和政治结构的不同来说明社会主义新文化区别于以往旧文化的根本特征的。也正是立足于对文化与政治、经济的关系的考察,他对中国文化复古派对中国古代文化的极度尊崇进行了批判。1941年李达撰写了《中国社会发展迟滞的原因》一文,分析了中国从西周初年起到清代鸦片战争止三千年内长期停顿于封建阶段、社会发展迟滞的原因。在这篇文章中,李达就儒家学说对中国封建社会的影响进行了较为详细的分析。他指出,自从汉代实行"废黜百家,独尊儒术"之后,儒家的孔子学说就在中国古代思想中占据了至高无上的地位,人们的思想观念由此也被局限于儒家学说的范围内,一切与儒家学说相抵触或无关的学说都无法自由地得到发展。李达认为,孔子学说是心性之学,引导着知识分子们"向着自己的内心去做'存、养、省、察'工夫,当然对于心外的客观世界就熟视无睹了"①,而封建统治者之所以尊崇孔子学说,却不是重视孔子学说中的真正精华,而是"只因为这学说能成为封建政治的理论体系,可利用为精神的统治的最优良的工具"②。在李达看来,中国古代的知识分子在这种精神统治之下,整天只是埋头于四书五经,专注于向着自己的内心去用工夫,对外部世界漠不关心,这是造成中国古代科学的不发达和社会进步迟滞的一个重要原因。由此,李达指出,儒家学说在中国古代封建社会实际上是适应于封建政治经济的精神文化,是巩固封建秩序的精神支柱。在揭示了儒家学说对中国封建社会的影响之后,李达进一步强调,这种影响是社会意识反作用于社会存在的重要表现,但是却并非是阻碍社会发展的根本原因,因为"那种障碍科学发达的精神文化,只有在它适应于封建的政治经济之时,才能成为阻碍科学发达,阻碍社会进步的阻力"③,所以"那种向着内心做工夫的精神文化是障碍社会发展之原因之一,却不是唯一的原因"④。可以看到,李达以唯物史观为指导,在对儒家学说的思想核心进行深刻剖析的基础上,既明确揭示了儒家学说在中国封建社会中所发挥的为封建社会政治经济服务的精神支柱作用,又强调了

---

① 《李达文集》第1卷,人民出版社1980年版,第701页。
② 《李达文集》第1卷,人民出版社1980年版,第701页。
③ 《李达文集》第1卷,人民出版社1980年版,第704—705页。
④ 《李达文集》第1卷,人民出版社1980年版,第705页。

并不能将中国社会发展迟滞的原因完全地归结为儒家学说。实际上,这些观点也可以视为对当时思想界关于应该如何对待中国古代传统文化的争论的一种回应:既要反对脱离社会经济政治发展实际的全盘复古,又要反对那种因将中国近代社会发展滞后的原因全然地归结为文化而要求全盘地抛弃中国传统文化的主张。

也正是从这样的观点出发,在谈及中国社会主义新文化的建设时,李达特别强调文化发展的连续性,指出社会主义新文化不是凭空产生的,而是在人类所创造的优秀文化成果的基础上建设起来的。他指出,"无产阶级文化,决不是从天上飞来的,也决不是想象出来的,它是在人类全发展的文化基础上建设起来的。所以,无产阶级文化,是'人类在资本主义社会、地主社会、官吏社会的压迫之下所创造的储蓄的知识之合法则的发展'。"[1]在他看来,社会主义新文化的建设包含着对旧文化的批判改造,而非截然地割断历史、摒弃人类之前创造的所有文化成果。

二、新文化的"民族形式"

在《社会学大纲》中,在论及社会主义新文化的创造时,李达特别地谈到了新文化的"民族形式"的问题。他说:"无产阶级文化或社会主义文化,决不是没有民族形式的文化。无产阶级文化,在参加社会主义建设的各民族中,采取了各种不同的形式和表现方法。"[2]他强调,无产阶级文化给予民族文化以内容,民族文化给予无产阶级文化以形式。从思想渊源上来说,李达对社会主义新文化的"民族形式"的论述受到了苏联社会主义文化建设理论和实践的影响。1925年斯大林在《论东方人民大学的政治任务》中就曾指出:"内容是无产阶级的,形式是民族的,——这就是社会主义所要达到的全人类的文化。无产阶级文化并不取消民族文化,而是赋予它内容。相反,民族文化也不取消无产阶级文化,而是赋予它形式。"[3]1930年,在苏共第十六次代表大会上的

---

① 李达:《社会学大纲》,武汉大学出版社2007年版,第499页。
② 李达:《社会学大纲》,武汉大学出版社2007年版,第500页。
③ 《斯大林全集》第7卷,人民出版社1958年版,第117页。

政治报告中,斯大林再次强调,无产阶级专政下的民族文化"是一种社会主义内容和民族形式的文化,其目的是用社会主义和国际主义精神来教育群众。……事实上苏联无产阶级专政和社会主义建设的时期是社会主义内容和民族形式的民族文化的繁荣时期"。① 李达在《社会学大纲》中引述了斯大林关于社会主义新文化的社会主义内容和民族形式的论述,并赞同性地认为苏联社会主义建设带来了"从内容上说是社会主义的,从形式上说是民族的"②苏联民族文化的繁荣。这表明,当时中国的马克思主义者对来自苏联的社会主义理论极为关注,或者说,当时苏联作为世界上第一个建立社会主义制度的国家,其榜样和示范作用使得来自苏联的关于社会主义革命和建设的理论对中国的马克思主义者产生了重大的影响。但是,应当看到,李达在《社会学大纲》中有关文化的论述并非只是在简单地复述或机械地照搬来自苏联的关于社会主义新文化建设的理论。如果我们将李达对新文化的"民族形式"的强调,放到当时中国思想界对文化的民族性的关注这一背景下来考察,则可以看到李达专门论及新文化的"民族形式"这一问题的重要意义。

近代以来,在中国思想界关于文化的争论中,与文化的古今问题紧密联系在一起的是中西文化的关系问题。"向西方学习"会不会带来中国文化的民族性特征的消失,这是文化的复古派、守旧派们经常会提出的质疑。20 世纪30 年代,面对中华民族危机的日益深重,中国人的民族意识不断高涨,这也引发了中国思想界对文化的民族性问题的关注和重视。在中国本位文化论战中,中国本位派就以保存文化的民族性作为开展中国本位的文化建设运动的重要依据:"中国在文化的领域中是消失了;中国政治的形态,社会的组织,和思想的内容与形式,已经失去它的特征。由这没有特征的政治,社会,和思想所化育的人民,也渐渐的不能算得中国人。所以我们可以肯定的说:从文化的领域去展望,现代世界里面固然已经没有了中国,……要使中国能在文化的领域中抬头,要使中国的政治,社会,和思想都具有中国的特征,必须从事于中国本位的文化建设。"③对"中国本位"的讨论也引发人们开始反思以往在对文

---

① 《斯大林全集》第 12 卷,人民出版社 1955 年版,第 319 页。
② 李达:《社会学大纲》,武汉大学出版社 2007 年版,第 500 页。
③ 马芳若编:《中国文化建设讨论集》上编,龙文书店 1935 年版,第 1—2 页。

化的时代性的关注中对文化的民族性的忽视。"自五四运动以后,中国新文化运动的主流的方向一直是朝着民主与科学的方向,但是也曾有过一个错误,以为既然是新文化,就不能带有任何民族的色彩,因此就抹煞了一切民族文化的传统,甚至抹煞中国民族生活的特点。这样就使得新文化难以在民族的土壤中根深蒂固。"①于是,人们在日益重视文化的民族性的同时,开始思考文化的民族性如何与时代性相适应。新启蒙运动的倡导者们就曾发出过为"保卫中国最好的文化传统"和"争取现代文化的中国"而奋斗的号召。新启蒙运动的主将之一张申府在《五四纪念与新启蒙运动》一文中则主张通过"辩证综合"的方法创造既具有时代性又具有民族性的新文化:"这个新启蒙运动应该是一个真正的新的文化运动。所要造的文化不应该只是毁弃中国传统文化,而接受外来西洋文化,当然更不应该是固守中国文化,而拒斥西洋文化;乃应该是各种现有文化的一种辩证的或有机的综合。"②

在这一背景下,李达在《社会学大纲》中特别地就社会主义新文化的"民族形式"问题展开了论述,这正可视为是此时中国的马克思主义者对"文化的民族性与时代性如何结合起来"这一问题的回应。李达认为,社会主义新文化,从内容上说是社会主义的,它是建立在新的经济政治基础上的新文化,因而在时代性上是"新"的;从形式上说是民族的,因为"只有在各民族文化发展的地盘上才能产出一般人类的文化"③。可以看出,李达在强调新文化的时代性的同时,对新文化的民族性给予了充分的重视,并以内容和形式的统一来说明新文化的时代性与民族性的统一。尽管李达在这里并没有直接讨论中国的新文化建设,但是正如他在《社会学大纲》的第四版序言中指出的那样,他的这本书旨在帮助中国人"用科学的宇宙观和历史观,把精神武装起来,用科学的方法去认识新生的社会现象,去解决实践中所遭遇的新问题,借以指导我们的实践"④,他关于新文化的"民族形式"的论述无疑为中国人特别是中国的马克思主义者们思考中国新文化的民族性与时代性如何结合起来的问题提供

① 《胡绳文集(1935—1948)》,重庆出版社1990年版,第279页。
② 《张申府文集》第1卷,河北人民出版社2005年版,第192页。
③ 李达:《社会学大纲》,武汉大学出版社2007年版,第500页。
④ 李达:《社会学大纲》,武汉大学出版社2007年版,第四版序。

了重要的启示。此后不久,毛泽东于1938年10月在党的六届六中全会上所作的《论新阶段》的报告中指出:"共产党员是国际主义的马克思主义者,但马克思主义必须通过民族形式才能实现。没有抽象的马克思主义,只有具体的马克思主义。所谓具体的马克思主义,就是通过民族形式的马克思主义,就是把马克思主义应用到中国具体环境的具体斗争中去,而不是抽象地应用它。……因此,马克思主义的中国化,使之在其每一表现中带着中国的特性,即是说,按照中国的特点去应用它,成为全党亟待了解并亟须解决的问题。"①"马克思主义中国化"的概念通常被认为是在这段论述中被正式提出的。在这里,"民族形式"这一概念不仅仅限于关于文化问题的思考,而是被进一步地延伸到关于中国革命的重要理论问题、政治问题的思考之中,而且它还被进一步阐释为"应用于中国具体的环境"、"按照中国的特点去应用",并由此与"中国化"联系起来。再之后,在1940年的《新民主主义论》中,我们又可以看到非常明确的关于新文化的形式内容统一说:"中国文化应有自己的形式,这就是民族形式。民族的形式,新民主主义的内容———这就是我们今天的新文化。"②实际上,毛泽东关于新民主主义文化的这一论断也正可视为对20世纪30年代中期以来中国的马克思主义者关于新文化的民族性与时代性的关系的思考的总结。由此,我们也可以很清楚地看到李达关于"民族形式"的论述对中国的马克思主义者关于"中国新文化的民族性和时代性的统一"的思考的启示以及对"马克思主义中国化"的提出所起的某种前导作用。

三、新文化建设中的"文化革命"

依据唯物史观对经济基础和上层建筑的辩证关系的揭示,在《社会学大纲》的"社会主义的意识形态"一节中,李达着重强调了"文化革命"之于社会主义建设的重要意义。关于"文化革命",在五四以后的很多倡导变革旧文化、建设中国新文化的文献中都可以看到对这一概念的使用。20世纪30年

---

① 《建党以来重要文献选编》第15册,中央文献出版社2011年版,第651页。
② 《毛泽东选集》第2卷,人民出版社1991年版,第707页。

代初,瞿秋白在《五四和新的文化革命》中就强调,中国的新文化革命是"在无产阶级领导之下发动起来,这是几万万劳动民众自己的文化革命,它的前途是转变到社会主义革命的前途"①。这里所说的"文化革命",其所强调的是与政治、经济上的斗争相配合而在文化上进行的反帝反封建的斗争。"这种文化上的战斗,是和一般政治经济的斗争联系着的,是总的革命斗争之中的一个队伍。"②后来,毛泽东在《新民主主义论》中也多次使用过"文化革命"的概念,他使用这一概念所强调的也是在革命时期为政治、经济上的反帝反封斗争而服务的文化上的反帝反封斗争。他说:"文化革命是在观念形态上反映政治革命和经济革命,并为它们服务的"③,"现阶段上中国新的国民文化的内容,……是以无产阶级社会主义文化思想为领导的人民大众反帝反封建的新民主主义。"④李达在《社会学大纲》中所使用的"文化革命"概念的含义与此不同,李达所关注的主要是无产阶级夺取政权后的文化建设。李达对"文化革命"概念的这一使用源自列宁晚年的"文化革命"思想的影响。20世纪20年代,苏俄实施新经济政策后,进入到了社会主义建设时期。在敏锐地觉察到苏俄当时的落后文化对社会主义经济和政治建设的制约后,列宁高度重视文化建设,并以"文化革命"来强调文化建设的重要性和迫切性。列宁在其晚年的《论合作社》一文中提出了"文化革命"的概念。列宁指出,"从前我们是把重心放在而且也应该放在政治斗争、革命、夺取政权等等方面,而现在重心改变了,转到和平的'文化'组织工作上去了"⑤,"我们面前摆着两个划时代的主要任务。第一个任务就是改造我们原封不动地从旧时代接收过来的简直毫无用处的国家机关……我们的第二个任务就是在农民中进行文化工作。这种在农民中进行的文化工作,就其经济目的来说,就是合作化……但完全合作化这一条件本身就包含有农民(正是人数众多的农民)的文化水平的问题,就是说,没有一场文化革命,要完全合作化是不可能的"⑥。列宁指出,尽管新的制

---

① 《瞿秋白文集》文学编第3卷,人民文学出版社1989年版,第22页。
② 《瞿秋白文集》文学编第3卷,人民文学出版社1989年版,第28页。
③ 《毛泽东选集》第二卷,人民出版社1991年版,第699页。
④ 《毛泽东选集》第二卷,人民出版社1991年版,第706页。
⑤ 《列宁选集》第4卷,人民出版社1995年版,第773页。
⑥ 《列宁选集》第4卷,人民出版社1995年版,第773页。

度已经建立,但是工农群众由于文化水平有限,又受到旧观念的影响,"对于自己现在是统治阶级这一点还不习惯"①。因此,提高工农群众的文化素质和思想觉悟,是提高劳动生产率、促进社会生产力的发展的需要,也是使得工农群众能够参与国家管理、发展社会主义民主的必然要求。在李达关于社会主义的文化革命的必要性、主要内容、重要途径的论述中,我们可以很明显地看到列宁的文化革命思想对他的影响。李达指出,在无产阶级获得政权之后,社会主义建设"与大众的再教育即文化革命紧密的结合着。因为如果不提高劳动生产率,社会主义建设就不可能,而劳动生产率的提高,又要求相当的工业的技术的基础,这同时就需要提高劳动大众的文化水准。因为社会主义建设,要求国家机构活动的正确与敏捷,要求官僚主义的克服,这样,自然要提高一般的文化水准了"②。在这一论述中,李达也着重从劳动生产率的提高、国家管理的参与这些方面来强调进行文化革命、提高劳动大众文化水平的重要性。因此,在李达对新时期文化革命的主要内容的阐释中,他重点论及的也是劳动大众文化水平和思想觉悟的根本提高。在他看来,"劳动大众的大量的改造、他们文化的提高以及社会主义意识的养成,就是无产阶级的文化革命"③。而且,李达并不片面地脱离文化与经济、政治的关系来无限夸大文化革命的功能。他指出,文化革命是在无产阶级专政的条件下,在社会主义生产的过程中进行的,劳动大众文化素质和思想觉悟的根本提高是在包括文化建设在内的社会主义建设的整体过程中实现的,而"社会主义建设的过程,也就是无产阶级本身的再教育的过程。只有在社会主义建设过程中,才能产出人类的新质,即新社会建设者的质"④。可见,在 20 世纪 30 年代,李达就根据自己对苏联的社会主义建设理论和实践的理解和观察,明确地论述了文化建设在社会主义建设时期的重要地位、主要内容和必要途径等问题。一方面,这些前瞻性的思考显示出李达思想的深邃和开阔;另一方面,李达强调文化建设"犹如一场革命"的重要性,却并不无限夸大文化革命的功能和作用,也并未片面强调意

---

① 《列宁选集》第 3 卷,人民出版社 1995 年版,第 378 页。
② 李达:《社会学大纲》,武汉大学出版社 2007 年版,第 498 页。
③ 李达:《社会学大纲》,武汉大学出版社 2007 年版,第 498 页。
④ 李达:《社会学大纲》,武汉大学出版社 2007 年版,第 498 页。

识形态领域的阶级斗争。李达对"文化革命"在社会主义建设时期的这种恰当定位,显示出他对列宁"文化革命"思想的深刻理解和正确把握。

李达关于文化问题的明确论述,虽然在其整个理论生涯的数百万字的著述中所占的篇幅不多,但却显示了他对文化问题的思考的深入和见解的独到。将李达关于文化的这些论述,置于当时中国思想界对文化的民族性和时代性的探讨这一历史语境中和当时中国的马克思主义者对苏联的社会主义建设理论和实践的关注这一具体背景下来考察,能够清晰地看到:李达在吸收来自苏联的马克思主义文化理论的基础上,依据自己对唯物史观的深刻理解,结合中国的马克思主义者探寻中国新文化的建立路径时所遇到的重要问题,对新旧文化的关系、新文化的"民族形式"、新文化建设中的"文化革命"等问题进行了有针对性的深入阐发。他的这些思考不但有益于马克思主义理论在中国的传播和发展,更为中国新文化建设的理论探索和现实实践提供了有益的启示。由此,我们也可以更加深刻地体认到李达作为一名杰出的马克思主义理论家对马克思主义中国化所作的重要贡献。

（原载《学习与探索》2015 年第 5 期）

李达宗教思想探析

李成龙

李达的宗教思想主要体现在其《现代社会学》、《社会进化史》、《社会学大纲》、《实用主义——帝国主义的御用哲学》、《唯物辩证法大纲》等著作中。李达探讨宗教问题,不仅仅是出于理论的兴趣,其根本目的是要让隐藏在宗教外衣下的帝国主义和封建主义现形,为反对帝国主义和封建主义的革命任务服务。借助于马克思主义这一理论制高点和当时宗教学研究的最新成果,李达系统地回答了宗教的起源、根源、本质、作用、演变、消亡等问题,在"人类向何处去"、"中国向何处去"的大视野中回答了"宗教向何处去"的问题。

一、李达宗教思想的方法与视野

中国早期马克思主义者们对宗教秉持激烈批判的态度,这不仅是革命立场的需要,也是其哲学世界观的逻辑必然。在诸多批判宗教的思潮中,只有立足于唯物史观的科学的共产主义世界观才真正地战胜了具有蒙昧主义性质的虚幻的宗教世界观。准确地把握马克思主义及其哲学,是深彻批判宗教的思想前提。

李达认为,马克思主义哲学是"实践的唯物论",是实践基础上的自然观和历史观的统一,是唯一的科学的世界观。李达从本体论层面理解马克思的实践论,为其批判宗教奠定了理论基础,因为马克思的实践论是对宗教创世说唯一切中要害的驳斥。"自然界的和人的通过自身的存在,对人民意识来说是不能理解的"①,而对自然和人的终极存在的追问使宗教创世说横空出世并

① 《马克思恩格斯文集》第 1 卷,人民出版社 2009 年版,第 195 页。

流传久远。马克思认为:"整个所谓世界历史不外是人通过人的劳动而诞生的过程,是自然界对人来说的生成过程,所以关于他通过自身而诞生、关于他的形成过程,他有直观的、无可辩驳的证明。"①尽管作出这一论述的青年马克思的劳动概念还包裹在人本主义的外壳中,但其实践论的意蕴已经呼之欲出。当马克思哲学实现了实践转向、把实践视为人类社会发生、发展的本体时,宗教神本体和创世说就无所遁形了。

李达还把实践概括从本体论领域导入认识论领域。李达认为,"把实践当作历史的——社会的范畴,解释为感性的现实的人类的活动,并把它作为认识论的契机,所以能够在其与社会的关联上去理解人类认识的全部发展史。"由此,李达得出了"实践是认识的出发点和源泉,是认识的真理性的规准"的结论②。由于实践概念的导入,认识论发生了革命性变革。在实践哲学的视野中,认识成了相对和绝对、有限和无限的辩证过程。这种辩证认识论拔除了宗教把相对和绝对、有限和无限抽象对立起来的认识论根源。

李达对唯物史观有着系统、准确而富有特色的阐述。在《现代社会学》一书中,李达开宗明义地"主张历史的唯物论","应用历史的唯物论说明社会之本质"③。唯物史观从感性的物质生产出发描述整个社会的内容、结构、演变,把社会理解为自然历史的过程,摧毁了一切唯心论最后的避难所,它在揭开宗教、哲学、道德等意识形式的秘密的同时,还确立了科学阐述这些意识形式的方法和原则。唯物史观把包括宗教在内的社会意识看做是对社会存在、特别是人类社会的物质生产方式的反映,主张从社会存在的内在矛盾出发考察人类演进的客观进程、考察社会意识的演变规律。

李达在探寻"人类向何处去"的大视野中追问"宗教向何处去"。探索人类的解放道路,回答"人类向何处去"的时代大课题,是马克思主义的理论目标。马克思指示了人类经由无产阶级的解放抵达共产主义社会的前景。在未抵达共产主义社会之前,人类或者无法驾驭自然力量,或者无法驾驭社会力量,为宗教的存在提供了空间。在阶级社会里,宗教是统治阶级压迫被统治阶

---

① 《马克思恩格斯文集》第 1 卷,人民出版社 2009 年版,第 196 页。
② 李达:《社会学大纲》,武汉大学出版社 2007 年版,第 44 页。
③ 李达:《现代社会学》,武汉大学出版社 2007 年版,第 16 页。

级的思想工具。进入共产主义社会后,人与自然的关系、人与人的关系都变得清晰明了,宗教的神秘性质将彻底祛除,宗教的社会功能也会丧失,宗教终将走向消亡。李达的《现代社会学》继承了马克思在探寻"人类向何处去"的过程中追问"宗教向何处去"的大视野。在《现代社会学》中,李达阐述了人类社会的本质、结构、起源、演变、趋向,回答了"人类向何处去"的问题。李达在考察人类发生、发展的大视野下,探讨了宗教的演变,并在《现代社会学》十一章中辟出"宗教之进化"一节鸟瞰了宗教之发生、演变及趋向。

李达在探寻"中国向何处去"的大视野中追问"宗教向何处去"。近代中国两种剧烈的基本矛盾即帝国主义和中国的矛盾、封建主义和人民大众的矛盾交织在一起。帝国主义对中国的奴役和封建主义对大众的麻痹,在宗教领域都有表现。面对隐藏在宗教外衣下的帝国主义和封建主义,李达采取了彻底揭露和坚决斗争的态度。李达说:"帝国主义者在征服殖民地民族的政策上,广泛的利用殖民地的传教师制度。在殖民地国家中,传教师表面上是从事于基督教的宣传,而实际上多从事于侦探或工商业等活动。"①帝国主义宗教活动的危害性还体现在思想文化领域。李达痛切地指出:"帝国主义之为祸于中国,至今日而极矣。……宗教奴我以文明……直欲永远陷中国于分崩离析万劫不复之境。"②因此,反宗教成为反帝国主义的重要组成部分。

中国传统社会有一套完整的信仰系统,其中,儒家敬天法祖的天神崇拜和祖先崇拜是主干,本土诞生的道教、印度东传的佛教是两个重要支流。此外,天象谶纬、风水算命、念咒说鬼等迷信活动也风行不息。它们共同构成了统治中国人心灵世界的神权系统。毛泽东指出:"政权、族权、神权、夫权,代表了全部封建宗法的思想和制度,是束缚中国人民特别是农民的四条极大的绳索。"③可见,要唤醒民众,反对封建制度,宗教问题是绕不过去的一关。

总之,马克思主义及其哲学对宗教的透视是最为深彻的。李达对马克思主义及其哲学完整、准确和系统的理解,使他获得了开阔的理论视野,获得了观察国家命运的理论工具,获得了宗教批判的有力武器。李达对宗教的批判,

---

① 李达:《社会学大纲》,武汉大学出版社 2007 年版,第 497 页。
② 李达:《现代社会学》,武汉大学出版社 2007 年版,第 177 页。
③ 《毛泽东选集》第一卷,人民出版社 1991 年版,第 31 页。

是其哲学思想的题中之义,也是其救国救民的革命实践的重要组成部分。

二、李达宗教思想的主要内容

李达是在准确、完整、全面地理解马克思主义及其哲学和充分吸收当时宗教学研究的最新成果的基础上考察宗教的,其宗教思想代表了中国早期马克思主义者对宗教的认识所达到的最高水平。李达的宗教思想涉及以下七个方面的问题。

一是宗教的起源。李达认为:"人类社会的最初时期,是没有宗教的;在原始人群中,任何宗教都不知道。"①宗教的观念和神话源自万物有灵论,宗教的仪式和各种行为源于原始魔术。万物有灵论和原始魔术共同构成了宗教的原始形态,因而可以说宗教就源于它们。李达认为,图腾主义是比万物有灵论和原始魔术更高的宗教形态,而祖先崇拜比图腾主义又有了发展。"人们为了使自己和神相接近,就造出了神像,于是神就被物化了。由人手制造的神的**偶像**,渐渐在人的眼中变成一种万能的不可思议的东西,这就叫做拜物教。"②至此,原始宗教的信仰体系已经成形了。

二是宗教的根源。"宗教最初是原始人对于他们不能理解、不能支配的外间自然力恐惧的结果,在阶级社会中则首先是被压迫群众对于剥削制度所造成的灾难无能为力的结果……自发地产生出来的宗教,本来既是劳动群众的现实苦难的表现,又是劳动群众对现实苦难的抗议。但是到了统治阶级手里,却把抗议的因素完全剔除,把宗教修改得完全适合自己的需要,他们通过宗教教义的宣传,把劳动人民的苦难归结为上帝的惩罚,劝导劳动人民驯顺温良,乐天安命,放弃现实斗争,以便在死后进入'天堂'。剥削制度所造成的客观环境,以及剥削阶级利益的需要,就是宗教得以长期存在的社会根源。"③李达认为,宗教还有其认识根源。宗教所崇拜的超自然力量即神,无非是被无限夸大为脱离了物质和自然的人类认识的概念和表象。

① 李达:《社会学大纲》,武汉大学出版社 2007 年版,第 477 页。
② 李达:《社会学大纲》,武汉大学出版社 2007 年版,第 479 页。
③ 李达:《唯物辩证法大纲》,武汉大学出版社 2007 年版,第 20 页。

三是宗教的本质。恩格斯认为,"一切宗教都不过是支配着人们日常生活的外部力量在人们头脑中的幻想的反映,在这种反映中,人间的力量采取了超人间的力量的形式。"①恩格斯抓住了宗教的现实内容即人间力量和宗教的本质特征即超人间形式。李达继承了恩格斯的这一思想,对宗教下了一个马克思主义的定义:"宗教是社会诸关系在人类意识中被颠倒的、被歪曲的、幻想的反映。换句话说,宗教是采取自然界、神、恶魔、灵魂、天国、地狱等等信仰形式的社会诸关系在人类意识中的幻想的反映。"②

四是宗教的作用。众所周知的"宗教鸦片论",是马克思在《〈黑格尔法哲学批判〉导言》中从宗教之政治社会功能的角度所作出的关于宗教对大众的麻痹作用的论述。但这并不是马克思关于宗教作用的唯一阐述。李达在阐述宗教的作用时秉持了宗教鸦片论,因为在当时宗教是帝国主义侵略中国的工具和封建主义束缚人们的思想枷锁。李达认为,在发达资本主义时代,宗教是"一种精神上的麻醉剂,它使资本的奴隶把自己对于人类生活的要求溶解在这种麻醉物之中"③。李达把宗教鸦片论延伸到原始宗教,认为"万物有灵论与魔术结合的原始宗教……是野蛮人从黑暗而严酷的现实中期求慰藉的鸦片",原始宗教和一切宗教一样,"事实上尽着麻醉的作用"④。因为尽管原始宗教世界观是人类文明的产物,曾经发挥过积极作用,但归根到底具有虚幻性质。这种虚幻性质毫无疑问会使它产生蒙昧主义的负面效果,在客观上会阻碍人类社会的进步。显然,李达是站在共产主义世界观的立场上观照宗教世界观的,它与李达在革命年代追求无产阶级解放的立场是一致的。

五是宗教的演变。对于宗教的演进,李达是紧密联系其经济基础的变化来阐发的。李达认为,原始人的生活资料完全仰赖于自然界,所以原始宗教以对自然力的崇拜为主要内容。随着生产技术的发展,人类逐步摆脱自然界的束缚,宗教也从自然神崇拜走向人格神崇拜。经济和政治的统一让宗教从多神崇拜走向唯一神崇拜。中世纪封建社会的等级制度在宗教中也有反映。封

---

① 《马克思恩格斯文集》第9卷,人民出版社2009年版,第333页。
② 李达:《社会学大纲》,武汉大学出版社2007年版,第477页。
③ 李达:《社会学大纲》,武汉大学出版社2007年版,第496页。
④ 李达:《社会学大纲》,武汉大学出版社2007年版,第478、479页。

建社会的世俗等级，依次有皇帝、王公、诸侯、小领主、平民、农奴；与之相对应，教会等级有教皇、大僧、正僧、正高僧、普通僧尼。李达就此评价道："宗教反映社会实状之适例，当无有更切于此者。"①中世纪末期，新兴市民阶层在经济、政治上日益独立于贵族僧侣阶层，在信仰上蔑视法皇僧侣，创建基督新教。资本主义制度确立后，自由竞争波谲云诡，经济危机周期性发生，人类受到自己的创造物的奴役。对此，资产阶级思想家借抽象之神灵说明之。针对基督教社会主义，李达指出，它是"假借劳动运动之招牌，宣传似是而非之教理，直接劝奖劳动者服从资本家之剥削，间接为资本主义推波助澜"②。

六是宗教的消亡。李达认为："现代经济之进化，已逐渐消灭人类之宗教观念。宗教起源，实因人类迷信有一种支配人类不可理解之力而不能不服从之故也。此不可理解之力，在昔日为自然力与社会力，然在科学发达之今日，所谓不可理解之自然力或社会力已不存在，无产阶级所从事之工作，殆无日不役使自然力，更不知有他种神秘自然力足以强迫彼等发生信仰。又彼等虽处穷困之地位，然以确知贫富之差异在生产手段之有无，更不知有他种神秘社会力足以使彼等发生信仰。是故宗教之为物，在今日之无产阶级视之，实等于子虚乌有，所谓'劳动阶级无宗教'者是也。"③在这里，李达的革命乐观主义溢于言表。不过，李达还是清醒地认识到："宗教的消灭过程，并不是一个和平的过程，而是一个激烈的斗争的过程。"④他认为，只有在消灭了宗教的社会经济根源的发达社会主义才能让宗教死灭。

七是宗教与唯心论的关系。李达认为，唯心论和宗教有共同的来源，即原始人的万物有灵论。唯心论从宗教观念发展而来，又采用精致的理论的形式复归于宗教。唯心论由宗教的发展所准备，它一经发生后又促进宗教的发展。"宗教为唯心论准备精神的地盘，观念论为宗教设置理论的基础。"⑤唯心论与宗教结合，催生了神学。唯心论和宗教表面上的不同表现为："宗教的世界观

---

① 李达:《现代社会学》,武汉大学出版社 2007 年版,第 108 页。
② 李达:《现代社会学》,武汉大学出版社 2007 年版,第 108 页。
③ 李达:《现代社会学》,武汉大学出版社 2007 年版,第 108—109 页。
④ 李达:《社会学大纲》,武汉大学出版社 2007 年版,第 501 页。
⑤ 李达:《社会学大纲》,武汉大学出版社 2007 年版,第 61 页。

是独断的,是迷信的,譬如所谓上帝在六日之中创造天地万物的神话,即是一例;唯心论的世界观,却采取科学的假相,不便直接宣传'创世纪'的无稽之谈,而只是宣传离开物质、创造物质的精神,并在人类的意识中与认识中去建立它的地盘。"①李达指出,唯心论有时候直接为宗教服务,但有时候也对宗教淡然以对。不过,一旦统治阶级利益受到挑战,两者无疑是会结盟的。譬如,"实用主义者崇奉不可知论的结果,必然堕入信仰主义……,实用主义者同时是信仰主义者",原因在于"资产阶级为了挽救自己的死亡,除了实行冒险主义以外,就只有求救于上帝了",维护其统治地位是"资产阶级哲学所以要回到中世纪神学的奴仆地位的由来"②。

三、李达宗教思想的地位与启示

中国早期马克思主义者大多数人是社会活动家、职业革命者,学者型的马克思主义者不多。作为社会活动家、职业革命者,他们没有更多的时间和精力去深研和阐发马克思主义,他们的宗教思想流光片羽式地出现,并不为人们所注意。相比于其他中国早期马克思主义者,作为学者型的马克思主义者的李达的宗教思想有着特殊的地位。

李达的宗教思想在中国早期马克思主义者中是最为全面的。在中国早期马克思主义者中,唯有李达全面地涉猎了马克思主义的整个理论体系。基于对马克思主义的完整理解,李达写作了《社会进化史》,概览了整个人类的发展历程。在《社会进化史》中,李达具体呈现了宗教在人类历史上的角色。对马克思主义理论体系的完整理解和宽广的理论视野,是李达的宗教思想的全面性的重要支撑,它使李达的宗教研究呈现出宏大的气魄,展示出了一幅完整的宗教图景。中国早期马克思主义者中,没有人能像李达那样,以那样宏大的气魄,从宗教的起源、根源、本质、作用、演变、消亡等多个方面全方位地透视宗教,因此,也没有能够形成像李达那样全面的宗教思想。

---

① 李达:《社会学大纲》,武汉大学出版社 2007 年版,第 61 页。
② 李达:《实用主义——帝国主义的御用哲学》,湖北人民出版社 1956 年版,第 11 页。

李达的宗教思想也产生了很大的影响。李达宗教思想的主要文本是《现代社会学》和《社会学大纲》。这两个文本在中国马克思主义传播史上影响极大。作为当时中国最系统、最准确、最通俗的唯物史观著作,《现代社会学》一经出版即轰动了中国思想界,当时的革命者几乎人手一册,再版达 14 次之多。《社会学大纲》也在极短的时期内再版 4 次,"毛泽东极为重视,读了十遍,做了详细眉批,向延安哲学研究会和抗日军政大学推荐这部优秀著作"①。借助于这两本著作的广泛传播,李达的宗教思想产生了广泛影响。毛泽东在阅读《社会学大纲》时,对李达的宗教思想极为重视,并写下了这样的批注:"自然支配,社会支配,万物有灵论,是原始宗教的三个来源。"②

在马克思主义宗教观中国化的历程中,李达的宗教思想有着重要的地位。这与李达对马克思主义的完整和准确的理解、与李达坚持把马克思主义与中国实际情况相结合的努力密切相关。李达研究宗教的方法和李达秉持的马克思主义中国化范式对当代中国的宗教研究有着重要启示。

完整准确地把握马克思主义理论是正确研究宗教的理论前提。马克思指出:"全部社会生活在本质上是实践的。凡是把理论引向神秘主义的神秘东西,都能在人的实践中以及对这种实践的理解中得到合理的解决。"③这句话有着重要的方法论意义。它告诉我们应该用实践的思维方式去探求作为神秘主义之典型和集大成的宗教的秘密。马克思所说的实践,是感性的人的活动,是人的存在方式。用实践的思维方式去理解宗教,就是要在人的存在中理解宗教的根源、本质,用人的存在状态的变化说明宗教的变化。质言之,就是要把神学问题化为世俗问题,用历史说明迷信,从而开辟出一条认识宗教的科学路径。李达深得此中三昧。他说:"宗教世界为现实世界之反映,与其分析宗教之神秘以发现现实之核心,不如考察各时代之现实生活关系,尤易推知天国之形态。自然力之崇拜适应原始社会;耶稣教适应于封建社会;新教适应于资本社会。信教自由之标语,即竞争自由之别名。故宗教之神秘,仅能借现实生活以说明之。宗教之作用,自其历史而言,直为一阶级驾驭他阶级之无形武

---

① 李达:《社会学大纲》,武汉大学出版社 2007 年版,"再版前言"第 2 页。
② 《毛泽东手书选集》,人民出版社 1993 年版,第 140 页。
③ 《马克思恩格斯文集》第 1 卷,人民出版社 2009 年版,第 501 页。

器。异日生产关系改易时,宗教云雾必消散无疑也。"①可见,李达宗教思想深刻之奥秘,正在于他坚持了马克思的实践观、唯物史观和历史辩证法。在相当长的时期内,人们对于马克思的宗教观歧见纷呈,一个重要原因就在于没有完整准确地理解马克思主义理论。

推进马克思主义宗教观的中国化应是当代中国宗教研究的理论目标。推进马克思主义宗教观的中国化,就是要把马克思主义宗教观与中国具体实际相结合,便宗教服务于中国革命和建设的大局。马克思主义宗教观认为,宗教本质上是根植于现实的超验意识,应该从社会存在去说明宗教。这些基本原理是颠扑不破的。但是,作为一种复杂的文化现象,宗教有着广泛的群众性,它在具体的社会历史环境中的作用需要作具体分析。如何对待宗教,要根据具体情况而定。李达不断揭露宗教的麻醉作用,就是因为在当时的历史条件下,宗教在客观上成为革命对象倒行逆施的思想工具。李达批判宗教,是与当时的革命需要相吻合的。可见,李达既坚持了马克思主义宗教观的基本理论,又联系中国革命和建设的实际,做到了有的放矢地研究宗教。李达的宗教思想是马克思主义宗教观中国化的范例。改革开放以来,如何引导宗教与社会主义建设相适应成为重要课题。而要引导宗教与社会主义建设相适应,同样需要把马克思主义宗教观与中国具体实际相结合,推进马克思主义宗教观的中国化。任何理论研究都不能脱离时代的需要。当代中国宗教研究应该服务于当代中国特色社会主义建设的需要。推进马克思主义宗教观的中国化,也是当代中国宗教研究应当坚持的基本思路。

(原载《马克思主义哲学研究》2015 年第 1 期)

---

① 李达:《现代社会学》,武汉大学出版社 2007 年版,第 21 页。

第 八 篇

李达传播马克思主义的重要史实勘误

李达传播马克思主义的重要史实勘误之一

——关于李达是否翻译过考茨基
《马克思经济学说》的考辨

汪信砚

李达是中国马克思主义的启蒙大师,是最早在中国传播马克思主义的代表性人物之一。李达对马克思主义的传播涵盖哲学、经济学、政治学、史学、法学、社会学、教育学等众多领域,而他传播马克思主义的重要方式之一就是对国外马克思主义理论研究重要论著的译介。然而,由于一些特殊的历史原因,迄今为止学术界对李达论著和思想的研究还很不充分,人们甚至尚未完全弄清李达在传播马克思主义的过程中到底作了哪些译介和有些什么译作,这突出地表现在学术界关于李达曾翻译过考茨基《马克思经济学说》的广泛讹传上。本文拟对李达到底是否翻译过考茨基《马克思经济学说》的问题作一勘查和考辨,以便澄清相关讹误,还原历史真相。

一、一种广泛流传的讹误

20世纪70年代末以来,一些李达生平、论著和思想的研究者,如《李达文集》编辑组以及宋镜明、曾勉之、王炯华、丁晓强、李立志诸先生,一致认定李达曾经翻译了考茨基的重要著作《马克思经济学说》①。其中,以王炯华先生

① 参见《李达文集》编辑组:《李达同志生平事略》,载《李达文集》第1卷,人民出版社1980年版;宋镜明、刘捷:《李达年表(1890—1966)》,载《江汉论坛》1981年第3期;宋镜明:《李达年谱》,载宋镜明:《李达传记》,湖北人民出版社1986年版;曾勉之:《李达著译目录》,载《中国当代社会科学家》第2辑,书目文献出版社1982年版;曾勉之:《李达著译要录》,载中共湖南省委党史

的记述最为详细。他在其所撰《李达年表》中说,李达的这部译著是由中华书局于 1921 年 4 月出版的①。他写道:"早在日本学习马克思主义理论的同时,李达就以很快的速度翻译考茨基的《马克思经济学说》、高畠素之的《社会问题总览》、郭泰的《唯物史观解说》等介绍马克思主义的通俗著作。他是带着这三个内容包括马克思主义三个组成部分的译稿回国的,并在中国共产党的筹建过程中陆续出版。""《马克思经济学说》是考茨基(1854—1938)的著名马克思主义通俗著作,当时国内有好几种译文,李达的译文是第二个中译文,被李大钊领导的北京马克思主义研究会列为阅读文献。"②另据华中科技大学人文学院的周文婵、余昶报道,王炯华先生在谈到考茨基的《马克思经济学说》中译本时曾说,"这是五四马克思主义传播最早的重要著作,有三个中译本:李达本,戴季陶本,陈溥贤本"③。近 30 年来,上述关于李达曾翻译过考茨基的重要著作《马克思经济学说》的说法,已被学界广为转述和引用,以致在今天看来它似乎是一种不容置疑的事实。

然而,笔者搜遍了海内外图书情报机构和各类文献数据库,结果竟一无所获,既没有找到任何能证明李达曾翻译过考茨基《马克思经济学说》的有效证据或信息,也未发现任何对考茨基《马克思经济学说》的李达译本的引证。以李达在中国马克思主义传播史上的地位和考茨基《马克思经济学说》的重要性来说,如果李达确曾翻译过考茨基的《马克思经济学说》,出现上述情况根本就是不可想象的。同时,笔者还查阅了多种不同期号的《中华书局图书目录》,同样也没有发现中华书局出版过该书的信息。例如,《中华书局图书目录——重编第六号》(民国二十七年四月十五日编印)收录了中华书局自中华民国元年元旦创立起至该目录编印时出版的所有书目,其"社会思想与主义"

资料征集研究委员会编:《湖南党史人物传记资料选编》第 2 辑,1985 年 12 月编印;王炯华:《李达著译年表》,载王炯华:《李达与马克思主义哲学在中国》,华中理工大学出版社 1988 年版;王炯华:《李达年表》,载王炯华等:《李达评传》,人民出版社 2004 年版;丁晓强、李立志:《李达著述年表》,载丁晓强、李立志:《李达学术思想评传》,北京图书馆出版社 1999 年版。

① 参见王炯华:《李达年表》,载王炯华等著《李达评传》,人民出版社 2004 年版,第 495 页。

② 王炯华等:《李达评传》,人民出版社 2004 年版,第 34—35 页。

③ 周文婵、余昶:《执着的追求　严谨的学风:记人文学院王炯华教授》,http://www.hust.edu.cn/content/content_20531.html。

和"社会问题"类目下分别载有李达翻译的《唯物史观解说》和《社会问题总览》的出版信息,但包括"经济学"类目在内的任何一页上都没有李达或其他任何人翻译的《马克思经济学说》的出版信息。据此,笔者只能得出一个与上述流行的说法完全相反的结论,即根本不存在一部由李达翻译、由中华书局1921 年出版的考茨基著《马克思经济学说》,李达曾翻译过考茨基的《马克思经济学说》之说纯粹是一种讹传。

二、讹传之源与无效证据

李达曾翻译过考茨基的《马克思经济学说》之说最初源于李大钊领导的北京大学马克思学说研究会。1922 年 2 月 6 日《北京大学日刊》刊载的《马克思学说研究会通告(四)》中说:"本会现已有英文书籍四十余种,中文书籍二十余种",其中,"社会主义丛书"部分的中文书籍之一便是"马克思经济学说(李达译)"。可以说,正是依据《马克思学说研究会通告(四)》所开列的书目,人们才断言李达曾翻译了考茨基的《马克思经济学说》。关于这一点,我们从上引王炯华先生的那段话中就可以看得很清楚。庄福龄先生主编的《中国马克思主义哲学传播史》则说得更为明确:"《马克思经济学说》1920 年 3 月曾被李大钊列入北京马克思主义研究会阅读文献,可见此前已经出版。"[1]从这些引文可以看出,人们断言李达曾翻译过考茨基的《马克思经济学说》的基本逻辑是:既然李大钊领导的北京大学马克思学说研究会把"马克思经济学说(李达译)"列为其阅读书籍,那么,它必定在此前已经出版。然而,人们依据这一猜想逻辑得出的结论是完全不可靠的。且不说庄福龄先生主编的《中国马克思主义哲学传播史》在弄错了北京大学马克思学说研究会刊布其阅读书目的时间的情况下所作出的李达翻译的《马克思经济学说》在 1920 年

---

[1] 庄福龄主编:《中国马克思主义哲学传播史》,中国人民大学出版社 1988 年版,第 106 页注。不过,该书的描述显然与历史事实不符。实际上,李大钊领导的北京大学马克思学说研究会(不是"北京马克思主义研究会")是在 1921 年 11 月才正式公开成立的(见《北京大学马克思学说研究会启事和通告》,《北京大学日刊》1921 年 11 月 17 日),《马克思经济学说》被列入该会阅读书目的时间则是 1922 年 2 月(见《马克思学说研究会通告(四)》,《北京大学日刊》1922 年 2 月 6 日),而不是 1920 年 3 月。

3月前"已经出版"的断言难以成立①,就是王炯华先生的说法也不可信,它们都与李达本人的记述不相符合。李达在写于1956年的自传中曾说:从一九一八年七月起"到一九二〇年暑期为止,我翻译过日本人所写的《社会问题总览》和荷兰人所写的《唯物观解说》(从日文重译的),后来在中华书局出版。到了一九二〇年,我自以为懂得一点马克思主义了,应当回国找寻同志来干社会革命了"。② 从李达的记述中可以看得很清楚,李达在留日期间并非像王炯华先生所说的那样翻译了"考茨基的《马克思经济学说》、高畠素之的《社会问题总览》、郭泰的《唯物史观解说》",而是仅仅翻译了其中的后两部著作。而既然李达1920年8月从日本回国前并没有翻译考茨基的《马克思经济学说》,那么,李达自然也就不可能带着考茨基《马克思经济学说》的译稿回国并将译稿交由中华书局1921年4月出版。

那么,北京大学《马克思学说研究会通告(四)》所列阅读书目中的"马克思经济学说(李达译)"又是怎么回事呢? 我认为,它一定是把"陈溥贤译"误写成了"李达译",因为1922年2月《马克思学说研究会通告(四)》发布前,考茨基的《马克思经济学说》只有陈溥贤译本;即使是1922年以后,把考茨基的这部著作名翻译为《马克思经济学说》的也仅此一个译本。实际上,《马克思学说研究会通告(四)》所开列的阅读书目出现张冠李戴的情形并非仅此一例。仅就其"社会主义丛书"部分的中文书目来看,也还存在着其他类似情况。例如,在"马克思经济学说(李达译)"一行的下面,隔行开列的是"社会问题详解(李季译)",这显然也属张冠李戴之列。1922年2月以前,日本学者高畠素之的《社会问题详解》有两个中译本,即盟西译本和李达译本,但李达译本的译名是《社会问题总览》(中华书局1921年4月初版),只有盟西译本的译名为《社会问题详解》(商务印书馆1921年4月初版)。至于李季,则从未翻译过高畠素之的《社会问题详解》。因此,可以断定,《马克思学说研究会通告(四)》中的"社会问题详解(李季译)"是误把"盟西译"写成了"李季译"。

① 李达是1920年8月才从日本回国的,而按照王炯华的说法,李达是带着考茨基的《马克思经济学说》的译稿回国的。

② 《李达自传》,载中共湖南省委党史资料征集研究委员会:《湖南党史人物传记资料选编》第2辑,1985年12月编印。

日本学者石川祯浩也曾注意到这个问题。在《中国共产党成立史》一书的"附录二　中国社会主义书籍简介（1919—1923）"中,石川祯浩针对《马克思学说研究会通告（四）》所开列的书目指出:"李季译:《社会问题详解》,概为盟西译之误"①。总之,《马克思学说研究会通告（四）》曾把"马克思经济学说（李达译）"列为李大钊领导的北京大学马克思学说研究的阅读书目,对于李达曾翻译过考茨基《马克思经济学说》之说而言是一个无效的证据。正如石川祯浩在考证该书中译本时并同样也是针对《马克思学说研究会通告（四）》的书目所说的那样:"据说李达曾出过同名译作,此为讹传。"②

三、实际翻译者的证词

我们说李达未曾翻译过考茨基的《马克思经济学说》,可以用考茨基这部著作的实际翻译者的考证和述说来加以证实。

考茨基这部著作的德文原名为" Karl Marx' Öekonornische Lehren. Geme inverständlich dargestellt und erläutert"(《马克思经济学说:通俗的叙述和阐释》),是对马克思《资本论》第一卷及第三卷部分内容的通俗解释,于1887年首次出版。日本学者高畠素之最初于1919年根据原书1910年版即第13版将其译成日文,并改名为《マルクス资本论解说》(《马克思资本论解说》)。后来,高畠素之又依据原书新版多次改译和订正,至1930年已印行72版。而自高畠素之日译《マルクス资本论解说》以后,考茨基的这部著作也开始传播到中国,并先后出现了5个中译本(其中,1949年以前有4个中译本),而不是王炯华先生所说的"三个中译本:李达本,戴季陶本,陈溥贤本"。

一是陈溥贤译本(《马克思经济学说》,柯资基著,陈博贤译,商务印书馆1920年9月初版)。陈溥贤是考茨基《马克思经济学说》的最早中译者。他依据高畠素之的卖文社出版部1919年版日译本,最初将这部著作翻译为《马氏

---

①　[日]石川祯浩:《中国共产党成立史》,袁广泉译,中国社会科学出版社2006年版,第350页。

②　[日]石川祯浩:《中国共产党成立史》,袁广泉译,中国社会科学出版社2006年版,第346页。

资本论释义》，并以"渊泉"为笔名发表于 1919 年 6 月 2 日至 11 月 11 日的北京《晨报》副刊"马克思研究"专栏。在对译稿进行修订的基础上，陈溥贤于翌年在商务印书馆出版了单行本，译名依其德文原名改为《马克思经济学说》，属共学社"马克思研究丛书"之一种。不过，该书出版前，同属共学社"马克思研究丛书"的《社会问题详解》（高畠素之著，盟西译，商务印书馆 1921 年 4 月初版）的扉页上及商务印书馆创办的《东方杂志》17 卷 14 号（1920 年 7 月）都曾登载过该书的出版预告，称柯祖基著、渊泉译注的《资本论解说》将于近期出版，这说明译者开始曾准备仍沿用日译本书名，人们不应由此误以为后来出版的考茨基《马克思经济学说》的中译本《资本论解说》系渊泉即陈溥贤所译。

二是戴季陶、胡汉民译本（《资本论解说》，考茨基著，戴季陶译、胡汉民补译，上海民智书局 1927 年 10 月初版）。曾经对马克思的经济学说"很想要用一番切实研究功夫"的戴季陶，也曾试图转译考茨基《马克思经济学说》的高畠素之日译本，并于 1919 年 11 月至 1920 年 12 月间在上海《建设》杂志第 1 卷 4—6 号、第 2 卷 2—3 号、5 号及第 3 卷 1 号上发表了他的译作《马克斯资本论解说》（加尔·考茨基著，戴傅贤译），但并未译完原书。直到 1927 年，经过胡汉民的补译和修订，该译作才得以完成，并改书名为《资本论解说》正式出版。胡汉民在该书"序二"中对他所作的补译和修订及其原因作了说明："戴季陶先生于一九一九年译这书陆续登过《建设》杂志，季陶先生译笔之精当，可以无须我来介绍。不过到《建设》第三卷第一号为止，译到第三篇第四章，以后《建设》停版，也未见季陶先生续译，我觉得它未成完璧，甚是可惜，所以替他补译以下的三章。又季陶先生所据高畠氏日译初版（这日译初版也销售了一万三千五百部）是依原书第十三版的（一九一〇年版），而高畠氏前年再版，就依原书第十九版（一九二〇年版），有多少修改……现在我也一一补上。还有《建设》杂志所登错字很多，只有对勘日文译本，替他更正。"①

三是汪馥泉译本（《马克思底经济学说》，考茨基著，汪馥泉译，神州国光社 1930 年 5 月版）。汪馥泉为该书写了一篇很长的"译者序言"，它对于我们

---

① ［德］考茨基：《资本论解说》，戴季陶译、胡汉民补译，上海民智书局 1927 年版，"序二"第 5—6 页。

的考证来说十分重要。他写道：

　　本书，如前所述，是一部《资本论》解说书。这一类的著作，很不少；现在就译成中文的，我所知道的，最重要的几部，列下。

　　一　罗撒·卢森堡著《新经济学》，陈缓孙译。

　　二　波洽特著《资本论解说》，李云译。"被上海大学一班人译成了中文刊行"的现在已绝版的博洽德著《通俗资本论》，与本书，为同一书。

　　三　河上肇著《经济学大纲》，陈豹隐译。

　　四　河上肇著《资本论入门》第一卷上册，刘楚平译。

　　五　英国平民联盟编纂《经济学概论》，丁振一译。

　　六　本书。本书连这个译本，一共有三个译本（关于这，后面还有一段话要讲到）。

　　1《资本论解说》，戴季陶译。

　　2《马克思经济学说》，陈溥贤译。

　　3《马克思底经济学说》，汪馥泉译。

　　……

　　七　河上肇著《马克思主义经济学》，刘楚平译。

　　八　伍尔模著《新经济学入门：资本主义社会之解剖》，龚彬译。

　　九　思麦特著《资本论概要》，汤澄波译。

　　十　高畠素之著《资本论大纲》，施复亮译，见大江书铺预告。

　　十一　山川均著《资本论大纲》，傅列译，见辛垦书店预告（这是根据《学生底马克思》编的）。

　　这一类的《资本论》解说书，在我们"入门"的人，都是值得读一下的。①

　　上述引文中，汪馥泉说关于他所译的这本书"后面还有一段话要讲到"。这"一段话"的主要内容是：

----

　　①　[德]考茨基：《马克思底经济学说》，汪馥泉译，神州国光社 1930 年版，"译者序言"第 XVII 页。

本书底中译,除这个本子之外,有前举的戴译与陈译。

戴季陶先生于一九一九年,根据日译初版译,陆续译登《建设》上;一九二七年胡汉民先生补译第三篇第四章以后的三章,并根据日译改译版(即大化会及 Atene 社版)补正了三处,作单行本刊行。

陈溥贤先生于一九一九年,根据日译初译版,陆续译登北京《晨报》,一九二○年作单行本刊行。

我底重译这书,第一,是友人陈望道先生好几次说起,因为这书底日译改造社版已大加改正,鼓励我可以用点力重译一道;第二,我正想仔细地阅读这一类的书,读一道不如译一道更其来得仔细;第三,这么的著作,在现在的中国读书界,觉得还是能够有点益处的:所以译了。

这本书底翻译,自己觉得很是谨慎,但误译总也难免。如戴季陶先生底译本,也难免间有误译(《新月》第二卷第六、七号,张嘈先生指摘戴译底误译,列举十二处,其中,二,三,六至十,十二等八处,是戴氏误译的;又十一,戴张两先生都误译了的,照张先生底译文,好像考茨基站在资本家方面了;又四,张先生译文虽似较好,但日译本原文是如此;又一,五,戴张译文同。张先生所举外,戴译尚有数处误译了的。陈先生译本,误译较多)。

这译本,承友人陈望道先生于忙碌中,校阅一道,特此道谢!①

我之所以不厌其烦地引证汪馥泉译考茨基《马克思底经济学说》时所写的“译者序言”中的大段文字,是要表明:作为中国近现代史上的一位著名的进步思想家、翻译家和编辑出版家,汪馥泉在 1930 年翻译考茨基的《马克思底经济学说》时十分熟悉此前国外《资本论》解说类著作在中国的翻译出版情况,也非常清楚他所译这部著作在中国的翻译出版历史及已有译本中存在的问题,因而他的记述是完全可信的:此前考茨基的《马克思经济学说》只有陈溥贤译本和戴季陶、胡汉民译本,并不存在李达译本。而且,我们没有任何理

---

① [德]考茨基:《马克思底经济学说》,汪馥泉译,神州国光社 1930 年版,“译者序言”第 XXV—XXVI 页。

由猜想说汪馥泉并不熟悉李达传播马克思主义的翻译工作,因为在上述"译者序言"的开头部分,汪馥泉在谈到日本学者河上肇的著作《资本论入门》时就提到过李达的一项翻译计划。他写道:河上氏的"《资本论入门》第一卷上册(到现在,只出版了这一册),中文已有刘楚平先生译本,惜误译不少,但也不妨拿来参考(据说李达拟重译)"①。汪馥泉写上述"译者序言"时对李达计划中的翻译工作都一清二楚,不可能不知道李达已经做过的、与他自己正在做的译事本质相关的重要翻译工作。况且,汪馥泉是经"友人陈望道先生好几次说起"并在陈望道的"鼓励"下才翻译考茨基《马克思底经济学说》的,译本还曾由陈望道"校阅一道"。倘若李达曾经翻译过考茨基的同一著作,即使汪馥泉不知情,作为《共产党宣言》的首译者并与李达有长期密切交往的陈望道是不会不知道的。

顺便指出,神州国光社 1930 年 6 月出版了一部由洪涛翻译的《资本论概要》,该书是日本学者石川准十郎对考茨基《马克思经济学说》的改编,石川准十郎"不但将考茨基所遗漏的《资本论》第二卷的内容补进去了,并且有许多部分是直接引用《资本论》的原文来说明的"②,故该书署名为"考茨基原著,石川准十郎译述,洪涛重译",可以说是与考茨基《马克思经济学说》密切相关但又有所不同的另一部著作的译本。值得注意的是,洪涛在"译者序"中申述该书与考茨基《马克思经济学说》的关系时指出:"此书(指考茨基《马克思经济学说》——引者注)在我国共有两种译本,一种是由商务印书馆出版的,久已绝版,另一种是由民智书局出版的,戴季陶胡汉民两先生共译,题名为《资本论解说》"③。洪涛这段话,同样也否定了李达曾翻译过考茨基的《马克思经济学说》。当然,严格说来,洪涛的说法也有不准确之处,因为他遗漏了一

---

① [德]考茨基:《马克思底经济学说》,汪馥泉译,神州国光社 1930 年版,"译者序言"第 XXV—XXVI 页。后来李达等译的河上肇著《马克思主义经济学基础理论》(上海昆仑书店 1930 年版),下篇"马克思主义经济学的出发点"即河上肇先前出版的《资本论入门》一书的内容——引者注。

② [德]考茨基原著、[日]石川准十郎译述:《资本论概要》,洪涛重译,神州国光社 1930 年版,"译者序"第 1 页。

③ [德]考茨基原著、[日]石川准十郎译述:《资本论概要》,洪涛重译,神州国光社 1930 年版,"译者序"第 1 页。

个重要事实,即 1930 年 6 月他翻译的《资本论概要》出版前,考茨基的《马克思经济学说》除他所说的商务印书馆出版的陈溥贤译本和上海民智书局出版的戴季陶、胡汉民译本外,还有上述汪馥泉译本。不过,汪馥泉译本是 1930 年 5 月出版的,而洪涛翻译的《资本论概要》是 1930 年 6 月出版的,考虑到图书出版至少需要几个月的周期,洪涛写作"译者序"时不知道考茨基的《马克思经济学说》还有一个汪馥泉译本是再正常不过的事情。

四、五分别是铎梅译本(《马克斯底经济学说》(考茨基著,铎梅译,社会科学研究社 1949 年 4 月初版)和区维译本(《马克思的经济学说》,考茨基著,区维译,三联书店 1958 年 2 月初版)。因这两译本与我们的考证关系不大,故这里不作详述。

这就是考茨基《马克思经济学说》一书在中国的翻译史。其中,汪馥泉、洪涛两人的考证和述说为李达未曾翻译过考茨基的《马克思经济学说》提供了重要证词。

四、李达档案的佐证

笔者曾通览了武汉大学档案馆里现存的李达档案,目的在于从中寻找李达是否曾翻译过考茨基《马克思经济学说》的些微线索。从 1953 年 2 月就任武汉大学校长,到 1966 年 8 月被迫害致死,李达曾在武汉大学工作 13 年之久。但是,由于各种极其复杂的原因,武汉大学档案馆现存的李达档案残缺不全,只有 1963 年以后的部分资料,此前近十年的李达档案全然不见踪影。不过,即使仅凭这些极其有限的李达档案材料,我们也仍然能够得出李达未曾翻译过考茨基《马克思经济学说》的结论。

首先,现存李达档案中有关李达论著及其目录的材料从正面支持了这一结论。武汉大学档案馆现存李达档案中有一袋档案标注为《李达著述目录》①,内含"李达著述讲话目录"、"李达同志部分著作的目录(手稿和剪报)"、"装箱运京书籍清单"、"李达著作目录(初稿)"四份材料。这四份书目

---

① 《李达著述目录》,武汉大学档案馆,档号 RW75 1966—3。

编写于"文革"前的 1963 年至 1965 年,那时李达尚在人世,并且部分书目属于图书实物的清单,因而是具有可信性的。虽然这四份书目中的每一份均未尽数列出李达的所有论著,但如果把它们合并起来看并参照李达档案中其他有关李达论著的材料,我们仍可以列出一份人们所熟知的李达译著的完整目录,包括日本高畠素之的《社会问题总览》、荷兰郭泰的《唯物史观解说》、日本堺利彦的《女性中心说》、日本安部矶雄的《产儿制限论》、日本高柳松一郎的《中国关税制度论》、日本穗积重远的《法理学大纲》、日本山川菊荣的《妇女问题与妇女运动》、日本杉山荣的《社会科学概论》、德国塔尔海玛的《现代世界观》、日本河西太一郎的《农业问题之理论》、俄国米哈列夫斯基《经济学入门》、日本河上肇的《马克思主义经济学基础理论》、苏联卢波尔的《理论与实践的社会科学根本问题》、日本河田嗣郎的《土地经济论》、俄国拉比拉斯等人的《政治经济学教程》、苏联爱森堡等人的《辩证法唯物论教程》等①。值得注意的是,这四份书目中均没有出现考茨基的《马克思经济学说》,李达档案中其他有关李达论著的材料也没有显示出任何关于李达曾翻译过考茨基《马克思经济学说》的信息。

其次,现存李达档案中的李达批判材料从反面支持了这一结论。1966 年 6 月李达被打成武汉大学"'三家村'黑帮头目"后,造反派们编造并在报刊上发表了铺天盖地的李达批判材料,给李达罗织了各种罪名,如"大地主"、"大叛徒"、"漏网右派"、"反党反社会主义反毛泽东思想分子"、"毛泽东思想的死敌"、"老牌的机会主义分子"、"帝国主义的辩护士"、"资产阶级的反动学阀"、"老修正主义分子"、"反对建立共产党的吹鼓手"等。为了论证这些罪名,造反派们纷纷炮制李达"罪恶的历史"和"反动言论汇编",并由此盯上了李达不同时期的论著。他们断章取义地从李达的著作、论文甚至译著中摘取只言片语并加以歪曲,用以证明李达"一向反动"。例如,一份署名为"武汉大学钢二司三司革联红教工、武汉大学革命到底串联会"的《李达大事记(1890—1949)》中写道:李达"1920 年 8 月从日本回到上海,与陈独秀、李汉俊

---

① 这份清单仅包括以单行本刊行的李达译著,不包括李达发表在报刊上的译作,如《德国劳动党纲领栏外批评》(即马克思著《哥达纲领批判》)等。

等人混在一起,在报刊上先后发表了一系列宣传机会主义、修正主义的文章,如'劳工神圣颂'、'讨论社会主义并质梁任公'、'马克思还原'、'马克思派社会主义'、'社会革命的商榷'、'无政府主义之解剖'等文章",它们"诬蔑攻击马克思列宁主义"(如说"考茨基、伯恩斯坦是'马克思派'"),"否认阶级和阶级斗争","颂扬'自发论',反对建立无产阶级政党","这表明李达从来就不是一个'老马克思主义者'而是一个不折不扣的'老牌机会主义者'"①。如果李达果真翻译过考茨基的《马克思经济学说》,造反派们是绝不会错过颠倒黑白地把李达与考茨基的机会主义错误牵扯在一起的绝佳机会的。但是,笔者翻遍了这些侥幸保存下来的李达批判材料②,并没有发现有谁"揭发"过李达曾翻译考茨基的《马克思经济学说》或用它来论证李达是一位"老牌机会主义者"。

综上所述,人们猜想李达曾翻译过考茨基《马克思经济学说》的证据是不成立的,而无论是考茨基《马克思经济学说》实际翻译者的证词,还是李达档案所显示出来的信息,都表明李达未曾翻译过考茨基的《马克思经济学说》。关于李达曾翻译过考茨基《马克思经济学说》的讹传,现在应该纠正过来了。

(原载《武汉大学学报(人文科学版)》2012 年第 6 期)

---

① 武汉大学钢二司三司革联红教工、武汉大学革命到底串联会:《李达大事记(1980—1940)》,武汉大学档案馆,档号 RW75 1968—7。

② "文革"后期武汉大学李达"三家村"冤案平反前,一些曾经策划、制造李达"三家村"冤案并仍身居要位的人曾指示武汉大学销毁李达"三家村"冤案的全部材料,但后来不知是什么原因,这些材料并没有被全部销毁。这些侥幸保存下来的宝贵材料,使后人得以了解武汉大学李达"三家村"冤案的真相。

李达传播马克思主义的重要史实勘误之二

——关于李达是否翻译过马克思
《政治经济学批判》的考辨

汪信砚

　　作为马克思主义中国化的重要代表人物和中国马克思主义的启蒙大师，李达在 20 世纪 20—30 年代曾翻译了大量的马克思主义论著，其内容涵盖哲学、经济学、政治学、法学、史学、社会学等众多领域，并由此为马克思主义在中国的广泛传播作出了杰出的贡献。李达所翻译的马克思主义论著，多为国外马克思主义者、特别是日本马克思主义者对马克思主义的介绍和研究，但也包括一些马克思主义经典著作。例如，李达是马克思《哥达纲领批判》的最早中译者之一[①]，并曾应傅子东之请对后者所译列宁的《唯物论与经验批判论》（1934）"完全审核一遍"，还曾承担了译稿部分校对工作[②]。由此，蔡尚思在其《三十年来的中国思想界》中指出：在 20 世纪 20、30 年代的中国思想界，"关于马克思科学的社会主义和辩证法唯物论或唯物史观一类新社会科学新方法论的书籍，盛极一时"，而"介绍此类思想最出力者，首推李达李季等"；李达"努力介绍最新的社会科学哲学，贡献之多，时人实罕其匹"[③]。但是，正如笔者在《李达传播马克思主义的重要史实勘误之一——关于李达是否翻译过考茨基〈马克思经济学说〉的考辨》一文中所说，迄今为止学界对李达著译和

---

　　① 李达译本为《德国劳动党纲领栏外批评》（载湖南自修大学校刊《新时代》1923 年第 1 卷第 1 期），它是马克思《哥达纲领批判》的最早两个中译本之一（另一译本是熊得山 1922 年译出的《哥达纲领批评》）。

　　② 参见列宁：《唯物论与经验批判论》，傅子东译，神州国光社 1934 年 7 月版，"译者序言"第 9 页。

　　③ 蔡尚思：《三十年来的中国思想界》，《天籁季刊》1936 年第 25 卷第 2 期。

思想的研究还很不充分,人们甚至尚未完全弄清李达在传播马克思主义的过程中到底作了哪些译介和有些什么译作。其表现之一,就是人们普遍断言李达曾翻译过马克思的《政治经济学批判》。为澄清相关讹误,本文拟对李达到底是否翻译过马克思《政治经济学批判》的问题作一勘查和考辨。

一、一种至今仍在延续的广泛讹传

现存于武汉大学档案馆的李达档案材料中,有一份封面上标明编写于1964 年10 月的《李达著作目录(初稿)》,分"专著部分"和"报刊文章部分"开列了1919 年至1963 年间李达公开出版和发表的著译,并附有"翻译书、文目录"、"现存手写稿目录"和"未发表过的讲稿或报告稿目录"三份材料。其中,"附一 翻译书、文目录"又包括"译书部分"和"译文部分"。与目录主体部分(含"专著部分"和"报刊文章部分")的内容一样,附件一"译书部分"在列出李达诸译著时一般都标明了译著字数、出版地、出版年月、馆藏地及索书号,但其最后所列三部译著除书名外却没有提供任何其他信息,其中一部是"经济学批判"①,它实际上就是人们通常所说的李达所译马克思的《政治经济学批判》。

上述《李达著作目录(初稿)》没有标明编写者,但其内页上写道:"由于目前能找到的有关资料很少,已编成的这个目录还只是一份不完整的初稿,现在把它打印出来,为的是使已经收集到的资料不致散失了,以待有机会再慢慢补充。"这段文字清楚地表明,该李达著作目录绝非李达本人所编,也肯定没有经李达本人订正。同时还可断定,文中所说目录编写者"已经收集到的资料"中不可能有《经济学批判》的译著原件,否则该目录不会不标明这部译著的出版信息。

20 世纪70 年代末80 年代初以来,几乎所有的李达研究者,包括《李达文集》编辑组以及宋镜明、曾勉之、王炯华、丁晓强诸先生,都在有关论著中认定李达曾经翻译过马克思的重要著作《政治经济学批判》。1979 年,《李达文

---

① 《李达著述目录》,武汉大学档案馆,档号 RW75 1966—3。

集》编辑组发表了《李达一九四九年以前的理论活动及著作编年》，最先提到了李达的这部译著："《政治经济学批评》（马克思著，1930 年出版）。"①1982 年，曾勉之先生发表了《李达著译目录（初稿）》，其中列有这样两部李达译著："政治经济学批评（译著）（即《政治经济学批判》）原著马克思"和"经济学批判（译著）"②。曾勉之先生曾长期担任李达的秘书，并不是一位专业的理论研究者。他的这份李达著译目录显然只是综合了上述李达档案中《李达著作目录（初稿）》和《李达文集》编辑组所撰《李达一九四九年以前的理论活动及著作编年》的有关内容，但他可能不知道人们所说的《政治经济学批评》和《经济学批判》原本是指马克思的同一部著作即《政治经济学批判》，故而竟把它们当成了李达的两部不同的译著。1985 年，袁锦翔先生发表了《无产阶级译界前辈李达》一文，从翻译学的角度概述了李达传播马克思主义的贡献。他在文中首次明确了李达所译马克思《政治经济学批判》在该著汉译史上的地位：1928 年至 1930 年间李达"翻译的马克思所著《政治经济学批评》，是该书最早的中译本"③。1985 年、1986 年，宋镜明先生先后发表了《李达主要著译书目》和《李达年谱》，最早详细记述了李达所译马克思《政治经济学批判》的出版信息，并提出了一个不同的译名即《经济学批评》。他于 1985 年发表的《李达主要著译书目》载明："经济学批评　（德）马克思著　上海昆仑书店出版、发行　1930 年　全一册　本书即《政治经济学批判》。"④一年后，他又在《李达年谱》中写道：1930 年，"一月，所译的《农业问题之理论》（该书二七四页，河西太一郎著）、《经济学批评》（即马克思著的《政治经济学批判》）两本书，由上海昆仑书店出版"⑤。宋镜明先生对于该译著译名、出版地和出版时

①　陶德麟、李其驹等：《李达一九四九年以前的理论活动及著作编年》，载《中国哲学》1979 年第 1 辑，第 362 页。

②　曾勉之：《李达著译目录（初稿）》，载《中国当代社会科学家》第 2 辑，书目文献出版社 1982 年版，第 136 页。曾勉之先生后来对该目录进行过修订，但仍然沿用了同样的记述。见曾勉之：《李达著译要录》，载中共湖南省委党史资料征集研究委员会编《湖南党史人物传记资料选编》第 2 辑，1985 年 12 月编印，第 140 页。

③　袁锦翔：《无产阶级译界前辈李达》，《翻译通讯》1985 年第 6 期。

④　宋镜明：《李达主要著译书目》，《图书情报知识》1985 年第 4 期。

⑤　宋镜明：《李达年谱》，载宋镜明：《李达传记》，湖北人民出版社 1986 年版，第 185 页。

间的记述,基本上为后来的李达研究者如王炯华、丁晓强等人所采信和沿用①。不过,宋镜明先生本人后来又说该译著的译名是《政治经济学批评》②。这样一来,在上述李达研究者们所发表的李达著译目录、学术年谱和相关文章中,李达所翻译的马克思的《政治经济学批判》便有了三种不同的译名,即《经济学批判》、《政治经济学批评》和《经济学批评》(其中,"经济学批评"这一译名的采信者最为众多)。多年来,这些李达著译目录、学术年谱及相关文章关于李达在中国最早翻译了马克思的《政治经济学批判》、将其译为《经济学批评》、《政治经济学批评》或《经济学批判》并于 1930 年 1 月由上海昆仑书店出版的说法,被人们普遍引用,至今仍在学界广泛流传。

由同一位译者翻译并在同一个出版机构出版的同一部著作竟有三个不同的译名,这本身就是一个极易让人生疑的问题。照理说,如果李达确曾翻译过马克思的《政治经济学批判》,确定他到底使用了哪一个译名并不是一件太难的事情。而要确定这一点,最好的办法莫过于找到人们传说中的李达所译马克思《政治经济学批判》的原始文本。然而,笔者用了很长时间在国内外各类图书情报机构和数据库中搜寻,结果却一无所获,不要说找到李达所译马克思《政治经济学批判》的任何一个译名的原始文本,甚至也未发现对其只言片词的引证或评论。考虑到李达在中国马克思主义传播史上的重要地位、特别是马克思的《政治经济学批判》的特殊重要性,如果李达确曾翻译(并且是首译)过这部著作,出现这种情况根本就是不可想象的。恩格斯曾说马克思的《资本论》在欧洲大陆常常被称为"工人阶级的圣经"③,而马克思的《政治经济学

---

① 参见王炯华:《李达著译年表》,载王炯华:《李达与马克思主义哲学在中国》,华中理工大学出版社 1988 年版,第 329 页;王炯华:《李达年表》,载王炯华等:《李达评传》,人民出版社 2004 年版,第 500 页;丁晓强、李立志:《李达著述年表》,载丁晓强、李立志:《李达学术思想评传》,北京图书馆出版社 1999 年版,第 241 页。

② 参见宋镜明:《学界泰斗 一代宗师——论李达同志的学术地位与作用》,载宋镜明编:《李达与武汉大学》,山西教育出版社 1999 年版,第 172 页。宋镜明先生在这里说:李达"1930 年译出的马克思著《政治经济学批评》是该书最早的中译本"。后来,宋先生将此文收入了《宋镜明自选集》(武汉大学出版社 2007 年版)。被收入《宋镜明自选集》的还有《李达年表(1890—1966)》一文,该文所记述的李达这部译著的译名却又是《经济学批评》。于是,仅在宋先生的同一部作品中,李达这部译著就有两个不同的译名。

③ 参见《马克思恩格斯全集》第 23 卷,人民出版社 1972 年版,第 36 页。

批判》也曾被 20 世纪 30 年代的中国学人称为"全世界劳苦群众的圣经"①。众所周知,关于陈启修(陈豹隐)首译的《资本论》,学界曾有大量的文本研究。如果李达首译了《政治经济学批判》,相信也会有一些对它的具体研究或评论。况且,近 30 年来,人们已分别从各个不同的学科对李达的译作进行了一些研究,甚至还有人从翻译学的角度对李达笔译的风格和特点作过考察②。如果李达真的有一部马克思《政治经济学批判》的译著,它即使不是这部著作的首译本,也是李达翻译的最重要的著作之一,必定会这样那样地进入研究者们的视域,从而不至于出现上述情况。此外,李达的每一部译著都有多个版本,而上述李达研究者们却不能提供关于李达所译马克思《政治经济学批判》这样一部特别重要的译著的任何再版或重印的信息,也让人充满疑惑。据此,笔者只能得出这样一个结论,即李达从未翻译过马克思的《政治经济学批判》,关于李达在中国最早翻译了马克思的《政治经济学批判》、将其译为《经济学批评》、《政治经济学批评》或《经济学批判》并于 1930 年 1 月由上海昆仑书店出版的说法只不过是一种讹传。

二、实际翻译者的证词与疑似的讹传之源

无法找到李达所译马克思《政治经济学批判》的原始文本,没有发现任何对它的引证和评论,严格说来还只能使人对这部译著是否存在的问题表示怀疑。要真正否定李达曾翻译过马克思的《政治经济学批判》的判断和论证笔者的上述结论,还需要更多的证据。在这方面,马克思《政治经济学批判》的实际翻译者能够给我们提供一些重要帮助。

马克思的《政治经济学批判》写于 1858 年 11 月至 1859 年 1 月,它是马克思公开发表的第一部政治经济学著作,是马克思原拟写作的巨著《政治经济学批判》的第一分册的前两章,其主要内容后来被马克思概括地写进了《资本论》第一卷第一篇中。该书包括"序言"及"商品"、"货币或简单流通"两章。

---

① 参见马克思:《经济学批判》,刘曼译,乐群书店 1930 年版,"译者序"第 1 页。

② 参见袁锦翔:《无产阶级译界前辈李达》,《翻译通讯》1985 年第 6 期。

其中,"序言"精辟地概括了历史唯物主义的基本内容,阐明了生产力与生产关系、经济基础与上层建筑之间的关系,从而揭示了人类社会发展的最基本的规律,因而历来都受到各国马克思主义者的特别重视,也是最早被介绍到中国的马克思主义经典著作之一。早在1903年,广智书局就曾出版了由赵必振翻译的日本学者福井准造的《近世社会主义》一书,对马克思的《政治经济学批判》(时译《经济学之评论》)的写作过程和主要内容作了介绍。五四运动时期,《〈政治经济学批判〉序言》开始在中国传播。1919年5月5日北京《晨报》"马克思研究专栏"发表了陈溥贤所译的河上肇《马克思的唯物史观》,其中就节译了马克思的《〈政治经济学批判〉序言》(陈溥贤译书名为"经济学批评")。1919年9—11月,《新青年》第6卷第5、6号连载了李大钊的文章《我的马克思主义观》,也从河上肇的日译文转译了马克思《〈政治经济学批判〉序言》中关于唯物史观基本原理的论述,并称马克思"以一定的公式表出他的历史观,还在那一八五九年他作的那《经济学批评》的序文中"①。这些说明,《经济学批评》的译名最初源自日本马克思主义者河上肇。此后,很多学者都曾这样那样地节译过马克思的《政治经济学批判》、特别是其中的《〈政治经济学批判〉序言》,如范寿康(1921)、刘宜之(1923)、李一氓(1929)、剑青(1930)、许德珩(1932)、程始云(1935)、韬奋(1937)、何思敬(1949)等。但是,直到新中国成立前,马克思的《政治经济学批判》只有以下两个中文全译本。

一是刘曼译本(《经济学批判》,马克斯著,刘曼译,上海乐群书店1930年3月2日付排、1930年5月25日出版,上海棠棣书店1930年重印)。

刘曼是马克思《政治经济学批判》的首位中文全译者,他"采取的本子是1904年出版的Stone的英译本,并辅以宫川宾的日译本",同时还参照了考茨基的德文本②。而Stone的英译本,则译自考茨基在1897年所刊行的《政治经济学批判》第2版,该版与1859年的原版有些微的变更,即曾由马克思在他自己的本书笔记的页边指明过的变更③。与考茨基所编德文第2版不同的是,

---

① 李大钊:《我的马克思主义观》(上),《新青年》1919年9月第6卷第5号。
② 参见马克斯:《经济学批判》,刘曼译,乐群书店1930年版,"译者序"第3页。
③ 参见马克斯:《经济学批判》,刘曼译,乐群书店1930年版,"英译者序"第1页。

Stone 的英译本还以附录形式收入了马克思写于 1857—1858 年间的《〈政治经济学批判〉导言》,它在马克思生前没有发表过,是由考茨基 1903 年 3 月在德国《新时代》(Neue Zeit)杂志上第一次公之于世的。刘曼指出:"英译者的译文,是否最为可靠,我想凡是读过德文本和英文本的人,早就有一个定评,公认它是一部有权威的译本。若就我的所见,Stone 的译本的确有这几个特点:第一,他译这本书时,曾费过极端精细的考虑(关于这一点,看过他的序文就可了然),几番的审定;第二,他曾改正了原文上少数误载的引文;第三,他曾添上少数重要的附注,并在经济学批判绪言(即《〈政治经济学批判〉导言》——引者注)底前面,附有考茨基在 Neue Zeit(即德国社会民主党理论刊物《新时代》——引者注)报上发表本文时所载关于补添各点底说明。"①这段话表明,刘曼选择 Stone 的英译本来翻译马克思的《政治经济学批判》是经过了审慎考虑的。

我们说刘曼是马克思《政治经济学批判》的首位中文全译者,可以刘曼的译序为证。他在该书"译者序"中开篇便说:"出版了足足七十年的这本经济学批判,谁也知道是马克斯先生的全部遗教中一本最重要的经济文献,是全世界劳苦群众的圣经,早已有了各种文字的译本。然而在中国,直到现在,直到马克斯主义所煽起的革命焰火渐次迫近我们四周底现在,直到我国劳苦群众正在觉醒地接受时代要求底现在,直到我国思想界起了进一步的转变底现在,直到旧社会将随历史的车轮转入万劫不复的深坑中底现在,这样一个可贵的宝物,才有我这一本卑之无甚高论底译本,毫无疑义是我国思想界一件不可怒的缺恨。我译这本书,虽然抱有解除这一缺恨底宏愿;我的译本,虽然对于目前迫不急待的大多数不谙外国文的读者,多少可以给予帮助省识这个宝物底机会;可是原书底精确的迻译,觉得太不容易,除非国内有更美满的译本出现,这缺恨似乎仍旧解除不得。"②值得特别注意的是,刘曼清楚地标明他的"译者序"写成于 1930 年 3 月 26 日的上海。如果像上述人们所讹传的那样李达所译马克思《政治经济学批判》已于 1930 年 1 月由上海昆仑书店出版,刘曼是

---

① 马克斯:《经济学批判》,刘曼译,乐群书店 1930 年版,"译者序"第 3 页。

② 马克斯:《经济学批判》,刘曼译,乐群书店 1930 年版,"译者序"第 3 页。

断不会如是说的。因此,刘曼的译序在确证他是马克思《政治经济学批判》的首位中文全译者的同时,也否证了关于李达所译马克思《政治经济学批判》于1930年1月由上海昆仑书店出版的讹传。

二是郭沫若译本(《政治经济学批判》,卡尔·马克思著,郭沫若译,上海神州国光社1931年12月初版、1932年7月再版,上海言行出版社1939年5月重排出版,上海群益出版社1947年3月刊行)。

1928年流亡日本以后,郭沫若便着手翻译马克思的《政治经济学批判》。1930年4月左联编辑出版的《文艺讲座》第1册版权页后,就刊载有他的这部译著的出版预告。后来,这部译著由神州国光社于1931年12月首次出版。郭沫若的这部译著出版不久,北平的书店里又出现了一些与其内容完全一致却标明是李季译、上海政治经济研究会1932年3月印行的马克思《政治经济学批判》的译本(据说有的还将译名改成了《经济学批判》)。获悉这一情况后,李季感到极为不满,遂给神州国光社的负责人及该社《读书杂志》主编王礼锡寄去一篇题为《被剥削的文字劳动者》的声明。他在声明中说:"前接北平友人来信,问市场上发现署名我译的马克思《政治经济学批判》,是否出自我的手笔? 当时疑该书即系郭沫若君翻译和贵社出版的《政治经济学批判》,因嘱友细查。顷接来信,果然是郭冠李戴! 我所开的译书铺本是'只此一家,并无分店',现在竟变成了北平王麻子和上海陆稿荐,这还了得!? 我并不是怕打坏了招牌,而是不愿掠人之美,更不愿强盗们将郭君劳动的结果妄收入我的帐中,籍饱私囊。"①

在谈到这起"郭冠李戴"事件时,学界常有人说这是郭沫若故意冒李季之名,还有一些人甚至认为它足以证明"李季"是郭沫若所用笔名之一,其实不然。1947年3月,郭沫若的这部译著又被作为"沫若译文集之四"由群益出版社出版,他在为该版所写的序中对此事作了明确的说明。他写道:"二十年前大革命遭了挫折的时候,我亡命到日本。那时候因为大病初愈,我住在东京附近的一个乡下小镇,兼带养病。本来是起了一个雄心,想译读马克思的《资本论》的,因为出版上有问题,终究没有动手。但我却把这部《政治经济学批判》

---

① 李季:《被剥削的文字劳动者》,《读书杂志》1932年第2卷第5期。

一面读,一面翻译了。初版是由神州国光社出版,不知怎的,却把我的一篇序文失掉了。出版后似乎也遭过一些挫折,我在亡命十年后回国,看见坊间有好些印本是标名'李季译',这当然是李季先生所不知道,而且会认为不甚名誉的事,因为我的译文太生涩,那对于李先生岂不是一个玷辱吗?""这事,我对于书店也不想责难,说不定连神州国光社的负责人也是不知道的。这样的事情在一九三〇年前后的出版界很多,好些翻译版书都爱张冠李戴地把译者或著者的姓名换掉。""换名的动机当然是出于生意经,有的是想换一个名气较大一点的以资号召,有的则是企图避免危险。'郭沫若'这三个字有一个时期实在等于 SOS,听说十几年前有些无辜的青年竟因为藏了我的小说而遭了难的。……在这种情形之下我很能了解,这部书的译者之所以由'郭沫若'改换而为'李季'的翻版家的苦心。"①

上述马克思《政治经济学批判》的实际翻译者的有关记述对于我们澄清关于李达也曾翻译过这部著作的讹传都是有益的。其中,刘曼的译序为并不存在李达所译马克思《政治经济学批判》已于 1930 年 1 月由上海昆仑书店出版的事实提供了有力的证词。尽管郭沫若为其神州国光社 1931 年版译著即马克思《政治经济学批判》所写的序文丢失未刊,而其为群益出版社 1947 年版的同一译著所写的序文并不像上述刘曼译序那样包含着为我们所需要的明确信息,但他与李季之间的署名权纠纷也为我们的考辨提供了一些有用线索:20 世纪 30 年代中国出版界在著作署名问题上经常出现的张冠李戴的现象,很可能就是关于李达曾翻译过马克思《政治经济学批判》之讹传的源头之一。就是说,既然那时的出版界经常有翻版家出于生意经而张冠李戴地把译者或著者的姓名换掉,保不准哪位翻版家也曾把某个版本的马克思《政治经济学批判》的译者张冠李戴地换成了李达。如果真的发生过这种情况、从而确实有过标明为李达所译马克思《政治经济学批判》的文本的话,那么,出现关于李达曾翻译过这部著作的讹传也就是很自然的事情了。

① 马克思:《政治经济学批判》,郭沫若译,群益出版社 1947 年版,"序"第 1—2 页。

三、昆仑书店的"近刊预告"：可以确定的讹传之源

虽然李达实际上并未翻译过马克思的《政治经济学批判》，但上述那种至今仍在延续的广泛讹传也并非完全是空穴来风。除了上述20世纪30年代可能出现过被张冠李戴的李达所译马克思《政治经济学批判》的文本外，笔者还发现了这一讹传的另一个更重要的、也是能够完全确定的源头，那就是在人们的讹传中曾出版过李达所译马克思《政治经济学批判》的上海昆仑书店的"近刊预告"。

1928年冬，李达与熊得山、邓初民、张正夫、熊子民等人一起在上海创办了昆仑书店，其出版的第一部著作是1929年1月印行的李达所著《现代社会学》①。与那个时代的许多出版商一样，昆仑书店出版的著作后面一般都附有该书店出版物的广告，包括"出版书目"和"近刊预告"两个部分。从1929年6月至1930年6月，昆仑书店出版的绝大多数著作，如《国际帝国主义史论》（马哲民著，昆仑书店1929年6月初版）、《唯物史观经济史》（上册，山川均著，熊得山译，昆仑书店1929年7月初版、1929年11月再版；中册，石滨知行著，施复亮译，昆仑书店1929年9月初版、1930年2月再版；下册，河野密著，钱铁如译，昆仑书店1929年10月初版）、《世界社会史》（上田茂树著，施复亮译，昆仑书店1929年8月初版）、《中国产业革命概观》（李达著，昆仑书店1929年9月2版、1930年5月3版）、《社会科学概论》（杉山荣著，李达、钱铁如译，昆仑书店1929年9月至1930年3月3—5版）、《物观经济学》（住谷悦治著，熊得山译，昆仑书店1929年10月初版）、《社会主义经济学史》（住谷悦治著，甯敦五译，昆仑书店1929年10月初版）、《政治科学大纲》（邓初民著，昆仑书店1929年11月再版）、《古代社会》上下册（莫尔甘著，杨东蓴、张栗原译，昆仑书店1929年11月初版）、《帝国主义没落期之经济》（伐尔加著，甯敦

---

① 《现代社会学》是李达担任湖南大学法科教授时所编著的讲稿，最初由湖南现代丛书社出版（1926年7月1日初版并发行至再版），经修订后由上海昆仑书店出版（昆仑书店的第一个版本是1929年1月的"改正三版"）。学界广为流传的该书最初由现代丛书社1926年6月出版、后由昆仑书店1928年11月或12月出版的说法亦为讹传。

五译,昆仑书店 1929 年 11 月再版)、《现代世界观》(塔尔海玛著,李达译,昆仑书店 1929 年 9 月至 1929 年 12 月 1—3 版)、《农业问题之理论》(河西太一郎著,李达译,昆仑书店 1930 年 1 月初版)、《世界文化史纲》(威尔斯著,朱应会译,昆仑书店 1930 年 1 月初版)、《马克思主义经济学基础理论》(昆仑书店 1930 年 6 月初版),其书后的"近刊预告"都写有"马克思著 李达译 经济学批判"或"经济学批判 李达译"。不过,这一时期昆仑书店对于李达所译这部著作的预告也有个别例外。例如,《现代社会学》(李达著,昆仑书店 1929 年 9 月 7 版)后面"近刊预告"的书目中有一本是"政治经济学批评 马克思著 李达译"。显然,这些"近刊预告"所谓的"经济学批判"和"政治经济学批评",所指的都是马克思的《政治经济学批判》。而既然 1930 年 1 月以后昆仑书店的出版物还在反复不断地刊载李达这部译著的出版预告,那么,像前述讹传那样说它在 1930 年 1 月已由昆仑书店出版是绝无可能的。

1930 年 7 月至 12 月,昆仑书店的出版物仍在继续刊载李达这部译著的出版预告,但均已将它的译名改成了"政治经济学批评",如《唯物史观经济史》下册(昆仑书店 1930 年 7 月再版)、《现代社会学》(昆仑书店 1930 年 7 月 10 版、1930 年 12 月 11 版)、《社会科学概论》(昆仑书店 1930 年 10 月 6 版)等后面的"近刊预告"都是如此。值得注意的是,《唯物史观经济史》下册(昆仑书店 1930 年 7 月再版)等后面的"昆仑书店近刊预告"共列了 12 部著作,包括"资本论 第一卷第二分册 马克思著 陈启修译"、"机械的唯物论批判 恩格斯著 蒲列哈诺夫注释 杨东蓴译"、"马克思、恩格斯意特沃罗基观 森户辰男著 余思齐译"、"自然辩证法 恩格斯著 杨东蓴译"、"马克思主义批判者之批判 河上肇著 钱铁如、张定夫译"、"宗教之起原 拉法格著 熊得山、张定夫译"、"浪漫派经济学批判 伊里基著 张定夫译"、"伊里基的经济学体系 甯敦伍译"、"唯物史观体系 熊得山译"、"政治史 邓初民著"、"社会民主主义的理论之破产 塔尔海玛著 杜畏之译"以及"政治经济学批评 马克思著 李达译"。这份书目旁边还有这样一行文字:"以上各书准于九月底以前完全出版。"这也就是说,按照昆仑书店的出版计划,上述包括李达所译马克思《政治经济学批评》在内的 12 部著作一定会在 1930 年 9 月以前完全出版。

然而,昆仑书店的这一计划并没有如期实现,因为1930年9月以后昆仑书店的出版物并未停止对这批著译的出版预告。有趣的是,1930年9月以后昆仑书店出版的一些著作(如《社会科学概论》,昆仑书店1930年10月6版;《现代社会学》,昆仑书店1930年12月11版)后面不仅原样照登了上述12部著作的"近刊预告",而且同样注明"以上各书准于九月底以前完全出版"。事实上,这12部著作中,除《机械的唯物论批判》和《宗教之起原》①外,包括马克思的《政治经济学批评》在内的其他著作,不仅1930年9月以前没有按计划出版,而且此后也没有出版②。之所以如此,可能有以下三个方面的原因:一是李达一直忙于其他的著译计划而没能抽身完成马克思《政治经济学批判》的翻译。从1929年至1932年的四年中,李达先后出版了《现代社会学》(改正三版)、《中国产业革命概观》、《社会之基础知识》、《民族问题》等4部专著和《妇女问题与妇女运动》、《社会科学概论》、《现代世界观》、《农业问题之理论》、《经济学入门》、《马克思主义经济学基础理论》、《理论与实践的社会科学根本问题》、《土地经济论》、《政治经济学教程》、《辩证法唯物论教程》等10部译著,这种著译速度和这些著译的工作量已是相当惊人了。特别是随着上述马克思《政治经济学批判》的刘曼译本和郭沫若译本的相继出版,李达或许感到,他所进行的这些著译工作与其原来计划的对马克思《政治经济学批判》的翻译相比较已变得更为紧迫和重要。二是昆仑书店对原出版计划作出了调整。1930年12月以后,昆仑书店的出版物再也没有刊登上述那些尚未出版的著作的近刊预告。九一八事变后,昆仑书店开始组织出版"反日帝国主义丛书",并在其出版的每部著作后面都附有"昆仑书店最新出版反日帝国主义丛书预告"。这些表明,在新的国际国内形势下,昆仑书店似乎放弃了上述尚未完成的出版计划。三是昆仑书店于1932年下半年完全停业。1932

---

① 其中,《宗教之起原》后改译名为《宗教及正义·善的观念之起源》(拉法格著,熊得山、张定夫译,昆仑书店1930年9月1日初版);《机械的唯物论批判》后改译名为《机械论的唯物论批判》(恩格斯原著,蒲列哈诺夫注释,杨东蓴、甯敦伍合译,昆仑书店1932年5月初版)。

② 关于李达翻译马克思《经济学批判》或《政治经济学批评》的信息仅曾出现在昆仑书店出版物后面的"近刊预告"中,从没有出版在其"出版书目"中。即使在1936年2月第8版李达著《现代世界观》(疑为其他出版商或书商翻印,因为此时昆仑书店已不复存在)后面所列昆仑书店已出版书目中,也没有这部著作。

年6月李达实际上就已离开了上海,先是赴泰山为冯玉祥讲学,两个月后又受聘为北平大学法学院教授。1932年10月14日,昆仑书店遭上海国民党当局查封,书店账房李叔民等人被逮捕,其罪名是"宣传赤化、危害民国"。李叔民接受审讯时称书店已有三四个月没印东西了,这与李达离开上海的时间正相吻合。在这种情况下,即使昆仑书店此前并未放弃上述尚未完成的出版计划,它也不可能再继续出版那些著作了。

虽然昆仑书店最终没能完成它的上述出版计划,但它的"近刊预告"、特别是其1930年7月以后标明"以上各书准于九月底以前完全出版"的"近刊预告"后来却引起了很多误解。可以肯定地说,1929年6月至1930年12月昆仑书店关于"马克思著 李达译 经济学批判"或"政治经济学批评 马克思著 李达译"的次数众多的"近刊预告",就是人们关于李达曾翻译过马克思《政治经济学批判》之讹传的最主要的源头;而人们讹传中的李达所译马克思《政治经济学批判》的两个译名即《经济学批判》和《政治经济学批评》,就直接来自昆仑书店不同时期或不同出版物所登载的不同"近刊预告"。

其实,在20世纪20、30年代,像昆仑书店这样预告过某一著作而后来实际上并没有出版的情形是极为常见的。例如,1921年中国共产党成立后,作为中央宣传主任的李达负责组建了人民出版社,并在当年9月1日出版的《新青年》第九卷第五号上刊载了《人民出版社通告》,预告将出版"马克思全书"(15种)、"列宁全书"(14种)、"康民尼斯特丛书"(11种)和其他宣传马克思主义的书籍(9种),其中,"马克思全书"中有一本是"经济学批评 李漱石译"。这里所谓的"经济学批评"也就是马克思的《政治经济学批判》,而"李漱石"则是李汉俊的笔名。《人民出版社通告》还在这些计划出版的书目后面注明"以上各书,已有十种付印,其余的均在编译之中,准年内完全出版"。但是,与这份《人民出版社通告》所预告的绝大多数其他书籍一样,计划由李漱石翻译的《经济学批评》实际上并没有出版。而《人民出版社通告》关于"经济学批评 李漱石译"的出版预告,与后来人们关于李达曾翻译过马克思《政治经济学批判》并取译名《经济学批评》的广泛讹传之间,或许存在着某种内在的关联。

　　总之，尽管昆仑书店的出版物曾反复多次地预告过李达所译的马克思《政治经济学批判》，但李达实际上并没有翻译过这部著作。关于李达曾翻译过马克思《政治经济学批判》的各种版本的讹传该改正过来了。

（原载《江汉论坛》2013 年第 4 期）

李达传播马克思主义的重要史实勘误之三

——关于李达是否翻译过波卡洛夫等著
《世界史教程》的考辨

汪信砚

李达是中国马克思主义的启蒙大师和马克思主义中国化的重要代表人物之一。在 20 世纪 20、30 年代，他曾为马克思主义在中国的传播作出了独特的重要贡献。要正确地评价李达在中国传播马克思主义的贡献，就不能不全面地考察他在哲学社会科学的多个领域中对于国外马克思主义论著的译介。然而，正如笔者在《李达传播马克思主义的重要史实勘误之一——关于李达是否翻译过考茨基〈马克思经济学说〉的考辨》和《李达传播马克思主义的重要史实勘误之二——关于李达是否翻译过马克思〈政治经济学批判〉的考辨》中所说，迄今为止学界对李达著译和思想的研究还很不充分，人们甚至尚未完全弄清李达在传播马克思主义的过程中到底作了哪些译介和有些什么译作①。这一点，不仅表现在学界关于李达曾翻译过考茨基的《马克思经济学说》和马克思的《政治经济学批判》的谣传上，而且也表现在人们对于李达曾翻译过波卡洛夫等著《世界史教程》之说的轻信上。作为对李达传播马克思主义的重要史实进行勘误的系列文章之一，本文拟对李达到底是否翻译过波卡洛夫《世界史教程》的问题作一考辨。

---

① 参见汪信砚：《李达传播马克思主义的重要史实勘误之一——关于李达是否翻译过考茨基〈马克思经济学说〉的考辨》，《武汉大学学报（人文科学版）》2012 年第 6 期；汪信砚：《李达传播马克思主义的重要史实勘误之二——关于李达是否翻译过马克思〈政治经济学批判〉的考辨》，《江汉论坛》2013 年第 4 期。

一、关于李达曾翻译过波卡洛夫等著《世界史教程》的广泛讹传

笔者在考证李达是否翻译过马克思的《政治经济学批判》一书时曾经指出,现存于武汉大学档案馆的李达档案材料中,有一份封面上标明编写于1964 年 10 月的《李达著作目录(初稿)》,分"专著部分"和"报刊文章部分"开列了 1919 年至 1963 年间李达公开出版和发表的著译,并附有"翻译书、文目录"、"现存手写稿目录"和"未发表过的讲稿或报告稿目录"三份材料。其中,"附一 翻译书、文目录"又包括"译书部分"和"译文部分"。与目录主体部分(含"专著部分"和"报刊文章部分")的内容一样,附件一"译书部分"在列出李达诸译著时一般都标明了原著者、字数、出版地、出版年月、馆藏地及索书号,但其最后所列三部译著除书名外却没有提供任何其他信息①,其中一部是"世界史教程"②。

这份《李达著作目录(初稿)》未标明编写者,但其内页上写道:"由于目前能找到的有关资料很少,已编成的这个目录还只是一份不完整的初稿,现在把它打印出来,为的是使已经收集到的资料不致散失了,以待有机会再慢慢补充。"这段文字表明,该李达著作目录并非李达本人所编,也没有经李达本人订正。同时还可推定,编写者所说的"已经收集到的资料"中不可能有《世界史教程》的译著文本,否则该目录不会不标明这部译著的有关出版信息。

20 世纪 80 年代初以来,绝大多数李达研究者,包括曾勉之、王炯华、宋镜明、丁晓强诸先生,都在有关论著中断定李达曾经翻译过波卡洛夫的《世界史教程》。1982 年、1985 年,曾勉之先生先后发表了《李达著译目录(初稿)》和《李达著译要录》,其中均列有这样一部李达译著:"世界史教程(译著)③。

---

① 参见汪信砚:《李达传播马克思主义的重要史实勘误之二——关于李达是否翻译过马克思〈政治经济学批判〉的考辨》,《江汉论坛》2013 年第 4 期。

② 《李达著述目录》,武汉大学档案馆,档号 RW75 1966—3。

③ 曾勉之:《李达著译目录(初稿)》,载《中国当代社会科学家》第 2 辑,书目文献出版社1982 年版,第 136 页;曾勉之:《李达著译要录》,载中共湖南省委党史资料征集研究委员会编《湖南党史人物传记资料选编》第 2 辑,1985 年 12 月编印,第 141 页。

1988 年,王炯华先生发表了《李达著译年表》,首次明确了李达这部译著的详细出版信息。他在记述李达 1938 年的著译活动时写道:"4 月,与人合译波卡洛夫等《世界史教程》一书由上海笔耕堂书店出版,分五册装订。"①王炯华先生的这一记述,基本上为后来的李达研究者如宋镜明、丁晓强等人所采信。其中,宋镜明先生在此前发表的《李达年表》、《李达主要著译书目》和《李达年谱》中均没有提到李达的这部译作②,而在此后的《学界泰斗 一代宗师——论李达同志的学术地位与作用》一文中则改称李达有这样一部译著:"20 年代末至 30 年代,他又亲自译出 12 部经典著作和马克思主义理论书籍",其中包括"《世界史教程》(合译)"③。同样,丁晓强等人也转述了王炯华先生的记载:"一九三八年 世界史教程 李达与人合译,笔耕堂书店 4 月出版,分五册装订"④。近 30 年来,上述关于李达曾与人合译过波卡洛夫等著《世界史教程》的说法被国内外学界广为转述和引用⑤,李达等人对该书的翻译似乎是一种不容置疑的事实。

为了弄清关于李达曾翻译过波卡洛夫等著《世界史教程》的传言是否属实,笔者曾在国内外图书馆和各类文献数据库中对民国时期的出版物进行了长时间的大面积搜寻,但却没有发现任何能证明李达曾翻译过波卡洛夫等著《世界史教程》的有效证据或信息,既未找到李达这部译著的原始文本,也未见到任何对它的引证、介绍或评论。考虑到李达在中国马克思主义传播史上

---

① 王炯华:《李达著译年表》,载王炯华:《李达与马克思主义哲学在中国》,华中理工大学出版社 1988 年版,第 331 页。几年之后,王炯华先生在其《李达年表》中写到李达在 1938 年的著译活动时大体上重复了这段话:"4 月,与人合译卡洛夫等《世界史教程》由上海笔耕堂书店出版,分五册装订。"(见王炯华:《李达年表》,载王炯华等:《李达评传》,人民出版社 2004 年版,第 503 页)其中的"卡洛夫"疑为"波卡洛夫"之误。

② 参阅宋镜明、刘捷:《李达年表(1890—1966)》,《江汉论坛》1981 年第 3 期;宋镜明:《李达主要著译书目》,《图书情报知识》1985 年第 4 期;宋镜明:《李达年谱》,载宋镜明:《李达传记》,湖北人民出版社 1986 年版。

③ 宋镜明:《学界泰斗 一代宗师——论李达同志的学术地位与作用》,载宋镜明编:《李达与武汉大学》,山西教育出版社 1999 年版,第 172 页。

④ 丁晓强、李立志:《李达著述年表》,载丁晓强、李立志:《李达学术思想评传》,北京图书馆出版社 1999 年版,第 244 页。

⑤ 这一说法甚至也流传至国际学术界并为国外学者所引用,见 Nick Knight, Li Da and Marxist Philosophy in China, Boulder: Westview Press, 1998, pp.114-115.

的特殊重要地位和波卡洛夫等著《世界史教程》对中国史学研究曾经产生过的重要影响，如果李达确曾翻译过波卡洛夫等著的《世界史教程》，出现上述情况根本就是不可想象的。要知道，即使是那些比传说中的李达与人合译的波卡洛夫等著《世界史教程》的出版时间更早的该著中译本，也是不难从国内外有关图书馆或文献数据库中找到的，并且还曾有过对于它们的各种具体记述、引证、介绍或评论。有趣的是，为纪念李达诞辰120周年，湖南省有关方面于2010年编辑和出版了一部《李达画传》，书中赫然刊载了人们传说中的李达与人合译《世界史教程》的封面照片，这张古色古香的照片上只有"世界史教程"的书名，而没有标示原著者、译者和出版机构①，乍一看还真以为它就是民国时期李达与人合译的波卡洛夫等著《世界史教程》原始文本的封面，但它终究不过是编者在找不到该著原始文本的情况下不得已而为之的张冠李戴。只要翻开这部《世界史教程》一看就会发现，虽然该书确为波卡洛夫（该译本译为波查洛夫）等人所著，但它实际上是由许仑音翻译并由北平全民报馆骆驼丛书出版部刊行的原书第二册。根据上述这些情况，笔者只能得出这样一个结论：根本不存在一部由李达与人合译、由上海笔耕堂书店1938年4月出版的波卡洛夫等著的《世界史教程》，人们关于李达曾与人合译波卡洛夫等著《世界史教程》的说法不过是一种讹传。

二、波卡洛夫等著《世界史教程》
在中国的传播情况

人们讹传中的李达所译波卡洛夫等著的《世界史教程》是一部极为重要的马克思主义史学著作，它在20世纪30年代初一出版就受到中国思想界的高度重视，并曾对中国史学研究产生重要影响。

人们讹传中李达所译的这部著作，原名为《阶级斗争史教程》（或译《阶级斗争史教科书》），由苏联历史学家波卡洛夫（L. A. Botcharov，亦译波克诺夫、波查诺夫或鲍恰罗夫）和雅尼夏尼（A. Z. Yoanishiani，亦译约尼西亚）合编，由

---

① 参见陈光辉主编：《李达画传》，人民出版社2010年版，第102页。

本迁诺发（L.A.Bentzianova，亦译本迁诺伐）、波克西卡林（A.G.Bockshchanin，亦译波克西卡宁）、爱几托夫（N.M.Ezitov，亦译爱集托夫）、爱哥洛夫（P.V.Egolov）等执笔撰写，是为中等学校（工业学校、工人学校、苏联党校等）编写的教科书。原书分为两部分：第一部分为资本主义以前的历史，是后来补编的，分2册于1931年7月首次出版；第二部分是资本主义的历史，原书名为《十八世纪——二十世纪的阶级斗争史教程》，比第一部分的编写要早好几年，至1931年3月第5版时分3册出版。两部分综合起来，构成一部自原始社会至帝国主义时代的完整的世界历史，共包括5册：

第一册　古代东方及希腊罗马

第二册　封建时代

第三册　资产阶级革命时代

第四册　资本主义时代（上）

第五册　资本主义时代（下）

上述5册于1931年出齐后，很快就引起了中国思想界的关注，并于30年代出现了两种中文译本。

一是方天白等人的译本（《唯物史观世界史》第一、二、四册，波卡洛夫、雅尼夏尼合著，方天白等译，神州国光社1933—1936年出版）。该译本系由日本白杨社早川二郎的日译本转译，原计划由王礼锡、张时进、徐翔穆、张宏英、胡雪、彭信威、彭芳草、贺费陀、方天白、朱仲谦、王亚南、梅双彬、胡秋原诸人合译。其中，第一册《唯物史观世界史——从原始社会之崩溃到阶级社会之发生（原始时代——五世纪）》由方天白、徐翔穆、张时进合译，并于1933年3月由神州国光社首次出版。第一册出版后，原译者们因事分散，译稿也都散失。1936年春，神州国光社约请方天白继续翻译该著，方天白便将他个人翻译的第四册《唯物史观世界史——从资本主义之发生至成熟（十八世纪至十九世纪）》交神州国光社于1936年2月先行出版，后又从存稿中清理出第二册《唯物史观世界史——从封建制度之发生至成熟（五世纪至十五世纪）》，由神州国光社1936年5月出版。这样，神州国光社出版了方天白等人翻译的《唯物史观世界史》第一、二、四册,即只翻译和出版了原书五册中的三册。

方天白等人在《唯物史观世界史》第一册即《唯物史观世界史——从原始社会之崩溃到阶级社会之发生(原始时代——五世纪)》的"译序"中写道:唯物史观"为历史科学奠定坚实的基础了","应用这新史观于具体的历史研究,自马克斯恩格斯朴列汗诺夫梅林考茨基蓝宁等等以来,留下无数光辉的文献,但一直到今日,还缺乏一部以世界为范围的唯物史观的具体而广泛的历史研究","尤其是在美国文化熏陶之下的中国文化界,谈到历史理论,最高的就是鲁滨孙;至于一般教科书,正不过是西方的流水账簿,更多是威尔士的世界史纲。没有一本正确的教科书来满足新时代的青年,是中国历史教学上的一个重大缺陷",而"这一部书的译出,可以说不仅足以填补这两个缺陷,而且也是一个更大的世界全史的雏形"①。他们指出:"这是一部建设的历史",它"应用唯物史观于具体研究,充满丰富的资料与明快的解析";"这是一部批判的历史","足以锻炼读者批判自希罗多特至威尔士的历史之才智";"这又是一部启蒙的历史","无论是自修参考或作教科书,均绝好无二";"最后,这又是一部革命的与实践的历史",它"在阶级矛盾中看历史的变迁的发条,对于在帝国主义时代的我们,给予正确的实验之指标"②。

二是许仑音(原名蔡思诚)等人的译本(《世界史教程——封建社会史》,波查洛夫、约尼西亚合著,许仑音等译,北平全民报馆骆驼丛书出版部1934年8月刊行)。该译本根据日本白杨社1933年8月再版的早川二郎日译本转译,它实际上只是原书的第二册,参加翻译的除许仑音外还有孟辰、易适、徐溯、鸣梧、葆光、力夫、肖汉、希凡、雪鸿等人。原书的章次按全卷五册编目,其中第二册为第四编第七至第十一章,该译本因单独出版故改为第一章至第五章。该译本所附"骆驼丛书出版预告"还曾预告过原书其他几册的翻译和出版,但这一计划后来并没有得到实现。

① 波卡洛夫、雅尼夏尼:《唯物史观世界史——从原始社会之崩溃到阶级社会之发生(原始时代——五世纪)》,方天白、徐翔穆、张时进合译,神州国光社1933年3月初版,"译序"第1—2页。

② 波卡洛夫、雅尼夏尼:《唯物史观世界史——从原始社会之崩溃到阶级社会之发生(原始时代——五世纪)》,方天白、徐翔穆、张时进合译,神州国光社1933年3月初版,"译序"第3—4页。

《世界史教程——封建社会史》书前有陈伯陶所作"译序"。该"译序"首先引述了列宁关于旧的历史理论的两个主要缺陷的观点,然后写道:"汗牛充栋的已存在的封建社会史,都不能具体分析封建社会的经济机构,不能正确把握封建社会的发展法则,不能正确指出构成封建社会史内容的民众活动之各种条件";"历史家的任务不光是'搜集'、'叙述'、'罗列'历史的事实,同时是说明历史的事实,把握历史的发展法则,具体地阐明历史的合法则性。过去的历史家并不能满足我们这个要求","能够满足这个要求的,我们敢推荐本书。这,也可以说是这一群新进的史学研究者迻译本书的主要动机之一"①。该"译序"还指出:"对于封建制度之正确的认识,在封建制度还相当残存着的中国,有更重大的意义",因为"要了解中国封建制度的特殊性,非先了解封建制度的一般性不可! 特别是在中国社会史的论战在展开的现在,一般封建制度之正确的认识,更迫切地要求着每一个现代的中国人";"本书,不独能够给我们以正确的封建制度的认识,而且对历史的方法论,给我们以很大的启示。这,是这一群新进史学研究者迻译本书的第二个主要动机"②。

虽然波卡洛夫等著《世界史教程》的两个中译本都不是全译本,但从上述译序对它的介绍中,我们足已看出该著在马克思主义史学史上的重要地位以及这两个中译本对于在中国传播马克思主义史学观的重要意义。即使是这样两个并不完整的中译本,也在当时中国思想界产生了重要影响、受到人们的高度重视。例如,在评论许仑音等译的《世界史教程——封建社会史》时,有人写道:"这部教程是自原始社会以至帝国主义时的世界史的全部过程写得最好的一部书","我希望读者不要忽视这本书理论的价值,但同时更希望将这理论作为研究中国社会之锁钥"③。著名历史学家何干之在 1937 年也曾称赞过该著:"世界史一类的书,在苏联,以大众为本位而写的,有《唯物史观世界史教程》,是波查诺夫和约尼沙尼所主撰的。这书中国已有了译本(日译本一

---

① 波查洛夫、约尼西亚:《世界史教程——封建社会史》,许仑音等译,骆驼丛书出版部 1934 年 8 月版,"译序"第 1—2 页。
② 波查洛夫、约尼西亚:《世界史教程——封建社会史》,许仑音等译,骆驼丛书出版部 1934 年 8 月版,"译序"第 2 页。
③ 敬:《世界史教程——封建社会史》,《读书生活》第 1 卷第 2 期,1934 年 11 月。

共有五分册,中译本只出了三分册)。这本书对原始共产制的发生、发展及其没落,阶级社会的发生、东洋古代社会、希腊、罗马古代社会(第一分册);对于西欧封建社会,近东封建社会、中世封建社会的城市及其内部对立(第二分册);对于封建制度的没落和资本主义的发生(第三分册);对于资本主义的勃兴(英国产业革命、美国独立、法国大革命、德意统一、俄国农奴解放),对于资本主义的最新阶段,对于国际社会运动(第四、五分册),都有很概括很明确的分析,的确算是一本空前的历史读本。"①

波卡洛夫等著《世界史教程》在中国的传播,并不仅限于上述两个中译本及其产生的影响。在 20 世纪 30 年代的中国学人中,很多人还曾阅读过这部著作的日文全译本并由此对其有更完整的把握。例如,吕振羽的《史前期中国社会研究》、李达的《经济学大纲》都曾多次引用过日本白杨社早川二郎的日译本《世界史教程》。鲁迅先生在 1933 年致徐懋庸的信中也曾推荐读日译本的《世界史教程》②,并于 1934 年在杂文《随便翻翻》中写道:"日译本《世界史教程》""比我历来所见的历史书类说得明确"③。由此也可以看出,波卡洛夫等著的《世界史教程》对马克思主义史学观在中国的传播,其影响远远超出了史学的范围。

上述关于波卡洛夫等著《世界史教程》在中国传播情况的考察,虽然并不能为我们关于李达未曾翻译过这部著作的结论提供直接证据,但却能够证明上述笔者的这样一个看法,即如果像人们所讹传的那样李达确曾与人完整地翻译过这部著作,它不可能在中国思想界没有产生任何反响,以致从未有过任何对它的引证、介绍或评论。

三、关于李达曾翻译过波卡洛夫等著
《世界史教程》的讹传之源

虽然李达实际上并未翻译过波卡洛夫等著的《世界史教程》,但上述关于

---

① 何干之:《研究中国社会史的基本知识》,载《何干之纪念文集》,北京出版社 2006 年版,第 75 页。
② 鲁迅:《致徐懋庸》,载《鲁迅文集全编》,国际文化出版社 1995 年版,第 2286 页。
③ 鲁迅:《且介亭杂文》,人民文学出版社 1973 年版,第 112 页。

李达曾与人合译过这部著作并由上海笔耕堂书店出版的广泛讹传也并非全然是空穴来风。尽管谁都无法找到或出示李达与人合译的波卡洛夫等著的《世界史教程》的原始文本，但某些李达研究者或许会拿出他们断言李达曾翻译过波卡洛夫等著《世界史教程》的重要证据，这就是20世纪30年代笔耕堂书店的出版物所登载的"笔耕堂书店书目"，而它们也正是所有关于李达曾翻译过波卡洛夫等著《世界史教程》的讹传之源。

1932年，李达通过夫人王会悟以"王啸鸥"的名义向当时上海英租界当局申请注册了笔耕堂书店。此后几年中，笔耕堂书店先后出版了《政治经济学教程》（俄国拉比拉斯、渥斯特罗维查诺夫合著，李达、熊得山合译）、《反杜林论》（恩格斯著，吴理屏译）、《黑格尔与辩证法》（沈志远著）、《辩证法唯物论教程》（苏联爱森堡等著，李达、雷仲坚合译）、《新哲学辞典》（沈志远编）、《社会学大纲》（李达著）等传播马克思主义的著作。

与20世纪20、30年代的其他出版商一样，笔耕堂书店出版的每部著作后面都登载有其出版物的广告——"笔耕堂书店书目"。不过，笔耕堂书店的出版广告与1928年冬李达、熊得山、邓初民、张正夫、熊子民等人共同创办的昆仑书店的出版广告稍有不同。昆仑书店的出版广告包括"昆仑书店出版书目"和"近刊预告"两个部分，已出书目与未出书目分得清清楚楚；而笔耕堂书店的出版广告却只有一个"笔耕堂书店书目"，只不过已出书目标有价目或"已出版"字样，而未出书目则标有"编译中"（"译述中"）、"印刷中"（"排印中"）等字样。

笔耕堂书店出版的第一部著作当是《政治经济学教程》上册（俄国拉比拉斯、渥斯特罗维查诺夫合著，李达、熊得山合译，笔耕堂书店1932年6月30日初版）。该书后附"笔耕堂书店书目"包括《反杜林论》、《黑格尔与辩证法》、《辩证法唯物论教程》、《政治经济学教程》、《中国现代经济概论》（祝伯英著）《哲学小辞典》、《唯物史观世界史教程》（李达、卢爱知合译）等7部著作，其中，《反杜林论》、《黑格尔与辩证法》、《辩证法唯物论教程》后的"备考"栏中均标明"已出版"（但实际上，三者分别于1932年7月、8月、9月首次出版），《中国现代经济概论》后的"备考"栏中标明"印刷中"，《哲学小辞典》后的"备考"栏中标明"编译中"（这部辞典即上述沈志远编《新哲学辞典》，1933

年9月出版),《唯物史观世界史教程》后的"备考"栏中则标明"译述中"。这里所谓的"《唯物史观世界史教程》(李达、卢爱知合译)"就是人们通常所说的波卡洛夫等著的《世界史教程》,它是关于李达与人合译该书的首次预告。

此后几年中,笔耕堂书店每一出版物所附"笔耕堂书店书目"也都含有大体相同的出版信息。值得特别注意的是,1935年至1938年期间,"笔耕堂书店书目"中出现了一些对李达与人合译的波卡洛夫等著《世界史教程》的相互矛盾的出版预告。例如,《辩证法唯物论教程》第3版(苏联爱森堡等著,李达、雷仲坚合译,笔耕堂书店1935年6月1日出版)所附"笔耕堂书店书目"的预告是:"波卡诺夫等著 李达等译 世界史教程一、二、三、四、五册 印刷中";《社会学大纲》(李达著,笔耕堂书店1937年5月初版)所附"笔耕堂书店书目"的预告却是:"李达等译 世界史大纲 编译中";《辩证法唯物论教程》第5版(笔耕堂书店1938年4月1日出版)所附"笔耕堂书店书目"预告道:"李达等译 世界史教程一、二、三、四、五册 印刷中";《社会学大纲》第3版(笔耕堂书店1938年5月出版)所附"笔耕堂书店书目"却又预告道:"李达等译 世界史大纲 编译中"。我们之所以说"笔耕堂书店书目"的这些预告是相互矛盾的,是因为根据这些预告,李达等译的《世界史教程》1935年6月就已在"印刷中",1937年5月却还在"编译中",1938年4月又在"印刷中",1938年5月却仍在"编译中",并且译名也在不断地变化。

分析"笔耕堂书店书目"的这些预告及其他相关史实,我们可以得出以下结论:首先,笔耕堂书店绝没有像前述人们所讹传的那样于1938年4月出版了李达与人合译的波卡洛夫等著《世界史教程》,否则它就不会在1938年5月又预告说该书尚在"编译中"。其次,"笔耕堂书店书目"关于"波卡诺夫等著 李达等译 世界史教程一、二、三、四、五册 印刷中"的说法是不可信的。这一分别见诸《辩证法唯物论教程》第3版(1935年6月)和第5版(1938年4月)所附"笔耕堂书店书目"中的出版预告肯定不符合实际,因为一本著作前后印刷了近3年却仍然还没有印完是完全有悖常理的,况且《社会学大纲》第3版(1938年5月)所附"笔耕堂书店书目"又预告说该书还在"编译中"。再次,"笔耕堂书店书目"多次声称的李达与人合译的波卡诺夫等著《世界史教程》(《唯物史观世界史教程》或《世界史大纲》)在"译述中"(或"编译中")也不是事实。从 1932 年至 1938 年,"笔耕堂书店书目"预告该书在"译述中"或"编译中"长达 6 年之久。许多人都知道,李达译书的速度很快,他的其他译作一般都是在几个月内完成的;如果 1932 年李达等人真的已开始翻译波卡洛夫等著《世界史教程》,即使是因为这部著作的部头较大(共五册)、翻译起来耗时费力,那也不至于在 6 年之久的时间内仍未译完。事实上,1938 年 5 月以后,我们再也见不到笔耕堂书店的出版物登载"笔耕堂书店书目"以及对于李达等译《世界史教程》的出版预告①。因此,可以断言,李达最初确曾有过与他人(卢爱知)合译波卡洛夫等著《世界史教程》的计划,但这一计划始终没有真正付诸实施。有意思的是,我们在查找有关卢爱知的信息时发现,人们从没有提到他曾有过与李达合译波卡洛夫等著《世界史教程》的经历,倒是说他曾与李达合译过《资本论》第 1 卷和《自然科学与辩证法》②,这显然也是讹传。

在 20 世纪 20、30 年代的中国出版界,像笔耕堂书店那样反复登载关于波卡洛夫等著《世界史教程》的出版预告而最后并没有出版的情况是很常见的。仅就"笔耕堂书店书目"作过出版预告的书目而言,除波卡洛夫等著《世界史教程》外,也还有好几部著作的情况都是如此。例如,上述笔耕堂书店出版的第一部著作《政治经济学教程》上册所附"笔耕堂书店书目",曾预告说祝伯英所著《中国现代经济概论》在"印刷中",但实际上这部著作始终都未出版。再如,1937 年 5 月首次出版的李达的《社会学大纲》所附"笔耕堂书店书目"曾预告说李达著《经济学大纲》在"排印中",其"备考"栏注明"全书共分四部,第一部本年六月出版";还预告说李达著《货币学大纲》在"编辑中",其"备考"栏也注明"全书分上下二卷,上卷三十万言,本年八月出版"。并且,1938 年 5 月出版的《社会学大纲》第 3 版所附的"笔耕堂书店书目",又一字不差地照搬了这两部著作的出版预告。但实际上,李达的《经济学大纲》在新中国成立前从未出版,其《货币学概论》也直到 1949 年 7 月才由生活·读书·新知

---

① 从现存资料看,1938 年 5 月以后笔耕堂书店的出版物只有《社会学大纲》第 4 版(1939 年 4 月)和《辩证法唯物论教程》第 6 版(1939 年 7 月),但书后均未见有"笔耕堂书店书目"以及对于李达等译《世界史教程》的出版预告。

② 中外名人研究中心编:《中国当代名人录》,上海人民出版社 1991 年版,第 116 页。

三联书店作为"新中国大学丛书"之一种出版。

"笔耕堂书店书目"对于李达与人合译的波卡洛夫等著《世界史教程》的不实预告，或许与笔耕堂书店的运作方式有关。对于李达创办的笔耕堂书店的具体情况，至今人们所知仍然甚少。一种流行的说法是：笔耕堂书店只是一个"挂名书店"或"空壳书店"，"编辑、出版、发行只有李达同志一个人"，"他自己出钱、自己买纸、自己找人代印，然后署上笔耕堂书店这个空名，再找人把进步书籍推销出去"①。但是，这种说法的可信性甚小。李达 1932 年 6 月就已离开上海，先是到泰山为冯玉祥讲学，紧接着又赴北平大学法商学院任教，仅在 1937 年七七事变后回上海暂住月余时间②。既然李达根本不在上海，他又如何一个人完成上海笔耕堂书店的全部编辑、出版和发行工作、甚至还"自己买纸、自己找人代印"？同时，如果笔耕堂书店的"编辑、出版、发行只有李达同志一个人"，那么，笔耕堂书店的出版物所附"笔耕堂书店书目"是不可能出现上述那类相互矛盾的出版预告的。此外，1937 年 5 月首次由笔耕堂书店出版的李达所著《社会学大纲》的书后曾登载了这样一则"编辑室启事"："著者在序文中，曾经声明要做一篇跋文，说明'关于本书编纂的经过，及所用参考书名称'。但据著者家人来函，称著者'近患清恙，一时不能执笔'。本店因此书丞须发行不及久待，著者的跋文，只好等到将来插入。特此声明，并向著者及读者道歉。"③从这则"编辑室启事"的内容看，笔耕堂书店也不像是编辑、出版、发行只有李达一个人的那种"皮包公司"。上述情况说明，在李达本人已离开上海的情况下，上海还有某种形式的机构即所谓的"编辑室"在替他运作笔耕堂书店。而上述"笔耕堂书店书目"对于李达与人合译的波卡洛夫等著《世界史教程》的不实预告，或许就是由原计划翻译该书的李达与上海笔耕堂书店运作机构之间的信息不对称造成的。

至于李达原本计划翻译波卡洛夫等著《世界史教程》而后来并没有翻译该书，则有着多方面的原因。其中，一个最重要的原因可能是因为该书既已出

① 《宋镜明自选集》，武汉大学出版社 2007 年版，第 284 页。

② 参见《李达自传》（1956 年 3 月 10 日），载中共湖南省委党史资料征集研究委员会编：《湖南党史人物传记资料选编》第 2 辑，1985 年 12 月编印。

③ 李达：《社会学大纲》，笔耕堂书店 1937 年版，后附"编辑室启事"。

现了中译本。正如上述,李达与人合译的波卡洛夫等著《世界史教程》的出版预告首见于 1932 年 6 月 30 日首次出版的《政治经济学教程》上册所附"笔耕堂书店书目"中。这说明,李达是在 1932 年 6 月 30 日以前萌生与人合译波卡洛夫等著《世界史教程》的计划的。那时,波卡洛夫等著的《世界史教程》尚无任何中译本。1932 年 6 月至 8 月,李达离开上海赴泰山为冯玉祥讲学。大体上也就是在这一期间,他与雷仲坚合译了苏联爱森堡等著的《辩证法唯物论教程》(笔耕堂书店 1932 年 9 月 15 日初版)。1932 年 8 月,李达赴北平大学法商学院任教,先后讲授社会学(辩证唯物主义和历史唯物主义)、政治经济学、货币学、社会发展史等课程,并撰写四种讲稿①。由此可见,李达到北平大学法商学院任教后异常繁忙,短期内是不可能抽出时间来翻译波卡洛夫等著《世界史教程》的。至 1933 年 3 月,神州国光社出版了方天白与人合译的波卡洛夫等著《世界史教程》的第一册,即《唯物史观世界史——从原始社会之崩溃到阶级社会之发生(原始时代——五世纪)》。鉴于神州国光社只出版了波卡洛夫等著《世界史教程》的第一册,吴承仕在创办《文史》杂志时曾决定约请人续译这部著作,并在 1934 年 5 月出版的《文史》创刊号"编辑后记"中预告下两期将刊载"刘亚生君所译的波卡洛夫的《唯物史观世界史教程》第二分册"②。然而,吴承仕旋即又改变了想法。他在 1934 年 6 月出版的《文史》第一卷第二号"编辑后记"中写道:"创刊号预告中,有续译波卡洛夫世界史的计划;近闻全书不久出版,故将译稿阁置下了。下期拟翻译《世界原始社会史》,这是《社会主义世界史丛书》的一部分,是与布哈林齐名的波克洛夫斯基所主编,利用人类学考古学土俗学诸范畴中的成果。从物观出发而撰成一种权威的著作,实足以补正莫尔根恩格思的名著所不及。我们觉得在历史研究的浓厚空气中有参考世界名著的迫切需要,故委托李达君吕振羽君等于短期内译出"③。吴承仕在这里所说的波卡洛夫世界史"全书不久出版",当是指前述

---

① 这四种讲稿分别是:《社会学大纲》,1935 年由北平大学法商学院作为教材印行;《经济学大纲》,1936 年由北平大学法商学院作为教材印行;《货币学概论》,原计划由笔耕堂书店分两册出版,后来直到 1949 年 7 月才由三联书店出版;《社会进化史》,1935 年由国立北平大学法商学院作为教材印行。

② 《吴承仕文录》,北京师范大学出版社 1984 年版,第 104 页。

③ 《吴承仕文录》,北京师范大学出版社 1984 年版,第 107—108 页。

北平全民报馆骆驼丛书出版部关于该书的出版计划,因为尽管它于 1934 年 8 月出版的仅仅是由许仑音等译的该书的第二册,但许仑音等人的译本所附"骆驼丛书出版预告"也曾明确地预告该书其他几册即将出版。既然吴承仕主编的《文史》杂志因听说波卡洛夫等著的《世界史教程》全书不久出版而甚至将其约请刘亚生续译该书的译稿搁置不刊,转而约请李达、吕振羽翻译波克洛夫斯基主编的《世界原始社会史》①,那么,在这种情况下,李达肯定也不会再去实施他早先萌生的翻译波卡洛夫等著《世界史教程》的计划。

总之,尽管笔耕堂书店的出版物反复登刊过关于李达与人合译的波卡洛夫等著《世界史教程》的出版预告,甚至多次声称该书已在"印刷中",但李达实际上并没有实施其翻译该书的计划。关于李达曾翻译过波卡洛夫等著《世界史教程》的讹传该更正过来了。

（原载《山东社会科学》2013 年第 9 期）

---

① 事实上,李达、吕振羽并没有翻译波克洛夫斯基主编的《世界原始社会史》。后来该书由卢哲夫于 1934 年年底开始翻译,并于 1935 年 11 月由上海辛垦书店出版。

后　记

　　本书是国家社会科学基金重大招标项目"李达全集整理与研究"、中宣部文化名家暨"四个一批"人才工程自主选题项目"李达的马克思主义中国化文本研究"和武汉大学自主科研项目(人文社会科学)的研究成果,同时也是武汉大学马克思主义理论与中国实践协同创新中心的协同攻关成果,还是国家出版基金项目《李达全集》20卷的配套图书。

　　本书的出版,得到了人民出版社的大力支持,特别是得到了方国根主任和洪琼主任的大力帮助。武汉大学马克思主义哲学专业的研究生康琪、邓沁汶、黄丹阳、黄鹭琦、彭澧、武星丽、吴治苹、柳丹飞、董津、宋雨禾、高丽、程通、王颖辉、卢影、李瑶、任怡琳、南楠、汪洋等人承担了本书的引文核校工作。在此,一并致以衷心的感谢!

汪信砚

2017 年 1 月 10 日

责任编辑:洪　琼

图书在版编目(CIP)数据

李达论著和思想研究/汪信砚　主编. —北京:人民出版社,2016.12
ISBN 978－7－01－017439－6

Ⅰ.①李…　Ⅱ.①汪…　Ⅲ.①李达(1890—1966)-思想评论　Ⅳ.①B261.5

中国版本图书馆 CIP 数据核字(2017)第 045770 号

李达论著和思想研究

LIDA LUNZHU HE SIXIANG YANJIU

汪信砚　主编

人民出版社 出版发行
(100706　北京市东城区隆福寺街 99 号)

北京盛通印刷股份有限公司印刷　新华书店经销

2016 年 12 月第 1 版　2016 年 12 月北京第 1 次印刷
开本:710 毫米×1000 毫米 1/16　印张:46.25
字数:710 千字

ISBN 978－7－01－017439－6　定价:139.00 元

邮购地址 100706　北京市东城区隆福寺街 99 号
人民东方图书销售中心　电话 (010)65250042　65289539